카프카 핵심 가이드

개정증보판

Kafka: The Definitive Guide

카프카 핵심 가이드 개정증보판

1쇄 발행 2023년 4월 14일
2쇄 발행 2024년 3월 15일

지은이 그웬 샤피라, 토드 팔리노, 라지니 시바람, 크리트 페티
옮긴이 이동진
펴낸이 장성두
펴낸곳 주식회사 제이펍

출판신고 2009년 11월 10일 제406-2009-000087호
주소 경기도 파주시 회동길 159 3층 / **전화** 070-8201-9010 / **팩스** 02-6280-0405
홈페이지 www.jpub.kr / **투고** submit@jpub.kr / **독자문의** help@jpub.kr / **교재문의** textbook@jpub.kr

소통기획부 김정준, 이상복, 송영화, 권유라, 송찬수, 박재인, 배인혜
소통지원부 민지환, 이승환, 김정미, 서세원 / **디자인부** 이민숙, 최병찬

진행 및 교정 · 교열 김정준 / **내지디자인** 이민숙 / **내지편집** 소울에디터
용지 에스에이치페이퍼 / **인쇄** 한승문화사 / **제본** 일진제책사

ISBN 979-11-92469-76-8 (93000)
값 33,000원

개정증보판

카프카 핵심 가이드

Kafka: The Definitive Guide 2nd Edition

Real-Time Data and Stream Processing at Scale

그웬 샤피라, 토드 팔리노, 라지니 시바람, 크리트 페티 지음

이동진 옮김

Jpub 제이펍

※ 드리는 말씀

- 이 책에 기재된 내용을 기반으로 한 운용 결과에 대해 지은이/옮긴이, 소프트웨어 개발자 및 제공자, 제이펍 출판사는 일체의 책임을 지지 않으므로 양해 바랍니다.
- 이 책에 등장하는 각 회사명, 제품명은 일반적으로 각 회사의 등록 상표 또는 상표입니다. 본문 중에는 ™, ©, ® 마크 등이 표시되어 있지 않습니다.
- 이 책에서 소개한 URL 등은 시간이 지나면 변경될 수 있습니다.
- 책의 내용과 관련된 문의 사항은 옮긴이나 출판사로 연락해주시기 바랍니다.
  - 옮긴이: https://dongjinleekr.github.io/kafka-the-definitive-guide-v2/
  - 출판사: help@jpub.kr

차 례

CHAPTER 2 카프카 설치하기 19

CHAPTER 3 카프카 프로듀서: 카프카에 메시지 쓰기 49

CHAPTER 13 카프카 모니터링하기 379

CHAPTER 14 스트림 처리 421

옮긴이 머리말

링크드인에서 데이터 통합을 위한 버퍼 역할로 시작된 카프카는 시간이 흐르면서 실시간 데이터 스트리밍을 위한 핵심 플랫폼으로 자리잡았습니다. 이제 웹 서비스에서부터 사물 인터넷, 인공지능에 이르는 모든 영역에서 카프카가 사용되지 않는 경우를 찾아보기가 더 힘듭니다. 하지만 카프카를 배우는 것은 쉬운 일이 아닙니다. 관계형 데이터베이스처럼 익숙한 물건이 아닌 탓도 있겠습니다만, 가장 큰 이유는 카프카가 아직도 활발하게 성장 중인 기술이라는 겁니다. 그리고 바로 이 점이 카프카를 배우는 사람들, 그중에서도 한국인과 같이 언어 장벽 뒤에 있는 사람들을 어렵게 합니다. '현재 상태'를 이해하기도 어려운데 계속해서 (외국어로 쓰인) 뭔가가 추가되니까요.

그런 점에서 카프카는 스트림 처리(14장에서 다룹니다)에 등장하는 '이벤트 스트림'의 개념을 닮았습니다. 스트림 처리 애플리케이션이 '이벤트 스트림'의 '현재 상태'를 조망하기 위해 '상태 저장소'를 필요로 하듯이, 카프카와 같은 시스템을 이해하기 위해서는 우선 '현재 상태'를 명료하게 정리해줄 수 있는 무엇인가가 필수적입니다. 이 책은 오랫동안 카프카를 개발해온 분들이 직접 쓴 카프카에 대한 안내서입니다. 지금까지 카프카를 발전시켜온 '이벤트 스트림'을 만들어온 사람들이 만든 '상태 저장소'라고 할 수 있겠네요. 꽤 긴 시간 동안 카프카 프로젝트에 기여해온 저 역시 이 책이 한국 독자들을 위한 좋은 '상태 저장소' 역할을 할 수 있었으면 좋겠다는 생각을 하면서 이 책을 번역했습니다.

이 책이 카프카의 세계를 여행하는 국내의 독자분들께 좋은 안내서 역할을 해드릴 수 있다면 역자로서 이보다 더한 보람은 없을 것입니다. 좋은 책을 번역할 수 있게 해주신 제이펍 장성두 대표님과 늦어지는 일정에 고생해주신 김정준 편집자님, 흔쾌히 제2판 번역을 양보해주신 제1판 역자 심재철 님, 항상 많은 가르침을 주시는 동료 선후배 개발자분들 그리고 언제나 곁에 있어 주는 가족에게 이 자리를 빌어 감사의 마음을 전합니다.

이동진

베타리더 후기

김용현(Microsoft MVP)

카프카를 처음 접하는 사람들을 위한 시작 환경, 옵션 설정 방법 등의 튜토리얼식 설명뿐만 아니라 기본 구조, 개념, 원리 및 다양한 시행착오들을 미리 안내하며 고급 사용자를 위해 튜닝할 수 있는 다양한 옵션을 이해하기 쉽게 설명하고 있습니다. 실제 소스코드에 바로 적용할 수 있는 자바 코드 이디엄들을 보며 카프카를 사용할 때 필요한 모든 것을 얻을 수 있습니다. 스탠드 얼론으로 돌아가는 애플리케이션만 개발을 주로 했는데, 이 책을 통해 진정 거인의 어깨 위에 올라선 듯한 느낌을 받았습니다.

김진영(야놀자)

시스템의 기능 구현을 위해 발행/구독 관점에서 카프카를 사용하고 있는 상황에서 깊이 있는 학습의 필요성을 느껴 무척 고대하던 상황이었습니다. 학습 난이도는 상당히 높다고 체감하였습니다만, 특히 3~4장과 8장은 카프카를 운영하지 않는 일반 개발자들에게도 학습할 가치가 있다고 생각합니다.

이석곤(아이알컴퍼니)

아파치 카프카를 처음 입문하는 분들을 위해서 이론과 실습에 대한 내용이 잘 조화를 이룬 책입니다. 카프카 구축부터 개발 운영에 대한 내용을 자세히 설명하고 있어 쉽게 따라 할 수 있습니다. 카프카 플랫폼에 대한 이해와 카프카 클러스터를 구축하는 방법, 운영에 대한 고민이 있다면 이 책이 전문가로 가는 지름길을 인도해줄 것입니다.

이현수(글래스돔코리아)

카프카를 공부하려는 엔지니어들이 참고하기 좋은 번역서로서 번역의 질이 전반적으로 좋습니다. 단어를 우리말로 억지로 대체하려고 하지 않고, 딱딱한 번역체가 아니라 캐주얼한 문체가 오히려 더 읽기 좋은 것 같습니다.

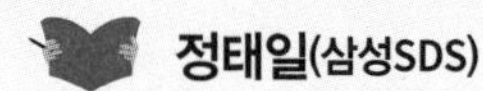

정태일(삼성SDS)

카프카를 활용하여 신뢰성 있는 메시지 기반 시스템을 구축하고 안정적으로 운영하기 위한 다양한 내용을 다룹니다. 단순한 기능 나열이나 설정에 대한 설명이 아니라 특정 설정, 환경이 갖춰지지 않을 경우에 발생할 수 있는 문제들을 제시하고, 사례 등을 곁들여 설명하고 있어 더욱 유익했습니다.

정현준(매드업)

Kafka는 정말 뛰어난 도구지만 그만큼 잘 쓰기가 어려운데, 자세한 설명이 예제와 함께 나와 있고, 또 다양한 설정 옵션을 알려줘서 실무에 굉장히 큰 도움을 받을 수 있는 책이라고 생각합니다. 더 뛰어난 점은 역자가 세심하게 확인하고 번역에 신경을 썼다는 점입니다. 책을 읽으면 알게 되겠지만, 저자의 설명을 보충해서 자세하게 알려주는 부분이 곳곳에 있습니다. 저자가 좋은 책을 쓰고 역자가 완성했다는 느낌을 받을 정도입니다.

최인주(Backend 개발자)

이 책은 카프카에 대한 깊이 있는 개념을 다질 수 있도록 도와줍니다. 기초 개념부터 심화 개념까지의 내용으로 구성되어 있고, 그림과 실습도 포함되어 있어 개념을 이해하는 데에 많은 도움이 되었습니다. 특히 카프카를 공부하며 여러 서비스에서 카프카를 도입한 이유에 대해 생각해볼 수 있었습니다. 카프카의 모든 것을 다루기 때문에 아직 카프카를 접해보지 못한 분들이나 카프카를 사용 중인 분들 모두에게 많은 도움이 될 것입니다.

황시연(엘로스)

이번 제2판은 제1판보다 개발자의 관심을 크게 받을 것으로 예상됩니다. 그 이유는 대규모 트래픽을 감당하는 회사에서 MSA를 도입하면서 카프카를 선택이 아닌 필수로 사용하는 추세이기 때문입니다. 이 책은 카프카를 직접 설계하고 구현한 분들이 쓴 책인데요, 내부적인 구조에 대해 어떻게 만들었는지 의도를 알 수 있어서 카프카의 전반적인 개념을 잡는 데 도움을 줍니다. 전판에 비해 페이지도 늘어나고 내용도 더 알차서 좋았습니다.

제이펍은 책에 대한 애정과 기술에 대한 열정이 뜨거운 베타리더의 도움으로
출간되는 모든 IT 전문서에 사전 검증을 시행하고 있습니다.

제2판 추천사

《카프카 핵심 가이드》의 제1판은 5년 전에 출간되었습니다. 그때만 해도 우리가 추산하기에 아파치 카프카는 포춘 상위 500개 기업 중 30%에서 사용되고 있었습니다. 현재, 포춘 상위 500개 기업 중 70% 이상이 아파치 카프카를 사용하고 있습니다. 카프카는 여전히 세계에서 가장 활발한 오픈소스 프로젝트 중 하나이며, 거대한 생태계의 중심을 맡고 있습니다.

왜 이런 일이 벌어지고 있는 것일까요? 저는 우리의 데이터 인프라스트럭처에 큰 갭이 있어 왔기 때문이라고 생각합니다. 전통적으로, 데이터 관리는 곧 저장소에 관한 것이었습니다. 즉, 데이터를 안전하게 저장해주고 또 필요할 때 필요한 데이터를 찾을 수 있도록 해주는 파일 저장소와 데이터베이스 같은 것들 말입니다. 거대한 지적 에너지와 상업적 투자가 이러한 시스템에 들어갔습니다. 하지만 현대적인 기업은 그저 데이터베이스 하나와 함께 작동하는 소프트웨어 하나만으로는 돌아가지 않습니다. 현대 기업은 수백, 수천 개의 커스텀 애플리케이션, 마이크로서비스, 데이터베이스, SaaS 계층, 그리고 분석 플랫폼들로 이루어진, 믿을 수 없을 만큼 복잡한 시스템상에서 돌아가기 때문입니다. 그리고 가면 갈수록 우리는 이 모든 것들을 하나로 엮어서 함께 실시간으로 작동하도록 하는 문제에 직면하고 있습니다.

이것은 정적인 데이터를 관리하는 문제가 아닙니다. 바로 동적인 데이터를 관리하는 문제지요. 그리고 이러한 변화의 중심에는 동적 데이터를 처리하기 위한 모든 플랫폼에 있어서 사실상의 기반이 되는 아파치 카프카가 있습니다.

이 여정의 와중에서, 카프카는 고정된 무언가로 남아 있지 않았습니다. 커밋 로그를 위한 단순한 뼈대로서 시작된 시스템은 커넥터와 스트림 처리 기능이 추가되고, 그 과정에서 스스로의 아키텍처를 재발명하면서 함께 진화해 왔습니다. 카프카 커뮤니티는 이미 존재하는 API, 설정 옵션, 지표, 카프카의 사용성과 신뢰성을 개선하기 위한 툴들을 발전시키는 데서 머물지 않고 새로운 프로그램적 관리 API, 차세대 글로벌 복제 및 재해 복구 시스템인 미러메이커 2.0, 카프카가 독립적으로 실행될 수 있도록 해주는 새로운 래프트Raft 기반 합의 프로토콜, 진정한 유연성을 실현하는 계층화된 저장소 지원 역시 도입했습니다. 아마도 그중에서 가장 중요한 것은, 우리가 카프카에 고급 보안 옵션들(인증authentication, 인가authorization 그리고 암호화encryption)에 대한 지원을 추가함으로써 카프카를 핵심적인 엔터프라이즈 활용 사례에서 쉽게 사용할 수 있게 만들었다는 점일 겁니다.

카프카가 진화해 감에 따라 우리는 활용 사례 역시 진화하는 것을 지켜보게 되었습니다. 이 책의 제1판이 나왔을 때, 대부분의 카프카는 여전히 전통적인 배포 스크립트를 사용하는 온프레미스 데이터센터에서 돌아가고 있었습니다. 가장 대표적인 활용 사례는 ETL과 메시지 교환이었고, 스트림 처리 활용 사례는 여전히 걸음마 단계였습니다. 5년이 지나고, 대부분의 카프카는 클라우드상에 설치되고 있으며, 그중 상당수는 쿠버네티스상에서 돌아갑니다. ETL과 메시지 교환은 여전히 많이 활용되지만, 이벤트 주도 마이크로서비스event-driven microservice, 실시간 스트림 처리, 사물 인터넷, 기계 학습 파이프라인 그리고 수백 개의 산업별 활용 사례 및 패턴과 함께 사용됩니다. 이러한 활용 사례는 보험회사의 청구 처리에서부터 은행의 거래 시스템, 실시간 게임 플레이, 비디오 게임과 스트리밍 서비스의 개인화까지를 포함합니다.

카프카가 새로운 환경과 활용 사례로 확장되어 간다 할지라도, 카프카를 사용하는 애플리케이션을 정확히 작성하고 프로덕션 환경에 신뢰성 있게 배포하는 일은 카프카 특유의 사고방식을 습득하는 것을 필요로 합니다. 이 책은 가장 기초적인 API와 설정에서부터 가장 최신의 최첨단 기능까지, 카프카가 가진 최대한의 잠재력을 활용해야 하는 개발자와 사이트 신뢰성 엔지니어site reliability engineer가 필요로 하는 모든 것을 담았습니다. 이 책은 단순히 카프카를 사용해서 무엇을 할 수 있는지, 어떻게 해야 하는지를 넘어 무엇을 하지 말아야 하는지, 어떠한 안티패턴들을 피해야 하는지 역시 다룹니다. 이 책은 처음으로 카프카를 사용하는 초보자와 경험이 풍부한 실무자 모두에게 있어서 카프카의 세계를 여행하기 위한 믿을 수 있는 안내서가 될 것입니다.

제이 크렙스

컨플루언트 공동 창업자, CEO

제1판 추천사

지금은 아파치 카프카에 있어서 매우 흥미진진한 시기입니다. 카프카는 포춘 500대 기업의 1/3을 포함한 수많은 조직에서 사용되고 있습니다. 아파치 카프카는 가장 빠르게 성장하고 있는 오픈소스 프로젝트 중 하나이며, 이미 그 주위에 광범위한 생태계를 형성했습니다. 카프카는 데이터 스트림의 관리와 처리로 옮겨가는 패러다임 변화의 중심에 있습니다.

그렇다면 카프카는 어디에서 온 것일까요? 이 기술은 왜 만들어진 것이며, 정확히 무엇일까요?

카프카의 시작은 우리가 링크드인에서 구축한 내부 인프라스트럭처였습니다. 우리가 내린 결론은 매우 간단했습니다. 즉, 데이터를 **저장**하기 위해 만들어진 데이터베이스와 다른 시스템들은 많이 있었지만, 지속적인 데이터의 **흐름**을 처리할 수 있게 해주는 것은 없다는 것이죠. 카프카를 개발하기 전 우리는 메시징 시스템에서부터 로그 수집 시스템과 ETL 툴에 이르는 모든 종류의 현존하는 해법들을 실험해보았습니다만, 만족스러운 것은 없었습니다.

결국 우리는 완전히 새로운 것을 개발하기로 마음먹었습니다. 관계형 데이터베이스나 키-값 저장소, 검색 인덱스, 혹은 캐시처럼 데이터 저장에 초점을 둬서는 안 된다는 것이 우리의 생각이었습니다. 대신 데이터를 지속적으로 진화하고 성장하는 스트림으로서의 데이터를 다루는 것에 초점을 맞추고, 이에 근거한 데이터 아키텍처와 시스템을 구축해야 한다는 것이었습니다.

이 방식은 우리가 생각했던 것 이상으로 보편적인 것임이 밝혀졌습니다. 카프카가 실시간 애플리케이션을 구동시키고 소셜 네트워크 뒤편에서 흐르는 데이터를 처리하기 위해 시작되었던 것은 사실입니다. 하지만, 이제 우리는 상상할 수 있는 모든 산업에서의 차세대 아키텍처의 중심에 카프카가 있는 것을 볼 수 있습니다. 대형 유통업체들은 지속적인 데이터 스트림의 형태에 맞춰 자신들의 핵심 비즈니스 프로세스를 재구축하는 중입니다. 자동차 회사들은 인터넷에 연결된 차량에서 실시간 데이터 스트림을 수집해서 처리하고 있죠. 은행들 역시 카프카를 중심으로 자신들의 핵심 비즈니스 프로세스를 재구성하고 있습니다.

그래서 이 카프카라는 것은 대체 무엇일까요? 여러분들이 이미 알고, 또 사용하고 있는 시스템과의 차이점은 무엇일까요?

우리는 카프카를 **스트리밍 플랫폼**streaming platform으로 생각하기로 했습니다. 데이터 스트림을 쓰고, 읽고, 저장하고, 처리할 수 있게 해주는 시스템 말입니다. 그리고 이것이 우리가 카프카를 만들게 된 바로 그 이유이기도 합니다. 데이터에 대한 이러한 사고방식에 익숙해지는 것은 그동안 여러분이 해왔던 것과는 조금 다를 수 있습니다. 하지만, 이것은 애플리케이션과 아키텍처를 구축할 때 믿을 수 없을 정도로 강력한 추상화 방식임이 드러났습니다. 카프카는 자주 기존의 여러 기술 카테고리들과 비교되곤 했습니다. 바로 엔터프라이즈 메시징 시스템, 하둡Hadoop과 같은 빅데이터 시스템 그리고 데이터 통합이나 ETL 툴들과 같은 것들과 말이죠. 이러한 비교가 어느 정도 맞는 이야기이긴 합니다만, 다소 미흡한 설명이기도 합니다.

카프카는 메시지 스트림을 쓰고 읽게 해준다는 점에서 메시징 시스템과 비슷합니다. 이런 점에서 ActiveMQ나 RabbitMQ, IBM의 MQ 등과 유사하죠. 하지만 이러한 유사성에도 불구하고, 카프카는 전통적인 메시징 시스템과 완전히 다른 종류로 취급될 수밖에 없는 중대한 차이점이 여럿 있습니다. 그중 가장 중요한 것을 세 가지 들자면 다음과 같습니다. 첫 번째로, 카프카는 현대적인 분산 시스템입니다. 컴퓨터 네트워크로 연결된 일반적인 하드웨어 위에서 분산 클러스터 형태로 작동하며, 가장 거대한 회사들의 모든 애플리케이션을 처리할 수 있을 정도로 확장이 가능합니다. 그렇기 때문에 기업이 보유한 모든 종류의 데이터 스트림을 처리할 수 있을 정도로 신축성 있게 확장 가능한 중심 플랫폼의 역할을 할 수 있습니다. 수십 개의 메시지 브로커를 제각각 운용하고, 서로 다른 앱들을 일일이 연결하는 대신 말이죠. 두 번째로, 카프카는 원하는 만큼 오랫동안 데이터를 저장할 수 있도록 만들어진 진정한 저장 시스템입니다. 이는 카프카를 서로 다른 시스템 간의 연결 계층으로 사용하고자 할 때 크나큰 이점이 됩니다. 데이터가 복제되고, 영구적이며, 원하는 만큼 오랫동안 보존할 수 있는 만큼 데이터 전송을 확실하게 보장할 수 있기 때문이지요. 마지막으로, 스트림 처리의 세계는 추상화의 수준을 현격히 끌어올리기 때문입니다. 대부분의 메시징 시스템은 단순히 메시지를 전달만 하는 것이 보통입니다. 하지만 카프카에 내재된 스트림 처리 능력은 훨씬 더 적은 코드를 사용해서 기존 스트림에서 파생 스트림과 데이터세트를 동적으로 산출할 수 있게 해줍니다. 이러한 이유들 때문에 카프카를 단순히 또 다른 메시지 큐로 간주하는 것은 적절하지 않습니다.

카프카를 보는 또 다른 관점(우리가 카프카를 디자인하고 개발할 때 동기motivation가 된 것 중 하나입니다만)은 카프카를 일종의 실시간 버전 하둡으로 생각하는 것입니다. 하둡은 매우 큰 규모의 파일 데이터를 저장하고 주기적으로 처리할 수 있게 해줍니다. 카프카 역시 매우 큰 규모의 데이터 스트림을 저장하고 지속적으로 처리할 수 있게 해줍니다. 기술적인 수준에서 둘은 분명히 유사하고, 최근 생겨나고 있는 스트림 처리를 기존에 하둡과 다양한 처리 레이어를 사용해서 수행하곤 했던 배치 처리batch process의 보다 일반화된 개념으로 보는 경우도 많습니다. 하지만 이러한 비교가 놓치고 있는 것이 있습니다. 지속적이고 지연이 적은 처리 방식에서 가능해지는 사용 사례는 배치 처리 시스템에서 자연스럽게 발견되는 것들과는 꽤 다르다는 겁니다. 하둡과 빅데이터(특히 데이터 웨어하우징 영역에서)는 분석 애플리케이션을 목적으로 하는 것이 보통인 반면, 저지연low latency이라는 특성을 갖는 카프카는 직접적으로 비즈니스를 구동하는 코어 애플리케이션을 구축하는 데 활용될 수 있습니다. 이렇게 생각하면 되겠습니다. 즉, 비즈니스에 있어서의 이벤트event는 언제나 발생하고 있고, 이벤트가 발생하는 대로 반응할 수 있는 능력은 직접적으로 비즈니스 운영을 가능케 하거나 사용자 경험에 피드백을 주는 등의 서비스를 개발하는 것을 훨씬 더 쉽게 해준다는 것입니다.

마지막으로, 카프카는 ETL이나 데이터 통합 툴과도 비교됩니다. 결국에는 이러한 툴들은 모두 데이터를 흐르게 하는 것이 목적이고 카프카 역시 마찬가지이기 때문입니다. 이러한 시각에는 어느 정도 타당성이 있습니다만, 제가 보기에 결정적인 차이점은 카프카가 문제를 뒤집었다는 점에 있습니다. 카프카는 한 시스템의 데이터를 긁어모아서 다른 시스템에 집어넣는 툴이라기보다, 실시간 이벤트 스트림의 처리를 지향하는 플랫폼의 역할을 합니다. 이는 카프카가 기존의 애플리케이션과 데이터 시스템을 연결할 수 있을 뿐 아니라 데이터 스트림을 작동시키는 커스텀 애플리케이션을 구동시키기 위해 사용될 수 있다는 점을 의미합니다. 우리는 이렇게 이벤트 스트림에 중점을 두는 아키텍처가 매우 중요하다고 생각합니다. 어떤 점에서는 이러한 데이터의 흐름이 현대 디지털 기업의 가장 중요한 측면이라고 할 수 있기 때문입니다(재무재표에 표시되는 현금 흐름만큼이나 말이죠).

위에서 언급한 세 영역을 통합할 수 있는 능력, 즉 모든 상황에 걸쳐 모든 데이터 스트림을 한데 모을 수 있는 능력이 많은 사람들에게 있어 스트리밍 플랫폼의 개념을 매력적으로 보이게 합니다.

그럼에도 불구하고, 이 모든 것들은 다소 생소한 것들입니다. 독자 여러분이 요청/응답 방식을 취하는 애플리케이션이나 관계형 데이터베이스의 세계에서 왔다면 지속적인 데이터 스트림에 중점을 두어 사고하고 애플리케이션을 개발하는 방법을 배우는 것은 기존 사고방식을 상당히 바꿔야 하는 일이기도 하죠. 단언컨대 이 책은 카프카를 배우는 가장 좋은 방법입니다. 내부에서부터 API에 이르기까지 가장 잘 아는 사람들 중 일부가 이 책을 썼기 때문입니다. 제가 그랬던 것만큼이나 여러분이 이 책을 즐겨 주셨으면 합니다.

제이 크렙스

컨플루언트 공동 창업자, CEO

시작하며

기술 서적의 저자에게 바칠 수 있는 가장 큰 찬사는 “이 책은 내가 입문자였을 때 원하던 바로 그 책입니다.”일 것입니다. 이것이 바로 이 책을 쓰기 시작했을 때 우리가 세운 목표이기도 합니다. 카프카를 개발하고, 운영 환경에서 운용하고, 카프카를 사용해서 소프트웨어 아키텍처를 구축하고 데이터 파이프라인을 관리하려는 많은 기업들을 도와주었던 그동안의 경험을 돌이켜 보면서 우리는 이렇게 질문을 던져 보았습니다. “카프카를 처음 접하는 사용자가 초보에서 전문가가 될 수 있도록 돕는 가장 좋은 방법은 무엇일까?” 이 책은 우리가 매일 하는 일의 반영입니다. 카프카를 운용하고 다른 사람들이 이것을 가장 잘 활용할 수 있도록 도와주는 것이죠.

우리는 아파치 카프카를 운영 환경에서 성공적으로 운용하고 그 위에서 작동하는 튼튼하고 효율적인 애플리케이션을 개발하기 위해 필요하다고 생각되는 것들을 이 책에 담았습니다. 그리고 자주 쓰이는 실제 사례들에 초점을 맞췄습니다. 바로 이벤트 주도 마이크로서비스를 위한 이벤트 버스, 스트림 처리 애플리케이션, 대규모 데이터 파이프라인 같은 것들처럼 말이죠. 구체적인 사례나 아키텍처와 상관없이 카프카를 사용하는 모든 사람에게 도움이 될 수 있도록 보편적이고 포괄적인 내용을 담는 데에도 신경을 썼습니다. 카프카를 어떻게 설치하고 설정하는지, API를 어떻게 사용하는지와 같은 실전적인 주제를 다루었을 뿐만 아니라 카프카의 디자인 원칙, 신뢰성 보장, 그리고 복제 프로토콜이나 컨트롤러, 스토리지 레이어와 같은 카프카 아키텍처의 상세한 부분까지도 지면을 할애했습니다. 우리는 카프카의 디자인과 내부 구현에 대한 지식이 단순히 분산 시스템에 관심이 있는 독자들에게 재미있는 읽을거리인 것을 넘어서서 카프카를 운영 환경에 전개하고 이 위에서 돌아가는 애플리케이션을 디자인해야 하는 상황에서 적절한 결정을 내려야 하는 사람들에게 믿을 수 없을 만큼 유용할 것이라고 믿습니다.

소프트웨어 개발에서 어려운 점 중 하나는 무언가를 하고자 할 때 그 방법이 유일하지 않다는 것일 겁니다. 아파치 카프카와 같은 플랫폼이 가진 유연성은 전문가 입장에서는 좋을지 몰라도 입문자 입장에서는 배우기가 쉽지 않죠. 많은 경우, 아파치 카프카에 탑재된 기능을 어떻게 쓸 것인가에 대해서는 알 수 있어도 그것을 왜 써야 하거나 쓰지 말아야 하는지에 대해서는 알기 어렵습니다. 우리는 가능한 한 사용 가능한 선택지와 여기에 수반되는 트레이드오프, 그리고 카프카가 제공하는 기능을 써야 할 상황과 아닌 상황에 대해서 명확하게 설명하도록 노력했습니다.

이 책을 읽어야 하는 사람

우리는 카프카 API를 사용해서 애플리케이션을 개발해야 하는 소프트웨어 개발자나 카프카를 운영 환경에서 설치하고, 설정하고, 최적화하고, 모니터링해야 하는 운영자들을 위해서 이 책을 썼습니다. 전체 데이터 인프라스트럭처를 설계하고 개발해야 하는 데이터 아키텍트나 데이터 엔지니어들 역시 염두에 두었습니다. 특히 3장, 4장, 14장은 자바 개발자들을 염두에 두고 썼습니다. 우리는 독자가 예외 처리나 동시성과 같은 자바 프로그래밍 언어의 기초에 익숙하다고 가정하고 이 장들을 썼습니다. 다른 장들, 특히 2, 10, 12, 13장의 경우 독자가 리눅스 운영을 어느 정도 해 봐서 스토리지, 네트워크 설정에 어느 정도 익숙하다는 것을 가정하고 썼습니다. 카프카와 소프트웨어 아키텍처에 대해 다루는 나머지 부분은 좀 더 일반적인 용어를 쓰기 때문에 특별한 사전 지식을 요구하지 않습니다.

이 책에 흥미를 느낄 만한 다른 부류의 사람이라면 관리자나 아키텍트가 있을 겁니다. 직접적으로 카프카를 다룰 일은 없지만, 실제로 그 일을 하는 사람들과 함께 일을 해야 하는 사람들이죠. 카프카가 무엇을 보장하는지, 팀원들이 카프카 기반 시스템을 개발하는 도중 뭔가 결정을 내려야 할 때 어떠한 트레이드오프가 있는지를 이해하는 것 역시 중요하기 때문입니다. 이 책은 팀원들에게 아파치 카프카를 교육하거나 알아야 하는 것을 알고 있는지 확신하고 싶은 관리자들에게 유용한 무기가 되어줄 것입니다.

표기 규칙

이것은 팁이나 제안을 나타냅니다.

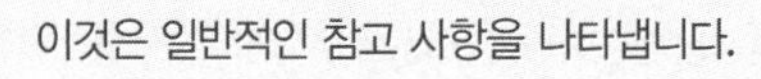

이것은 일반적인 참고 사항을 나타냅니다.

이것은 경고나 주의 사항을 나타냅니다.

감사의 글

우리는 아파치 카프카와 그 생태계에 기여해주신 많은 분들께 감사를 표하고 싶습니다. 이 분들의 노력이 없었더라면 이 책은 나오지 못했을 것입니다. 카프카를 창시하고 아파치 소프트웨어 재단에 기탁해주신 Jay Kreps, Neha Narkhede, Jun Rao 그리고 링크드인Linkedin에서의 동료와 경영진에게 특별한 감사를 표하고 싶습니다.

많은 분들이 이 책을 저술하는 동안 귀중한 피드백을 주셨습니다. 이 분들이 할애해주신 시간과 전문성에 감사드립니다: Apurva Mehta, Arseniy Tashoyan, Dylan Scott, Ewen Cheslack-Postava, Grant Henke, Ismael Juma, James Cheng, Jason Gustafson, Jeff Holoman, Joel Koshy, Jonathan Seidman, Jun Rao, Matthias Sax, Michael Noll, Paolo Castagna, Jesse Anderson. 피드백 사이트에서 귀중한 의견과 피드백 주신 많은 독자분들께도 감사를 표하고 싶습니다.

많은 리뷰어 분들이 우리를 도와주셔서 책의 수준을 크게 향상시킬 수 있었습니다. 뭔가 실수가 남아 있다면 모두 우리의 책임입니다.

우리는 제1판의 편집을 맡아 많은 노력을 기울여 주신 오라일리 출판사의 Shannon Cutt 팀장님께 감사드립니다. 제2판의 편집을 맡아 주신 Jess Haberman 와 Gary O'Brien은 우리가 글로벌 수준의 도전을 해 나갈 수 있도록 도와주었습니다. 오라일리와 작업하는 것은 저자들에게 있어 굉장한 경험이었습니다. 작업 도구에서 책 사인회에 이르기까지 오라일리가 제공해준 지원은 비할 데가 없는 것이었습니다. 이 책의 제작에 연관된 모든 분들께도 우리와 함께 해주셔서 감사합니다.

그리고 우리는 우리가 이 책을 쓰게 해주고 또 그 과정에서 용기를 북돋아줬던 동료와 경영진에게 감사의 인사를 드리고 싶습니다.

그웬은 또 다른 책을 쓰는 동안 인내심을 갖고 지원해준 남편 Omer Shapira에게 감사를 전하고 싶어 합니다. 껴안고 싶은 고양이인 루크와 레아, 그리고 언제나 두려운 상황에서도 기회가 왔을 때 잡으라고 가르쳐온 아빠 Lior Shapira에게도 감사합니다.

토드는 언제나 그의 뒤에 있어주는 아내인 Marcy와 두 딸, Bella 및 Kaylee 없이는 어디로도 갈 수가 없을 것 같습니다. 이 책을 쓰고 머리를 식히는 긴 시간 동안 그들의 도움이 있었기에 작업을 계속해 나갈 수 있었습니다.

라지니는 주말마다 초안을 읽어보며 끊임없이 도움을 주고 용기를 북돋아줬던 남편 Manjunath와 아들 Tarun에게 감사의 마음을 전하고 싶습니다.

크리트는 아내 Cecilia와 두 아이, Lucas 및 Lizabeth에게 사랑과 감사를 보냅니다. 그들의 사랑과 도움이 매일같이 기쁨을 주지 않았더라면 그가 자신의 열정을 좇을 수 없었을 테니까요. 그는 언제나 최고가 되고자 하는 열망을 불어넣어 주신 어머니 Cindy Petty에게도 감사의 인사를 전하고 싶습니다.

표지에 대하여

이 책의 표지에 그려진 동물은 파란 날개를 가진 쿠카부라Kookaburra(학명: *Dacelo leachii*)입니다. 파랑새목 물총새과에 속하며, 뉴기니 남부에서부터 상대적으로 덜 건조한 오스트레일리아 북부에 걸쳐 서식합니다. 강에 사는 물총새로 여겨지고 있습니다.

번식기는 9월에서 12월입니다. 높은 나무 위의 움푹 들어간 부분에 둥지를 만들며, 새끼를 공동 양육하기 때문에 부모를 돕는 도우미 역할을 하는 새가 적어도 한 마리가 있습니다. 한 번에 3~4개의 알을 낳아서 26일간 품습니다. 새끼는 (도중에 죽지 않는다면) 알에서 깬 지 36일이면 날 수 있게 됩니다. 생애 첫 주가 매우 공격적이고 경쟁적이기 때문에 먼저 깬 새끼들이 나중에 깬 새끼들을 죽이는 것으로 알려져 있습니다. 동족에게 살해당하지 않거나 다른 이유로 죽지 않는다면 부모로부터 6주에서 10주간 사냥 훈련을 받은 뒤 독립합니다.

오라일리 표지의 많은 동물들은 멸종 위기종이며, 모두 세상에 소중한 존재입니다.

표지 그림은 카렌 몽고메리Karen Montgomery의 작품이며, 《영문 백과전서English Cyclopaedia》(1854-1862)에 수록된 흑백 판화를 기초로 그린 것입니다.

CHAPTER 1

카프카 시작하기

모든 기업은 데이터로 움직인다. 우리는 정보를 얻고, 분석하고, 가공하고, 그 이상의 것을 결과물로 산출한다. 로그 메시지, 지표metric, 사용자 행동, 외부로 나가는 메시지, 그 외의 어떠한 것이 되었건 간에 모든 애플리케이션은 데이터를 생성한다. 데이터의 모든 부분은 의미가 있으며, 그 다음 처리되어야 하는 작업과 같이 뭔가 중요한 정보를 담고 있다. 이것이 무엇인지 알기 위해서는 데이터를 생성된 곳에서 분석할 수 있는 곳으로 옮겨야 한다. 이러한 일련의 과정은 아마존과 같은 웹사이트에서 매일 볼 수 있다. 즉, 관심 있는 상품에 대한 클릭이 상품 추천으로 전환되어 조금 뒤 우리의 눈에 보여지는 식이다.

이러한 작업을 더 빠르게 해낼수록 조직은 더 유연해지고 더 민첩해질 수 있다. 우리가 데이터를 이동시키는 작업에 더 적은 노력을 들일수록 핵심 비즈니스에 더욱 집중할 수 있다. 데이터가 중심이 되는 기업data-driven enterprise에서 파이프라인pipeline이 중요한 핵심적인 요소가 되는 이유는 바로 이것 때문이다. 데이터를 어떻게 이동시키느냐의 문제는 데이터 그 자체만큼이나 중요한 것이다.

> 과학자들이 서로 동의하지 않는 상황이 벌어진다면, 그것은 데이터가 불충분하기 때문이다. 그리고 어떠한 데이터를 얻을 것인지를 합의하고 데이터를 얻을 수 있다면 문제는 해결된다. 내가 옳든 상대방이 옳든, 아니면 둘 다 틀리든 말이다. 그제서야 우리는 그 다음으로 진행해 갈 수 있다.
>
> — **닐 디그래스 타이슨**Neil deGrasse Tyson[1]

1 옮긴이 미국의 천체물리학자이자 저명한 대중 과학 작가

1.1 발행/구독 메시지 전달

아파치 카프카의 특징에 대해 설명하기 전에, 발행/구독 메시지 전달publish/subscribe messaging의 개념과 데이터 주도 애플리케이션에서의 중요성을 이해할 필요가 있다. 발행/구독 메시지 전달 패턴의 특징은 전송자(발행하는 쪽)가 데이터(메시지)를 보낼 때 직접 수신자(구독하는 쪽)로 보내지 않는다는 것이다. 대신, 전송자(쓰는 쪽)는 어떤 형태로든 메시지를 분류해서 보내고, 수신자(읽는 쪽)는 이렇게 분류된 메시지를 구독한다. 발행/구독 시스템에는 대개 발행된 메시지를 전달받고 중계해주는 중간 지점 역할을 하는 브로커broker가 있다.

1.1.1 초기의 발행/구독 시스템

발행/구독 패턴을 따르는 많은 사례들은 비슷한 형태로 시작한다. 즉, 가운데 간단한 메시지 큐나 프로세스 간 통신 채널을 놓는 것이다. 예를 들어서, 어딘가로 모니터링 지표를 보내야 하는 애플리케이션을 개발했다고 치면, 그림 1-1과 같이 애플리케이션에서 지표를 대시보드 형태로 보여주는 앱으로 연결을 생성하고 그 연결을 통해 지표를 전송한다.

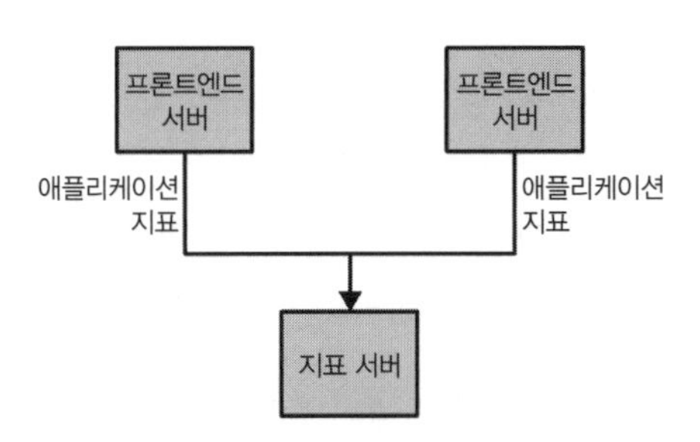

그림 1-1 **발행자와 구독자가 직접 연결된 단일 지표 발행자**

모니터링을 시작하는 시점에서는 단순한 문제에 걸맞은 단순한 해법이라고 할 수 있겠다. 하지만 오래가지 않아서 좀 더 장기간에 걸쳐 지푯값을 분석하고자 한다면 이 대시보드가 그리 잘 작동하지 않는다는 걸 알게 된다. 지표를 받아서 저장하고, 분석하는 서비스를 새로 하나 만든다. 이 서비스가 작동하도록 하기 위해서는 애플리케이션을 고쳐서 두 시스템에 지푯값을 쓰게 만든다. 그리고 지표를 생성하는 애플리케이션이 세 개가 되면, 이 두 서비스에 똑같은 연결을 또 만든다. 동료가 서비스를 폴링해서 뭔가 문제가 있을 때 경보가 울리도록 하는 게 좋다고 생각하면 각각의 애플리케이션에 대해 요청을 받아 지표를 응답하는 서버를 추가해야 한다. 시간이 좀 더 흐르면 이러한 서버들에서 지표를 가져다 여러 목적으로 활용하는 더 많은 애플리케이션들이 추가된다. 결과적으로 그림 1-2와 같은 아키텍처가 되는데, 이렇게 되면 연결을 추적하는 것은 더 힘들어진다.

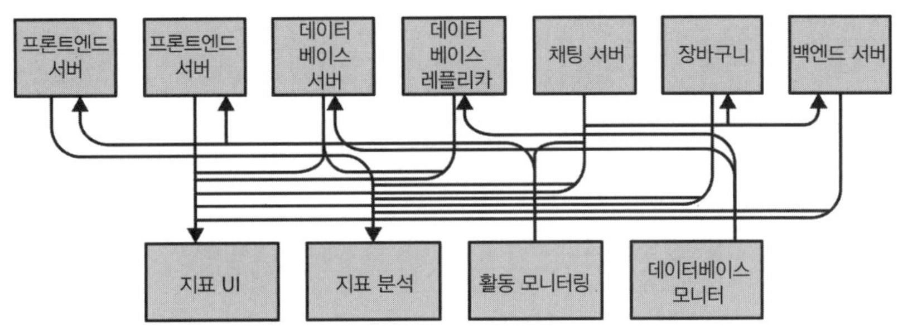

그림 1-2 **발행자와 구독자가 직접 연결된 여러 지표 발행자**

이러한 방식에서 발생하는 기술 부채technical debt는 명백하기 때문에 다소 개선의 필요가 있다. 모든 애플리케이션으로부터 지표를 받는 하나의 애플리케이션을 만들고, 이 지푯값들을 필요로 하는 어느 시스템이든 지표를 질의할 수 있도록 해주는 서버를 제공하면 된다. 이렇게 하면 그림 1-3과 같이 복잡성이 줄어든 아키텍처를 만들 수 있다. 축하한다. 방금 전 메시지 발행/구독 시스템을 하나 만든 셈이다.

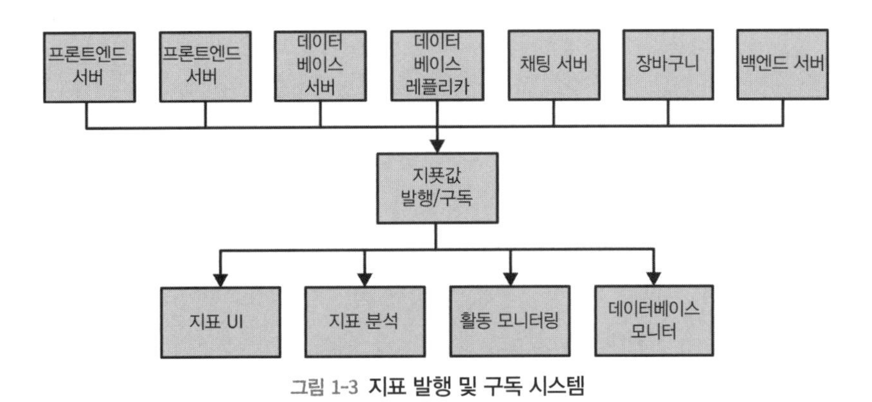

그림 1-3 **지표 발행 및 구독 시스템**

1.1.2 개별 메시지 큐 시스템

지표를 다루는 것과 동시에 로그 메시지에 대해서도 비슷한 작업을 해줘야 한다. 또한, 프론트엔드 웹사이트에서의 사용자 활동을 추적해서 이 정보를 기계 학습 개발자에게 제공하거나 관리자용 보고서를 생성하는 데 사용해야 할 수도 있다. 이러한 경우에도 비슷한 시스템을 구성함으로써 정보의 발행자와 구독자를 분리할 수 있다. 그림 1-4는 세 개의 발행/구독 시스템으로 이루어진 인프라스트럭처를 보여준다.

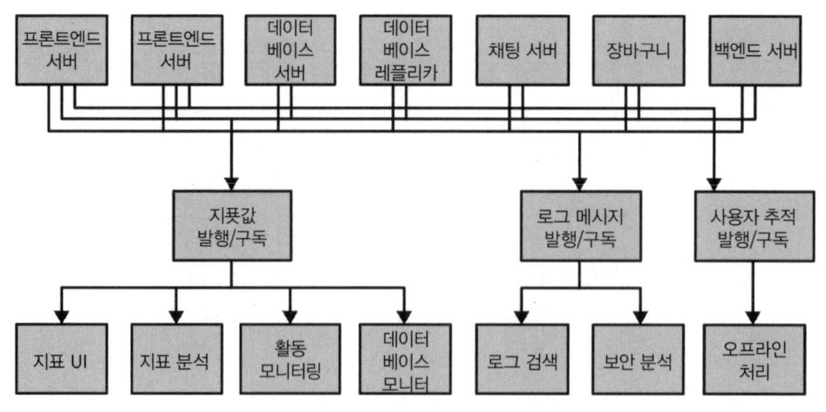

그림 1-4 **다수의 발행/구독 시스템**

그림 1-2에 묘사된, 포인트 투 포인트point-to-point 연결을 활용하는 방식보다 이쪽이 명백히 더 바람직하지만, 여기에는 중복이 많다. 이렇게 되면 버그도 한계도 제각각인 다수의 데이터 큐 시스템을 유지 관리해야 한다. 여기에 메시지 교환을 필요로 하는 사례가 추가로 생길 수도 있다. 비즈니스가 확장됨에 따라 함께 확장되는, 일반화된 유형의 데이터를 발행하고 구독할 수 있는 중앙 집중화된 시스템이 필요하다.

1.2 카프카 입문

아파치 카프카는 위에서 설명한 것과 같은 문제를 해결하기 위해 고안된 메시지 발행/구독 시스템이다. '분산 커밋 로그' 혹은 '분산 스트리밍 플랫폼'이라고 불리기도 한다. 파일시스템이나 데이터베이스 커밋 로그commit log는 모든 트랜잭션 기록을 지속성durable 있게 보존함으로써 시스템의 상태를 일관성consistency 있게 복구할 수 있도록 고안되었다. 이와 유사하게, 카프카에 저장된 데이터는 순서를 유지한 채로 지속성 있게 보관되며 결정적deterministic으로 읽을 수 있다. 또한, 확장시 성능을 향상시키고 실패가 발생하더라도 데이터 사용에는 문제가 없도록 시스템 안에서 데이터를 분산시켜 저장할 수 있다.

1.2.1 메시지와 배치

카프카에서 데이터의 기본 단위는 **메시지**message다. 데이터베이스 쪽 배경을 가진 사람의 눈에 카프카의 메시지는 데이터베이스의 **로우**row나 **레코드**record와 비슷해 보일 수도 있다. 카프카의 입장에서 메시지는 단순히 바이트의 배열일 뿐이기 때문에 여기에 포함된 데이터에는 특정한 형식이나 의미가 없다. 메시지는 **키**key라 불리는 메타데이터를 포함할 수도 있다. 키 역시 메시지와 마찬가지로 카프카 입장에서 특별한 의미가 없는 바이트 배열일 뿐이다. 키는 메시지를 저장할 파티션을 결정하기 위해 사용된다. 가장 간단한 방법은 키값에서 일정한 해시값을 생성한 뒤 이 값을 토픽의 파티션 수로 나

눴을 때 나오는 나머지 값에 해당하는 파티션에 메시지를 저장하는 것이다. 이렇게 하면 같은 키값을 가진 메시지는 (파티션 수가 변하지 않는 한) 항상 같은 파티션에 저장된다.

카프카는 효율성을 위해 메시지를 **배치**batch 단위로 저장한다. 배치는 그저 같은 토픽의 파티션에 쓰여지는 메시지들의 집합일 뿐이다. 메시지를 쓸 때마다 네트워크상에서 신호가 오가는 것은 막대한 오버헤드를 발생시키는데, 메시지를 배치 단위로 모아서 쓰면 이것을 줄일 수 있다. 물론 이것은 지연latency과 처리량throughput 사이에 트레이드오프를 발생시킨다. 즉, 배치 크기가 커질수록 시간당 처리되는 메시지의 수는 늘어나지만, 각각의 메시지가 전달되는 데 걸리는 시간은 늘어나는 것이다. 배치는 더 효율적인 데이터 전송과 저장을 위해 약간의 처리 능력을 들여서 압축되는 경우가 많다. 키와 밸류value[2]에 대해서는 3장에서 자세히 알아본다.

1.2.2 스키마

카프카 입장에서 메시지는 단순한 바이트 배열일 뿐이지만, 내용을 이해하기 쉽도록 일정한 구조(혹은 스키마)를 부여하는 것이 권장된다. 각 애플리케이션의 필요에 따라 사용 가능한 메시지 스키마에는 여러 가지가 있는데, 가장 간단한 방법으로는 쓰기 쉽고 사람이 알아볼 수 있는 JSONJavaScript Object Notation이나 XMLeXtensilbe Markup Language이 있다. 하지만 이 방식들은 타입 처리 기능이나 스키마 버전 간의 호환성 유지 기능이 떨어진다. 많은 아파치 카프카 개발자들은 아파치 에이브로Avro를 선호한다(이 직렬화serialization 프레임워크는 원래 하둡Hadoop 프로젝트를 위해 개발된 것이다). 에이브로는 조밀한 직렬화 형식을 제공하는 데다 메시지 본체와 스키마를 분리하기 때문에 스키마가 변경되더라도 코드를 생성할 필요가 없다. 강력한 데이터 타이핑typing과 스키마 변경에 따른 상위 호환성, 하위 호환성 역시 지원한다.

카프카에서는 일관적인 데이터 형식이 중요하다. 메시지 쓰기와 읽기 작업을 분리할 수 있도록 해주기 때문이다. 만약 이 작업들이 서로 결합되어 있다면 우선 메시지를 구독하는 애플리케이션들 먼저 구버전과 신버전 형식을 동시에 함께 지원할 수 있도록 업데이트되어야 할 것이며, 그 다음에야 메시지를 발행하는 애플리케이션이 신버전 형식을 사용하도록 업데이트 될 수 있을 것이다. 잘 정의된 스키마를 공유 저장소에 저장함으로써 카프카는 두 버전 형식을 동시에 지원하도록 하는 작업 없이도 메시지를 처리할 수 있다. 스키마와 직렬화에 대해서는 3장에서 자세히 알아본다.

---

2 옮긴이 value의 사전적인 의미는 '값'이고 실제로 그렇게 번역하는 것이 일반적이지만, 여기서는 음차했다. 한국어 '값'은 여러 의미를 동시에 가지기 때문이다(이 단어는 자바의 맵이나 카프카의 레코드와 같은 자료 구조에서 키에 대응되는 원소를 가리키기도 하지만, 변수에 할당된 상수를 가리킬 때도 쓰인다). 만약 레코드에서 키에 대응되는 나머지 부분을 '값'으로 번역한다면, 여기 할당된 상수는 '값값'이 되어 부자연스럽다. 이에 따라 자료 구조나 카프카 레코드의 특정한 원소를 가리키는 경우는 '밸류'로 음차했고, 나머지 경우만 '값'을 사용했다.

1.2.3 토픽과 파티션

카프카에 저장되는 메시지는 **토픽**topic 단위로 분류된다. 토픽과 가장 비슷한 개념으로는 데이터베이스의 테이블이나 파일시스템의 폴더가 있을 것이다. 토픽은 다시 여러 개의 **파티션**partition으로 나뉘어진다. 커밋 로그의 관점으로 되돌아가자면, 파티션은 하나의 로그에 해당한다. 파티션에 메시지가 쓰여질 때는 추가만 가능append-only한 형태로 쓰여지며, 읽을 때는 맨 앞부터 제일 끝까지의 순서로 읽힌다. 대개 토픽에 여러 개의 파티션이 있는 만큼 토픽 안의 메시지 전체에 대해 순서는 보장되지 않으며, 단일 파티션 안에서만 순서가 보장될 뿐이다. 그림 1-5에서는 4개의 파티션을 가진 토픽을 보여주는데, 여기에 메시지를 쓰면 각 파티션의 끝에 추가되는 것을 볼 수 있다. 파티션은 카프카가 데이터 중복과 확장성을 제공하는 방법이기도 하다. 각 파티션이 서로 다른 서버에 저장될 수 있기 때문에 하나의 토픽이 여러 개의 서버로 수평적으로 확장되어 하나의 서버의 용량을 넘어가는 성능을 보여 줄 수 있다. 또 하나, 파티션은 복제될 수 있다. 즉, 서로 다른 서버들이 동일한 파티션의 복제본을 저장하고 있기 때문에 서버 중 하나에 장애가 발생한다고 해서 읽거나 쓸 수 없는 상황이 벌어지지는 않는다.

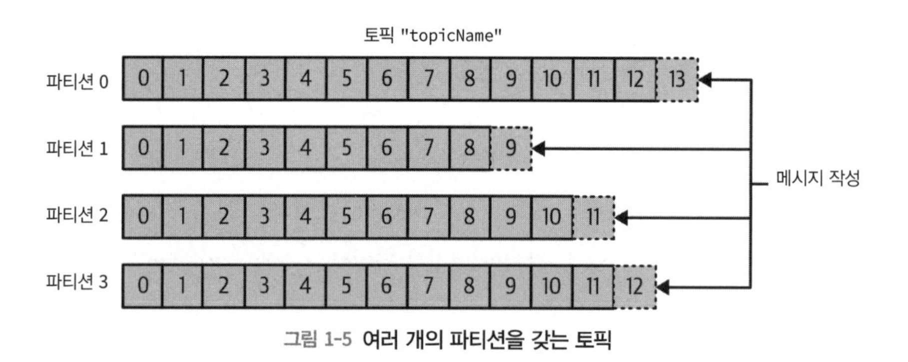

그림 1-5 **여러 개의 파티션을 갖는 토픽**

카프카와 같은 시스템을 이야기할 때면 '**스트림**stream'이라는 용어가 자주 사용된다. 대부분의 경우 스트림은 (파티션의 개수와 상관없이) 하나의 토픽에 저장된 데이터로 간주되며, 프로듀서producer로부터 컨슈머consumer로의 하나의 데이터 흐름을 나타낸다. 메시지의 집합을 스트림이라는 용어로 부르는 것은 카프카 스트림즈Kafka Streams, 아파치 삼자Samza, 아파치 스톰Storm과 같은 프레임워크에서 메시지를 실시간으로 처리하는 것처럼 스트림 처리stream processing에 대한 논의를 진행할 때 가장 일반적인 것이다. 이러한 방식의 처리는 데이터를 시간이 흐른 뒤 한꺼번에 대량으로 처리하는 하둡과 같은 오프라인 프레임워크와 대비된다. 14장에서는 스트림 처리에 대해 개략적으로 다룬다.

1.2.4 프로듀서와 컨슈머

카프카 클라이언트는 이 시스템의 사용자이며, 기본적으로 프로듀서와 컨슈머의 두 종류가 있다. 좀 더 고급 클라이언트 API도 있는데, 데이터 통합에 사용되는 카프카 커넥트Kafka Connect API와 스트림 처리에 사용되는 카프카 스트림즈가 그것이다. 이 고급 클라이언트들은 프로듀서와 컨슈머를 기본적인 요소로서 사용하며, 좀 더 고차원적인 기능을 제공한다.

프로듀서는 새로운 메시지를 생성한다. 다른 발행/구독 시스템에서는 **발행자**publisher 혹은 **작성자**writer라고도 부른다. 메시지는 특정한 토픽에 쓰여진다. 기본적으로 프로듀서는 메시지를 쓸 때 토픽에 속한 파티션들 사이에 고르게 나눠서 쓰도록 되어 있다. 하지만 어떠한 경우에는, 프로듀서가 특정한 파티션을 지정해서 메시지를 쓰기도 한다. 이것은 대개 메시지 키key와 키값의 해시를 특정 파티션으로 대응시켜 주는 파티셔너partitioner를 사용해서 구현된다. 이렇게 함으로써 동일한 키값을 가진 모든 메시지는 같은 파티션에 저장되게 된다. 프로듀서는 메시지를 파티션으로 대응시켜 주는 다름의 규칙을 가진 커스텀 파티셔너를 사용할 수도 있다. 프로듀서에 대해서는 3장에서 자세히 알아볼 것이다.

컨슈머는 메시지를 읽는다. 다른 발행/구독 시스템에서는 **구독자**subscriber 혹은 **독자**reader라고도 한다. 컨슈머는 1개 이상의 토픽을 구독해서 여기에 저장된 메시지들을 각 파티션에 쓰여진 순서대로 읽어 온다. 컨슈머는 메시지의 오프셋offset을 기록함으로써 어느 메시지까지 읽었는지를 유지한다. 오프셋은 지속적으로 증가하는 정수값으로, 카프카가 메시지를 저장할 때 각각의 메시지에 부여해주는 또 다른 메타데이터이다. 주어진 파티션의 각 메시지는 고유한 오프셋을 가지며, 뒤에 오는 메시지가 앞의 메시지보다 더 큰 오프셋을 가진다(반드시 단조증가할 필요는 없다). 파티션별로 다음 번에 사용 가능한 오프셋 값을 저장함(대체로 카프카 자체에 저장됨)으로써 컨슈머는 읽기 작업을 정지했다가 다시 시작하더라도 마지막으로 읽었던 메시지의 바로 다음 메시지부터 읽을 수 있다.

컨슈머는 **컨슈머 그룹**consumer group의 일원으로서 작동한다. 컨슈머 그룹은 토픽에 저장된 데이터를 읽어오기 위해 협업하는 하나 이상의 컨슈머로 이루어진다. 컨슈머 그룹은 각 파티션이 하나의 컨슈머에 의해서만 읽히도록 한다. 그림 1-6은 하나의 컨슈머 그룹에 속한 3개의 컨슈머가 하나의 토픽에서 데이터를 읽어오는 모습을 보여준다. 컨슈머 중 둘은 각각 하나의 파티션만 읽어서 처리하는 반면, 마지막 하나는 두 개의 파티션을 읽어온다. 컨슈머에서 파티션으로의 대응 관계는 컨슈머의 파티션 **소유권**ownership이라고도 부른다.

이 방법을 사용함으로써 대량의 메시지를 갖는 토픽들을 읽기 위해 컨슈머들을 수평 확장할 수 있다. 또한, 컨슈머 중 하나에 장애가 발생하더라도, 그룹 안의 다른 컨슈머들이 장애가 발생한 컨슈머가 읽고 있던 파티션을 재할당받은 뒤 이어서 데이터를 읽어올 수 있다. 컨슈머와 컨슈머 그룹에 대한 자세한 내용은 4장에서 알아본다.

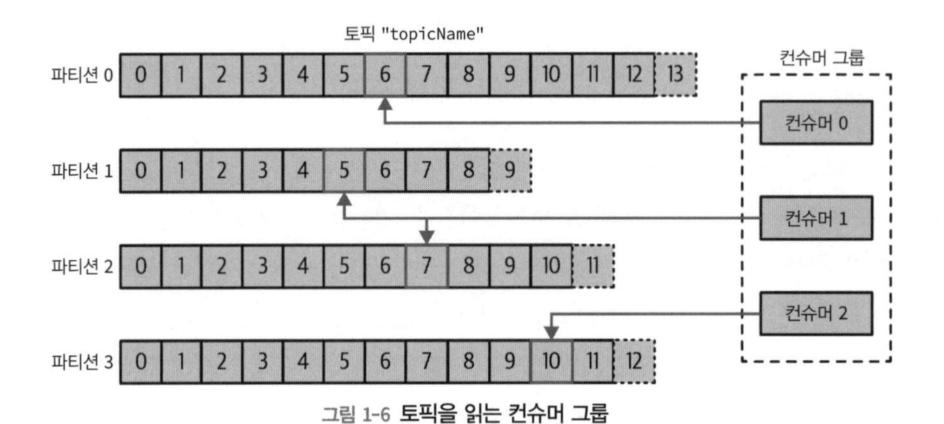

그림 1-6 **토픽을 읽는 컨슈머 그룹**

1.2.5 브로커와 클러스터

하나의 카프카 서버를 **브로커**라고 부른다. 브로커는 프로듀서로부터 메시지를 전달받아 오프셋을 할당한 뒤 디스크 저장소에 쓴다. 브로커는 컨슈머의 파티션 읽기fetch 요청 역시 처리하고 발행된 메시지를 보내준다. 시스템 하드웨어의 성능에 따라 다르겠지만, 하나의 브로커는 초당 수천 개의 파티션과 수백만 개의 메시지를 쉽게 처리할 수 있다.

카프카 브로커는 **클러스터**의 일부로서 작동하도록 설계되었다. 하나의 클러스터 안에 여러 개의 브로커가 포함될 수 있으며, 그중 하나의 브로커가 클러스터 **컨트롤러**의 역할을 하게 된다(컨트롤러는 클러스터 안의 현재 작동 중인 브로커 중 하나가 자동으로 선정된다). 컨트롤러는 파티션을 브로커에 할당해주거나 장애가 발생한 브로커를 모니터링하는 등의 관리 기능을 담당한다. 파티션은 클러스터 안의 브로커 중 하나가 담당하며, 그 브로커를 **파티션 리더**partition leader라고 부른다. 복제된 파티션(그림 1-7)이 여러 브로커에 할당될 수도 있는데 이것들은 파티션의 **팔로워**follower라고 부른다. 복제replication 기능은 파티션의 메시지를 중복 저장함으로써 리더 브로커에 장애가 발생했을 때 팔로워 중 하나가 리더 역할을 이어받을 수 있도록 한다. 모든 프로듀서는 리더 브로커에 메시지를 발행해야 하지만, 컨슈머는 리더나 팔로워 중 하나로부터 데이터를 읽어올 수 있다. 파티션 복제를 포함한 클러스터 기능은 7장에서 자세히 알아본다.

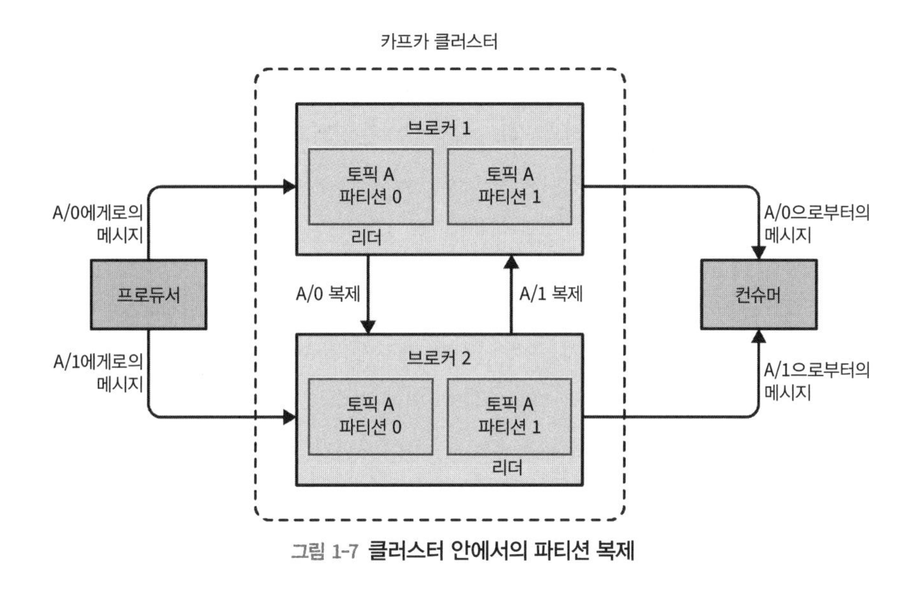

그림 1-7 **클러스터 안에서의 파티션 복제**

아파치 카프카의 핵심 기능 중에 일정 기간 동안 메시지를 지속성durability 있게 보관하는 **보존**retention 기능이 있다. 카프카 브로커는 토픽에 대해 기본적인 보존 설정이 되어 있는데, 특정 기간 동안 메시지를 보존하거나(예 7일) 파티션의 크기가 특정 사이즈에 도달할 때까지(예 1GB) 데이터를 보존한다. 이러한 한도값에 도달하면 메시지는 만료되어 삭제된다. 이렇게 보존 설정은 어떤 시점에 있어서건 사용 가능한 최소한의 데이터 양을 정의한다. 각각의 토픽에는 메시지가 필요한 정도까지만 저장되도록 보존 설정을 잡아줄 수 있다. 예를 들어서, 사용자 활동 추적 토픽은 며칠 동안 유지할 수 있는 반면, 애플리케이션 지표는 겨우 몇 시간만 보존할 수 있는 것이다. 토픽에는 **로그 압착**log compaction 기능을 설정할 수도 있는데, 이 경우 같은 키를 갖는 메시지 중 가장 최신의 것만 보존된다. 이 기능은 마지막 변경값만이 중요한 체인지로그changelog 형태의 데이터에 사용하면 좋다.

1.2.6 다중 클러스터

설치된 카프카가 확장되어감에 따라 다수의 클러스터를 운용하는 것이 더 나은 경우가 있다. 이 방식에는 아래와 같은 장점이 있다.

- 데이터 유형별 분리
- 보안 요구사항을 충족시키기 위한 격리
- 재해 복구disaster recovery, DR를 대비한 다중 데이터센터

특히 카프카가 다수의 데이터센터에서 운용될 때는 데이터센터 간에 메시지를 복제해 줄 필요가 있는 경우가 많다. 이렇게 하면 온라인 애플리케이션은 양쪽 데이터센터 모두에서 사용자 활동 정보를

사용할 수 있다. 예를 들어서, 사용자가 자신의 프로필에 있는 공개 정보를 수정한다면 이 변경사항은 검색 결과가 보여지는 데이터센터가 어디냐의 여부와 상관없이 보여야 한다. 혹은, 모니터링 데이터를 여러 사이트로부터 수집한 뒤 분석과 경보 시스템이 운영되고 있는 하나의 중앙 집결지로 모을 수도 있다. 카프카 클러스터의 복제 메커니즘은 다중 클러스터 사이에서가 아닌 하나의 클러스터 안에서만 작동하도록 설계되었다.

카프카 프로젝트는 데이터를 다른 클러스터로 복제하는 데 사용되는 **미러메이커**MirrorMaker라는 툴을 포함한다. 근본적으로 미러메이커도 단지 큐로 연결된 카프카 컨슈머와 프로듀서에 불과하다. 하나의 카프카 클러스터에서 메시지를 읽어와서 다른 클러스터에 쓴다. 그림 1-8은 미러메이커를 사용하는 아키텍처의 예제를 보여주는데, 두 개의 로컬 클러스터의 메시지를 하나의 집적 클러스터로 모은 뒤 다른 데이터센터로 복사하는 모습을 보여준다. 미러메이커가 본질적으로 단순한 애플리케이션인 만큼 복잡한 데이터 파이프라인을 구축할 수 있는 능력을 간과하기 쉬운데, 자세한 내용은 9장에서 알아본다.

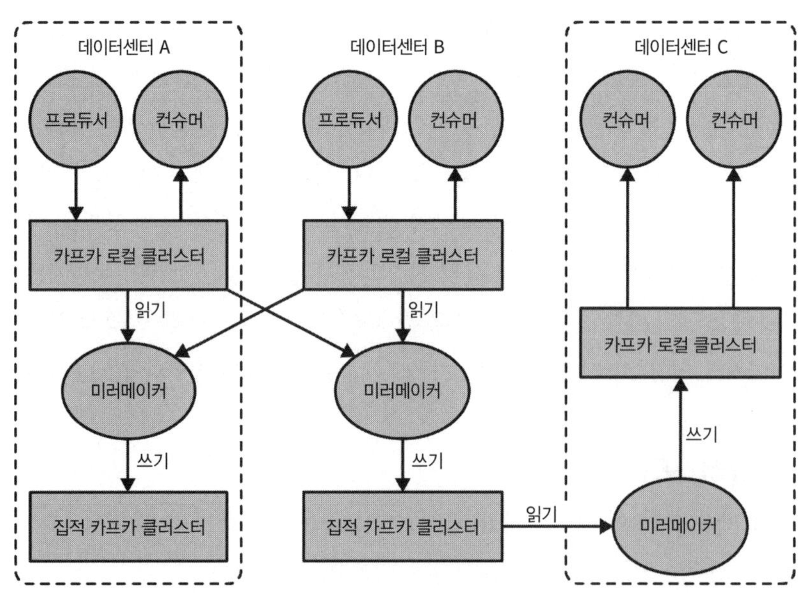

그림 1-8 **다중 데이터센터 아키텍처**

1.3 왜 카프카인가?

발행/구독 메시지 전달 시스템에는 여러 가지가 있다. 그렇다면 카프카가 좋은 이유에는 무엇이 있을까?

1.3.1 다중 프로듀서

카프카는 자연스럽게 여러 프로듀서를 처리할 수 있다. 프로듀서 클라이언트가 여러 토픽을 사용하든 하나의 토픽을 사용하든 간에 말이다. 이러한 이유 때문에 많은 프론트엔드 시스템으로부터 데이터를 수집하고 일관성을 유지하는 데 적격이다. 예를 들어서, 다수의 마이크로서비스microservice를 통해 사용자에게 컨텐츠를 서비스하는 사이트에서는 모든 서비스가 공통의 형식으로 쓸 수 있는 페이지 뷰용 토픽을 가질 수 있다. 이제 컨슈머 애플리케이션은 애플리케이션 별로 하나씩, 여러 개의 토픽에서 데이터를 읽어올 필요 없이 사이트의 모든 애플리케이션에 대한 페이지 뷰 스트림 하나만 읽어오면 된다.

1.3.2 다중 컨슈머

다중 프로듀서와 함께, 카프카는 많은 컨슈머가 상호 간섭 없이 어떠한 메시지 스트림도 읽을 수 있도록 설계되었다. 이것이 하나의 메시지를 하나의 클라이언트에서만 소비할 수 있도록 되어 있는 많은 큐queue 시스템과의 결정적인 차이점이기도 하다. 다수의 카프카 컨슈머는 컨슈머 그룹의 일원으로 작동함으로써 하나의 스트림을 여럿이서 나눠서 읽을 수 있다. 이 경우 주어진 메시지는 전체 컨슈머 그룹에 대해 한 번만 처리된다.

1.3.3 디스크 기반 보존

카프카는 다중 컨슈머를 처리할 수 있을 뿐만 아니라 메시지를 지속성 있게 저장할 수도 있다. 이는 컨슈머들이 항상 실시간으로 데이터를 읽어올 필요는 없다는 의미이기도 하다. 메시지는 디스크에 쓰여진 뒤 설정된 보유 규칙과 함께 저장된다. 이 옵션들은 토픽별로 설정이 가능하기 때문에 서로 다른 메시지 스트림이 컨슈머의 필요에 따라 서로 다른 기간 동안 보존될 수 있다. 따라서 만약 컨슈머가 느린 처리 속도 혹은 트래픽 폭주로 인해 뒤처질 경우에도 데이터 유실의 위험은 없다. 프로듀서 쪽에서 메시지를 백업해야 하거나 메시지가 유실될 걱정 없이 잠시 애플리케이션을 내리고 컨슈머를 유지보수 할 수 있는 것이다. 컨슈머를 정지하더라도 메시지는 카프카 안에 남아있게 된다. 그리고 컨슈머가 다시 시작되면 작업을 멈춘 지점에서부터 유실 없이 데이터를 처리할 수 있다.

1.3.4 확장성

카프카는 유연한 확장성을 가지고 있기 때문에 어떠한 크기의 데이터도 쉽게 처리할 수 있다. 처음에는 실제로 잘 돌아가는지를 검증하는 의미에서 하나의 브로커로 시작한 뒤 3개의 브로커를 가진 소규모의 개발용 클러스터, 마지막에는 데이터 증가에 따라 수십 개에서 수백 개의 브로커로 구성된 대규모 클러스터로 이루어진 프로덕션 환경으로 옮겨가면 된다. 카프카 클러스터는 작동 중에도 시스템 전체의 가용성availability에 영향을 주지 않으면서 확장이 가능하다. 여러 대의 브로커로 구성된 클러스터는 개별 브로커의 장애를 처리하면서 지속적으로 클라이언트의 요청을 받아서 처리할 수 있다는 의미다. 동시다발적인 장애를 견뎌야 하는 클러스터의 경우 더 큰 복제 팩터replication factor, RF를 설정해주는 것이 가능하다. 복제에 대해서는 7장에서 자세히 논의할 것이다.

1.3.5 고성능

아파치 카프카가 고부하 아래에서도 높은 성능을 보여주는 발행/구독 메시지 전달 시스템이 될 수 있었던 것은 지금까지 설명한 모든 특징들 덕분이다. 발행된 메시지가 컨슈머에게 전달될 때까지 1초도 안 걸리면서도 프로듀서, 컨슈머, 브로커 모두가 매우 큰 메시지 스트림을 쉽게 다룰 수 있도록 수평적으로 확장될 수 있는 것이다.

1.3.6 플랫폼 기능

아파치 카프카의 코어 프로젝트에는 개발자들이 자주 하는 작업을 훨씬 쉽게 수행할 수 있도록 해주는 플랫폼 기능이 추가되어 있다. YARN처럼 구조화된 런타임 환경을 포함하는 완전한 플랫폼은 아니지만, 이 기능들은 탄탄한 기반과 자유로운 형태로 실행할 수 있는 유연성을 갖춘 API와 라이브러리의 형태로 사용이 가능하다. 카프카 커넥트는 소스 데이터 시스템으로부터 카프카로 데이터를 가져오거나 카프카의 데이터를 싱크 시스템으로 내보내는 작업을 도와준다. 카프카 스트림즈는 규모 가변성scalability과 내고장성fault tolerance을 갖춘 스트림 처리 애플리케이션을 쉽게 개발할 수 있게 해주는 라이브러리다. 카프카 커넥트는 9장에서, 스트림즈는 14장에서 매우 상세히 다룬다.

1.4 데이터 생태계

데이터 처리를 위해 구축한 환경에는 많은 애플리케이션이 있다. 입력은 데이터를 생성하거나, 데이터를 시스템에 집어넣은 애플리케이션의 형태로 주어진다. 출력은 지푯값이나, 리포트나, 다른 데이터 제품의 형태로 정의된다. 시스템에서 데이터를 읽어와서, 다른 곳에서 들어온 데이터와 함께 변환하고, 또 다른 곳에서 쓰일 수 있도록 데이터 인프라스트럭처로 보내는 애플리케이션의 형태로 루프를 만들 수도 있다. 이러한 과정은 품질, 크기, 용도가 제각각인 다양한 유형의 데이터에 대해서 수행된다.

아파치 카프카는 데이터 생태계에 있어서 순환 시스템을 제공한다(그림 1-9). 모든 클라이언트에 대해 일관된 인터페이스를 제공하면서 다양한 인프라스트럭처 요소들 사이에 메시지를 전달하는 것이다. 메시지 스키마를 제공하는 시스템과 결합하면 프로듀서와 컨슈머는 더 이상 어떤 형태로든 밀접하게 결합되거나 연결될 필요가 없다. 필요할 때마다 관련 컴포넌트를 추가하거나 제거해주면 되며, 프로듀서는 누가 데이터를 사용하는지, 컨슈머 애플리케이션이 몇 개인지와 같은 것에 신경 쓸 필요가 없다.

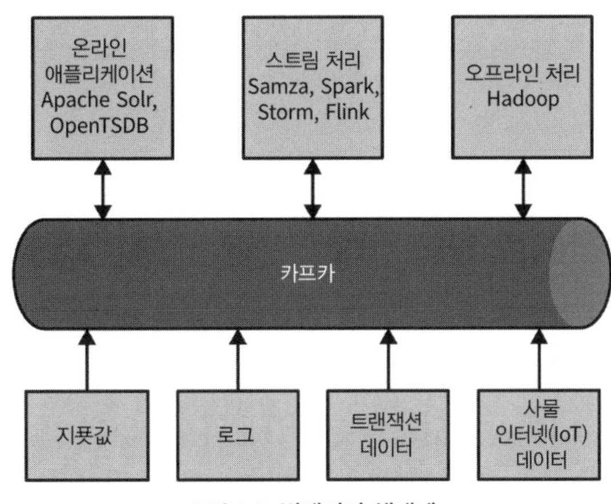

그림 1-9 빅데이터 생태계

1.4.1 이용 사례

❶ 활동 추적

링크드인LinkedIn에서 처음 의도했던 카프카의 원래 용도는 사용자 활동 추적이었다. 웹사이트의 사용자가 뭔가 행동을 할 때마다 이것에 대한 메시지를 생성하는 프론트엔드 애플리케이션이 작동한다. 이것은 페이지 뷰나 클릭 추적과 같은 수동적인 정보일 수도 있고, 사용자가 프로필 화면에 추가한 정보와 같이 더 복잡한 것일 수도 있다. 이 메시지들은 하나 이상의 토픽으로 발행되어 백엔드에서 작동 중인 애플리케이션에 전달된다. 이 애플리케이션들은 보고서를 생성하거나, 기계 학습 시스템에 데이터를 전달하거나, 검색 결과를 업데이트하거나, 풍부한 사용자 경험을 제공하기 위해 필요한 다른 작업을 수행할 수 있다.

❷ 메시지 교환

카프카는 메시지를 교환하는 데도 사용될 수 있기 때문에, 사용자에게 (이메일과 같은) 알림을 보내야 하는 애플리케이션에서 활용할 수 있다. 이러한 애플리케이션들은 메시지 형식이나 전송 방법에 신경

쓸 필요 없이 메시지를 생성할 수 있다. 아래와 같은 작업을 수행하는 하나의 애플리케이션이 보낼 메시지를 모두 읽어와서 같은 방식으로 처리할 수 있기 때문이다.

- 같은 룩앤필look and feel을 사용해서 메시지를 포매팅formatting 혹은 데코레이팅decorating해준다.
- 여러 개의 메시지를 모아서 하나의 알림 메시지로 전송한다.
- 사용자가 원하는 메시지 수신 방식을 적용한다.

하나의 애플리케이션에서 이러한 작업을 처리하면 여러 애플리케이션에 기능을 중복해서 구현할 필요가 없으며, 다른 방식에서는 불가능한 메시지 누적과 같은 기능도 지원할 수 있다.

❸ 지표 및 로그 수집

카프카는 애플리케이션과 시스템의 지푯값과 로그를 수집하는 데도 이상적이다. 이것은 여러 애플리케이션이 같은 유형으로 생성한 메시지를 활용하는 대표적인 사례이기도 하다. 애플리케이션이 정기적으로 지푯값을 카프카 토픽에 발행하면, 모니터링과 경보를 맡고 있는 시스템이 이 지푯값들을 가져다 사용하는 것이다. 이 값들은 하둡과 같은 오프라인 시스템에서 (성장률 예측과 같은) 보다 장기적인 분석을 수행하기 위해 활용될 수도 있다. 로그 메시지 역시 같은 방식으로 발행될 수 있으며 엘라스틱서치Elasticsearch와 같은 로그 검색 전용 시스템이나 보안 분석 애플리케이션으로 보내질 수 있다. 또 다른 이점은 목적 시스템을 변경해야 할 때(예를 들어서, 로그 저장 시스템을 변경해야 할 때가 되었다든가), 프론트엔드 애플리케이션이나 메시지 수집 방법을 변경할 필요가 없다는 것이다.

❹ 커밋 로그

카프카가 데이터베이스의 커밋 로그 개념을 기반으로 해서 만들어진 만큼, 데이터베이스에 가해진 변경점들이 (스트림의 형태로) 카프카로 발행될 수 있으며 애플리케이션은 이 스트림을 지켜봄으로써 쉽게 실시간 업데이트를 받아볼 수 있다. 이 체인지로그 스트림은 데이터베이스에 가해진 업데이트를 원격 시스템으로 복제하거나, 다수의 애플리케이션에서 발생한 변경점을 하나의 데이터베이스 뷰로 통합하거나 하는 데도 사용될 수 있다. 메시지 보존 기능 역시 체인지로그를 저장하는 버퍼로서 역시 유용하게 사용될 수 있는데, 컨슈머 애플리케이션에 실패가 발생한 경우 다시 읽어오면 되기 때문이다. 또한 토픽에 키별로 마지막 값 하나만을 보존하는 로그 압착compaction 기능을 사용함으로써 로그를 더 오랫동안 보존할 수도 있다.

❺ 스트림 처리

카프카가 다양하게 활용될 수 있는 또 다른 분야는 스트림 처리다. 카프카를 사용하는 거의 모든 경우가 스트림 처리라고 생각될 수 있는데, 이 용어는 대체로 하둡Hadoop의 맵리듀스MapReduce와 같은 기능을 수행하는 애플리케이션을 가리킨다. 하둡은 오랜 시간(몇 시간 혹은 며칠)에 걸쳐 누적된 데이터를 처리하는 반면, 스트림 처리는 메시지가 생성되자마자 실시간으로 데이터를 처리한다는 차이가 있지만 말이다. 스트림 처리 프레임워크를 사용하면 카프카 메시지를 처리하는 작은 애플리케이션을 작성하거나, 각종 지푯값을 계산하는 것과 같은 작업을 수행하거나, 다른 애플리케이션이 효율적으로 처리할 수 있게 메시지를 파티셔닝하거나, 다수의 원본으로부터 들어온 데이터를 사용해서 메시지를 변환한다거나 할 수 있다. 스트림 처리는 14장에서 다룬다.

1.5 카프카의 기원

카프카는 링크드인 내부에서의 데이터 파이프라인 문제를 해결하기 위해 개발되었다. 카프카는 다양한 종류의 데이터를 다루고 고성능 메시지 교환 시스템 역할을 할 수 있도록 설계되었다.

> 데이터는 우리가 하는 모든 것의 원동력이다.
>
> 제프 와이너Jeff Weiner
> 링크드인 전 CEO

1.5.1 링크드인이 직면한 문제

이 장의 도입부에서 묘사된 예제와 비슷하게, 링크드인은 내부적으로 데이터를 저장하고 보여주는 커스텀 수집기와 오픈소스 툴에서 사용할 수 있도록 시스템과 애플리케이션 지표metric를 수집하는 시스템을 돌리고 있었다. 이 모니터링 시스템이 보여주는 지표 중에는 CPU 사용률이나 애플리케이션 성능과 같은 전통적인 지표 외에도 복잡한 요청 추적 기능이 있었는데, 이것은 하나의 사용자 요청이 내부의 여러 애플리케이션에 어떻게 전파되는지를 보여주는 것이었다. 하지만 모니터링 시스템에는 많은 결함이 있었다. 예를 들어서, 여기에는 폴링 방식으로 수집되는 지표들이 있었는데, 지표가 수집되는 간격이 긴 데다가 애플리케이션 담당자가 자신의 애플리케이션에서 수집된 지표를 관리할 수 없게 되어 있었다. 이 시스템은 손이 많이 가는 것이어서, 대부분의 간단한 작업조차 사람이 일일이 직접 만져줘야 하는 데다가 똑같은 측정값도 시스템이 다르면 지표 이름까지 달라져서 일관성이 없었다.

같은 시기에, 사용자 활동 정보를 추적하기 위한 시스템도 있었다. 이것은 HTTP 서비스였는데, 프론트엔드 서버들은 이 시스템에 주기적으로 접속해서 XML 형식으로 되어 있는 메시지 배치를 쏟아넣는 식으로 운용되었다. 이 메시지 배치들은 이후 오프라인 처리 플랫폼으로 옮겨져서 파싱되고 분석되었다. 이 시스템에는 문제가 많았다. XML 형식은 일관성이 없는 데다가 파싱하는 데도 많은 컴퓨팅 자원이 들어갔다. 추적되는 사용자 활동 유형을 변경하려면 프론트엔드와 오프라인 처리 시스템 간에 많은 추가 작업이 필요했다. 그러면서도 스키마 변경 때문에 시스템이 계속해서 중단되고는 했다. 추적 작업 자체가 시간 단위로 처리되었기 때문에 실시간으로는 활용할 수 없었다.

모니터링과 사용자 활동 추적은 같은 백엔드 서비스를 사용할 수 없었다. 모니터링 서비스는 너무 단순하고, 데이터 형식data format은 활동 추적에 쓸 수가 없었으며, 폴링 방식으로 작동했기 때문에 활동 추적에 사용되는 푸시 모델과 호환성이 없었다. 동시에, 활동 추적 서비스는 모니터링 시스템에 쓰기엔 너무 자주 중단되는 데다가 배치 처리 방식은 실시간 모니터링과 경보 기능에 적합하지 않았다. 하지만, 모니터링 데이터와 활동 추적 데이터는 많은 속성들을 공유하는 데다가, (예를 들어서, 특정한 유형의 사용자 활동이 애플리케이션 성능에 어떻게 영향을 미치는지와 같은) 두 정보 사이의 상관관계는 매우 매력적이었다. 특정한 유형의 사용자 활동이 급락하는 것은 해당 기능을 서비스하는 애플리케이션에 뭔가 문제가 있음을 암시할 수 있었지만, 사용자 활동 정보를 배치 단위로 처리하는 데 몇 시간씩 걸렸기 때문에 이러한 유형의 문제에 대해 신속하게 대응할 수 없었다.

처음에 개발팀은 데이터에 실시간으로 접근할 수 있도록 해주면서도 필요한 만큼의 메시지 트래픽을 처리할 수 있을 정도로 수평 확장scale out이 가능한 새로운 시스템을 찾기 위해 이미 나와 있는 오픈소스 솔루션들을 면밀하게 조사했다. ActiveMQ를 사용해서 프로토타입 시스템을 개발해 보기도 했으나, 이번에는 규모 확장성이 떨어졌다. ActiveMQ에는 브로커를 정지시킬 수 있는 결함들이 역시 많았던 탓에 링크드인이 쓰기에는 불안한 점이 많았다. 이것은 클라이언트에 대한 연결에 영향을 미침으로써 사용자 요청을 서비스하는 애플리케이션의 기능에 영향을 줄 수도 있었다. 결론은 데이터 파이프라인을 구축하기 위한 커스텀 인프라스트럭처를 자체 개발하는 것이었다.

1.5.2 카프카의 탄생

당시 링크드인의 개발팀은 수석 엔지니어인 제이 크렙스Jay Kreps가 이끌고 있었다. 제이 크렙스는 과거 오픈소스 분산 키-값 저장소 시스템인 볼드모트Voldemort의 개발을 담당하기도 했었는데, 초기의 개발팀에는 네하 나크헤데Neha Narkhede가 있었으며 나중에 준 라오Jun Rao가 합류했다. 이들은 함께 모니터링 시스템과 사용자 추적 시스템의 요구 조건을 모두 만족시킬 수 있으며 추후 확장도 가능한 메시지 교환 시스템을 개발하기 시작했다. 주된 목표는 다음과 같았다.

- 푸시-풀 모델push-pull model을 사용함으로써 프로듀서와 컨슈머를 분리decouple시킨다.
- 다수의 컨슈머가 사용할 수 있도록 메시지 교환 시스템의 데이터를 영속적으로 저장한다.
- 높은 메시지 처리량을 보일 수 있도록 최적화한다.

- 데이터 스트림의 양이 증가함에 따라 시스템을 수평 확장할 수 있도록 한다.

이렇게 해서 개발된 것이 일반적인 메시지 교환 시스템의 인터페이스와 로그 수집 시스템과 유사한 저장 레이어를 갖춘 발행/구독 메시지 전달 시스템이었다. 메시지 직렬화를 위해 아파치 에이브로와 함께 사용되면서, 카프카는 매일 수십억 개의 지푯값과 사용자 활동 추적 메시지를 처리하는 데 효율적이었다. 카프카의 규모 확장성 덕분에 카프카는 링크드인 안에서 (2020년 2월 기준) 매일 7조 개의 메시지를 쓰고 5페타바이트가 넘는 데이터를 읽을 수 있는 시스템으로 성장할 수 있었다.

1.5.3 오픈소스

카프카는 2010년 말, 깃허브GitHub에 오픈소스로 공개되었다. 오픈소스 커뮤니티에서 관심을 얻기 시작함에 따라 카프카는 2011년 7월, 아파치 소프트웨어 재단Apache Software Foundation의 인큐베이터 프로젝트incubator project가 되었고, 2012년 10월에는 정식 프로젝트가 되었다. 이때부터 링크드인 외부의 많은 기여자들과 커미터committer들의 지속적인 노력과 공헌이 있어 왔으며, 현재 카프카는 넷플릭스, 우버 등 세계에서 가장 큰 데이터 파이프라인에서 사용되고 있다.

카프카의 광범위한 확산은 코어 프로젝트만큼이나 이를 둘러싼 강고한 생태계에 의해 힘입은 바 크다. 전세계에 걸친 수많은 나라들에서 활발한 활동을 하고 있는 밋업 그룹에서 스트림 처리에 대한 논의가 이루어진다. 아파치 카프카에 연관된 오픈소스 프로젝트들도 많다. 링크드인은 크루즈 컨트롤, 카프카 모니터, 버로우와 같은 여러 오픈소스 프로젝트들을 유지 관리하고 있다. 컨플루언트는 카프카의 상업적 제품 버전과 함께 ksqlDB, 스키마 레지스트리Schema Registry, Rest Proxy와 같은 프로젝트들을 커뮤니티 라이선스로 출시했다(이 라이선스는 사용에 제약이 있기 때문에 엄격한 의미에서의 오픈소스는 아니다). 가장 인기 있는 프로젝트에 대한 목록은 부록 B에서 볼 수 있다.

1.5.4 상업적 제품

2014년 가을, 제이 크렙스와 네하 나크헤데, 준 라오는 링크드인을 떠나 아파치 카프카 개발, 기업 지원, 교육을 전문으로 하는 기업 컨플루언트Confluent를 창업했다. 컨플루언트는 헤로쿠Heroku와 같은 다른 기업들과 함께 클라우드 기반 카프카 서비스를 제공하기도 한다. 컨플루언트는 구글과 파트너십을 맺고 구글 클라우드 플랫폼Google Cloud Platform에서 카프카의 매니지드 서비스managed service를 제공하며, 아마존 웹 서비스Amazon Web Services나 마이크로소프트 애저Microsoft Azure에서도 비슷한 서비스를 제공한다. 컨플루언트가 하는 다른 주요한 일 중 하나는 2016년부터 시작된 카프카 서밋Kafka Summit 컨퍼런스를 주최하는 것이다.

1.5.5 이름

카프카의 이름이 어디에서 유래했는지, 뭔가 특별한 기능을 의미하는지 묻곤 하는 사람들이 있다. 여기에 대해서는 제이 크렙스가 아래와 같이 언급한 적이 있다.

> 저는 카프카가 쓰기에 최적화된 시스템이기 때문에, 작가의 이름을 사용하는 것이 맞다고 생각했습니다. 저는 대학에서 많은 문학 수업을 들었고 프란츠 카프카Franz Kafka의 작품을 좋아했습니다. 게다가 이 이름은 오픈소스 프로젝트 이름으로서 멋지게 들렸거든요.
>
> 따라서 카프카의 이름과 기능 사이에는 별 관계가 없다고 할 수 있겠습니다.

1.6 카프카 시작하기

이제 카프카의 기본적인 개념과 역사를 알게 되었으니, 자신만의 데이터 파이프라인을 구축할 수 있을 것이다. 다음 장에서는 카프카를 설치하고 설정하는 방법에 대해 살펴볼 것이다. 또한, 카프카를 실행하는 데 적합한 하드웨어를 선택하는 방법과 프로덕션 작업을 카프카로 옮길 때 고려할 사항들 역시 알아볼 것이다.

CHAPTER 2

카프카 설치하기

이 장에서는 카프카 브로커를 설치하는 방법을 설명한다. 여기에는 브로커의 메타데이터를 저장하기 위해 사용되는 아파치 주키퍼Apache ZooKeeper를 설치하는 방법도 포함된다. 이 장에서는 아파치 카프카를 설치하기 위한 기본적인 설정 옵션뿐만 아니라 브로커를 실행하는 데 적합한 하드웨어를 선택하는 기준에 대해서도 다룰 것이다. 끝으로, 여러 개의 카프카 브로커를 하나의 클러스터로 구성하는 방법과 카프카를 프로덕션 환경에서 사용할 때 알아 두어야 할 것들에 대해서도 설명할 것이다.

2.1 환경 설정

설치된 카프카가 원활하게 작동하려면, 사용하기 전에 몇 가지 환경 설정을 해주어야 한다. 아래에서는 이 과정에 대해 알아본다.

2.1.1 운영체제 선택하기

아파치 카프카는 다양한 운영체제에서 실행이 가능한 자바 애플리케이션이다. 카프카는 윈도우, macOS, 리눅스 등 다양한 운영체제에서 실행이 가능하지만, 대체로 리눅스가 권장된다. 이 장에서 설명하는 설치 과정 역시 리눅스 환경에서의 설치와 사용에 초점을 맞출 것이다. 윈도우나 macOS에서 카프카를 설치하는 방법에 대해서는 부록 A를 참고하라.

2.1.2 자바 설치하기

주키퍼나 카프카를 설치하기 전에 사용 가능한 자바 환경을 먼저 설치해야 할 것이다. 카프카와 주키퍼는 모든 OpenJDK 기반 자바 구현체(오라클 JDK 포함) 위에서 원활히 작동한다. 카프카 최신 버전은 자바 8과 11을 모두 지원한다. 설치되는 자바의 정확한 버전은 운영체제에서 제공되는 버전이 될 수도 있고 웹페이지에서 다운로드받은 버전이 될 수도 있는데, 오라클 웹사이트https://www.oracle.com/java/에서 다운로드받았다면 오라클 버전일 것이다. 주키퍼와 카프카는 자바 런타임 버전에서도 문제없이 작동하지만, 툴이나 애플리케이션을 개발해야 할 경우 자바 개발 키트Java Development Kit, JDK 전체 버전을 설치할 것을 권한다. 오래된 버전은 보안 취약점이 있을 수 있기 때문에 사용하는 자바 환경의 최신 패치된 버전을 설치하는 것이 권장된다. 아래에서는 사용자가 JDK 버전 11, 업데이트 10을 `/usr/java/jdk-11.0.10`에 설치했다고 가정할 것이다.

2.1.3 주키퍼 설치하기

아파치 카프카는 카프카 클러스터의 메타데이터와 컨슈머 클라이언트에 대한 정보를 저장하기 위해 아파치 주키퍼를 사용한다(그림 2-1). 주키퍼는 설정 정보 관리, 이름 부여, 분산 동기화, 그룹 서비스를 제공하는 중앙화된 서비스이다. 이 책은 주키퍼에 대해 자세히 다루지는 않을 것이지만, 카프카 운영에 필요한 범위에 한해서는 설명할 것이다. 카프카 배포판에 포함된 스크립트를 사용해서 주키퍼 서버를 띄울 수도 있지만, 주키퍼 배포판 풀버전을 설치하는 것도 매우 간단하다.

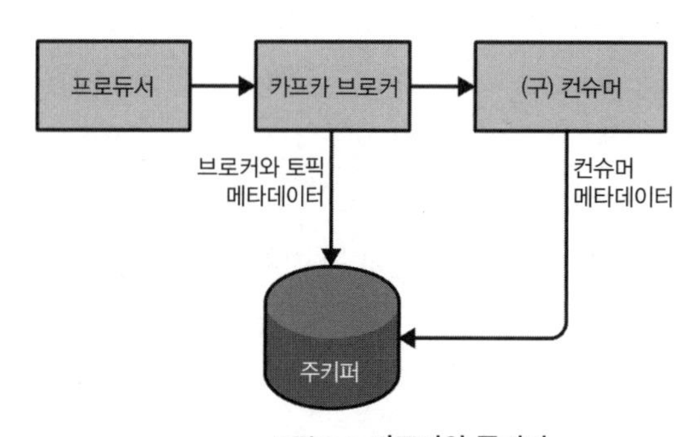

그림 2-1 **카프카와 주키퍼**

카프카는 주키퍼 3.5버전에 대해 포괄적으로 테스트되었고, 주기적으로 최신 버전으로 업데이트 되고 있다. 이 책에서는 주키퍼 웹사이트https://zookeeper.apache.org/releases.html에서 다운로드 가능한 주키퍼 3.5.9를 사용할 것이다.

❶ 독립 실행 서버

주키퍼는 대부분의 활용 사례에서 사용이 가능한 기본적인 예제 설정 파일(/usr/local/zookeeper/config/zoo_sample.cfg)과 함께 배포된다. 하지만 우리는 이 책에서 데모 목적으로 사용할 기본적인 설정을 담은 파일을 직접 만들 것이다. 아래 예시에서는 데이터를 /var/lib/zookeeper에 저장하는 기본적인 설정의 주키퍼를 /usr/local/zookeeper에 설치한다.

```
# tar -zxf apache-zookeeper-3.5.9-bin.tar.gz
# mv apache-zookeeper-3.5.9-bin /usr/local/zookeeper
# mkdir -p /var/lib/zookeeper
# cp > /usr/local/zookeeper/conf/zoo.cfg << EOF
> tickTime=2000
> dataDir=/var/lib/zookeeper
> clientPort=2181
> EOF
# export JAVA_HOME=/usr/java/jdk-11.0.10
# /usr/local/zookeeper/bin/zkServer.sh start
JMX enabled by default
Using config: /usr/local/zookeeper/bin/../conf/zoo.cfg
Starting zookeeper ... STARTED
#
```

이제 독립 실행 모드 주키퍼가 제대로 작동하는지 확인해 보자. 클라이언트 포트로 접속해서 srvr 명령을 실행시키면 된다. 이제 작동 중인 서버로부터 기본적인 주키퍼 정보가 리턴될 것이다.

```
$ telnet localhost 2181
Trying 127.0.0.1...
Connected to localhost.
Escape character is '^]'.
srvr
Zookeeper version: 3.5.9-83df9301aa5c2a5d284a9940177808c01bc35cef, built on
01/06/2021 19:49 GMT
Latency min/avg/max: 0/0/0
Received: 1
Sent: 0
Connections: 1
Outstanding: 0
Zxid: 0x0
Mode: standalone
Node count: 5
Connection closed by foreign host.
$
```

2 주키퍼 앙상블

주키퍼는 고가용성을 보장하기 위해 **앙상블**ensemble이라 불리는 클러스터 단위로 작동하도록 설계되었다. 주키퍼가 사용하는 부하 부산 알고리즘 때문에 앙상블은 홀수 개의 서버(예 3개, 5개, ...)를 가지는 것이 권장된다. 주키퍼가 요청에 응답하려면 앙상블 멤버(**쿼럼**quorum이라고 부른다)의 과반 이상이 작동하고 있어야 하기 때문이다. 뒤집어 말하면, 3개의 노드로 이루어진 앙상블에서 1개의 노드가 정지하더라도 문제없이 작동한다는 이야기다. 5노드짜리 앙상블의 경우 두 대가 정지하더라도 문제없다.

주키퍼 앙상블 크기 결정하기

주키퍼 앙상블을 구성할 때는 5개 노드 크기를 고려하자. (장비 교체를 포함해서) 앙상블 설정을 변경할 수 있게 하려면, 한 번에 한 대의 노드를 정지시켰다가 설정을 변경한 뒤 다시 시작해야 한다. 만약 앙상블이 2대 이상의 노드 정지를 받아낼 수 없다면, 정비 작업을 수행하는 데는 위험이 따를 수밖에 없다. 그렇다고 해서 9대 이상의 노드를 사용하는 것도 권장하지 않는데, 합의(consensus) 프로토콜 특성상 성능이 내려가기 시작할 수 있기 때문이다. 또한, 클라이언트 연결이 너무 많아서 5대 혹은 7대의 노드가 부하를 감당하기에 모자란다는 생각이 들면 옵저버 노드를 추가함으로써 읽기 전용 트래픽을 분산시킬 수 있도록 해 보자.

주키퍼 서버를 앙상블로 구성하려면 두 가지가 필요하다. 우선 각 서버는 공통된 설정 파일을 사용해야 한다. 이 설정 파일에는 앙상블에 포함된 모든 서버의 목록이 포함되어 있다. 그리고 각 서버는 데이터 디렉토리에 자신의 ID 번호를 지정하는 myid 파일을 가지고 있어야 한다. 만약 (3대로 구성된) 앙상블에 포함된 서버의 호스트명이 `zoo1.example.com`, `zoo2.example.com`, `zoo3.example.com`이라면 설정 파일은 아래와 같을 것이다.

```
tickTime=2000
dataDir=/var/lib/zookeeper
clientPort=2181
initLimit=20
syncLimit=5
server.1=zoo1.example.com:2888:3888
server.2=zoo2.example.com:2888:3888
server.3=zoo3.example.com:2888:3888
```

이 설정에서 `initLimit` 값은 팔로워가 리더와의 연결할 수 있는 최대 시간(초기화 제한 시간)[3]이고, `syncLimit` 값은 팔로워가 리더와 연결할 수 있는 최대 시간(동기화 제한 시간)[4]이다. 두 값 모두 `tickTime` 단위로 정의되는데, 이 경우 초기화 제한 시간은 20×2,000밀리초, 즉 40초가 된

3 옮긴이 이 시간 동안 리더와 연결을 못 하면 초기화에 실패한다.
4 옮긴이 이 시간 동안 리더와 연결을 못 하면 동기화가 풀린다.

다. 이 설정은 앙상블 안의 모든 서버 내역 역시 정의한다. `server.{X}={hostname}:{peerPort}:{leaderPort}` 꼴로 정의되며, 매개변수의 의미는 아래와 같다.

`X`
: 서버의 ID. 정숫값이어야 하지만, 0부터 시작할 필요도 없고 순차적으로 부여될 필요도 없다.

`hostname`
: 서버의 호스트명 또는 IP 주소.

`peerPort`
: 앙상블 안의 서버들이 서로 통신할 때 사용하는 TCP 포트 번호.

`leaderPort`
: 리더를 선출하는 데 사용되는 TCP 포트 번호.

클라이언트는 `clientPort`에 지정된 포트 번호로 앙상블에 연결할 수만 있으면 된다. 하지만 앙상블의 멤버들은 세 포트를 모두 사용해서 서로 통신할 수 있어야 한다.

공통 설정 파일 외에도 각 서버는 `dataDir` 디렉토리에 `myid`라는 이름의 파일을 가지고 있어야 한다. 이 파일은 설정 파일에 지정된 것과 일치하는, 서버 ID 번호를 포함해야 한다. 이 모든 작업들을 완료한 뒤 서버를 시작하면, 앙상블에 포함된 서버들은 서로 통신하게 된다.

한 대의 서버에서 주키퍼 앙상블 테스트하기

정 파일의 모든 호스트명을 `localhost`로 지정하고 모든 `peerPort`, `leaderPort`에 서로 다른 포트를 할당함으로써 하나의 서버에서 주키퍼 앙상블을 실행하고 테스트할 수 있다. 또한, 각각의 주키퍼 인스턴스에 서로 다른 `dataDir`와 `clientPort`를 할당하기 위해서는 추가적인 `zoo.cfg`를 생성해야 할 수도 있다. 이것은 테스트 환경에서는 유용하겠으나, 프로덕션 시스템에는 권장하지 않는다.

2.2 카프카 브로커 설치하기

자바와 주키퍼가 설정되었다면 아파치 카프카를 설치할 준비가 끝난 셈이다. 카프카의 현재 버전은 카프카 웹사이트https://kafka.apache.org/downloads.html에서 다운로드받을 수 있다. 이 책이 출간되는 시점에서 최신 버전은 스칼라 2.13.0에서 실행되는 3.3.1 버전이다. 이 장의 예제들은 2.7.0을 사용한다.

아래 예에서는 /usr/local/kafka에 카프카를 설치한다. 앞에서 실행시킨 주키퍼 서버를 사용하고 메시지 로그 세그먼트는 /tmp/kafka-logs에 저장한다.

```
# tar -zxf kafka_2.13-2.7.0.tgz
# mv kafka_2.13-2.7.0 /usr/local/kafka
# mkdir /tmp/kafka-logs
# export JAVA_HOME=/usr/java/jdk-11.0.10
# /usr/local/kafka/bin/kafka-server-start.sh -daemon \
    /usr/local/kafka/config/server.properties
#
```

카프카 브로커가 시작되었다면, 클러스터에 간단한 명령 몇 개를 실행시킴으로써 제대로 작동하는지 확인할 수 있다. 즉, 테스트 토픽 생성, 메시지 쓰기, 동일한 메시지 읽기가 바로 그것이다.

토픽을 생성하고 확인한다.

```
$ /usr/local/kafka/bin/kafka-topics.sh --bootstrap-server localhost:9092 \
   --create --replication-factor 1 --partitions 1 --topic test
Created topic "test".
$ /usr/local/kafka/bin/kafka-topics.sh --bootstrap-server localhost:9092 \
    --describe --topic test
Topic:test PartitionCount:1 ReplicationFactor:1 Configs:
    Topic: test Partition: 0 Leader: 0 Replicas: 0 Isr: 0
$
```

test 토픽에 메시지를 쓴다. (프로듀서를 멈추고 싶다면 언제든 Ctrl + C를 누른다.)

```
$ /usr/local/kafka/bin/kafka-console-producer.sh --bootstrap-server
localhost:9092 --topic test
Test Message 1
Test Message 2
^C
$
```

test 토픽에서 메시지를 읽는다.

```
$ /usr/local/kafka/bin/kafka-console-consumer.sh --bootstrap-server
    localhost:9092 --topic test --from-beginning
Test Message 1
Test Message 2
```

```
^C
Processed a total of 2 messages
$
```

카프카 CLI 유틸리티에서의 주키퍼 연결 지원 중단

만약 구버전의 카프카 유틸리티에 익숙하다면 `--zookeeper` 연결 문자열에도 익숙할 것이다. 이 방식은 거의 모든 경우에 대해 지원 중단되었다. 현재로서 가장 좋은 방법은 새로 도입된 `--bootstrap-server`를 사용해서 카프카 브로커에 직접 연결하는 것이다. 만약 클러스터를 이미 운영중이라면, 클러스터에 속한 어떤 브로커의 {호스트명}:{포트 번호}을 사용해도 상관없다.

2.3 브로커 설정하기[5]

카프카 배포판에 포함되어 있는 예제 설정만으로도 독립 실행되는 서버를 실행시키기에는 충분하다. 이것은 개념 증명Proof of Concept, PoC을 목적으로 할 때는 상관없지만, 대규모 설치에는 대체로 적절하지 않을 것이다. 카프카에는 거의 모든 구성을 제어하고 튜닝할 수 있는 많은 설정 옵션이 있다. 이들 대부분은 특정한 활용 사례가 아닌 한, 바꿀 일이 없는 튜닝 관련 옵션들이기 때문에 기본값을 그냥 내버려둬도 상관없다.

2.3.1 핵심 브로커 매개변수

단일 서버에서 단독으로 실행되는 브로커가 아니라면, 어떤 환경에서 카프카를 설치하건 간에 살펴봐야만 하는 브로커 설정 매개변수들이 있다. 이 매개변수들은 브로커의 기본적인 설정을 담당하며, 이들 중 대부분은 다른 브로커들과 함께 클러스터 모드로 작동시키려면 기본값이 아닌 다른 값으로 바꿔줘야 한다.

1 `broker.id`

모든 카프카 브로커는 정숫값 식별자를 갖는다. 이 값은 `broker.id`로 설정 가능하다. 기본값은 0이지만, 어떤 값도 될 수 있다. 중요한 것은 이 정숫값이 클러스터 안의 각 브로커별로 전부 달라야 한다는 점이다. 임의로 선택할 수 있으며, 필요하다면 브로커 간에 이동도 가능하다. 단, 호스트별로 고정된 값을 사용하는 것이 강력하게 권장된다. 유지관리 작업을 하다 보면 브로커 ID에 해당하는 호스트 이름을 찾는 것도 부담스럽기 때문이다. 예를 들어서, 호스트 이름에 (host1.example.com, host2.example.com, ...과 같이) 고유한 번호가 포함되어 있다면 `broker.id`에 각각 `1`, `2`를 할당해주는 것이 좋을 것이다.

5 옮긴이 3.3.0부터 추가된 KRaft 모드 설정에 대해서는 6장을 참고하라.

❷ `listeners`

구버전 카프카는 단순한 `port` 설정을 사용했다. 이 설정은 단순한 구성에서 여전히 사용 가능하지만, 지원 중단되었다. 배포판에 포함되어 있는 예제 설정 파일에서는 9092번 TCP 포트에서 돌아가는 리스너listener와 함께 카프카를 실행시킨다. 새로 도입된 `listeners` 설정은 쉼표로 구분된 리스너 이름과 URI의 목록이다. 만약 리스너 이름이 일반적인 보안 프로토콜이 아니라면, 반드시 `listener.security.protocol.map` 설정을 잡아 주어야 한다. 리스너는 `{프로토콜}://{호스트 이름}:{포트}`의 형태로 정의된다. 유효한 `listener` 설정의 예로는 `PLAINTEXT://localhost:9092,SSL://:9091`가 있다. 호스트 이름을 `0.0.0.0`으로 잡아줄 경우 모든 네트워크 인터페이스로부터 연결을 받게 되며, 이 값을 비워 주면 기본 인터페이스에 대해서만 연결을 받게 된다. 1024 미만의 포트 번호를 사용할 경우 루트 권한으로 카프카를 실행시켜야 한다는 점을 명심하라. 이것은 바람직하지 않다.

❸ `zookeeper.connect`

이것은 브로커의 메타데이터가 저장되는 주키퍼의 위치를 가리킨다. 로컬 호스트의 2181번 포트에서 작동 중인 주키퍼를 사용할 경우 `localhost:2181`로 잡아 주면 된다. (배포판에 포함되어 있는 예제 설정 파일에서 사용중인 값이기도 하다.) 세미콜론으로 연결된 `{호스트 이름}:{포트}/{경로}`의 목록 형식으로 지정할 수 있다.

- **호스트 이름**: 주키퍼 서버의 호스트 이름이나 IP 주소.
- **포트**: 주키퍼의 클라이언트 포트 번호.
- **/{경로}**: 선택 사항. 카프카 클러스터의 chroot 환경으로 사용될 주키퍼의 경로. 지정하지 않으면 루트 디렉토리가 사용된다.

만약 chroot 경로(주어진 애플리케이션에 대해 루트 디렉토리로 사용되는 경로)가 존재하지 않는 경로로 지정될 경우, 브로커가 시작될 때 자동으로 생성된다.

chroot 경로를 사용하는 이유는?

대체로 카프카 클러스터에는 chroot 경로를 사용하는 것이 좋다. 다른 애플리케이션(다른 카프카 클러스터 포함)과 충돌할 일 없이 주키퍼 앙상블을 공유해서 사용할 수 있기 때문이다. 또한 같은 앙상블에 속하는 다수의 주키퍼 서버를 지정하는 것이 좋다. 특정 서버에 장애가 생기더라도 카프카 브로커가 같은 주키퍼 앙상블의 다른 서버에 연결할 수 있기 때문이다.

❹ `log.dirs`

카프카는 모든 메시지를 로그 세그먼트log segment 단위로 묶어서 `log.dir` 설정에 지정된 디스크 디렉토리에 저장한다. 다수의 디렉토리를 지정하고자 할 경우, `log.dirs`를 사용하는 것이 좋다. `log.dirs`

가 설정되어 있지 않을 경우, log.dir가 사용된다. log.dirs는 쉼표로 구분된 로컬 시스템 경로의 목록이다. 1개 이상의 경로가 지정되었을 경우, 브로커는 가장 적은 수의 파티션이 저장된 디렉토리에 새 파티션을 저장할 것이다. (같은 파티션에 속하는 로그 세그먼트는 동일한 경로에 저장된다.) 사용된 디스크 용량 기준이 아닌 저장된 파티션 수 기준으로 새 파티션의 저장 위치를 배정한다는 점에 유의하라. 바로 이러한 이유 때문에 다수의 디렉토리에 대해 균등한 양의 데이터가 저장되지는 않는다.

5 num.recovery.threads.per.data.dir

카프카는 설정 가능한 스레드 풀을 사용해서 로그 세그먼트를 관리한다. 현재 이 스레드 풀은 아래와 같은 작업을 수행한다.

- 브로커가 정상적으로 시작되었을 때, 각 파티션의 로그 세그먼트 파일을 연다.
- 브로커가 장애 발생 후 다시 시작되었을 때, 각 파티션의 로그 세그먼트를 검사하고 잘못된 부분은 삭제한다.
- 브로커가 종료할 때, 로그 세그먼트를 정상적으로 닫는다.

기본적으로, 하나의 로그 디렉토리에 대해 하나의 스레드만이 사용된다. 이 스레드들은 브로커가 시작될 때와 종료될 때만 사용되기 때문에 작업을 병렬화하기 위해서는 많은 수의 스레드를 할당해주는 것이 좋다. 특히 브로커에 많은 파티션이 저장되어 있을 경우, 이 설정을 어떻게 잡아 주느냐에 따라 언클린 셧다운unclean shutdown 이후 복구를 위한 재시작 시간이 몇 시간씩 차이가 날 수도 있다. 이 설정값을 잡아 줄 때는 log.dirs에 지정된 로그 디렉토리별 스레드 수라는 점을 명심하자. 예를 들어서, num.recovery.threads.per.data.dir이 8이고 log.dirs에 지정된 경로 수가 3개일 경우, 전체 스레드 수는 24개가 된다.

6 auto.create.topics.enable

카프카 기본 설정에는 아래와 같은 상황에서 브로커가 토픽을 자동으로 생성하도록 되어 있다.

- 프로듀서가 토픽에 메시지를 쓰기 시작할 때
- 컨슈머가 토픽으로부터 메시지를 읽기 시작할 때
- 클라이언트가 토픽에 대한 메타데이터를 요청할 때

하지만 이것이 바람직하지 않은 경우가 많다. 특히 카프카에 토픽을 생성하지 않고 존재 여부만을 확인할 방법이 없다는 점이 그렇다. 만약 토픽 생성을 (직접적으로 하든 별도의 시스템을 사용해서 간접적으로 하든) 명시적으로 관리하고자 할 경우, auto.create.topics.enable 설정값을 false로 놓을 수 있다.

7 `auto.leader.rebalance.enable`

모든 토픽의 리더 역할이 하나의 브로커에 집중됨으로써 카프카 클러스터의 균형이 깨지는 수가 있다. 이 설정을 활성화해주면 가능한 한 리더 역할이 균등하게 분산되도록 함으로써 이러한 사태가 발생하는 것을 방지할 수 있다. 이 설정을 켜면 파티션의 분포 상태를 주기적으로 확인하는 백그라운드 스레드가 시작된다. (이 주기는 `leader.imbalance.check.interval.seconds` 값으로 설정이 가능하다.) 만약 전체 파티션 중 특정 브로커에 리더 역할이 할당된 파티션의 비율이 `leader.imbalance.per.broker.percentage`에 설정된 값을 넘어가면 파티션의 선호 리더preferred leader 리밸런싱rebalancing이 발생한다.[6]

8 `delete.topic.enable`

환경과 데이터 보존 가이드라인에 따라 클러스터의 토픽을 임의로 삭제하지 못하게끔 막아야 할 때가 있다. 이 플래그를 `false`로 잡아 주면 토픽 삭제 기능이 막힌다.

2.3.2 토픽별 기본값

카프카 브로커 설정은 새로 생성되는 토픽에 적용되는 수많은 설정의 기본값 역시 지정한다. 이 매개변수 중 몇 개(파티션 수나 메시지 보존 등)는 관리용 툴을 사용해서 토픽 단위로 설정이 가능하다(관리용 툴에 대해서는 12장에서 다룬다). 서버에 설정되는 기본값은 클러스터 내 대부분의 토픽에 적절한 기준값으로 설정되어야 한다.

토픽 단위 재정의 사용하기

카프카 구버전에서는 `log.retention.hours.per.topic`, `log.retention. bytes.per.topic`, `log.segment.bytes.per.topic`와 같은 매개변수를 사용해서 토픽별로 이러한 설정들을 잡아 줄 수 있었다. 이러한 매개변수들은 더 이상 지원되지 않으며, 토픽별 설정값을 재정의하고 싶다면 관리 툴을 사용해야 한다.

1 `num.partitions`

`num.partitions` 매개변수는 새로운 토픽이 생성될 때 몇 개의 파티션을 갖게 되는지를 결정하며, 주로 자동 토픽 생성 기능이 활성화되어 있을 때(기본값) 사용된다. 기본값은 1이다. 토픽의 파티션 개수는 늘릴 수만 있지 줄일 수는 없다는 점을 명심하라. 뒤집어 말하면, 만약 토픽이 `num.partitions`에 지정된 것보다 더 적은 수의 파티션을 가져야 한다면 직접 토픽을 생성할 필요가 있다는 얘기다(12장에서 다룬다).

---

6 옮긴이 이 기능에 대해서는 5장의 '선호 리더 선출(preferred leader election)'에서 자세히 설명한다.

1장에서 설명한 것과 같이, 파티션은 카프카 클러스터 안에서 토픽의 크기가 확장되는 방법이기도 하다. 따라서 브로커가 추가될 때 클러스터 전체에 걸쳐 메시지 부하가 고르게 분산되도록 파티션 개수를 잡아 주는 게 중요하다. 많은 사용자들은 토픽당 파티션 개수를 클러스터 내 브로커의 수와 맞추거나 아니면 배수로 설정한다. 이렇게 하면 파티션이 브로커들 사이에 고르게 분산되도록 할 수 있으며, 결과적으로 메시지 부하 역시 고르게 분산되게 된다. 예를 들어서, 10개의 파티션으로 이루어진 토픽이 10개의 호스트로 구성된 카프카 클러스터에서 작동 중이고, 각 파티션의 리더 역할이 이 10개 호스트에 고르게 분산되어 있다면 최적의 처리량이 나올 것이다. 단, 토픽을 여럿 생성하는 것과 같이 다른 방법으로 메시지 부하를 분산시키는 것 역시 가능하기 때문에 이것이 필수 사항은 아니다.

파티션 수는 어떻게 결정해야 하는가

파티션의 수를 결정할 때 고려해야 할 요소에는 여러 가지가 있다.

- 토픽에 대해 달성하고자 하는 처리량은 대략 어느 정도인가? 예를 들어서, 쓰기 속도가 초당 100KB여야 하는가 1GB여야 하는가?
- 단일 파티션에 대해 달성하고자 하는 최대 읽기 처리량은 어느 정도인가? 하나의 파티션은 항상 하나의 컨슈머만 읽을 수 있다(컨슈머 그룹 기능을 사용 중이지 않더라도, 컨슈머는 해당 파티션의 모든 메시지를 읽도록 되어 있다). 만약 컨슈머 애플리케이션이 느리게 데이터를 데이터베이스에 쓰는데, 이 데이터베이스의 쓰기 스레드 각각이 초당 50MB 이상을 처리할 수 없다면, 하나의 파티션에서 읽어올 수 있는 속도는 초당 50MB로 제한된다.
- 각 프로듀서가 단일 파티션에 쓸 수 있는 최대 속도에 대해서도 비슷한 추정을 할 수 있다. 하지만 프로듀서가 컨슈머에 비해 훨씬 더 빠른 것이 보통이기 때문에, 이 작업은 건너뛰어도 괜찮다.

만약 키값을 기준으로 선택된 파티션에 메시지를 전송하고 있을 경우, 나중에 파티션을 추가하고자 하면 꽤나 골치 아플 수 있다. 따라서 현재의 사용량이 아닌, 미래의 사용량 예측값을 기준으로 처리량을 계산하라.

- 각 브로커에 배치할 파티션 수뿐만 아니라 브로커별로 사용 가능한 디스크 공간, 네트워크 대역폭 역시 고려하라.
- 과대 추산을 피하라. 각 파티션은 브로커의 메모리와 다른 자원들을 사용할 뿐만 아니라 메타데이터 업데이트나 리더 역할 변경에 걸리는 시간 역시 증가시킨다.
- 데이터를 미러링할 예정인지? 그렇다면 미러링 설정의 처리량 역시 고려할 필요가 있을 것이다. 미러링 구성에서 큰 파티션이 병목이 되는 경우가 많다.
- 만약 클라우드 서비스를 사용하고 있다면, 가상 머신이나 디스크에 초당 입출력(input/output operations per second, IOPS) 제한이 걸려 있는지? 사용중인 클라우드 서비스나 가상 머신 설정에 따라 허용되는 IOPS 상한선이 설정되어 있을 수 있다. 파티션 수가 너무 많으면 병렬 처리 때문에 본의 아니게 IOPS 양이 증가할 수 있다.

이 모든 것들을 종합하면, 파티션은 많아야 하지만 그렇다고 해서 너무 많아서는 안 된다. 만약 토픽의 목표 처리량과 컨슈머의 예상 처리량에 대해 어느 정도 추정값이 있다면 전자를 후자로 나눔으로써 필요한 파티션 수를 계산할 수 있다. 예를 들어서 주어진 토픽에 초당 1GB를 읽거나 쓰고자 하는데, 컨슈머 하나는 초당 50MB만 처리가 가능하다고 하면 최소한 20개의 파티션이 필요하다고 예측할 수 있는 것이다. 이렇게 20개의 컨슈머가 동시에 하나의 토픽을 읽도록 함으로써 초당 1GB를 읽을 수 있다.

만약 상세한 정보가 없다면, 우리의 경험상 매일 디스크 안에 저장되어 있는 파티션의 용량을 6GB 미만으로 유지하는 것이 대체로 결과가 좋았다. 일단 작은 크기로 시작해서 나중에 필요할 때 확장하는 것이 처음부터 너무 크게 시작하는 것보다 쉽다.

❷ `default.replication.factor`

자동 토픽 생성 기능이 활성화되어 있을 경우, 이 설정은 새로 생성되는 토픽의 복제 팩터를 결정한다. 어떻게 복제를 해야 하는가의 문제는 클러스터에 필요한 지속성과 가용성에 크게 영향을 받기 때문에 나중에 더 상세히 논할 것이다. 아래에서 설명하는 것은 하드웨어 장애와 같이 카프카 외부 요인으로 인한 장애가 발생하지 않아야 하는 카프카 클러스터를 운영하는 상황에서의 대략적인 권장사항이다.

복제 팩터 값은 `min.insync.replicas` 설정값보다 최소한 1 이상 크게 잡아줄 것을 강력히 권장한다. 좀 더 내고장성fault tolerance이 있는 설정을 바란다면, (충분한 하드웨어를 사용할 수 있는 충분히 큰 클러스터를 운용중이라는 가정 하에) `min.insync.replicas` 설정값보다 2 큰 값으로 복제 팩터를 설정하는 게 좋다. 이것을 보통 RF++로 줄여 쓰는데, 이렇게 함으로써 유지관리와 장애 대응이 쉬워진다. 이 값을 권장하는 이유는 레플리카 셋replica set 안에 일부러 정지시킨 레플리카와 예상치 않게 정지된 레플리카가 동시에 하나씩 발생해도 장애가 발생하지 않기 때문이다. 뒤집어 말하면, 일반적인 클러스터의 경우 파티션별로 최소한 3개의 레플리카를 가져야 한다는 얘기다. 예를 들어서, 네트워크 스위치나 디스크에 장애가 발생하거나 혹은 카프카나 운영체제를 롤링 업데이트하는 와중에 예기치 못한 문제가 발생할 경우에도 적어도 1개의 레플리카는 여전히 정상 작동 중이라는 걸 보장할 수 있는 것이다. 여기에 대해서는 7장에서 좀 더 자세히 다룰 것이다.

❸ `log.retention.ms`

카프카가 얼마나 오랫동안 메시지를 보존해야 하는지를 지정할 때 가장 많이 사용되는 설정이 시간 기준 보존 주기 설정이다. 설정 파일에 정의되어 있는 기본값은 `log.retention.hours` 설정을 사용하며, 168시간(=1주일)이다. 또 다른 단위로 `log.retention.minutes`나 `log.retention.ms`를 사용할 수도 있다. 이 세 설정은 모두 동일한 역할(메시지가 만료되어 삭제되기 시작할 때까지 걸리는 시간을 지정)을 하지만 `log.retention.ms`를 사용할 것이 권장된다. 1개 이상의 설정이 정의되었을 경우 더 작은 단위 설정값이 우선권을 갖기 때문이다. 즉, `log.retention.ms`에 설정된 값은 언제나 적용될 것이다.

시간 기준 보존과 마지막 수정 시각

시간 기준 보존은 디스크에 저장된 각 로그 세그먼트 파일의 마지막 수정 시각(mtime)을 기준으로 작동한다. 정상적으로 작동 중이라는 가정 하에 이 값은 해당 로그 세그먼트가 닫힌 시각이며, 해당 파일에 저장된 마지막 메시지의 타임스탬프이기도 하다. 하지만, 관리 툴을 사용해서 브로커 간에 파티션을 이동시켰을 경우, 이 값은 정확하지 않으며 해당 파티션이 지나치게 오래 보존되는 결과를 초래할 수 있다. 자세한 내용은 12장의 '파티션 관리'를 참조하자.

4 `log.retention.bytes`

메시지 만료의 또 다른 기준은 보존되는 메시지의 용량이다. 이 값은 `log.retention.bytes` 매개변수로 설정할 수 있으며, 파티션 단위로 적용된다. 만약 8개의 파티션을 가진 토픽에 `log.retention.bytes` 설정값이 1GB로 잡혀 있다면, 토픽의 최대 저장 용량은 8GB가 되는 것이다. 모든 보존 기능은 파티션 단위로 작동하는 것이지 토픽 단위로 작동하는 게 아니라는 점을 명심하기 바란다. 다시 말하면, `log.retention.bytes` 설정을 사용중인 상태에서 토픽의 파티션 수를 증가시키면 보존되는 데이터의 양도 함께 늘어난다는 얘기다. 이 값을 -1로 잡아 주면 데이터가 영구히 보존된다.

크기와 시간을 기준으로 보존 설정하기

만약 `log.retention.bytes` 설정과 `log.retention.ms` 설정(혹은 다른 시간 기준 보존 설정)을 둘 다 잡아 주었다면, 두 조건 중 하나의 조건만 성립해도 메시지가 삭제될 수 있다. 예를 들어서, `log.retention.ms` 설정값은 86,400,000(1일)로 잡혀 있는데 `log.retention.bytes`는 1,000,000,000(1GB)로 잡혀 있을 경우, 저장된 메시지의 크기가 1GB가 넘어가면 저장된 지 하루가 되지 않은 메시지들도 삭제될 수 있는 것이다. 반대로, 만약 파티션에 저장된 분량이 1GB가 안 되더라도 하루가 지나가면 메시지가 삭제될 수 있다. 의도치 않았던 데이터 유실을 방지하기 위해, 단순하게 크기 기준 설정과 시간 기준 설정 둘 중 하나만을 선택할 것을 권장한다. 고급 설정을 해야 할 경우에는 둘 다 사용할 수 있지만 말이다.

5 `log.segment.bytes`

앞에서 설명한 로그 보존 설정은 로그 세그먼트에 적용되는 것이지, 메시지 각각에 적용되는 것이 아니다. 카프카 브로커에 쓰여진 메시지는 해당 파티션의 현재 로그 세그먼트의 끝에 추가된다. 로그 세그먼트의 크기가 `log.segment.bytes`에 지정된 크기에 다다르면(기본값: 1GB), 브로커는 기존 로그 세그먼트를 닫고 새로운 세그먼트를 연다. 로그 세그먼트는 닫히기 전까지는 만료와 삭제의 대상이 되지 않는다. 더 작은 로그 세그먼트 크기는 곧 파일을 더 자주 닫고 새로 할당한다는 것(즉, 디스크 쓰기의 전체적인 효율성 감소)을 의미한다.

토픽에 메시지가 뜸하게 주어지는 상황에서는 로그 세그먼트의 크기를 조절해주는 것이 중요할 수 있다. 예를 들어서 토픽에 들어오는 메시지가 하루에 100MB인 상황에서 `log.segment.bytes`가 기본값으로 잡혀 있다면 세그먼트 하나를 채울 때까지 10일이 걸린다. 로그 세그먼트가 닫히기 전까지 메시지는 만료되지 않으므로 `log.retention.ms`가 604800000(1주일)로 잡혀 있을 경우 닫힌 로그 세그먼트가 만료될 때까지 실제로는 최대 17일치 메시지가 저장되어 있을 수 있다. 로그 세그먼트가 닫히는 데 10일, 시간 기준 보존 설정 때문에 닫힌 세그먼트가 보존되는 기한이 7일이기 때문이다(세그먼트에 포함된 마지막 메시지가 만료될 때까지 세그먼트는 삭제할 수 없다).

타임스탬프 기준으로 오프셋 찾기

로그 세그먼트의 크기는 타임스탬프 기준으로 오프셋을 찾는 기능에도 영향을 미친다. 클라이언트가 특정 타임스탬프를 기준으로 파티션의 오프셋을 요청하면, 카프카는 해당 시각에 쓰여진 로그 세그먼트를 찾는다. 이 작업은 로그 세그먼트 파일의 생성 시각과 마지막 수정 시각을 사용해서 이루어진다. (즉, 주어진 타임스탬프보다 생성된 시각은 더 이르고 마지막으로 수정된 시각은 더 늦은 파일을 찾는다.) 로그 세그먼트의 맨 앞에 있는 오프셋(로그 세그먼트 파일의 이름이기도 하다)이 응답으로 리턴된다.

6 `log.roll.ms`

로그 세그먼트 파일이 닫히는 시점을 제어하는 또 다른 방법은 파일이 닫혀야 할 때까지 기다리는 시간을 지정하는 `log.roll.ms` 매개변수를 사용하는 것이다. `log.retention.bytes`와 `log.retention.ms`가 그러하듯, `log.segment.bytes`와 `log.roll.ms`는 상호 배타적인 속성이 아니다. 카프카는 크기 제한이든 시간 제한이든 하나라도 도달한 경우 로그 세그먼트를 닫는다. 기본적으로 `log.roll.ms`는 설정되어 있지 않다. 따라서 세그먼트 파일을 닫는 작업은 크기 기준으로만 이루어진다.

시간 기준 세그먼트 사용 시의 디스크 성능

시간 기준 로그 세그먼트 제한을 사용할 경우, 다수의 로그 세그먼트가 동시에 닫힐 때의 디스크 성능에 대한 영향을 고려할 필요가 있다. 이러한 상황은 여러 개의 파티션이 로그 세그먼트 크기 제한에 도달하지 못하는 경우 발생할 수 있다. 시간 제한은 브로커가 시작되는 시점부터 계산되기 때문에 크기가 작은 파티션을 닫는 작업 역시 한꺼번에 이루어지기 때문이다.

7 `min.insync.replicas`

데이터 지속성 위주로 클러스터를 설정할 때, `min.insync.replicas`를 2로 잡아주면 최소한 2개의 레플리카가 최신 상태로 프로듀서와 '동기화'되도록 할 수 있다. 이것은 프로듀서의 ack 설정을 'all'로 잡아 주는 것과 함께 사용된다. 이렇게 하면 프로듀서의 쓰기 작업이 성공하기 위해 최소한 두 개의 레플리카(즉, 리더 하나와 팔로워 중 하나)가 응답하도록 할 수 있다. 이것은 아래와 같은 상황에서의 데이터 유실을 방지할 수 있다.

1. 리더가 쓰기 작업에 응답한다.
2. 리더에 장애가 발생한다.
3. 리더 역할이 최근의 (성공한) 쓰기 작업 내역을 복제하기 전의 다른 레플리카로 옮겨진다.

이러한 설정이 되어 있지 않을 경우, 프로듀서는 쓰기 작업이 성공했다고 착각하지만 실제로는 메시지가 유실되는 상황이 발생할 수 있는 것이다. 하지만 지속성을 높이기 위해 이 값을 올려잡아 줄 경우 추가적인 오버헤드가 발생하면서 성능이 떨어지는 부작용이 발생할 수 있다. 따라서 몇 개의 메시지 유실 정도는 상관없고, 높은 처리량을 받아내야 하는 클러스터의 경우, 이 설정값을 기본값인 1에서 변경하지 않을 것을 권장한다. 자세한 내용은 7장에서 다룬다.

8 **`message.max.bytes`**

카프카 브로커는 쓸 수 있는 메시지의 최대 크기를 제한한다. 이것은 `message.max.bytes` 매개변수에서 설정하며, 기본값은 1,000,000(=1MB)이다. 프로듀서가 여기에 지정된 값보다 더 큰 크기의 메시지를 보내려고 시도하면 브로커는 메시지를 거부하고 에러를 리턴할 것이다. 브로커에 설정된 모든 바이트 크기와 마찬가지로, 이 설정 역시 압축된 메시지의 크기를 기준으로 한다. 즉, 프로듀서는 압축된 결과물이 `message.max.bytes`보다 작기만 하면 압축 전 기준으로는 이 값보다 훨씬 큰 메시지도 보낼 수 있는 것이다.

허용 가능한 메시지 크기를 증가시키는 것은 성능에 큰 영향을 미친다. 메시지가 커지는 만큼 네트워크 연결과 요청을 처리하는 브로커 스레드의 요청당 작업 시간도 증가하기 때문이다. 디스크에 써야 하는 크기 역시 증가하는데, 이는 I/O 처리량에 영향을 미친다. 개체 저장소blob store나 계층화된 저장소tiered storage와 같은 다른 저장소 솔루션은 디스크 용량 문제에 대한 해법이 될 수 있지만, 이 장에서는 다루지 않는다.

메시지 크기 설정 조정하기

카프카 브로커에 설정되는 메시지 크기는 컨슈머 클라이언트의 `fetch.message.max.bytes` 설정과 맞아야 한다. 만약 이 값이 `message.max.bytes` 설정값보다 작을 경우, 컨슈머는 `fetch.message.max.bytes`에 지정된 것보다 더 큰 메시지를 읽는 데 실패하면서 읽기 작업 진행이 멈추는 수가 있다. 이는 클러스터 브로커의 `replica.fetch.max.bytes` 설정에도 똑같이 적용된다.

2.4 하드웨어 선택하기

카프카 브로커로 사용하기에 적절한 하드웨어를 고르는 것은 과학science이라기보다 기예art에 가깝다. 카프카 그 자체는 특정한 하드웨어 구성을 요구하지 않으며, 대부분의 시스템에서 문제없이 실행할 수 있기 때문이다. 하지만 성능을 고려한다면, 전체적인 성능에 영향을 미칠 수 있는 요소들이 몇 개 있는데, 바로 디스크 처리량과 용량, 메모리, 네트워크, CPU를 감안해야 한다. 카프카를 매우 크게 확장할 경우, 업데이트되어야 하는 메타데이터의 양 때문에 하나의 브로커가 처리할 수 있는 파티션의 수에도 제한이 생길 수 있다. 일단 사용하고자 하는 환경에 가장 중요한 성능 유형이 무엇인지를 결정했다면, 예산 안에서 최적화된 하드웨어 설정을 선택하면 된다.

2.4.1 디스크 처리량

로그 세그먼트를 저장하는 브로커 디스크의 처리량은 프로듀서 클라이언트의 성능에 가장 큰 영향을 미친다. 카프카에 메시지를 쓸 때 메시지는 브로커의 로컬 저장소에 커밋되어야 하며, 대부분의 프로듀서 클라이언트는 메시지 전송이 성공했다고 결론 내리기 전에 최소한 1개 이상의 브로커가 메시지가 커밋되었다고 응답을 보낼 때까지 대기하게 된다. 즉, 디스크 쓰기 속도가 빨라진다는 것은 곧 쓰기 지연이 줄어드는 것이다.

디스크 처리량과 관련해서 가장 명백한 문제는 전통적인 HDD를 쓸 것이냐, SSD를 쓸 것이냐의 문제일 것이다. SSD 쪽이 탐색과 접근에 들어가는 시간이 압도적으로 짧은 만큼 최고의 성능이 나온다. 반면 HDD는 더 싸고 같은 가격에 더 많은 용량을 제공한다. 데이터 디렉토리를 여러 개 잡아 주거나 RAIDredundant array of independent disks 구성을 하는 식으로 브로커에 여러 대의 HDD를 사용함으로써 성능을 향상시키는 것도 가능하다. 이것 외에도 SASSerial Attached SCSI나 SATASerial ATA와 같은 특정한 드라이브 기술이나 드라이브 컨트롤러의 성능과 같은 요소들 역시 처리량에 영향을 준다. 경험적으로는, 대체로 많은 수의 클라이언트 연결을 받아내야 하는 경우에는 SSD가 더 나은 옵션이 되지만, 자주 쓸 일이 없는 데이터를 굉장히 많이 저장해야 하는 클러스터의 경우 HDD 드라이브가 더 낫다.

2.4.2 디스크 용량

용량은 저장 장치를 선택할 때 고려해야 하는 또 다른 측면이다. 필요한 디스크 용량은 특정한 시점에 얼마나 많은 메시지들이 보존되어야 하는지에 따라 결정된다. 만약 브로커가 하루에 1TB의 트래픽을 받을 것으로 예상되고, 받은 메시지를 1주일간 보존해야 한다면, 브로커는 로그 세그먼트를 저장하기 위한 저장 공간이 최소한 7TB가 필요할 것이다. 여기에 트래픽의 변동이나 증가를 대비한 예비 공간, 저장해야 할 다른 파일도 감안해서 최소 10%가량의 오버헤드를 고려해야 한다.

저장 용량은 카프카 클러스터의 크기를 변경하거나 확장 시점을 결정할 때 고려해야 할 요소 중 하나다. 클러스터에 들어오는 전체 트래픽은 토픽별로 다수의 파티션을 잡아 줌으로써 클러스터 전체에 균형 있게 분산이 가능하다. 그렇기 때문에 단일 브로커의 용량이 충분치 않은 경우 브로커를 추가해 줌으로써 전체 용량을 증대시킬 수 있는 것이다. 필요한 디스크 용량은 클러스터에 설정된 복제 방식에 따라서도 달라질 수 있다(7장에서 자세히 다룬다).

2.4.3 메모리

카프카 컨슈머는 프로듀서가 막 추가한 메시지를 바로 뒤에서 쫓아가는 식으로 파티션의 맨 끝에서 메시지를 읽어 오는 것이 보통이다. 이러한 상황에서, 최적의 작동은 시스템의 페이지 캐시에 저장되어 있는 메시지들을 컨슈머가 읽어 오는 것(그리하여 결과적으로 브로커가 디스크로부터 메시지를 다시 읽어오는 것보다 더 빠르게 읽어오는 것)이 된다. 따라서, 시스템에 페이지 캐시로 사용할 수 있는 메모리를 더 할당해 줌으로써 컨슈머 클라이언트 성능을 향상시킬 수 있다.

카프카 그 자체는 자바 가상 머신Java Virtual Machine, JVM에 많은 힙 메모리를 필요로 하지 않는다. 초당 150,000개의 메시지에 200MB의 데이터 속도를 처리하는 브로커일지라도 5GB 힙과 함께 돌아간다. 시스템 메모리의 나머지 영역은 페이지 캐시로 사용되어 시스템이 사용중인 로그 세그먼트를 캐시하도록 함으로써 카프카의 성능을 향상시킬 수 있는 것이다. 이것은 카프카를 하나의 시스템에서 다른 애플리케이션과 함께 운영하는 것을 권장하지 않는 주된 이유다. 이 경우 페이지 캐시를 나눠서 쓰게 되기 때문이고, 이것은 카프카의 컨슈머 성능을 저하시킨다.

2.4.4 네트워크

사용 가능한 네트워크 대역폭은 카프카가 처리할 수 있는 트래픽의 최대량을 결정한다. 이것은 디스크 용량과 함께 클러스터의 크기를 결정하는 가장 결정적인 요인이라고 할 수 있다. 이 문제는 카프카 특유의 네트워크 불균형 때문에 복잡해지는데, 카프카가 다수의 컨슈머를 동시에 지원하기 때문에 인입되는 네트워크 사용량과 유출되는 네트워크 사용량 사이에 불균형이 생길 수밖에 없는 것이다. 예를 들어서, 프로듀서는 주어진 토픽에 초당 1MB를 쓰는데 해당 토픽에 컨슈머가 다수 붙음으로써 유출되는 네트워크 사용량이 훨씬 많아질 수 있는 것이다. 다른 작업들, 즉 클러스터 내부에서의 복제(7장에서 다룬다)나 미러링(10장) 역시 요구 조건을 증대시킨다. 네트워크 인터페이스가 포화상태에 빠질 경우, 클러스터 내부의 복제 작업이 밀려서 클러스터가 취약한 상태로 빠지는 사태는 드물지 않다. 네트워크 문제가 불거져 나오는 것을 방지하기 위해서는 최소한 10GB 이상을 처리할 수 있는 네트워크 인터페이스 카드Network Interface Card, NIC를 사용할 것을 권장한다. 1GB NIC를 사용하는 구형 장비는 쉽게 포화 상태에 빠지기 때문에 권하지 않는다.

2.4.5 CPU

카프카 클러스터를 매우 크게 확장하지 않는 한, 처리 능력은 디스크나 메모리만큼 중요하지는 않다. 하지만 브로커의 전체적인 성능에는 어느 정도 영향을 미친다. 이상적으로는 네트워크와 디스크 사용량을 최적화하기 위해 클라이언트가 메시지를 압축해서 보내야 하는데, 카프카 브로커는 각 메시지의 체크섬을 확인하고 오프셋을 부여하기 위해 모든 메시지 배치의 압축을 해제해야 하기 때문이다. 브로커는 이 작업이 끝난 뒤에야 디스크에 저장하기 위해 메시지를 다시 압축하게 된다. 바로 이 부분이 카프카에서 처리 능력이 가장 중요해지는 지점이다. 하지만 그렇다고 해서 이것이 하드웨어를 선택할 때 주된 요소가 되어서는 안 된다. 클러스터 하나에 수백 개의 노드와 수백만 개의 파티션이 포함될 정도로 엄청나게 거대해지지 않는 한 말이다. 이러한 상황에서는 CPU의 성능을 올리는 것이 클러스터 크기를 줄이는 데 도움이 될 수 있다.

2.5 클라우드에서 카프카 사용하기

최근 카프카를 설치하기 위해 많이 사용되는 것이 마이크로소프트 애저Azure, 아마존 웹 서비스Amazon Web Services, AWS, 구글 클라우드 플랫폼과 같은 클라우드 컴퓨팅 환경이다. 클라우드 환경에서 카프카를 돌리기 위해서는 컨플루언트Confluent와 같은 벤더의 제품을 사용하는 것부터 애저에서 제공하는 Kafka on HDInsight와 같은 것까지 많은 옵션들이 있지만, 아래에서는 카프카 클러스터를 직접 설치하고자 하는 사용자들을 위한 간략한 방법을 소개한다. 대부분의 클라우드 환경에서는 다양한 가상 머신 인스턴스를 선택할 수 있으며, 이들 각각에 서로 다른 조합의 CPU, 메모리, IOPS, 디스크 설정을 추가해서 사용할 수 있다. 사용할 인스턴스 설정에 있어 올바른 선택을 하기 위해서는 카프카의 다양한 성능 특성을 우선적으로 고려해야 한다.

2.5.1 마이크로소프트 애저

애저의 경우, 디스크를 가상 머신VM과 분리해서 관리할 수 있다. 따라서 저장 장치를 선택할 때 사용할 VM을 고려할 필요가 없다. 즉, 장비 스펙을 고를 때 데이터를 보존하기 위해 필요한 데이터의 양을 우선 고려한 뒤 프로듀서에 필요한 성능을 다음으로 고려하는 것이 좋다. 만약 지연이 매우 낮아야 한다면, 프리미엄 SSD가 장착된 I/O 최적화 인스턴스가 필요할 것이다. 그게 아니라면, 애저 매니지드 디스크Azure Managed Disks나 애저 개체 저장소Azure Blob Storage와 같은 매니지드 저장소 서비스로도 충분하다.

애저에서 카프카를 실제로 사용해 본 결과, Standard D16s v3 인스턴스가 작은 클러스터용으로 알맞을 뿐만 아니라 대부분의 활용 사례에서 좋은 성능을 보여주었다. 더 고성능 하드웨어와 CPU가 필요한 상황이라면, D64s v4 인스턴스가 클러스터의 크기를 확장할 때 더 좋은 성능을 보여주었다. 애저에 클러스터를 설치할 때는 가용성을 보장하기 위해 가용성 집합availability set에 가상 머신을 할당하고, 파티션들을 서로 다른 장애 도메인fault domain에 분산시킬 것을 권장한다. 일단 가상 머신을 골랐다면 저장소 유형을 골라야 한다. 임시 디스크보다는 애저 매니지드 디스크를 사용할 것을 강력히 권장한다. 임시 디스크를 쓰다가 가상 머신이 다른 곳으로 이동할 경우 브로커의 모든 데이터가 유실될 위험이 있기 때문이다. HDD 매니지드 디스크는 상대적으로 싸지만, 가용성 관련해서 마이크로소프트가 명확한 SLA[7]를 보장하지는 않는다. 프리미엄 SSD나 울트라 SSD 설정은 훨씬 더 비싸지만 그만큼 빠른 데다가 마이크로소프트로부터 99.99% SLA를 보장받는다. 만약 지연이 그리 중요하지 않다면 애저 개체 저장소가 대안이 될 수 있다.

2.5.2 아마존 웹 서비스

AWS를 사용중이고 지연이 매우 낮아야 한다면, 로컬 SSD 저장소가 장착된 I/O 최적화 인스턴스가 필요할 것이다. 그게 아니라면, 아마존 EBSElastic Block Store와 같은 임시 저장소만으로도 충분할 것이다.

AWS에서 가장 일반적으로 사용되는 인스턴스 유형은 m4 혹은 r3이다. m4를 사용하면 보존 기한은 더 늘려잡을 수 있지만 EBS를 쓰는 만큼 디스크 처리량은 줄어든다. r3을 사용한다면 로컬 SSD 드라이브를 쓰는 만큼 처리량은 확실히 올라가겠지만, 보존 가능한 데이터의 양에는 제한이 걸리게 된다. 두 방법에서 좋은 점만 택하고 싶다면 i2나 d2 인스턴스 유형을 사용해야 하겠지만, 훨씬 비싸다.

2.6 카프카 클러스터 설정하기

개발용이나 PoCproof-of-concept용으로는 단일 카프카 브로커도 잘 작동한다. 하지만 그림 2-2에서 보는 것과 같이, 여러 대의 브로커를 하나의 클러스터로 구성하는 것은 상당한 이점이 있다. 가장 큰 이점은 부하를 다수의 서버로 확장할 수 있다는 점이다. 그다음 이점으로 복제를 사용함으로써 단일 시스템 장애에서 발생할 수 있는 데이터 유실을 방지할 수 있다는 장점도 있다. 클라이언트 요청을

7 옮긴이 서비스 수준 협약(service-level agreement). 정확한 의미는 13장의 '서비스 수준 정의' 참조.

여전히 처리하면서 카프카 클러스터나 그 하단 시스템의 유지 관리 작업을 수행하는 것 역시 가능하다. 여기서는 기본적인 카프카 클러스터를 설정하는 단계에 초점을 맞춘다. 데이터의 복제와 지속성에 관한 더 자세한 내용은 7장에서 다룬다.

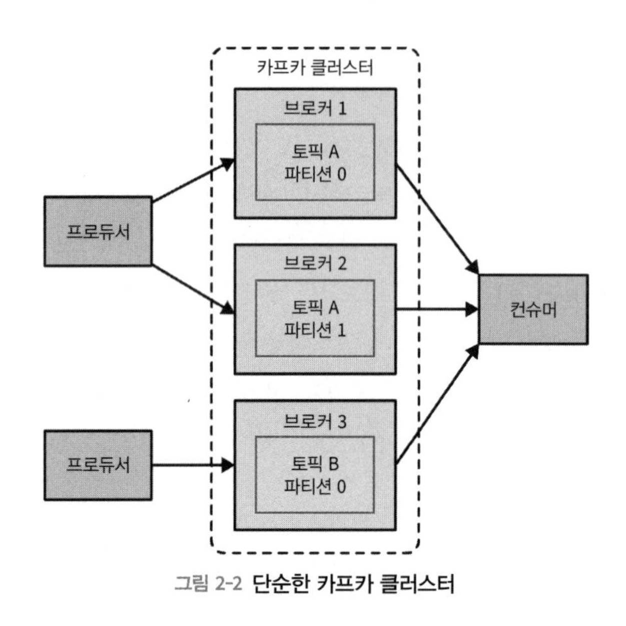

그림 2-2 **단순한 카프카 클러스터**

2.6.1 브로커 개수

카프카 클러스터의 적절한 크기를 결정하는 요소에는 여러 가지가 있다. 대개 아래와 같은 요소들에 의해 결정된다.

- 디스크 용량
- 브로커당 레플리카 용량
- CPU 용량
- 네트워크 용량

가장 먼저 고려할 요소는 필요한 메시지를 저장하는 데 필요한 디스크 용량과 단일 브로커가 사용할 수 있는 저장소 용량이다. 만약 클러스터가 10TB의 데이터를 저장하고 있어야 하는데 하나의 브로커가 저장할 수 있는 용량이 2TB라면, 클러스터의 최소 크기는 브로커 5대가 된다. 또한, 복제 팩터를 증가시킬 경우 필요한 저장 용량이 최소 100% 이상 증가하게 된다(7장 참고). 이 경우 레플리카는 하나의 파티션이 복제되는 서로 다른 브로커의 수를 의미한다. 즉, 예시로 든 것과 같은 클러스터에서 복제 팩터를 2로 잡아 주면 최소한 10대의 브로커가 필요한 것이다.

고려해야 할 또 다른 요소는 클러스터가 처리 가능한 요청의 양이다. 이것은 앞에서 언급한 세 개의 병목 지점을 통해 보이게 된다.

만약 10개의 브로커를 가진 카프카 클러스터가 있는데 레플리카의 수는 백만 개(즉, 복제 팩터가 2인 파티션이 50만 개)가 넘는다면, 분산이 매우 이상적으로 된 상황을 가정하더라도 각 브로커가 대략 10만 개의 레플리카를 보유하게 된다. 이것은 쓰기, 읽기, 컨트롤러 큐 전체에 걸쳐 병목 현상을 발생시킬 수 있다. 과거에는 파티션 레플리카 수를 브로커당 4천 개 이하, 클러스터당 20만 개 이하로 유지할 것을 공식적으로 권장하기도 했다. 하지만 이후 클러스터 성능이 개선되면서 카프카를 더 크게 확장하는 것이 가능해졌다. 현재로서는 (설정이 제대로 되었다는 것을 가정하고) 파티션 레플리카 개수를 브로커당 14,000개, 클러스터당 100만개 이하로 유지할 것을 권장한다.

이 장의 앞에서 언급했듯이, CPU는 대개 주요한 병목 지점이 되지 않는다. 하지만 브로커 하나에 감당할 수 없는 수준의 클라이언트 연결이나 요청이 쏟아지게 되면 그렇게 될 수도 있다. 연결하는 클라이언트의 개수와 컨슈머 그룹의 수를 감안한 전체 CPU 사용량을 주시하고 있다가 필요에 맞춰 확장하면, 상대적으로 더 큰 클러스터의 경우 전체적인 성능을 향상시키는 데 도움이 된다. 네트워크 용량에 대해 이야기하자면, 다음과 같은 사항을 염두에 둘 필요가 있다.

- 네트워크 인터페이스의 전체 용량이 얼마인지?
- 데이터를 읽어가는 컨슈머가 여럿이거나, 데이터가 보존되는 동안 트래픽이 일정하지 않을 경우(예를 들어서, 피크 시간대에 트래픽이 집중적으로 쏟아지는 경우)에도 클라이언트 트래픽을 받아낼 수 있는지?

만약 피크 시간대 단일 브로커에 대해 네트워크 인터페이스 전체 용량의 80%가량이 사용되고, 이 데이터를 읽어가는 컨슈머가 두 대 있다고 치면, 두 대 이상의 브로커가 있지 않은 한 컨슈머는 피크 시간대 처리량을 제대로 받아낼 수 없을 것이다. 클러스터에 복제 기능이 설정되어 있다면, 이 또한 추가로 고려해야 할 데이터 컨슈머가 된다. 디스크 처리량이나 시스템 메모리가 부족하여 발생하는 성능 문제를 해결하려면 클러스터에 브로커를 추가 투입하여 확장해주어야 할 것이다.

2.6.2 브로커 설정

다수의 카프카 브로커가 하나의 클러스터를 이루게 하기 위해서 설정해 줘야 하는 건 두 개뿐이다. 하나는 모든 브로커들이 동일한 `zookeeper.connect` 설정값을 가져야 한다는 것이다. 이것은 클러스터가 메타데이터를 저장하는 주키퍼 앙상블과 경로를 지정한다. 두 번째는 클러스터 안의 모든 브로커가 유일한 `broker.id` 설정값을 가져야 한다는 것이다. 만약 동일한 `broker.id` 설정값을 가지는 두 개의 브로커가 같은 클러스터에 들어오려고 하면 늦게 들어온 쪽에 에러가 났다는 로그가 찍히면서 실행이 실패하게 된다. 클러스터로 작동할 때만 사용되는 (구체적으로는 복제 기능에 관련된) 다른 설정 매개변수들도 있는데, 이들은 다른 장에서 설명할 것이다.

2.6.3 운영체제 튜닝하기

대부분의 리눅스 배포판은 웬만한 애플리케이션에 대해 꽤 잘 작동하는 커널 튜닝 매개변수가 미리 잡혀 있지만, 몇 가지를 변경함으로써 카프카 브로커의 성능을 끌어올릴 수 있다. 주로 가상 메모리와 네트워크 서브시스템, 로그 세그먼트를 저장하기 위해 사용되는 디스크의 마운트 등이다. 이 매개변수들은 대개 `/etc/sysctl.conf`에 설정되지만, 커널 설정 관련한 자세한 내용에 대해서는 각자가 사용중인 리눅스 배포판의 문서를 참조해야 한다.

❶ 가상 메모리

일반적으로, 리눅스의 가상 메모리 시스템은 시스템 부하에 따라 자동으로 메모리 사용량을 조절한다. 카프카의 경우 카프카의 부하 특성에 맞게 스왑 공간이나 더티 메모리 페이지dirty memory page가 사용되는 방식을 조절해줄 수 있다.

대부분의 애플리케이션, 특히 처리량이 중요한 애플리케이션에서는 (거의) 어떻게 해서든 스와핑을 막는 것이 최선이다. 메모리의 페이지가 디스크로 스와핑되는 과정에서 발생하는 비용은 카프카 성능의 모든 측면에 있어서 눈에 띄는 영향을 미치기 때문이다. 또한, 카프카는 시스템 페이지 캐시를 매우 많이 사용하기 때문에, 가상 메모리 시스템이 디스크로 페이지를 스와핑할 경우 페이지 캐시에 할당할 메모리가 충분하지 않게 된다.

스와핑을 방지하는 방법 중 하나는 아예 스왑 공간 자체를 할당하지 않는 것이다. 스왑 공간은 반드시 필요한 것이 아니기 때문이다. 하지만 스왑 공간이 있으면 시스템에 뭔가 치명적인 문제가 발생했을 때 안전 장치 역할을 해줄 수 있다. 스왑 공간이 있으면 메모리가 부족할 때 운영체제가 실행 프로세스를 강제로 종료시키는 것을 방지할 수 있다. 이러한 이유 때문에 `vm.swappiness` 설정을 매우 작은 값(1이라던가)으로 잡아주는 것이 좋다. 이 매개변수는 가상 메모리 서브시스템이 (물리 메모리 공간을) 페이지 캐시로 사용할지 아니면 스왑 공간으로 사용할지에 대한 선호도를 백분율로 나타낸 것이다. (이 값이 높을수록 페이지 캐시보다 스왑 공간을 선호하게 된다.) 스왑 메모리보다 페이지 캐시 쪽에 더 많은 메모리를 할당해주는 것이 좋다.

NOTE

swappiness 설정을 0으로 잡지 않는 이유는?

예전에는 vm.swappiness를 항상 0으로 잡아주는 것이 권장됐다. 이 값은 "메모리 부족 사태가 발생하지 않는 한 스와핑하지 말라."는 의미였다. 하지만 리눅스 커널 버전 3.5-rc1부터 이 설정의 의미가 변경되었으며, 이는 레드햇 엔터프라이즈 리눅스의 버전 2.6.32-303 커널을 포함한 많은 배포판에 적용되었다. 이에 따라 0의 의미가 "어떠한 경우에도 스와핑하지 말라."로 바뀌었다. 이러한 이유 때문에 지금은 1로 설정하는 것이 권장되는 것이다.

커널이 디스크로 내보내야 할 더티 페이지를 다루는 방식을 조정해주는 것에는 또 다른 이점이 있다. 카프카는 프로듀서의 요청에 빠르게 응답하기 위해 디스크 입출력 성능에 의존한다. 이것은 로그 세그먼트가 (SSD와 같이 응답속도가 빠른 디스크이든지, RAID와 같이 캐시로 쓸 수 있는 NVRAM이 많이 장착된 디스크 서브시스템이든지 간에) 대체로 더 빠른 디스크에 저장되는 이유이기도 하다. 커널이 더티 페이지를 다루는 방식을 조정해 줌으로써 백그라운드 프로세스가 디스크로 내보내기 시작하기 전에 (물리 메모리 상에) 유지 가능한 더티 페이지의 양을 줄일 수 있는데, `vm.dirty_background_ratio` 설정값을 기본값인 10보다 작게 잡아주면 된다. 이 값은 전체 시스템 메모리에서 (시스템이 내보내기를 시작하기 전까지) 더티 페이지가 차지할 수 있는 비율을 백분율로 나타낸 것이며, 많은 경우 5로 잡아 주는 게 적절하다. 하지만 이 값을 0으로 설정하면 안 된다. 리눅스 커널이 더티 페이지를 버퍼링하지 않고 계속해서 디스크로 내보내려고 하기 때문에 저장 장치 성능이 일시적으로 튀어오르는 사태spike가 발생하기 때문이다.

리눅스 커널이 (프로세스의 쓰기 작업을 블록하고) 더티 페이지를 강제로 디스크로 동기적으로 내보내기 전에 유지할 수 있는 더티 페이지의 전체 수는 `vm.dirty_ratio` 설정값을 올려잡아 줌으로써 증가시킬 수 있다(기본값은 20인데, 역시 전체 시스템 메모리에 대한 비율이다). 이 값은 폭넓게 설정할 수 있지만, 60에서 80 사이가 바람직하다. 이 설정은 아래와 같이 약간의 위험을 발생시킨다.

- 밀린 디스크 쓰기 작업이 늘어날 수 있다.
- 더티 페이지를 동기적으로 내보내야 할 경우, I/O 멈춤이 길어질 수 있다.

만약 `vm.dirty_ratio` 설정값을 올려잡아 줄 경우에는 카프카 클러스터의 복제 기능을 활성화함으로써 시스템 장애에 대한 안전장치를 해 놓을 것을 강력히 권장한다.

위에서 설명한 매개변수들의 설정값들을 결정할 때에는 실제 프로덕션 환경에서 돌아가고 있거나 모의 부하를 걸어 놓은 카프카 클러스터의 더티 페이지 수가 어떻게 변하는지를 살펴보는 것이 좋다. 현재 더티 페이지 수는 `/proc/vmstat` 파일에서 확인할 수 있다.

```
# cat /proc/vmstat | egrep "dirty|writeback"
nr_dirty 21845
nr_writeback 0
nr_writeback_temp 0
nr_dirty_threshold 32715981
nr_dirty_background_threshold 2726331
#
```

카프카는 로그 세그먼트를 저장하고 연결을 열기 위해 파일 디스크립터를 사용한다. 만약 브로커에 많은 파티션이 저장되어 있을 경우, 브로커는 최소한 아래와 같은 수의 파일 디스크립터를 필요로 한다.

{파티션 수} × ({파티션 수} / {세그먼트 크기}) + {브로커에 생성된 네트워크 연결 수}

그런 점에서 vm.max_map_count 설정값을 위 계산에 근거해서 매우 큰 값으로 올려잡아 줄 것을 권장한다. 환경에 따라서 대략 400,000이나 600,000 정도로 잡아 주면 적절하다. vm.overcommit_memory 설정값을 0으로 잡아 주는 것 역시 권장된다. 이 설정을 기본값인 0으로 잡아주면 커널이 애플리케이션의 미사용 메모리를 결정하게 된다. 만약 이 속성을 0이 아닌 값으로 잡아줄 경우 운영체제가 지나치게 많은 메모리를 차지함으로써 카프카가 최적으로 작동하기 위한 메모리가 모자라게 될 수 있다. 이러한 현상은 데이터를 빠르게 받아들여야 하는 애플리케이션에서 흔하다.

2 디스크

저장 장치 하드웨어를 선택하는 것과 RAID 설정(만약 그런 게 있다면) 다음으로 성능에 큰 영향을 미칠 수 있는 것이 디스크의 파일시스템이다.

사용할 수 있는 파일시스템은 많지만, 대부분의 경우 Ext4fourth extended filesystem나 XFSExtents File System 중 하나를 로컬 파일시스템으로 사용한다. XFS는 많은 리눅스 배포판에서 기본 파일시스템으로 사용중인데, 여기에는 이유가 있다. 즉, 많은 경우 최소한의 튜닝만으로도 Ext4보다 성능이 더 낫기 때문이다. Ext4 역시 좋긴 하지만, 덜 안전한 것으로 여겨지는 튜닝 매개변수를 직접 잡아줄 필요가 있다. 여기에는 커밋 간격(기본값은 5)을 올려 잡아 줌으로써 flush가 덜 자주 일어나도록 하는 것이 포함된다. Ext4는 시스템에 장애가 발생했을 때 데이터가 유실되거나 파일시스템이 오염될 가능성을 증가시키는 블록 지연 할당delayed allocation of blocks 기능 역시 도입했다. XFS 파일시스템 역시 지연 할당 알고리즘을 사용하기는 하지만, 일반적으로 Ext4에 사용되는 것보다는 비교적 더 안전하다. XFS는 직접 튜닝의 필요 없이, 파일시스템에 의해 자동으로 수행되는 튜닝만으로도 카프카의 작업 부하에 대해 더 좋은 성능을 보여준다. 이는 디스크 쓰기를 배치 처리할 때도 더 효율적인데, 이 모든 것들이 합쳐져서 전체적으로 더 나은 I/O 처리량을 보여준다.

로그 세그먼트를 저장하는 파일시스템을 어떤 것으로 선택했건 간에 마운트 옵션에는 noatime 옵션을 지정해주는 것이 좋다. 파일 메타데이터는 3개의 타임스탬프를 포함한다. 바로 생성 시각(ctime), 마지막 수정 시각(mtime), 그리고 마지막 사용 시각(atime)이 그것이다. 기본적으로, atime은 파일이 읽힐 때마다 변경되는 만큼 대량의 디스크 쓰기 작업을 발생시킨다. 대부분의 경우 atime는 거의 사용되지 않는 것으로 여겨진다. 파일이 마지막으로 수정된 이래 사용된 적이 있는지를 애플리케이션이 알아야 하는 경우가 아닌 한 말이다(이 경우에는 relatime 옵션을 사용할 수 있다). 카프카는 atime를 전혀 사용하지 않으므로 이 기능은 꺼도 안전하다. 파일시스템에 noatime을 설정해주면 이러한 타임스탬프 값들이 업데이트되는 것을 방지하면서도 ctime, mtime 속성값의 처리에도 영향을 주지 않는다. 크기가 큰 디스크 쓰기 작업을 수행해야 할 경우, largeio 옵션 역시 카프카의 효율성을 증대시키는데 도움이 될 수 있다.

3 네트워킹

대량의 네트워크 트래픽을 발생시키는 애플리케이션을 사용할 때 리눅스 네트워킹 스택의 기본 설정값을 조정해주는 것은 흔한 일이다. 리눅스 커널은 기본적으로 대량의 데이터를 빠르게 주고받는 데 최적화되어 있지 않기 때문이다. 사실, 카프카에 권장되는 변경은 대부분의 웹 서버나 다른 네트워크 애플리케이션에 권장되는 것과 같다. 첫 번째로 조정해주어야 할 부분은 각 소켓의 송신, 수신 버퍼에 할당되는 기본/최대 메모리의 양이다. 이것은 큰 전송을 주고받을 때의 성능을 눈에 띄게 향상시킨다. 소켓별 송신, 수신 버퍼의 기본 크기와 연관이 있는 매개변수는 net.core.wmem_default와 net.core.rmem_default인데, 합리적인 설정값은 131072(128KB)이다. 송신, 수신 버퍼의 최대 크기를 정의하는 매개변수 net.core.wmem_max와 net.core.rmem_max로 2097152(2MB)가 적절하다. 최대 크기가 소켓 버퍼 공간을 할당할 때 항상 적용되지는 않는다는 점을 명심하라. 필요한 경우에만 한해 적용되는 최대값이다.

소켓 설정에 더해서, TCP 소켓의 송신, 수신 버퍼 크기 역시 별도로 설정(net.ipv4.tcp_wmem, net.ipv4.tcp_rmem)해주어야 한다. 이 매개변수들은 빈칸으로 구분된 정숫값 3개(각각 최소, 기본, 최대)로 설정된다. 여기서 최대 크기는 net.core.wmem_max와 net.core.rmem_max에 설정된 모든 소켓에 적용되는 최대 크기보다 클 수 없다. 예를 들어서 이 매개변수에 "4096 65536 2048000"라고 설정해주었다면 최소 버퍼 크기는 4KB, 기본 크기는 64KB, 그리고 최대 크기는 2MB가 된다. 네트워크 연결에 더 많은 버퍼링을 허용하고 싶다면 카프카 브로커의 실제 작업 부하에 근거해서 최대값을 올려 잡아주면 된다.

설정해주면 좋은 네트워크 튜닝 매개변수는 이것 외에도 몇 개가 더 있다. `net.ipv4.tcp_window_scaling` 값을 1로 잡아 줌으로써 TCP 윈도우 스케일링 기능을 활성화시키면 클라이언트가 데이터를 더 효율적으로 전달할 수 있도록(그리고 브로커가 현재 전달받고 있는 데이터를 버퍼링할 수 있도록) 할 수 있다. `net.ipv4.tcp_max_syn_backlog` 설정값을 기본값인 1024보다 크게 잡아줄 경우 브로커가 동시에 받을 수 있는 연결의 수를 증가시킬 수 있다. `net.core.netdev_max_backlog`를 기본값인 1000보다 더 큰 값으로 올려잡아 주면 커널이 처리해야 할 패킷을 더 많이 큐에 올릴 수 있게 되기 때문에 (특히 멀티 기가비트 네트워크를 사용하고 있을 경우) 네트워크 트래픽이 급증할 때 도움이 된다.

2.7 프로덕션 환경에서의 고려 사항

카프카를 테스트 환경에서 프로덕션 환경으로 옮길 준비가 되었다면, 신뢰성 있는 메시지 전달 시스템을 구축하기 위해서는 생각해야 할 점이 몇 개 더 있다.

2.7.1 가비지 수집기 옵션

애플리케이션의 가비지 수집기 옵션을 설정하는 것은 언제나 (과학이라기보다) 기예art에 더 가까운 일이다. 애플리케이션이 메모리를 어떻게 사용하는지에 대해 상세히 알아야 할 뿐만 아니라 상당한 시행착오 역시 수반하는 일이기 때문이다. 다행히 Java 7에서 '가비지 우선' 수집기Garbage-First garbage collector, G1GC가 등장하면서 상황이 바뀌었다. G1GC가 처음 소개되었을 때는 불안정한 물건으로 여겨졌지만, JDK8와 JDK11에서 크게 개선되었다. 현재 카프카에는 G1GC를 기본 가비지 수집기로 사용할 것이 권장된다. G1GC는 서로 다른 작업 부하를 자동으로 조절하고 애플리케이션 실행되는 동안 더 일정한 정지 시간pause time을 보여주도록 설계되었다. G1GC는 전체 힙을 한 번에 처리하는 대신 여러 개의 작은 영역으로 나눠서 처리함으로써 커다란 크기를 가진 힙 영역을 더 잘 처리한다.

G1GC는 정상 가동시 최소한의 설정만으로도 이 모든 것들을 수행한다. G1GC의 성능을 조절하기 위해 사용되는 옵션에는 다음 두 가지가 있다.

`MaxGCPauseMillis`

이 옵션은 각 가비지 수집 사이클에 있어서 선호되는 중단 시간을 지정한다. 이것은 고정된 최대값이 아니며, 필요한 경우 G1GC는 여기에 지정된 시간을 넘겨서도 실행될 수 있다. 기본값은 200밀리초다. 이를 풀어서 설명하자면 다음과 같다.

- 가비지 수집기가 호출되는 주기를 가능한 한 200ms로 맞춘다.
- 단위 사이클에 걸리는 시간 역시 200ms 정도로 맞춘다. 즉, 이 시간에 맞춰서 가비지 수집이 실행되는 영역의 개수를 조절한다.

`InitiatingHeapOccupancyPercent`

이 옵션은 G1GC가 수집 사이클을 시작하기 전까지 전체 힙에서 사용 가능한 비율을 백분율로 지정한다. 기본값은 45인데, 이는 전체 힙의 45%가 사용되기 전까지는 G1GC가 가비지 수집 사이클을 시작하지 않는다는 의미다. 여기에는 새 객체가 생성되는 영역Eden과 오래된 객체가 저장되는 영역이 모두 포함된다.

카프카 브로커는 힙 메모리를 상당히 효율적으로 사용할 뿐 아니라 가비지 수집의 대상이 되는 객체 역시 가능한 한 적게 생성하기 때문에 이 설정값들을 낮게 잡아줘도 괜찮다. 다음으로 소개하는 가비지 수집기 튜닝 옵션들은 64GB 메모리가 장착된 서버에서 5GB 크기의 힙과 함께 카프카를 실행시킬 때를 기준으로 잡은 것이다. `MaxGCPauseMillis` 옵션의 경우 20 ms로 잡아주었다. 기본값보다 가비지 수집이 조금 더 일찍 실행되도록 `InitiatingHeapOccupancyPercent` 설정값은 35로 잡혀 있다.

카프카가 처음 발표된 것은 G1GC가 출시되어 안정화되기 전의 일이다. 그렇기 때문에 카프카는 모든 JVM에 대해 호환성을 유지하기 위해 CMSConcurrent Mark and Sweep 가비지 수집기를 기본적으로 사용하게 되어 있다. 가장 좋은 방법은 자바 1.8 이후에 나온 버전을 사용할 때는 G1GC를 사용하는 것이다. 이것은 환경 변수를 사용해서 쉽게 변경할 수 있다. 이 장의 앞에서 살펴본 카프카 시작 명령을 예로 들자면, 다음과 같이 고쳐주면 된다.

```
# export KAFKA_JVM_PERFORMANCE_OPTS="-server -Xmx6g -Xms6g
-XX:MetaspaceSize=96m -XX:+UseG1GC
-XX:MaxGCPauseMillis=20 -XX:InitiatingHeapOccupancyPercent=35
-XX:G1HeapRegionSize=16M -XX:MinMetaspaceFreeRatio=50
-XX:MaxMetaspaceFreeRatio=80 -XX:+ExplicitGCInvokesConcurrent"
# /usr/local/kafka/bin/kafka-server-start.sh -daemon
/usr/local/kafka/config/server.properties
#
```

2.7.2 데이터센터 레이아웃

개발이나 테스트용 환경의 경우 데이터센터에 설치된 카프카 브로커의 물리적 위치는 그리 중요하지 않다. 클러스터의 일부 혹은 전체가 짧은 시간 동안 작동을 정지한다고 해서 큰 문제가 되지는 않기 때문이다. 하지만, 프로덕션 환경에서 트래픽을 받아내야 하는 경우 중단되는 시간이 손익과 직결된다. 중단된 시간만큼 사용자에게 서비스를 제공할 수 없거나 사용자 활동을 추적할 수 없기 때문이다. 이는 카프카 클러스터에 복제를 설정(7장 참고)하는 것이 중요한 이유이며, 브로커가 데이터센터의 랙rack에서 차지하는 물리적 위치가 중요한 이유이기도 하다. 장애 영역fault zone 개념이 있는 데이터센터 환경이 더 좋다. 만약 카프카를 설치하기 전에 이 문제를 고려하지 않으면, 나중에 서버를 이동시켜야 할 때 막대한 유지관리 비용이 들어갈 수 있다.

카프카는 브로커에 새 파티션을 할당할 때 랙 위치를 고려함으로써 특정 파티션의 레플리카가 서로 다른 랙에 배치되도록 할 수 있다. 이 기능을 사용하려면 각 브로커에 `broker.rack` 설정을 잡아 주어야 한다. 비슷한 이유로, 이 설정은 클라우드 환경의 장애 도메인에 대해서도 해줄 수 있다. 단, 이 설정은 새로 생성된 파티션에 대해서만 적용된다. 카프카 클러스터는 파티션이 랙 인식rack awareness 할당을 유지하고 있는지 모니터링하지 않으며, 자동으로 이를 교정하지도 않는다. 랙 인식 할당을 유지함으로써 클러스터의 균형을 유지하고 싶다면, 크루즈 컨트롤과 같은 툴을 사용할 것을 권한다(부록 B참고). 이 속성을 적절히 설정해주는 것은 추후에도 랙 인식 할당을 유지하는 데 도움이 된다.

전반적으로, 카프카 클러스터의 각 브로커가 서로 다른 랙에 설치되도록 하거나 아니면 최소한 전원이나 네트워크와 같은 인프라스트럭처 서비스의 측면에서 단일 장애점single point of failure이 없도록 하는 것이 모범적인 방법이다. 대체로 이중 전원dual power과 이중 네트워크 스위치dual network switch가 장착된 서버(서버에 네트워크 인터페이스가 아예 접합되어 있어서 문제가 발생해도 외부에서는 보이지 않게 복구되는)에 카프카 브로커를 설치하면 된다. 단, 이중 연결이 되어 있더라도 브로커를 서로 다른 랙에 배치하는 것이 좋다. 서버를 옮긴다던가 전원 케이블을 다시 감아 주는 것과 같이, 랙이나 캐비넷의 전력을 내려야 하는 물리적 유지 관리 작업을 해줘야 하는 경우도 가끔 있기 때문이다.

2.7.3 주키퍼 공유하기

카프카는 브로커, 토픽, 파티션에 대한 메타데이터 정보를 저장하기 위해 주키퍼를 사용한다. 컨슈머 그룹 멤버나 카프카 클러스터 자체에 뭔가 변동이 있을 때만 주키퍼 쓰기가 이루어진다. 이 트래픽은 작은 것이 보통이기 때문에 굳이 하나의 주키퍼 앙상블을 하나의 카프카 클러스터에만 사용할 필요는 없다. 사실, 많은 경우 하나의 주키퍼 앙상블을 여러 대의 카프카 클러스터가 공유해서 쓰기도 한다(이 장의 앞에서 살펴본 것처럼 각 클러스터에 대해 서로 다른 주키퍼 chroot 경로를 사용한다).

> **NOTE**
>
> **카프카 컨슈머, 툴, 주키퍼 그리고 당신**
>
> 시간이 흐르면서 주키퍼에 대한 의존도는 줄어들고 있다. 버전 2.8.0부터 카프카는 주키퍼 없이 작동할 수 있는 모드를 실험적 기능으로 제공하기 시작했으며, 3.3.0부터는 프로덕션 환경에서 사용할 수 있는 정식 기능이 되었다. (이 주제에 대해서는 6.2.1 'KRaft: 카프카의 새로운 래프트 기반 컨트롤러'에서 자세히 다룬다.) 하지만 우리는 이전 버전들에서도 주키퍼에 대한 의존도가 줄어드는 것을 볼 수 있었다. 예를 들어, 카프카 구버전에서는 브로커는 물론, 컨슈머 역시 컨슈머 그룹이 어떻게 구성되어 있으며 어느 토픽을 읽어오고 있는지에 대한 정보를 저장하고, (그룹 내 컨슈머에 장애가 발생할 경우를 대비해서) 읽고 있는 파티션의 오프셋을 주기적으로 커밋하기 위해 주키퍼를 직접적으로 활용했다. 버전 0.9.0.0에서 컨슈머 인터페이스가 변경되면서 카프카 브로커를 통해서 이러한 작업들을 직접 수행할 수 있게 되었다. 2.x 버전 카프카가 릴리스되면서 카프카에서 주키퍼가 반드시 필요한 작업들은 차례차례 제거되어 왔다. 이제 관리 툴들은 토픽 생성, 동적 설정 변경 등의 작업을 수행하기 위해 클러스터에 직접 연결한다(주키퍼에 직접 연결하는 것은 지원 중단되었다). 이에 따라 원래 `--zookeeper` 플래그를 사용했던 많은 명령줄 툴들이 `--bootstrap-server` 옵션을 쓰도록 변경되었다. `--zookeeper` 옵션은 여전히 사용 가능하지만 지원 중단되었으며, 카프카가 더 이상 토픽을 생성하고, 관리하고, 토픽에서 메시지를 읽어오기 위해 주키퍼를 필요로 하지 않을 미래에는 완전히 제거될 것이다.

하지만, 설정에 따라서는 컨슈머와 주키퍼가 직접 연관될 수도 있다. 컨슈머는 오프셋을 커밋하기 위해 주키퍼를 직접 사용할 수도 있고(이 방법은 지원 중단되긴 했지만, 여전히 사용 가능하다), 카프카를 사용할 수도 있기 때문이다. 커밋 사이의 간격을 조정하는 것도 가능하다. 만약 컨슈머가 오프셋을 커밋하기 위해 주키퍼를 사용할 경우, 각 컨슈머는 읽어오는 파티션 각각에 대해서 일정 시간마다 주키퍼에 쓰기 작업을 수행하게 된다. 합리적인 오프셋 커밋 간격은 1분인데, 이는 오프셋 커밋 간격이 곧 컨슈머 중 하나에 장애가 발생했을 때 컨슈머 그룹이 메시지를 중복으로 읽어오게 되는 간격이기도 하기 때문이다. 이러한 커밋 작업은 특히 클러스터에 연결된 컨슈머의 수가 많은 경우 주키퍼 트래픽에 상당한 영향을 미칠 수 있으므로 고려할 필요가 있다. 주키퍼 앙상블이 이 트래픽을 받아내지 못한다면 커밋 간격을 더 길게 올려 잡아줄 필요가 있을 것이다. 하지만, 컨슈머 애플리케이션을 개발할 때는 주키퍼에 대한 의존성 없이 카프카를 사용해서 오프셋을 커밋하는 최신 카프카 라이브러리를 사용할 것이 권장된다.

다수의 카프카 클러스터가 하나의 주키퍼 앙상블을 공유하는 경우를 제외하면, 다른 애플리케이션과 주키퍼 앙상블을 공유하는 것은 피할 수 있다면 피하는 것이 좋다. 카프카는 주키퍼의 지연과 타임아웃에 민감한 시스템이고, 앙상블과의 통신에 중단이 발생할 경우 브로커들이 예상치 못한 방식으로 작동할 수 있다. 주키퍼에 대한 연결이 끊어질 경우, 다수의 브로커가 동시에 오프라인 상태로 빠지면서 여기에 포함된 파티션들도 함께 오프라인 상태가 되어버릴 수 있는 것이다. 이것은 클러스터 컨트롤러에도 부하를 발생시키는데, 이것은 (당장은 눈에 띄지 않지만) 주키퍼와의 통신 문제가 지나가고 나서 한참 뒤, 브로커가 제어된 정지controlled shutdown를 시도할 때와 같은 상황에서 미묘한 에러가 발생하는 식으로 드러난다. 주키퍼를 많이 사용하든 부적절한 작업을 실행하든, 주키퍼 앙상블에 부하를 줄 수 있는 다른 애플리케이션들은 별도의 앙상블을 사용하는 식으로 격리될 필요가 있다.

2.8 요약

이 장에서는 아파치 카프카를 실행시키는 방법에 대해서 배웠다. 브로커에 적합한 하드웨어를 선택하는 방법과 프로덕션 환경에 설정할 때 고려해야 할 사항들에 대해서도 알아보았다. 이제 카프카 클러스터가 설치되었으니, 카프카 클라이언트 애플리케이션의 기초를 살펴볼 것이다. 이어지는 두 장에서는 카프카에 메시지를 쓰기 위한 클라이언트(3장)와 쓰여진 메시지를 읽기 위한 클라이언트(4장)에 대해 설명할 것이다.

CHAPTER 3

카프카 프로듀서: 카프카에 메시지 쓰기

카프카를 큐queue로서 사용하든, 메시지 버스message bus나 데이터 저장 플랫폼data storage platform으로 사용하든 간에 카프카를 사용할 때는 카프카에 데이터를 쓸 때 사용하는 프로듀서나 읽어 올 때 사용하는 컨슈머, 혹은 두 가지 기능 모두를 수행하는 애플리케이션을 생성해야 한다.

신용카드 트랜잭션 처리 시스템을 예로 들어 보자. 여기에는 온라인 쇼핑몰 등에서 결제가 일어나는 순간 카프카에 각각의 트랜잭션을 전송하는 클라이언트 애플리케이션이 있을 것이다. 다른 애플리케이션에서는 이 트랜잭션이 발생하는 순간 룰 엔진rule engine을 사용해서 이 트랜잭션의 적합 여부를 검사하고 승인 혹은 거부 여부를 결정할 것이다. 결정된 승인/거부 응답은 다시 카프카에 쓰여져서 해당 트랜잭션이 시작된 온라인 쇼핑몰로 전달된다. 그리고 세 번째 애플리케이션이 카프카로부터 트랜잭션과 승인 상태를 읽어와서 나중에 분석가들이 확인하고 룰 엔진을 개선할 수 있도록 데이터베이스에 저장할 것이다.

아파치 카프카는 개발자들이 카프카와 상호작용하는 애플리케이션을 개발할 때 사용할 수 있는 클라이언트 API와 함께 배포된다.

이 장에서는 카프카 프로듀서를 사용하는 방법을 배울 것이다. 우선 프로듀서의 디자인과 주요 요소의 전체적인 모습을 살펴본 뒤, `KafkaProducer`와 `ProducerRecord` 객체를 어떻게 생성하는지, 어떻게 카프카에 레코드를 전송하는지, 그리고 카프카가 리턴할 수 있는 에러를 어떻게 처리하는지에 대해서 알아볼 것이다. 그런 다음에 프로듀서의 작동을 제어하기 위해 사용되는 가장 중요한 설정 옵션들을 살펴볼 것이다. 끝으로, 파티션 할당 방식을 정의하는 파티셔너partitioner과 객체의 직렬화 방식을 정의하는 시리얼라이저serializer에는 어떠한 것들이 있는지, 이들을 작성하기 위해서는 어떻게 해야 하는지를 깊이 있게 살펴볼 것이다.

4장에서 우리는 카프카 컨슈머와 카프카에서 데이터를 읽어오는 방법에 대해 살펴볼 것이다.

서드 파티 클라이언트

카프카는 정식 배포판과 함께 제공되는 공식 클라이언트 이외에도 공식 클라이언트가 사용하는 TCP/IP 패킷의 명세(binary wire protocol)를 공개하고 있다. 애플리케이션이 카프카의 네트워크 포트에 이 명세를 따르는 정확한 바이트 시퀀스를 전달할 수 있는 한, 메시지 읽기와 쓰기 등의 기능을 모두 사용할 수 있는 것이다. 이에 따라 다양한 프로그래밍 언어별로 카프카의 TCP 패킷 명세를 구현한 클라이언트들이 개발되어 있는데, 이를 사용하면 Java 이외의 언어(C++, Python, Go 등)로도 쉽게 Kafka를 사용하는 애플리케이션을 개발할 수 있다. 이 클라이언트들은 아파치 카프카 프로젝트의 일부는 아니지만, 아파치 카프카 프로젝트 위키(https://cwiki.apache.org/confluence/display/KAFKA/Clients)에 목록이 정리되어 있다. TCP 패킷의 구체적인 명세와 이들 외부 클라이언트(external client)는 이 책의 범위를 넘어서므로 다루지 않는다.[8]

3.1 프로듀서 개요

애플리케이션이 카프카에 메시지를 써야 하는 상황에는 여러 가지가 있을 수 있다. 감사 혹은 분석을 목적으로 한 사용자 행동 기록, 성능 메트릭 기록, 로그 메시지 저장, 스마트 가전에서의 정보 수집, 다른 애플리케이션과의 비동기적asynchronous 통신 수행, 임의의 정보를 데이터베이스에 저장하기 전 버퍼링 등이 있다.

이러한 사용 사례들은 목적이 다양한 만큼 요구 조건 역시 다양하다. 모든 메시지가 중요해서 메시지 유실이 용납되지 않는지, 아니면 유실이 허용되는지? 중복이 허용되도 상관없는지? 반드시 지켜야 할 지연latency이나 처리율throughput이 있는지?

우리가 앞에서 살펴본 신용카드 트랜잭션 처리 시스템을 예로 들면, 메시지에 어떠한 유실이나 중복도 허용되지 않는다. 지연 시간은 낮아야 하지만 500밀리초 정도까지는 허용될 수 있으며, 처리율은 매우 높아야 한다(초당 백만 개의 메시지를 처리할 정도로).

조금 다른 사례로는 웹사이트에서 생성되는 클릭 정보를 저장하는 경우가 있을 수 있다. 이 경우, 메시지가 조금 유실되거나 중복되는 것은 문제가 되지 않는다. 사용자 경험에 영향을 주지 않는 한, 지연 역시 높아도 상관없다. 뒤집어 말하면, 사용자가 링크를 클릭한 뒤 다음 페이지가 즉시 로드될 수

8 옮긴이 프로토콜 정의는 https://kafka.apache.org/protocol.html에서 볼 수 있다.

만 있다면 메시지가 카프카에 도달하는 데 몇 초가 걸려도 상관없는 것이다. 처리율 역시 웹사이트에서 예상되는 수준의 사용자 행동에 따라 달라질 수 있다.

이처럼 서로 다른 요구 조건은 카프카에 메시지를 쓰기 위해 프로듀서 API를 사용하는 방식과 설정에 영향을 미친다.

프로듀서 API는 매우 단순하지만, 우리가 데이터를 전송할 때 내부적으로는 조금 더 많은 작업들이 이루어진다. 그림 3-1은 카프카에 데이터를 전송할 때 수행되는 주요 단계들을 보여준다.

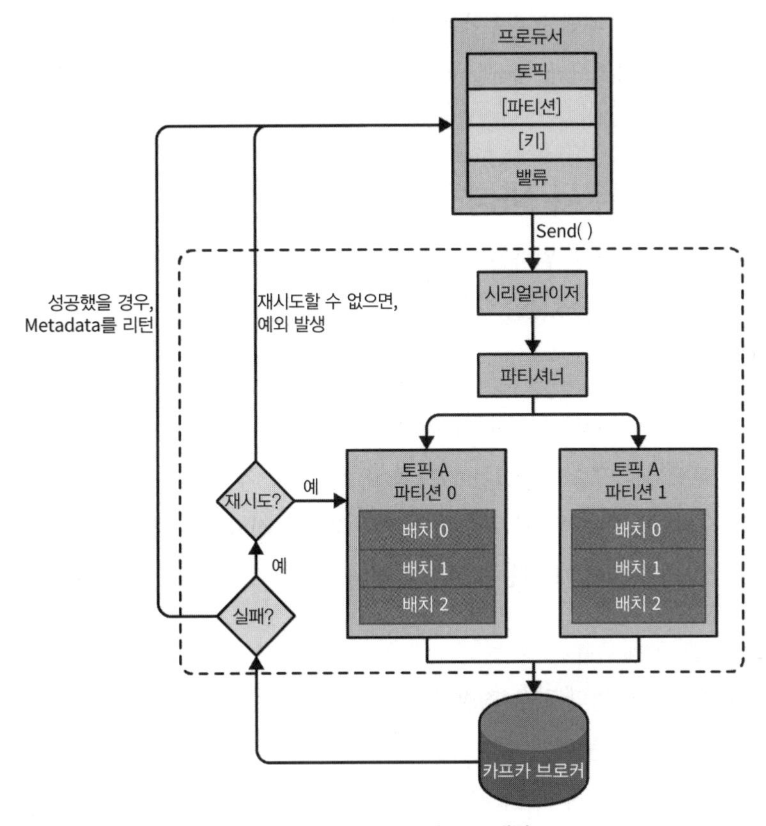

그림 3-1 **카프카 프로듀서 요소 개괄**

카프카에 메시지를 쓰는 작업은 `ProducerRecord` 객체를 생성함으로써 시작된다. 여기서 레코드가 저장될 토픽과 밸류 지정은 필수사항이지만, 키와 파티션 지정은 선택사항이다. 일단 `ProducerRecord`를 전송하는 API를 호출했을 때 프로듀서가 가장 먼저 하는 일은 키와 값 객체가 네트워크 상에서 전송될 수 있도록 직렬화해서 바이트 배열로 변환하는 과정이다.

그 다음에, 만약 파티션을 명시적으로 지정하지 않았다면 해당 데이터를 파티셔너에게로 보낸다. 파티셔너는 파티션을 결정하는 역할을 하는데, 그 기준은 보통 ProduderRecord 객체의 키의 값이다. 파티션이 결정되어 메시지가 전송될 토픽과 파티션이 확정되면 프로듀서는 이 레코드를 같은 토픽 파티션으로 전송될 레코드들을 모은 레코드 배치record batch에 추가한다. 그러면 별도의 스레드가 이 레코드 배치를 적절한 카프카 브로커에게 전송한다.

브로커가 메시지를 받으면 응답을 돌려주게 되어 있다. 메시지가 성공적으로 저장되었을 경우 브로커는 토픽, 파티션, 그리고 해당 파티션 안에서의 레코드의 오프셋을 담은 RecordMetadata 객체를 리턴한다. 메시지가 저장에 실패했을 경우에는 에러가 리턴된다. 프로듀서가 에러를 수신했을 경우, 메시지 쓰기를 포기하고 사용자에게 에러를 리턴하기 전까지 몇 번 더 재전송을 시도할 수 있다.

3.2 카프카 프로듀서 생성하기

카프카에 메시지를 쓰려면 우선 원하는 속성을 지정해서 프로듀서 객체를 생성해야 한다. 카프카 프로듀서는 아래의 3개의 필수 속성값을 갖는다.

bootstrap.servers

카프카 클러스터와 첫 연결을 생성하기 위해 프로듀서가 사용할 브로커의 host:port 목록이다. 이 값은 모든 브로커를 포함할 필요는 없는데, 프로듀서가 첫 연결을 생성한 뒤 추가 정보를 받아오게 되어 있기 때문이다. 다만 브로커 중 하나가 작동을 정지하는 경우에도 프로듀서가 클러스터에 연결할 수 있도록 최소 2개 이상을 지정할 것을 권장한다.

key.serializer

카프카에 쓸 레코드의 키의 값을 직렬화하기 위해 사용하는 시리얼라이저serializer 클래스의 이름이다. 카프카 브로커는 메시지의 키값, 밸류값으로 바이트 배열을 받는다. 하지만, 프로듀서 인터페이스는 임의의 자바 객체를 키 혹은 밸류로 전송할 수 있도록 매개변수화된 타입parameterized type을 사용할 수 있도록 한다. 덕분에 가독성 높은 코드를 작성할 수 있지만, 프로듀서 입장에서는 이 객체를 어떻게 바이트 배열로 바꿔야 하는지 알아야 한다는 의미이기도 하다. key.serializer에는 org.apache.kafka.common.serialization.Serializer 인터페이스를 구현하는 클래스의 이름이 지정되어야 한다. 카프카의 client 패키지에는 (별로 하는 일이 없는) ByteArraySerializer, StringSerializer, IntegerSerializer 등등이 포함되어 있으므로 자주 사용되는 타입을 사용할 경우 시리얼라이저를 직접 구현할 필요는 없다. 키값 없이 밸류값만 보낼 때도 key.serializer 설정은 해 줘야 하지만, VoidSerializer를 사용해서 키 타입으로 Void 타입을 설정할 수 있다.

value.serializer

카프카에 쓸 레코드의 밸류값을 직렬화하기 위해 사용하는 시리얼라이저 클래스의 이름이다. 키값으로 쓰일 객체를 직렬화하기 위해 key.serializer에 클래스 이름을 설정하는 것과 마찬가지로 밸류값으로 쓰일 객체를 직렬화하는 클래스 이름을 value.serializer에 설정해주면 된다.

다음 코드에서는 필수 속성만을 지정하고 나머지는 전부 기본 설정값을 사용하는 방식으로 새로운 프로듀서를 생성하는 방법을 보여준다.

```
Properties kafkaProps = new Properties(); ❶
kafkaProps.put("bootstrap.servers", "broker1:9092,broker2:9092");[9]

kafkaProps.put("key.serializer",
    "org.apache.kafka.common.serialization.StringSerializer"); ❷
kafkaProps.put("value.serializer",
    "org.apache.kafka.common.serialization.StringSerializer");

KafkaProducer<String, String> producer. = new KafkaProducer<String, String>(kafkaProps); ❸
```

❶ 우선 Properties 객체를 생성한다.

❷ 메시지의 키값과 밸류값으로 문자열(String 타입)을 사용할 것이므로, 카프카에서 기본 제공되는 StringSerializer를 사용한다.

❸ 적절한 키와 밸류 타입을 설정하고 Properties 객체를 넘겨줌으로써 새로운 프로듀서를 생성한다.

9 옮긴이 이 예제에서는 프로듀서 설정을 잡기 위해 키 이름을 상수값으로 지정하고 있다. 반면 5장에서는 'AdminClientConfig' 클래스를 사용하는데, 이것은 3, 4장이 처음 쓰여지던 1판의 시점과 5장이 쓰여진 2판의 시점이 서로 다르기 때문이다. 3, 4장이 처음 쓰여지던 1판의 시점에서는 버전 1.x이 최신 버전이었고, 이렇게 키 이름을 사용자가 직접 상수값으로 지정하곤 했다. 하지만 이 방식은 오타에 취약했기 때문에 버전 2.x대부터는 관련 클래스에 사전 정의된 정적 상수를 사용하는 방식으로 바뀌었다.

- 프로듀서: org.apache.kafka.clients.producer.ProducerConfig
- 컨슈머: org.apache.kafka.clients.consumer.ConsumerConfig
- AdminClient: org.apache.kafka.clients.admin.AdminClientConfig

사용법은 아래와 같다.

```
props.put(ProducerConfig.BOOTSTRAP_SERVERS_CONFIG, "localhost:9092"); // Producer의 bootstrap.servers 속성을 지정
props.put(ConsumerConfig.AUTO_OFFSET_RESET_CONFIG, "latest");          // Consumer의 auto.offset.reset 속성을 지정
```

상당히 단순한 인터페이스이지만, 단순히 정확한 설정값을 제공하는 것만으로도 프로듀서의 실행을 제어할 수 있음을 확인할 수 있다. 아파치 카프카 문서에는 모든 설정 항목이 나열되어 있는데, 그중에서 중요한 것들은 이 장의 후반부에서 다룰 것이다.

프로듀서 객체를 생성했으니 이제 메시지를 전송할 수 있다. 메시지 전송 방법에는 크게 3가지 방법이 있다.

파이어 앤 포겟 Fire and forget

메시지를 서버에 전송만 하고 성공 혹은 실패 여부에는 신경 쓰지 않는다. 카프카가 가용성이 높고 프로듀서는 자동으로 전송 실패한 메시지를 재전송 시도하기 때문에 대부분의 경우 메시지는 성공적으로 전달된다. 다만, 재시도를 할 수 없는 에러가 발생하거나 타임아웃이 발생했을 경우 메시지는 유실되며 애플리케이션은 여기에 대해 아무런 정보나 예외를 전달받지 않게 된다.

동기적 전송 Synchronous send

기술적으로 이야기하자면, 카프카 프로듀서는 언제나 비동기적으로 작동한다. 즉, 메시지를 보내면 `send()` 메서드는 `Future` 객체를 리턴한다. 하지만 다음 메시지를 전송하기 전 `get()` 메서드를 호출해서 작업이 완료될 때까지 기다렸다가 실제 성공 여부를 확인해야 한다.

비동기적 전송 Asynchronous send

콜백 함수와 함께 `send()` 메서드를 호출하면 카프카 브로커로부터 응답을 받는 시점에서 자동으로 콜백 함수가 호출된다.

다음 예제에서는 위 방법들을 사용해서 메시지를 방법과 각각의 방법에서 발생할 수 있는 서로 다른 유형의 에러를 처리하는 방법을 살펴볼 것이다.

이 장의 모든 예제들은 단일 스레드를 사용하지만, 프로듀서 객체는 메시지를 전송하려는 다수의 스레드가 동시에 사용할 수 있다.

3.3 카프카로 메시지 전달하기

메시지를 전송하는 가장 간단한 방법은 다음과 같다.

```
ProducerRecord<String, String> record =
    new ProducerRecord<>("CustomerCountry", "Precision Products", "France"); ❶
try {
```

```
    producer.send(record); ❷
} catch (Exception e) {
    e.printStackTrace(); ❸
}
```

❶ 프로듀서는 ProducerRecord 객체를 받으므로 이 객체를 생성하는 것에서부터 시작한다. 조금 있다가 살펴볼 것이지만 ProducerRecord 클래스에는 생성자가 여러 개 있다. 여기서 우리가 사용한 것은 (언제나 문자열인) 토픽 이름과 (이 경우 문자열인) 키, 밸류값을 사용하는 것이다. 키와 밸류 타입은 우리가 지정한 key.serializer, value.serializer와 맞아야 한다.

❷ ProducerRecord를 전송하기 위해 프로듀서 객체의 send 메서드를 사용한다. 우리가 그림 3-1에서 보았듯이 메시지는 버퍼에 저장되었다가 별도 스레드에 의해 브로커로 보내진다. send() 메서드는 RecordMetadata를 포함한 자바 Future 객체https://docs.oracle.com/javase/7/docs/api/java/util/concurrent/Future.html를 리턴하지만, 여기서는 리턴값을 무시하기 때문에 메시지 전송의 성공 여부를 알아낼 방법은 없다. 이러한 방법은 메시지가 조용히 누락되어도 상관없는 경우 사용될 수 있지만, 실제로 사용되는 애플리케이션에서는 대체로 해당사항이 없을 것이다.

❸ 카프카 브로커에 메시지를 전송할 때 발생하는 에러 혹은 브로커 자체에서 발생한 에러를 무시하더라도 프로듀서가 카프카로 메시지를 보내기 전 에러가 발생할 경우 여전히 예외가 발생할 수 있다. 예를 들어서 메시지를 직렬화하는 데 실패할 경우 SerializationException이, 버퍼가 가득 찰 경우 TimeoutException이, 실제로 전송 작업을 수행하는 스레드에 인터럽트Interrupt가 걸리는 경우 InterruptException이 발생한다.

3.3.1 동기적으로 메시지 전송하기

동기적으로 메시지를 전송하는 방법은 단순하지만, 여전히 카프카 브로커가 쓰기 요청(produce request)에 에러 응답을 내놓거나 재전송 횟수가 소진되었을 때 발생되는 예외를 받아서 처리할 수 있다. 여기서의 주요한 균형점은 성능performance이다. 카프카 클러스터에 얼마나 작업이 몰리느냐에 따라서 브로커는 쓰기 요청에 응답하기까지 최소 2ms에서 최대 몇 초까지 지연될 수 있다. 동기적으로 메시지를 전송할 경우 전송을 요청하는 스레드는 이 시간 동안 아무것도 안 하면서 기다려야 한다. 다른 메시지를 전송할 수 없는 것은 물론이다. 결과적으로 성능이 크게 낮아지기 때문에 동기적 전송은 실제로 사용되는 애플리케이션에서는 잘 사용되지 않는다(반면 코드 예제에서는 매우 흔하다).

동기적으로 메시지를 전송하는 가장 간단한 방법은 다음과 같다.

```
ProducerRecord<String, String> record =
    new ProducerRecord<>("CustomerCountry", "Precision Products", "France");
try {
    producer.send(record).get(); ❶
} catch (Exception e) {
    e.printStackTrace(); ❷
}
```

❶ 여기서 우리는 카프카로부터 응답이 올 때까지 대기하기 위해 Future.get() 메서드를 사용하고 있다. 이 메서드는 레코드가 카프카로 성공적으로 전송되지 않았을 경우 예외를 발생시킨다. 에러가 발생하지 않았을 경우, RecordMetadata 객체를 리턴하는데 여기서 메시지가 쓰여진 오프셋과 다른 메타데이터를 가져올 수 있다.

❷ 카프카에 메시지를 전송하기 전이나 전송하는 도중에 에러가 발생할 경우 예외가 발생한다. 여기서는 간단하게 예외를 출력하기만 한다.

KafkaProducer에는 두 종류의 에러가 있다. **재시도 가능한** 에러는 메시지를 다시 전송함으로써 해결될 수 있는 에러를 가리킨다. 예를 들어서, 연결 에러는 연결이 회복되면 해결될 수 있다. 메시지를 전송받은 브로커가 '해당 파티션의 리더가 아닐 경우' 발생하는 에러는 해당 파티션에 새 리더가 선출되고 클라이언트 메타데이터가 업데이트되면 해결될 수 있다. 이런 류의 에러가 발생했을 때 자동으로 재시도하도록 KafkaProducer를 설정할 수 있기 때문에 이 경우 재전송 횟수가 소진되고서도 에러가 해결되지 않은 경우에 한해 재시도 가능한 예외가 발생한다. 어떠한 에러들은 재시도를 한다고 해서 해결되지 않는데, 메시지 크기가 너무 클 경우가 한 예다. 이러한 경우, KafkaProducer는 재시도 없이 바로 예외를 발생시킨다.

3.3.2 비동기적으로 메시지 전송하기

애플리케이션과 카프카 클러스터 사이의 네트워크 왕복 시간network roundtrip time이 10ms라고 가정해보자. 메시지를 보낼 때마다 응답을 기다린다면, 100개의 메시지를 전송하는 데 약 1초가 걸린다. 반면, 보내야 할 메시지를 전부 전송하고 응답을 기다리지 않는다면 100개의 메시지를 전송하더라도 거의 시간이 걸리지 않을 것이다. 실제로 대부분의 경우 굳이 응답이 필요 없다. 카프카는 레코드를 쓴 뒤 해당 레코드의 토픽, 파티션 그리고 오프셋을 리턴하는데, 대부분의 애플리케이션에서는 이런 메타데이터가 필요 없기 때문이다. 반대로, 메시지 전송에 완전히 실패했을 경우에는 그런 내용을 알아야 한다. 그래야 예외를 발생시키든지, 에러를 로그에 쓰든지, 아니면 사후 분석을 위해 에러 파일에 메시지를 쓰거나 할 수 있기 때문이다.

메시지를 비동기적으로 전송하고도 여전히 에러를 처리하는 경우를 위해 프로듀서는 레코드를 전송할 때 콜백을 지정할 수 있도록 한다. 다음 예제는 콜백을 사용하는 방법을 보여준다.

```
private class DemoProducerCallback implements Callback { ❶
    @Override
    public void onCompletion(RecordMetadata recordMetadata, Exception e) {
        if (e != null) {
            e.printStackTrace(); ❷
        }
    }
}

ProducerRecord<String, String> record =
    new ProducerRecord<>("CustomerCountry", "Biomedical Materials", "USA"); ❸
producer.send(record, new DemoProducerCallback()); ❹
```

❶ 콜백을 사용하려면 `org.apache.kafka.clients.producer.Callback` 인터페이스를 구현하는 클래스가 필요하다. 이 인터페이스에는 `onCompletion()` 단 하나의 메서드만 정의되어 있다.

❷ 만약 카프카가 에러를 리턴한다면 `onCompletion()` 메서드가 `null`이 아닌 `Exception` 객체를 받게 된다. 여기서는 그냥 내용을 화면에 출력해주는 정도로 처리했지만, 실제 애플리케이션에서는 좀 더 확실한 에러 처리 함수가 필요할 것이다.

❸ `ProducerRecord` 객체는 이전의 예제와 같다.

❸ 그리고 레코드를 전송할 때 `Callback` 객체를 함께 매개변수로 전달한다.

콜백은 프로듀서의 메인 스레드에서 실행된다. 만약 우리가 두 개의 메시지를 동일한 파티션에 전송한다면, 콜백 역시 우리가 보낸 순서대로 실행된다. 하지만 이는 뒤집어 생각하면, 전송되어야 할 메시지가 전송이 안 되고 프로듀서가 지연되는 상황을 막기 위해서는 콜백이 충분히 빨라야 한다는 의미이기도 하다. 콜백 안에서 블로킹 작업을 수행하는 것 역시 권장되지 않는다. 대신, 블로킹 작업을 동시에 수행하는 다른 스레드를 사용해야 한다.

3.4 프로듀서 설정하기

지금까지 우리는 프로듀서 설정값 중 몇 개(필수 항목인 `bootstrap.servers`와 시리얼라이저)만을 살펴보았다.

프로듀서는 굉장히 많은 수의 설정값을 가지고 있다. 아파치 카프카 공식 문서를 보면 이들을 확인할 수 있는데, 대부분의 경우 합리적인 기본값을 가지고 있기 때문에 각각의 설정값을 일일이 잡아 줄 필요는 없다. 다만, 몇몇 설정값의 경우 메모리 사용량이나 성능, 신뢰성 등에 상당한 영향을 미친다. 우리는 여기에서 이런 값들을 살펴볼 것이다.

3.4.1 client.id

프로듀서와 그것을 사용하는 애플리케이션을 구분하기 위한 논리적 식별자. 임의의 문자열을 사용할 수 있는데, 브로커는 프로듀서가 보내온 메시지를 서로 구분하기 위해 이 값을 사용한다. 브로커가 로그 메시지를 출력하거나 성능 메트릭 값을 집계할 때, 그리고 클라이언트별로 사용량을 할당할 때 사용된다. 이 값을 잘 선택하는 것은 문제가 발생했을 때 트러블슈팅을 쉽게 한다. 다음의 두 메시지는 확연히 차이가 있기 때문이다.

- "IP 104.27.155.134에서 인증 실패가 자주 발생하고 있네?"
- "주문 확인 서비스가 인증에 실패하고 있는 듯한데, 로라한테 한 번 봐달라고 말해 줄래?"

3.4.2 acks

acks 매개변수는 프로듀서가 임의의 쓰기 작업이 성공했다고 판별하기 위해 얼마나 많은 파티션 레플리카가 해당 레코드를 받아야 하는지를 결정한다. 기본값은 리더가 해당 레코드를 받은 뒤 쓰기 작업이 성공했다고 응답하는 것이다.[10] 이 매개변수는 메시지가 유실될 가능성에 큰 영향을 미치는데, 구체적인 상황에 따라서 기본값이 최적의 선택은 아닐 수 있다. 7장에서 카프카가 보장하는 신뢰성 수준을 좀 더 깊게 살펴볼 것이지만, 여기에서는 acks 매개변수에 설정 가능한 3가지 값에 대해서 살펴보자.

- **acks=0일 때**: 프로듀서는 메시지가 성공적으로 전달되었다고 간주하고 브로커의 응답을 기다리지 않는다. 따라서 만약 뭔가 잘못되어서 브로커가 메시지를 받지 못했을 경우, 프로듀서는 이 상황에 대해서 알 방법이 없고 메시지는 그대로 유실된다. 다만, 프로듀서가 서버로부터 응답을 기다리지 않는 만큼 네트워크가 허용하는 한 빠르게 메시지를 보낼 수 있다. 따라서 이 설정은 매우 높은 처리량이 필요할 때 사용될 수 있다.
- **acks=1일 때**: 프로듀서는 리더 레플리카가 메시지를 받는 순간 브로커로부터 성공했다는 응답을 받는다. 만약 리더에 메시지를 쓸 수 없다면(예 리더에 크래시crash가 났는데 새 리더는 아직 선출되지 않은 상태) 프로듀서는 에러 응답을 받을 것이고 데이터 유실을 피하기 위해 메시지 재전송을 시도

10 옮긴이 이 책이 쓰여지던 시점에는 2.8.0이 최신 버전이었고 이 자리에도 "아파치 카프카 3.0에서는 이 기본값이 바뀔 것으로 보인다." 라고 적혀 있었다. 하지만 책이 번역되는 와중에 3.0이 출시되어 acks=all로 기본값이 바뀌었다. 자세한 내용은 209쪽의 주석을 참고하자.

하게 된다. 하지만 리더에 크래시가 난 상태에서 해당 메시지가 복제가 안 된 채로 새 리더가 선출될 경우에는 여전히 메시지가 유실될 수 있다.

- **acks=all일 때**: 프로듀서는 메시지가 모든 인-싱크 레플리카in-sync replica에 전달된 뒤에야 브로커로부터 성공했다는 응답을 받는다. 이것은 가장 안전한 형태인데, 최소 2개 이상의 브로커가 해당 메시지를 가지고 있으며, 이는 크래시가 났을 경우에도 유실되지 않기 때문이다(여기에 대해서는 6장에서 좀 더 자세히 알아볼 것이다). 그러나 acks=1인 경우, 단순히 브로커 하나가 메시지를 받는 것보다 더 기다려야 하기 때문에 지연 시간은 더 길어질 것이다.

보다시피 프로듀서의 acks 설정을 내려잡아서 신뢰성을 낮추면 그만큼 레코드를 빠르게 보낼 수 있다. 정리하자면, 신뢰성과 프로듀서 지연 사이에는 트레이드오프 관계가 있다는 이야기다. 하지만, 레코드가 생성되어 컨슈머가 읽을 수 있을 때까지의 시간을 의미하는 종단 지연(end to end latency)의 경우 세 값이 모두 똑같다. 카프카는 일관성을 유지하기 위해서 모든 인-싱크 레플리카에 복제가 완료된 뒤에야 컨슈머가 레코드를 읽어 갈 수 있게 하기 때문이다. 따라서, 단순한 프로듀서 지연이 아니라 종단 지연이 주로 고려되어야 하는 경우라면 딱히 절충해야 할 것은 없다. 가장 신뢰성 있는 설정을 택해도 종단 지연은 똑같기 때문이다.

3.4.3 메시지 전달 시간

프로듀서는 개발자 입장에서 가장 중요한 작동을 제어하기 위해 여러 설정 매개변수를 제공한다. 즉, send()를 호출했을 때 성공 혹은 실패하기까지 얼마나 시간이 걸리는가? 이것은 카프카가 성공적으로 응답을 내려보내 줄 때까지 사용자가 기다릴 수 있는 시간이며, 요청 실패를 인정하고 포기할 때까지 기다릴 수 있는 시간이기도 하다.

아래에서 설명하는 설정과 작동은 몇 년에 걸쳐서 여러 번 변경되었다. 여기서 설명하는 것은 아파치 카프카 2.1에서 도입된 가장 최신 버전의 구현을 기준으로 한다.

아파치 카프카 2.1부터 개발진은 ProducerRecord를 보낼 때 걸리는 시간을 두 구간으로 나누어 따로 처리할 수 있도록 했다.

- send()에 대한 비동기 호출이 이뤄진 시각부터 결과를 리턴할 때까지 걸리는 시간: 이 시간 동안 send()를 호출한 스레드는 블록된다.
- send()에 대한 비동기 호출이 성공적으로 리턴한 시각부터 (성공했건 실패했건) 콜백이 호출될 때까지 걸리는 시간: 이것은 ProducerRecord가 전송을 위해 배치에 추가된 시점에서부터 카프카가 성공 응답을 보내거나, 재시도 불가능한 실패가 일어나거나, 아니면 전송을 위해 할당된 시간이 소진될 때까지의 시간과 동일하다.

만약 send()를 동기적으로 호출할 경우, 메시지를 보내는 스레드는 두 구간에 대해 연속적으로 블록되게 되기 때문에 각각의 구간이 어느 정도 걸렸는지 알 수 없다. 우리는 가장 일반적이고 권장되는 방식인 send()를 콜백과 함께 비동기적으로 호출하는 방법에 대해서 설명할 것이다.

다음 그림(그림 3-2)[11]은 프로듀서 내부에서의 데이터의 흐름과 서로 다른 설정 매개변수들이 어떻게 상호작용하는지를 보여준다.

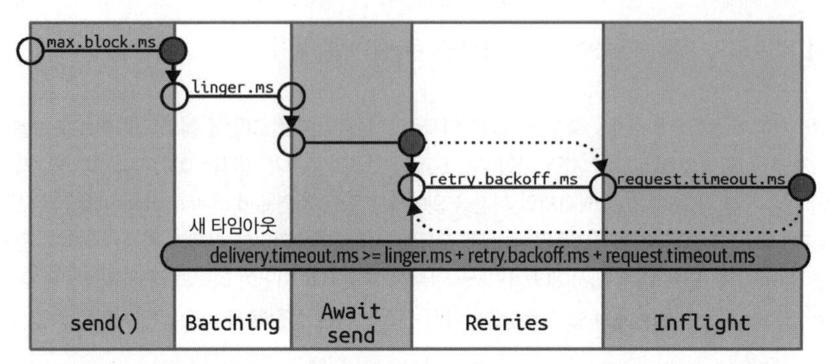

그림 3-2 **카프카 프로듀서 내부에서의 메시지 전달 시간을 작업별로 나눈 개념도.**

다음으로 이 두 구간에 영향을 미치는 다른 설정 매개변수에는 어떤 것들이 있는지, 이들이 서로 어떻게 상호작용하는지에 대해서 설명할 것이다.

1 max.block.ms

이 매개변수는 아래의 경우에 프로듀서가 얼마나 오랫동안 블록되는지를 결정한다.

send()를 호출했을 때.

- partitionsFor를 호출해서 명시적으로 메타데이터를 요청했을 때.

위 메서드는 프로듀서의 전송 버퍼가 가득 차거나 메타데이터가 아직 사용 가능하지 않을 때 블록된다. 이 상태에서 max.block.ms만큼 시간이 흐르면 예외가 발생한다.

2 delivery.timeout.ms

이 설정은 레코드 전송 준비가 완료된 시점(즉, send()가 문제없이 리턴되고 레코드가 배치에 저장된 시점)에서부터 브로커의 응답을 받거나 아니면 전송을 포기하게 되는 시점까지의 제한시간을 결정한다. 그림 3-2에서 볼 수 있듯이, 이 값은 linger.ms와 request.timeout.ms보다 커야 한다. 만약 이 제한 조건을 벗어난 설정으로 카프카 프로듀서를 생성한다면 예외가 발생할 것이다. 메시지는

11 Sumant Tambe이 아파치 카프카 프로젝트에 기여한 그림. ASL v2 라이선스에 의해 사용

delivery.timeout.ms보다 빨리 전송될 수 있으며 실제로도 보통 그렇다.

만약 프로듀서가 재시도를 하는 도중에 delivery.timeout.ms가 넘어가버린다면, 마지막으로 재시도 하기 전에 브로커가 리턴한 에러에 해당하는 예외와 함께 콜백이 호출된다. 레코드 배치가 전송을 기다리는 와중에 delivery.timeout.ms가 넘어가버리면 타임아웃 예외와 함께 콜백이 호출된다.

사용자 입장에서 메시지 전송에 기다릴 수 있는 만큼 delivery.timeout.ms를 최대값으로 설정할 수도 있다. 이 값을 몇 분 정도로 설정하고, retries의 기본값을 그대로 두는 것(사실상 무한으로 두는 것이다). 이 설정을 사용하면 프로듀서는 재시도할 시간이 고갈될 때까지(혹은 전송이 성공할 때까지) 계속해서 재전송을 할 것이다. 이 방식은 재시도 관련 설정을 할 때 훨씬 더 합리적인 방법이다. 재시도 관련 설정을 튜닝하는 일반적인 방식은 다음과 같다. 즉, "브로커가 크래시 났을 때 리더 선출에 대략 30초가 걸리므로 재시도 한도를 안전하게 120초로 유지하자." 이렇게 머릿속으로 생각한 것을 재시도 횟수와 재시도 사이의 시간 간격으로 옮기려고 하는 대신에 그냥 delivery.timeout.ms를 120초로 설정하면 되는 것이다.

3 request.timeout.ms

이 매개변수는 프로듀서가 데이터를 전송할 때 서버로부터 응답을 받기 위해 얼마나 기다릴 것인지를 결정한다. 이 값은 각각의 쓰기 요청 후 전송을 포기하기까지 대기하는 시간임을 명심하라. 즉, 이 값은 재시도 시간이나, 실제 전송 이전에 소요되는 시간 등을 포함하지 않는다. 응답 없이 타임아웃이 발생할 경우, 프로듀서는 재전송을 시도하거나 아니면 TimeoutException과 함께 콜백을 호출한다.

4 retries, retry.backoff.ms

프로듀서가 서버로부터 에러 메시지를 받았을 때 이것이 일시적인 에러(예 파티션에 리더가 없는 경우)일 수도 있다. 이때 retries 매개변수는 프로듀서가 메시지 전송을 포기하고 에러를 발생시킬 때까지 메시지를 재전송하는 횟수를 결정한다. 기본적으로 프로듀서는 각각의 재시도 사이에 100ms 동안 대기하는데, retry.backoff.ms 매개변수를 사용해서 이 간격을 조정할 수 있다.

우리는 현재 버전의 카프카에서 이 값들을 조정하는 것을 권장하지 않는다. 대신, 크래시 난 브로커가 정상으로 돌아오기까지(즉, 모든 파티션에 대해 새 리더가 선출되는 데 얼마나 시간이 걸리는지)의 시간을 테스트한 뒤 delivery.timeout.ms 매개변수를 잡아 주는 것을 권장한다. 재전송을 시도하는 전체 시간이 카프카 클러스터가 크래시로부터 복구되기까지의 시간보다 더 길게 잡히도록 잡아 주는 것이다(그렇지 않으면 프로듀서는 너무 일찍 메시지 전송을 포기하게 될 것이다).

프로듀서가 모든 에러를 재전송하는 것은 아니다. 어떤 에러는 일시적인 에러가 아니기 때문에 재시도의 대상도 아니다(예 메시지가 지나치게 큰 경우). 일반적으로, 프로듀서가 알아서 재전송을 처리해주기 때문에 애플리케이션 코드에는 관련 처리를 수행하는 코드가 필요 없다. 개발자는 재시도 불가능한 에러를 처리하거나 재시도 횟수가 고갈되었을 경우에 대한 처리에만 집중하면 된다.

재전송 기능을 끄는 방법은 retries=0으로 설정하는 것뿐이다.

3.4.4 linger.ms

linger.ms 매개변수는 현재 배치를 전송하기 전까지 대기하는 시간을 결정한다. KafkaProducer는 현재 배치가 가득 차거나 linger.ms에 설정된 제한 시간이 되었을 때 메시지 배치를 전송한다. 기본적으로, 프로듀서는 메시지 전송에 사용할 수 있는 스레드가 있을 때 곧바로 전송하도록 되어 있다. linger.ms를 0보다 큰 값으로 설정하면 프로듀서가 브로커에 메시지 배치를 전송하기 전에 메시지를 추가할 수 있도록 몇 ms가량 더 기다리도록 할 수 있다. 이것은 지연을 조금 증가시키는 대신 처리율throughput을 크게 증대시킨다. 단위 메시지당 추가적으로 드는 시간은 매우 작지만 압축이 설정되어 있거나 할 경우 훨씬 더 효율적이기 때문이다.

3.4.5 buffer.memory

이 매개변수는 프로듀서가 메시지를 전송하기 전에 메시지를 대기시키는 버퍼의 크기(메모리의 양)를 결정한다. 만약 애플리케이션이 서버에 전달 가능한 속도보다 더 빠르게 메시지를 전송한다면 버퍼 메모리가 가득 찰 수 있다. 이 경우 추가로 호출되는 send()는 max.block.ms 동안 블록되어 버퍼 메모리에 공간이 생기기를 기다리게 되는데, 해당 시간 동안 대기하고서도 공간이 확보되지 않으면 예외를 발생시킨다. 대부분의 프로듀서 예외와는 달리 이 타임아웃은 send() 메서드에서 발생하지, send() 메서드가 리턴하는 Future 객체에서 발생하지 않는다.

3.4.6 compression.type

기본적으로 메시지는 압축되지 않은 상태로 전송된다. 하지만 이 매개변수를 snappy, gzip, lz4 그리고 zstd 중 하나로 설정하면 해당 압축 알고리즘을 사용해서 메시지를 압축한 뒤 브로커로 전송된다. 구글에서 개발된 Snappy 압축 알고리즘은 CPU 부하가 작으면서도 성능이 좋으며 꽤 괜찮은 압축률을 보여준다. 그래서 압축 성능과 네트워크 대역폭 모두가 중요할 때 권장된다. Gzip 압축 알고리즘은 보통 CPU와 시간을 더 많이 사용하지만 압축율은 더 좋다. 따라서 이것은 네트워크 대역폭이 제한적일 때 사용하면 좋다. 압축 기능을 활성화함으로써 카프카로 메시지를 전송할 때 자주 병목이 되곤 하는 네트워크 사용량과 저장 공간을 절약할 수 있다.

3.4.7 batch.size

같은 파티션에 다수의 레코드가 전송될 경우 프로듀서는 이것들을 배치 단위로 모아서 한꺼번에 전송한다. 이 매개변수는 각각의 배치에 사용될 메모리의 양을 결정한다('개수'가 아니라 '바이트' 단위임에 주의하라). 배치가 가득 차면 해당 배치에 들어 있는 모든 메시지가 한꺼번에 전송된다. 하지만 이것이 프로듀서가 각각의 배치가 가득 찰 때까지 기다린다는 의미는 아니다. 프로듀서는 절반만 찬 배치나 심지어 하나의 메시지만 들어 있는 배치도 전송한다. 그렇기 때문에 이 매개변수를 지나치게 큰 값으로 유지한다고 해서 메시지 전송에 지연이 발생하지는 않는다. 반면, 이 값을 지나치게 작게 설정할 경우 프로듀서가 지나치게 자주 메시지를 전송해야 하기 때문에 약간의 오버헤드가 발생한다.

3.4.8 max.in.flight.requests.per.connection

이 매개변수는 프로듀서가 서버로부터 응답을 받지 못한 상태에서 전송할 수 있는 최대 메시지의 수를 결정한다. 이 값을 올려잡아 주면 메모리 사용량이 증가하지만 처리량 역시 증가한다. 실험에 따르면 단일 데이터센터에 카프카를 설정할 경우 이 값이 2일 때 처리량이 최대를 기록하지만, 기본값인 5를 사용할 때도 비슷한 성능을 보여준다는 점이 알려져 있다.[12]

순서 보장

아파치 카프카는 파티션 내에서 메시지의 순서를 보존하게 되어 있다. 이 말은, 만약 프로듀서가 메시지를 특정한 순서로 보낼 경우 브로커가 받아서 파티션에 쓸 때나 컨슈머가 읽어올 때 해당 순서대로 처리된다는 것이다. 특정한 상황에서는 순서가 매우 중요할 수 있다. 즉, 은행 계좌에 $100을 입금하고 나중에 인출하는 것과 그 반대에는 엄청난 차이가 있다! 반면, 어떠한 상황에서는 순서가 그리 중요하지 않다.

retries 매개변수를 0보다 큰 값으로 설정한 상태에서 max.in.flight.requests.per.connection을 1 이상으로 잡아줄 경우 메시지의 순서가 뒤집어질 수 있다. 즉, 브로커가 첫 번째 배치를 받아서 쓰려다 실패했는데, 두 번째 배치를 쓸 때는 성공한 상황(두 번째 배치가 in-flight 상태)에서 다시 첫 번째 배치가 재전송 시도되어 성공한 경우를 생각해 보자. 이 경우 메시지의 순서가 뒤집어진다.

성능상의 고려 때문에 in-flight 요청이 최소 2 이상은 되어야 한다는 점 그리고 신뢰성을 보장하기 위해서 재시도 횟수 또한 높아야 한다는 점을 감안하면, 가장 합당한 선택은 enable.idempotence=true로 설정하는 것이다. 이 설정은 최대 5개의 in-flight 요청을 허용하면서도 순서를 보장하고, 재전송이 발생하더라도 중복이 발생하는 것 또한 방지해 준다. 여기에 대해서는 제8장에서 멱등적 프로듀서(idempotent producer)를 설명하면서 자세히 알아볼 것이다.

12 https://cwiki.apache.org/confluence/display/KAFKA/An+analysis+of+the+impact+of+max.in.flight.requests.per.connection+and+acks+on+Producer+performance

3.4.9 max.request.size

이 매개변수는 프로듀서가 전송하는 쓰기 요청의 크기를 결정한다. 이 값은 메시지의 최대 크기를 제한하기도 하지만, 한 번의 요청에 보낼 수 있는 메시지의 최대 개수 역시 제한한다. 예를 들어서, 이 매개변수의 기본값은 1MB인데, 이 경우 전송 가능한 메시지의 최대 크기는 1MB가 되고 한 번에 보낼 수 있는 1KB 크기의 메시지 개수는 1024개가 된다. 여기에 더해서, 브로커에는 브로커가 받아들일 수 있는 최대 메시지 크기를 결정하는 message.max.bytes 매개변수가 있다. 이 두 매개변수를 동일하게 맞춤으로써 프로듀서가 브로커가 받아들이지 못하는 크기의 메시지를 전송하려 하지 않게 하는 것이 좋다.

3.4.10 receive.buffer.bytes, send.buffer.bytes

이 매개변수는 데이터를 읽거나 쓸 때 소켓socket이 사용하는 TCP 송수신 버퍼의 크기를 결정한다. 각각의 값이 -1일 경우에는 운영체제의 기본값이 사용된다. 프로듀서나 컨슈머가 다른 데이터센터에 위치한 브로커와 통신할 경우 네트워크 대역폭은 낮고 지연은 길어지는 것이 보통이기 때문에 이 값들을 올려잡아 주는 것이 좋다.

3.4.11 enable.idempotence

0.11부터 카프카는 '정확히 한 번' 의미 구조'exactly once' semantics를 지원하기 시작했다. '정확히 한 번' 기능은 꽤 방대한 기능이고, 여기에 대해서는 나중에 한 장을 통째로 할애할 것이지만, 멱등적 프로듀서는 그중에서도 간단하면서도 매우 강력한 부분이라고 할 수 있다.

신뢰성을 최대화하는 방향으로 프로듀서를 설정했다고 가정해보자. acks=all으로 잡고 실패가 나더라도 충분히 재시도하도록 delivery.timeout.ms는 꽤 큰 값으로 잡는다. 이 경우 메시지는 반드시 최소 한 번at least once 카프카에 쓰여지게 된다. 예를 들어서, 브로커가 프로듀서로부터 레코드를 받아서 로컬 디스크에 쓰고, 다른 브로커에도 성공적으로 복제되었다고 가정하자. 여기서 첫 번째 브로커가 프로듀서로 응답을 보내기 전에 크래시가 났다고 생각해보자. 프로듀서는 request.timeout.ms 만큼 대기한 뒤 재전송을 시도하게 된다. 이때 새로 보내진 메시지는 (이미 기존 쓰기 작업이 성공적으로 복제되었으므로) 이미 메시지를 받은 바 있는 새 리더 브로커로 전달되게 된다. 메시지가 중복되어 저장되는 것이다.

enable.idempotence=true 설정을 잡아 주는 것은 바로 이러한 사태를 방지하기 위함이다. 멱등적 프로듀서 기능이 활성화된다면, 프로듀서는 레코드를 보낼 때마다 순차적인 번호를 붙여서 보내게 된다. 만약 브로커가 동일한 번호를 가진 레코드를 2개 이상 받을 경우 하나만 저장하게 되며, 프로듀서는 별다른 문제를 발생시키지 않는 DuplicateSequenceException을 받게 된다.

멱등적 프로듀서 기능을 활성화하기 위해서는 max.in.flight.requests.per.connection 매개변수는 5 이하로, retries는 1 이상으로 그리고 acks=all로 잡아 주어야 한다. 만약 이 조건을 만족하지 않는 설정값을 지정한다면 ConfigException이 발생한다.

3.5 시리얼라이저

앞에서 살펴본 것과 같이 프로듀서를 설정할 때는 반드시 시리얼라이저serializer를 지정해주어야 한다. 우리는 이미 기본값인 String 타입 시리얼라이저(StringSerializer)를 어떻게 사용하는지를 살펴보았다. 카프카는 정숫값을 직렬화할 때 사용하는 시리얼라이저(IntegerSerializer)뿐만 아니라 ByteArray에 사용되는 시리얼라이저(ByteArraySerializer) 등을 포함하고 있다. 하지만 이것만으로 모든 데이터를 직렬화할 수는 없다. 결국에는 더 일반적인 레코드를 직렬화할 수 있어야 할 것이다.

지금부터는 우리 나름의 시리얼라이저를 작성하는 방법을 설명할 것이다. 그리고 권장되는 대안으로서 아파치 에이브로 시리얼라이저를 소개할 것이다.

3.5.1 커스텀 시리얼라이저

카프카로 전송해야 하는 객체가 단순한 문자열이나 정숫값이 아닐 경우에는 두 가지의 선택지가 있을 수 있다.

1. 레코드를 생성하기 위해 에이브로Avro, 스리프트Thrift, 프로토버프Protobuf와 같은 범용 직렬화 라이브러리를 사용한다.
2. 사용하고 있는 객체를 직렬화하기 위한 커스텀 직렬화 로직을 작성한다.

우리는 전자, 범용 직렬화 라이브러리를 사용하는 방안을 강력하게 권장한다. 하지만, 시리얼라이저가 작동하는 방식과 왜 범용 직렬화 라이브러리를 사용하는 것이 좋은지를 이해하기 위해 커스텀 시리얼라이저를 작성하는 방법을 살펴보자.

단순히 고객 이름을 기록하는 것을 넘어서서, 고객을 가리키는 간단한 클래스를 만들었다고 생각해보자.

```
public class Customer {
    private int customerID;
    private String customerName;
```

```java
    public Customer(int ID, String name) {
        this.customerID = ID;
        this.customerName = name;
    }

    public int getID() {
        return customerID;
    }

    public String getName() {
        return customerName;
    }
}
```

이제 이 클래스를 위한 커스텀 시리얼라이저를 작성해 보자. 다음과 같다.

```java
import org.apache.kafka.common.errors.SerializationException;

import java.nio.ByteBuffer;
import java.util.Map;

public class CustomerSerializer implements Serializer<Customer> {

    @Override
    public void configure(Map configs, boolean isKey) {
        // nothing to configure
    }

    @Override
    /**
    We are serializing Customer as:
    4 byte int representing customerId
    4 byte int representing length of customerName in UTF-8 bytes (0 if name is Null)
    N bytes representing customerName in UTF-8
    **/
    public byte[] serialize(String topic, Customer data) {
        try {
            byte[] serializedName;
            int stringSize;
            if (data == null)
                return null;
            else {
                if (data.getName() != null) {
                    serializedName = data.getName().getBytes("UTF-8");
                    stringSize = serializedName.length;
```

```
            } else {
                serializedName = new byte[0];
                stringSize = 0;
            }
        }

        ByteBuffer buffer = ByteBuffer.allocate(4 + 4 + stringSize);
        buffer.putInt(data.getID());
        buffer.putInt(stringSize);
        buffer.put(serializedName);

        return buffer.array();
    } catch (Exception e) {
        throw new SerializationException(
            "Error when serializing Customer to byte[] " + e);
    }
}

@Override
public void close() {
    // nothing to close
}
}
```

프로듀서를 생성할 때 CustomerSerializer를 사용해서 설정값을 잡아 주면, ProducerRecord <String, Customer>를 사용해서 Customer 객체를 바로 프로듀서에 전달할 수 있다. 단순한 예시지만, 코드에 취약점이 있음을 알 수 있을 것이다. 예를 들어서 만약 고객이 너무 많을 경우 customerID의 타입을 Long으로 바꿔 주어야 할 것이고, Customer에 startDate 필드를 추가해야 할 경우 기존 형식과 새 형식 사이의 호환성을 유지해야 하는 심각한 문제를 안게 된다. 서로 다른 버전의 직렬화/비직렬화 로직을 디버깅하는 것은 상당히 어려운 작업인데, 단순 바이트 뭉치를 일일이 비교해야 하기 때문이다. 더 심각한 문제는, 만약 같은 회사의 여러 팀에서 Customer 데이터를 카프카로 쓰는 작업을 수행하고 있다면 모두가 같은 로직을 사용하고 있어야 하기 때문에 코드를 동시에 코드를 변경해야 하는 상황이 발생한다.

이러한 이유 때문에 우리는 JSON, 아파치 에이브로, 스리프트 혹은 프로토버프와 같은 범용 라이브러리를 사용할 것을 권장한다. 지금부터는 아파치 에이브로가 무엇인지를 설명하고, 에이브로 레코드를 어떻게 직렬화하고 카프카로 전송하는지를 살펴볼 것이다.

3.5.2 아파치 에이브로를 사용해서 직렬화하기

아파치 에이브로는 언어 중립language-neutral적인 데이터 직렬화 형식이다. 이 프로젝트는 더 범용적인 데이터 파일 공유 방식을 제공하는 것을 목표로 더그 커팅Doug Cutting에 의해 시작되었다.

에이브로 데이터는 언어에 독립적인 스키마의 형태로 기술된다. 이 스키마는 보통 JSON 형식으로 정의되며, 주어진 데이터를 스키마에 따라 직렬화하면 이진 파일 형태로 결과물이 뽑혀 나오는 것이 보통이다(JSON 형태로 뽑는 것도 가능하다). 에이브로는 직렬화된 결과물이 저장된 파일을 읽거나 직렬화를 할 때 스키마 정보가 별도로 주어진다고 가정하고, 보통은 에이브로 파일 자체에 스키마를 내장하는 방법을 쓴다.

에이브로의 재미있는 점이자, 카프카와 같은 메시지 전달 시스템에 사용하는 데 적합한 이유는 메시지를 쓰는 애플리케이션이 새로운 스키마로 전환하더라도 기존 스키마와 호환성을 유지하는 한, 데이터를 읽는 애플리케이션은 일체의 변경이나 업데이트 없이 계속해서 메시지를 처리할 수 있다는 것이다.

원래 스키마가 다음과 같다고 가정하자.

```
{"namespace": "customerManagement.avro",
 "type": "record",
 "name": "Customer",
 "fields": [
     {"name": "id", "type": "int"},
     {"name": "name", "type": "string"},
     {"name": "faxNumber", "type": ["null", "string"], "default": "null"}  ❶
 ]
}
```

❶ id와 name 필드는 필수 사항인 반면 faxNumber는 선택 사항이고 기본값은 `null`이다.

이 스키마를 몇 달 동안 사용해 왔고 이미 이 형식으로 몇 테라바이트의 데이터가 생성되어 있다고 가정해 보자. 이제 이 형식을 21세기에 맞춰 업데이트하기로 했다고 해보자. 팩스 번호(`faxNumber`) 필드를 삭제하고 대신 email 필드를 추가하는 것이다.

새로운 스키마는 다음과 같다.

```
{"namespace": "customerManagement.avro",
 "type": "record",
 "name": "Customer",
```

```
  "fields": [
      {"name": "id", "type": "int"},
      {"name": "name", "type": "string"},
      {"name": "email", "type": ["null", "string"], "default": "null"}
  ]
}
```

이제 새로운 버전으로 업그레이드를 하면 예전 레코드는 faxNumber를 가지고 있는 반면, 새 레코드는 email을 가지고 있게 된다. 보통 업그레이드란 느리게 진행되는 게 보통이고 몇 달씩 걸리는 경우도 흔하다. 따라서 우리는 여전히 faxNumber를 가진 레코드를 처리하는 이전 버전 애플리케이션과 email을 가진 레코드를 처리하는 이후 버전 애플리케이션이 (구버전과 신버전이 뒤섞여 있는) 카프카에 저장된 모든 이벤트를 처리할 수 있도록 해줘야 한다.

(아직 업그레이드되기 전인) 이벤트를 읽는 쪽 애플리케이션은 getName(), getId(), getFaxNumber()와 같은 메서드를 가지고 있을 것이다. 이 애플리케이션이 신버전의 스키마를 사용해서 쓰여진 메시지를 받을 경우 getName(), getId() 메서드는 변경 없이 작동하지만, getFaxNumber는 null을 리턴하게 된다(신버전 메시지에는 faxNumber 같은 것은 없기 때문이다).

이제, 우리가 읽는 쪽 애플리케이션을 업그레이드한다고 가정해 보자. 이제 이 애플리케이션에는 getFaxNumber() 같은 메서드는 없고 대신 getEmail()이 있다. 이 애플리케이션이 구버전 스키마로 쓰인 메시지를 받을 경우 getEmail()은 null을 리턴하게 된다(구버전 메시지에는 email이 없기 때문이다).

이 예시는 에이브로를 사용할 때의 이점을 보여준다. 즉, 데이터를 읽는 쪽 애플리케이션을 전부 변경하지 않고 스키마를 변경하더라도 어떠한 예외나 에러가 발생하지 않으며, 기존 데이터를 새 스키마에 맞춰 업데이트하는 엄청난 작업을 할 필요도 없다는 것이다.

다만, 이러한 시나리오에도 두 가지 주의해야 할 점이 있다.

- 데이터를 쓸 때 사용하는 스키마와 읽을 때 기대하는 스키마가 호환되어야 한다. 에이브로 문서 http://bit.ly/2t9FmEb에 기술된 호환성 규칙을 참고하라.
- 역직렬화deserialization를 할 때는 데이터를 쓸 때 사용했던 스키마에 접근이 가능해야 한다. 설령 그 스키마가 읽는 쪽 애플리케이션에서 기대하는 스키마와 다른 경우에도 마찬가지다. 이 조건을 만족시키기 위해 에이브로 파일을 쓰는 과정에는 사용된 스키마를 쓰는 과정이 포함되어 있지만, 카프카 메시지를 다룰 때는 좀 더 나은 방법이 있다. 지금부터 이 방법을 살펴볼 것이다.

3.5.3 카프카에서 에이브로 레코드 사용하기

파일 안에 전체 스키마를 저장함으로써 약간의 오버헤드를 감수하는 에이브로 파일과는 달리, 카프카 레코드에 전체 스키마를 저장할 경우 전체 레코드 사이즈는 2배 이상이 될 수 있다. 하지만, 에이브로는 레코드를 읽을 때 스키마 전체를 필요로 하기 때문에 어딘가 스키마를 저장해 두기는 해야 한다. 이 문제를 해결하기 위해 **스키마 레지스트리**Schema Registry라 불리는 아키텍처 패턴을 사용한다. 스키마 레지스트리는 아파치 카프카의 일부가 아니며 여러 오픈소스 구현체 중 하나를 골라서 사용하면 된다. 여기서는 컨플루언트에서 개발한 스키마 레지스트리를 예로 들어서 설명하겠다. 컨플루언트 스키마 레지스트리의 코드는 깃허브https://github.com/confluentinc/schema-registry에서 볼 수 있으며 컨플루언트 플랫폼https://docs.confluent.io/platform/current/installation/installing_cp/overview.html의 일부로도 설치가 가능하다. 컨플루언트 스키마 레지스트리를 사용하고자 한다면 문서https://docs.confluent.io/platform/current/schema-registry/index.html를 참고하기 바란다.

여기서 핵심 아이디어는 카프카에 데이터를 쓰기 위해 사용되는 모든 스키마를 레지스트리에 저장한다는 것이다. 그리고 카프카에 쓰는 레코드에는 사용된 스키마의 고유 식별자만 심어주면 되는 것이다. 컨슈머는 이 식별자를 사용해서 스키마 레지스트리에서 스키마를 가져와서 데이터를 역직렬화할 수 있다. 여기서 중요한 점은 이 모든 작업(스키마를 레지스트리에 저장하고 필요할 때 가져오는)이 주어진 객체를 직렬화하는 시리얼라이저와 직렬화된 데이터를 객체로 복원하는 디시얼라이저deserializer 내부에서 수행된다는 점이다. 카프카에 데이터를 쓰는 코드는 그저 다른 시리얼라이저를 사용하듯이 에이브로 시리얼라이저를 사용하면 된다. 그림 3-3은 이 과정을 보여준다.

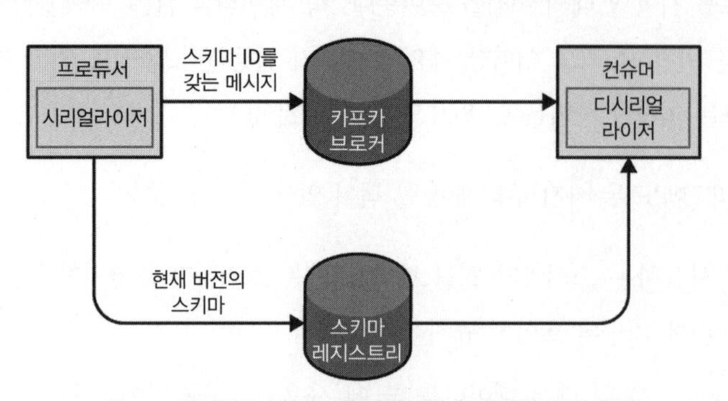

그림 3-3 **에이브로 레코드의 직렬화와 역직렬화 처리 흐름**

아래에서는 에이브로를 사용해서 생성한 객체를 카프카에 쓰는 방법을 보여준다. (에이브로 스키마에서 객체를 생성해 내는 방법에 대해서는 에이브로 문서https://avro.apache.org/docs/current/를 참조하라.)

```java
Properties props = new Properties();

props.put("bootstrap.servers", "localhost:9092");
props.put("key.serializer",
    "io.confluent.kafka.serializers.KafkaAvroSerializer");
props.put("value.serializer",
    "io.confluent.kafka.serializers.KafkaAvroSerializer"); ❶
props.put("schema.registry.url", schemaUrl); ❷

String topic = "customerContacts";

Producer<String, Customer> producer = new KafkaProducer<>(props); ❸

// We keep producing new events until someone ctrl-c
while (true) {
    Customer customer = CustomerGenerator.getNext(); ❹
    System.out.println("Generated customer " +
        customer.toString());
    ProducerRecord<String, Customer> record =
        new ProducerRecord<>(topic, customer.getName(), customer); ❺
    producer.send(record); ❻
}
```

❶ 에이브로를 사용해서 객체를 직렬화하기 위해 KafkaAvroSerializer를 사용한다. KafkaAvroSerializer는 객체뿐만 아니라 기본형 데이터 역시 처리할 수 있음을 명심하라. 이는 우리가 나중에 레코드 키 타입으로 String을, 밸류 타입으로 Customer를 사용할 수 있는 이유이기도 하다.

❷ schema.registry.url은 에이브로 시리얼라이저의 설정 매개변수로, 프로듀서가 시리얼라이저에 넘겨주는 값이다. 이 값은 우리가 스키마를 저장해 놓는 위치를 가리킨다.

❸ Customer는 우리가 생성한 클래스이며, 여기서는 프로듀서에 우리가 사용할 레코드의 밸류 타입이 Customer임을 알려 준다.

❹ Customer 클래스는 일반적인 자바 클래스(POJO; Plain Old Java Object)가 아니라 에이브로의 코드 생성 기능을 사용해서 스키마로부터 생성된 에이브로 특화 객체다. 에이브로 시리얼라이저는 POJO 객체가 아닌 에이브로 객체만을 직렬화할 수 있기 때문이다. 에이브로 클래스를 생성하는 것은 avro-tools.jar를 사용하거나 에이브로 메이븐 플러그인을 사용해서 가능하다. (둘 다 아파치 에이브로 프로젝트의 일부이다.) 어떻게 에이브로 클래스를 생성하는지에 대한 자세한 내용은 아파치 에이브로 시작하기(자바) 문서https://oreil.ly/sHGEel를 참조하라.

❺ 밸류 타입이 Customer인 ProducerRecord 객체를 생성하고, Customer 객체를 인수를 전달한다.

❻ 이제 다 되었다. Customer 객체를 전송하면 나머지는 KafkaAvroSerializer가 알아서 해 준다.

에이브로를 사용하면 키-밸류 맵 형태로 사용할 수 있는 제네릭 에이브로 객체 역시 사용할 수 있다. 제네릭 에이브로 객체는 스키마를 지정하면 여기에 해당하는 게터getter, 세터setter와 함께 생성되는 에이브로 객체와는 다르다. 제네릭 에이브로 객체를 사용하려면 다음과 같이 스키마를 지정해주기만 하면 된다.

```
Properties props = new Properties();
props.put("bootstrap.servers", "localhost:9092");
props.put("key.serializer",
    "io.confluent.kafka.serializers.KafkaAvroSerializer"); ❶
props.put("value.serializer",
    "io.confluent.kafka.serializers.KafkaAvroSerializer");
    props.put("schema.registry.url", url); ❷

String schemaString =
    "{\"namespace\": \"customerManagement.avro\", " +
    "\"type\": \"record\", " + ❸
    "\"name\": \"Customer\"," +
    "\"fields\": [" +
    "{\"name\": \"id\", \"type\": \"int\"}," +
    "{\"name\": \"name\", \"type\": \"string\"}," +
    "{\"name\": \"email\", \"type\": " + "[\"null\",\"string\"], " +
    "\"default\":\"null\" }" +
    "]}";
Producer<String, GenericRecord> producer =
    new KafkaProducer<>(props); ❹

Schema.Parser parser = new Schema.Parser();
Schema schema = parser.parse(schemaString);

for (int nCustomers = 0; nCustomers < customers; nCustomers++) {
    String name = "exampleCustomer" + nCustomers;
    String email = "example" + nCustomers + "@example.com";

    GenericRecord customer = new GenericData.Record(schema); ❺
    customer.put("id", nCustomers);
    customer.put("name", name);
    customer.put("email", email);

    ProducerRecord<String, GenericRecord> data =
        new ProducerRecord<>("customerContacts", name, customer);
    producer.send(data);
}
```

❶ `KafkaAvroSerializer`를 사용하는 것은 앞의 예제와 같다.

❷ 스키마 레지스트리의 url을 지정한다.

❸ 에이브로 스키마를 직접 지정한다. 더 이상 에이브로가 자동 생성한 객체를 사용하지 않기 때문.

❹ 우리가 사용할 객체의 타입은 GenericRecord이다. 이 객체를 초기화할 때에는 우리가 쓸 데이터와 함께 스키마를 지정해줘야 한다.

❺ 이제 ProducerRecord의 밸류값에는 우리가 지정한 스키마와 데이터가 포함된 GenericRecord가 들어간다. 이제 시리얼라이저는 레코드에서 스키마를 얻어오고, 스키마 레지스트리에 저장하며, 객체 데이터를 직렬화하는 과정을 알아서 처리하게 된다.

3.6 파티션

지금까지 본 예제에서 우리가 생성한 ProduceRecord 객체는 토픽, 키, 밸류의 값을 포함한다. 카프카 메시지는 키-밸류 순서쌍key-value pair이라고 할 수 있는데, 키의 기본값이 null인 만큼 토픽과 밸류의 값만 있어도 ProduceRecord 객체를 생성할 수는 있기는 하지만 대부분의 경우 키값이 지정된 레코드를 쓴다. 키의 역할은 두 가지로, 그 자체로 메시지에 (밸류값과) 함께 저장되는 추가적인 정보이기도 하지만 하나의 토픽에 속한 여러 개의 파티션 중 해당 메시지가 저장될 파티션을 결정짓는 기준점이기도 하다. (키값은 로그 압착 기능이 활성화된 토픽에서도 중요한 역할을 한다. 여기에 대해서는 6장에서 논의할 것이다.) 같은 키값을 가진 모든 메시지는 같은 파티션에 저장되는 것이다. 즉, 임의의 프로세스가 전체 파티션 중 일부만 읽어올 경우(4장 참고), 특정한 키값을 갖는 모든 메시지를 읽게 된다는 것이다. 키-밸류 레코드를 생성하기 위해서는 다음과 같이 ProducerRecord 객체를 생성하면 된다.

```
ProducerRecord<String, String> record =
    new ProducerRecord<>("CustomerCountry", "Laboratory Equipment", "USA");
```

키값이 없는 레코드를 생성하기 위해서는 다음과 같이 키 부분을 생략하면 된다.

```
ProducerRecord<String, String> record =
    new ProducerRecord<>("CustomerCountry", "USA"); ❶
```

❶ 여기서는 키값을 null로 잡아 주었다.

기본 파티셔너partitioner 사용 중에 키값이 null인 레코드가 주어질 경우, 레코드는 현재 사용 가능한 토픽의 파티션 중 하나에 랜덤하게 저장된다. 각 파티션별로 저장되는 메시지 개수의 균형을 맞추기 위해 라운드 로빈round robin 알고리즘이 사용된다. 아파치 카프카 2.4 프로듀서부터 기본 파티셔너는 키값이 `null`인 경우, 접착성sticky 처리를 하기 위해 라운드 로빈 알고리즘을 사용한다. 이 기능을 구체적으로 설명하자면, 프로듀서가 메시지 배치를 채울 때 다음 배치로 넘어가기 전 이전 배치를 먼저 채우게 되어 있다. 이 기능은 더 적은 요청으로 같은 수의 메시지를 전송하게 함으로써 지연 시간을 줄이고 브로커의 CPU 사용량을 줄인다.

'접착성' 처리는 왜 필요한가?

이 부분이 잘 이해가 안 간다면, 아래와 같이 10개의 레코드를 5개의 파티션을 가진 토픽에 쓰는 경우를 생각해 보자. 10개의 메시지 중 키값이 있는 것(흰색 사각형)은 두 개뿐이고, 나머지(검은 사각형)는 키값이 null이다. 키값이 있는 0번과 3번 메시지는 각각 0번, 4번 파티션에 저장되어야 하며, 한 번에 브로커로 전송될 수 있는 메시지의 수는 4개라고 가정한다.

이 상황에서 접착성 처리가 없는 경우(왼쪽)와 있는 경우(오른쪽)는 아래와 같이 파티션 할당에 차이가 나게 된다.

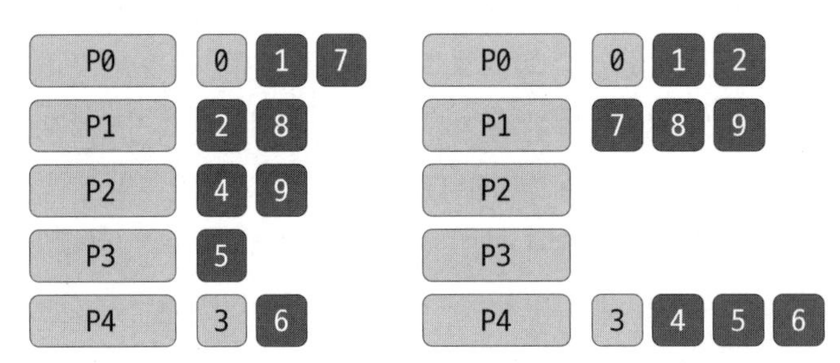

파티셔너에 접착성 처리가 없는 경우(왼쪽)와 있는 경우(오른쪽)

접착성 처리가 없을 경우, 키값이 null인 메시지들은 5개의 파티션에 라운드 로빈 방식으로 배치되게 된다. 반면 접착성 처리가 있을 경우, 키값이 null인 메시지들은 일단 키값이 있는 메시지 뒤에 따라붙은 다음에야 (그래서 '접착성'인 것이다) 라운드 로빈 방식으로 배치된다.

결과적으로, 보내야 하는 요청의 수가 5개에서 3개로 줄어들뿐더러 한 번에 브로커로 보낼 수 있는 메시지 한도 역시 최대한 활용해서 보내게 된다. 별것 아닌 것으로 보이지만, 보내는 메시지의 수가 많아질수록 이 차이는 크다.

반대로 키값이 지정된 상황에서 기본 파티셔너를 사용할 경우, 카프카는 키값을 해시hash한 결과를 기준으로 메시지를 저장할 파티션을 특정한다. (이때 파티셔너는 자체적인 해싱 알고리즘을 사용하기 때문에 자바 버전이 업그레이드되어도 해시값은 변하지 않는다.) 이때 동일한 키값은 항상 동일한 파티션에 저장되는 것이 원칙이기 때문에 파티션을 선택할 때는 토픽의 모든 파티션을 대상으로 선택한다(즉, 사용 가능한 파티션만 대상으로 하지 않는다). 따라서 특정한 파티션에 장애가 발생한 상태에서 해당 파티션에 데이터를 쓰려고 할 경우 에러가 발생한다. 7장에서 카프카의 복제replication와 가용성에 대해서 설명할 때 살펴보겠지만, 이러한 경우는 상당히 드물다.

기본 파티셔너 외에도 카프카 클라이언트는 RoundRobinPartitioner와 UniformSticky Partitioner를 포함하고 있다. 이들 각각은 메시지가 키값을 포함하고 있을 경우에도 랜덤 파티션 할당과 접착성 랜덤 파티션 할당을 수행한다. 이 파티셔너들은 컨슈머 쪽 애플리케이션에서 키값이 중요한 경우 유용하다(예 카프카에 저장된 데이터를 관계형 데이터베이스relational database로 보낼 때 카프카 레코드의 키값을 기본 키primary key로 사용하는 ETL 애플리케이션). 다만, 키값 분포가 불균형해서 특정한 키값을 갖는 레코드가 많을 경우 작업 부하가 한쪽으로 몰릴 수 있다. UniformStickyPartitioner를 사용할 경우, 전체 파티션에 대해서 균등한 분포를 가지도록 파티션이 할당된다.

기본 파티셔너가 사용될 때 특정한 키값에 대응되는 파티션은 파티션 수가 변하지 않는 한 변하지 않는다. 따라서 파티션 수가 변하지 않는다는 가정 하에서는, 예를 들어서, "사용자 045189에 해당하는 레코드는 모두 34번 파티션에 저장된다."와 같은 확신을 할 수 있는 것이다. 이러한 특성은 파티션에서 데이터를 읽어 오는 부분을 최적화할 때 다방면에서 활용된다. 하지만 토픽에 새로운 파티션을 추가하는 순간 이 성질은 더 이상 유효하지 않다(파티션을 추가하기 전 쓴 레코드들은 여전히 34번 파티션에 저장되어 있겠지만 이후에 쓴 레코드들은 전혀 다른 위치에 저장될 수 있는 것이다). 만약 파티션을 결정하는 데 사용되는 키가 중요해서 같은 키값이 저장되는 파티션이 변경되어서는 안 될 경우, 가장 쉬운 해법은 충분한 수의 파티션을 가진 토픽을 생성한 뒤 더 이상 파티션을 추가하지 않는 것이다(파티션 수를 결정하는 방법에 대해서는 이 글https://oreil.ly/ortRk을 참고하라).

3.6.1 커스텀 파티셔너 구현하기

지금까지, 우리는 가장 많이 사용되는 기본 파티셔너의 특성에 대해 알아보았다. 하지만, 항상 키값을 해시 처리해서 파티션을 결정해야만 하는 것은 아니다. 종종 데이터를 조금 다른 방식으로 파티션을 할당하는 것이 나은 경우도 있다. 예를 들어서, 당신이 B2B 제품을 개발하고 있는데, 가장 큰 고객이 '바나나'라 불리는 휴대용 기기를 제조하는 회사라고 하자. 당신의 일일 트랜잭션의 10% 이상이 이 회사와의 거래일 정도로 '바나나' 회사와 많은 거래를 하고 있다. 이 경우, 키값의 해시값을 기준으로 파티션을 할당하는 기본 파티셔너를 사용한다면, 바나나에서 생성된 레코드들은 다른 레코드들과 같은 파티션에 저장될 가능성이 있고, 이 경우 한 파티션에 다른 파티션보다 훨씬 많은 레코드들이 저장되는 사태가 발생할 수 있다. 이 경우 서버의 공간이 부족해지거나, 처리가 느려지거나 하는 등의 문제가 발생할 수 있다. 우리가 해야 할 일은 바나나는 특정 파티션에 저장되도록 하고, 다른 거래 레코드들은 해시값을 사용해서 나머지 파티션에 할당되도록 하는 것이다.

다음은 커스텀 파티셔너의 한 예이다.

```java
import org.apache.kafka.clients.producer.Partitioner;
import org.apache.kafka.common.Cluster;
import org.apache.kafka.common.PartitionInfo;
import org.apache.kafka.common.record.InvalidRecordException;
import org.apache.kafka.common.utils.Utils;

public class BananaPartitioner implements Partitioner {

    public void configure(Map<String, ?> configs) {} ❶

    public int partition(String topic, Object key, byte[] keyBytes,
                                Object value, byte[] valueBytes,
                                Cluster cluster) {
        List<PartitionInfo> partitions = cluster.partitionsForTopic(topic);
        int numPartitions = partitions.size();

        if ((keyBytes == null) || (!(key instanceOf String))) ❷
            throw new InvalidRecordException("We expect all messages " +
                "to have customer name as key");
        if (((String) key).equals("Banana"))
            return numPartitions - 1; // Banana will always go to last partition

        // Other records will get hashed to the rest of the partitions
        return Math.abs(Utils.murmur2(keyBytes)) % (numPartitions - 1);
    }

    public void close() {}
}
```

❶ Partitioner 인터페이스에는 configure, partition 그리고 close 메서드가 있다. 여기서는 partition에 특정한 고객의 이름을 하드코딩하는 것보다 configure를 경유해서 넘겨주도록 하는 게 더 좋았겠지만, 일단 partition 메서드만 구현했다.

❷ String 키값만을 받아서 처리하고, 그렇지 않은 경우 예외를 발생시킨다.

3.7 헤더

레코드는 키값, 밸류값 외에도 헤더를 포함할 수 있다. 레코드 헤더는 카프카 레코드의 키/밸류값을 건드리지 않고 추가 메타데이터를 심을 때 사용한다. 헤더의 주된 용도 중 하나는 메시지의 전달 내역을 기록하는 것이다. 즉, 데이터가 생성된 곳의 정보를 헤더에 저장해 두면, 메시지를 파싱할 필요 없이 헤더에 심어진 정보만으로 메시지를 라우팅routing하거나 출처를 추적할 수 있는 것이다(아마 데이터는 암호화되어 있어서 레코드를 전달하는 입장에서는 내용을 볼 수 없을 것이다).

헤더는 순서가 있는 키/밸류 쌍의 집합으로 구현되어 있다. 키값은 언제나 String 타입이어야 하지만 밸류값은 아무 직렬화된 객체라도 상관없다(그 점에서 메시지의 밸류값과 똑같다).

다음 예제는 ProducerRecord에 헤더를 추가하는 방법을 보여준다.

```
ProducerRecord<String, String> record =
    new ProducerRecord<>("CustomerCountry", "Precision Products", "France");

record.headers().add("privacy-level","YOLO".getBytes(StandardCharsets.UTF_8));
```

3.8 인터셉터

이따금 카프카 클라이언트의 코드를 고치지 않으면서 그 작동을 변경해야 하는 경우가 있다. 회사 내에서 사용하는 모든 애플리케이션에 동일한 작동을 집어넣는다거나 아니면 원래 코드를 사용할 수 없는 상황이 그렇다.

이럴 때 사용하는 것이 카프카의 ProducerInterceptor 인터셉터다. 여기에는 아래 두 메서드를 정의할 수 있다.

`ProducerRecord<K, V> onSend(ProducerRecord<K, V> record)`

이 메서드는 프로듀서가 레코드를 브로커로 보내기 전, 직렬화되기 직전에 호출된다. 이 메서드를 재정의할 때는 보내질 레코드에 담긴 정보를 볼 수 있을 뿐만 아니라 고칠 수도 있다. 이 메서드에서 유효한 ProducerRecord를 리턴하도록 주의하기만 하면 된다. 이 메서드가 리턴한 레코드가 직렬화되어 카프카로 보내질 것이다.

`void onAcknowledgement(RecordMetadata metadata, Exception exception)`

이 메서드는 카프카 브로커가 보낸 응답을 클라이언트가 받았을 때 호출된다. 브로커가 보낸 응답을 변경할 수는 없지만, 그 안에 담긴 정보는 읽을 수 있다.

인터셉터의 일반적인 사용 사례로는 모니터링, 정보 추적, 표준 헤더 삽입 등이 있다. 특히 레코드에 메시지가 생성된 위치에 대한 정보를 심음으로써 메시지의 전달 경로를 추적하거나 민감한 정보를 삭제 처리하는 등의 용도로 활용된다.

다음 쪽에 간단한 프로듀서 인터셉터의 예제가 나와 있다. 전송된 메시지의 수와 특정한 시간 윈도우 사이에 브로커가 리턴한 acks의 수를 집계한다.

```java
public class CountingProducerInterceptor implements ProducerInterceptor {

    ScheduledExecutorService executorService =
                Executors.newSingleThreadScheduledExecutor();
    static AtomicLong numSent = new AtomicLong(0);
    static AtomicLong numAcked = new AtomicLong(0);

    public void configure(Map<String, ?> map) {
        Long windowSize = Long.valueOf(
                    (String) map.get("counting.interceptor.window.size.ms")); ❶
        executorService.scheduleAtFixedRate(CountingProducerInterceptor::run,
                    windowSize, windowSize, TimeUnit.MILLISECONDS);
    }

    public ProducerRecord onSend(ProducerRecord producerRecord) {
        numSent.incrementAndGet();
        return producerRecord; ❷
    }

    public void onAcknowledgement(RecordMetadata recordMetadata, Exception e) {
        numAcked.incrementAndGet(); ❸
    }

    public void close() {
        executorService.shutdownNow(); ❹
    }

    public static void run() {
        System.out.println(numSent.getAndSet(0));
        System.out.println(numAcked.getAndSet(0));
    }

}
```

❶ `ProducerInterceptor`는 `Configurable` 인터페이스를 구현한다. 따라서, `configure` 메서드를 재정의함으로써 다른 메서드가 호출되기 전에 뭔가 설정을 해주는 것이 가능하다. 이 메서드는 전체 프로듀서 설정을 전달받기 때문에 어떠한 설정 매개변수도 읽거나 쓸 수 있다. 여기서는 우리가 이 예제에서 참고할 설정을 하나 추가했다.

❷ 레코드가 전송되면 전송된 레코드 수 변수를 증가시키고, 레코드 자체는 변경하지 않은 채 그대로 리턴한다.

❸ 카프카가 ack 응답을 보내면 응답 수 변수를 증가시킨다. 뭔가 리턴할 필요는 없다.

❹ 이 메서드는 프로듀서에 `close()` 메서드가 호출될 때 호출되며, 인터셉터의 내부 상태를 정리하

는 용도로 사용된다. 여기서는 우리가 생성한 스레드 풀을 종료하고 있다. 만약 파일을 열거나, 원격 저장소에 연결을 생성했다거나 할 경우 여기에서 닫아 주어야 리소스 유실이 발생하지 않는다

앞에서 살펴보았듯이, 인터셉터는 클라이언트 코드를 전혀 변경하지 않은 채 적용이 가능하다. 위 인터셉터를 아파치 카프카와 함께 배포되는 `kafka-console-producer.sh` 툴과 함께 사용하려면, 아래와 같이 하면 된다.

1. 인터셉터를 컴파일해서 jar 파일로 만든 다음, classpath에 추가해 준다(~/target 디렉토리 안에 jar 파일이 저장되어 있다고 가정한다).

```
export CLASSPATH=$CLASSPATH:~./target/CountProducerInterceptor-1.0-SNAPSHOT.jar
```

2. 다음과 같이 설정 파일(`producer.config`라고 하자)을 생성한다.

```
interceptor.classes=com.shapira.examples.interceptors.CountProducerInterceptor
counting.interceptor.window.size.ms=10000
```

3. 평소와 같이 애플리케이션을 실행시키되, 앞 단계에서 작성한 설정 파일을 포함해서 실행시킨다.

```
bin/kafka-console-producer.sh --broker-list localhost:9092 --topic interceptor-test
--producer.config producer.config
```

3.9 쿼터, 스로틀링

카프카 브로커에는 쓰기/읽기 속도를 제한할 수 있는 기능이 있다. 한도(쿼터quota)를 설정해주면 되는데, 카프카에는 다음과 같이 3가지의 쿼터 타입에 대해 한도를 설정할 수 있다.

1. 쓰기 쿼터produce quota
2. 읽기 쿼터consume quota
3. 요청 쿼터request quota

쓰기 쿼터와 읽기 쿼터는 클라이언트가 데이터를 전송하거나 받는 속도를 초당 바이트 수 단위로 제한한다. 요청 쿼터의 경우 브로커가 요청을 처리하는 시간 비율 단위로 제한한다.

쿼터는 기본값을 설정하거나, 특정한 `client.id` 값에 대해 설정하거나, 특정한 사용자에 대해 설정

하거나 혹은 둘 다 설정하는 식으로 적용이 가능하다. 사용자에 대해 설정된 쿼터는 보안 기능과 클라이언트 인증authentication 기능이 활성화되어 있는 클라이언트에서만 작동한다.

모든 클라이언트에 적용되는 쓰기/읽기 쿼터의 기본값은 카프카 브로커를 설정할 때 함께 설정해 줄 수 있다. 예를 들어서, 각각의 프로듀서가 초당 평균적으로 쓸 수 있는 데이터를 2MB로 제한하고자 한다면, 브로커 설정 파일에 `quota.producer.default=2M`라고 추가해주면 되는 것이다.

권장되는 것은 아니지만, 브로커 설정 파일에 특정 클라이언트에 대한 쿼터값을 정의해서 기본값을 덮어쓸 수도 있다. clientA에 초당 4MB, clientB에 초당 10MB의 쓰기 속도를 허용하고 싶다면, `quota.producer.override="clientA:4M,clientB:10M"`와 같이 설정을 잡아 주면 된다.

카프카의 설정 파일에 정의된 쿼터값은 고정되어 있기 때문에 이 값을 변경하고 싶다면 설정 파일을 변경한 뒤 모든 브로커를 재시작하는 방법밖에 없다. 새 클라이언트는 언제고 들어올 수 있기 때문에 이러한 방법은 불편하다. 이러한 이유 때문에 특정한 클라이언트에 쿼터를 적용할 때는 `kafka-configs.sh` 또는 `AdminClient` API에서 제공하는 동적 설정 기능을 사용하는 것이 보통이다.

다음 예시를 보자.

```
bin/kafka-configs --bootstrap-server localhost:9092 --alter \
  --add-config 'producer_byte_rate=1024' --entity-name clientC \
  --entity-type clients ❶

bin/kafka-configs --bootstrap-server localhost:9092 --alter \
  --add-config 'producer_byte_rate=1024,consumer_byte_rate=2048' \
  --entity-name user1 --entity-type users ❷
bin/kafka-configs --bootstrap-server localhost:9092 --alter \
  --add-config 'consumer_byte_rate=2048' --entity-type users ❸
```

❶ clientC 클라이언트(client-id 값으로 지정한다)의 쓰기 속도를 초당 1024바이트로 제한한다.

❷ user1(인증 주체authenticated principal로 지정한다)의 쓰기 속도를 초당 1024바이트로, 읽기 속도는 초당 2048바이트로 제한한다.

❸ 모든 사용자의 읽기 속도를 초당 2048바이트로 제한하되, 기본 설정값을 덮어쓰고 있는 사용자에 대해서는 예외로 한다. 이런 식으로 기본 설정값을 동적으로 변경할 수 있다.

클라이언트가 할당량을 다 채웠을 경우, 브로커는 클라이언트의 요청에 대한 스로틀링throttling을 시작하여 할당량을 초과하지 않도록 한다. 이는 브로커가 클라이언트의 요청에 대한 응답을 늦게 보내 준다는 의미이기도 한데, 대부분의 경우 클라이언트는 (응답 대기가 가능한 요청의 수(`max.in.flight.`

requests.per.connection)가 한정되어 있기 때문에) 이 상황에서 자동적으로 요청 속도를 줄이는 것이 보통이기 때문에 해당 클라이언트의 메시지 사용량이 할당량 아래로 줄어들게 되는 것이다. 스로틀되는 와중에도 오작동하는 클라이언트가 추가 요청을 쏟아낼 경우 브로커는 해당 클라이언트와의 커뮤니케이션 채널을 일시적으로 무시함으로써 정해진 할당량을 맞추고 브로커를 보호한다.

클라이언트 입장에서는 다음 JMX 메트릭를 통해서 스로틀링의 작동 여부를 확인할 수 있다.

- produce-throttle-time-avg
- produce-throttle-time-max
- fetch-throttle-time-avg
- fetch-throttle-time-max

각각은 쓰기/읽기 요청이 스로틀링 때문에 지연된 평균/최대 시간을 나타낸다. 주의할 점은 이 값들이 쓰기 쿼터나 읽기 쿼터에 의해 발생한 스로틀링(초당 처리량 기준) 때문에 지연된 시간을 가리킬 수도 있고, 요청 쿼터에 의한 스로틀링(요청을 처리하는 시간 비율 기준) 때문에 지연된 시간을 가리킬 수도 있고, 둘 다 때문에 지연된 시간을 가리킬 수도 있다는 점이다. 쓰기/읽기 요청을 제외한 다른 클라이언트 요청의 경우 요청 쿼터에 의해서만 제한되는데, 이들 역시 비슷한 지표로 모니터링이 가능하다.

비동기적으로 Producer.send()를 호출하는 상황에서 (쿼터 기준에 걸렸든, 아니면 단순히 서버가 처리할 수 있는 부하 이상이 걸렸든) 브로커가 받아들일 수 있는 양 이상으로 메시지를 전송하는 상황을 생각해 보자. 이 경우, 메시지는 우선 클라이언트가 사용하는 메모리 상의 큐에 적재된다. 이 상태에서 계속해서 브로커가 받아들이는 양 이상으로 전송을 시도할 경우, 클라이언트의 버퍼 메모리가 고갈되면서 그 다음 Producer.send() 호출을 블록하게 된다. 여기서 브로커가 밀린 메시지를 처리해서 프로듀서 버퍼에 공간이 확보될 때까지 걸리는 시간이 타임아웃 딜레이를 넘어가면 Producer.send()는 결국 TimeoutException을 발생시키게 된다. 반대로, 전송을 기다리는 배치에 이미 올라간 레코드는 대기 시간이 delivery.timeout.ms를 넘어가는 순간 무효화된다. 그리고 TimeoutException이 발생하면서 send() 메서드 호출 때 지정했던 콜백이 호출되게 된다. 바로 이러한 이유 때문에 브로커가 처리할 수 있는 용량과 프로듀서가 데이터를 전송하는 속도를 계획적으로 모니터링하고 맞춰 줄 필요가 있는 것이다.

3.10 요약

이 장에서는 프로듀서의 간단한 예(카프카에 메시지를 전송하는 10줄 가량의 코드)를 살펴보면서 시작하였다. 우리는 이 간단한 예제에 에러 핸들링을 추가하고 동기적 전송과 비동기적 전송이 어떻게 다른지도 살펴보았다. 그 뒤에는 가장 중요한 프로듀서 설정 매개변수에는 어떠한 것들이 있는지를 살펴보았고, 이들 각각이 어떻게 프로듀서의 작동을 변경하는지도 알아보았다. 이벤트가 저장되는 형식을 제어하는 데 사용되는 시리얼라이저 역시 살펴보았다. 이벤트를 직렬화하는 여러 방법 중 하나인 에이브로에 대해서도 알아보았는데, 이 기술은 특히 매우 자주 카프카와 함께 사용된다. 마지막으로, 카프카에서 레코드를 파티션에 할당하는 방법과 커스텀 파티셔너를 사용하는 고급 사용법, 헤더, 인터셉터, 쿼터, 스로틀링에 대해서도 알아보았다.

이제 카프카에 이벤트를 쓰는 방법을 알게 되었으니, 4장부터는 읽어오는 방법에 대해서 알아보자.

CHAPTER 4

카프카 컨슈머: 카프카에서 데이터 읽기

카프카에서 데이터를 읽는 애플리케이션은 토픽을 구독subscribe하고 구독한 토픽들로부터 메시지를 받기 위해 KafkaConsumer를 사용한다. 카프카에서 데이터를 읽는 것은 다른 메시지 전달 시스템에서 데이터를 읽는 것과는 조금 다르고, 카프카 특유의 개념과 발상이 관련되어 있다. 이러한 개념들을 먼저 이해하지 않다면 컨슈머 API 사용법을 이해하는 것이 어려울 수 있다. 우리는 먼저 몇몇 중요한 개념들을 알아본 뒤 다양한 요구 조건을 가진 애플리케이션을 구현하기 위해 커슈머 API가 어떻게 활용되는지를 보여주는 예제들을 살펴볼 것이다.

4.1 카프카 컨슈머: 개념

카프카로부터 데이터를 읽어 오는 방법을 이해하기 위해서는 먼저 '컨슈머'와 '컨슈머 그룹'을 이해해야 한다. 지금부터 이 개념들에 대해서 알아본다.

4.1.1 컨슈머와 컨슈머 그룹

카프카 토픽으로부터 메시지를 읽어서 몇 가지 검사를 한 후, 다른 데이터 저장소에 저장하는 애플리케이션을 개발해야 한다고 가정해 보자. 이 경우 애플리케이션은 컨슈머 객체(KafkaConsumer 인스턴스)를 생성하고, 해당 토픽을 구독하고, 메시지를 받기 시작한 뒤 받은 메시지를 받아 검사하고 결과를 써야 한다. 한동안이야 잘 작동하겠지만, 만약 프로듀서가 애플리케이션이 검사할 수 있는 속도보다 더 빠른 속도로 토픽에 메시지를 쓰게 된다면 어떻게 될까? 만약 데이터를 읽고 처리하는 컨슈머가 하나뿐이라면 애플리케이션은 새로 추가되는 메시지의 속도를 따라잡을 수 없기 때문에 메시지 처리가 계속해서 뒤로 밀리게 될 것이다. 따라서, 우리는 토픽으로부터 데이터를 읽어 오는 작업을 확장scale할 수 있어야 한다. 여러 개의 프로듀서가 동일한 토픽에 메시지를 쓰듯이, 여러 개의 컨슈머가 같은 토픽으로부터 데이터를 분할해서 읽어올 수 있게 해야 하는 것이다.

카프카 컨슈머는 보통 컨슈머 그룹consumer group의 일부로서 작동한다. 동일한 컨슈머 그룹에 속한 여러 개의 컨슈머들이 동일한 토픽을 구독할 경우, 각각의 컨슈머는 해당 토픽에서 서로 다른 파티션의 메시지를 받는 것이다.

네 개의 파티션을 갖는 T1이라는 토픽이 있다고 생각해 보자. 그리고 G1 컨슈머 그룹에 속한 유일한 컨슈머인 C1을 생성해서 T1 토픽을 구독했다고 가정해 보자. 컨슈머 C1은 T1 토픽의 네 파티션 모두에서 모든 메시지를 받게 될 것이다(그림 4-1).

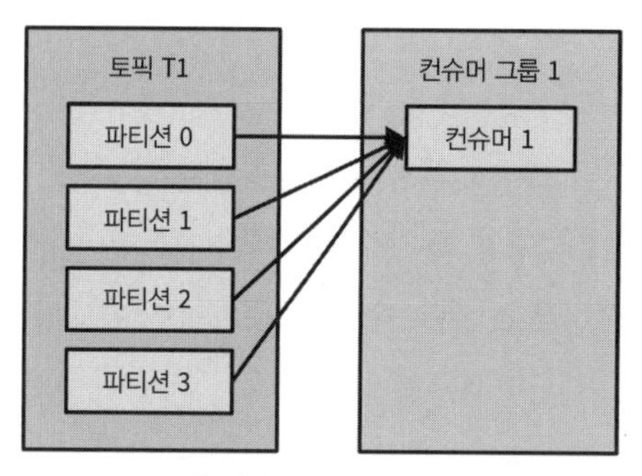

그림 4-1 네 개의 파티션과 하나의 컨슈머

이제 G1에 새로운 컨슈머 C2를 추가한다. 이제 각각의 컨슈머는 2개의 파티션에서 메시지를 받으면 된다. 예를 들어, 다음의 그림 4-2에서는 C1이 파티션 0과 2를, C2가 1과 3을 맡았다.

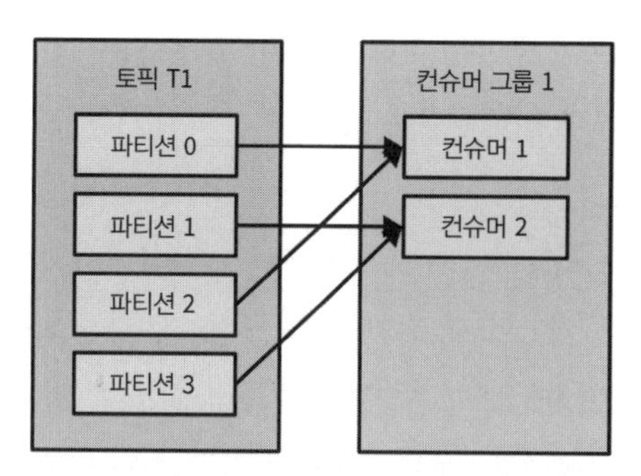

그림 4-2 네 개의 파티션과 같은 컨슈머 그룹의 두 컨슈머

만약 G1에 컨슈머가 4개 있다면, 그림 4-3과 같이 각각의 컨슈머가 하나의 파티션에서 메시지를 읽어오게 된다.

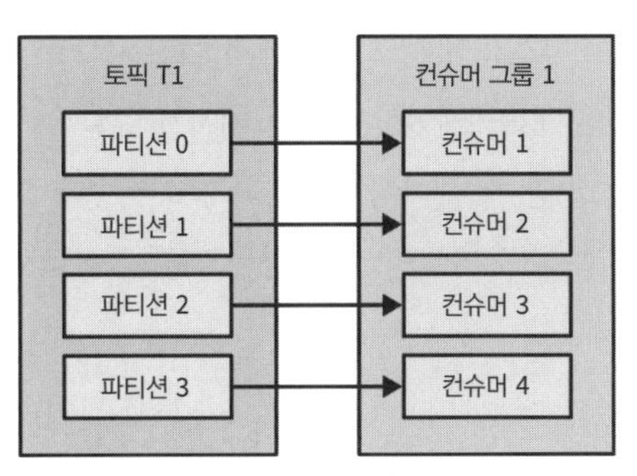

그림 4-3 **각각 하나의 파티션을 할당받은 같은 컨슈머 그룹의 네 컨슈머**

만약 하나의 토픽을 구독하는 하나의 컨슈머 그룹에 파티션 수보다 더 많은 컨슈머를 추가한다면, 컨슈머 중 몇몇은 유휴 상태가 되어 메시지를 전혀 받지 못한다(그림 4-4).

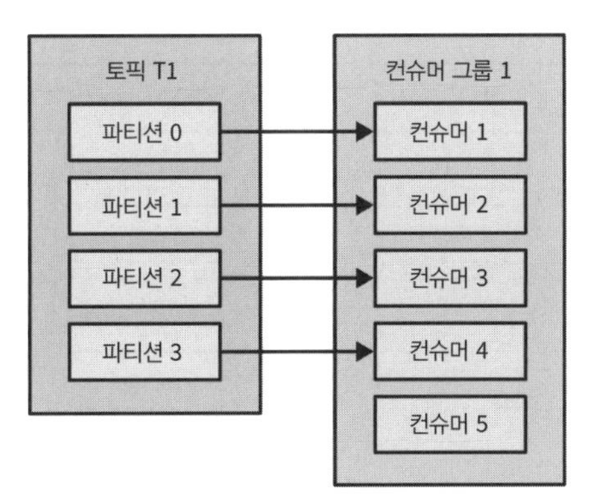

그림 4-4 **파티션 개수보다 컨슈머 그룹에 속한 컨슈머가 더 많을 때 유휴 컨슈머가 발생한다.**

이처럼 컨슈머 그룹에 컨슈머를 추가하는 것은 카프카 토픽에서 읽어오는 데이터 양을 확장하는 주된 방법이다. 카프카 컨슈머가 지연 시간이 긴 작업(데이터베이스에 쓴다던가, 데이터에 대해 시간이 오래 걸리는 연산을 수행한다던가)을 수행하는 것은 흔하다. 이러한 경우, 하나의 컨슈머로 토픽에 들어오는 데이터의 속도를 감당할 수 없을 수도 있기 때문에 컨슈머를 추가함으로써 단위 컨슈머가 처리하는 파티션과 메시지의 수를 분산시키는 것이 일반적인 규모 확장 방식이다. 이것은 토픽을 생성할 때 파티션 수를 크게 잡아주는 게 좋은 이유이기도 한데, 부하가 증가함에 따라서 더 많은 컨슈머를 추가할 수 있게 해주기 때문이다. 토픽에 설정된 파티션 수 이상으로 컨슈머를 투입하는 것이 아무 의미 없다는 점을 명심하라(몇몇 컨슈머는 그냥 놀게 될 것이다). 토픽의 파티션 개수를 선정하는 방법에 대해서는 2장을 참고하라.

한 애플리케이션의 규모를 확장하기 위해 컨슈머 수를 늘리는 경우 이외에도 여러 애플리케이션이 동일한 토픽에서 데이터를 읽어와야 하는 경우 역시 매우 흔하다. 사실, 카프카의 주 디자인 목표 중 하나는 카프카 토픽에 쓰여진 데이터를 전체 조직 안에서 여러 용도로 사용할 수 있도록 만드는 것이었다. 이러한 경우 우리는 각각의 애플리케이션이 전체 메시지의 일부만 받는 게 아니라 전부 다 받도록 해야 한다. 그리고 이렇게 하려면, 애플리케이션이 각자의 컨슈머 그룹을 갖도록 해야 한다. 다른 전통적인 메시지 전달 시스템과는 다르게 카프카는 성능 저하 없이 많은 수의 컨슈머와 컨슈머 그룹으로 확장이 가능하다.

앞의 예에서 만약 하나의 컨슈머를 갖는 새로운 컨슈머 그룹, G2를 추가하게 된다면 이 컨슈머는 G1 컨슈머 그룹에서 무엇을 하고 있든지 상관없이 T1 토픽의 모든 메시지를 받게 된다. G2 역시 (G1과 마찬가지로) 2개 이상의 컨슈머를 가질 수 있는데, 이 경우 G1과 마찬가지로 각각의 컨슈머는 전체 파티션을 나눠서 할당assign받게 된다. 하지만 G2 전체를 놓고 보면, 다른 컨슈머 그룹과는 상관없이 여전히 전체 메시지를 받게 된다(그림 4-5).

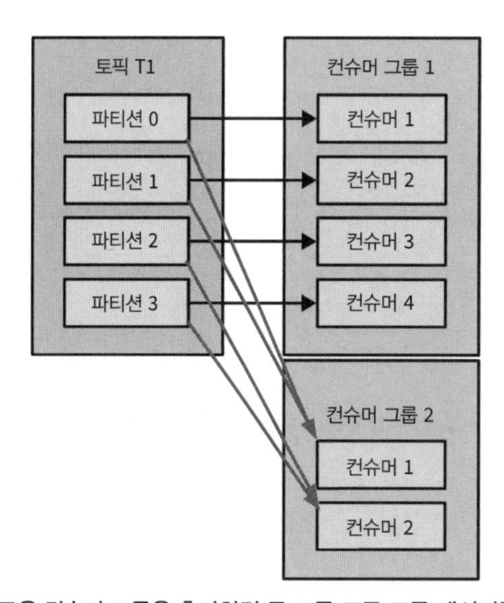

그림 4-5 새로운 컨슈머 그룹을 추가하면 두 그룹 모두 모든 메시지를 받게 된다.

지금까지 이야기한 내용을 요약하자면 다음과 같다. 즉, 1개 이상의 토픽에 대해 모든 메시지를 받아야 하는 애플리케이션별로 새로운 컨슈머 그룹을 생성한다. 토픽에서 메시지를 읽거나 처리하는 규모를 확장하기 위해서는 이미 존재하는 컨슈머 그룹에 새로운 컨슈머를 추가함으로써 해당 그룹 내의 컨슈머 각각이 메시지의 일부만을 받아서 처리하도록 한다.

4.1.2 컨슈머 그룹과 파티션 리밸런스

앞에서 보았듯이, 컨슈머 그룹에 속한 컨슈머들은 자신들이 구독하는 토픽의 파티션들에 대한 소유권을 공유한다. 새로운 컨슈머를 컨슈머 그룹에 추가하면 이전에 다른 컨슈머가 읽고 있던 파티션으로부터 메시지를 읽기 시작한다. 컨슈머가 종료되거나 크래시가 났을 경우도 마찬가지다. 해당 컨슈머가 컨슈머 그룹에서 나가면 원래 이 컨슈머가 읽던 파티션들은 그룹에 잔류한 나머지 컨슈머 중 하나가 대신 받아서 읽기 시작하는 것이다. 컨슈머에 파티션을 재할당reassignment하는 작업은 컨슈머 그룹이 읽고 있는 토픽이 변경되었을 때도 발생한다(예 운영자가 토픽에 새 파티션을 추가했을 경우). 컨슈머에 할당된 파티션을 다른 컨슈머에게 할당해주는 작업을 '리밸런스rebalance'라고 한다. 리밸런스는 컨슈머 그룹에 (쉽고 안전하게 컨슈머를 제거할 수 있도록 해 줌과 동시에) 높은 가용성high availability과 규모 가변성scalability을 제공하는 기능이기 때문에 매우 중요하지만, 문제없이 작업이 수행되고 있는 와중이라면 그리 달갑지 않은 기능이기도 하다.

리밸런스에는 컨슈머 그룹이 사용하는 파티션 할당 전략에 따라 2가지가 있다. 여기 포함된 그림들은 Sophie Blee-Goldman이 2020년 5월, 컨플루언트 블로그에 올린 'From Eager to Smarter in Apache Kafka Consumer Rebalanceshttps://oreil.ly/fZzac'라는 글에서 가져온 것이다.

조급한 리밸런스

조급한 리밸런스eager rebalance가 실행되는 와중에 모든 컨슈머는 읽기 작업을 멈추고 자신에게 할당된 모든 파티션에 대한 소유권을 포기한 뒤, 컨슈머 그룹에 다시 참여rejoin하여 완전히 새로운 파티션 할당을 전달받는다. 이러한 방식은 근본적으로 전체 컨슈머 그룹에 대해 짧은 시간 동안 작업을 멈추게 한다. 작업이 중단되는 시간의 길이는 컨슈머 그룹의 크기는 물론 여러 설정 매개 변수에 영향을 받는다. 그림 4-6은 조급한 리밸런스이 어떻게 두 단계에 걸쳐 일어나는지를 보여준다. 즉, 우선 모든 컨슈머가 자신에게 할당된 파티션을 포기하고, 파티션을 포기한 컨슈머 모두가 다시 그룹에 참여한 뒤에야 새로운 파티션을 할당받고 읽기 작업을 재개할 수 있다.

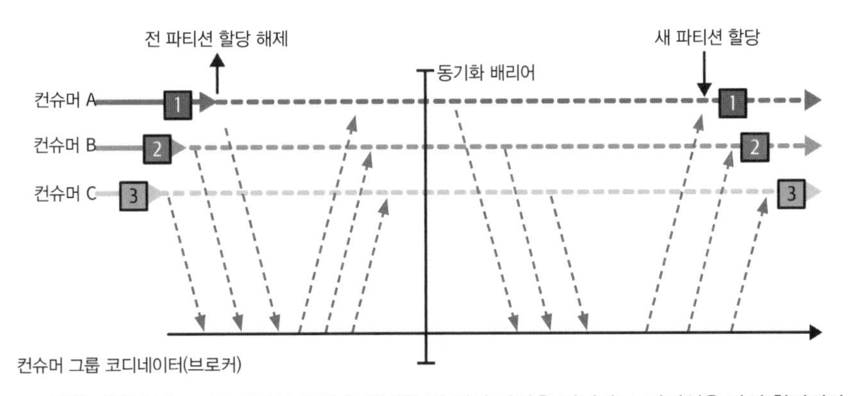

그림 4-6 **조급한 리밸런스는 모든 파티션 할당을 해제한 뒤 읽기 작업을 정지키고, 파티션을 다시 할당시킨다.**

협력적 리밸런스

협력적 리밸런스cooperative rebalance(혹은 점진적 리밸런스incremental rebalance)의 경우, 한 컨슈머에게 할당되어 있던 파티션만을 다른 컨슈머에 재할당한다. 재할당되지 않은 파티션에서 레코드를 읽어서 처리하던 컨슈머들은 작업에 방해받지 않고 하던 일을 계속할 수 있는 것이다. 이 경우 리밸런싱은 2개 이상의 단계에 걸쳐서 수행된다. 즉, 우선 컨슈머 그룹 리더가 다른 컨슈머들에게 각자에게 할당된 파티션 중 일부가 재할당될 것이라고 통보하면, 컨슈머들은 해당 파티션에서 데이터를 읽어오는 작업을 멈추고 해당 파티션에 대한 소유권을 포기한다. 두 번째 단계에서는 컨슈머 그룹 리더가 이 포기된 파티션들을 새로 할당한다. 이 점진적인 방식은 안정적으로 파티션이 할당될 때까지 몇 번 반복될 수 있지만, 조급한 리밸런스 방식에서 발생하는 전체 작업이 중단되는 사태('stop the world')는 발생하지 않는다. 이 특징은 리밸런싱 작업에 상당한 시간이 걸릴 위험이 있는, 컨슈머 그룹에 속한 컨슈머 수가 많은 경우에 특히 중요하다. 그림 4-7은 협력적 리밸런스가 어떻게 컨슈머와 파티션의 일부만을 재할당함으로써 점진적으로 리밸런싱을 수행하는지를 보여준다.

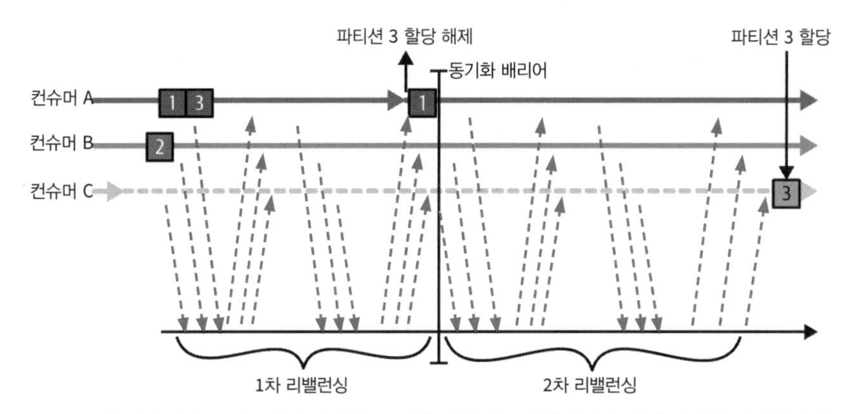

그림 4-7 **협력적 리밸런스는 전체 파티션 중 재할당될 것들에 한정해서 읽기 작업을 정지시킨다.**

컨슈머는 해당 컨슈머 그룹의 **그룹 코디네이터**group coordinator 역할을 지정받은 카프카 브로커(컨슈머 그룹별로 다를 수 있다)에 **하트비트**heartbeat를 전송함으로써 멤버십과 할당된 파티션에 대한 소유권을 유지한다. 하트비트는 컨슈머의 백그라운드 스레드에 의해 전송되는데, 일정한 간격을 두고 전송되는 한 연결이 유지되고 있는 것으로 간주된다.

만약 컨슈머가 일정 시간 이상 하트비트를 전송하지 않는다면, 세션 타임아웃이 발생하면서 그룹 코디네이터는 해당 컨슈머가 죽었다고 간주하고 리밸런스를 실행한다. 만약 컨슈머가 크래시 나서 메시지 처리를 중단했을 경우, 그룹 코디네이터는 몇 초 이상 하트비트가 들어오지 않는 것을 보고 컨슈머가 죽었다고 판단한 뒤 리밸런스를 실행시킨다. 이 몇 초 동안 죽은 컨슈머에 할당되어 있던 파티션에서는 아무 메시지도 처리되지 않는다. 컨슈머를 깔끔하게 닫아줄 경우 컨슈머는 그룹 코디네이터에게 그룹을 나간다고 통지하는데, 그러면 그룹 코디네이터는 즉시 리밸런스를 실행함으로써 처리가 정지되는 시간을 줄인다. 이 장의 후반부에서 우리는 하트비트 주기와 세션 타임아웃 설정 옵션과 함께 그리고 컨슈머 작동을 정밀하게 제어하는 데 사용할 수 있는 다른 설정 매개변수들에 대해서 알아볼 것이다.

파티션은 어떻게 컨슈머에게 할당되는가?

컨슈머가 그룹에 참여하고 싶을 때는 그룹 코디네이터에게 `JoinGroup` 요청을 보낸다. 가장 먼저 그룹에 참여한 컨슈머가 그룹 리더가 된다. 리더는 그룹 코디네이터로부터 해당 그룹 안에 있는 모든 컨슈머의 목록(여기에는 최근 하트비트를 보냈기 때문에 살아 있는 것으로 간주되는 모든 컨슈머가 포함된다)을 받아서 각 컨슈머에게 파티션의 일부를 할당해 준다. 어느 파티션이 어느 컨슈머에게 할당되어야 하는지를 결정하기 위해서는 `PartitionAssignor` 인터페이스의 구현체가 사용된다.

카프카에는 몇 개의 파티션 할당 정책이 기본적으로 내장되어 있다(여기에 대해서는 설정에 대해서 설명할 때 자세히 논의할 것이다). 파티션 할당이 결정되면 컨슈머 그룹 리더는 할당 내역을 `GroupCoordinator`에게 전달하고 그룹 코디네이터는 다시 이 정보를 모든 컨슈머에게 전파한다. 각 컨슈머 입장에서는 자기에게 할당된 내역만 보인다. 즉, 리더만 클라이언트 프로세스 중에서 유일하게 그룹 내 컨슈머와 할당 내역 전부를 볼 수 있는 것이다. 이 과정은 리밸런스가 발생할 때마다 반복적으로 수행된다.

옮긴이 설명

버전 3.1 이후의 컨슈머 리밸런스

버전 2.4 이후로 조급한 리밸런스가 기본값이었지만, 3.1부터는 협력적 리밸런스가 기본값이 되었다. 조급한 리밸런스는 추후 삭제될 예정이므로 미리미리 업그레이드하자. 이는 내부적으로 카프카 컨슈머를 사용하는 카프카 스트림즈 라이브러리(12장) 사용자에게도 해당된다.

4.1.3 정적 그룹 멤버십

기본적으로, 컨슈머가 갖는 컨슈머 그룹의 멤버로서의 자격(멤버십)은 일시적이다. 컨슈머가 컨슈머 그룹을 떠나는 순간 해당 컨슈머에 할당되어 있던 파티션들은 해제되고, 다시 참여하면 새로운 멤버 ID가 발급되면서 리밸런스 프로토콜에 의해 새로운 파티션들이 할당되는 것이다.

이 설명은 컨슈머에 고유한 `group.instance.id` 값을 잡아 주지 않는 한 유효하다(이 설정은 컨슈머가 컨슈머 그룹의 정적인 멤버가 되도록 해준다). 컨슈머가 정적 멤버로서 컨슈머 그룹에 처음 참여하면 평소와 같이 해당 그룹이 사용하고 있는 파티션 할당 전략에 따라 파티션이 할당된다. 하지만 이 컨슈머가 꺼질 경우, 자동으로 그룹을 떠나지는 않는다(세션 타임아웃이 경과될 때까지 여전히 그룹 멤버로 남아 있게 되는 것이다). 그리고 컨슈머가 다시 그룹에 조인하면 멤버십이 그대로 유지되기 때문에 리밸런스가 발생할 필요 없이 예전에 할당받았던 파티션들을 그대로 재할당받는다. 그룹 코디네이터는 그룹 내 각 멤버에 대한 파티션 할당을 캐시해 두고 있기 때문에 정적 멤버가 다시 조인해 들어온다고 해서 리밸런스를 발생시키지는 않는다(그냥 캐시되어 있는 파티션 할당을 보내 주면 되는 것이다).

만약 같은 `group.instance.id` 값을 갖는 두 개의 컨슈머가 같은 그룹에 조인할 경우, 두 번째 컨슈머에는 동일한 ID를 갖는 컨슈머가 이미 존재한다는 에러가 발생하게 될 것이다.

정적 그룹 멤버십static group membership은 애플리케이션이 각 컨슈머에 할당된 파티션의 내용물을 사용해서 로컬 상태나 캐시를 유지해야 할 때 편리하다. 캐시를 재생성하는 것이 시간이 오래 걸릴 때, 컨슈머가 재시작할 때마다 이 작업을 반복하고 싶지는 않을 것이다. 반대로 생각하면, 각 컨슈머에 할당된 파티션들이 해당 컨슈머가 재시작한다고 해서 다른 컨슈머로 재할당되지는 않는다는 점을 기억할 필요가 있다. 일정한 기간 동안, 어떤 컨슈머도 이렇게 컨슈머를 잃어버린 파티션들로부터 메시지를 읽어오지 않을 것이기 때문에 정지되었던 컨슈머가 다시 돌아오면 이 파티션에 저장된 최신 메시지에서 한참 뒤에 있는 밀린 메시지부터 처리하게 된다. 따라서 이 파티션들을 할당받은 컨슈머가 재시작했을 때 밀린 메시지들을 따라잡을 수 있는지 확인할 필요가 있다.

컨슈머 그룹의 정적 멤버는 종료할 때 미리 컨슈머 그룹을 떠나지 않는다는 점을 염두에 두자. 정적 멤버가 종료되었음을 알아차리는 것은 `session.timeout.ms` 설정에 달려 있다. 이 값은 단순한 애플리케이션 재시작이 리밸런스를 작동시키지 않을 만큼 충분히 크면서, 시간 동안 작동이 멈출 경우 자동으로 파티션 재할당이 이루어져서 오랫동안 파티션 처리가 멈추는 상황을 막을 수 있을 만큼 충분히 작은 값으로 설정할 필요가 있다.

4.2 카프카 컨슈머 생성하기

카프카 레코드를 읽어오기 위한 첫 번째 단계는 `KafkaConsumer` 인스턴스를 생성하는 것이다. `KafkaConsumer` 인스턴스를 생성하는 것은 `KafkaProducer` 인스턴스를 생성하는 것과 매우 비슷한데, 컨슈머에 넘겨주고자 하는 설정을 담은 Java `Properties` 객체를 생성하면 되는 것이다. 모든 속성들에 대해서는 이 장의 뒤쪽에서 자세히 살펴볼 것이다. 우선, 반드시 지정해야만 하는 속성은 3개뿐으로 `bootstrap.servers`, `key.deserializer`, `value.deserializer`다.

첫 번째 속성인 `bootstrap.servers`는 카프카 클러스터로의 연결 문자열이다. 사용 방법은 `KafkaProducer`에서와 동일하다(이 값이 어떻게 정의되는지에 대해 자세한 내용은 3장을 참고하라). 다른 두 속성, `key.deserializer`와 `value.deserializer`는 프로듀서에서의 시리얼라이저와 비슷하지만, 자바 객체를 바이트 배열로 변환하는 클래스를 지정하는 게 아니라 바이트 배열을 자바 객체로 변환하는 클래스를 지정한다.

엄격히 말해서 반드시 지정해야만 하는 것은 아니지만, 매우 일반적으로 사용되는 네 번째 속성이 있다. KafkaConsumer 인스턴스가 속하는 컨슈머 그룹을 지정하는 group.id 속성이다. 어떤 컨슈머 그룹에도 속하지 않는 컨슈머를 생성하는 것이 가능하기는 하지만 일반적인 것은 아니기 때문에 이 장의 대부분에서 우리는 컨슈머가 컨슈머 그룹의 일부일 거라고 가정하고 설명할 것이다.

다음의 코드는 KafkaConsumer를 생성하는 방법을 보여준다.

```
Properties props = new Properties();
props.put("bootstrap.servers", "broker1:9092,broker2:9092");
props.put("group.id", "CountryCounter");
props.put("key.deserializer",
    "org.apache.kafka.common.serialization.StringDeserializer");
props.put("value.deserializer",
    "org.apache.kafka.common.serialization.StringDeserializer");
KafkaConsumer<String, String> consumer =
    new KafkaConsumer<String, String>(props);
```

만약 3장에서 프로듀서 생성에 대해 설명한 내용을 읽었다면 여기 있는 코드의 대부분이 익숙할 것이다. 우리는 우리가 읽어들이는 레코드의 키와 밸류 모두가 String 객체라고 가정했다. 여기서 새로 추가된 속성이란 컨슈머가 속하는 컨슈머 그룹의 이름을 지정하는 group.id뿐이다.

4.3 토픽 구독하기

컨슈머를 생성하고 나서 다음으로 할 일은 1개 이상의 토픽을 구독하는 것이다. subscribe() 메서드는 토픽 목록을 매개변수로 받기 때문에 사용법이 꽤나 간단하다.

```
consumer.subscribe(Collections.singletonList("customerCountries"));        ❶
```

❶ 여기서는 단순히 하나의 토픽 이름(customerCountries)만으로 목록을 생성한다.

정규식을 매개변수로 사용해서 subscribe를 호출하는 것 역시 가능하다. 정규식은 다수의 토픽 이름에 매치될 수도 있으며, 만약 누군가가 정규식과 매치되는 이름을 가진 새로운 토픽을 생성할 경우, 거의 즉시 리밸런스가 발생하면서 컨슈머들은 새로운 토픽으로부터의 읽기 작업을 시작하게 된다. 이것은 다수의 토픽에서 레코드를 읽어와서 토픽이 포함하는 서로 다른 유형의 데이터를 처리해야 하는 애플리케이션의 경우 편리하다.

정규식을 사용해서 다수의 토픽을 구독하는 것은 카프카와 다른 시스템 사이에 데이터를 복제하는 애플리케이션이나 스트림 처리 애플리케이션에서 매우 흔하게 사용되는 기법이다.

예를 들어서 모든 테스트 토픽을 구독하고 싶다면 다음과 같이 하면 된다.

```
consumer.subscribe(Pattern.compile("test.*"));
```

만약 카프카 클러스터에 파티션이 매우 많다면(3만 개 이상이라든지) 구독할 토픽을 필터링하는 작업은 클라이언트 쪽에서 이루어진다는 점을 염두에 두길 바란다. 만약 전체 토픽의 일부를 구독할 때 명시적으로인 목록으로 지정하는 것이 아닌 정규식으로 지정할 경우 컨슈머는 전체 토픽과 파티션에 대한 정보를 브로커에 일정한 간격으로 요청하게 된다. 클라이언트는 이 목록을 구독할 새로운 토픽을 찾아내는 데 쓴다. 만약 토픽의 목록이 굉장히 크고 컨슈머도 굉장히 많으며 토픽과 파티션의 목록 크기 역시 상당할 경우, 정규식을 사용한 구독은 브로커, 클라이언트, 네트워크 전체에 걸쳐 상당한 오버헤드를 발생시킨다. 데이터를 주고받는 데 사용되는 네트워크 대역폭보다 토픽 메타데이터를 주고받는데 사용되는 대역폭 크기가 더 큰 경우도 있다. 이는 정규식을 사용해서 토픽을 구독하려면 클라이언트는 클러스터 안에 있는 모든 토픽에 대한 상세 정보를 조회할 권한이 있어야 한다는 의미이기도 하다. 즉, 전체 클러스터에 대한 완전한 Describe 작업 권한이 부여되어야 한다는 얘기다.[13]

4.4 폴링 루프

컨슈머 API의 핵심은 서버에 추가 데이터가 들어왔는지 폴링하는 단순한 루프다. 컨슈머 애플리케이션의 주요 코드는 대략 다음과 같다.

```
Duration timeout = Duration.ofMillis(100);

while (true) { ❶
    ConsumerRecords<String, String> records = consumer.poll(timeout); ❷

    for (ConsumerRecord<String, String> record : records) { ❸
        System.out.printf("topic = %s, partition = %d, offset = %d, " +
                        "customer = %s, country = %s\n",
        record.topic(), record.partition(), record.offset(),
                record.key(), record.value());
        int updatedCount = 1;
        if (custCountryMap.containsKey(record.value())) {
```

13 옮긴이 권한에 대한 내용은 11장의 '인가' 절에서 자세히 다룬다.

```
            updatedCount = custCountryMap.get(record.value()) + 1;
        }
        custCountryMap.put(record.value(), updatedCount);

        JSONObject json = new JSONObject(custCountryMap);
        System.out.println(json.toString()); ❹
    }
}
```

❶ 이 루프는 무한 루프이기 때문에 종료되지 않는다. 컨슈머 애플리케이션은 보통 계속해서 카프카에 추가 데이터를 폴링하는, 오랫동안 돌아가는 애플리케이션이다. 이 장의 후반부에서 루프를 탈출해서 컨슈머를 깔끔하게 닫는 방법을 보여줄 것이다.

❷ 이 장에서 가장 중요한 코드다. 바닷속의 상어가 계속해서 움직이지 않으면 죽듯이, 컨슈머는 카프카를 계속해서 폴링하지 않으면 죽은 것으로 간주되어 이 컨슈머가 읽어오고 있던 파티션들은 (처리를 계속하기 위해) 그룹 내의 다른 컨슈머에게 넘겨진다. 우리가 `poll()`에 전달하는 매개변수는 컨슈머 버퍼에 데이터가 없을 경우 `poll()`이 블록될 수 있는 최대 시간을 결정한다. 만약 이 값이 0으로 지정되거나 버퍼 안에 이미 레코드가 준비되어 있을 경우 `poll()`은 즉시 리턴된다. 그게 아닐 경우 지정된 밀리초만큼 기다린다.

❸ `poll()`은 레코드들이 저장된 List 객체를 리턴한다. 각각의 레코드는 레코드가 저장되어 있던 토픽, 파티션, 파티션에서의 오프셋 그리고 (당연하게도) 키값과 밸류값을 포함한다. 통상적으로 우리는 이 List를 반복해 가며 각각의 레코드를 하나씩 처리한다.

❹ 처리가 끝날 때는 결과물을 데이터 저장소에 쓰거나 이미 저장된 레코드를 갱신한다. 여기서는 국가별 고객 수를 (계속해서) 집계하는 것이 목적이므로 해시 테이블을 갱신하고 결과를 JSON 형식으로 출력한다. 좀 더 현실에 가까운 예제라면 데이터 저장소 안의 결과물을 갱신할 것이다.

이 폴링 루프는 단순히 데이터를 가져오는 것보다 훨씬 더 많은 일을 한다. 새 컨슈머에서 처음으로 `poll()`을 호출하면 컨슈머는 `GroupCoordinator`를 찾아서 컨슈머 그룹에 참가하고, 파티션을 할당받는다. 리밸런스 역시 연관된 콜백들과 함께 여기서 처리된다. 즉, 컨슈머 혹은 콜백에서 뭔가 잘못될 수 있는 거의 모든 것들은 `poll()`에서 예외의 형태로 발생되는 것이다.

`poll()`이 `max.poll.interval.ms`에 지정된 시간 이상으로 호출되지 않을 경우, 컨슈머는 죽은 것으로 판정되어 컨슈머 그룹에서 퇴출된다는 점을 명심하라. 따라서 폴링 루프 안에서 예측 불가능한 시간 동안 블록되는 작업을 수행하는 것은 피해야 한다.

4.4.1 스레드 안전성

하나의 스레드에서 동일한 그룹 내에 여러 개의 컨슈머를 생성할 수는 없으며, 같은 컨슈머를 다수의 스레드가 안전하게 사용할 수도 없다. 하나의 스레드당 하나의 컨슈머, 이것이 원칙이다. 하나의 애플리케이션에서 동일한 그룹에 속하는 여러 개의 컨슈머를 운용하고 싶다면 스레드를 여러 개 띄워서 각각에 컨슈머를 하나씩 돌리는 수밖에 없다. 컨슈머 로직을 자체적인 객체로 감싼 다음 자바의 `ExecutorService`를 사용해서 각자의 컨슈머를 가지는 다수의 스레드를 시작시키면 좋다. 컨플루언트 블로그에는 이러한 방식을 구현하는 방법에 대한 튜토리얼https://www.confluent.io/blog/tutorial-getting-started-with-the-new-apache-kafka-0-9-consumer-client/이 있다.

카프카 예전 버전의 경우, 전체 메서드 시그니처는 `poll(long)`이었다. 이 시그니처는 현재 지원 중단된 상태이며 새 API는 `poll(Duration)`이다. 인수 타입이 바뀐 것 외에도 메서드가 블록되는 방식 또한 미묘하게 바뀌었다. 원래의 `poll(long)` 메서드의 경우 카프카로부터 필요한 메타데이터를 가져오는 동안 블록된다. 설령 그 시간이 지정된 타임아웃 시간보다 길어도 말이다. 하지만 새로운 메서드인 `poll(Duration)`은 타임아웃 제한을 더 엄격히 준수하며, 메타데이터가 올 때까지 기다리지 않는다. 그렇기 때문에 현재 컨슈머 코드에서 레코드를 읽어오지 않고 메타데이터만 가져오기 위해 `poll(0)`을 호출하고 있다면(상당히 일반적으로 쓰이는 우회 방법이다), 이를 `poll(Duration.ofMillis(0))`로 바꾼다고 해서 같은 결과를 기대할 수 없는 것이다. 똑같은 작동을 구현하고 싶다면 다른 방법을 찾아야 할 것이다. 대체로 사용되는 해법은 할당받은 파티션에 대한 메타데이터를 받은 뒤, 하지만 레코드를 읽어오기 전 호출되는 `rebalanceListener.onPartitionAssignment()` 메서드에 로직을 위치시키는 것이다. 또 다른 해법에 대해서는 Jesse Anderson이 쓴 "Kafka's Got a Brand-New Poll"(https://www.jesse-anderson.com/2020/09/kafkas-got-a-brand-new-poll/)을 참조하라.

또 다른 방법으로는 이벤트를 받아서 큐에 넣는 컨슈머 하나와 이 큐에서 이벤트를 꺼내서 처리하는 여러 개의 워커 스레드Worker Thread를 사용하는 것이다. 이 패턴에 대한 예제는 Igor Buzatović의 글 https://oreil.ly/uMzj1에서 살펴볼 수 있다.

4.5 컨슈머 설정하기

지금까지는 컨슈머 API를 사용하는 방법에 초점을 맞췄기 때문에 설정 속성 중 몇 개(필수 속성인 `bootstrap.servers`, `group.id`, `key.deserializer`, `value.deserializer`)만을 살펴보았다. 모든 컨슈머 설정은 아파치 카프카 문서에 정리되어 있다. 대부분의 매개변수는 합리적인 기본값을 가지고 있기 때문에 딱히 변경할 필요는 없다. 하지만 몇몇 매개변수는 컨슈머의 성능과 가용성에 영향을 준다. 지금부터는 상대적으로 더 중요한 속성들에 대해서 알아보자.

4.5.1 fetch.min.bytes

이 속성은 컨슈머가 브로커로부터 레코드를 얻어올 때 받는 데이터의 최소량(바이트)를 지정할 수 있게 해 준다(기본값은 1바이트). 만약 브로커가 컨슈머로부터 레코드 요청을 받았는데 새로 보낼 레코드의 양이 `fetch.min.bytes`보다 작을 경우, 브로커는 충분한 메시지를 보낼 수 있을 때까지 기다린 뒤 컨슈머에게 레코드를 보내준다. 이것은 토픽에 새로운 메시지가 많이 들어오지 않거나 하루 중 쓰기 요청이 적은 시간대일 때와 같은 상황에서 오가는 메시지 수를 줄임으로써 컨슈머와 브로커 양쪽에 대해 부하를 줄여주는 효과가 있다. 만약 읽어올 데이터가 그리 많지 않을 때 컨슈머가 CPU 자원을 너무 많이 사용하고 있거나 컨슈머 수가 많을 때 브로커의 부하를 줄여야 할 경우 이 값을 기본값보다 더 올려잡아 주는 게 좋다. 단, 이 값을 증가시킬 경우 처리량이 적은 상황에서 지연 또한 증가할 수 있음을 명심하라.

4.5.2 fetch.max.wait.ms

`fetch.min.bytes`를 설정함으로써 카프카가 컨슈머에게 응답하기 전 충분한 데이터가 모일 때까지 기다리도록 할 수 있다. `fetch.max.wait.ms`는 얼마나 오래 기다릴 것인지를 결정한다. 기본적으로 카프카는 500밀리초를 기다리도록 되어 있다. 결과적으로 카프카는 토픽에 컨슈머에게 리턴할 데이터가 부족할 경우 리턴할 데이터 최소량 조건을 맞추기 위해 500밀리까지 기다리게 되는 것이다. 잠재적인 지연을 제한하고 싶을 경우(대개 애플리케이션의 최대 지연에 관련된 SLA 때문인 경우가 많다), `fetch.max.wait.ms`를 더 작게 잡아주면 된다. 만약 `fetch.max.wait.ms`를 100밀리초로, `fetch.min.bytes`를 1MB로 잡아줄 경우, 카프카는 컨슈머로부터의 읽기fetch 요청을 받았을 때 리턴할 데이터가 1MB 이상 모이거나 100밀리초가 지나거나, 두 조건 중 하나가 만족되는 대로 리턴하게 된다.

4.5.3 fetch.max.bytes

이 속성은 컨슈머가 브로커를 폴링할 때 카프카가 리턴하는 최대 바이트 수를 지정한다(기본값은 50MB). 이것은 컨슈머가 서버로부터 받은 데이터를 저장하기 위해 사용하는 메모리의 양을 제한하기 위해 사용된다(얼마나 많은 파티션으로부터 얼마나 많은 메시지를 받았는지와는 무관하다). 브로커가 컨슈머에 레코드를 보낼 때는 배치 단위로 보내며, 만약 브로커가 보내야 하는 첫 번째 레코드 배치의 크기가 이 설정값을 넘길 경우, 제한값을 무시하고 해당 배치를 그대로 전송한다. 이것은 컨슈머가 읽기 작업을 계속해서 진행할 수 있도록 보장해 준다. 브로커 설정에도 최대 읽기 크기를 제한할 수 있게 해주는 설정이 있다는 점을 짚고 넘어갈 필요가 있겠다. 대량의 데이터에 대한 요청은 대량의 디스크 읽기와 오랜 네트워크 전송 시간을 초래하여 브로커 부하를 증가시킬 수 있기 때문에, 이러한 사태를 막기 위해서 브로커 설정을 사용할 수 있다.

4.5.4 max.poll.records

이 속성은 poll()을 호출할 때마다 리턴되는 최대 레코드 수를 지정한다. 애플리케이션이 폴링 루프를 반복할 때마다 처리해야 하는 레코드의 개수('크기'가 아니라)을 제어하려면 이 설정을 사용하면 된다.

4.5.5 max.partition.fetch.bytes

이 속성은 서버가 파티션별로 리턴하는 최대 바이트 수를 결정한다(기본값은 1MB). KafkaConsumer.poll()가 ConsumerRecords를 리턴할 때, 메모리 상에 저장된 레코드 객체의 크기는 컨슈머에 할당된 파티션별로 최대 max.partition.fetch.bytes까지 차지할 수 있다. 브로커가 보내온 응답에 얼마나 많은 파티션이 포함되어 있는지를 결정할 수 있는 방법은 없기 때문에 이 설정을 사용해서 메모리 사용량을 조절하는 것은 꽤 복잡하다는 점을 염두에 두기 바란다. 따라서, 우리는 각 파티션에서 비슷한 양의 데이터를 받아서 처리해야 하는 것과 같은 특별한 이유가 아닌 한 fetch.max.bytes 설정을 대신 사용할 것을 강력히 권장한다.

4.5.6 session.timeout.ms 그리고 heartbeat.interval.ms

컨슈머가 브로커와 신호를 주고받지 않고도 살아 있는 것으로 판정되는 최대 시간의 기본값은 10초다. 만약 컨슈머가 그룹 코디네이터에게 하트비트를 보내지 않은 채로 session.timeout.ms가 지나가면 그룹 코디네이터는 해당 컨슈머를 죽은 것으로 간주하고, 죽은 컨슈머에게 할당되어 있던 파티션들을 다른 컨슈머에게 할당해주기 위해 리밸런스를 실행시킨다. 이 속성은 카프카 컨슈머가 얼마나 자주 그룹 코디네이터에게 하트비트를 보내는지를 결정하는 heartbeat.interval.ms 속성과 밀접하게 연관되어 있는데, session.timeout.ms가 컨슈머가 하트비트를 보내지 않을 수 있는 최대 시간을 결정하기 때문이다. 따라서, 이 두 속성들은 대개 함께 변경된다(heartbeat.interval.ms는 session.timeout.ms보다 더 낮은 값이어야 하며 대체로 1/3으로 결정하는 것이 보통이다). 그래서 만약 session.timeout.ms가 3초라면 heartbeat.interval.ms는 1초가 되어야 하는 것이다. session.timeout.ms를 기본값보다 낮춰 잡을 경우 컨슈머 그룹이 죽은 컨슈머를 좀 더 빨리 찾아내고 회복할 수 있도록 해주지만 그만큼 원치않는 리밸런싱을 초래할 수도 있다. session.timeout.ms를 높여 잡을 경우 사고로 인한 리밸런스 가능성은 줄일 수 있지만, 실제로 죽은 컨슈머를 찾아내는 데는 시간이 더 걸린다.

버전 3.0 이후의 컨슈머

이 책이 쓰여지던 버전 2.8 기준으로 session.timeout.ms 설정의 기본값은 10초였다. 하지만 버전 3.0부터 기본값이 45초로 변경되었다. 창시자인 제이 크렙스가 제2판 추천사에서 밝히고 있듯이, 이 설정은 카프카가 처음 개발되던 온프레미스(On-Premise) 데이터센터를 기준으로 정해진 것이기 때문에 순간적인 부하 집중과 네트워크 불안정이 일상인 클라우드 환경에서는 적절치 않다. 즉, 별것도 아닌 순간적인 네트워크 문제로 인해 리밸런스가 발생하고 컨슈머 작동이 정지될 수 있는 것이다. 이 값은 심지어 아래에서 설명할 request.timeout.ms 기본값(30초)와도 잘 맞지 않는다. 세션 타임아웃이 만료되어 이미 그룹에서 죽은 것으로 간주되었는데도 불구하고 계속해서 응답을 기다리는 사태가 발생할 수도 있다.

session.timeout.ms 기본값이 45초로 변경된 데는 이러한 배경이 있다. 하지만 이 설정과 연관된 heartbeat.interval.ms 설정 기본값은 변경되지 않았다. 즉, 결과적으로 앞에서 이야기한 "heartbeat.interval.ms는 session.timeout.ms의 1/3 정도로 설정한다."라는 규칙이 적어도 기본값에서는 더 이상 유효하지 않은 것이다. 하지만 그렇다고 해서 이 값을 성급하게 바꾸지는 말자. 이 값은 여전히 리밸런스가 진행중인 컨슈머를 탐지해 내는 데 쓰인다. 자세한 내용은 KIP-735(https://bit.ly/368O2Qx)를 참고하자.

4.5.7 max.poll.interval.ms

이 속성은 컨슈머가 폴링을 하지 않고도 죽은 것으로 판정되지 않을 수 있는 최대 시간을 지정할 수 있게 해 준다. 앞에서 언급했듯이, 하트비트와 세션 타임아웃은 카프카가 죽은 컨슈머를 찾아내고 할당된 파티션을 해제할 수 있게 해주는 주된 메커니즘이라고 할 수 있다. 하지만, 역시 앞에서 언급했듯이, 하트비트는 백그라운드 스레드에 의해 전송된다. 카프카에서 레코드를 읽어오는 메인 스레드는 데드락이 걸렸는데 백그라운드 스레드는 멀쩡히 하트비트를 전송하고 있을 수도 있다. 이는 이 컨슈머에 할당된 파티션의 레코드들이 처리되고 있지 않음을 의미한다. 컨슈머가 여전히 레코드를 처리하고 있는지의 여부를 확인하는 가장 쉬운 방법은 컨슈머가 추가로 메시지를 요청하는지를 확인하는 것이다. 하지만 요청 사이의 간격이나 추가 레코드 요청은 예측하기 힘들 뿐 아니라 현재 사용 가능한 데이터의 양, 컨슈머가 처리하고 있는 작업의 유형, 때로는 함께 사용되는 서비스의 지연에도 영향을 받는다.

리턴된 레코드 각각에 대해 각각의 뭔가 시간이 오래 걸리는 처리를 해야 하는 애플리케이션의 경우 리턴되는 데이터의 양을 제한하기 위해 max.poll.records를 사용할 수 있으며, 자연히 poll()을 다시 호출할 수 있을 때까지 걸리는 시간 역시 제한할 수 있다. 하지만 max.poll.records를 정의했다 할지라도 poll()을 호출하는 시간 간격은 예측하기 어려우며, 따라서 안전장치 내지 예방 조치로 max.poll.interval.ms가 사용된다. 이 값은 정상 작동 중인 컨슈머가 매우 드물게 도달할 수 있도록 충분히 크게, 하지만 정지한 컨슈머로 인한 영향이 뚜렷이 보이지 않을 만큼 충분히 작게 설정되어야 한다. 기본값은 5분이다.

타임아웃이 발생하면 백그라운드 스레드는 브로커로 하여금 컨슈머가 죽어서 리밸런스가 수행되어야 한다는 걸 알 수 있도록 'leave group' 요청을 보낸 뒤, 하트비트 전송을 중단한다.

4.5.8 default.api.timeout.ms

이것은 API를 호출할 때 명시적인 타임아웃을 지정하지 않는 한, 거의 모든 컨슈머 API 호출에 적용되는 타임아웃 값이라고 할 수 있다. 기본값은 1분인데, 이 값이 요청 타임아웃 기본값보다 큰 탓에 필요할 경우 이 시간 안에 재시도를 할 수 있다. 이 값이 적용되지 않는 중요한 예외로는 `poll()` 메서드가 있다. 즉, 이 메서드를 호출할 때는 언제나 명시적으로 타임아웃을 지정해 줘야 한다는 것이다.

4.5.9 request.timeout.ms

이것은 컨슈머가 브로커로부터의 응답을 기다릴 수 있는 최대 시간이다. 만약 브로커가 이 설정에 지정된 시간 사이에 응답하지 않을 경우, 클라이언트는 브로커가 완전히 응답하지 않을 것이라고 간주하고 연결을 닫은 뒤 재연결을 시도한다. 이 설정의 기본값은 30초인데, 더 내리지 않는 걸 권장한다. 연결을 끊기 전 브로커에 요청을 처리할 시간을 충분히 주는 게 중요하다. 즉, 이미 과부하가 걸려 있는 브로커에 요청을 다시 보낸다고 얻을 게 거의 없을 뿐더러, 연결을 끊고 다시 맺는 것은 더 큰 오버헤드만 추가할 뿐이다.

4.5.10 auto.offset.reset

이 속성은 컨슈머가 예전에 오프셋을 커밋한 적이 없거나, 커밋된 오프셋이 유효하지 않을 때(대개 컨슈머가 오랫동안 읽은 적이 없어서 오프셋의 레코드가 이미 브로커에서 삭제된 경우다), 파티션을 읽기 시작할 때의 작동을 정의한다. 기본값은 'latest'인데, 이것은 만약 유효한 오프셋이 없을 경우 컨슈머는 가장 최신 레코드(즉, 컨슈머가 작동하기 시작한 다음부터 쓰여진 레코드)부터 읽기 시작한다. 다른 값으로는 'earliest'가 있는데, 유효한 오프셋이 없을 경우 파티션의 맨 처음부터 모든 데이터를 읽는 방식이다. `auto.offset.reset`를 `none`로 설정된 상태에서 유효하지 않은 오프셋부터 읽으려 할 경우 예외가 발생한다.

4.5.11 enable.auto.commit

이 매개변수는 컨슈머가 자동으로 오프셋을 커밋할지의 여부를 결정한다(기본값: `true`). 언제 오프셋을 커밋할지를 직접 결정하고 싶다면(중복을 최소화하고 유실되는 데이터를 방지하려면 필요하다), 이 값을 `false`로 놓으면 된다. 만약 이 값을 `true`로 놓을 경우, `auto.commit.interval.ms`를 사용해서 얼마나 자주 오프셋이 커밋될지를 제어할 수 있다. 우리는 이 장의 나머지 부분에서 오프셋을 커밋할 때 사용할 수 있는 서로 다른 옵션에 대해 심도 있게 논의할 것이다.

4.5.12 partition.assignment.strategy

우리는 컨슈머 그룹에 속한 컨슈머들에게 파티션이 할당된다는 것을 배웠다. PartitionAssignor 클래스는 컨슈머와 이들이 구독한 토픽들이 주어졌을 때 어느 컨슈머에게 어느 파티션이 할당될지를 결정하는 역할을 한다. 기본적으로, 카프카는 다음과 같은 파티션 할당 전략(혹은 할당자Assignor)을 지원한다.

Range

컨슈머가 구독하는 각 토픽의 파티션들을 연속된 그룹으로 나눠서 할당한다. 만약 컨슈머 C1, C2가 각각 3개의 파티션을 갖는 토픽 T1, T2를 구독했을 경우, C1은 T1과 T2의 0번, 1번 파티션을 C2는 두 토픽의 2번 파티션을 할당받는다. 각 토픽의 홀수 개의 파티션을 가지고 있고 각 토픽의 할당이 독립적으로 이루어지기 때문에 첫 번째 컨슈머는 두 번째 컨슈머보다 더 많은 파티션을 할당받게 된다. 이러한 현상은 각 토픽의 파티션 수가 컨슈머 수로 깔끔하게 나눠떨어지지 않는 상황에서 Range 할당 전략이 사용되는 한 언제든지 발생할 수 있다.

RoundRobin

모든 구독된 토픽의 모든 파티션을 가져다 순차적으로 하나씩 컨슈머에 할당해 준다. 만약 앞의 C1, C2에 RoundRobin 할당을 할 경우 C1은 T1의 0번과 2번, T2의 1번 파티션을 할당받게 된다. C2의 경우 T1의 1번, T2의 0번, 2번 파티션을 할당받게 될 것이다. 일반적으로 만약 컨슈머 그룹 내 모든 컨슈머들이 동일한 토픽들을 구독한다면(실제로 그런 게 보통이다), RoundRobin 방식을 선택할 경우 모든 컨슈머들이 완전히 동일한 수(혹은 많아야 1개 차이)의 파티션을 할당받게 된다.

Sticky

Sticky 할당자는 두 개의 목표를 가지고 있다. 첫 번째는 파티션들을 가능한 한 균등하게 할당하는 것이고, 두 번째는 리밸런스가 발생했을 때 가능하면 많은 파티션들이 같은 컨슈머에 할당되게 함으로써 할당된 파티션을 하나의 컨슈머에서 다른 컨슈머로 옮길 때 발생하는 오버헤드를 최소화하는 것이다. 컨슈머들이 모두 동일한 토픽을 구독하는 일반적인 상황에서 Sticky 할당자를 사용해서 처음으로 할당된 결과물은 얼마나 균형이 잡혀 있느냐의 측면에서 RoundRobin 할당자를 사용한 것과 그리 다르지 않다. 이후 발생하는 할당 역시 그 점에서는 비슷하겠지만, 이동하는 파티션의 수 측면에서는 Sticky 쪽이 더 적다. 같은 그룹에 속한 컨슈머들이 서로 다른 토픽을 구독할 경우, Sticky 할당자를 사용한 할당이 RoundRobin 할당자를 사용한 것보다 더 균형잡히게 된다.

Cooperative Sticky

이 할당 전략은 Sticky 할당자와 기본적으로 동일하지만, 컨슈머가 재할당되지 않은 파티션으로부터 레코드를 계속해서 읽어 올 수 있도록 해주는 협력적 리밸런스 기능을 지원한다. 협력적 리밸런스에 대한 보다 상세한 설명은 86쪽의 "컨슈머 그룹과 파티션 리밸런스"를 참고하라. 그리고 2.3 이전 버전에서의 업그레이드를 하고 있다면 Cooperative Sticky 할당 전략을 활성화하기 위해서는 특정한 업그레이드 순서를 따라야 한다는 함을 명심하고 업그레이드 가이드https://kafka.apache.org/documentation/#upgrade_240_notable를 잘 살펴보기 바란다.

`partition.assignment.strategy`를 사용하면 파티션 할당 전략을 선택할 수 있다. 기본값은 앞에서 살펴본 Range 전략을 구현하는 `org.apache.kafka.clients.consumer.RangeAssignor`이다. `org.apache.kafka.clients.consumer.RoundRobinAssignor`, `org.apache.kafka.clients.consumer.StickyAssignor`, 혹은 `org.apache.kafka.clients.consumer.CooperativeStickyAssignor`로 바꿔줄 수 있다. 좀 더 고급 활용법으로는 직접 할당 전략을 구현한 뒤 `partition.assignment.strategy`가 이 클래스를 가리키게 하는 방법이 있다.

4.5.13 client.id

이 값은 어떠한 문자열도 될 수 있으며, 브로커가 요청(읽기 요청이라던가)을 보낸 클라이언트를 식별하는 데 쓰인다. 로깅, 모니터링 지표metrics, 쿼터에서도 사용된다.

4.5.14 client.rack

기본적으로, 컨슈머는 각 파티션의 리더 레플리카로부터 메시지를 읽어 온다. 하지만 클러스터가 다수의 데이터센터 혹은 다수의 클라우드 가용 영역availability zone에 걸쳐 설치되어 있는 경우 컨슈머와 같은 영역에 있는 레플리카로부터 메시지를 읽어 오는 것이 성능 면에서나 비용 면에서나 유리하다. 가장 가까운 레플리카로부터 읽어올 수 있게 하려면 `client.rack` 설정을 잡아 줌으로써 클라이언트가 위치한 영역을 식별할 수 있게 해 줘야 한다. 그리고 나서 브로커의 `replica.selector.class` 설정 기본값을 `org.apache.kafka.common.replica.RackAwareReplicaSelector`로 잡아주면 된다.

클라이언트 메타데이터와 파티션 메타데이터를 활용해서 읽기 작업에 사용할 최적의 레플리카를 선택하는 커스텀 로직을 직접 구현해 넣을 수도 있다.

가까운 랙에서 읽어오기

이 기능에는 약간의 설명이 필요하다. 머리말에도 언급되어 있는 내용이지만, 카프카가 처음 개발되던 시점에서는 데이터센터에 설치된 물리적 서버에서 작동시키는 것이 보통이었다. (2장의 '데이터센터 레이아웃'에서도 언급하지만) 브로커의 `broker.rack` 설정 역시 원래는 레플리카들이 서로 다른 서버 랙에 배치되도록 함으로서 한꺼번에 작동 불능에 빠지는 것을 방지하기 위해 고안된 것이다. 하지만 시간이 흐르면서 클라우드 환경에서 카프카를 작동시키는 것이 더 일반적인 일이 되었고, `broker.rack` 설정 역시 물리적 서버 랙이라기보다 클라우드의 가용 영역을 가리키는 경우가 많아졌다.

문제는 여기에서 발생한다. 컨슈머를 물리적 서버에서 작동시키는 경우에는 같은 데이터센터 안에 있는 한, 데이터를 읽어오는 레플리카가 어느 랙에 위치해 있는지는 별로 문제가 안 된다. 어차피 속도는 비슷하기 때문이다. 하지만 클라우드에서 작동시키는 경우에는 이것이 문제가 된다. 설령 브로커와 컨슈머가 같은 지역에 있더라도 서로 다른 가용 영역에 있으면 실제로 위치한 데이터센터 역시 다를 가능성이 높다. 자연히 네트워크 속도 또한 떨어질 수밖에 없다.

이 문제를 어떻게 해결해야 할까? 컨슈머에게 현재의 대략적인 위치를 알려주고, '읽어오려는 파티션의 최신 상태 레플리카가 클라이언트와 같은 위치에 있을 경우에 한해 해당 레플리카에서 데이터를 읽어오도록' 한다면 네트워크 지연을 어느 정도 피할 수 있다. 바로 이것이 `client.rack` 설정이 있는 이유다. 이 설정을 잡아 주면 같은 `broker.rack` 설정값을 가진 브로커에 저장된 레플리카를 우선적으로 읽어온다(KIP-392, https://bit.ly/37ZZZsR). 기본적으로 카프카는 리더 레플리카에서 읽고 쓰기가 모두 이루어지지만, 이 경우가 약간의 예외라고 할 수 있겠다. 참고로 이 기능은 2.4.0 이후 버전부터 지원된다.

읽어 올 레플리카를 선택하는 로직을 직접 구현하고 싶다면, `ReplicaSelector` 인터페이스를 구현하는 클래스를 구현한 뒤 `replica.selector.class`가 이 클래스를 가리키게 하면 된다.

4.5.15 `group.instance.id`

컨슈머에 정적 그룹 멤버십 기능을 적용하기 위해 사용되는 설정으로, 어떤 고유한 문자열도 사용이 가능하다(90쪽, '정적 그룹 멤버십' 참고).

4.5.16 `receive.buffer.bytes`, `send.buffer.bytes`

이것은 데이터를 읽거나 쓸 때 소켓이 사용하는 TCP의 수신 및 수신 버퍼의 크기를 가리킨다. -1로 잡아 주면 운영체제 기본값이 사용된다. 다른 데이터센터에 있는 브로커와 통신하는 프로듀서나 컨슈머의 경우 이 값을 올려 잡아 주는 게 좋다. 대체로 이러한 네트워크 회선은 지연은 크고 대역폭은 낮기 때문이다.

4.5.17 `offsets.retention.minutes`

이것은 브로커 설정이지만, 컨슈머 작동에 큰 영향을 미치기 때문에 주의를 기울일 필요가 있다. 컨슈머 그룹에 현재 돌아가고 있는 컨슈머(즉, 하트비트를 보냄으로써 멤버십을 능동적으로 유지하고 있는 멤버)들이 있는 한, 컨슈머 그룹이 각 파티션에 대해 커밋한 마지막 오프셋 값은 카프카에 의해 보존되기 때문에 재할당이 발생하거나 재시작을 한 경우에도 가져다 쓸 수 있다. 하지만 그룹이 비게 된다면 카프카는 커밋된 오프셋을 이 설정값에 지정된 기간 동안만 보관한다(기본값은 7일). 커밋된 오프셋이 삭제된 상태에서 그룹이 다시 활동을 시작하면 과거에 수행했던 읽기 작업에 대한 기록이 전혀 없는, 마치 완전히 새로운 컨슈머 그룹인 것처럼 작동하게 된다. 이 옵션의 작동 방식은 여러 번 바뀌었으므로 만약 2.1.0 이전의 버전을 사용하고 있다면 해당 버전의 공식 문서에 나와 있는 정확한 작동을 확인하기 바란다.

4.6 오프셋과 커밋

우리가 `poll()`을 호출할 때마다 카프카에 쓰여진 메시지 중에서 컨슈머 그룹에 속한 컨슈머들이 아직 읽지 않은 레코드가 리턴된다. 뒤집어 말하면, 이를 이용해서 그룹 내의 컨슈머가 어떤 레코드를 읽었는지를 판단할 수 있다는 얘기다. 앞에서 설명한 것과 같이, 카프카의 고유한 특성 중 하나는 많은 JMS 큐들이 하는 것처럼 컨슈머로부터의 응답을 받는 방식이 아니라는 점이다. 대신, 컨슈머가 카프카를 사용해서 각 파티션에서의 위치를 추적할 수 있게 한다.

카프카에서는 파티션에서의 현재 위치를 업데이트하는 작업을 오프셋 커밋offset commit이라고 부른다. 전통적인 메시지 큐와는 다르게, 카프카는 레코드를 개별적으로 커밋하지 않는다. 대신, 컨슈머는 파티션에서 성공적으로 처리해 낸 마지막 메시지를 커밋함으로써 그 앞의 모든 메시지들 역시 성공적으로 처리되었음을 암묵적으로 나타낸다.

컨슈머는 어떻게 오프셋을 커밋하는가? 이것은 카프카에 특수 토픽인 `__consumer_offsets` 토픽에 각 파티션별로 커밋된 오프셋을 업데이트하도록 하는 메시지를 보냄으로써 이루어진다. 모든 컨슈머들이 정상적으로 실행중일 때는 이것이 아무런 영향을 주지 않는다. 하지만, 컨슈머가 크래시되거나 새로운 컨슈머가 그룹에 추가될 경우 리밸런스가 발생한다. 리밸런스 이후 각각의 컨슈머는 리밸런스 이전에 처리하고 있던 것과는 다른 파티션들을 할당받을 수 있다. 어디서부터 작업을 재개해야 하는지를 알아내기 위해 컨슈머는 각 파티션의 마지막으로 커밋된 메시지를 읽어온 뒤 거기서부터 처리를 재개한다.

만약 커밋된 오프셋이 클라이언트가 처리한 마지막 메시지의 오프셋보다 작을 경우, 마지막으로 처리된 오프셋과 커밋된 오프셋 사이의 메시지들은 두 번 처리되게 된다(그림 4-8).

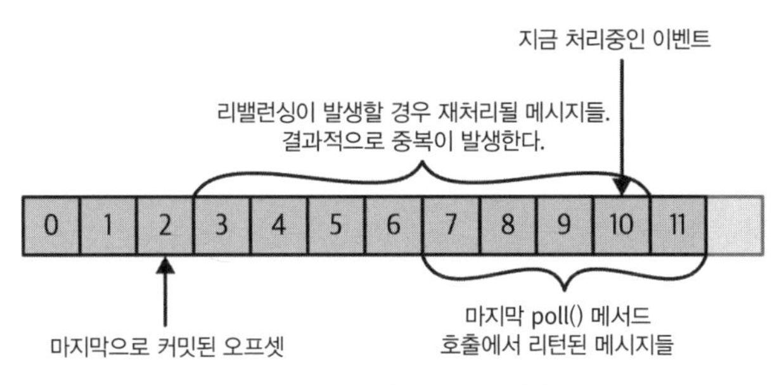

그림 4-8 **재처리된 메시지**

만약 커밋된 메시지가 클라이언트가 실제로 처리한 마지막 메시지의 오프셋보다 클 경우, 마지막으로 처리된 오프셋과 커밋된 오프셋 사이의 모든 메시지들은 컨슈머 그룹에서 누락되게 된다(그림 4-9).

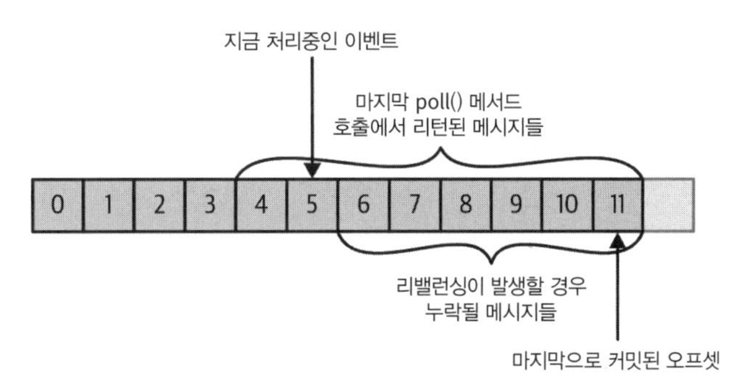

그림 4-9 **오프셋 사이에서 누락된 메시지**

당연히 오프셋 관리는 클라이언트 애플리케이션에 큰 영향을 미친다. `KafkaConsumer` API는 오프셋을 커밋하는 다양한 방법을 지원한다.

어느 오프셋이 커밋되는가?

오프셋을 커밋할 때 자동으로 하건 커밋할 오프셋을 지정하지 않고 하든 상관없이, `poll()`이 리턴한 마지막 오프셋 바로 다음 오프셋을 커밋하는 것이 기본적인 작동이다. 수동으로 특정 오프셋을 커밋하거나 특정한 오프셋 위치를 탐색(seek)할 때는 이 점을 명심하자. 하지만 '클라이언트가 `poll()`에서 받은 마지막 오프셋보다 하나 더 큰 오프셋을 커밋'한다고 반복적으로 쓰는 건 매우 번거로운 일일 뿐더러 대부분의 경우 별 상관도 없다. 따라서 우리는 기본 작동을 언급할 때 '마지막 오프셋을 커밋한다'는 표현을 쓸 것이다. 수동으로 오프셋을 다뤄야 할 경우 이 점을 명심하자.

4.6.1 자동 커밋

오프셋을 커밋하는 가장 쉬운 방법은 컨슈머가 대신하도록 하는 것이다. `enable.auto.commit` 설정을 `true`로 잡아주면 컨슈머는 5초에 한 번, `poll()`을 통해 받은 메시지 중 마지막 메시지의 오프셋을 커밋한다. 5초 간격은 기본값으로, auto.commit.interval.ms 설정을 잡아 줌으로써 바꿀 수 있다. 컨슈머의 모든 다른 것들과 마찬가지로, 자동 커밋은 폴링 루프에 의해서 실행된다. poll() 메서드를 실행할 때마다 컨슈머는 커밋해야 하는지를 확인한 뒤 그러할 경우에는 마지막 poll() 호출에서 리턴된 오프셋을 커밋한다.

하지만 이 편리한 옵션을 사용하기 전에, 이 옵션을 사용할 때 발생하는 결과를 이해할 필요가 있다. 기본적으로 자동 커밋은 5초에 한 번 발생한다. 마지막으로 커밋한 지 3초 뒤에 컨슈머가 크래시되었다고 해 보자. 리밸런싱이 완료된 뒤부터 남은 컨슈머들은 크래시된 컨슈머가 읽고 있던 파티션들을 이어받아서 읽기 시작한다. 문제는 남은 컨슈머들이 마지막으로 커밋된 오프셋부터 작업을 시작한다는 것이다. 이 경우 커밋되어 있는 오프셋은 3초 전의 것이기 때문에 크래시되기 3초 전까지 읽혔던 이벤트들은 두 번 처리되게 된다. 오프셋을 더 자주 커밋하여 레코드가 중복될 수 있는 윈도우를 줄어들도록 커밋 간격을 줄여서 설정해 줄 수도 있지만, 중복을 완전히 없애는 것은 불가능하다.

자동 커밋 기능이 켜진 상태에서 오프셋을 커밋할 때가 되면, 다음 번에 호출된 poll()이 이전 호출에서 리턴된 마지막 오프셋을 커밋한다. 이 작동은 어느 이벤트가 실제로 처리되었는지 알지 못하기 때문에 poll()을 다시 호출하기 전 이전 호출에서 리턴된 모든 이벤트들을 처리하는 게 중요하다. (poll()과 마찬가지로 close() 역시 원자적atomic으로 오프셋을 커밋한다.) 이것은 보통 문제가 되지 않지만, 폴링 루프에서 예외를 처리하거나 루프를 일찍 벗어날 때는 주의하라.

자동 커밋은 편리하다. 그러나 개발자가 중복 메시지를 방지하기엔 충분하지 않다.

4.6.2 현재 오프셋 커밋하기

대부분의 개발자들은 오프셋이 커밋되는 시각을 제어하고자 한다. 메시지 유실의 가능성을 제거함과 동시에 리밸런스 발생시 중복되는 메시지의 수를 줄이기 위해서다. 컨슈머 API는 타이머 시간이 아닌, 애플리케이션 개발자가 원하는 시간에 현재 오프셋을 커밋하는 옵션을 제공한다.

enable.auto.commit=false로 설정해 줌으로써 애플리케이션이 명시적으로 커밋하려 할 때만 오프셋이 커밋되게 할 수 있다. 가장 간단하고 또 신뢰성 있는 커밋 API는 commitSync()이다. 이 API는 poll()이 리턴한 마지막 오프셋을 커밋한 뒤 커밋이 성공적으로 완료되면 리턴, 어떠한 이유로 실패하면 예외를 발생시킨다.

commitSync()는 poll()에 의해 리턴된 마지막 오프셋을 커밋한다는 점에 유의하자. 따라서 만약 poll()에서 리턴된 모든 레코드의 처리가 완료되기 전 commitSync()를 호출하게 될 경우 애플리케이션이 크래시되었을 때 커밋은 되었지만 아직 처리되지 않은 메시지들이 누락될 위험을 감수해야 할 것이다. 만약 애플리케이션이 아직 레코드들을 처리하는 와중에 크래시가 날 경우, 마지막 메시지 배치의 맨 앞 레코드에서부터 리밸런스 시작 시점까지의 모든 레코드들은 두 번 처리될 것이다(이것이 메시지 유실보다 더 나을지 아닐지는 상황에 따라 다르다).

가장 최근의 메시지 배치를 처리한 뒤 commitSync()를 호출해서 오프셋을 커밋하는 예는 다음과 같다.

```
Duration timeout = Duration.ofMillis(100);
while (true) {
        ConsumerRecords<String, String> records = consumer.poll(timeout);
        for (ConsumerRecord<String, String> record : records) {
            System.out.printf("topic = %s, partition = %d, offset =
                %d, customer = %s, country = %s\n",
                record.topic(), record.partition(),
                record.offset(), record.key(), record.value()); ❶
    }
    try {
        consumer.commitSync(); ❷
    } catch (CommitFailedException e) {
        log.error("commit failed", e) ❸
    }
}
```

❶ 레코드 내용물이 출력되면 처리가 끝나는 것으로 간주하자. 아마도 실제 애플리케이션은 레코드를 가지고 더 많은 처리를 할 것이다. 즉, 수정하고, 확장하고, 집계하고, 대시보드에 출력하고, 혹은 중요한 이벤트에 대해 사용자에게 알려줘야 할 수도 있는 것이다. 사례에 따라 각 레코드의 처리가 언제 '완료'되었는지 결정할 필요가 있다.

❷ 현재 배치의 모든 레코드에 대한 '처리'가 완료되면, 추가 메시지를 폴링하기 전에 commitSync를 호출해서 해당 배치의 마지막 오프셋을 커밋한다.

❸ 해결할 수 없는 에러가 발생하지 않는 한, commitSync는 커밋을 재시도한다. 하지만 실제로 회복할 수 없는 에러가 발생할 경우, 에러를 로깅하는 것 외에 할 수 있는 게 별로 없다.

4.6.3 비동기적 커밋

수동 커밋의 단점 중 하나는 브로커가 커밋 요청에 응답할 때까지 애플리케이션이 블록된다는 점이다. 이것은 애플리케이션의 처리량을 제한하게 된다. 덜 자주 커밋한다면 처리량이야 올라가겠지만 리밸런스에 의해 발생하는 잠재적인 중복 메시지의 수는 늘어난다. 또 다른 방법은 비동기적 커밋 API를 사용하는 것이다. 브로커가 커밋에 응답할 때까지 기다리는 대신 요청만 보내고 처리를 계속한다.

```
Duration timeout = Duration.ofMillis(100);

while (true) {
    ConsumerRecords<String, String> records = consumer.poll(timeout);
    for (ConsumerRecord<String, String> record : records) {
        System.out.printf("topic = %s, partition = %s,
            offset = %d, customer = %s, country = %s\n",
            record.topic(), record.partition(), record.offset(),
            record.key(), record.value());
    }
    consumer.commitAsync(); ❶
}
```

❶ 마지막 오프셋을 커밋하고 처리 작업을 계속한다.

이 방식의 단점은 commitSync()가 성공하거나 재시도 불가능한 실패가 발생할 때까지 재시도하는 반면, commitAsync()는 재시도를 하지 않는다는 점이다. 왜냐하면, commitAsync()가 서버로부터 응답을 받은 시점에는 이미 다른 커밋 시도가 성공했을 수도 있기 때문이다. 우리가 오프셋 2000을 커밋하는 요청을 보냈는데, 일시적인 통신 장애로 브로커가 해당 요청을 못 받아서 응답도 하지 않은 경우를 상상해 보자. 그 사이 우리는 다른 배치를 처리한 뒤 성공적으로 오프셋 3000을 커밋한다. 이 시점에서 commitAsync()가 실패한 앞의 커밋 요청을 재시도해서 성공한다면, 오프셋 3000까지 처리되서 커밋까지 완료된 다음에 오프셋 2000이 커밋되는 사태가 발생할 수 있다.

오프셋을 올바른 순서로 커밋하는 문제의 복잡성과 중요성에 대해 언급하는 이유는 commitAsync()에는 브로커가 보낸 응답을 받았을 때 호출되는 콜백을 지정할 수 있는 옵션 역시 있기 때문이다. 이 콜백은 커밋 에러를 로깅하거나 커밋 에러 수를 지표 형태로 집계하기 위해 사용되는 것이 보통이지만, 재시도를 하기 위해 콜백을 사용하고자 할 경우 커밋 순서 관련된 문제에 주의를 기울이는 것이 좋다.

```
Duration timeout = Duration.ofMillis(100);

while (true) {
    ConsumerRecords<String, String> records = consumer.poll(timeout);
    for (ConsumerRecord<String, String> record : records) {
        System.out.printf("topic = %s, partition = %s,
        offset = %d, customer = %s, country = %s\n",
        record.topic(), record.partition(), record.offset(),
        record.key(), record.value());
    }
    consumer.commitAsync(new OffsetCommitCallback() {
```

```
        public void onComplete(Map<TopicPartition, OffsetAndMetadata> offsets,
            Exception e) {
                if (e != null)
                    log.error("Commit failed for offsets {}", offsets, e);
        }
    }); ❶
}
```

❶ 커밋 요청을 보낸 뒤 처리를 계속한다. 하지만 커밋이 실패할 경우, 실패가 났다는 사실과 함께 오프셋이 로그된다.

비동기적 커밋 재시도하기

순차적으로 단조증가하는 번호를 사용하면 비동기적 커밋을 재시도할 때 순서를 맞출 수 있다. 커밋할 때마다 번호를 1씩 증가시킨 뒤 commitAsync 콜백에 해당 번호를 넣어 준다. 그리고 재시도 요청을 보낼 준비가 되었을 때 콜백에 주어진 번호와 현재 번호를 비교해주는 것이다. 만약 콜백에 주어진 번호가 더 크다면 새로운 커밋이 없었다는 의미이므로 재시도를 해도 된다. 하지만 그게 아니라면, 새로운 커밋이 있었다는 의미이므로 재시도하면 안 된다.

4.6.4 동기적 커밋과 비동기적 커밋을 함께 사용하기

대체로, 재시도 없는 커밋이 이따금 실패한다고 해서 큰 문제가 되지는 않는다. 일시적인 문제일 경우 뒤이은 커밋이 성공할 것이기 때문이다. 하지만 이것이 컨슈머를 닫기 전 혹은 리밸런스 전 마지막 커밋이라면, 성공 여부를 추가로 확인할 필요가 있을 것이다.

이 경우, 일반적인 패턴은 종료 직전에 commitAsync()와 commitSync()를 함께 사용하는 것이다. 다음과 같이 사용한다(리밸런싱 직전에 커밋하는 방법은 이 장 후반부에서 리밸런스 리스너를 다루면서 함께 할 것이다).

```
Duration timeout = Duration.ofMillis(100);

try {
    while (!closing) {
        ConsumerRecords<String, String> records = consumer.poll(timeout);
        for (ConsumerRecord<String, String> record : records) {
            System.out.printf("topic = %s, partition = %s, offset = %d,
                customer = %s, country = %s\n",
                record.topic(), record.partition(),
                record.offset(), record.key(), record.value());
        }
        consumer.commitAsync(); ❶
    }
```

```
    consumer.commitSync(); ❷
} catch (Exception e) {
    log.error("Unexpected error", e);
} finally {
    consumer.close();
}
```

❶ 정상적인 상황에서는 commitAsync를 사용한다. 더 빠를 뿐더러 설령 커밋이 실패하더라도 다음 커밋이 재시도 기능을 하게 된다.

❷ 하지만 컨슈머를 닫는 상황에서는 '다음 커밋'이라는 것이 있을 수 없으므로 commitSync()를 호출한다. 커밋이 성공하거나 회복 불가능한 에러가 발생할 때까지 재시도할 것이다.

4.6.5 특정 오프셋 커밋하기

가장 최근 오프셋을 커밋하는 것은 메시지 배치의 처리가 끝날 때만 수행이 가능하다. 하지만 그보다 더 자주 커밋하고 싶다면 어떻게 해야 할까? poll()이 엄청나게 큰 배치를 리턴했는데, 리밸런스가 발생했을 경우 전체 배치를 재처리하는 상황을 피하기 위해 배치를 처리하는 도중에 오프셋을 커밋하고 싶다면 어떻게 해야 할까? 이 경우 단순히 commitSync()나 commitAsync()를 호출해 줄 수는 없다. 왜냐하면 이 메서드들은 아직 처리하지 않은, 리턴된 마지막 오프셋을 커밋하기 때문이다.

다행히도, 컨슈머 API에서 commitSync()나 commitAsync()를 호출할 때 커밋하고자 하는 파티션과 오프셋의 맵을 전달할 수 있다. 만약 레코드 배치를 처리중이고 'customers' 토픽의 파티션 3에서 마지막으로 처리한 메시지의 오프셋이 5000이라면, 'customers' 토픽의 파티션 3 오프셋 5001에 대해 commitSync()를 호출해주면 된다. 컨슈머가 하나 이상의 파티션으로부터 레코드를 읽어오고 있을 경우, 모든 파티션의 오프셋을 추적해야 할 필요가 있기 때문에 코드가 더 복잡해질 것이다.

특정 오프셋을 커밋하는 예는 다음과 같다.

```
private Map<TopicPartition, OffsetAndMetadata> currentOffsets =
    new HashMap<>(); ❶
int count = 0;

....
Duration timeout = Duration.ofMillis(100);

while (true) {
    ConsumerRecords<String, String> records = consumer.poll(timeout);
    for (ConsumerRecord<String, String> record : records) {
        System.out.printf("topic = %s, partition = %s, offset = %d,
```

```
            customer = %s, country = %s\n",
            record.topic(), record.partition(), record.offset(),
            record.key(), record.value()); ❷
        currentOffsets.put(
            new TopicPartition(record.topic(), record.partition()),
            new OffsetAndMetadata(record.offset()+1, "no metadata")); ❸
        if (count % 1000 == 0) ❹
            consumer.commitAsync(currentOffsets, null); ❺
        count++;
    }
}
```

❶ 우리가 오프셋을 추적하기 위해 사용할 맵이다.

❷ 여기서는 읽은 레코드의 토픽, 파티션, 오프셋, 키와 밸류를 출력하기만 한다.

❸ 각 레코드를 읽은 뒤, 맵을 다음 번에 처리할 것으로 예상되는 메시지의 오프셋으로 업데이트한다. 커밋될 오프셋은 애플리케이션이 다음번에 읽어야 할 메시지의 오프셋이어야 한다. 향후에 읽기 시작할 메시지의 위치이기도 하다.

❹ 여기서는 1000개의 레코드마다 현재 오프셋을 커밋한다. 실제 애플리케이션에는 시간 혹은 레코드의 내용물을 기준으로 커밋해야 할 것이다.

❺ 여기서는 `commitAsync()`를 호출해서 커밋하였다(콜백이 없기 때문에 두 번째 매개변수는 `null`이다). 하지만 `commitSync()`도 문제없이 사용할 수 있다. 물론, 특정한 오프셋을 커밋할 때는 앞에서 설명한 것과 같이 모든 에러를 직접 처리해줘야 할 것이다.

4.7 리밸런스 리스너

앞에서 오프셋 커밋에 대해 이야기하면서 언급했듯이, 컨슈머는 종료하기 전이나 리밸런싱이 시작되기 전에 정리cleanup 작업을 해 줘야 할 것이다.

만약 컨슈머에 할당된 파티션이 해제될 것이라는 걸 알게 된다면 해당 파티션에서 마지막으로 처리한 이벤트의 오프셋을 커밋해야 할 것이다. 파일 핸들이나 데이터베이스 연결 등 역시 닫아 주어야 한다.

컨슈머 API는 컨슈머에 파티션이 할당되거나 해제될 때 사용자의 코드가 실행되도록 하는 메커니즘을 제공한다. 앞에서 살펴본 `subscribe()`를 호출할 때 `ConsumerRebalanceListener`를 전달해주면 된다. `ConsumerRebalance`에는 다음과 같이 3개의 메서드를 구현할 수 있다.

public void onPartitionsAssigned(Collection<TopicPartition> partitions)

파티션이 컨슈머에게 재할당된 후에, 하지만 컨슈머가 메시지를 읽기 시작하기 전에 호출된다. 파티션과 함께 사용할 상태를 적재하거나, 필요한 오프셋을 탐색하거나 등과 같은 준비 작업을 수행하는 곳이 여기다. 컨슈머가 그룹에 문제없이 조인하려면, 여기서 수행되는 모든 준비 작업은 max.poll.timeout.ms 안에 완료되어야 한다.

public void onPartitionsRevoked(Collection<TopicPartition> partitions)

이 메서드는 컨슈머가 할당받았던 파티션이 할당 해제될 때 호출된다(리밸런스 때문일 수도 있고, 컨슈머가 닫혀서 그럴 수도 있다). 일반적인 상황으로서 조급한 리밸런스 알고리즘이 사용되었을 경우, 이 메서드는 컨슈머가 메시지 읽기를 멈춘 뒤에, 그리고 리밸런스가 시작되기 전에 호출된다. 협력적 리밸런스 알고리즘이 사용되었을 경우 이 메서드는 리밸런스가 완료될 때, 컨슈머에서 할당 해제되어야 할 파티션들에 대해서만 호출된다. 여기서 오프셋을 커밋해주어야 이 파티션을 다음에 할당받는 컨슈머가 시작할 지점을 알아낼 수 있다.

public void onPartitionsLost(Collection<TopicPartition> partitions)

협력적 리밸런스 알고리즘이 사용되었을 경우, 할당된 파티션이 리밸런스 알고리즘에 의해 해제되기 전에 다른 컨슈머에 먼저 할당된 예외적인 상황에서만 호출된다(일반적인 상황에서는 onPartitionsRevoked()가 호출된다). 여기서는 파티션과 함께 사용되었던 상태나 자원들을 정리해주어야 한다. 이러한 작업을 수행할 때는 주의할 필요가 있다는 점을 명심하자. 파티션을 새로 할당받은 컨슈머가 이미 상태를 저장했을 수도 있기 때문에 충돌을 피해야 할 것이다. 만약 이 메서드를 구현하지 않았을 경우, onPartitionsRevoked()가 대신 호출된다는 점을 기억하자.

협력적 리밸런스 알고리즘을 사용하고 있다면, 다음 사항을 명심하자.

- onPartitionsAssigned()는 리밸런싱이 발생할 때마다 호출된다. 즉, 리밸런스가 발생했음을 컨슈머에게 알려 주는 역할을 하는 것이다. 하지만 컨슈머에게 새로 할당된 파티션이 없을 경우 빈 목록과 함께 호출된다.
- onPartitionsRevoked()는 일반적인 리밸런스 상황에서 호출되지만, 파티션이 특정 컨슈머에서 해제될 때에만 호출된다. 메서드가 호출될 때 빈 목록이 주어지는 경우는 없다.
- onPartitionsLost()는 예외적인 리밸런스 상황에서 호출되며, 주어지는 파티션들은 이 메서드가 호출되는 시점에서 이미 다른 컨슈머들에게 할당되어 있는 상태다.

다음 예에서는 파티션이 해제되기 전에 onPartitionsRevoked()를 써서 오프셋을 커밋하는 방법을 보여준다.

```java
private Map<TopicPartition, OffsetAndMetadata> currentOffsets =
    new HashMap<>();
Duration timeout = Duration.ofMillis(100);

private class HandleRebalance implements ConsumerRebalanceListener { ❶
    public void onPartitionsAssigned(
        Collection<TopicPartition>partitions) { ❷
    }

    public void onPartitionsRevoked(Collection<TopicPartition> partitions) {
        System.out.println("Lost partitions in rebalance. " +
            "Committing current offsets:" + currentOffsets);
        consumer.commitSync(currentOffsets); ❸
    }
}

try {
    consumer.subscribe(topics, new HandleRebalance()); ❹

    while (true) {
        ConsumerRecords<String, String> records = consumer.poll(timeout);
        for (ConsumerRecord<String, String> record : records) {
            System.out.printf("topic = %s, partition = %s, offset = %d,
                customer = %s, country = %s\n",
                record.topic(), record.partition(), record.offset(),
                record.key(), record.value());
            currentOffsets.put(
                new TopicPartition(record.topic(), record.partition()),
                new OffsetAndMetadata(record.offset()+1, null));
            }
            consumer.commitAsync(currentOffsets, null);
        }
    } catch (WakeupException e) {
        // ignore, we're closing
    } catch (Exception e) {
        log.error("Unexpected error", e);
    } finally {
    try {
        consumer.commitSync(currentOffsets);
    } finally {
        consumer.close();
        System.out.println("Closed consumer and we are done");
    }
}
```

❶ 여기서 우리는 ConsumerRebalanceListener를 구현한다.

❷ 이 예제에서는 컨슈머가 새 파티션을 할당받을 때는 아무것도 할 필요가 없기 때문에 바로 메시지를 읽기 시작할 것이다.

❸ 하지만 리밸런싱 때문에 파티션이 해제될 상황이라면 오프셋을 커밋해주어야 한다. 할당 해제될 파티션의 오프셋만을 커밋하는 것이 아니라 모든 파티션에 대한 오프셋을 커밋한다(이 오프셋들은 이미 처리된 이벤트들의 오프셋이므로 문제가 없다). 리밸런스가 진행되기 전에 모든 오프셋이 확실히 커밋되도록 `commitSync()`를 사용한다.

❹ 가장 중요한 부분이다. `subscribe()` 메서드를 호출할 때 `ConsumerRebalanceListener`를 인수로 지정해 줌으로써 컨슈머가 호출할 수 있도록 한다.

4.8 특정 오프셋의 레코드 읽어오기

지금까지 우리는 각 파티션의 마지막으로 커밋된 오프셋부터 읽기를 시작해서 모든 메시지를 순차적으로 처리하기 위해 `poll()`을 사용하는 방법에 대해서만 살펴보았다. 하지만, 다른 오프셋에서부터 읽기를 시작하고 싶은 경우가 있다. 카프카는 다음 번 `poll()` 호출이 다른 오프셋에서부터 읽기를 시작하도록 하는 다양한 메서드를 제공한다.

파티션의 맨 앞에서부터 모든 메시지를 읽고자 하거나, 앞의 메시지는 전부 건너뛰고 파티션에 새로 들어온 메시지부터 읽기를 시작하고자 한다면 `seekToBeginning(Collection<TopicPartition> tp)`와 `seekToEnd(Collection<TopicPartition> tp)`를 사용하면 된다.

카프카 API를 사용하면 특정한 오프셋으로 탐색seek해 갈수도 있다. 이 기능은 다양한 방법으로 사용될 수 있다. 예를 들어서, 시간에 민감한 애플리케이션에서 처리가 늦어져서 몇 초간 메시지를 건너뛰어야 하는 경우나 파일에 데이터를 쓰는 컨슈머가 파일이 유실되어 데이터를 복구하기 위해 특정한 과거 시점으로 되돌아가야 할 때 사용할 수 있다.

다음 예제에서는 모든 파티션의 현재 오프셋을 특정한 시각에 생성된 레코드의 오프셋으로 설정하는 방법을 보여준다.

```
Long oneHourEarlier = Instant.now().atZone(ZoneId.systemDefault())
    .minusHours(1).toEpochSecond();
Map<TopicPartition, Long> partitionTimestampMap = consumer.assignment()
    .stream()
    .collect(Collectors.toMap(tp -> tp, tp -> oneHourEarlier)); ❶
Map<TopicPartition, OffsetAndTimestamp> offsetMap
    = consumer.offsetsForTimes(partitionTimestampMap); ❷
```

```java
for(Map.Entry<TopicPartition,OffsetAndTimestamp> entry: offsetMap.entrySet()) {
    consumer.seek(entry.getKey(), entry.getValue().offset()); ❸
}
```

❶ (consumer.assignment()를 사용해서 얻어 온) 이 컨슈머에 할당된 모든 파티션에 대해 컨슈머를 되돌리고자 하는 타임스탬프 값을 담은 맵을 생성한다.

❷ 각 타임스탬프에 해당하는 오프셋을 받아온다. 이 메서드는 브로커에 요청을 보내어 타임스탬프 인덱스에 저장된 오프셋을 리턴하도록 한다.

❸ 마지막으로, 각 파티션의 오프셋을 앞 단계에서 리턴된 오프셋으로 재설정해 준다.

4.9 폴링 루프를 벗어나는 방법

이 장의 앞에서 폴링 루프에 대해 설명하면서, 무한 루프에서 폴링을 수행한다는 사실에 너무 걱정할 필요가 없다는 점을 언급하면서 루프를 깔끔하게 탈출하는 방법에 대해서 알아볼 것이라고 했다. 지금부터 그 이야기를 해보자.

컨슈머를 종료하고자 할 때, 컨슈머가 poll()을 오랫동안 기다리고 있더라도 즉시 루프를 탈출하고 싶다면 다른 스레드에서 consumer.wakeup()을 호출해주어야 한다. 만약 메인 스레드에서 컨슈머 루프를 돌고 있다면 ShutdownHook을 사용할 수 있다. consumer.wakeup()은 다른 스레드에서 호출해 줄 때만 안전하게 작동하는 유일한 컨슈머 메서드라는 점을 명심하라. wakeup을 호출하면 (대기중이던) poll()이 WakeupException을 발생시키며 중단되거나, 대기중이 아닐 경우에는 다음 번에 처음으로 poll()가 호출될 때 예외가 발생한다. WakeupException를 딱히 처리해 줄 필요는 없지만, 스레드를 종료하기 전 consumer.close()는 호출해주어야 한다. 컨슈머를 닫으면 (필요한 경우) 오프셋을 커밋하고 그룹 코디네이터에게 컨슈머가 그룹을 떠난다는 메시지를 전송한다. 이때 컨슈머 코디네이터가 즉시 리밸런싱을 실행시키기 때문에 닫고 있는 컨슈머에 할당되어 있던 파티션들이 그룹 안의 다른 컨슈머에게 할당될 때까지 세션 타임아웃을 기다릴 필요가 없다.

다음 예제에서는 메인 애플리케이션 스레드에서 돌아가는 컨슈머의 실행 루프를 종료시키는 방법을 보여준다. 일부 코드가 생략되어 있는데, 전체 코드는 깃허브에서 볼 수 있다.[14]

---

14 https://github.com/gwenshap/kafka-examples/blob/master/SimpleMovingAvg/src/main/java/com/shapira/examples/newconsumer/simplemovingavg/SimpleMovingAvgNewConsumer.java

```java
Runtime.getRuntime().addShutdownHook(new Thread() {
    public void run() {
        System.out.println("Starting exit...");
        consumer.wakeup(); ❶
        try {
            mainThread.join();
        } catch (InterruptedException e) {
            e.printStackTrace();
        }
    }
});

...
Duration timeout = Duration.ofMillis(10000); ❷

try {
    // looping until ctrl-c, the shutdown hook will cleanup on exit
    while (true) {
        ConsumerRecords<String, String> records =
            movingAvg.consumer.poll(timeout);
        System.out.println(System.currentTimeMillis() +
            "-- waiting for data...");
        for (ConsumerRecord<String, String> record : records) {
            System.out.printf("offset = %d, key = %s, value = %s\n",
                record.offset(), record.key(), record.value());
        }
        for (TopicPartition tp: consumer.assignment())
            System.out.println("Committing offset at position:" +
                consumer.position(tp));
        movingAvg.consumer.commitSync();
    }
} catch (WakeupException e) {
    // ignore for shutdown ❸
} finally {
    consumer.close(); ❹
    System.out.println("Closed consumer and we are done");
}
```

❶ ShutdownHook는 별개의 스레드에서 실행되기 때문에 폴링 루프를 탈출하기 위해 할 수 있는 것은 wakeup() 메서드를 호출하는 것뿐이다.

❷ 타임아웃이 매우 길게 설정되었다. 만약 폴링 루프가 충분히 짧아서 종료되기 전에 좀 기다리는 게 별로 문제가 되지 않는다면 굳이 wakeup을 호출해 줄 필요가 없다. 즉, 그냥 이터레이션마다 아토믹 boolean 값을 확인하는 것만으로 충분하다. 폴링 타임아웃을 길게 잡아주는 것은 메시지가 조금씩 쌓이는 토픽에서 데이터를 읽어올 때 편리하다. 이 방법을 사용하면 브로커가 리턴할 새로운 데

이터를 가지고 있지 않은 동안 계속해서 루프를 돌면서도 더 적은 CPU를 사용할 수 있다.

❸ 다른 스레드에서 wakeup을 호출할 경우, 폴링 루프에서 WakeupException가 발생하게 된다. 발생된 예외를 잡아줌으로써 애플리케이션이 예기치 않게 종료되지 않도록 할 수 있지만, 딱히 뭔가를 추가적으로 해줄 필요는 없다.

❹ 컨슈머를 종료하기 전에 닫아서 리소스를 정리해 준다.

4.10 디시리얼라이저

앞 장에서 설명했듯이, 카프카 프로듀서는 카프카에 데이터를 쓰기 전 커스텀 객체를 바이트 배열로 변환하기 위해 시리얼라이저가 필요하다. 마찬가지로, 카프카 컨슈머는 카프카로부터 받은 바이트 배열을 자바 객체로 변환하기 위해 디시리얼라이저deserializer가 필요하다. 앞의 예제에서는 각 메시지의 키와 밸류가 문자열일 것이라고 가정했기 때문에 컨슈머 설정의 기본값인 StringDeserializer를 사용했다.

Serdes 사용하기

앞에서 설명한 것과 같이 Serializer와 Deserializer는 동전의 양면이라고 할 수 있다. 어차피 함께 쓰일 수밖에 없는 만큼 같은 데이터 타입의 시리얼라이저와 디시리얼라이저를 묶어 놓은 클래스도 있는데, org.apache.kafka.common.serialization.Serdes 클래스가 바로 그것이다. 이 클래스를 사용하면 예제에서와 같이 직접 시리얼라이저, 디시리얼라이저 이름을 지정할 필요 없이 다음과 같이 원하는 객체를 얻어올 수 있다.

```
Serializer<String> serializer = Serdes.String().serializer();
// org.apache.kafka.common.serialization.StringSerializer를 리턴한다.
Deserializer<String> deserializer = Serdes.String().deserializer();
// org.apache.kafka.common.serialization.StringDeserializer를 리턴한다.
```

따라서 위 예제의 컨슈머 생성 부분 역시 다음과 같이 고쳐 쓸 수 있다.

```
props.put("key.deserializer", Serdes.String().deserializer().getClass().getName());
props.put("value.deserializer", Serdes.String().deserializer().getClass().getName());
```

Serdes 클래스가 구체적으로 어떻게 사용되는지는 14장의 '단어 개수 세기' 예제를 참고하자.

카프카 프로듀서에 대해서 설명한 3장에서는 커스텀 타입을 직렬화하는 방법을 살펴보았다. 카프카에 메시지를 쓸 때 메시지를 직렬화하기 위해 사용되는 Avro가 무엇인지, KafkaAvroSerializer를 사용해서 스키마 정의로부터 Avro 객체를 생성하려면 어떻게 해야 하는지 역시 알아보았다. 지금부터는 사용자 객체에 대해 사용할 수 있는 커스텀 디시리얼라이저를 정의하는 방법과 Avro와

AvroDeserializer를 사용해서 스키마 정의로부터 Avro 객체를 생성하는 방법, 카프카에 메시지를 쓸 때 객체를 직렬화하는 방법을 살펴볼 것이다.

당연히 카프카에 이벤트를 쓰기 위해 사용되는 시리얼라이저와 이벤트를 읽어올 때 사용되는 디시리얼라이저가 서로 맞아야 한다. IntSerializer로 직렬화한 데이터를 StringDeserializer로 역직렬화 하려고 하면 제대로 돌아가지 않을 수밖에 없다. 즉, 개발자는 각 토픽에 데이터를 쓸 때 어떤 시리얼라이저를 사용했는지, 각 토픽에 사용중인 디시리얼라이저가 읽어올 수 있는 데이터만 들어 있는지 여부를 챙길 필요가 있다는 얘기다. 이것이 (역)직렬화를 할 때 Avro와 스키마 레지스트리를 사용하는 것이 좋은 이유 중 하나다(KafkaAvroSerializer는 특정한 토픽에 쓰여지는 모든 데이터가 토픽의 스키마와 호환되도록 해준다). 즉, 대응하는 디시리얼라이저와 스키마를 사용해서 역직렬화 할 수 있음을 보장하는 것이다. 호환성에 문제가 발생하더라도(프로듀서 쪽이든 컨슈머 쪽이든) 적절한 에러 메시지가 제공되기 때문에 쉽게 원인을 찾아낼 수 있다. 즉, 직렬화 에러가 발생한 바이트 배열을 일일이 디버깅할 필요가 없는 것이다.

여기서는 커스텀 디시리얼라이저를 작성하는 방법을 간략히 보이면서 시작할 것이다. 커스텀 디시리얼라이저가 널리 사용되는 방법은 아니지만, 이것을 설명한 다음에 Avro를 사용해서 메시지 키와 밸류를 역직렬화하는 방법을 예를 들어 가면서 설명할 것이다.

4.10.1 커스텀 디시리얼라이저

3장에서 다뤘던 커스텀 객체인 Customer의 디시리얼라이저를 작성해 보자.

```
public class Customer {
    private int customerID;
    private String customerName;

    public Customer(int ID, String name) {
        this.customerID = ID;
        this.customerName = name;
    }

    public int getID() {
        return customerID;
    }

    public String getName() {
        return customerName;
    }
}
```

커스텀 디시리얼라이저는 다음과 같다.

```
import org.apache.kafka.common.errors.SerializationException;

import java.nio.ByteBuffer;
import java.util.Map;

public class CustomerDeserializer implements Deserializer<Customer> { ❶
    @Override
    public void configure(Map configs, boolean isKey) {
        // 설정할 것 없음
    }

    @Override
    public Customer deserialize(String topic, byte[] data) {
        int id;
        int nameSize;
        String name;

        try {
            if (data == null)
                return null;
            if (data.length < 8)
                throw new SerializationException("Size of data received " +
                    "by deserializer is shorter than expected");

            ByteBuffer buffer = ByteBuffer.wrap(data);
            id = buffer.getInt();
            nameSize = buffer.getInt();

            byte[] nameBytes = new byte[nameSize];
            buffer.get(nameBytes);
            name = new String(nameBytes, "UTF-8");

            return new Customer(id, name); ❷
        } catch (Exception e) {
            throw new SerializationException("Error when deserializing " +
                "byte[] to Customer " + e);
        }
    }
    @Override
    public void close() {
        // 닫을 것 없음.
    }
}
```

❶ 컨슈머에서도 Customer 클래스가 필요하며, 프로듀서에 사용되는 클래스 및 시리얼라이저는 컨슈머 애플리케이션에서도 같은 것이 사용되어야 한다. 같은 데이터를 공유해서 사용하는 컨슈머와 프로듀서의 수가 굉장히 많은 큰 회사나 조직에서는 꽤나 어려운 일이 될 것이다.

❷ 여기서는 시리얼라이저의 로직을 그냥 반전시켰을 뿐이다. 즉, 고객 ID와 이름을 바이트 배열로부터 꺼낸 뒤 우리가 필요로 하는 객체를 생성한다.

이 디시리얼라이저를 사용하는 컨슈머 코드의 예제는 다음과 같다.

```
Duration timeout = Duration.ofMillis(100);
Properties props = new Properties();
props.put("bootstrap.servers", "broker1:9092,broker2:9092");
props.put("group.id", "CountryCounter");
props.put("key.deserializer",
    "org.apache.kafka.common.serialization.StringDeserializer");
props.put("value.deserializer",
    CustomerDeserializer.class.getName());

KafkaConsumer<String, Customer> consumer =
    new KafkaConsumer<>(props);

consumer.subscribe(Collections.singletonList("customerCountries"))

while (true) {
    ConsumerRecords<String, Customer> records = consumer.poll(timeout);
    for (ConsumerRecord<String, Customer> record : records) {
        System.out.println("current customer Id: " +
            record.value().getID() + " and
            current customer name: " + record.value().getName());
    }
    consumer.commitSync();
}
```

다시 한 번 강조하는 것이지만, 커스텀 시리얼라이저와 디시리얼라이저를 직접 구현하는 것은 권장되지 않는다. 프로듀서와 컨슈머를 너무 밀접하게 연관시키는 탓에 깨지기도 쉽고 에러가 발생할 가능성도 높기 때문이다. JSON, Thrift, Protobuf, 혹은 Avro와 같은 표준 메시지 형식을 사용하는 것이 더 좋은 방법이 될 수 있다. 지금부터는 카프카 컨슈머에서 Avro 디시리얼라이저를 사용하는 방법에 대해서 설명할 것이다. 아파치 Avro, 스키마 그리고 스키마 호환성에 대한 배경 지식은 3장을 참조하자.

4.10.2 Avro 디시리얼라이저 사용하기

우리가 3장에서 살펴본 것처럼, Avro를 사용해서 생성된 Customer 클래스 구현체를 사용하고 있다고 해보자. 카프카에서 이 객체들을 읽어오려면 다음과 같이 해야 한다.

```
Duration timeout = Duration.ofMillis(100);
Properties props = new Properties();
props.put("bootstrap.servers", "broker1:9092,broker2:9092");
props.put("group.id", "CountryCounter");
props.put("key.deserializer",
    "org.apache.kafka.common.serialization.StringDeserializer");
props.put("value.deserializer",
    "io.confluent.kafka.serializers.KafkaAvroDeserializer"); ❶
props.put("specific.avro.reader","true");
props.put("schema.registry.url", schemaUrl); ❷
String topic = "customerContacts"
KafkaConsumer<String, Customer> consumer = new KafkaConsumer<>(props);
consumer.subscribe(Collections.singletonList(topic));

System.out.println("Reading topic:" + topic);

while (true) {
    ConsumerRecords<String, Customer> records = consumer.poll(timeout); ❸

    for (ConsumerRecord<String, Customer> record: records) {
        System.out.println("Current customer name is: " +
            record.value().getName()); ❹
    }
    consumer.commitSync();
}
```

❶ Avro 메시지를 역직렬화하기 위해 KafkaAvroDeserializer를 사용한다.

❷ schema.registry.url는 새로운 매개변수이다. 이것은 그냥 스키마가 저장된 곳을 가리킨다. 이렇게 함으로써 프로듀서가 등록한 스키마를 컨슈머가 메시지를 역직렬화하기 위해서 사용할 수 있다.

❸ 생성된 Customer 클래스를 레코드 밸류 타입으로 지정해 준다.

❹ record.value()는 Customer 인스턴스이므로 이 객체의 메서드 역시 호출할 수 있다.

List<T> (디)시리얼라이즈하기

오랫동안 아파치 카프카는 기본 데이터 타입에 대한 (디)시리얼라이저만을 제공해 왔기 때문에 List, Set, Map과 같은 복합 자료 구조를 사용하려면 에이브로와 같은 직렬화 라이브러리를 사용하는 수밖에 없었다. 바이트 뭉치를 담기 위해 사용되는 ByteArraySerializer, BytesSerializer, ByteBufferSerializer 정도가 예외였을 뿐이다. 하지만 카프카가 활용되는 경우가 많아지면서 이러한 정책에도 변화가 생기게 되었다. 2.1.0부터는 UUID 객체 (디)시리얼라이저(KIP-206)[15]가, 2.5.0부터는 Void 객체 (디)시리얼라이저(KIP-527)[16]가 추가되었다.

그리고 3.0부터는 List<T> 타입 객체를 (디)시리얼라이즈할 수 있는 기능이 기본적으로 탑재되었다(KIP-466).[17]

이러한 기능이 추가된 데에는 몇 가지 배경이 있다. UUID 타입의 경우 중복이 없는 값을 생성하기 위해 uuid를 사용하는 것이 일반적인 만큼 카프카 키값이나 밸류값에도 자주 쓰이고, Void 타입의 경우 키나 밸류값이 항상 null이라는 것을 표시하기 위해 필요했기 때문이다. 그리고 List 타입은 스트림 처리에서 키값을 기준으로 레코드들을 그룹화하는 것과 같이 집계 처리를 해야 할 경우 사용된다(14장 '로컬 상태와 스트림 처리' 참고).

다만, 중첩된 타입에 대한 기능인 만큼 생성 방식이 조금 복잡하다. 심지어 키값을 (디)시리얼라이즈하는 경우와 밸류값을 (디)시리얼라이즈하는 경우가 서로 다르다. 다음은 키값에 대한 시리얼라이저를 설정하는 예제다.

```
// ListSerializer 객체를 생성한다.
ListSerializer<?> listSerializer = new ListSerializer<>();

// 생성한 객체를 설정해 준다.
Map<String, Object> props = new HashMap<>();
// 밸류값의 경우 "default.list.value.serde.inner"
props.put("default.list.key.serde.inner", Serdes.StringSerde.class.getName());
// 밸류값의 경우 두 번째 인수가 false
listSerializer.configure(props, true);

// 설정된 시리얼라이저를 얻어 온다.
final Serializer<?> inner = listSerializer.getInnerSerializer();
```

다음은 디시리얼라이저의 경우다. 구체적인 List 타입을 지정하는 옵션이 하나 더 들어갔다.

```
// ListDeserializer 객체를 생성한다.
ListDeserializer<?> listDeserializer = new ListDeserializer<>();

// 생성한 객체를 설정해 준다.
Map<String, Object> props = new HashMap<>();

// 밸류값의 경우 "default.list.value.serde.type"
// 바이트 뭉치를 디시리얼라이즈 한 뒤 ArrayList 객체 형태로 리턴한다. LinkedList.class.getName()로
```

15 옮긴이 https://cwiki.apache.org/confluence/display/KAFKA/KIP-206:+Add+support+for+UUID+serialization+and+deserialization (단축 URL https://bit.ly/3y9ouP1)

16 옮긴이 https://cwiki.apache.org/confluence/display/KAFKA/KIP-527:+Add+VoidSerde+to+Serdes(단축 URL https://bit.ly/3F2epVF)

17 옮긴이 https://cwiki.apache.org/confluence/display/KAFKA/KIP-466:+Add+support+for+List%3CT%3E+serialization+and+deserialization(단축 URL https://bit.ly/3KvZUe3)

```
설정해주면 LinkedList 객체가 리턴된다.
props.put("default.list.key.serde.type", ArrayList.class.getName());
// 밸류값의 경우 "default.list.value.serde.inner"
props.put("default.list.key.serde.inner", Serdes.StringSerde.class.getName());
// 밸류값의 경우 두 번째 인수가 false
listDeserializer.configure(props, true);

// 설정된 디시리얼라이저를 얻어온다.
final Deserializer<?> inner = listDeserializer.innerDeserializer();
```

일반적인 (디)시리얼라이저와 작동 방식도 약간 달라서, List 안에 들어 있는 객체가 다음 타입인 경우 각각의 객체를 시리얼라이즈 할 때 객체 크기 정보를 집어넣지 않는다. 객체 크기가 고정되어 있기 때문이다.

- short
- int
- long
- float
- double
- UUID

4.11 독립 실행 컨슈머standalone consumer: 컨슈머 그룹 없이 컨슈머를 사용해야 하는 이유와 방법

지금까지는 컨슈머 그룹에 대해서 논의하였다. 컨슈머 그룹은 컨슈머들에게 파티션을 자동으로 할당해주고 해당 그룹에 컨슈머가 추가되거나 제거될 경우 자동으로 리밸런싱을 해준다. 대개는 이것이 우리가 원하는 것이지만, 경우에 따라서는 훨씬 더 단순한 것이 필요할 수도 있다. 하나의 컨슈머가 토픽의 모든 파티션으로부터 모든 데이터를 읽어와야 하거나, 토픽의 특정 파티션으로부터 데이터를 읽어와야 할 때가 있다. 이러한 경우 컨슈머 그룹이나 리밸런스 기능이 필요하지는 않다. 그냥 컨슈머에게 특정한 토픽과 파티션을 할당해주고, 메시지를 읽어서 처리하고, 필요할 경우 오프셋을 커밋하면 되는 것이다. (컨슈머가 그룹에 조인할 필요가 없으니 `subscribe()` 메서드를 호출할 일이야 없겠지만, 오프셋을 커밋하려면 여전히 group.id 값을 설정해줄 필요가 있을 것이다.)

만약 컨슈머가 어떤 파티션을 읽어야 하는지 정확히 알고 있을 경우 토픽을 구독subscribe할 필요 없이 그냥 파티션을 스스로 할당받으면 된다. 컨슈머는 토픽을 구독(자연히 컨슈머 그룹의 일원이 된다)하거나 스스로 파티션을 할당할 수 있지만, 두 가지를 동시에 할 수는 없다.

다음 예에서는 컨슈머 스스로가 특정 토픽의 모든 파티션을 할당한 뒤 메시지를 읽고 처리하는 방법을 보여준다.

```
Duration timeout = Duration.ofMillis(100);
LList<PartitionInfo> partitionInfos = consumer.partitionsFor("topic"); ❶

if (partitionInfos != null) {
    for (PartitionInfo partition : partitionInfos) {
        partitions.add(
           new TopicPartition(partition.topic(), partition.partition())
        );
    }

consumer.assign(partitions);
    consumer.assign(partitions); ❷

    while (true) {
        ConsumerRecords<String, String> records = consumer.poll(timeout);

        for (ConsumerRecord<String, String> record: records) {
            System.out.printf("topic = %s, partition = %s, offset = %d,
                customer = %s, country = %s\n",
                record.topic(), record.partition(), record.offset(),
                record.key(), record.value());
        }
        consumer.commitSync();
    }
}
```

❶ 카프카 클러스터에 해당 토픽에 대해 사용 가능한 파티션들을 요청하면서 시작한다. 만약 특정 파티션의 레코드만 읽어 올 생각이라면 이 부분은 건너뛸 수 있다.

❷ 읽고자 하는 파티션을 알았다면 해당 목록에 대해 `assign()`을 호출해주자.

리밸런싱 기능을 사용할 수 없고 직접 파티션을 찾아야 한다는 단점을 제외하면 나머지는 다른 경우와 크게 다르지 않다. 만약 누군가가 토픽에 새로운 파티션을 추가할 경우 컨슈머에게 알림이 오지는 않는다는 걸 명심하자. 주기적으로 `consumer.partitionsFor()`를 호출해서 파티션 정보를 확인하거나 아니면 파티션이 추가될 때마다 애플리케이션을 재시작함으로써 이러한 상황에 대처해 줄 필요가 있을 것이다.

4.12 요약

이 장에서는 카프카의 컨슈머 그룹이 무엇인지, 어떻게 여러 컨슈머들이 토픽에서 이벤트를 나눠서 읽어올 수 있게 하는지부터 심도 있게 살펴보았다. 뒤이어 컨슈머가 토픽을 구독하고 계속해서 이벤트를 읽어오는 실제 예제와 함께 이론적인 내용들을 알아보았다. 그 다음엔 중요한 컨슈머 설정 매개변수와 함께 이들이 컨슈머 작동에 어떻게 영향을 주는지를 살펴보았다. 이 장의 많은 부분은 오프셋과 컨슈머가 오프셋을 추적 관리하는 방법에 대해 할애되었다. 신뢰성 있는 컨슈머를 작성할 때 컨슈머가 어떻게 오프셋을 커밋하는지를 이해하는 것이 매우 중요하기 때문에 우리는 여러 가지 서로 다른 커밋 방법에 대해서도 설명했다. 그러고 나서 컨슈머 API, 리밸런싱 처리, 컨슈머 닫기와 같은 추가적인 사항들 역시 논의했다.

끝으로, 카프카에 저장된 바이트 뭉치를 애플리케이션이 처리할 수 있는 자바 객체 형태로 변환하는 데 쓰이는 디시리얼라이저에 대해서 알아보았다. 카프카에서 가장 일반적으로 사용되는 디시리얼라이저인 만큼(단지 사용할수 있는 디시리얼라이저 중 하나일 뿐인데도 불구하고), Avro 디시리얼라이저에 대해서도 어느 정도 살펴보았다.

CHAPTER 5

프로그램 내에서 코드로 카프카 관리하기

카프카를 관리하는 데 있어서는 많은 CLI, GUI 툴들이 있지만(9장에서 자세히 알아볼 것이다), 클라이언트 애플리케이션에서 직접 관리 명령을 내려야 할 때도 있다. 사용자 입력에 기반해서 새 토픽을 생성하는 경우는 흔하다. 사물 인터넷Internet of Things, IoT 애플리케이션은 사용자 장치로부터 이벤트를 받아서 장치 유형에 따라 토픽에 쓰는 식이다. 만약 제조사가 새로운 유형의 장치를 출시한다면, 별도 절차를 거쳐 새 토픽을 생성하든지 애플리케이션이 (미확인된 장치 유형에 대한 이벤트를 받을 경우) 동적으로 새로운 토픽을 생성하든지 해야 한다. 후자의 경우 단점이 있기는 하지만, 정확히 필요한 시점에 토픽을 생성하는 추가적인 절차를 피할 수 있다는 점은 매력적이다.

아파치 카프카 버전 0.11 이전까지는 명령줄 프로그램으로만 가능했던 관리 기능이 가능했지만, 0.11부터 프로그램적인programmatically 관리 기능 API를 제공하기 위한 목적으로 `AdminClient`가 추가되었다. 토픽 목록 조회, 생성, 삭제, 클러스터 상세 정보 확인, ACL 관리, 설정 변경 등의 기능이 이것으로 가능하다.

예를 들어보자. 애플리케이션이 특정한 토픽에 이벤트를 써야 한다. 이는 이벤트를 쓰기 시작하기 전에 토픽이 존재해야 함을 의미한다. 아파치 카프카가 `AdminClient`를 추가하기 전까지, 이것을 수행하는 방법은 거의 없었을 뿐더러 심지어 사용자 친화적인 것도 없었다. `producer.send()` 메서드에서 `UNKNOWN_TOPIC_OR_PARTITION` 예외가 발생하는 걸 잡아서 사용자에게 토픽을 만들어야 한다고 알려 주거나, 카프카 클러스터에 자동 토픽 생성 기능이 켜져 있기를 바라거나, 호환성 같은 것 포기하고 내부 API를 사용하거나, 뭐 이런 식이었다. 현재 카프카는 `AdminClient`를 제공하므로, 이것이 훨씬 더 나은 해법이 될 수 있다. 즉, 토픽이 존재하는지를 확인하거나, 없을 경우 즉석에서 생성하는 데 `AdminClient`를 사용하면 되는 것이다.

이 장에서는 `AdminClient`에 대해서 간략하게 살펴보고, 이것을 애플리케이션에서 어떻게 사용할 수 있는지를 알아볼 것이다. 우리는 토픽 관리, 컨슈머 그룹, 개체entity 설정과 같이 가장 많이 쓰이는 기능에 초점을 맞출 것이다.

5.1 AdminClient 개요

카프카 `AdminClient`를 사용하기 전에 핵심이 되는 설계 원리에 대해 짚고 넘어가는 게 좋다. `AdminClient`가 어떻게 설계되었고 언제 사용되어야 하는지를 알아야 각각의 메서드가 좀 더 직관적으로 이해될 수 있다.

5.1.1 비동기적이고 최종적 일관성을 가지는 API

카프카의 `AdminClient`를 이해할 때 가장 중요한 것은 이것이 비동기적asynchronous으로 작동한다는 사실일 것이다. 각 메서드는 요청을 클러스터 컨트롤러로 전송한 뒤 바로 1개 이상의 `Future` 객체를 리턴한다.

`Future` 객체는 비동기 작업의 결과를 가리키며, 비동기 작업의 결과를 확인하거나, 취소하거나, 완료될 때까지 대기하거나 아니면 작업이 완료되었을 때 실행할 함수를 지정하는 메서드를 가지고 있다. 카프카의 `AdminClient`는 `Future` 객체를 `Result` 객체 안에 감싸는데, `Result` 객체는 작업이 끝날 때까지 대기하거나 작업 결과에 대해 일반적으로 뒤이어 쓰이는 작업을 수행하는 헬퍼 메서드를 가지고 있다. 예를 들어서, 카프카의 `AdminClient.createTopics` 메서드는 `CreateTopicsResult` 객체를 리턴하는데, 이 객체는 모든 토픽이 생성될 때까지 기다리거나, 각각의 토픽 상태를 하나씩 확인하거나, 아니면 특정한 토픽이 생성된 뒤 해당 토픽의 설정을 가져올 수 있도록 해 준다.

카프카 컨트롤러로부터 브로커로의 메타데이터 전파가 비동기적으로 이루어지기 때문에, `AdminClient` API가 리턴하는 `Future` 객체들은 컨트롤러의 상태가 완전히 업데이트된 시점에서 완료된 것으로 간주된다. 이 시점에서 모든 브로커가 전부 다 새로운 상태에 대해 알고 있지는 못할 수 있기 때문에, `listTopics` 요청은 최신 상태를 전달받지 않은(그러니까 이제 막 만들어진 토픽에 대해 알고 있지 않은) 브로커에 의해 처리될 수 있는 것이다. 이러한 속성을 최종적 일관성eventual consistency이라고 한다. 최종적으로 모든 브로커는 모든 토픽에 대해 알게 될 것이지만, 정확히 그게 언제가 될지에 대해서는 아무런 보장도 할 수 없다.

5.1.2 옵션

AdminClient의 각 메서드는 메서드별로 특정한 Options 객체를 인수로 받는다. 예를 들어서, listTopics 메서드는 ListTopicsOptions 객체를 인수로 받고 describeCluster는 DescribeClusterOptions를 인수로 받는다. 이 객체들은 브로커가 요청을 어떻게 처리할지에 대해 서로 다른 설정을 담는다. 모든 AdminClient 메서드가 가지고 있는 매개변수는 timeoutMs다. 이 값은 클라이언트가 TimeoutException을 발생시키기 전, 클러스터로부터의 응답을 기다리는 시간을 조정한다. 다른 옵션에는 listTopics가 내부 토픽을 리턴할지, describeCluster가 클라이언트가 실행할 수 있는 권한을 가진 작업을 리턴할지의 여부 같은 것들이 있다.

5.1.3 수평 구조

모든 어드민 작업은 KafkaAdminClient에 구현되어 있는 아파치 카프카 프로토콜을 사용해서 이루어진다. 여기에는 객체 간의 의존 관계나 네임스페이스 같은 게 없다. 인터페이스가 (약간은 부담스러운 정도로) 꽤 크기 때문에 다소 논란이 있기는 하지만, 이러한 구조에는 장점이 있다. 뭔가 어드민 작업을 프로그램적으로 수행하는 방법을 알아야 할 때 JavaDoc 문서에서 필요한 메서드를 하나 찾아서 쓰기만 해도 되는 데다가 IDE에서 간편하게 자동 완성을 해주기까지 하는 것이다. 엉뚱한 곳을 찾고 있는지 고민할 필요가 전혀 없다. 만약 AdminClient에 해당 기능이 없다면 아직 구현되지 않은 것이다(하지만 기여는 언제나 환영이다!).

만약 아파치 카프카에 기여하고 싶다면, "How to Contribute(https://kafka.apache.org/contributing)"를 살펴보자. 작고, 논쟁의 여지가 없는 버그 수정이나 개선에서부터 시작해서 더 큰 아키텍처나 프로토콜 변경으로 나아가면 된다. 버그 리포트나 문서 개선, 질문에 대한 답변, 블로그 포스트와 같이 코드의 형태가 아닌 기여 역시 좋은 기여라고 할 수 있다.

5.1.4 추가 참고 사항

클러스터의 상태를 변경하는 모든 작업(create, delete, alter)은 컨트롤러에 의해 수행된다. 클러스터 상태를 읽기만 하는 작업(list, describe)는 아무 브로커에서나 수행될 수 있으며 클라이언트 입장에서 보이는 가장 부하가 적은 브로커로 전달된다. API를 사용하는 입장에서는 별 차이가 없어 보이지만, 뭔가 예상치 못한 결과가 나왔을 때(즉, 어떤 것은 성공하는데 다른 것은 실패한다거나, 왜 특정한 작업만 시간이 너무 오래 걸리는지 알아내고자 한다던가 할 때), 이 점을 염두에 두고 있으면 좋을 것이다.

우리가 이 장을 쓰고 있는 시점(카프카 2.5 출시 직전)을 기준으로, 대부분의 어드민 작업은 AdminClient를 통해서 수행되거나 아니면 주키퍼에 저장되어 있는 메타데이터를 직접 수정하는 방식으로 이루어진다. 우리는 주키퍼를 직접 수정하는 것을 절대 쓰지 말 것을 강력히 권장하며, 만약 꼭 해야 하는 경우에는 버그 리포트를 해주기 바란다. 가까운 시일 내 아파치 카프카 커뮤니티는 주키퍼 의존성을 완전히 제거할 것이며, 주키퍼를 직접 수정하는 방식으로 어드민 작업을 수행하는 모든 애플리케이션은 수정되어야 할 것이기 때문이다. 반면 AdminClient API는 카프카 클러스터 내부가 바뀌어도 그대로 남아 있을 것이다.

5.2 AdminClient 사용법: 생성, 설정, 닫기

AdminClient를 사용하기 위해 가장 먼저 해야 할 일은 AdminClient 객체를 생성하는 것이다. 다음과 같이 매우 간단하다.

```
Properties props = new Properties();
props.put(AdminClientConfig.BOOTSTRAP_SERVERS_CONFIG, "localhost:9092");
AdminClient admin = AdminClient.create(props);
// TODO: AdminClient를 사용해서 필요한 작업을 수행한다.
admin.close(Duration.ofSeconds(30));
```

정적 메서드인 create 메서드는 설정값을 담고 있는 Properties 객체를 인수로 받는다. 반드시 있어야 하는 설정은 클러스터에 대한 URI(즉, 연결할 브로커 목록을 쉼표로 구분한 목록) 하나뿐이다. 프로덕션 환경에서는 브로커 중 하나에 장애가 발생할 경우를 대비해서 최소한 3개 이상의 브로커를 지정하는 것이 보통이다. 우리는 안전하고 인증된 연결을 설정하는 방법에 대해서는 11장에서 이야기할 것이다.

AdminClient를 시작했으면 결국엔 닫아야 한다. close를 호출할 때는 아직 진행중인 작업이 있을 수 있다는 걸 명심하라. 이러한 이유 때문에 close 메서드 역시 타임아웃 매개변수를 받는다. 일단 close를 호출하면 다른 메서드를 호출해서 요청을 보낼 수는 없지만, 클라이언트는 타임아웃이 만료될 때까지 응답을 기다릴 것이다. 타임아웃이 발생하면 클라이언트는 모든 진행중인 작동을 멈추고 모든 자원을 해제한다. 타임아웃 없이 close를 호출한다는 것은 얼마가 되었든 모든 진행중인 작업이 완료될 때까지 대기하게 된다는 의미다.

3장과 4장에서 설명한 KafkaProducer와 KafkaConsumer에 중요한 설정 매개변수가 몇 개 있었던 것을 기억하고 있을 것이다. 다행히도 AdminClient는 훨씬 더 단순하고, 설정할 것이 그리 많지 않다. 모든 설정 매개변수에 대한 내용은 카프카 공식 문서에서 찾을 수 있다. 우리가 보기에 그중에서도 중요한 것들은 다음과 같다.

5.2.1 client.dns.lookup

이 설정은 아파치 카프카 2.1.0에서 추가되었다. 기본적으로, 카프카는 부트스트랩 서버 설정에 포함된 호스트명을 기준으로 연결을 검증하고, 해석하고, 생성한다(브로커로부터 호스트 정보를 받은 뒤부터는 advertised.listeners 설정에 있는 호스트명을 기준으로 연결한다). 이 단순한 모델은 대부분의 경우 제대로 작동하지만 두 가지 맹점이 있는데, (특히 부트스트랩 설정에서) DNS 별칭alias를 사용할 경우와 2개 이상의 IP 주소로 연결되는 하나의 DNS 항목을 사용할 경우다. 둘은 비슷해 보이지만 살짝 다르다. 지금부터 (동시에 발생할 수는 없는) 이 두 가지 시나리오를 좀 더 자세히 살펴보자.

❶ DNS 별칭을 사용하는 경우

broker1.hostname.com, broker2.hostname.com, ...와 같은 네이밍 컨벤션naming convention을 따르는 브로커들을 가지고 있다고 가정하자. 이 모든 브로커들을 부트스트랩 서버 설정에 일일이 지정하는 것(유지 관리하기가 쉽지 않다)보다 이 모든 브로커 전체를 가리킬 하나의 DNS 별칭alias을 만들 수 있다. 어떤 브로커가 클라이언트와 처음으로 연결될지는 그리 중요하지 않기 때문에 부트스트래핑을 위해 all-brokers.hostname.com를 사용할 수 있는 것이다. 이것은 매우 편리하지만, SASL을 사용해서 인증을 하려고 할 때에는 문제가 생긴다. SASL을 사용할 경우 클라이언트는 all-brokers.hostname.com에 대해서 인증을 하려고 하는데, 서버의 보안 주체principal는 broker2.hostname.com인 탓이다. 만약 호스트명이 일치하지 않을 경우 악의적인 사용자가 중간자 공격man-in-the-middle attack을 시도하고 있을 수도 있기 때문에 SASL은 인증을 거부하고 연결도 실패한다. 이러한 경우 client.dns.lookup=resolve_canonical_bootstrap_servers_only 설정을 잡아 주면 된다. 이 설정이 되어 있을 경우 클라이언트는 DNS 별칭을 '펼치게' 되기 때문에 DNS 별칭에 포함된 모든 브로커 이름을 일일이 부트스트랩 서버 목록에 넣어 준 것과 동일하게 작동하게 된다.

❷ 다수의 IP 주소로 연결되는 DNS 이름을 사용하는 경우

최근의 네트워크 아키텍처에서 모든 브로커를 프록시나 로드 밸런서 뒤로 숨기는 것은 매우 흔하다. 외부로부터의 연결을 허용하기 위해서 로드 밸런서를 두어야 하는 쿠버네티스를 사용할 경우 특히나 그렇다. 이 경우, 로드 밸런서가 단일 장애점이 되는 걸 보고 싶지는 않을 것이다. 이와 같은 이유 때문에 broker1.hostname.com를 여러 개의 IP 주소로 연결하는 것은 매우 흔하다(이 IP 주소들은 모두 로드 밸런서로 연결되고 따라서 모든 트래픽이 동일한 브로커로 전달되게 된다). 이 IP 주소들은 시간이 지남에 따라 변경될 수 있다. 기본적으로, 카프카 클라이언트는 해석된 첫 번째 호스트명으로 연결을 시도할 뿐이다. 뒤집어 말하면, 해석된 IP 주소가 사용 불능일 경우 브로커가 멀쩡하게 작동하고 있는데도 클라이언트는 연결에 실패할 수 있다는 얘기다. 바로 이러한 이유 때문에 클라이언트가 로드 밸런싱 계층의 고가용성을 충분히 활용할 수 있도록 client.dns.lookup=use_all_dns_ips를 사용하는 것이 강력히 권장된다.

5.2.2 request.timeout.ms

이 설정은 애플리케이션이 AdminClient의 응답을 기다릴 수 있는 시간의 최대값을 정의한다. 이 시간에는 클라이언트가 재시도가 가능한 에러를 받고 재시도하는 시간이 포함된다. 기본값은 120초로 꽤 길지만, 몇몇 AdminClient 작업(특히 컨슈머 그룹 관리 기능) 같은 경우 응답에 꽤 시간이 걸릴 수 있다. 126쪽의 'AdminClient 개요'에서 언급한 것처럼, 각각의 AdminClient 메서드는 해당 메서드에만 해당하는 타임아웃 값을 포함하는 Options 객체를 받는다. 만약 애플리케이션에서 AdminClient 작업이 주요 경로critical path상에 있을 경우, 타임아웃 값을 낮게 잡아준 뒤 제 시간에 리턴되지 않는 응답은 조금 다른 방식으로 처리해야 할 수 있다. 일반적인 예로는 다음과 같은 것이 있을 수 있다.

- 서비스가 시작될 때 특정한 토픽이 존재하는지를 확인한다.
- 브로커가 응답하는 데 30초 이상 걸릴 경우, 확인 작업을 건너뛰거나 일단 서버 기동을 계속한 뒤 나중에 토픽의 존재를 확인한다.

5.3 필수적인 토픽 관리 기능

AdminClient를 생성하고 설정하는 방법을 살펴봤으니, 이제 이걸 가지고 무엇을 할 수 있을지 알아보자. AdminClient의 가장 흔한 활용 사례는 토픽 관리다. 여기에는 토픽 목록 조회, 상세 내역 조회, 생성 및 삭제가 들어간다. 클러스터에 있는 토픽 목록 조회부터 시작해 보자.

```
ListTopicsResult topics = admin.listTopics();
topics.names().get().forEach(System.out::println);
```

admin.listTopics()가 Future 객체들을 감싸고 있는 ListTopicsResult 객체를 리턴한다는 점을 유념하자. topics.name()는 토픽 이름의 집합에 대한 Future 객체를 리턴한다. 이 Future 객체에서 get 메서드를 호출하면, 실행 스레드는 서버가 토픽 이름 집합을 리턴할 때까지 기다리거나 아니면 타임아웃 예외를 발생시킨다. 토픽 이름 집합을 받으면 우리는 반복문을 사용해서 모든 토픽 이름을 출력할 수 있다.

이제 좀 더 복잡한 작업을 시도해 보자. 즉, 토픽이 존재하는지 확인하고, 없으면 만드는 것이다. 특정 토픽이 존재하는지를 확인하는 방법 중 하나는 모든 토픽의 목록을 받은 뒤 내가 원하는 토픽이 그 안에 있는지를 확인하는 것이다. 큰 클러스터에서 이것은 비효율적일 수 있다. 뿐만 아니라, 때로는 단순한 토픽의 존재 여부 이상의 정보가 필요할 때가 있다(해당 토픽이 필요한 만큼의 파티션과 레플리카를 가지고 있는지 확인해야 하는 것과 같은 경우다). 예를 들어서, 카프카 커넥트와 컨플루언트의 스키마 레지스트리는 설정을 저장하기 위해 카프카 토픽을 사용한다. 이들은 처음 시작할 때 아래의 조건을 만족하는 설정 토픽이 있는지를 확인한다.

- 하나의 파티션을 갖는다. 이것은 설정 변경에 온전한 순서를 부여하기 위해 필요하다.
- 가용성을 보장하기 위해 3개의 레플리카를 갖는다.
- 오래 된 설정값도 계속해서 저장되도록 토픽에 압착 설정이 되어 있다.

```
DescribeTopicsResult demoTopic = admin.describeTopics(TOPIC_LIST); ❶

try {
    topicDescription = demoTopic.values()[18].get(TOPIC_NAME).get(); ❷
    System.out.println("Description of demo topic:" + topicDescription);

    if (topicDescription.partitions().size() != NUM_PARTITIONS) { ❸
        System.out.println("Topic has wrong number of partitions. Exiting.");
        System.exit(-1);
    }
} catch (ExecutionException e) { ❹
    // 종류를 막론하고 예외가 발생하면 바로 종료한다
    if (! (e.getCause() instanceof UnknownTopicOrPartitionException)) {
        e.printStackTrace();
        throw e;
    }

    // 여기까지 진행됐다면, 토픽은 존재하지 않는다.
    System.out.println("Topic " + TOPIC_NAME +
        " does not exist. Going to create it now");
    // 파티션 수와 레플리카 수는 선택 사항임에 유의. 만약 이 값들을 지정하지 않으면
    // 카프카 브로커에 설정된 기본값이 사용된다.
    CreateTopicsResult newTopic = admin.createTopics(Collections.singletonList(
        new NewTopic(TOPIC_NAME, NUM_PARTITIONS, REP_FACTOR))); ❺

    // 토픽이 제대로 생성됐는지 확인한다.
    if (newTopic.numPartitions(TOPIC_NAME).get() != NUM_PARTITIONS) { ❻
        System.out.println("Topic has wrong number of partitions.");
        System.exit(-1);
    }
}
```

18 옮긴이 Kafka 3.1.0부터 values()는 지원 중단되어 .topicNameValues()를 대신 사용한다.

❶ 정확한 설정을 갖는 토픽이 존재하는지를 확인하려면, 확인하려는 토픽의 목록과 함께 describeTopics() 메서드를 호출한다. 리턴되는 DescribeTopicResult 객체 안에는 토픽 이름을 키, 토픽에 대한 상세 정보를 담는 Future 객체를 밸류로 하는 맵이 들어 있다.

❷ 우리는 이미 Future가 완료될 때까지 기다린다면 get()를 사용해서 우리가 원하는 결과물(이 경우엔 TopicDescription)을 얻어올 수 있음을 보았다. 하지만 서버가 요청을 제대로 처리하지 못할 가능성도 있다. 만약 토픽이 존재하지 않는다면, 서버가 상세 정보를 응답으로 보내줄 수도 없는 것이다. 이 경우, 서버는 에러를 리턴할 것이며 Future는 ExecutionException을 발생시키게 된다. 예외의 cause에 들어 있는 것이 서버가 리턴한 실제 에러다. 우리는 토픽이 존재하지 않을 경우를 처리하고 싶은 것이므로, 이 예외를 처리해주어야 한다.

❸ 만약 토픽이 존재할 경우, Future 객체는 토픽에 속한 모든 파티션의 목록(파티션별로 어느 브로커가 리더이고 어디에 레플리카가 있는지, 인-싱크 레플리카는 무엇인지까지를 포함해서)을 담은 TopicDescription를 리턴한다. 토픽의 설정은 포함되지 않는다는 점에 주의하라. 토픽 설정에 대해서는 나중에 논의할 것이다.

❹ 모든 AdminClient의 result 객체는 카프카가 에러 응답을 보낼 경우 ExecutionException을 발생시킨다. 이것은 AdminClient가 리턴한 객체가 Future 객체를 포함하고, Future 객체는 다시 예외를 포함하고 있기 때문이다. 카프카가 리턴한 에러를 열어 보려면 항상 ExecutionException의 cause를 확인해보아야 한다.

❺ 토픽이 존재하지 않을 경우 새로운 토픽을 생성한다. 토픽을 생성할 때는 토픽의 이름만 지정하고 나머지 설정으로는 모두 기본값을 사용할 수 있다. 파티션의 수와 레플리카, 토픽 설정을 잡아 주는 것 역시 가능하다.

❻ 마지막으로, 토픽 생성이 끝날 때까지 기다리다가 결과를 확인하고 싶을 것이다. 이 예제에서는 파티션 수를 확인하고 있다. 토픽을 생성할 때 파티션 수를 지정해주었으므로, 이 값은 아마도 맞을 것이다. 토픽을 생성할 때 브로커 기본값에 의존할 경우 결과물을 확인하는 것은 더 일반적이다. 우리가 CreateTopic의 결과물을 확인하기 위해 get()을 다시 호출하고 있기 때문에 이 메서드가 예외를 발생시킬 수 있다는 점에 유의하라. 이 경우 TopicExistsException이 발생하는 것이 보통이며 이것을 (아마 설정을 확인하기 위해 토픽 상세 내역을 조회함으로써) 처리해주어야 할 것이다.

이제 토픽이 생성되었으니, 삭제를 해보자.

```
// 토픽이 삭제되었는지 확인한다. 삭제 작업이 비동기적으로 이루어지는 만큼 이 시점에서 토픽이 여전히 남아 있을 수 있다.
try {
    topicDescription = demoTopic.values().get(TOPIC_NAME).get();
```

```
    System.out.println("Topic " + TOPIC_NAME + " is still around");
} catch (ExecutionException e) {
    System.out.println("Topic " + TOPIC_NAME + " is gone");
}
```

이쯤이면 코드가 꽤 익숙할 것이다. 삭제할 토픽 목록과 함께 deleteTopics 메서드를 호출한 뒤, get()을 호출해서 작업이 끝날 때까지 기다린다.

코드가 단순하기는 하지만, 카프카에서 토픽 삭제가 돌이킬 수 없음을 명심하라. 즉, 삭제된 토픽을 되살릴 수 있는 휴지통 같은 게 없을 뿐더러 해당 토픽이 비었는지, 혹은 정말로 삭제하고 싶은지를 확인하는 절차도 없다. 잘못된 토픽을 지울 경우 복구 불가능한 데이터 유실이 발생할 수 있으므로, 이 메서드를 사용할 때는 특별히 주의하라.

지금까지 우리가 살펴본 예제들은 서로 다른 AdminClient 메서드가 리턴하는 Future 객체에 블로킹 방식으로 작동하는 get() 메서드를 호출한다. 대부분의 경우 이것만 알면 된다(어드민 작업은 드물고, 작업이 성공하거나 타임아웃 날 때까지 기다리는 것 역시 대체로 받아들일 만하기 때문이다). 하지만 예외가 하나 있는데, 만약 많은 어드민 요청을 처리할 것으로 예상되는 서버를 개발하고 있을 경우다. 이 경우, 카프카가 응답할 때까지 기다리는 동안 서버 스레드가 블록되는 것을 원하지는 않을 것이다. 사용자로부터 계속해서 요청을 받고, 카프카로 요청을 보내고, 카프카가 응답하면 그제서야 클라이언트로 응답을 보내는 게 더 합리적이다. 이러한 상황에서 KafkaFuture의 융통성은 꽤나 도움이 된다. 예를 들어보자.

```
vertx.createHttpServer().requestHandler(request -> { ❶
    String topic = request.getParam("topic"); ❷
    String timeout = request.getParam("timeout");
    int timeoutMs = NumberUtils.toInt(timeout, 1000);

    DescribeTopicsResult demoTopic = admin.describeTopics( ❸
        Collections.singletonList(topic),
        new DescribeTopicsOptions().timeoutMs(timeoutMs));

demoTopic.values().get(topic).whenComplete( ❹
    (final TopicDescription topicDescription, final Throwable throwable) -> {
        if (throwable != null) {
            request.response().end("Error trying to describe topic " + topic + " due to " +
                throwable.getMessage()); ❺
        } else {
            request.response().end(topicDescription.toString()); ❻
        }
    }
```

```
}

// 간략하게 적는 방법
        });
}).listen(8080);
```

❶ Vert.x를 사용해서 간단한 HTTP 서버를 개발중이라고 하자. 이 서버는 요청을 받을 때마다 우리가 로직을 정의한 requestHandler를 호출한다.

❷ 요청은 매개변수로 토픽 이름을 포함하며, 토픽의 상세 설정을 응답으로 보낸다.

❸ AdminClient.describeTopics를 호출해서 응답에 들어 있는 Future 객체를 받아온다.

❹ 호출시 블록되는 get()를 호출하는 대신 Future 객체의 작업이 완료되면 호출될 함수를 생성한다.

❺ Future가 예외를 발생시키면서 완료될 경우, HTTP 클라이언트에 에러를 보낸다.

❻ Future가 성공적으로 완료될 경우, 토픽 상세 정보를 클라이언트에 응답으로 보낸다.

여기서 중요한 것은 우리가 카프카로부터의 응답을 기다리지 않는다는 점이다. 카프카로부터 응답이 도착하면 DescribeTopicResult가 HTTP 클라이언트에게 응답을 보낼 것이다. 그 사이, HTTP 서버는 다른 요청을 처리할 수 있다. 카프카에 SIGSTOP 신호를 보내서 잠시 멈춘 뒤(주의: 프로덕션 환경에서는 하지 말 것), Vert.x에 두 개의 HTTP 요청을 보내보면 확인할 수 있다. 첫 번째 요청 다음으로 두 번째 요청을 보내도 (더 낮은 타임아웃값 덕분에) 후자의 응답이 전자보다 더 먼저 온다. 앞의 요청에 처리가 가로막히지 않는 것은 물론이다.

5.4 설정 관리

설정 관리는 ConfigResource 객체를 사용해서 할 수 있다. 설정 가능한 자원에는 브로커, 브로커 로그, 토픽이 있다. 브로커와 브로커 로깅 설정을 확인하고 변경하는 작업은 kafka-configs.sh 혹은 다른 카프카 관리 툴을 사용해서 하는 게 보통이지만, 애플리케이션에서 사용하는 토픽의 설정을 확인하거나 수정하는 것은 상당히 흔하다.

예를 들어서, 많은 애플리케이션들은 정확한 작동을 위해 압착 설정이 된 토픽을 사용한다. 이 경우 애플리케이션이 주기적으로 해당 토픽에 실제로 압착 설정이 되어 있는지를 확인해서(보존 기한 기본값보다 짧은 주기가 안전하다), 설정이 안 되어 있을 경우 설정을 교정해주는 것이 합리적이다.

다음 예를 보자.

```java
ConfigResource configResource =
    new ConfigResource(ConfigResource.Type.TOPIC, TOPIC_NAME); ❶
DescribeConfigsResult configsResult =
    admin.describeConfigs(Collections.singleton(configResource));
Config configs = configsResult.all().get().get(configResource);
// 기본값이 아닌 설정을 출력한다
    configs.entries().stream().filter(
        entry -> !entry.isDefault()).forEach(System.out::println); ❷
// 토픽에 압착 설정이 되어 있는지 확인한다
ConfigEntry compaction = new ConfigEntry(TopicConfig.CLEANUP_POLICY_CONFIG,
    TopicConfig.CLEANUP_POLICY_COMPACT);
if (!configs.entries().contains(compaction)) {
    // 토픽에 압착 설정이 되어있지 않을 경우 해준다
    Collection<AlterConfigOp> configOp = new ArrayList<AlterConfigOp>();
        configOp.add(new AlterConfigOp(compaction, AlterConfigOp.OpType.SET)); ❸
    Map<ConfigResource, Collection<AlterConfigOp>> alterConf = new HashMap<>();
    alterConf.put(configResource, configOp);
    admin.incrementalAlterConfigs(alterConf).all().get();
} else {
    System.out.println("Topic " + TOPIC_NAME + " is compacted topic");
}
```

❶ 앞에서 언급한 것과 같이, ConfigResource에는 여러 종류가 있을 수 있다. 여기서는 특정한 토픽의 설정을 확인한다. 하나의 요청에 여러 개의 서로 다른 유형의 자원을 지정할 수 있다.

❷ describeConfigs의 결과물은 ConfigResource을 키로, 설정값의 모음을 밸류로 갖는 맵이다. 각 설정 항목은 해당 값이 기본값에서 변경되었는지를 확인할 수 있게 해주는 isDefault() 메서드를 갖는다. 토픽 설정이 기본값이 아닌 것으로 취급되는 경우는 다음과 같다.

- 사용자가 토픽의 설정값을 기본값이 아닌 것으로 잡아준 경우
- 브로커 단위 설정이 수정된 상태에서 토픽이 생성되어 기본값이 아닌 값을 브로커 설정으로부터 상속받았을 경우

❸ 설정을 변경하고 싶다면, 변경하고자 하는 ConfigResource을 키로, 바꾸고자 하는 설정값 모음을 밸류로 하는 맵을 지정한다. 각각의 설정 변경 작업은 설정 항목(즉, 설정의 이름과 설정값. 이 경우, cleanup.policy 가 설정의 이름이고 compacted가 설정값이 된다)과 작업 유형으로 이루어진다. 카프카에서는 4가지 형태의 설정 변경이 가능하다. 즉, 설정값을 잡아 주는 SET, 현재 설정값을 삭제하고 기본값으로 되돌리는 DELETE, 그리고 APPEND와 SUBSTRACT가 바로 그것이다. 마지막 두 개는 목록 형태의 설정에만 사용이 가능한데, 이걸 사용하면 전체 목록을 주고받을 필요 없이 필요한 설정만 추가하거나 삭제할 수 있다.

상세한 설정값을 얻어오는 것은 비상 상황에서 놀라울 정도로 위력을 발휘한다. 언젠가 업그레이드를 하다가 실수로 브로커 설정 파일이 깨진 적이 있다. 뭔가 잘못되었다는 걸 첫 번째 브로커의 재시작 실패를 보고서야 알아차렸는데, 운영팀 입장에서는 깨지기 전 원본 파일을 복구할 방법이 없었기 때문에 올바른 설정을 복구하기 위해 상당한 시행착오를 각오하고 있었다. 하지만 사이트 신뢰성 엔지니어site reliability engineer, SRE가 AdminClient를 사용해서 아직 남아 있던 브로커 중 하나의 설정값을 통째로 덤프를 뜬 덕분에 위기를 넘겼다.

5.5 컨슈머 그룹 관리

우리는 앞에서 다른 대부분의 메시지 큐와는 달리, 카프카는 이전에 데이터를 읽어서 처리한 것과 완전히 동일한 순서로 데이터를 재처리할 수 있게 해준다는 점을 언급했다. 4장에서 우리는 컨슈머 그룹에 대해서 이야기하면서 컨슈머 API를 사용해서 처리 지점을 되돌려서 오래 된 메시지를 다시 토픽으로부터 읽어오는 방법에 대해 설명하였다. 하지만 이러한 API를 사용한다는 것 자체가 애플리케이션에 데이터 재처리 기능을 미리 구현해 놓았다는 의미다. 그리고 애플리케이션 역시 재처리 기능을 사용 가능한 형태로 노출시켜 놓아야 한다.

설령 애플리케이션에 해당 기능이 미리 탑재되어 있지 않더라도, 메시지를 재처리해야 하는 시나리오에는 여러 가지가 있을 수 있다. 사고가 발생한 와중에 오작동하는 애플리케이션을 트러블슈팅하는 경우가 여기에 해당할 수 있겠다. 또 다른 경우로는 재해 복구 상황에서 애플리케이션을 새로운 클러스터에서 작동시키려 하는 경우가 있겠다(여기에 대해서는 10장에서 재해 복구에 대해 다루면서 더 자세히 알아볼 것이다).

여기서는 AdminClient를 사용해서 프로그램적으로 컨슈머 그룹과 이 그룹들이 커밋한 오프셋을 조회하고 수정하는 방법에 대해서 살펴볼 것이다. 12장에서는 같은 작업을 수행할 수 있는 외부 툴들에 대해 알아볼 것이다.

5.5.1 컨슈머 그룹 살펴보기

컨슈머 그룹을 살펴보고 변경을 가하고 싶다면, 가장 먼저 해야 할 일은 컨슈머 그룹의 목록을 조회하는 것이다.

```
admin.listConsumerGroups().valid().get().forEach(System.out::println);
```

주의할 점은 valid() 메서드, get() 메서드를 호출함으로써 리턴되는 모음은 클러스터가 에러 없이 리턴한 컨슈머 그룹만을 포함한다는 점이다. 이 과정에서 발생한 에러가 예외의 형태로 발생하지는 않는데, errors() 메서드를 사용해서 모든 예외를 가져올 수 있다. 만약 우리가 다른 예제에서 본 것처럼 all() 메서드를 호출한다면, 클러스터가 리턴한 에러 중 맨 첫 번째 것만 예외 형태로 발생한다. 이러한 에러의 원인은 다양하다. 즉, 해당 그룹에 대한 정보를 볼 수 있는 권한 자체가 없는, 인가authorization 문제일 수도 있고 특정한 컨슈머 그룹의 코디네이터가 작동 불능일 수도 있다.

만약 특정 그룹에 대해 더 상세한 정보를 보고 싶다면, 다음과 같이 볼 수 있다.

```
ConsumerGroupDescription groupDescription = admin
    .describeConsumerGroups(CONSUMER_GRP_LIST)
    .describedGroups().get(CONSUMER_GROUP).get();
System.out.println("Description of group " + CONSUMER_GROUP
    + ":" + groupDescription);
```

description은 해당 그룹에 대한 상세한 정보를 담는다. 여기에는 그룹 멤버와 멤버별 식별자와 호스트명, 멤버별로 할당된 파티션, 할당 알고리즘, 그룹 코디네이터의 호스트명이 포함된다. 이 정보는 트러블슈팅을 할 때 매우 유용하다. 하지만, 컨슈머 그룹에 있어서 가장 중요한 정보 중 하나는 여기에서 빠져 있다. 즉, 우리는 컨슈머 그룹이 읽고 있는 각 파티션에 대해 마지막으로 커밋된 오프셋 값이 무엇인지, 최신 메시지에서 얼마나 뒤떨어졌는지(랙lag)를 알고 싶을 것이다.

예전에는 이러한 정보를 얻어올 수 있는 유일한 방법이 컨슈머 그룹이 카프카 내부 토픽에 쓴 커밋 메시지를 가져와서 파싱하는 것뿐이었다. 이 방식이 당장이야 의도대로 작동할지는 몰라도 카프카가 내부 메시지 형식의 호환성 같은 것에 대해 아무런 보장을 하지 않기 때문에 권장되지는 않는다. AdminClient를 사용해서 커밋 정보를 얻어오는 방법을 살펴보자.

```
Map<TopicPartition, OffsetAndMetadata> offsets =
        admin.listConsumerGroupOffsets(CONSUMER_GROUP)
            .partitionsToOffsetAndMetadata().get();  ❶
Map<TopicPartition, OffsetSpec> requestLatestOffsets = new HashMap<>();

for(TopicPartition tp: offsets.keySet()) {
    requestLatestOffsets.put(tp, OffsetSpec.latest());  ❷
}

Map<TopicPartition, ListOffsetsResult.ListOffsetsResultInfo> latestOffsets =
        admin.listOffsets(requestLatestOffsets).all().get();

for (Map.Entry<TopicPartition, OffsetAndMetadata> e: offsets.entrySet()) {  ❸
```

```
    String topic = e.getKey().topic();
    int partition = e.getKey().partition();
    long committedOffset = e.getValue().offset();
    long latestOffset = latestOffsets.get(e.getKey()).offset();
    System.out.println("Consumer group " + CONSUMER_GROUP
        + " has committed offset " + committedOffset
        + " to topic " + topic + " partition " + partition
        + ". The latest offset in the partition is "
        + latestOffset + " so consumer group is "
        + (latestOffset - committedOffset) + " records behind");
}
```

❶ 컨슈머 그룹이 사용중인 모든 토픽 파티션을 키로, 각각의 토픽 파티션에 대해 대해 마지막으로 커밋된 오프셋을 밸류로 하는 맵을 가져온다. `describeConsumerGroups`와는 달리, `listConsumerGroupOffsets`는 컨슈머 그룹의 모음이 아닌 하나의 컨슈머 그룹을 받는다는 점을 유념하라.

❷ 결과에 들어 있는 각각의 토픽 파티션에 대해 마지막 메시지의 오프셋을 얻고자 한다. `OffsetSpec`은 매우 편리한 3개의 구현을 가지고 있다. 즉, `earliest()`, `latest()`, `forTimestamp()`가 바로 그것인데, 이들 각각은 해당 파티션의 첫 번째 오프셋, 마지막 오프셋 그리고 지정된 시각 이후에 쓰여진 레코드의 오프셋을 가리킨다.

❸ 마지막으로, 모든 파티션을 반복해서 각각의 파티션에 대해 마지막으로 커밋된 오프셋, 파티션의 마지막 오프셋, 둘 사이의 랙을 출력한다.

5.5.2 컨슈머 그룹 수정하기

지금까지 우리는 얻어올 수 있는 정보에 대해서만 알아보았다. 하지만 `AdminClient`는 컨슈머 그룹을 수정하기 위한 메서드들 역시 가지고 있다(그룹 삭제, 멤버 제외, 커밋된 오프셋 삭제 혹은 변경). 이것들은 SRE가 비상 상황에서 임기 응변으로 복구를 위한 툴을 제작할 때 자주 사용된다.

이들 중에서도 오프셋 변경 기능이 가장 유용하다. 오프셋 삭제는 컨슈머를 맨 처음부터 실행시키는 가장 간단한 방법으로 보일 수 있지만, 이것은 컨슈머 설정에 의존한다. 만약 컨슈머가 시작됐는데 커밋된 오프셋을 못 찾을 경우, 맨 처음부터 시작해야 할까? 아니면 가장 최신 메시지로 건너뛰어야 할까? `auto.offset.reset` 설정값을 가지고 있지 않은 한 알 길이 없다. 명시적으로 커밋된 오프셋을 맨 앞으로 변경하면 컨슈머는 토픽의 맨 앞에서부터 처리를 시작하게 된다. 즉, 컨슈머가 '리셋 reset'되는 것이다.

오프셋 토픽의 오프셋 값을 변경한다 해도 컨슈머 그룹에 변경 여부가 전달되지는 않는다는 점을 명심하라. 컨슈머 그룹은 컨슈머가 새로운 파티션을 할당받거나 새로 시작할 때만 오프셋 토픽에 저장된 값을 읽어올 뿐이다. 컨슈머가 모르는 오프셋 변경을 방지하기 위해(어차피 컨슈머 쪽에서 다시 덮어쓰게 될 것이다), 카프카에서는 현재 작업이 돌아가고 있는 컨슈머 그룹에 대한 오프셋을 수정하는 것을 허용하지 않는다.

상태를 가지고 있는 컨슈머 애플리케이션(실제로 대부분의 스트림 처리 애플리케이션이 그렇게 한다)에서 오프셋을 리셋하고, 해당 컨슈머 그룹이 토픽의 맨 처음부터 처리를 시작하도록 할 경우 저장된 상태가 깨질 수 있다는 점 역시 명심하라. 예를 들어서, 상점에서 판매된 신발의 수를 연속적으로 집계하는 스트림 애플리케이션이 있다고 가정하고, 오전 8시에 입력에 뭔가 문제가 있다는 걸 발견해서 오전 3시부터의 매상을 완전히 다시 계산해야 한다는 점을 알아차렸다고 해 보자. 만약 저장된 집계값을 변경하지 않고 오프셋만 오전 3시 시점으로 되돌린다면 오늘 판매된 신발의 수를 두 번씩 계산하게 된다(오전 3시부터 8시 사이의 모든 데이터 역시 다시 처리해주어야 하겠지만, 오류를 정정하기 위해서는 오프셋을 재설정해야만 한다고 치자). 바로 이러한 이유 때문에 상태 저장소를 적절히 변경해 줄 필요가 있는 것이다. 개발 환경이라면 상태 저장소를 완전히 삭제한 다음 입력 토픽의 시작점으로 오프셋을 리셋해주면 된다. 이러한 점을 염두에 두고 다음 예제를 살펴보자.

```
Map<TopicPartition, ListOffsetsResult.ListOffsetsResultInfo> earliestOffsets =
    admin.listOffsets(requestEarliestOffsets).all().get(); ❶

Map<TopicPartition, OffsetAndMetadata> resetOffsets = new HashMap<>();
for (Map.Entry<TopicPartition, ListOffsetsResult.ListOffsetsResultInfo> e:
        earliestOffsets.entrySet()) {
    resetOffsets.put(e.getKey(), new OffsetAndMetadata(e.getValue().offset())); ❷
}

try {
    admin.alterConsumerGroupOffsets(CONSUMER_GROUP, resetOffsets).all().get(); ❸
} catch (ExecutionException e) {
    System.out.println("Failed to update the offsets committed by group "
        + CONSUMER_GROUP + " with error " + e.getMessage());
    if (e.getCause() instanceof UnknownMemberIdException)
        System.out.println("Check if consumer group is still active."); ❹
}
```

❶ 맨 앞 오프셋부터 처리를 시작하도록 컨슈머 그룹을 리셋하기 위해서는, 맨 앞 오프셋의 값부터 얻어와야 한다. 맨 앞 오프셋을 가져오는 것은 앞 예제에서 본 맨 뒤 오프셋을 가져오는 것과 비슷하다.

❷ 이 반복문에서 listOffsets가 리턴한 ListOffsetsResultInfo의 맵 객체를 alterConsumerGroupOffsets를 호출하는 데 필요한 OffsetAndMetadata의 맵 객체로 변환한다.

❸ alterConsumerGroupOffsets를 호출한 뒤, Future 객체가 작업을 성공적으로 완료할 때까지 기다린다.

❹ alterConsumerGroupOffsets가 실패하는 가장 흔한 이유 중 하나는 컨슈머 그룹을 미리 정지시키지 않아서다(이것은 컨슈머 애플리케이션을 정지시키는 것 외에는 방법이 없다. 특정 컨슈머 그룹을 정지시키는 어드민 명령은 없기 때문이다). 만약 컨슈머 그룹이 여전히 돌아가고 있는 중이라면, 컨슈머 코디네이터 입장에서는 컨슈머 그룹에 대한 오프셋 변경 시도가 곧 그룹의 멤버가 아닌 클라이언트가 오프셋을 커밋하려 드는 것으로 간주된다. 이 경우, UnknownMemberIdException이 발생한다.

5.6 클러스터 메타데이터

애플리케이션이 연결된 클러스터에 대한 정보를 명시적으로 읽어와야 하는 경우는 드물다. 얼마나 많은 브로커가 있는지, 어느 브로커가 컨트롤러인지 알 필요 없이 메시지를 읽거나 쓸 수 있기 때문이다. 카프카 클라이언트는 이러한 정보들을 추상화한다(클라이언트는 토픽과 파티션에 대한 정보만 알면 된다). 하지만 만약 독자가 관심이 있다면, 다음 코드를 실행해 보는 정도로 충분할 것이다.

```
DescribeClusterResult cluster = admin.describeCluster();

System.out.println("Connected to cluster " + cluster.clusterId().get()); ❶
System.out.println("The brokers in the cluster are:");
cluster.nodes().get().forEach(node -> System.out.println("* " + node));
System.out.println("The controller is: " + cluster.controller().get());
```

❶ 클러스터 식별자는 GUID이기 때문에 사람이 읽을 수 없다. 하지만 클라이언트가 정확한 클러스터에 연결되었는지를 확인하는 용도로는 여전히 유용하다.

5.7 고급 어드민 작업

여기서는 잘 쓰이지도 않고 위험하기까지 한, 하지만 필요할 때 사용하면 믿을 수 없을 정도로 유용한 메서드 몇 개에 대해서 설명할 것이다. 이 메서드들은 사고에 대응중인 SRE에게 매우 중요하지만, 사용 방법을 배우기 위해 사고가 터질 때까지 기다릴 필요는 없다. 너무 늦기 전에 한 번 읽어보고 연습을 해 두자. 여기서 소개하는 메서드들은 함께 소개되었다는 걸 빼면 서로 상관이 없다는 점을 유념하라.

5.7.1 토픽에 파티션 추가하기

대체로 토픽의 파티션 수는 토픽이 생성될 때 결정되는 것이 보통이다. 각 파티션은 매우 높은 처리량을 받아낼 수 있기 때문에 토픽 용량 한계를 늘리기 위해 파티션 수를 늘리는 경우는 드물다. 뿐만 아니라, 토픽의 메시지들이 키를 가지고 있는 경우 같은 키를 가진 메시지들은 모두 동일한 파티션에 들어가 동일한 컨슈머에 의해 동일한 순서로 처리될 것이라고 생각할 수 있다. 이러한 이유 때문에 토픽에 파티션을 추가해야 하는 경우는 드물며 위험할 수 있다. 만약 토픽에 파티션을 추가해야 한다면 이것 때문에 토픽을 읽고 있는 애플리케이션들이 깨지지는 않을지 확인해야 할 것이다. 하지만 때때로, 현재 파티션이 처리할 수 있는 최대 처리량까지 부하가 차올라서 파티션 추가 외에는 선택지가 없는 경우도 있다. createPartitions 메서드를 사용해서 지정된 토픽들에 파티션을 추가할 수 있다. 여러 토픽을 한 번에 확장할 경우 일부 토픽은 성공하고 나머지는 실패할 수도 있다는 점을 명심하라.

```
Map<String, NewPartitions> newPartitions = new HashMap<>();
newPartitions.put(TOPIC_NAME, NewPartitions.increaseTo(NUM_PARTITIONS+2)); ❶
admin.createPartitions(newPartitions).all().get();
```

❶ 토픽을 확장할 때는 새로 추가될 파티션의 수가 아닌, 파티션이 추가된 뒤의 파티션 수를 지정해 주어야 한다.

createPartition 메서드가 새 파티션이 추가된 뒤의 전체 파티션 수를 매개변수로 받기 때문에, 확장하기 전에 토픽 상세 정보를 확인해서 몇 개의 파티션을 가지고 있는지 확인할 필요가 있다.

5.7.2 토픽에서 레코드 삭제하기

현재의 개인정보 보호법은 데이터에 대해 일정한 보존 정책을 강제한다. 카프카는 토픽에 대해 데이터 보존 정책을 설정할 수 있도록 되어 있지만, 법적인 요구 조건을 보장할 수 있을 수준의 기능이 구현되어 있지는 않다. 토픽에 30일간의 보존 기한이 설정되어 있다 하더라도 파티션별로 모든 데이터가 하나의 세그먼트에 저장되어 있다면 보존 기한을 넘긴 데이터라 한들 삭제되지 않을 수도 있는 것이다. deleteRecords 메서드는 호출 시점을 기준으로 지정된 오프셋보다 더 오래된 모든 레코드에 삭제 표시를 함으로써 컨슈머가 접근할 수 없도록 한다. 이 메서드는 삭제된 레코드의 오프셋 중 가장 큰 값을 리턴하기 때문에 의도했던 대로 삭제가 이루어졌는지 확인할 수 있다. 이렇게 삭제 표시된 레코드를 디스크에서 실제로 지우는 작업은 비동기적으로 일어난다. 특정 시각 혹은 바로 뒤에 쓰여진 레코드의 오프셋을 가져오기 위해 listOffsets 메서드를 사용할 수 있음을 기억하라. 이 두 메서드를 사용하면 특정 시각 이전에 쓰여진 레코드들을 지울 수 있다.

```
Map<TopicPartition, ListOffsetsResult.ListOffsetsResultInfo> olderOffsets =
            admin.listOffsets(requestOlderOffsets).all().get();
Map<TopicPartition, RecordsToDelete> recordsToDelete = new HashMap<>();
for (Map.Entry<TopicPartition, ListOffsetsResult.ListOffsetsResultInfo> e:
            olderOffsets.entrySet())
      recordsToDelete.put(e.getKey(),
         RecordsToDelete.beforeOffset(e.getValue().offset()));
admin.deleteRecords(recordsToDelete).all().get();
```

5.7.3 리더 선출

이 메서드는 두 가지 서로 다른 형태의 리더 선출을 할 수 있게 해 준다.

선호 리더 선출preferred leader election

각 파티션은 선호 리더preferred leader라 불리는 레플리카를 하나씩 가진다. 여기에 '선호'라는 이름이 붙은 이유는, 모든 파티션이 선호 리더 레플리카를 리더로 삼을 경우 각 브로커마다 할당되는 리더의 개수가 균형을 이루기 때문이다. 기본적으로, 카프카는 5분마다 선호 리더 레플리카가 실제로 리더를 맡고 있는지를 확인해서 리더를 맡을 수 있는데도 맡고 있지 않은 경우 해당 레플리카를 리더로 삼는다. auto.leader.rebalance.enable 설정을 false 로 잡혀 있거나 아니면 좀 더 빨리 이 과정을 작동시키고 싶다면 electLeader() 메서드를 호출하면 된다.

언클린 리더 선출unclean leader election

만약 어느 파티션의 리더 레플리카가 사용 불능 상태가 되었는데 다른 레플리카들은 리더를 맡을 수 없는 상황이라면(대개 데이터가 없어서 그렇다), 해당 파티션은 리더가 없게 되고 따라서 사용 불능 상태가 된다. 이 문제를 해결하는 방법 중 하나가 리더가 될 수 없는 레플리카를 그냥 리더로 삼아버리는 언클린 리더 선출을 작동시키는 것이다. 이것은 데이터 유실을 초래한다(예전 리더에 쓰여졌지만 새 리더로 복제되지 않은 모든 이벤트는 유실된다). electLeader()는 언클린 리더 선출을 작동시키기 위해서도 사용될 수 있다.

이 메서드는 비동기적으로 작동한다. 그러니까, 메서드가 성공적으로 리턴된 뒤에도 모든 브로커가 새로운 상태에 대해 알아차리게 될 때까지는 어느 정도 시간이 걸리게 되며 describeTopics() 메서드 호출 결과 역시 일관적이지 않은 결과물을 리턴할 수도 있다. 만약 다수의 파티션에 대해 리더 선출을 작동시킨다면, 몇 개는 성공하고 나머지는 실패할 수도 있다.

```
Set<TopicPartition> electableTopics = new HashSet<>();
electableTopics.add(new TopicPartition(TOPIC_NAME, 0));
try {
    admin.electLeaders(ElectionType.PREFERRED, electableTopics).all().get();  ❶
} catch (ExecutionException e) {
    if (e.getCause() instanceof ElectionNotNeededException) {
        System.out.println("All leaders are preferred already");  ❷
    }
}
```

❶ 특정 토픽의 한 파티션에 대해 선호 리더를 선출한다. 지정할 수 있는 토픽과 파티션의 수에는 제한이 없다. 만약 파티션 모음이 아닌 null 값을 지정해서 해당 명령을 실행할 경우 모든 파티션에 대해 지정된 선출 유형 작업을 시작시킨다.

❷ 만약 클러스터의 상태가 좋다면, 아무 작업도 일어나지 않을 것이다. 선호 리더 선출과 언클린 리더 선출은 선호 리더가 아닌 레플리카가 현재 리더를 맡고 있을 경우에만 수행된다.

5.7.4 레플리카 재할당

레플리카의 현재 위치가 마음에 안 들 때가 있다. 브로커에 너무 많은 레플리카가 올라가 있어서 몇 개를 다른 데로 옮기고 싶을 수도 있고, 레플리카를 추가하고 싶을 수도 있으며, 아니면 장비를 내리기 위해 모든 레플리카를 다른 장비로 내보내야 할 수도 있다. 몇몇 토픽에 대한 요청이 너무 많아서 나머지에서 따로 분리해 놓고 싶을 수도 있다. 이 모든 경우에 대해서, alterPartitionReassignments를 사용하면 파티션에 속한 각각의 레플리카의 위치를 정밀하게 제어할 수 있다. 레플리카를 하나의 브로커에서 다른 브로커로 재할당하는 일은 브로커 간에 대량의 데이터 복제를 초래한다는 점을 명심하라. 사용 가능한 네트워크 대역폭에 주의하고, 필요할 경우 쿼터를 설정해서 복제 작업을 스로틀링 해주는 게 좋다. 쿼터 역시 브로커 설정이기 때문에 `AdminClient`를 사용해서 조회하거나 수정할 수 있다.

아래 예제에서는 우리가 ID가 0인 브로커 하나를 가지고 있다고 가정한다. 토픽에는 여러 개의 파티션이 있는데, 각각의 파티션은 이 브로커에 하나의 레플리카를 가지고 있다고 하자. 새로운 브로커를 추가해준 다음, 이 토픽의 레플리카 일부를 새 브로커에 저장하고자 한다. 이 토픽의 각 파티션을 약간 다른 방법으로 배치할 것이다.

```
Map<TopicPartition, Optional<NewPartitionReassignment>> reassignment = new HashMap<>();
reassignment.put(new TopicPartition(TOPIC_NAME, 0),
    Optional.of(new NewPartitionReassignment(Arrays.asList(0,1)))); ❶
reassignment.put(new TopicPartition(TOPIC_NAME, 1),
    Optional.of(new NewPartitionReassignment(Arrays.asList(1)))); ❷
reassignment.put(new TopicPartition(TOPIC_NAME, 2),
    Optional.of(new NewPartitionReassignment(Arrays.asList(1,0)))); ❸
reassignment.put(new TopicPartition(TOPIC_NAME, 3), Optional.empty()); ❹
admin.alterPartitionReassignments(reassignment).all().get();
System.out.println("currently reassigning: " +
    admin.listPartitionReassignments().reassignments().get()); ❺
demoTopic = admin.describeTopics(TOPIC_LIST);
topicDescription = demoTopic.values().get(TOPIC_NAME).get();
System.out.println("Description of demo topic:" + topicDescription); ❻
```

❶ 파티션 0에 새로운 레플리카를 추가하고, 새 레플리카를 ID가 1인 새 브로커에 배치한다. 단, 리더는 변경하지 않는다.

❷ 파티션 1에는 아무런 레플리카를 추가하지 않았다. 단지 이미 있던 레플리카를 새 브로커로 옮겼을 뿐이다. 레플리카가 하나뿐인 만큼 이것이 리더가 된다.

❸ 파티션 2에 새로운 레플리카를 추가하고, 이것을 선호 리더로 설정한다. 다음 선호 리더 선출시 새로운 브로커에 있는 새로운 레플리카로 리더가 바뀌게 된다. 이전 레플리카는 팔로워가 될 것이다.

❹ 파티션 3에 대해서는 진행중인 재할당 작업이 없다. 하지만 그런 게 있다면, 작업이 취소되고 재할당 작업이 시작되기 전 상태로 원상 복구될 것이다.

❺ 현재 진행중인 재할당을 보여준다.

❻ 새로운 상태를 보여준다. 단, 일관적인 결과가 보일 때까지는 잠시 시간이 걸릴 수 있다는 점을 명심하라.

5.8 테스트하기

아파치 카프카는 원하는 수만큼의 브로커를 설정해서 초기화할 수 있는 MockAdminClient 테스트 클래스를 제공한다. 이 클래스를 사용하면 실제 카프카 클러스터를 돌려서 거기에 실제 어드민 작업을 수행할 필요 없이 애플리케이션이 제대로 작동하는지 확인할 수 있다.

MockAdminClient는 카프카 API의 일부가 아닌 만큼 언제고 사전 경고 같은 것 없이 변경될 수 있지만, 공개된 메서드에 대한 목업mock-up이기 때문에 메서드 시그니처는 여전히 호환성을 유지하게 된다. 그렇다고 해도 이 클래스를 사용하는 편리함과 API가 바뀌어서 테스트가 깨질 위험성 사이에는 약간의 트레이드오프가 있다는 것을 명심하라.

이 테스트 클래스에서 주목할 만한 점은 자주 사용되는 메서드가 매우 포괄적인 목업 기능을 제공한다는 점이겠다. MockAdminClient의 토픽 생성 메서드를 호출한 뒤 listTopics()를 호출하면 방금 전 '생성'한 토픽이 리턴된다!

단, 모든 메서드가 목업되어 있는 것은 아니다. 2.5 이전 버전을 사용한다면 incrementalAlterConfigs()를 호출했을 때 UnsupportedOperationException이 발생할 것이다. 직접 정의한 목업을 주입함으로써 우회할 수는 있지만 말이다.

MockAdminClient를 사용해서 테스트를 수행하는 방법을 알아보기 위해, 어드민 클라이언트를 사용해서 토픽을 생성하는 클래스를 하나 정의하자.

```
public TopicCreator(AdminClient admin) {
    this.admin = admin;
}

// 토픽 이름이 "test"로 시작할 경우 생성하는 예제 메서드
public void maybeCreateTopic(String topicName)
    throws ExecutionException, InterruptedException {
    Collection<NewTopic> topics = new ArrayList<>();
    topics.add(new NewTopic(topicName, 1, (short) 1));
    if (topicName.toLowerCase().startsWith("test")) {
        admin.createTopics(topics);
        // 설정 변경
        ConfigResource configResource =
            new ConfigResource(ConfigResource.Type.TOPIC, topicName);
        ConfigEntry compaction =
            new ConfigEntry(TopicConfig.CLEANUP_POLICY_CONFIG,
               TopicConfig.CLEANUP_POLICY_COMPACT);
        Collection<AlterConfigOp> configOp = new ArrayList<AlterConfigOp>();
        configOp.add(new AlterConfigOp(compaction, AlterConfigOp.OpType.SET));
```

```
        Map<ConfigResource, Collection<AlterConfigOp>> alterConf =
            new HashMap<>();
        alterConf.put(configResource, configOp);
        admin.incrementalAlterConfigs(alterConf).all().get();
    }
}
```

로직이 그리 복잡하지는 않다. maybeCreateTopic 메서드는 주어진 토픽 이름이 'test'로 시작할 경우 토픽을 생성한다. 토픽 설정을 변경하는 부분도 있는데, 목업 클라이언트에 구현되어 있지 않은 메서드를 사용하는 방법을 이걸로 설명할 것이다.

우리는 MockAdminClient의 메서드가 예상된 대로 호출되는지 검증하고 미구현된 메서드를 채워 넣기 위해 Mockito 테스트 프레임워크를 사용할 것이다. Mockito는 괜찮은 API를 제공하는, 꽤나 단순한 모킹 프레임워크이기 때문에 작은 단위 테스트 예제를 작성하는 데 안성맞춤이다.

우리가 만든 목업 클라이언트를 생성함으로써 테스트를 시작한다.

```
@Before
public void setUp() {
    Node broker = new Node(0, "localhost", 9092);
    MockAdminClient adminClient = new MockAdminClient(Collections.singletonList(broker);
    this.admin = spy(adminClient, broker)); ❶

    // 아래 내용이 없으면 테스트가
    // java.lang.UnsupportedOperationException: Not implemented yet 예외를 발생시킨다
    AlterConfigsResult emptyResult = mock(AlterConfigsResult.class);
    doReturn(KafkaFuture.completedFuture(null)).when(emptyResult).all();
    doReturn(emptyResult).when(admin).incrementalAlterConfigs(any()); ❷
}
```

❶ 브로커 목록과 컨트롤러를 지정해서 MockAdminClient 객체를 생성한다(여기서는 하나만 지정했다). 브로커는 브로커 ID, 호스트 명 그리고 포트(물론 전부 가짜다)로 이루어진다. 테스트를 실행하는 도중에 실제로 실행되는 브로커는 하나도 없다. 우리는 나중에 TopicCreator가 제대로 실행되었는지 확인하기 위해서 Mockito의 spy 메서드의 주입 기능을 사용할 것이다.

❷ 여기서는 Mockito의 doReturn 메서드를 사용해서 목업 어드민 클라이언트가 예외를 발생시키지 않도록 했다. 우리가 테스트하고 있는 메서드는 AlterConfigResult 객체를 필요로 한다. (그리고 이 객체에는 KafkaFuture 객체를 리턴하는 all() 메서드가 있어야 한다.) 가짜 incrementalAlterConfigs 메서드는 정확히 이것을 리턴해야 한다.

이제 가짜 AdminClient를 만들었으니, maybeCreateTopic()가 제대로 작동하는지 확인해 보자.

```
@Test
public void testCreateTestTopic()
    throws ExecutionException, InterruptedException {
    TopicCreator tc = new TopicCreator(admin);
    tc.maybeCreateTopic("test.is.a.test.topic");
    verify(admin, times(1)).createTopics(any()); ❶
}

@Test
public void testNotTopic() throws ExecutionException, InterruptedException {
    TopicCreator tc = new TopicCreator(admin);
    tc.maybeCreateTopic("not.a.test");
    verify(admin, never()).createTopics(any()); ❷
}
```

❶ 토픽 이름이 'test'로 시작하므로, maybeCreateTopic()가 토픽을 생성할 것이라고 예상할 수 있다. createTopics()가 한 번 호출되었는지 확인한다.

❷ 토픽 이름이 'test'로 시작하지 않으므로 createTopics()가 한 번도 호출되지 않았음을 확인한다.

마지막으로 하나 더: 아파치 카프카는 MockAdminClient를 test jar에 담아서 공개한다. 그러므로 pom.xml에 테스트 디펜던시를 포함시키는 것을 잊지 말아야 한다.

```
<dependency>
    <groupId>org.apache.kafka</groupId>
    <artifactId>kafka-clients</artifactId>
    <version>2.5.0</version>
    <classifier>test</classifier>
    <scope>test</scope>
</dependency>
```

5.9 요약

AdminClient는 카프카 개발 키트에 챙겨 둘 가치가 있는 유용한 툴이다. 이것은 즉석에서 토픽을 생성하거나 애플리케이션이 사용할 토픽이 올바른 설정을 가지고 있는지를 확인해야 하는 애플리케이션 개발자들에게 유용하다. AdminClient는 툴을 개발해야 하거나, 카프카 작업을 자동화하거나, 사고가 발생했을 때 복구해야 하는 운영자나 SRE에게도 쓸모가 많다. AdminClient에는 유용한 메서드가 매우 많기 때문에 SRE 입장에서는 카프카 운영을 위한 스위스 군용칼처럼 생각할 수도 있다.

이 장에서 우리는 카프카 AdminClient의 모든 기초적인 내용을 훑어보았다(토픽 관리, 설정 관리, 컨슈머 그룹 관리 그리고 미리 알아 두면 좋을 유용한 메서드 몇 개). 그걸 언제 사용하게 될지는 아무도 모르겠지만 말이다.

CHAPTER 6

카프카 내부 메커니즘

카프카를 프로덕션 환경에서 운용하기 위하거나 카프카를 사용하는 애플리케이션을 개발하기 위해서 꼭 내부를 알아야 하는 것은 아니다. 하지만, 카프카의 내부 작동 방식을 알고 있으면 트러블슈팅을 하거나 카프카가 실행되는 방식을 이해하는 데 도움이 된다. 설계상의 결정과 구현의 세세한 부분까지 다루는 것은 이 책의 범위를 벗어나기 때문에, 이 장에서는 카프카를 실제로 사용하는 사용자 입장에서 특히 중요한 주제에 초점을 맞출 것이다.

- 카프카 컨트롤러
- 카프카에서 복제replication가 작동하는 방식
- 카프카가 프로듀서와 컨슈머의 요청을 처리하는 방식
- 카프카가 저장을 처리하는 방식 (파일 형식, 인덱스 등)

이러한 주제들을 깊이 이해하는 것은 카프카를 튜닝할 때 특히 도움이 된다. 즉, 튜닝하는 설정이 작동하는 메커니즘을 이해하는 것은 아무렇게나 설정값을 바꾸는 것이 아닌, 명확한 의도를 가지고 설정값을 잡아주는 데 큰 도움이 된다.

6.1 클러스터 멤버십

카프카는 현재 클러스터의 멤버인 브로커들의 목록을 유지하기 위해 아파치 주키퍼를 사용한다. 각 브로커는 브로커 설정 파일에 정의되었거나 아니면 자동으로 생성된 고유한 식별자를 가진다.

브로커 프로세스는 시작될 때마다 주키퍼에 Ephemeral 노드https://zookeeper.apache.org/doc/r3.4.8/zookeeperProgrammers.html#Ephemeral+Nodes의 형태로 ID를 등록한다. 컨트롤러를 포함한 카프카 브로커들과 몇몇 생태계 툴들은 브로커가 등록되는 주키퍼의 `/brokers/ids` 경로를 구독함으로써 브로커가 추가되거나 제거될 때마다 알림을 받는다. 만약 동일한 ID를 가진 다른 브로커를 시작한다면, 에러가 발생한다. 즉, 새 브로커는 자신의 ID를 등록하려 하겠지만, 이미 동일한 브로커 ID를 갖는 ZNode가 있기 때문에 실패하기 때문이다.

브로커와 주키퍼 간의 연결이 끊어질 경우(대체로 브로커가 정지하기 때문이지만, 네트워크 단절이나 가비지 수집이 오래 걸려서 발생할 수도 있다), 브로커가 시작될 때 생성한 Ephemeral 노드는 자동으로 주키퍼에서 삭제된다. 이 브로커 목록을 지켜보고 있던(혹은, 와치watch를 설정한) 카프카 컴포넌트들은 해당 브로커가 내려갔음을 알아차리게 될 것이다.

브로커가 정지하면 브로커를 나타내는 ZNode 역시 삭제되지만, 브로커의 ID는 다른 자료구조에 남아 있게 된다. 예를 들어서, 각 토픽의 레플리카 목록(158쪽의 "복제" 참조)에는 해당 레플리카를 저장하는 브로커의 ID가 포함된다. 그렇기 때문에 만약 특정한 브로커가 완전히 유실되어 동일한 ID를 가진 새로운 브로커를 투입할 경우, 곧바로 클러스터에서 유실된 브로커의 자리를 대신해서 이전 브로커의 토픽과 파티션들을 할당받는다.

6.2 컨트롤러

컨트롤러는 일반적인 카프카 브로커의 기능에 더해서 파티션 리더를 선출하는 역할을 추가적으로 맡는다. 클러스터에서 가장 먼저 시작되는 브로커는 주키퍼의 `/controller`에 Ephemeral 노드를 생성함으로써 컨트롤러가 된다. 다른 브로커 역시 시작할 때 해당 위치에 노드를 생성하려고 시도하지만, '노드가 이미 존재함' 예외를 받게 되기 때문에 컨트롤러 노드가 이미 존재한다는 것, 즉 클러스터에 이미 컨트롤러가 있다는 것을 알아차리게 된다. 브로커들은 주키퍼의 컨트롤러 노드에 뭔가 변동이 생겼을 때 알림을 받기 위해서 이 노드에 와치https://zookeeper.apache.org/doc/r3.4.8/zookeeperProgrammers.html#ch_zkWatches를 설정한다. 이렇게 함으로써 우리는 클러스터 안에 한 번에 단 한 개의 컨트롤러만 있도록 보장할 수 있다.

컨트롤러 브로커가 멈추거나 주키퍼와의 연결이 끊어질 경우, 이 Ephemeral 노드는 삭제된다. 컨트롤러가 사용하는 주키퍼 클라이언트가 `zookeeper.session.timeout.ms`에 설정된 값보다 더 오랫동안 주키퍼에 하트비트를 전송하지 않는 것도 여기에 해당한다. Ephemeral 노드가 삭제될 경우, 클러스터 안의 다른 브로커들은 주키퍼에 설정된 와치를 통해 컨트롤러가 없어졌다는 것을 알아차리게 되며 주키퍼에 컨트롤러 노드를 생성하려고 시도하게 된다. 주키퍼에 가장 먼저 새로운 노드를 생성하는 데 성공한 브로커가 다음 컨트롤러가 되며, 다른 브로커들은 "노드가 이미 존재함" 예외를 받고 새 컨트롤러 노드에 대한 와치를 다시 생성하게 된다. 브로커는 새로운 컨트롤러가 선출될 때마다 주키퍼의 조건적 증가conditional increment 연산에 의해 증가된 에포크epoch 값(혹은 '세대')을 전달받게 된다. 브로커는 현재 컨트롤러의 에포크 값을 알고 있기 때문에, 만약 더 낮은 (즉, 예전) 에포크 값을 가진 컨트롤러로부터 메시지를 받을 경우 무시한다.

이것은 컨트롤러 브로커가 오랫동안 가비지 수집 때문에 멈춘 사이 주키퍼 사이의 연결이 끊어질 수 있기 때문에 중요하다(그 사이에 새 컨트롤러가 선출될 수도 있는 것이다). 이전 컨트롤러가 작업을 재개할 경우, 새로운 컨트롤러가 선출되었다는 것을 알지 못한 채 브로커에 메시지를 보낼 수 있다. 이러한 컨트롤러를 좀비라고 부른다. 컨트롤러가 전송하는 메시지에 컨트롤러 에포크를 포함하면 브로커는 예전 컨트롤러가 보내온 메시지를 무시할 수 있다. 이는 좀비를 방지하는 방법이기도 한 것이다.

브로커가 컨트롤러가 되면, 클러스터 메타데이터 관리와 리더 선출을 시작하기 전에 먼저 주키퍼로부터 최신 레플리카 상태 맵을 읽어온다. 이 적재 작업은 비동기 API를 사용해서 수행되며, 지연을 줄이기 위해 읽기 요청을 여러 단계로 나눠서 주키퍼로 보낸다. 하지만 그럼에도 불구하고, 파티션 수가 매우 많은 클러스터에서는 적재 작업이 몇 초씩 걸릴 수도 있다. 이 문제에 관련된 상세한 테스트 결과는 아파치 카프카 1.1.0 블로그 포스트https://blogs.apache.org/kafka/entry/apache-kafka-supports-more-partitions에서 볼 수 있다.

브로커가 클러스터를 나갔다는 사실을 (관련된 주키퍼 경로에 와치를 설정해 두었든 아니면 나가는 브로커로부터 `ControlledShutdownRequest`를 받았든) 컨트롤러가 알아차리면, 컨트롤러는 해당 브로커가 리더를 맡고 있었던 모든 파티션에 대해 새로운 브로커를 할당해주게 된다. 컨트롤러는 새로운 리더가 필요한 모든 파티션을 순회해 가면서 새로운 리더가 될 브로커를 결정한다(단순히 해당 파티션의 레플리카 목록에서 바로 다음 레플리카가 새 브로커가 된다). 그러고 나서 새로운 상태를 주키퍼에 쓴 뒤(여기서도 지연을 줄이기 위해 요청을 여러 개로 나눠서 비동기 방식으로 주키퍼로 보낸다), 새로 리더가 할당된 파티션의 레플리카를 포함하는 모든 브로커에 `LeaderAndISR` 요청을 보낸다. 이 요청은 해당 파티션들에 대한 새로운 리더와 팔로워 정보를 포함한다. 효율성을 위해 이러한 요청들은 배치 단위로 묶여서 전송된다. 즉, 각각의 요청은 같은 브로커에 레플리카가 있는 다수의 파티션에 대한 새 리더십 정보를 포함하게 되는 것이다.

새로 리더가 된 브로커 각각은 클라이언트로부터의 쓰기 혹은 읽기 요청을 처리하기 시작한다. 반면 팔로워들은 새 리더로부터 메시지를 복제하기 시작한다. 클러스터 안의 모든 브로커는 클러스터 내 전체 브로커와 레플리카의 맵을 포함하는 `MetadataCache`를 가지고 있기 때문에, 컨트롤러는 모든 브로커에 리더십 변경 정보를 포함하는 `UpdateMetadata` 요청을 보내서 각각의 캐시를 업데이트하도록 한다. 브로커가 백업을 시작할 때도 비슷한 과정이 반복된다. 다만, 차이점이라면 브로커에 속한 모든 레플리카들은 팔로워로 시작하며, 리더로 선출될 자격을 얻기 위해서는 그 전에 리더에 쓰여진 메시지를 따라잡아야 한다는 것이다.

요약하자면, 컨트롤러는 브로커가 클러스터에 추가되거나 제거될 때 파티션과 레플리카 중에서 리더를 선출할 책임을 진다. 컨트롤러는 서로 다른 2개의 브로커가 자신이 현재 컨트롤러라 생각하는 "스플릿 브레인split brain" 현상을 방지하기 위해 에포크 번호를 사용한다.

6.2.1 KRaft: 카프카의 새로운 래프트 기반 컨트롤러

2019년부터 아파치 카프카 커뮤니티는 야심찬 프로젝트를 시작했다. 바로 주키퍼 기반 컨트롤러로부터 탈피해서 래프트raft 기반 컨트롤러 쿼럼으로 옮겨가는 것이다. 'KRaft'라 불리는 새로운 컨트롤러의 프리뷰 버전은 아파치 카프카 2.8에 포함되었으며, 3.3부터는 '실험적'이라는 수식어를 떼고 정식으로 프로덕션 환경에서 사용 가능한 기능이 되었다. 이에 따라 최신 버전의 카프카 클러스터는 전통적인 주키퍼 기반 컨트롤러와 KRaft 기반 컨트롤러 둘 중 하나와 함께 실행될 수 있을 것이다.[19]

왜 카프카 커뮤니티는 컨트롤러를 교체하기로 결정했을까? 카프카의 컨트롤러는 이미 여러 번 재작성되었지만, 주키퍼에 토픽, 파티션, 레플리카 정보를 저장하는 방식을 많이 개선했는데도 불구하고 현재의 모델이 우리가 카프카에 필요로 하는 파티션 수까지 확장될 수 없다는 사실이 명백해졌다. 이러한 결정이 나오게 된 이유를 몇 개만 들자면 다음과 같다.

- 컨트롤러가 주키퍼에 메타데이터를 쓰는 작업은 동기적으로 이루어지지만, 브로커 메시지를 보내는 작업은 비동기적으로 이루어진다. 또한, 주키퍼로부터 업데이트를 받는 과정 역시 비동기적으로 이루어진다. 그렇기 때문에 브로커, 컨트롤러, 주키퍼 간에 메타데이터 불일치가 발생할 수 있으며, 잡아내기도 어렵다.
- 컨트롤러가 재시작될 때마다 주키퍼로부터 모든 브로커와 파티션에 대한 메타데이터를 읽어와야 한다. 그러고 나서 이 메타데이터를 모든 브로커로 전송한다. 몇 년 동안 노력했지만, 이 부분은 여전히 병목이다. 즉, 파티션과 브로커의 수가 증가함에 따라 컨트롤러 재시작은 더욱 더 느려진다.

---

19 옮긴이 아파치 카프카 3.0은 이 책의 영문판이 나오기 직전인 2021년 9월 발표되었다.

- 메타데이터 소유권 관련된 내부 아키텍처는 그리 좋지 못하다. 즉, 어떤 작업은 컨트롤러가 하고, 다른 건 브로커가 하고, 나머지는 주키퍼가 직접 한다.
- 주키퍼는 그 자체로 분산 시스템이며, 카프카와 마찬가지로 운영을 위해서는 어느 정도 기반 지식이 있어야 한다. 그렇기 때문에 카프카를 사용하려는 개발자들은 두 개의 분산 시스템에 대해 배워야 한다.

이러한 모든 문제점들을 고려하여 아파치 카프카 커뮤니티는 현재 사용되는 주키퍼 기반 컨트롤러를 교체하는 쪽을 선택했다.

현재 아키텍처에서 주키퍼는 두 개의 중요한 기능을 맡는다. 컨트롤러 선출과 클러스터 메타데이터(즉, 현재 운영중인 브로커, 설정, 토픽, 파티션 그리고 레플리카 관련 정보) 저장이 바로 그것이다. 또한, 컨트롤러 그 자체가 관리하는 메타데이터도 있다. 파티션 리더를 선출하고, 토픽을 생성하거나 삭제하고, 레플리카를 할당할 때 이 정보가 쓰인다. 이 모든 기능들 역시 새로운 컨트롤러에서는 교체되어야 할 것이다.

새로운 컨트롤러 설계의 핵심 아이디어는 카프카 그 자체에 사용자가 상태를 이벤트 스트림으로 나타낼 수 있도록 하는 로그 기반 아키텍처를 도입한다는 점이다. 이러한 표현 방법의 장점은 카프카 커뮤니티에게 익숙한 것이다. 즉, 다수의 컨슈머를 사용해서 이벤트를 재생replay함으로써 최신 상태를 빠르게 따라잡을 수 있다. 로그는 이벤트 사이에 명확한 순서를 부여하며, 컨슈머들이 항상 하나의 타임라인을 따라 움직이도록 보장한다. 새로운 컨트롤러 아키텍처에서는 동일한 장점이 카프카 메타데이터를 관리하는 데에도 적용된다. 새로운 아키텍처에서, 컨트롤러 노드들은 메타데이터 이벤트 로그를 관리하는 래프트 쿼럼이 된다. 이 로그는 클러스터 메타데이터의 변경 내역을 저장한다. 현재 주키퍼에 저장되어 있는 모든 정보들(토픽, 파티션, ISR, 설정 등등)이 여기에 저장될 것이다.

래프트 알고리즘을 사용함으로써, 컨트롤러 노드들은 외부 시스템에 의존하지 않고 자체적으로 리더를 선출할 수 있게 될 것이다. 메타데이터 로그의 리더 역할을 맡고 있는 컨트롤러는 액티브 컨트롤러라고 부른다. 액티브 컨트롤러는 브로커가 보내온 모든 RPC 호출을 처리한다. 팔로워 컨트롤러들은 액티브 컨트롤러에 쓰여진 데이터들을 복제하며, 액티브 컨트롤러에 장애가 발생했을 시에 즉시 투입될 수 있도록 준비 상태를 유지한다. 이제 컨트롤러들이 모두 최신 상태를 가지고 있으므로, 컨트롤러 장애 복구는 모든 상태를 새 컨트롤러로 이전하는 기나긴 리로드 기간reload period을 필요로 하지 않는다.

컨트롤러는 다른 브로커에 변경 사항을 '밀어내지push' 않는다. 대신, 다른 브로커들이 새로 도입된 `MetadataFetch` API를 사용해서 액티브 컨트롤러로부터 변경 사항을 '당겨온다pull'. 컨슈머의 읽기 요청과 유사하게, 브로커는 마지막으로 가져온 메타데이터 변경 사항의 오프셋을 추적하고 그보다 나중 업데이트만 컨트롤러에 요청한다. 브로커는 추후 시동 시간을 줄이기 위해 메타데이터를 디스크에 저장한다. 파티션이 수백만 개에 이를지라도 말이다.

브로커 프로세스는 시작시 주키퍼가 아닌, 컨트롤러 쿼럼quorum에 등록한다. 그리고 운영자가 등록을 해제하지 않는 한 이를 유지한다. 따라서 브로커가 종료되면, 오프라인 상태로 들어가는 것일 뿐 등록은 여전히 유지된다. 온라인 상태지만 최신 메타데이터로 최신 상태를 유지하고 있지는 않은 브로커의 경우 펜스된 상태fenced state가 되어 클라이언트 요청을 처리할 수 없다. 브로커에 새로 도입된 '펜스된 상태'는 클라이언트가 더 이상 리더가 아닌, 하지만 최신 상태에서 너무 떨어지는 바람에 자신이 리더가 아니라는 것조차 인식을 못 하는 브로커에 쓰는 것을 방지한다.

컨트롤러 쿼럼으로의 마이그레이션 작업의 일부로서, 기존에는 주키퍼와 직접 통신하던 모든 클라이언트, 브로커 작업들은 이제 컨트롤러로 보내지게 된다. 이렇게 함으로써 브로커 쪽에는 아무것도 바꿀 필요 없이, 컨트롤러만을 바꿔 주는 것만으로 매끄러운 마이그레이션이 가능하다.

새 아키텍처의 전체적인 디자인은 KIP-500https://cwiki.apache.org/confluence/display/KAFKA/KIP-500%3A+Replace+ZooKeeper+with+a+Self-Managed+Metadata+Quorum에 나와 있다. 래프트 프로토콜를 카프카에 적용하는 것에 대한 상세한 내용은 KIP-595https://cwiki.apache.org/confluence/display/KAFKA/KIP-595%3A+A+Raft+Protocol+for+the+Metadata+Quorum에서 다룬다. 새 컨트롤러 쿼럼에 대한 구체적인 설계(컨트롤러 설정과 클러스터 메타데이터와 상호작용하기 위한 새로운 명령줄 인터페이스를 포함해서)는 KIP-631https://cwiki.apache.org/confluence/display/KAFKA/KIP-631%3A+The+Quorum-based+Kafka+Controller에서 볼 수 있다.

컨트롤러? 어느 컨트롤러?

독자 입장에서 이 대목에 대한 서술이 조금 혼란스러울 수 있다. 이것은 KRaft 도입 이후 용어가 조금 바뀌었기 때문이다. 카프카에서 '커밋'이 두 가지 의미로 쓰일 수 있듯이(196쪽, 7장의 '커밋된 메시지 vs. 커밋된 오프셋' 참고), '컨트롤러' 역시 두 가지 의미로 쓰일 수 있다. 조금 더 자세히 알아보자.

2장에서 살펴본 것과 같이 KRaft 도입 이전, 카프카에는 아래와 같이 두 종류의 프로세스가 있다.

- 주키퍼 프로세스: 카프카 클러스터의 동적 메타데이터를 저장하는 역할을 한다. 홀수 개의 프로세스가 하나의 쿼럼을 구성하며, 사용자 입장에서 명시적으로 보이지는 않지만 이 중에서 저장된 데이터의 업데이트 작업을 담당하는 리더 프로세스가 하나 있다.
- 카프카 프로세스: 카프카 데이터를 저장하는 역할을 한다. 이들 중에서 리더 파티션을 결정하는 역할을 하는 프로세스를 컨트롤러라 한다.

하지만 KRaft 이후부터는 주키퍼 프로세스가 제거되기 때문에 카프카 프로세스 외에 다른 프로세스는 없다. 다만 카프카 프로세스가 다음 두 개 중 적어도 하나의 역할(role)을 가지게 된다(즉, 두 역할을 겸할 수도 있다).

- 컨트롤러: 카프카 클러스터의 동적 메타데이터를 저장하는 역할을 한다. 1개 이상의 프로세스가 하나의 쿼럼을 구성하며, 이들 중에서 저장된 데이터의 업데이트 및 조회 작업을 담당하는 프로세스를 액티브 컨트롤러라고 한다.
- 브로커: 카프카 데이터를 저장하는 역할을 한다. 하나의 컨트롤러 쿼럼을 사용하는 브로커들이 모여 하나의 클러스터를 이룬다.

즉, KRaft 이전의 '브로커'는 '카프카 프로세스'와 동의어이지만, KRaft 이후의 '브로커'는 카프카 프로세스가 맡을 수 있는 특정한 '역할'을 의미하는 용어에 더 가깝다. 마찬가지로 KRaft 이전의 '컨트롤러'는 브로커 중에서 파티션 리더를 결정하는 역할을 맡는 어느 특별한 브로커를 가리키지만, Kraft 이후의 '컨트롤러'는 동적 메타데이터를 저장하는 역할을 하는 카프카 프로세스를 가리킨다. 그렇기 때문에 문서에서 '컨트롤러'와 같은 단어가 나오면 KRaft 이전의 것을 의미하는 것인지 아니면 이후의 것을 의미하는 것인지 문맥을 세심히 살필 필요가 있다.

옮긴이 설명

어떻게 KRaft로 옮겨갈 수 있을까?

주키퍼 없이 카프카를 운영할 수 있게 해주는 KRaft 기능은 확실히 매력적이다. 문제는 기존에 사용중이던 클러스터를 업그레이드해야 하는 경우다. 아파치 카프카 커뮤니티는 하방 호환성을 유지하면서 기존에 주키퍼에 저장된 메타데이터를 컨트롤러 쿼럼으로 이전시킬 수 있도록 하기 위해 브리지 릴리스(Bridge Release)를 제공할 예정이다. KRaft 도입 이전부터 사용되던 카프카 클러스터는 이 브리지 릴리스를 거쳐서 KRaft를 사용하는 클러스터로 업그레이드가 가능하다.

이 책을 번역하고 있는 버전 3.4.0 시점에서 브리지 릴리스 기능은 얼리 액세스 기능으로서 막 탑재된 상태다. 하지만 어느 정도 개략적인 틀에 대해서는 이미 공개가 된 상태다. 아래 그림은 현재 논의되고 이는 전통적인 카프카(Pre-KRaft), 적용 중인 카프카(브리지 릴리스), KRaft 적용이 완료된 이후(Post-KRaft)의 작동을 설명한 것이다.

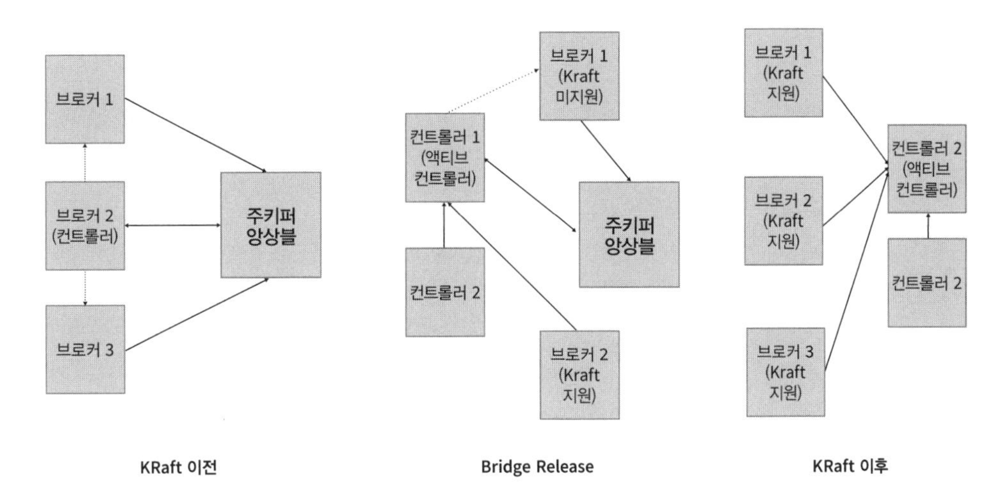

- Pre-KRaft: KRaft가 적용되기 이전 클러스터이다. 3.0 이전 버전 혹은 KRaft 쿼럼 관련 설정이 되어 있지 않은 3.0 이후 버전을 사용하는 클러스터이다. 메타데이터를 저장하기 위해 주키퍼 앙상블을 사용한다. 어떤 브로커나 컨트롤러가 될 수 있으며, 컨트롤러가 아닌 브로커가 주키퍼에 필요한 내용을 자유롭게 쓰면(실선) 컨트롤러가 변경을 감지해서 다른 브로커에 제어 신호를 보낸다(점선).

- 브리지 릴리스: 부분적으로 KRaft가 적용된 클러스터이다. 여기서부터 '컨트롤러', '브로커'의 의미가 바뀌며, 컨트롤러로는 KRaft 기능이 지원되는 3.0 이후 버전이 필요하지만 일반 브로커로는 3.0 이전 버전도 사용이 가능하다. 전체 클러스터를 내린 상태에서 컨트롤러를 먼저 올리면, 액티브 컨트롤러가 선출되면서 주키퍼에 저장된 메타데이터를 가져온다(이때 주키퍼의 `/controller` 노드를 생성해서 다른 브로커가 Pre-KRaft 컨트롤러 자격을 얻지 못하게 한다). 이후 3.0 이후 버전을 사용하는 브로커는 액티브 컨트롤러에서 메타데이터를 읽고 쓰는(실선) 방식으로, 3.0 이전 버전을 사용하는 브로커는 주키퍼에 필요한 것을 쓰면(실선) 이를 감지(실선)한 액티브 컨트롤러가 적절한 제어 신호를 보내 주는 방식으로(점선) 작동한다(액티브 컨트롤러는 Post-KRaft에서 기대되는 기능 외에도 3.0 이전의 컨트롤러가 하던 작업까지 수행함으로써 하방 호환성을 유지한다).
  즉, 여기서는 주키퍼가 사용되기는 하지만, 대부분의 메타데이터는 이미 컨트롤러 쿼럼으로 옮겨간 상태이며 주키퍼는 3.0 이전 버전 브로커들을 위해 제한적으로만 사용되는 것이다.
- Post-KRaft: 브리지 릴리스 상태에서 3.0 이전 브로커들은 3.0 이후 브로커로, 컨트롤러들은 주키퍼 관련 설정을 제거한 상태로 롤링 업그레이드를 해주면 완료된다. 이 지점부터는 주키퍼가 전혀 사용되지 않으므로 제거해도 상관없다.

눈치챘겠지만, 기존에 사용하던 Pre-KRaft 클러스터를 Post-KRaft 클러스터로 업그레이드하려면 전체 클러스터를 내리고 브리지 릴리스로 업그레이드를 한 뒤 다시 한 번 업그레이드를 해야 한다. 즉, 적어도 한 번 클러스터를 완전 정지시켜줘야 하는 것이다. 서비스 특성상 카프카 클러스터를 중단시킬 수 없거나, 복잡한 업그레이드 과정을 거치고 싶지 않다면(카프카 클러스터 크기가 크다면 단순한 롤링 재시작도 쉬운 일이 아니다), 아래에서 설명하는 것과 같이 Post-KRaft 카프카 클러스터를 새로 마련한 뒤 기존 데이터를 미러링해 옮기는 것도 방법이다. 미러링에 대해서는 12장에서 자세히 설명한다.

KRaft 모드 사용법

이 책이 쓰여지던 버전 2.8.0 시점에서는 KRaft 기능이 아직 구현되지 않았던 만큼 원서에도 KRaft 모드 설정 및 사용법은 실려 있지 않다. 하지만 버전 3.3.0 이후로 정식 기능이 되었으므로 여기서 사용 방법을 설명하도록 하겠다. KRaft 모드 클러스터를 처음으로 설정하고 싶다면 아래 내용을 참고하자. 기존의 주키퍼 기반 클러스터를 KRaft 기반 클러스터로 업그레이드하는 기능은 아직 개발중이므로 해당되지 않는다.

클러스터 ID 생성 및 저장 공간 포맷

가장 먼저 해줘야 할 일은 클러스터 ID(UUID)를 생성하고 로그 저장 공간을 포맷하는 것이다. 포맷이라고 하지만 사실은 클러스터 정보를 비롯한 메타데이터를 저장한 파일을 로그 저장 공간으로 사용되는 디렉토리마다 생성해 주는 것 정도다. 카프카가 설치된 위치에서 아래와 같이 `kafka-storage.sh` 툴을 실행하면 클러스터 ID가 생성된다.

```
$ bin/kafka-storage.sh random-uuid
```

이제 이 값을 가지고 아래와 같이 실행시키면 카프카 설정 파일에 지정되어 있는 `log.dirs` 설정 디렉토리마다 메타데이터 파일이 생성된다.

```
$ bin/kafka-storage.sh format -t {클러스터 ID} -c {카프카 설정 파일}
```

클러스터 ID는 새 클러스터를 설정할 때 한 번만 생성해주면 되지만 포맷 작업은 서버를 설정할 때마다 해줘야 한다. 즉, 테스트 등의 용도로 1개의 서버로만 구성된 클러스터를 생성한다면 한 번만 해도 상관없지만 5개의 서버로 이루어진 클러스터를 생성하고자 할 경우 포맷을 모두 5번 해줘야 하는 것이다(새 서버를 추가 투입할 때도 마찬가지로 포맷을 먼저 해줘야 한다).

설정 변경

버전 3.3.0부터 KRaft 모드 예제 설정 파일이 함께 제공된다. config/kraft 디렉토리를 열어보면 아래와 같은 파일들이 있는 걸 볼 수 있다.

- broker.properties
- controller.properties
- server.properties

controller.properties는 해당 서버가 컨트롤러 역할을 하도록 설정할 때의 예제 설정 파일이며 broker.properties는 브로커 역할을 할 때의 파일이다. server.properties는 둘 다 할 경우에 대한 파일인데, 프로덕션 환경에서는 사용하지 않는 것을 권장한다.

2장에서 다룬 기존 설정 파일과 다른 매개변수는 아래와 같다.

- **process.roles**

해당 인스턴스가 수행할 역할을 설정한다. controller는 컨트롤러 역할을, broker는 브로커 역할을 하고, broker, controller는 두 역할을 모두 다 수행한다.

- **node.id**

인스턴스의 id이다. 기존의 broker.id 설정을 대체하는데, 같은 클러스터에 속한 인스턴스들은 이 설정값이 서로 달라야 한다. 즉, node.id 값이 1인 컨트롤러가 있다면 node.id 값이 1인 브로커는 있을 수 없다.

- **controller.quorum.voters**

사용할 컨트롤러 쿼럼을 지정한다. {컨트롤러의 node.id값}@{컨트롤러의 호스트명}:{포트명}을 쉼표로 구분해서 지정한다. 브로커가 9092 포트를 기본값으로 사용하듯이 컨트롤러는 9093 포트를 기본값으로 사용한다.

```
controller.quorum.voters=1@controller1.example.com:9093,2@controller2.example.com:9093,
3@controller3.example.com:9093  # 3개의 컨트롤러 쿼럼을 지정한 경우
```

전체 컨트롤러 쿼럼을 모두 지정해 줄 필요는 없지만, 그래도 여유 있게 2개 이상을 지정하는 것을 권장한다.

- **listeners**

기존의 listeners 설정과 같은 역할을 하지만, 브로커 리스너 뿐만 아니라 컨트롤러 리스너도 설정할 수 있도록 확장되었다. 해당 인스턴스가 브로커 역할을 한다면 기존과 똑같이 설정해도 상관없지만 컨트롤러 역할을 한다면 아래와 같이 CONTROLLER://:로 시작하는 리스너를 설정해 줘야 한다.

```
listeners=PLAINTEXT://:9092  # 브로커 역할만 하는 경우
```

```
listeners=CONTROLLER://:9093  # 컨트롤러 역할만 하는 경우
```

```
listeners=PLAINTEXT://:9092,CONTROLLER://:9093  # 브로커와 컨트롤러 두 역할을 모두 하는 경우
```

컨트롤러 리스너 이름은 controller.listener.names 설정을 사용해서 바꿀 수 있다.

- **log.dirs**

기존의 log.dirs 설정과 같은 역할을 하지만, 레코드 로그 파일뿐만 아니라 메타데이터 로그 파일 역시 저장될 수 있다는 점이 다르다. 브로커 역할만 하는 경우라면 기존과 똑같겠지만 컨트롤러 역할을 할 경우에는 메타데이터 로그 파일이 저장될 것이다. 두 역할을 동시에 수행하는 경우라면 두 로그 파일이 함께 저장된다.

적절히 설정을 잡아 줬다면 이제 카프카를 KRaft 모드로 실행시킬 수 있다. 우선 컨트롤러 역할을 하는 프로세스를 1개 이상 띄운 뒤 브로커 역할을 하는 프로세스를 띄우면 된다.

```
$ bin/kafka-server-start.sh config/kraft/server.properties # controller, broker 역할을
                                                              모두 하는 프로세스를 시작
```

```
$ bin/kafka-server-start.sh config/kraft/controller.properties # controller 역할을
                                                                  하는 프로세스를 시작
```

```
$ bin/kafka-server-start.sh config/kraft/broker.properties # broker 역할을 하는
                                                              프로세스를 시작
```

사용법은 주키퍼 기반 클러스터와 동일하다.

```
$ bin/kafka-topics.sh --create --topic test --partitions 1 --replication-factor 1
--bootstrap-server localhost:9092    # test 토픽을 생성
```

6.3 복제

복제는 카프카 아키텍처의 핵심이다. 실제로 카프카는 '분산되고, 분할되고, 복제된 커밋 로그 서비스'로 표현되기도 한다. 복제가 중요한 이유는 개별적인 노드에 필연적으로 장애가 발생할 수밖에 없는 상황에서 카프카가 신뢰성과 지속성을 보장하는 방식이기 때문이다.

우리가 이미 살펴보았듯, 카프카에 저장되는 데이터는 토픽을 단위로 해서 조직화된다. 각 토픽은 1개 이상의 파티션으로 분할되며, 각 파티션은 다시 다수의 레플리카를 가질 수 있다. 각각의 레플리카는 브로커에 저장되는데, 대개 하나의 브로커는 (서로 다른 토픽과 파티션에 속하는) 수백 개에서 심지어 수천 개의 레플리카를 저장한다.

레플리카에는 두 종류가 있다.

리더 레플리카

각 파티션에는 리더 역할을 하는 레플리카가 하나씩 있다. 일관성을 보장하기 위해, 모든 쓰기 요청은 리더 레플리카로 주어진다. 클라이언트들은 리더 레플리카나 팔로워로부터 레코드를 읽어올 수 있다.

팔로워 레플리카

파티션에 속한 모든 레플리카 중에서 리더 레플리카를 제외한 나머지를 팔로워 레플리카라고 한다. 별도로 설정을 잡아주지 않는 한, 팔로워는 클라이언트의 요청을 처리할 수 없다. 이들이 주로 하는 일은 리더 레플리카로 들어온 최근 메시지들을 복제함으로써 최신 상태를 유지하는 것이다. 만약 해당 파티션의 리더 레플리카에 크래쉬가 날 경우, 팔로워 레플리카 중 하나가 파티션의 새 리더 파티션으로 승격된다.

팔로워로부터 읽기

팔로워 레플리카로부터 읽기 기능은 KIP-392(https://cwiki.apache.org/confluence/display/KAFKA/KIP-392%3A+Allow+consumers+to+fetch+from+closest+replica)에서 추가되었다. 이 기능의 주 목표는 클라이언트가 리더 레플리카 대신 가장 가까이에 있는 인-싱크 레플리카로부터 읽을 수 있게 함으로써 네트워크 트래픽 비용을 줄이는 것이다. 이 기능을 사용하려면 클라이언트의 위치를 지정하는 `client.rack` 컨슈머 설정값을 잡아주어야 한다. 브로커 설정 중에서는 `replica.selector.class`를 잡아 주어야 한다. 이 설정의 기본값은 `LeaderSelector`(항상 리더로부터 읽음)이지만 `RackAwareReplicaSelector`(클라이언트의 `client.rack` 설정값과 일치하는 `rack.id` 설정값을 갖는 브로커에 저장된 레플리카로부터 읽음)로 잡아줄 수 있다. `ReplicaSelector` 인터페이스를 사용해서 레플리카 선택 로직을 직접 구현하고 사용할 수도 있다.

복제 프로토콜은 클라이언트가 팔로워 레플리카로부터 메시지를 읽어올 경우에도 커밋된 메시지만 읽도록 확장되었다. 즉, 팔로워로부터 메시지를 읽어 온다 하더라도 이전과 동일한 신뢰성이 보장된다. 이를 위해서는 모든 레플리카가 리더가 어느 메시지까지를 커밋했는지를 알아야 한다. 리더는 팔로워에게 보내는 데이터에 현재의 하이 워터마크(high-water mark, 혹은 마지막으로 커밋된 오프셋) 값을 포함시킴으로써 팔로워에게 알려 준다. 하이 워터마크 전파에는 약간의 시간이 걸리기 때문에 데이터를 읽은 때는 리더 쪽에서 읽는 편이 팔로워로부터 읽는 편보다 좀 더 빠르다. 리더 레플리카에서 읽으면 컨슈머 지연이 줄어드는 장점이 있다는 이야기이기도 하므로 이러한 추가 지연을 기억하는 것이 좋다.

리더 역할 레플리카(를 저장하는 브로커)가 수행하는 또 다른 일은 어느 팔로워 레플리카가 리더 레플리카의 최신 상태를 유지하고 있는지를 확인하는 것이다. 팔로워 레플리카(를 저장하는 브로커)는 새로운 메시지가 도착하는 즉시 리더 레플리카로부터 모든 메시지를 복제해 옴으로써 최신 상태를 유지할 수 있도록 하지만, 다양한 원인으로 인해 동기화가 깨질 수 있다. 네트워크 혼잡Network Congestion으로 인해 복제 속도가 느려진다거나, 브로커가 크래시가 나는 바람에 브로커가 재시작되어 복제 작업을 다시 시작할 수 있게 될 때까지 해당 브로커에 저장되어 있는 모든 레플리카들의 복제 상태가 뒤처지는 사태가 여기에 해당한다.

리더 레플리카와의 동기화를 유지하기 위해 팔로워 레플리카들은 리더 레플리카에 읽기 요청을 보낸다.[20] 이 요청은 컨슈머가 메시지를 읽어오기 위해 사용하는 바로 그 요청이기도 하다. 이러한 요청에 대한 응답으로 리더 레플리카(를 저장하고 있는 브로커)는 메시지를 되돌려 준다. 이 읽기 요청들은 복제를 수행하는 입장에서 다음번에 받아야 할 메시지 오프셋을 포함할 뿐만 아니라 언제나 메시지를 순서대로 돌려 준다. 즉, 리더 레플리카 입장에서는 팔로워 레플리카가 요청한 마지막 메시지까지 복제를 완료했는지, 이후 새로 추가된 메시지가 없는지의 여부를 알 수 있는 것이다. 리더 레플리카는 각 팔로워 레플리카가 마지막으로 요청한 오프셋 값을 확인함으로써 각 팔로워 레플리카가 얼마나 뒤쳐져 있는지를 알 수 있다. 만약 팔로워 레플리카가 일정 시간 이상 읽기 요청을 보내지 않거나, 읽기 요청을 보내긴 했는데 가장 최근에 추가된 메시지를 따라잡지 못하는 경우에 해당 레플리카는 동기화가 풀린 것으로 간주된다('아웃-오브-싱크 레플리카out-of-sync replica'). 팔로워 레플리카가 리더 레플리카를 따라가는 데 실패한다면 해당 레플리카는 더 이상 장애 상황에서 리더가 될 수 없다. 어찌 되었든, 해당 레플리카가 모든 메시지를 가지고 있는 것은 아니기 때문이다.

반대로, 지속적으로 최신 메시지를 요청하고 있는 레플리카는 '인-싱크 레플리카in-sync replica'라고 부른다. 현재 리더에 장애가 발생할 경우 인-싱크 레플리카만이 파티션 리더로 선출될 수 있다.

팔로워 레플리카가 동기화가 풀린 것으로 판정될 때까지 걸리는 시간, 즉 읽기 요청을 보내지 않거나 뒤처진 상태로 있을 수 있는 '일정 시간'은 `replica.lag.time.max.ms` 설정 매개변수에 의해 결정된다.[21] 이렇게 허용될 수 있는 랙의 양은 클라이언트의 작동이나 리더 선출 과정에 있어서의 데이터 보존에도 영향을 미치는데, 우리는 7장에서 신뢰성 보장에 대해 논의하면서 이 문제에 대해 자세히 살펴볼 것이다.

'현재 리더'에 더하여, 각 파티션은 '선호 리더preferred leader'를 갖는다. '선호 리더'란 토픽이 처음 생성되었을 때 리더 레플리카였던 레플리카를 가리킨다. 파티션이 처음 생성되던 시점에서는 리더 레플리카가 모든 브로커에 걸쳐 균등하게 분포되기 때문에 '선호'라는 표현이 붙었다. 결과적으로, 클러스터 내의 모든 파티션에 대해 선호 리더가 실제 리더가 될 경우 부하가 브로커 사이에 균등하게 분배될 것이라고 예상할 수 있다. 카프카에는 `auto.leader.rebalance.enable=true` 설정이 기본적으로 잡혀 있다. 이 설정은 선호 리더가 현재 리더가 아니지만, 현재 리더와 동기화가 되고 있을 경우 리더 선출을 실행시킴으로써 선호 리더를 현재 리더로 만들어 준다.

20 옮긴이 '레플리카(replica)'는 리더 레플리카와 팔로워 레플리카를 모두 아우르는 표현이지만, 팔로워 레플리카만을 가리키는 표현으로 사용되기도 하다. 여기서도 저자가 두 표현을 섞어 썼는데, 초심자들의 혼란을 최소화하기 위해 둘을 전부 구분해서 썼다.

21 옮긴이 replica.lag.time.max.ms의 기본값은 10초였으나 2.5.0부터 30초로 변경되었다.

선호 리더 찾기

현재의 선호 리더를 식별해 내는 가장 좋은 방법은 파티션의 레플리카 목록을 살펴보는 것이다. (kafka-topics.sh 툴이 출력하는 파티션과 레플리카 상세 정보를 보면 된다. 이 툴에 대해서는 다른 운영 툴들과 함께 12장에서 설명할 것이다.) 목록에 표시된 첫 번째 레플리카가 선호 리더다. 이것은 현재 리더가 어느 브로커에 있는지, 심지어 레플리카 재할당 툴을 사용해서 다른 브로커로 재할당되었는지의 여부와는 상관이 없다. 사실, 수동으로 레플리카를 재할당하고 있다면 맨 첫 번째로 지정하는 레플리카가 선호 레플리카가 된다는 점을 기억할 필요가 있다. 반드시 선호 레플리카를 서로 다른 브로커들로 분산함으로써 부하가 한쪽으로 몰리지 않도록 하자.

6.4 요청 처리

카프카 브로커가 하는 일의 대부분은 클라이언트, 파티션 레플리카, 컨트롤러가 파티션 리더에게 보내는 요청을 처리하는 것이다. 카프카는 TCP로 전달되는 이진 프로토콜을 가지고 있다. 이 프로토콜은 요청의 형식과 (요청이 성공적으로 처리되었거나 아니면 요청을 처리하는 와중에 에러가 발생했을 경우) 브로커가 응답하는 방식을 정의한다.

아파치 카프카 프로젝트는 기여자들에 의해 구현되고 유지보수되는 자바 클라이언트를 포함한다. 물론 C, 파이썬, Go 등 다른 언어에서 사용 가능한 클라이언트도 있다. 전체 목록은 아파치 카프카 웹사이트https://cwiki.apache.org/confluence/display/KAFKA/Clients에서 볼 수 있다. 이 클라이언트들 모두가 이 프로토콜을 사용해서 카프카 브로커와 통신한다.

언제나 클라이언트가 연결을 시작하고 요청을 전송하며, 브로커는 요청을 처리하고 클라이언트로 응답을 보낸다. 특정 클라이언트가 브로커로 전송한 모든 요청은 브로커가 받은 순서대로 처리된다. 즉, 그렇기 때문에 카프카가 저장하는 메시지는 순서가 보장되며, 카프카를 메시지 큐로 사용할 수도 있는 것이다.

모든 요청은 다음과 같은 내용을 포함하는 표준 헤더를 갖는다.

- 요청 유형: API 키라고도 불린다.
- 요청 버전: 브로커는 서로 다른 버전의 클라이언트로부터 요청을 받아 각각의 버전에 맞는 응답을 할 수 있다.
- Correlation ID: 각각의 요청에 붙는 고유한 식별자. 응답이나 에러 로그에도 포함된다(트러블슈팅에 사용할 수 있다).
- 클라이언트 ID: 요청을 보낸 애플리케이션을 식별하기 위해 사용한다.

프로토콜의 상세한 내용은 카프카 공식 문서https://kafka.apache.org/protocol.html에 기술되어 있으므로 여기서는 다루지 않을 것이다. 그러나 브로커의 내부에서 요청이 어떻게 처리되는지를 알아 두면 도움이 된다. 즉, 나중에 우리가 카프카를 모니터링하는 방법과 다양한 설정 옵션에 대해서 설명할 때, 모니터링 지표와 설정 매개변수들이 어떠한 큐와 스레드에 연관되는지에 대해 배경 지식이 되어줄 것이다.

브로커는 연결을 받는 각 포트별로 억셉터acceptor 스레드를 하나씩 실행시킨다. 억셉터 스레드는 연결을 생성하고 들어온 요청을 프로세서processor 스레드에 넘겨 처리하도록 한다. 프로세서 스레드(네트워크 스레드라고 부르기도 한다)의 수는 설정이 가능하다. 네트워크 스레드는 클라이언트 연결로부터 들어온 요청들을 받아서 요청 큐에 넣고, 응답 큐에서 응답을 가져다 클라이언트로 보낸다. 가끔은 클라이언트로 보낼 응답에 지연이 필요한 때가 있다. 즉, 컨슈머의 경우 브로커 쪽에 데이터가 준비되었을 때에만 응답을 보낼 수 있고, 어드민 클라이언트의 경우 토픽 삭제가 진행중인 상황에서만 `DeleteTopicrequest` 요청에 대한 응답을 보낼 수 있는 것이다. 지연된 응답들은 완료될 때까지 퍼거토리purgatory, https://www.confluent.io/blog/apache-kafka-purgatory-hierarchical-timing-wheels/에 저장된다. 그림 6-1은 이 과정을 보여준다.

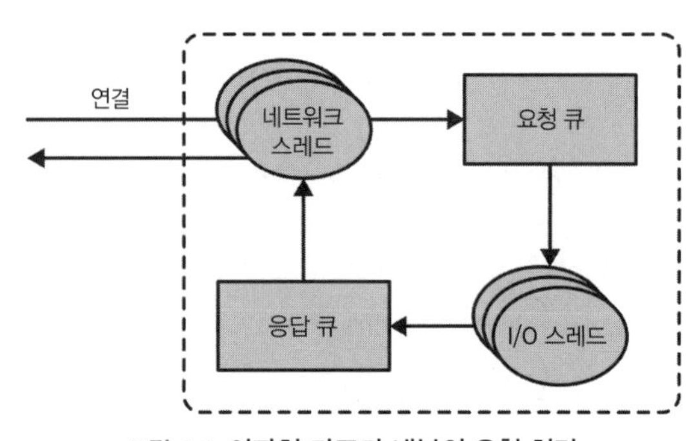

그림 6-1 **아파치 카프카 내부의 요청 처리**

일단 요청이 요청 큐에 들어오면, I/O 스레드('요청 핸들러Request Handler 스레드'라고도 불린다)가 요청을 가져와서 처리하는 일을 담당한다. 가장 일반적인 형태의 클라이언트 요청 유형은 다음과 같다.

쓰기 요청

카프카 브로커로 메시지를 쓰고 있는 프로듀서가 보낸 요청

읽기 요청

카프카 브로커로부터 메시지를 읽어오고 있는 컨슈머나 팔로워 레플리카가 보낸 요청

어드민 요청

토픽 생성이나 삭제와 같이 메타데이터 작업을 수행중인 어드민 클라이언트가 보낸 요청

쓰기 요청과 읽기 요청 모두 파티션의 리더 레플리카로 전송되어야 한다. 만약 브로커가 다른 브로커가 리더를 맡고 있는 파티션에 대한 쓰기 요청을 받을 경우, 쓰기 요청을 보낸 클라이언트는 'Not a Leader for Partition' 에러를 응답으로 받을 것이다. 해당 브로커가 리더를 맡고 있지 않은 파티션에 대한 읽기 요청을 받을 경우에도 동일한 에러가 발생한다. 카프카의 클라이언트는 요청에 맞는 파티션의 리더를 맡고 있는 브로커에 쓰기나 읽기 요청을 전송할 책임을 진다.

클라이언트는 어디로 요청을 보내야 하는지 어떻게 아는 것일까? 카프카 클라이언트는 메타데이터 요청이라 불리는 또 다른 유형의 요청을 사용한다. 이 요청은 클라이언트가 다루고자 하는 토픽들의 목록을 포함한다. 서버는 이 토픽들에 어떤 파티션들이 있고, 각 파티션의 레플리카에는 무엇이 있으며, 어떤 레플리카가 리더인지를 명시하는 응답을 리턴한다. 메타데이터 요청은 아무 브로커에나 보내도 상관이 없다. 모든 브로커들이 이러한 정보를 포함하는 메타데이터 캐시를 가지고 있기 때문이다.

클라이언트는 보통 이 정보를 캐시해 두었다가 이 정보를 사용해서 각 파티션의 리더 역할을 맡고 있는 브로커에 바로 쓰거나 읽는다. 클라이언트는 토픽 메타데이터가 변경될 경우에도 최신값을 유지해야 하는 만큼 때때로 새로운 메타데이터 요청을 보내서 이 정보를 새로고침할 필요가 있다(새로고침 간격은 `metadata.max.age.ms` 설정 매개변수로 조절 가능하다). 예를 들어서, 새 브로커가 추가되거나 일부 레플리카가 새 브로커로 이동한 경우가 여기에 해당한다(그림 6-2). 또한, 만약 클라이언트가 요청에 대해 'Not a Leader' 에러를 리턴받을 경우 요청을 재시도하기 전에 메타데이터 먼저 새로고침한다. 이 에러는 클라이언트가 이미 만료된 정보를 사용중이라는 것 그리고 잘못된 브로커에게 요청을 전송중이라는 것을 의미하기 때문이다.

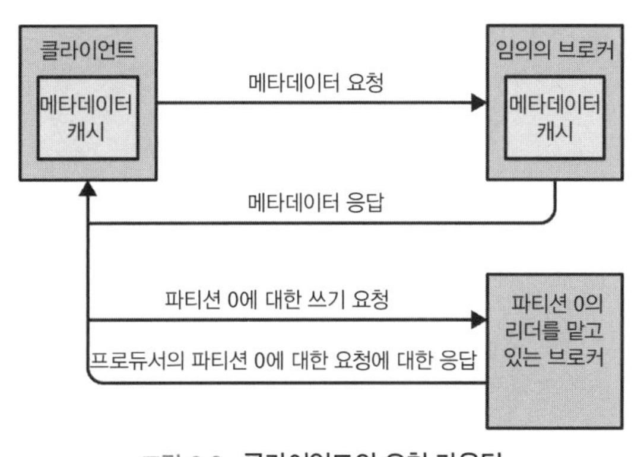

그림 6-2 **클라이언트의 요청 라우팅**

6.4.1 쓰기 요청

우리가 3장에서 보았듯이, `acks` 설정 매개변수는 쓰기 작업이 성공한 것으로 간주되기 전 메시지에 대한 응답을 보내야 하는 브로커의 수를 가리킨다. 어느 시점에서 메시지가 '성공적으로 쓰여졌다'라고 간주되는지는 프로듀서 설정을 통해 바꿀 수 있다.

- `acks=1`: 리더만이 메시지를 받았을 때
- `acks=all`: 모든 인-싱크 레플리카들이 메시지를 받았을 때
- `acks=0`: 메시지가 보내졌을 때. 즉, 브로커의 응답을 기다리지 않음

파티션의 리더 레플리카를 가지고 있는 브로커가 해당 파티션에 대한 쓰기 요청을 받게 되면 몇 가지 유효성 검증부터 한다.

- 데이터를 보내고 있는 사용자가 토픽에 대한 쓰기 권한을 가지고 있는가?
- 요청에 지정되어 있는 `acks` 설정값이 올바른가? (0, 1, 아니면 'all'만이 사용 가능)
- 만약 `acks` 설정값이 `all`로 잡혀 있을 경우, 메시지를 안전하게 쓸 수 있을 만큼 충분한 인-싱크 레플리카가 있는가? (현재 인-싱크 레플리카 수가 설정된 값 아래로 내려가면 새로운 메시지를 받지 않도록 브로커를 설정해 줄 수 있다. 이 기능에 대해서는 7장에서 카프카의 지속성, 신뢰성 보장에 대해 이야기하면서 더 자세히 논의한다.)

그러고 나서 브로커는 새 메시지들을 로컬 디스크에 쓴다. 리눅스의 경우 메시지는 파일시스템 캐시에 쓰여지는데, 이들이 언제 디스크에 반영될지에는 보장이 없다. 카프카는 데이터가 디스크에 저장될 때까지 기다리지 않는다. 즉, 메시지의 지속성을 위해 복제에 의존하는 것이다.

메시지가 파티션 리더에 쓰여지고 나면, 브로커는 acks 설정에 따라 응답을 내려보낸다. 만약 0이나 1로 설정되어 있다면 바로 응답을 내려보내지만, `all`로 설정되어 있다면 일단 요청을 퍼거토리라 불리는 버퍼에 저장한다. 그리고 팔로워 레플리카들이 메시지를 복제한 것을 확인한 다음에야 클라이언트에 응답을 돌려보낸다.

6.4.2 읽기 요청

브로커는 쓰기 요청이 처리되는 것과 매우 유사한 방식으로 읽기 요청을 처리한다. 클라이언트는 브로커에 토픽, 파티션 그리고 오프셋 목록에 해당하는 메시지들을 보내 달라는 요청을 보낸다. 대략 "Test 토픽의 파티션 0 오프셋 53부터의 메시지와 파티션 3의 오프셋 64부터의 메시지를 보내 주세요."라는 식이다. 클라이언트는 각 파티션에 대해 브로커가 리턴할 수 있는 최대 데이터의 양 역시 지정한다. 이것이 필요한 이유는, 클라이언트는 브로커가 되돌려준 응답을 담을 수 있을 정도로 충분

히 큰 메모리를 할당해야 하기 때문이다. 이러한 한도값이 없을 경우, 브로커는 클라이언트가 메모리 부족에 처할 수 있을 정도로 큰 응답을 보낼 수도 있는 것이다.

앞에서 우리가 논의한 것과 같이, 요청은 요청에 지정된 파티션들의 리더를 맡고 있는 브로커에 전송되어야 하며, 클라이언트는 읽기 요청을 정확히 라우팅할 수 있도록 필요한 메타데이터에 대한 요청을 보내게 된다. 요청을 받은 파티션 리더는 먼저 요청이 유효한지를 확인한다(지정된 오프셋이 해당 파티션에 존재하는지?). 만약 클라이언트가 너무 오래되어 파티션에서 삭제된 메시지나 아직 존재하지 않는 오프셋의 메시지를 요청할 경우 브로커는 에러를 응답으로 보내게 된다.

만약 오프셋이 존재한다면, 브로커는 파티션으로부터 클라이언트가 요청에 지정한 크기 한도만큼의 메시지를 읽어서 클라이언트에게 보내 준다. 카프카는 클라이언트에게 보내는 메시지에 제로카피 zero-copy 최적화를 적용하는 것으로 유명하다. 즉, 파일(좀 더 정확히 이야기하자면, 리눅스의 파일시스템 캐시)에서 읽어 온 메시지들을 중간 버퍼를 거치지 않고 바로 네트워크 채널로 보내는 것이다. 이 점이 클라이언트에게 데이터를 보내기 전에 로컬 캐시에 저장하는 대부분의 데이터베이스와의 차이점이다. 이 방식을 채택함으로써 데이터를 복사하고 메모리 상에 버퍼를 관리하기 위한 오버헤드가 사라지며, 결과적으로 성능이 향상된다.

브로커가 리턴할 수 있는 데이터 양의 상한을 지정하는 것에 더해서, 클라이언트는 리턴될 데이터의 양의 하한 역시 지정할 수 있다. 예를 들어서 하한을 10K로 잡아준다면, 클라이언트가 브로커에게 "보낼 데이터가 최소한 10K 바이트 쌓이면 결과를 리턴해라."라고 이야기하는 셈이 되는 것이다. 이것은 클라이언트가 트래픽이 그리 많지 않은 토픽들로부터 메시지를 읽어오고 있을 때 CPU와 네트워크 사용량을 감소시키는 좋은 방법이다. 클라이언트가 몇 밀리초마다 브로커에게 데이터 요청을 보내서 메시지가 몇 개만 들어 있거나 심지어 텅 빈 응답을 받는 대신, 클라이언트가 요청을 보냈을 때 브로커는 충분한 양의 데이터가 모일 때까지 기다린 뒤 리턴하면 그제서야 클라이언트가 추가 데이터를 요청하는 것이다(그림 6-3). 전체적으로는 같은 양의 데이터를 읽지만, 데이터를 주고받는 횟수는 훨씬 적으므로 오버헤드도 그만큼 적다.

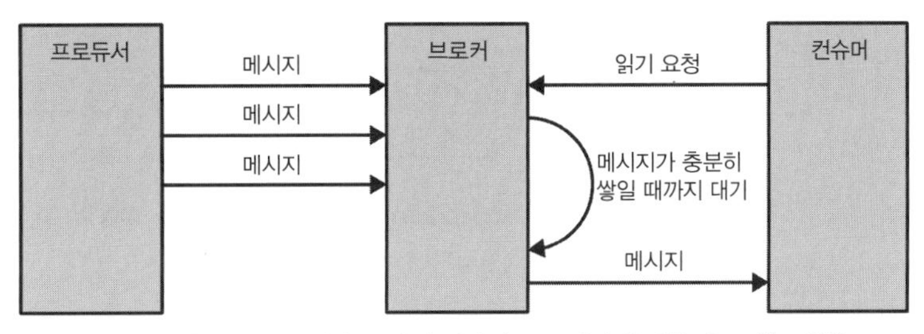

그림 6-3 **충분한 데이터가 누적될 때까지 브로커가 응답을 유보하는 상황**

물론 브로커가 충분한 데이터를 가질 때까지 클라이언트가 마냥 기다리기만 하는 것을 원하지는 않을 것이다. 시간이 조금 지난 후에는 있는 데이터라도 가져다 처리를 하는 편이 계속해서 기다리는 편보다 낫다. 따라서, 클라이언트 입장에서는 브로커에게 요청을 할 때 타임아웃 역시 지정해 줄 수 있다. 즉, "만약 *x*밀리초 안에 하한만큼의 데이터가 모이지 않으면 그냥 있는 것이라도 보내라."

파티션 리더에 존재하는 모든 데이터를 클라이언트가 읽을 수 있는 건 아니라는 걸 알아두자. 대부분의 클라이언트는 모든 인-싱크 레플리카에 쓰여진 메시지들만을 읽을 수 있을 뿐이다. (팔로워 레플리카들 역시 컨슈머이기는 하지만, 이 룰에서는 예외다. 그렇지 않으면 복제 기능이 작동하지 않을 것이다.) 앞에서 살펴본 것처럼, 파티션 리더는 어느 메시지가 어느 레플리카로 복제되었는지 알고 있으며, 특정 메시지가 모든 인-싱크 레플리카에 쓰여지기 전까지는 컨슈머들이 읽을 수 없다(이 메시지들을 읽으려 하면 에러가 발생하는 게 아니라 빈 응답이 리턴되게 된다).

이러한 작동의 이유는 다음과 같다. 충분한 수의 레플리카에 복제가 완료되지 않은 메시지는 '불안전한' 것으로 간주된다. 만약 리더에 크래시가 발생해서 다른 레플리카가 리더 역할을 이어받는다면, 이 메시지들은 더 이상 카프카에 존재하지 않게 된다. 만약 클라이언트가 이렇게 리더에만 존재하는 메시지들을 읽을 수 있도록 한다면, 크래시 상황에서 일관성이 결여될 수 있는 것이다. 예를 들어서, 컨슈머가 어떤 메시지를 읽은 상태에서 리더 브로커가 크래시 나고, 다른 브로커에 해당 메시지가 복제된 적이 없다면, 이 메시지는 사라진다. 이제 다른 컨슈머들 입장에서는 해당 메시지를 읽을 길이 없기 때문에 컨슈머들이 읽어 온 메시지들 사이에 불일치가 발생한다. 대신, 모든 인-싱크 레플리카가 메시지를 받을 때까지 기다긴 뒤에야 컨슈머가 읽을 수 있도록 한다(그림 6-4). 그렇기 때문에 어떠한 이유로 브로커 사이의 복제가 늦어지면, 새 메시지가 컨슈머에 도달하는 데 걸리는 시간도 길어진다(메시지 복제가 완료될 때까지 기다려야 하니까). 이렇게 지연되는 시간은 `replica.lag.time.max.ms` 설정값에 따라 제한된다. 이 값은 인-싱크 상태로 판정되는 레플리카가 새 메시지를 복제하는 과정에서 지연될 수 있는 최대 시간이기도 하다(즉, 이 시간 이상으로 지연되면 아웃-오브-싱크 레플리카가 된다).

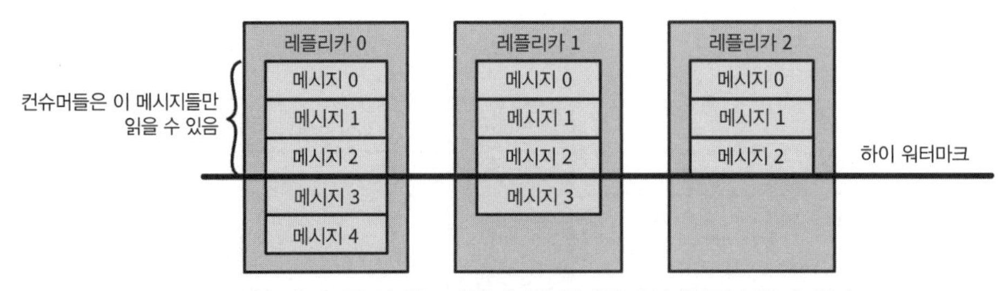

그림 6-4 **컨슈머는 모든 인-싱크 레플리카에 복제된 메시지들만 읽을 수 있다.**

컨슈머가 매우 많은 수의 파티션들로부터 이벤트를 읽어오는 경우가 있다. 이 경우 읽고자 하는 파티션의 전체 목록을 요청을 보낼 때마다 브로커에 전송하고, 다시 브로커는 모든 메타데이터를 돌려 보내는 방식은 매우 비효율적일 수 있다. 즉, 읽고자 하는 파티션의 집합이나 여기에 연관된 메타데이터는 여간해서는 잘 바뀌지 않는 데다가, 많은 경우 리턴해야 할 메타데이터가 그렇게 많지도 않다. 이러한 오버헤드를 최소화하기 위해 카프카는 읽기 세션 캐시fetch session cache를 사용한다. 컨슈머는 읽고 있는 파티션의 목록과 그 메타데이터를 캐시하는 세션을 생성할 수 있다. 세션이 한 번 생성되면, 컨슈머들은 더 이상 요청을 보낼 때마다 모든 파티션을 지정할 필요 없이 점진적으로 읽기 요청을 보낼 수 있다. 브로커는 변경 사항이 있는 경우에만 응답에 메타데이터를 포함하면 된다. 세션 캐시의 크기에도 한도가 있는 만큼 카프카는 팔로워 레플리카나 읽고 있는 파티션의 수가 더 많은 컨슈머를 우선시할 수밖에 없으며, 따라서 어떤 경우에는 캐시된 세션이 아예 생성되지 않거나 아니면 생성되었던 것이 해제될 수도 있다. 어떠한 경우에도 브로커는 적절한 에러를 클라이언트에게 리턴하고, 컨슈머는 사용자가 개입하지 않아도 알아서 모든 파티션 메타데이터를 포함하는 읽기 요청을 보낼 것이다.

6.4.3 기타 요청

지금까지 우리는 가장 일반적인 형태의 카프카 클라이언트 요청들에 대해서 살펴보았는데, 바로 메타데이터, 쓰기 그리고 읽기다. 카프카 프로토콜은 현재 61개의 서로 다른 요청 유형https://kafka.apache.org/protocol.html#protocol_api_keys을 정의하고 있으며, 앞으로도 더 늘어날 것이다. 여기서 컨슈머가 그룹 생성, 읽기 조정, 컨슈머 그룹 관리 등에 사용하는 것만 15개다. 메타데이터 관리나 보안에 연관된 요청들 역시 많이 있다.

여기에 더해서, 카프카 브로커들 사이의 통신을 위해서도 동일한 프로토콜이 사용된다. 이 요청들은 카프카 클러스터 내부에서 사용되는 것이기 때문에 클라이언트에서는 사용되지 말아야 한다. 예를 들어서, 파티션에 새로운 리더가 뽑혔다는 사실을 컨트롤러가 브로커들에게 알릴 때는 새로운 리더와 팔로워들에게 `LeaderAndIsr` 요청을 보내서 새 리더는 클라이언트 요청을 받도록, 팔로워는 리더를 팔로우하도록 한다.

이 프로토콜은 지금도 진화중인데, 카프카 커뮤니티가 클라이언트 기능을 추가함에 따라 이를 지원하기 위한 프로토콜도 함께 추가되기 때문이다. 예를 들어서, 예전에는 클라이언트는 카프카로부터 받은 메시지의 오프셋을 기록하기 위해 아파치 주키퍼를 직접 사용했다. 그래서 컨슈머가 시작되면 일단 주키퍼에서 마지막으로 파티션에서 읽어 온 오프셋을 확인함으로써 처리를 시작해야 할 지점을 알아낼 수 있었다. 여러 이유로 인해 커뮤니티는 이러한 용도로 주키퍼를 사용하는 것을 중단하고, 대신에 특별한 카프카 토픽에 해당 오프셋들을 저장하기로 했다. 이를 위해 기여자들이 프로토콜에 몇 개의 요청(OffsetCommit, OffsetFetch, ListOffsets)을 추가했다. 이제 애플리케이션이 컨슈머 오프셋을 커밋하기 위해 클라이언트 API를 호출할 경우, 클라이언트는 더 이상 주키퍼에 오프셋을 쓰지 않는다. 대신, 카프카에 OffsetCommit 요청을 보낸다.

원래 토픽을 생성할 때는 주키퍼에 저장된 토픽 목록을 직접 업데이트하는 명령줄 툴을 사용해야 했다. 이후 카프카 커뮤니티는 카프카의 메타데이터를 관리하기 위한 CreateTopic 요청 등을 추가했다. 자바 애플리케이션은 5장에서 설명할 카프카의 AdminClient를 사용해서 이러한 메타데이터 작업을 수행할 수 있다. 이러한 작업들이 이제는 카프카 프로토콜의 일부인 만큼, 주키퍼 라이브러리가 없는 언어에서 작성된 클라이언트들 역시 카프카 브로커에 바로 연결해서 토픽을 생성할 수 있다.

새로운 요청 유형을 추가함으로써 프로토콜을 진화시키는 것 외에도, 카프카 개발자들은 이미 존재하던 요청을 수정해서 새로운 기능을 추가하기도 한다. 예를 들어서, 카프카 0.9.0와 0.10.0 사이 우리는 어느 브로커가 현재 컨트롤러를 맡고 있는지에 대한 정보를 메타데이터 요청에 대한 응답에 추가함으로써 클라이언트가 알 수 있도록 하기로 결정했다. 결과적으로, 새 버전 메타데이터 요청과 응답이 추가된 것이다. 이제 0.9.0 클라이언트는 (버전 1은 0.9.0 클라이언트에 없으니까) 계속해서 버전 0 메타데이터 요청을 사용하는 반면 브로커는 0.9.0이건 0.10.0이건 컨트롤러 정보가 포함되어 있지 않은 버전 0 응답을 내려준다. 즉, 0.9.0 클라이언트들은 응답에서 컨트롤러 정보 자체를 기대하지도 않고 버전 1 응답을 파싱할 줄도 모르므로 이렇게 작동해도 상관없다. 만약 0.10.0 클라이언트를 사용중이라면, 이것은 버전 1 메타데이터 요청을 보낼 것이고 0.10.0 브로커 역시 컨트롤러 정보를 담은(그리고 버전 0.10.0 클라이언트가 사용할 수 있는) 버전 1 응답을 내려보내 줄 것이다. 만약 0.10.0 클라이언트가 0.9.0 브로커에 버전 1 메타데이터 요청을 보낸다면, 브로커는 이 요청을 어떻게 처리해야 할 지 모르기 때문에 에러를 발생시킬 것이다. 이것이 우리가 클라이언트를 업데이트하기 전에 브로커들을 먼저 업그레이드하길 권장하는 이유이기도 하다(새 브로커는 예전 요청을 처리할 수 있지만, 그 반대는 아니다).

버전 0.10.0에서, 카프카 커뮤니티는 클라이언트가 브로커에 각 요청의 지원되는 버전에 대해 질의할 수 있도록 해주는(그리고 올바른 버전을 사용할 수 있도록 해주는) ApiVersion 요청을 추가했다. 이 새로 추가된 기능을 사용하는 클라이언트는 연결하고 있는 브로커가 지원하는 버전의 프로토콜을 사용함으로써 오래 된 브로커와 통신할 수 있다. 현재는 클라이언트 입장에서는 브로커에서 어떤 기능이 지원되는지를 알아낼 수 있도록 하고 브로커 입장에서는 특정 버전에 탑재된 기능을 차단할 수 있도록 해주는 API를 추가하는 작업이 진행중이다. 이 개선점은 KIP-584https://cwiki.apache.org/confluence/display/KAFKA/KIP-584%3A+Versioning+scheme+for+features에서 제안되었으며, 이 책을 쓰는 시

점에서는 아마도 3.0.0에 탑재될 것으로 보인다.[22]

6.5 물리적 저장소

카프카의 기본 저장 단위는 파티션 레플리카이다. 파티션은 서로 다른 브로커들 사이에 분리될 수 없으며, 같은 브로커의 서로 다른 디스크에 분할 저장되는 것조차 불가능하다. 따라서 파티션의 크기는 특정 마운트 지점에 사용 가능한 공간에 제한을 받는다고 볼 수 있다. (하나의 마운트 지점은 하나의 디스크가 될 수도 있지만, JBOD 설정이 사용될 경우엔 다수의 디스크가 될 수도 있다. RAID를 사용중이라면 2장을 참고하라.)

카프카를 설정할 때는 운영자가 파티션들이 저장될 디렉토리 목록을 정의한다. 이것은 `log.dirs` 매개변수에 지정된다(log4j.properties 파일에 정의되는, 에러 로그 등을 저장되는 디렉토리와 혼동하지 말자). 카프카가 사용할 각 마운트 지점별로 하나의 디렉토리를 포함하도록 설정하는 것이 일반적이다.

지금부터 카프카가 데이터를 저장하기 위해 사용 가능한 디렉토리들을 어떻게 활용하는지를 살펴보도록 하자. 우선, 데이터가 클러스터 안의 브로커, 브로커 안의 디렉토리에 할당되는 방식 먼저 알아본다. 그러고 나서 브로커가 파일을 관리하는 방법(특히, 보존 기한 관련 보장이 처리되는 방식)을 설명할 것이다. 그 다음엔 파일 내부로 초점을 옮겨 (데이터가 저장되는) 파일과 인덱스의 형식에 대해 살펴볼 것이다. 마지막으로 카프카를 장시간용 데이터 저장소로 사용할 수 있게 해주는 고급 기능인 로그 압착log compaction 기능을 설명하고 작동 원리를 알아볼 것이다.

6.5.1 계층화된 저장소

2018년 말부터, 아파치 카프카 커뮤니티는 카프카에 계층화된 저장소tiered storage 기능을 추가하기 위한 작업을 시작하였다. 이 프로젝트는 현재 진행중이지만, 버전 3.0에 탑재될 예정이다.[23]

이 프로젝트의 동기는 꽤나 단순하다. 카프카는 (초당 생성되는 양이 많아서 그렇든 오랫동안 보존해서 그렇든 간에) 현재 대량의 데이터를 저장하기 위한 목적으로 사용되고 있다. 이것은 다음과 같은 문제를 야기한다.

22 옮긴이 이 책을 번역하는 3.4.0 시점에서 아직 탑재되지 않았다.

23 옮긴이 이 기능은 Uber의 개발자들이 주도하고 있는 KIP-405(https://cwiki.apache.org/confluence/display/KAFKA/KIP-405:+Kafka+Tiered+Storage)에서 제안되었으나, 이 책을 번역하는 3.4.0 시점에서 아직 탑재되지 않았다. 상용 버전인 컨플루언트 플랫폼에서는 6.0 이후 버전부터 사용이 가능하다.

- 파티션별로 저장 가능한 데이터에는 한도가 있다. 결과적으로, 최대 보존 기한과 파티션 수는 제품의 요구 조건이 아닌 물리적인 디스크 크기에도 제한을 받는다.
- 디스크와 클러스터 크기는 저장소 요구 조건에 의해 결정된다. 지연과 처리량이 주 고려사항일 경우 클러스터는 필요한 것 이상으로 커지는 경우가 많다. 이는 곧 비용으로 직결된다.
- 예를 들어서 클러스터의 크기를 키우거나 줄일 때, 파티션의 위치를 다른 브로커로 옮기는 데 걸리는 시간은 파티션의 크기에 따라 결정된다. 파티션의 크기가 클수록 클러스터의 탄력성은 줄어든다. 클라우드 환경의 유연한 옵션을 활용할 수 있도록 최대한의 탄력성을 가지는 것이 아키텍처 설계의 추세다.

계층화된 저장소 기능에서는 카프카 클러스터의 저장소를 로컬과 원격, 두 계층으로 나눈다. 로컬 계층은 현재의 카프카 저장소 계층과 똑같이 로컬 세그먼트를 저장하기 위해 카프카 브로커의 로컬 디스크를 사용한다. 새로운 원격 계층은 완료된 로그 세그먼트를 저장하기 위해 HDFS나 S3와 같은 전용 저장소 시스템을 사용한다.

사용자는 계층별로 서로 다른 보존 정책을 설정할 수 있다. 로컬 저장소가 리모트 계층 저장소에 비해 훨씬 비싼 것이 보통이므로 로컬 계층의 보존 기한은 대개 몇 시간 이하로 설정하고, 원격 계층의 보존 기한은 그보다 길게(며칠이나 몇 달로) 설정하는 것이다.

로컬 저장소는 원격 저장소에 비해 지연이 훨씬 짧다. 지연에 민감한 애플리케이션들은 로컬 계층에 저장되어 있는 최신 레코드를 읽어오는 만큼, 데이터를 전달하기 위해 페이지 캐시를 효율적으로 활용하는 카프카의 메커니즘에 의해 문제없이 작동한다. 빠진 처리 결과를 메꾸는 작업이나 장애에서 복구되고 있는 애플리케이션들은 로컬 계층에 있는 것보다 더 오래된 데이터를 필요로 하는 만큼 원격 계층에 있는 데이터가 전달된다.

계층화된 저장소 기능의 이중화된 구조 덕분에 카프카 클러스터의 메모리와 CPU에 상관없이 저장소를 확장할 수 있다. 이에 따라 카프카는 장기간용 저장 솔루션으로서의 역할을 할 수 있게 되었다. 카프카 브로커에 로컬 저장되는 데이터의 양 역시 줄어들며, 복구와 리밸런싱 과정에서 복사되어야 할 데이터의 양 역시 줄어든다. 원격 계층에 저장되는 로그 세그먼트들은 굳이 브로커로 복원될 필요 없이 원격 계층에서 바로 클라이언트로 전달된다. 모든 데이터가 브로커에 저장되는 것은 아닌 만큼, 보존 기한을 늘려잡아 주더라도 더 이상 카프카 클러스터 저장소를 확장하거나 새로운 노드를 추가해 줄 필요가 없다. 동시에, 전체 데이터 보존 기한 역시 더 길게 잡아줄 수 있다. 즉, 지금 흔히들 하고 있는 것처럼 카프카의 데이터를 외부 저장소로 복사하는 별도의 데이터 파이프라인을 구축할 필요가 없어지는 것이다.

계층화된 저장소의 설계에 대해서는 KIP-405https://cwiki.apache.org/confluence/display/KAFKA/KIP-405:+Kafka+Tiered+Storage에서 자세한 내용을 볼 수 있다. 이 문서에서는 새로운 컴포넌트인 RemoteLogManager가 무엇인지, 레플리카의 리더 데이터 복제 기능이나 리더 선출과 같은 기존 기능과 어떻게 상호작용하는지에 대해서도 다룬다.

KIP-405에 기술된 것 중 재미있는 결과 하나는 계층화된 저장소의 도입으로 인한 성능 변화다. 이 기능을 개발하던 팀은 여러 활용 사례에 대해 성능을 측정하였다. 첫 번째는 상시적으로 막대한 작업 부하가 걸린 상황에서 실행되었다. 이 경우, 브로커들이 원격 저장소로 로그 세그먼트를 전송해야 하는 만큼 지연이 약간 증가했다(p99값이 21밀리초에서 25밀리초로 증가함). 두 번째는 일부 컨슈머들이 오래된 데이터를 읽어 오는 상황이었다. 계층화된 저장소가 설정되지 않은 상태에서 컨슈머가 오래된 데이터를 읽어 오는 것은 지연에 큰 영향을 미치지만(p99 기준, 21밀리초에서 60밀리초), 이 기능을 활성화할 경우 오히려 영향이 줄어든다(p99 기준, 25밀리초에서 42밀리초). 계층화된 저장소는 네트워크 경로를 통해서 HDFS나 S3에서 데이터를 읽어오기 때문이다. 네트워크 읽기는 로컬 읽기와 디스크 I/O나 페이지 캐시를 놓고 경합할 일이 없기 때문에 페이지 캐시는 온전히 새 데이터를 읽고 쓰는 데 사용될 수 있다.

즉, 계층화된 저장소 기능은 무한한 저장 공간, 더 낮은 비용, 탄력성뿐만 아니라 오래 된 데이터와 실시간 데이터를 읽는 작업을 분리시키는 기능이 있다.

6.5.2 파티션 할당

사용자가 토픽을 생성하면, 카프카는 우선 이 파티션을 브로커 중 하나에 할당한다. 만약 브로커가 6개 있고 여기에 파티션이 10개, 복제 팩터가 3인 토픽을 생성하기로 했다고 하자. 이제 카프카는 30개의 파티션 레플리카를 6개의 브로커에 할당해 줘야 한다. 파티션을 할당할 때 목표는 다음과 같다.

- 레플리카들을 가능한 한 브로커 간에 고르게 분산시킨다(이 경우에는 브로커별로 5개의 레플리카를 할당해 줘야 한다).
- 각 파티션에 대해 각각의 레플리카는 서로 다른 브로커에 배치되도록 한다. 만약 파티션 0의 리더가 브로커 2에 있다면, 팔로워들은 브로커 3과 4에 배치될 수 있다. 하지만 브로커 2에 팔로워가 또 배치되거나(즉 브로커 2에 리더와 팔로워가 하나씩 함께 배치), 브로커 3에 팔로워 두 개가 함께 배치될 수는 없다.
- 만약 브로커에 랙 정보가 설정되어 있다면(카프카 버전 0.10.0 이상에서 가능하다), 가능한 한 각 파티션의 레플리카들을 서로 다른 랙에 할당한다. 이렇게 하면 하나의 랙 전체가 작동 불능에 빠지더라도 파티션 전체가 사용 불능에 빠지는 사태를 방지할 수 있다.

이렇게 하기 위해 여기서는 임의의 브로커(4라고 하자)부터 시작해서 각 브로커에 라운드 로빈round robin 방식으로 파티션을 할당함으로써 리더를 결정한다. 이렇게 되면 브로커가 6대니까, 파티션 0의 리더는 브로커 4에, 파티션 1의 리더는 브로커 5에, 파티션 2의 리더는 0에 하는 식으로 할당된다. 그러고 나서 각 파티션의 레플리카는 리더로부터 증가하는 순서로 배치한다. 파티션 0의 리더가 브로커 4에 배치되어 있다면 첫 번째 팔로워는 브로커 5에, 두 번째 팔로워는 브로커 0에 배치하는 것이다. 마찬가지로 파티션 1의 리더는 브로커 5에, 첫 번째 팔로워는 브로커 0에, 두 번째는 브로커 1에 배치한다.

만약 랙 인식 기능을 고려할 때는 단순히 순서대로 브로커를 선택하는 대신, 서로 다른 랙의 브로커가 번갈아 선택되도록 순서를 정해야 한다. 우리가 브로커 0과 1이 같은 랙에 있고 2와 3은 서로 다른 랙에 있다는 걸 알고 있다고 가정해 보자. 0부터 3까지의 순서로 브로커를 선택하는 대신 0, 2, 1, 3과 같은 순서로 선택할 수 있다. 즉, 각 브로커는 다른 랙에 있는 브로커 다음에 온다(그림 6-5). 이 경우, 파티션 0의 리더가 브로커 2에 할당된다면 첫 번째 팔로워는 완전히 다른 랙에 위치한 브로커 1에 할당된다. 이것은 매우 좋은 방법인데, 첫 번째 랙이 오프라인이 되더라도 여전히 작동 가능한 레플리카가 있는 만큼 파티션은 여전히 사용 가능하기 때문이다. 이것은 모든 레플리카에도 마찬가지이므로, 우리는 랙에 장애가 발생할 경우에도 가용성을 보장할 수 있다.

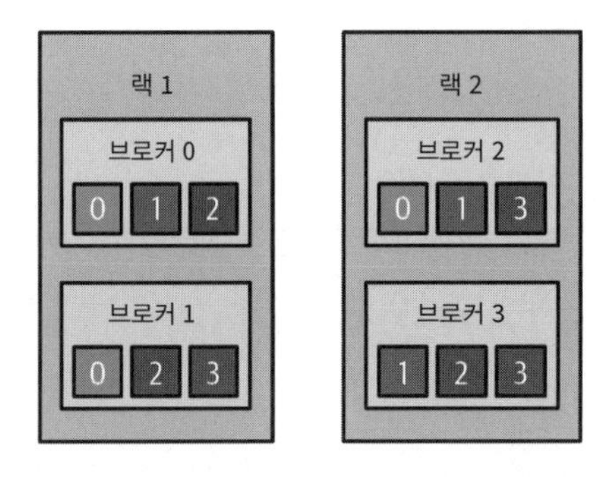

그림 6-5 **서로 다른 랙에 있는 브로커들에 할당된 파티션과 레플리카**

각 파티션과 레플리카에 올바른 브로커를 선택했다면, 새 파티션을 저장할 디렉토리를 결정해야 한다. 이 작업은 파티션별로 독립적으로 수행되며, 규칙은 매우 간단하다. 즉, 각 디렉토리에 저장되어 있는 파티션의 수를 센 뒤, 가장 적은 파티션이 저장된 디렉토리에 새 파티션을 저장하는 것이다. 이는 만약 새로운 디스크를 추가할 경우, 모든 새 파티션들은 이 디스크에 생성될 것이라는 것을 의미한다. 균형이 잡힐 때까지는 새 디스크가 항상 가장 적은 수의 파티션을 보유하기 때문이다.

디스크 공간에 주의

파티션을 브로커에 할당해 줄 때 사용 가능한 공간이나 현재 부하 같은 것은 고려되지 않는다는 점, 파티션을 디스크에 할당해 줄 때 디스크에 저장된 파티션의 수만이 고려될 뿐 크기는 고려되지 않는다는 점을 명심하라. 즉, 어떤 브로커들이 다른 것들에 비해 더 공간이 많이 남았다면 (아마도 클러스터 안에 오래 된 서버와 새 서버들이 섞여 있는 탓에) 몇몇 파티션들이 비정상적으로 크거나, 같은 브로커에 서로 다른 크기의 디스크들이 장착되어 있거나 할 수 있으므로 파티션 할당에 주의할 필요가 있다.

6.5.3 파일 관리

보존은 카프카에 있어서 중요한 개념인데, 카프카는 영구히 데이터를 저장하지도, 데이터를 지우기 전에 모든 컨슈머들이 메시지를 읽어갈 수 있도록 기다리지도 않는다. 대신, 카프카 운영자는 각각의 토픽에 대해 보존 기한retention period을 설정할 수 있다. 즉, "이만큼 오래된 메시지는 지운다" 혹은 "이 용량이 넘어가면 지운다"와 같은 것을 설정할 수 있는 것이다.

큰 파일에서 삭제해야 할 메시지를 찾아서 지우는 작업은 시간이 오래 걸릴 뿐만 아니라 에러의 가능성도 높기 때문에, 우리는 대신에 하나의 파티션을 여러 개의 세그먼트로 분할하기로 했다. 기본적으로, 각 세그먼트는 1GB의 데이터 혹은 최근 1주일치의 데이터 중 적은 쪽만큼을 저장한다. 카프카가 파티션 단위로 메시지를 쓰는 만큼 각 세그먼트 한도가 다 차면 세그먼트를 닫고 새 세그먼트를 생성한다.

현재 쓰여지고 있는 세그먼트를 액티브 세그먼트active segment라 부른다. 액티브 세그먼트는 어떠한 경우에도 삭제되지 않기 때문에, 로그 보존 기한을 하루로 설정했는데 각 세그먼트가 5일치의 데이터를 저장하고 있을 경우, 실제로는 5일치의 데이터가 보존되게 된다. 세그먼트가 닫히기 전까지는 데이터를 삭제할 수도 없기 때문이다. 만약 데이터를 1주일간 보존하도록 설정하고 매일 새 세그먼트를 생성한다면, 매일 가장 오래 된 세그먼트 하나가 삭제되고 대신 새로운 세그먼트가 하나 생기는 것을 보게 될 것이다. 따라서 대부분의 시간 동안 파티션은 7개의 세그먼트를 보유하게 될 것이다.

2장에서 배운 것과 같이, 카프카 브로커는 각 파티션의 모든 세그먼트에 대해 파일 핸들을 연다(액티브 세그먼트가 아닌 세그먼트들도 예외는 아니다). 이것 때문에 사용중인 파일 핸들 수가 매우 높게 유지될 수 있는 만큼 운영체제 역시 여기에 맞춰서 튜닝해 줄 필요가 있다.

6.5.4 파일 형식

각 세그먼트는 하나의 데이터 파일 형태로 저장된다. 파일 안에는 카프카의 메시지와 오프셋이 저장된다. 디스크에 저장되는 데이터의 형식은 사용자가 프로듀서를 통해서 브로커로 보내는, 그리고 나중에 브로커로부터 컨슈머로 보내지는 메시지의 형식과 동일하다. 네트워크를 통해 전달되는 형식과 디스크에 저장되는 형식을 통일함으로써 카프카는 컨슈머에 메시지를 전송할 때 제로카피 최적화를 달성할 수 있으며, 프로듀서가 이미 압축한 메시지들을 압축 해제해서 다시 압축하는 수고 역시 덜 수 있다. 결과적으로, 만약 우리가 메시지 형식을 변경하고자 한다면, 네트워크 프로토콜과 디스크 저장 형식이 모두 변경되어야 하며 카프카 브로커들은 업그레이드로 인해 2개의 파일 형식이 뒤섞여 있는 파일을 처리할 방법을 알아야 한다.

카프카 메시지는 사용자 페이로드payload와 시스템 헤더, 두 부분으로 나누어진다. 사용자 페이로드는 키값(선택사항)과 밸류값, 헤더 모음(선택사항)을 포함한다. 각각의 헤더는 자체적인 키/밸류 순서쌍이다.

버전 0.11(그리고 v2 메시지 형식)부터, 카프카 프로듀서는 언제나 메시지를 배치 단위로 전송한다. 만약 하나의 메시지만을 보내고자 할 경우 배치는 약간의 오버헤드를 발생시킨다. 하지만 배치당 2개 이상의 메시지를 보낼 경우, 메시지를 배치 단위로 묶음으로써 공간을 절약하게 되는 만큼 네트워크 대역폭과 디스크 공간을 덜 사용하게 된다. 이것은 카프카가 `linger.ms=10` 설정을 잡아 주었을 때 더 성능이 좋아지는 이유 중 하나이기도 하다(약간의 딜레이를 추가함으로써 더 많은 메시지들이 같은 배치로 묶일 확률을 증가시키는 것이다). 카프카가 파티션별로 별도의 배치를 생성하는 만큼, 더 적은 수의 파티션에 쓰는 프로듀서가 더 효율적이다. 카프카 프로듀서가 같은 쓰기 요청에 여러 개의 배치를 포함할 수 있다는 점을 기억하라. 즉, 프로듀서에서 압축 기능을 사용할 경우(강력 추천) 더 큰 배치를 전송할수록 네트워크를 통해 전송되고 브로커의 디스크에 저장되는 데이터가 더 잘 압축된다는 이야기도 된다.

메시지 배치 헤더에는 다음과 같은 것들이 포함된다.

- 메시지 형식의 현재 버전을 가리키는 매직 넘버(여기서는 v2를 기준으로 설명)
- 배치에 포함된 첫 번째 메시지의 오프셋과 마지막 오프셋과의 차이(이 값들은 나중에 배치가 압착되어 일부 메시지가 삭제되더라도 보존됨). 프로듀서가 배치를 생성해서 전송하는 시점에서는 첫 번째 메시지의 오프셋이 0이 된다. 이 배치를 처음으로 저장하는 브로커(즉, 파티션 리더)가 이 값을 실제 오프셋으로 교체한다.
- 첫 번째 메시지의 타임스탬프와 배치에서 가장 큰 타임스탬프. 타임스탬프 유형이 생성 시각create time이 아닌 추가 시각append time으로 잡혀 있을 경우, 브로커가 타임스탬프를 잡아주게 된다.
- 바이트 단위로 표시된 배치의 크기

- 해당 배치를 받은 리더의 에포크 값. 이 값은 새 리더가 선출된 뒤 메시지를 절삭할 때 사용된다. 자세한 사용법은 KIP-101https://cwiki.apache.org/confluence/display/KAFKA/KIP-101+-+Alter+Replication+Protocol+to+use+Leader+Epoch+rather+than+High+Watermark+for+Truncation과 KIP-279https://cwiki.apache.org/confluence/display/KAFKA/KIP-279%3A+Fix+log+divergence+between+leader+and+follower+after+fast+leader+fail+over를 참고하자.
- 배치가 오염되지 않았음을 확인하기 위한 체크섬
- 서로 다른 속성을 표시하기 위한 16비트: 압축 유형, 타임스탬프 유형(타임스탬프를 클라이언트가 지정할 수도 있고 브로커가 지정할 수도 있음), 배치가 트랜잭션의 일부 혹은 컨트롤 배치control batch인지의 여부
- 프로듀서 ID, 프로듀서 에포크, 그리고 배치의 첫 번째 시퀀스 넘버: 이들은 모두 '정확히 한 번' 보장을 위해 사용된다.
- 배치에 포함된 메시지들의 집합

여기서 볼 수 있는 것처럼, 배치 헤더는 많은 정보를 포함한다. 각각의 레코드 역시 자체적인 시스템 헤더를 가지고 있다(사용자가 지정해 줄 수 있는 헤더와 혼동하지 말자). 각각의 레코드는 다음과 같은 정보를 포함한다.

- 바이트 단위로 표시된 레코드의 크기
- 속성: 현재로서 레코드 단위 속성은 없기 때문에 사용되지 않는다.
- 현재 레코드의 오프셋과 배치 내 첫 번째 레코드의 오프셋과의 차이
- 현재 레코드의 타임스탬프와 배치 내 첫 번째 레코드의 타임스탬프와의 차이(밀리초)
- 사용자 페이로드: 키, 밸류 그리고 헤더

각 레코드에는 거의 오버헤드가 없으며, 대부분의 시스템 정보는 배치 단위에서 저장되어 있다는 점에 주목하기 바란다. 배치의 첫 번째 오프셋과 타임스탬프를 헤더에 저장하고 각각의 레코드에 대해서는 차이만 저장함으로써 각 레코드의 오버헤드를 극적으로 줄일 수 있으며, 배치가 더 커질수록 효율성 역시 더 높아진다.

사용자 데이터를 저장하는 메시지 배치 외에도, 카프카에는 컨트롤 배치가 있다. 이러한 배치들은 예를 들어서, 트랜잭션 커밋 등을 가리킨다. 이들은 컨슈머가 받아서 처리하기 때문에 사용자 애플리케이션 관점에서는 보이지 않으며, 현재로서는 버전과 타입 정보만을 포함한다(0은 중단된 트랜잭션이고, 1은 커밋이다).

만약 이 모든 내용물들을 직접 보고 싶다면, 카프카 브로커에 포함되어 있는 DumpLogSegment툴을 사용하자. 이 툴은 파일시스템에 저장된 파티션 세그먼트를 읽고 내용물을 확인할 수 있게 해 준다. 다음과 같이 실행시킬 수 있다.

```
$ bin/kafka-run-class.sh kafka.tools.DumpLogSegments
```

만약 --deep-iteration 매개변수를 선택해 준다면, 래퍼 메시지wrapper message 안에 압축되어 있는 메시지들에 대한 정보 역시 보여줄 것이다.

메시지 형식 다운 컨버전(Down Conversion)

앞서 설명한 메시지 형식은 버전 0.11에서 도입된 것이다. 카프카는 모든 클라이언트가 업그레이드되기 전에 브로커를 업그레이드할 수 있도록 하는 만큼 서로 다른 브로커, 프로듀서, 컨슈머 조합을 지원해야 했다. 대부분의 조합은 별 문제없이 돌아간다. 즉, 신버전 브로커는 구버전 프로듀서가 보내온 옛 메시지 형식을 읽을 수 있고, 신버전 프로듀서들은 구버전 브로커에 옛 메시지 형식으로 메시지를 보낼 수 있다. 하지만 신버전 프로듀서가 신버전 브로커에 v2 형식 메시지를 전송할 때 문제가 되는 상황이 있다. 즉, 메시지는 v2 형식으로 저장되었는데 v2 형식을 지원하지 않는 구버전 컨슈머가 읽으려고 하는 경우다. 이 경우, 브로커는 v2 형식 메시지를 v1 형식으로 변환해서 컨슈머가 파싱할 수 있도록 해 줘야 할 것이다. 이러한 변환 작업은 일반적인 읽기 작업에 비해 훨씬 많은 CPU와 메모리 자원을 사용하므로 가능하면 피하는 것이 좋다. KIP-188(https://cwiki.apache.org/confluence/display/KAFKA/KIP-188+-+Add+new+metrics+to+support+health+checks)에서는 FetchMessageConversionsPerSec, MessageConversionsTimeMs를 포함한 몇 개의 중요한 상태 지표를 도입했다. 만약 조직이나 회사에서 여전히 구형 클라이언트를 사용하고 있다면, 가능하면 빨리 지표들을 확인해 보고 클라이언트를 업그레이드하길 권장한다.

6.5.5 인덱스

카프카는 컨슈머가 임의의 사용 가능한 오프셋에서부터 메시지를 읽어오기 시작할 수 있도록 한다. 즉, 만약 컨슈머가 오프셋 100에서부터 시작되는 1MB 어치의 메시지를 요청할 경우, 브로커는 오프셋 100에 해당하는 메시지가 저장된 위치(파티션의 어느 세그먼트에도 있을 수 있다)를 빠르게 찾아서 해당 오프셋에서부터 메시지를 읽기 시작할 수 있어야 한다. 브로커가 주어진 오프셋의 메시지를 빠르게 찾을 수 있도록 하기 위해 카프카는 각 파티션에 대해 오프셋을 유지한다. 이 인덱스는 오프셋과 세그먼트 파일 및 그 안에서의 위치를 매핑한다.

이와 유사하게, 카프카는 타임스탬프와 메시지 오프셋을 매핑하는 또 다른 인덱스를 가지고 있다. 이 인덱스는 타임스탬프를 기준으로 메시지를 찾을 때 사용된다. 카프카 스트림즈는 타임스탬프 기준 메시지 검색을 광범위하게 사용하며, 몇몇 장애 복구 상황에서도 유용하게 사용될 수 있다.

인덱스들 역시 세그먼트 단위로 분할된다. 따라서, 메시지를 삭제할 때 오래 된 인덱스 항목 역시 삭제할 수 있다. 카프카는 인덱스에 체크섬을 유지하거나 하지 않는다. 만약 인덱스가 오염될 경우, 해당하는 로그 세그먼트에 포함된 메시지들을 다시 읽어서 오프셋과 위치를 기록하는 방식으로 재생성된다. 따라서 필요한 경우, 운영자가 인덱스 세그먼트를 삭제해도 완벽하게 안전하다(복구 시간이 길어질 수 있다는 점을 빼면). 어차피 자동으로 다시 생성되기 때문이다.

6.5.6 압착

대개 카프카는 설정된 기간 동안만 메시지를 저장하며, 보존 시간이 지나간 메시지들은 삭제한다. 하지만 예를 들어서, 고객의 배송지 주소를 저장하기 위해 카프카를 사용한다고 생각해 보자. 이 경우, 각 고객의 주소 변경 내역 중 가장 마지막의 것만 저장하는 것이 지난 1주일 동안, 혹은 1년 동안의 변경 내역 데이터를 저장하는 것보다 더 합리적이다. 이렇게 하면 오래 된 주소에 대해 신경 쓸 필요가 없으면서도 한동안 주소를 바꾸지 않은 사용자의 주소를 여전히 유지할 수 있다. 또 다른 예로는 현재 상태를 저장하기 위해 카프카를 사용하는 애플리케이션을 생각할 수 있다. 상태가 변할 때마다 애플리케이션은 새 상태를 카프카에 쓴다. 크래시가 발생한 뒤 복구 과정에서 애플리케이션은 이 메시지들을 카프카에서 읽어 와서 최근 상태를 복원한다. 이 경우, 중요한 것은 애플리케이션이 돌아가는 와중에 발생한 모든 상태 변경이 아닌 크래시 나기 직전의 마지막 상태다.

카프카는 두 가지 보존 정책을 허용함으로써 앞에서 이야기한 활용 사례들을 모두 지원한다. 삭제delete 보존 정책에서는 지정된 보존 기한보다 더 오래 된 이벤트들을 삭제한다. 압착compact 보존 정책에서는 토픽에서 각 키의 가장 최근값만 저장하도록 한다. 당연히 애플리케이션이 키와 밸류를 모두 포함하는 이벤트를 생성하는 토픽의 경우 압착 설정을 잡아주는 것이 합리적이다. 만약 토픽에 키값이 `null`인 메시지가 있을 경우 압착은 실패한다.

보존 기한과 압착 설정을 동시에 적용하도록 `delete,compact`[24] 값을 잡아줄 수도 있다. 지정된 보존 기한보다 오래 된 메시지들은 키에 대한 가장 최근값인 경우에도 삭제될 것이다. 이 정책은 압착된 토픽이 지나치게 크게 자라나는 것을 방지해 줄 뿐만 아니라 일정 기한이 지나간 레코드들을 삭제해야 하는 경우 활용될 수 있다.

6.5.7 압착의 작동 원리

각 로그는 다음과 같이 두 영역으로 나누어진다(그림 6-6).

24 옮긴이 쉼표 뒤에 빈칸이 없다는 점을 주의할 것.

클린Clean

이전에 압착된 적이 있었던 메시지들이 저장된다. 이 영역은 하나의 키마다 하나의 값만을 포함한다(이 값은 이전 압착 작업 시점에서의 최신값이기도 하다).

더티Dirty

마지막 압착 작업 이후 쓰여진 메시지들이 저장된다.

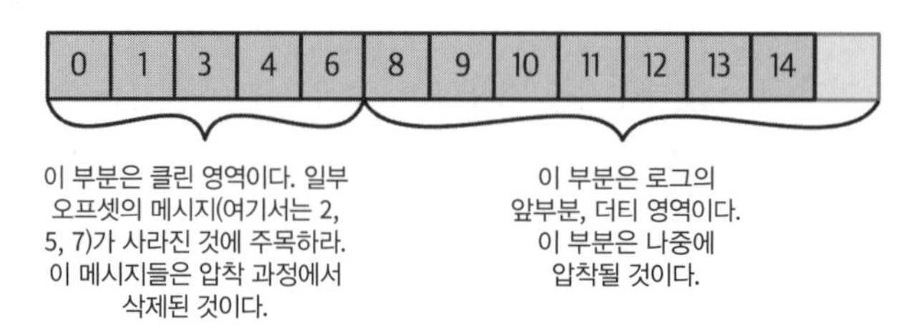

0
1
3
4
6
8
9
10
11
12
13
14
이 부분은 클린 영역이다. 일부 오프셋의 메시지(여기서는 2, 5, 7)가 사라진 것에 주목하라. 이 메시지들은 압착 과정에서 삭제된 것이다.
이 부분은 로그의 앞부분, 더티 영역이다. 이 부분은 나중에 압착될 것이다.

그림 6-6 **클린, 더티 영역을 모두 갖는 파티션**

만약 카프카가 시작되었는데 압착 기능이 활성화되어 있을 경우(이름이 좀 이상하지만, `log.cleaner.enabled` 설정에서 지정할 수 있다), 각 브로커는 압착 매니저 스레드와 함께 다수의 압착 스레드를 시작시킨다. 이 스레드들은 압착 작업을 담당한다. 각 스레드는 전체 파티션 크기 대비 더티 메시지의 비율이 가장 높은 파티션을 골라서 압착한 뒤 클린 상태로 만든다.

파티션을 압착하기 위해서, 클리너 스레드는 파티션의 더티 영역을 읽어서 인-메모리in-memory 맵을 생성한다. 맵의 각 항목은 메시지 키의 16바이트 해시와 같은 키값을 갖는 이전 메시지의 오프셋(8바이트)으로 이루어진다. 즉, 맵의 각 항목은 24바이트만을 사용하는 것이다. 만약 개별 메시지의 크기가 1KB인 1GB 크기의 세그먼트를 압착한다고 치면, 세그먼트 안에는 백만 개의 메시지가 있을 것이므로 압착에 필요한 맵의 크기는 24MB가 된다. (실제로는 이보다도 훨씬 더 적게 쓰게 된다. 키값이 반복되는 만큼 동일한 해시 엔트리를 여러 번 재사용하게 되기 때문에, 메모리도 그만큼 더 적게 사용하게 된다.) 꽤나 효율적이다!

카프카를 설정할 때는, 압착 스레드가 이 오프셋 맵을 저장하기 위해 사용할 수 있는 메모리의 양을 운영자가 잡아줄 수 있다. 스레드마다 제각기 맵을 생성하게 되기는 하지만, 이 설정은 전체 스레드가 사용할 수 있는 메모리의 총량을 정의한다. 만약 압착 오프셋 맵 크기로 1GB를 지정했는데 클리너 스레드는 5개가 떴다면, 각 스레드는 오프셋 맵을 생성하는 데 200MB를 사용할 수 있는 것이다. 굳이 이 맵에 할당된 메모리 크기에 파티션의 더티 영역 전체가 들어갈 필요는 없지만, 최소한 하나의 세그먼트 전체는 들어갈 수 있어야 한다. 만약 그렇지 않을 경우 카프카는 에러 메시지를 로깅하게 되므로,

운영자는 오프셋 맵 메모리를 더 크게 잡아주거나 아니면 클리너 스레드의 수를 줄여 주어야 할 것이다. 만약 몇 개의 세그먼트만이 들어갈 수 있다면, 카프카는 맵 안에 들어갈 수 있는 가장 오래된 세그먼트들부터 압착을 시작한다. 나머지는 더티 상태로 남아서 다음 번 압착 작업을 기다릴 것이다.

일단 클리너 스레드가 오프셋 맵을 생성한 다음부터는, 클린 세그먼트들을 오래된 것부터 읽어들이면서 오프셋 맵의 내용과 대조한다. 각각의 메시지에 대해, 해당 메시지의 키값이 현재 오프셋 맵에 저장되어 있는지 확인한다. 만약 저장되어 있지 않다면, 방금 전 읽어들인 메시지의 밸류값은 여전히 최신값이라는 의미이므로 메시지는 교체용 세그먼트로 복사된다. 저장되어 있다면, 파티션 내에 같은 키값을 가졌지만 더 새로운 밸류값을 갖는 메시지가 있다는 의미이므로 해당 메시지는 건너뛴다. 키값에 대한 최신 밸류값을 갖는 모든 메시지들이 복사되고 나면, 압착 스레드는 교체용 세그먼트와 원본 세그먼트를 바꾼 뒤 다음 세그먼트로 계속 진행한다. 작업이 완료되면, 키별로 (최신 밸류값을 포함하는) 하나의 메시지만이 남게 된다(그림 6-7).

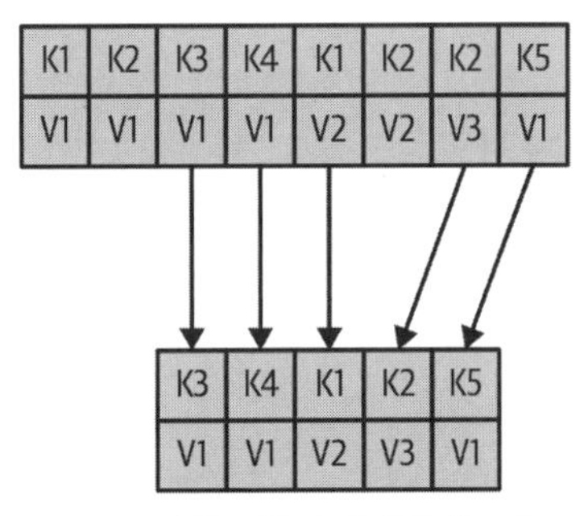

그림 6-7 **압착 전후의 파티션 세그먼트**

6.5.8 삭제된 이벤트

만약 키별로 항상 가장 최근 메시지가 보존된다면, 특정 키를 갖는 모든 메시지를 삭제하고 싶을 때는 어떻게 해야 할까? 사용자가 서비스를 탈퇴해서 해당 사용자의 모든 흔적을 시스템에서 지워야 할 법적인 의무가 생기는 것이 이러한 경우에 해당한다.

가장 최근 메시지조차도 남기지 않고 시스템에서 특정 키를 완전히 삭제하려면, 해당 키값과 `null` 밸류값을 갖는 메시지를 써주면 된다. 클리너 스레드가 이 메시지를 발견하면 평소대로 압착 작업을 한 뒤 `null` 밸류값을 갖는 메시지만을 보존할 것이다. 카프카는 사전에 설정된 기간동안 이 특별한 메시지(**툼스톤**tombstone이라 불린다)를 보존할 것이다. 이 기간 동안, 컨슈머는 이 메시지를 보고 해당 밸류가 삭제되었음을 알 수 있을 것이다. 따라서, 만약 컨슈머가 카프카에서 읽어 온 데이터를 관계형 데이터베이스로 복사할 경우, 툼스톤 메시지를 보고 해당 사용자를 데이터베이스에서 지워야 함을 알게 될 것이다. 이 기간이 지나가면 클리너 스레드는 툼스톤 메시지를 삭제하며, 해당 키 역시 카프카 파티션에서 완전히 삭제되게 될 것이다. 컨슈머가 툼스톤 메시지를 실제로 볼 수 있도록 충분한 시간을 주는 것이 중요한데, 만약 컨슈머가 몇 시간동안 작동을 멈추는 바람에 툼스톤 메시지를 놓치게 되면 나중에 데이터를 읽더라도 해당 키에 대해서는 알지 못하게 될 것이고, 이것이 카프카에서 삭제되었는지, 데이터베이스에서 지워줘야 하는지 역시 알 수 없기 때문이다.

카프카의 어드민 클라이언트에는 `deleteRecords` 메서드가 포함되어 있다는 점을 기억할 필요가 있다. 이 메서드는 지정된 오프셋 이전의 모든 레코드를 삭제하는데, 앞에서 설명한 것과는 완전히 다른 메커니즘을 사용한다. 이 메서드가 호출되면, 카프카는 파티션의 첫 번째 레코드를 가리키는 로우 워터마크low-water mark를 해당 오프셋으로 이동시킨다. 이렇게 하면 컨슈머는 업데이트된 로우 워터마크 이전 메시지들을 읽을 수 없게 되므로, 사실상 접근 불가능하게 되는 것이다(이 레코드들은 나중에 클리너 스레드에 의해 실제로 삭제된다). 이 메서드는 보존 기한이 설정되어 있거나 압착 설정이 되어있는 토픽에 사용 가능하다.

6.5.9 토픽은 언제 압착되는가?

삭제 정책이 현재의 액티브 세그먼트를 절대로 삭제하지 않는 것과 마찬가지로, 압착 정책 역시 현재의 액티브 세그먼트를 절대로 압착하지 않는다. 액티브 세그먼트가 아닌 세그먼트에 저장되어 있는 메시지만이 압착의 대상이 된다.

기본적으로, 카프카는 토픽 내용물의 50% 이상이 더티 레코드인 경우에만 압착을 시작한다. 압착 기능의 목표는 토픽을 지나치게 자주 압착하지 않으면서(압착은 토픽의 읽기/쓰기 성능에 영향을 줄 수 있다), 너무 많은 더티 레코드가 존재하지 않도록 하는 것이다(그만큼 디스크 공간을 잡아먹기 때문이다). 따라서 토픽이 사용하는 디스크 공간의 50%를 더티 레코드에 사용하다가 압착하는 것은 합리적인 트레이드오프라고 할 수 있으며, 운영자에 의해 튜닝하는 것 역시 가능하다.

운영자들은 다음 두 설정 매개변수를 사용해서 압착이 시작되는 시점을 조절할 수 있다.

- `min.compaction.lag.ms`는 메시지가 쓰여진 뒤 압착될 때까지 지나가야 하는 최소 시간을 지정한다.
- `max.compaction.lag.ms`는 메시지가 쓰여진 뒤 압착이 가능해질 때까지 딜레이 될 수 있는 최대 시간을 지정한다. 이 설정은 특정 기한 안에 압착이 반드시 실행된다는 것을 보장해야 하는 상황에서 자주 사용된다. 예를 들어서, 유럽 연합의 개인정보 보호법인 일반 데이터 보호 규정(GDPR)은 특정한 정보가 삭제가 요청된 지 30일 안에 실제로 삭제될 것을 요구한다.

6.6 요약

물론, 카프카에는 이 장에서 다룰 수 있었던 내용 이상으로 알아야 할 내용이 많이 있다. 하지만 우리는 독자 여러분들이 이러한 내용을 살펴봄으로써, 카프카 커뮤니티가 프로젝트를 진행하면서 거쳐야 했던 디자인 결정과 최적화가 어떠한 것이었는지를 조금이나마 느낄 수 있었으면 한다. 그리고 카프카를 사용하는 와중에 마주치게 되는 이해하기 힘든 작동이나 설정에 대해서도 어느 정도 설명이 되었으면 한다.

만약 카프카의 내부에 대해 정말로 관심이 있다면, 코드를 직접 열어 보는 것 이상의 방법은 없다. 카프카 개발 메일링 리스트dev@kafka.apache.org는 매우 친절한 커뮤니티인 만큼, 카프카가 어떻게 작동하는지에 대해 답변을 줄 누군가가 언제나 있을 것이다. 그리고 코드를 읽는 과정에서 버그를 한두 개 고칠 수도 있는데, 오픈소스 프로젝트 입장에서 새로운 기여는 언제나 환영이다.

CHAPTER 7

신뢰성 있는 데이터 전달

신뢰성reliability은 시스템의 속성 중 하나다('단일 요소'가 아니다!). 따라서 아파치 카프카의 신뢰성 보장에 대해서 이야기할 때는 전체 시스템과 그 활용 사례에 대해 염두에 둘 필요가 있을 것이다. 신뢰성에 관한 것이라면, 카프카와 함께 통합되는 시스템이 카프카 그 자체만큼이나 중요하다. 그리고 신뢰성은 시스템 단위의 고려 사항인 만큼 단 한 사람만의 책임이 될 수 없다. 모든 사람(카프카 운영자, 리눅스 운영자, 네트워크와 스토리지 저장소 운영자 그리고 애플리케이션 개발자)이 신뢰성 있는 시스템을 구축하기 위해 협력해야 한다.

아파치 카프카는 신뢰성 있는 데이터 전달에 있어서 매우 유연하다. 웹사이트의 클릭 추적에서부터 신용카드 결제에 이르기까지 카프카에는 많은 활용 사례가 있다. 이러한 활용 사례의 일부는 최고의 신뢰성을 필요로 하는 반면 나머지는 신뢰성보다 처리 속도나 단순성을 우선시한다. 카프카는 매우 세세한 지점까지도 설정이 가능하도록 개발되었으며, 클라이언트 API 역시 유연하기는 마찬가지이기 때문에 신뢰성에 관한 한 모든 종류의 절충점이 가능하다.

유연성이 높은 만큼, 카프카를 사용하다 실수로 문제를 초래하기도 쉽다. (실제로는 그렇지 않은 지점에서) 시스템의 신뢰성이 높다고 착각하기 때문이다. 이 장에서는 서로 다른 종류의 신뢰성에는 어떤 것이 있는지를 먼저 설명한 뒤 아파치 카프카의 맥락에서 이것이 어떤 의미를 갖는지에 대해서 논의할 것이다. 그러고 나서 카프카의 복제 메커니즘과 이것이 시스템의 신뢰성에 어떻게 영향을 미치는지에 대해서 이야기할 것이다. 다음으로는 서로 다른 활용 사례에 대해 카프카의 브로커와 토픽들을 어떻게 설정해줘야 하는지에 대해서 논하고, 서로 다른 신뢰성 상황에서 클라이언트들(프로듀서와 컨슈머)

을 어떻게 사용해야 하는지에 대해서 설명할 것이다. 마지막으로, 시스템의 신뢰성을 검증하는 방법에 대해서 논할 것이다. 시스템이 신뢰성이 있다고 믿는 것으로는 불충분하며, 이러한 가정은 철저히 검증되어야 하기 때문이다.

7.1 신뢰성 보장

신뢰성에 대해서 이야기할 때는 대개 보장guarantee을 거론하곤 한다. 보장이란, 서로 다른 상황에서도 시스템이 지킬 것이라 보장되는 행동을 의미한다.

아마도 가장 잘 알려진 신뢰성 보장은 관계형 데이터베이스가 보편적으로 지원하는 표준 신뢰성 보장인 ACID일 것이다. ACID는 원자성atomicity, 일관성consistency, 격리성isolation, 지속성durability을 의미한다. 어떠한 데이터베이스가 ACID를 준수한다고 한다면, 그것은 트랜잭션 처리 관련해서 어떠한 행동을 보장한다는 의미가 된다.

이러한 보장이 있기 때문에 가장 중요한 애플리케이션에 관계형 데이터베이스를 믿고 사용할 수 있는 것이다. 즉, 시스템이 무엇을 약속하는지, 서로 다른 조건에서 어떻게 작동하는지를 정확히 알 수 있기 때문이다. 보장을 이해해야만 여기에 의존해서 안전한 애플리케이션을 작성할 수 있다.

신뢰성 있는 애플리케이션을 개발하고자 한다면 카프카가 제공하는 보장을 이해하는 것은 필수적이다. 개발자가 서로 다른 실패 상황에서 시스템이 어떻게 작동하는지를 알 수 있게 해주기 때문이다. 그렇다면, 아파치 카프카는 무엇을 보장할까?

- 카프카는 파티션 안의 메시지들 간에 순서를 보장한다. 만약 메시지 A 다음에 B가 쓰여졌다면, 동일한 프로듀서가 동일한 파티션에 썼을 경우, 카프카는 B의 오프셋이 A보다 큰 것을 보장한다. 컨슈머 역시 A를 읽어온 다음에 B를 읽게 된다.
- 클라이언트가 쓴 메시지는 모든 인-싱크 레플리카의 파티션에 쓰여진 뒤에야 '커밋'된 것으로 간주된다(굳이 디스크에 플러시flush될 필요까지는 없다). 프로듀서는 메시지가 완전히 커밋된 다음 응답이 올지, 리더에게 쓰여진 다음 응답이 올지 아니면 네트워크로 전송된 다음 바로 응답이 올지를 선택할 수 있다.
- 커밋된 메시지들은 최소 1개의 작동 가능한 레플리카가 남아 있는 한 유실되지 않는다.
- 컨슈머는 커밋된 메시지만 읽을 수 있다.

이러한 기본적인 보장들은 신뢰성 있는 시스템을 구축하기 위해 사용될 수 있지만 그 자체로는 시스템 전체를 완전히 신뢰성 있게 만들어 주지는 못한다. 신뢰성 있는 시스템을 구축하는 데는 트레이드

오프가 있는 법이고, 카프카는 이러한 트레이드오프들을 조절할 수 있도록 개발자나 운영자가 설정 매개변수를 조절함으로써 어느 정도의 신뢰성이 필요한지를 결정할 수 있도록 개발되었다. 이러한 트레이드오프는 대개 메시지를 저장하는 데 있어서의 신뢰성과 일관성이 우선이냐, 아니면 가용성, 높은 처리량, 낮은 지연, 하드웨어 비용과 같은 다른 고려사항이 우선이냐의 문제인 경우가 많다.

지금부터는 카프카의 복제 메커니즘을 살펴볼 것이다. 우선 용어들을 소개하고, 카프카에서 신뢰성이 어떻게 구현되어 있는지를 논의할 것이다. 그러고 나서 우리가 언급한 설정 매개변수들에 대해 알아볼 것이다.

7.2 복제

카프카의 복제 메커니즘은 파티션별로 다수의 레플리카를 유지한다는 특성과 함께 카프카의 신뢰성 보장의 핵심이라고 할 수 있다. 하나의 메시지를 여러 개의 레플리카에 씀으로써 카프카는 크래시가 나더라도 메시지의 지속성을 유지한다.

이미 6장에서 카프카의 복제 메커니즘에 대해 자세히 설명했으니, 여기서는 가장 중요한 부분만 다시 한 번 짚고 넘어가자.

각 카프카 토픽은 기본적인 데이터 구성 요소인 파티션으로 이루어진다. 하나의 파티션은 하나의 디스크에 저장된다. 카프카는 파티션에 저장된 이벤트들의 순서를 보장하며, 파티션은 온라인 상태(사용 가능)거나 오프라인 상태(사용 불가능)일 수 있다. 각 파티션은 다수의 레플리카를 가질 수 있으며, 그중 하나가 리더가 된다. 모든 이벤트들은 리더 레플리카에 쓰여지며 (대체로) 역시 리더 레플리카에서 읽혀진다. 다른 레플리카들은 단순히 리더와 동기화를 맞추면서 최신 이벤트를 제 시간에 복사해 오기만 하면 된다. 만약 리더가 작동 불능 상태가 되면, 인-싱크 레플리카 중 하나가 새 리더가 된다. (6장에서 논의한 것과 같이 이 룰에는 예외가 하나 있다.)

레플리카는 파티션의 리더 레플리카이거나 아니면 아래의 조건을 만족하는 팔로워 레플리카인 경우 인-싱크 상태인 것으로 간주된다.

- 주키퍼와의 활성 세션이 있다. 즉, 최근 6초 사이(설정 가능)에 주키퍼로 하트비트를 전송했다.
- 최근 10초 사이(설정 가능) 리더로부터 메시지를 읽어 왔다.
- 최근 10초 사이에 리더로부터 읽어 온 메시지들이 가장 최근 메시지이다. 즉, 팔로워가 리더로부터 메시지를 받고 있는 것만으로는 부족하다. 최근 10초 사이(설정 가능) 랙이 없었던 적이 최소 한 번은 있어야 한다.

만약 레플리카와 주키퍼 사이의 연결이 끊어지거나, 새 메시지를 읽어오길 중단하거나, 최근 10초 동안의 업데이트 내역을 따라오지 못한다거나 할 경우 레플리카는 아웃-오브-싱크out of sync 상태(동기화가 풀린 상태)로 간주된다. 동기화가 풀린 레플리카는 주키퍼와 다시 연결되어 리더 파티션에 쓰여진 가장 최근 메시지까지를 따라잡으면 다시 인-싱크 레플리카가 된다. 이것은 대개 일시적인 네트워크 문제가 해결될 때 함께 일어나지만 만약 레플리카가 저장되어 있는 브로커가 오랜 기간동안 다운되어 있었을 경우 시간이 좀 걸릴 수 있다.

아웃-오브-싱크 레플리카

예전 버전의 카프카에서는 1개 이상의 레플리카가 인-싱크 상태와 아웃-오브-싱크 상태를 빠르게 왔다갔다 하는 것을 보는 일이 드물지 않았다. 물론 이것은 클러스터에 뭔가가 잘못되어가고 있다는 신호다. 상대적으로 흔한 원인 중 하나는 최대 요청 크기가 큰 탓에 JVM 힙도 크게 사용중인 경우다. 이 경우 튜닝을 안 해주면 브로커의 가비지 수집 시간이 오래 걸리면서 순간적으로 주키퍼와의 연결이 끊어질 수 있다. 요즘에야 이런 류의 문제가 굉장히 드물다. 특히 아파치 카프카 2.5.0 이후 버전에서 주키퍼 연결 타임아웃과 최대 레플리카 랙 설정값에 기본값을 사용할 경우 더욱 그렇다. 버전 8 이후 JVM(현재 카프카가 지원하는 최소 버전이기도 하다)에서 G1 가비지 수집기(https://docs.oracle.com/javase/9/gctuning/garbage-first-garbage-collector.htm#)를 사용할 경우 이 문제를 완화시킬 수 있지만, 여전히 큰 메시지를 사용할 경우 튜닝이 필요할 것이다. 일반적으로, 카프카의 복제 프로토콜은 이 책의 초판이 나온 이래 몇 년 사이 확연히 더 안정적이게 되었다. 카프카의 복제 프로토콜이 어떻게 발전해 왔는지에 대해서는 제이슨 구스타프슨(Jason Gustafson)의 발표인 "Hardening Apache Kafka Replication(https://www.confluent.io/kafka-summit-sf18/hardening-kafka-replication/)"과 카프카의 발전사를 개략적으로 훑는 그웬 샤피라(Gwen Shapira)의 "Please Upgrade Apache Kafka Now(https://www.confluent.io/kafka-summit-san-francisco-2019/please-upgrade-apache-kafka-now/)"를 참조하라.

동기화가 살짝 늦은 인-싱크 레플리카는 프로듀서와 컨슈머를 느리게 만들 수 있다. 왜냐하면 프로듀서와 컨슈머는 메시지가 커밋되기 전, 모든 인-싱크 레플리카가 해당 메시지를 받을 때까지 기다려야 하기 때문이다. 레플리카의 동기화가 풀리면 더 이상 이 레플리카가 메시지를 받을 때까지 기다릴 필요가 없어진다. 여전히 동기화가 밀려 있기야 하겠지만 더 이상 성능에 영향을 주지는 않는 것이다. 즉, 인-싱크 레플리카 수가 줄어들면 파티션의 실질적인 복제 팩터가 줄어들면서 중단 시간이 길어지거나 데이터가 유실될 위험성은 높아진다.

지금부터는 이러한 설정 매개변수들이 실전에서 어떤 의미를 가지고 있는지 하나씩 살펴볼 것이다.

7.3 브로커 설정

메시지 저장 신뢰성 관련된 카프카의 작동을 변경시키는 브로커의 설정 매개변수는 세 개가 있다. 많은 브로커 설정 변수들과 마찬가지로, 이들 역시 브로커 단위에서 적용되어 시스템 안의 모든 토픽들을 제어할 수도 있고 토픽 단위에서 적용되어 특정 토픽의 작동을 제어할 수도 있다.

토픽 단위에서 신뢰성 트레이드오프를 제어할 수 있다는 것은 신뢰성이 필요한 토픽과 아닌 토픽을 같은 카프카 클러스터에 저장할 수 있음을 의미한다. 예를 들어서, 은행의 카프카 클러스터를 관리하고 있는 운영자는 전체 클러스터 단위에서 안정성에 중점을 둔 기본값을 설정할 수 있다. 하지만 어느 정도의 데이터 유실이 허용되는 고객 불만 사항을 저장하는 토픽에는 예외를 둘 수도 있다.

지금부터는 이러한 설정 매개변수들을 하나씩 살펴보고, 이들 각각이 메시지 저장에 있어서 카프카의 신뢰성에 어떠한 영향을 미치는지, 어떠한 트레이드오프가 있는지를 알아보자.

7.3.1 복제 팩터

토픽 단위 설정은 `replication.factor`에, 자동으로 생성되는 토픽들에 적용되는 브로커 단위 설정은 `default.replication.factor` 설정에 잡아준다.

이 책에서 지금까지는 토픽의 복제 팩터가 3이라고 가정하였다. 이는 각 브로커가 3대의 서로 다른 브로커에 3개 복제된다는 것을 의미한다. 이것은 합리적인 가정이고 또 카프카의 기본값이기도 하지만, 이 설정은 사용자가 고칠 수 있는 것이다. 이미 존재하는 토픽일지라도 우리는 카프카의 레플리카 재할당 툴을 사용해서 레플리카를 추가하거나 삭제할 수 있다. 즉, 자연히 복제 팩터 역시 변경이 가능하다.

복제 팩터가 N이면 N-1개의 브로커가 중단되더라도 토픽의 데이터를 읽거나 쓸 수 있다. 따라서 복제 팩터가 클수록 가용성과 신뢰성은 늘어나고 장애가 발생할 가능성은 줄어든다. 반대로 복제 팩터가 N이라는 것은 최소한 N개의 브로커가 필요할 뿐더러 N개의 복사본을 저장해야 하므로 N배의 디스크 공간이 필요하다는 얘기도 된다. 기본적으로, 가용성과 하드웨어 사용량 사이에 트레이드오프가 있는 것이다.

그렇다면, 토픽에 몇 개의 레플리카가 적절한지 어떻게 결정할 수 있을까? 몇 가지의 핵심 고려 사항이 있다.

가용성

레플리카가 하나뿐인 파티션은 정기적으로 브로커를 재시작하기만 해도 작동 불능에 빠진다. 레플리카 수가 더 많을수록 가용성은 더 늘어난다.

지속성

각 레플리카는 파티션 안의 모든 데이터의 복사본이다. 만약 파티션에 레플리카가 하나뿐이고 어떠한 이유에서 디스크가 사용 불가능하게 될 경우 해당 파티션의 모든 데이터는 유실된다. (특히 서로 다른 저장 장치에) 복사본이 더 많을수록 모든 데이터가 유실될 가능성은 줄어든다.

처리량

레플리카가 추가될 때마다 브로커간 트래픽 역시 늘어난다. 만약 우리가 특정 파티션에 10Mbps의 속도로 쓰는데 레플리카가 하나뿐이라면 복제 트래픽은 하나도 없을 것이다. 하지만 레플리카가 2개라면 복제 트래픽은 10Mbps가 되고, 3개라면 20Mbps가 되고, 5개라면 40Mbps가 될 것이다. 클러스터의 크기와 용량을 산정할 때는 이를 고려할 필요가 있다.

종단 지연

쓰여진 메시지를 컨슈머가 읽을 수 있으려면 모든 인-싱크 레플리카에 복제되어야 한다. 이론적으로, 레플리카 수가 더 많을수록 이들 중 하나가 느려짐으로써 컨슈머까지 함께 느려질 가능성은 높아진다. 실제로는 어떤 이유에서건 특정한 브로커가 느려지면 해당 브로커를 사용하는 모든 클라이언트 역시 복제 팩터에 무관하게 느려질 것이다.

비용

중요하지 않은 데이터에 대해 복제 팩터를 3 미만으로 잡아 주는 가장 일반적인 이유는 바로 이것이다. 더 많은 레플리카를 가질수록 저장소와 네트워크에 들어가는 비용 역시 증가한다. 많은 저장소 시스템들이 각 블록을 3개로 복제해서 저장하는 경우가 많기 때문에 카프카를 설정할 때 복제 팩터를 2로 잡아줌으로써 저장 비용을 줄이는 것이 합리적인 경우가 있다. 단, 복제 팩터가 3인 경우에 비해 여전히 가용성은 줄어든다는 점을 염두에 두자. 지속성이 저장 장치에 의해 보장될 뿐이다.

레플리카의 위치 역시 매우 중요하다. 카프카는 언제나 같은 파티션의 레플리카들을 서로 다른 브로커에 저장한다. 하지만 이것이 충분히 안전하지 않은 경우가 있다. 만약 같은 파티션의 모든 레플리카들이 같은 랙에 설치되어 있는 브로커들에 저장되었는데 랙 스위치가 오작동할 경우, 복제 팩터하고는 상관없이 해당 파티션은 사용할 수 없게 될 것이다. 랙 단위 사고를 방지하기 위해 브로커들을 서로 다른 랙에 배치한 뒤 `broker.rack` 브로커 설정 매개변수에 랙 이름을 잡아 줄 것을 권장한다. 만약 랙 이름을 설정해주면, 카프카는 파티션의 레플리카들이 서로 다른 랙에 분산되어 저장되도록 함으로써 가용성을 높인다. 클라우드 환경에서 카프카를 운영중일 경우, 가용 영역availability zone을 랙과 비슷한 개념으로 사용하는 것이 보통이다. 카프카가 어떻게 레플리카를 브로커와 랙에 배치하는지에 대해서는 6장에서 지세히 살펴보았다.

7.3.2 언클린 리더 선출

이 설정은 브로커 단위(실제로는 클러스터 단위)에서만 가능하다. 매개변수 이름은 `unclean.leader.election.enable`이고 기본값은 `false`다.

앞에서 설명한 것과 같이, 파티션의 리더가 더 이상 사용 가능하지 않을 경우 인-싱크 레플리카 중 하나가 새 리더가 된다. 커밋된 데이터에 아무런 유실이 없음을 보장한다는 점에서 이러한 리더 선출을 '클린'하다고 부른다. 커밋된 데이터의 정의 자체가 모든 인-싱크 레플리카에 존재하는 데이터이기 때문이다.

하지만 방금 전 작동 불능에 빠진 리더 외에 인-싱크 레플리카가 없다면 어떻게 될까?

이러한 상황은 다음 두 가지 경우 중 하나에서 발생한다.

- 파티션에 3개의 레플리카가 있고, 팔로워 2개가 작동 불능에 빠진다(브로커가 크래시 났다고 치자). 이 경우 프로듀서는 리더에 쓰기 작업을 계속할 것이므로 모든 메시지는 커밋되고 응답이 간다(리더가 유일한 인-싱크 레플리카이기 때문이다). 이제 또 브로커가 크래시 나는 바람에 리더를 사용할 수 없게 되었다고 가정하자. 이 상황에서 아웃-오브-싱크 레플리카 중 하나가 먼저 시작되면, 해당 파티션의 유일한 사용 가능한 레플리카가 아웃-오브-싱크 레플리카가 된다.
- 파티션에 3개의 레플리카가 있고, 네트워크 문제가 발생해서 팔로워 2개의 복제 작업이 뒤쳐졌다고 가정하자. 이 경우 복제 작업이야 계속되고 있겠지만 더 이상 인-싱크 상태는 아니다. 리더 레플리카는 유일한 인-싱크 레플리카로서 계속해서 메시지를 받는다. 이제 리더가 작동 불능에 빠지면, 리더가 될 수 있는 레플리카는 아웃-오브-싱크 레플리카밖에 없다.

두 가지 경우 모두, 쉽지 않은 결정을 해야 한다.

- 만약 우리가 아웃-오브-싱크 레플리카가 새 리더가 될 수 없도록 한다면, 예전 리더(마지막 인-싱크 레플리카이기도 하다)가 복구될 때까지 해당 파티션은 오프라인 상태가 된다. 이것은 (예를 들어서, 메모리 칩을 교체해야 한다던지 하는 경우) 몇 시간이 걸릴 수도 있다.
- 만약 우리가 아웃-오브-싱크 레플리카가 새 리더가 될 수 있도록 한다면, 새 리더가 동기화를 못 한 사이 예전 리더에 쓰여졌던 모든 메시지들이 유실되고 컨슈머 입장에서의 일관성 역시 어느 정도 깨진다. 왜? 레플리카 0과 1이 사용 불가능한 상황에서 레플리카 2의 오프셋 100~200에 해당하는 메시지를 썼다고 가정해 보자(2가 리더인 상태다). 이제 레플리카 2가 작동 불능에 빠지고 레플리카 0이 온라인 상태가 된다. 레플리카 0은 0~100에 해당하는 메시지만 가지고 있고 100~200에 해당하는 메시지는 없다. 만약 레플리카 0이 새 리더가 될 수 있게 한다면 프로듀서

들은 새 메시지를 이 레플리카에 쓸 것이며 컨슈머들 역시 여기서 메시지들을 읽어갈 것이다. 따라서, 이제 새 리더는 100~200에 해당하는 완전히 새 메시지들을 가지게 된다. 몇몇 컨슈머들은 (2가 리더인 상태에서 쓰여진) 100~200에 해당하는 예전 메시지를 읽었겠지만 일부는 같은 오프셋을 할당받은 새 메시지들을 읽을 것이며, 일부는 둘을 뒤섞인 채로 읽게 된다. 이것은 다운스트림 레포트downstream report와 같은 경우 꽤나 나쁜 결과를 낼 수 있다. 또한, 레플리카 2가 다시 온라인 상태로 복구되어 새 리더의 팔로워가 될 것이다. 이 시점에서 레플리카 2는 자신이 가지고 있는 메시지 중에서 현재의 리더가 가지고 있지 않은 메시지들을 삭제할 것이다. 이 메시지들은 이후 아무 컨슈머들도 읽을 수 없다.

정리하자면, 만약 우리가 아웃-오브-싱크 레플리카가 리더가 될 수 있도록 허용할 경우 데이터 유실과 일관성 깨짐의 위험성이 있다. 그렇지 않을 경우, 파티션이 다시 온라인 상태가 될 때까지 원래 리더가 복구되는 것을 기다려야 하는 만큼 가용성은 줄어든다.

`unclean.leader.election.enable` 설정의 기본값은 `false`로 잡혀 있다. 즉, 아웃-오브-싱크 레플리카는 리더가 될 수 없도록 되어 있는 것이다. 데이터 유실에 있어 가장 좋은 보장을 제공하는 만큼 이것은 가장 안전한 옵션이다. 즉, 우리가 앞에서 설명한 것과 같은 극단적인 불용 상황에서 일부 파티션들은 수동으로 복구될 때까지 사용이 불가능한 상태로 남게 된다. 운영자 입장에서는 이러한 상황이 닥쳤을 때 파티션을 사용 가능한 상태로 만들기 위해 데이터 유실을 감수하기로 하고 이 값을 `true`로 바꾼 뒤 클러스터를 시작하는 것도 언제든지 가능하다. 이 경우 클러스터가 복구된 뒤 설정값으로 `false`로 되돌려주는 것을 잊지 말자.

7.3.3 최소 인-싱크 레플리카

토픽과 브로커 단위 모두 `min.insync.replicas` 설정에서 잡아줄 수 있다.

우리가 앞에서 보았듯이, 토픽당 3개의 레플리카를 설정해주었더라도 인-싱크 레플리카는 하나만 남을 수도 있다. 만약 이 레플리카가 작동 불능에 빠질 경우, 가용성과 일관성 사이에서 하나를 골라야 할 수 있다. 이것은 결코 쉬운 선택이 아니다. 여기서의 문제는, 카프카가 보장하는 신뢰성에 따르면, 데이터는 모든 인-싱크 레플리카에 쓰여진 시점에서 커밋된 것으로 간주된다는 점이다. '모든'이 단 한 개의 레플리카를 의미할 수도 있는데도 말이다. 이 레플리카가 작동 불능에 빠지면 데이터는 유실될 수 있다.

커밋된 데이터를 2개 이상의 레플리카에 쓰고자 한다면, 인-싱크 레플리카의 최소값을 더 높게 잡아줄 필요가 있다. 만약 토픽에 레플리카가 3개 있고 `min.insync.replicas`를 2로 잡아 줬다면 프로듀서들은 3개의 레플리카 중 최소 2개가 인-싱크 상태인 파티션에만 쓸 수 있다.

만약 3개 레플리카 모두가 인-싱크 상태라면, 모든 것이 정상적으로 작동한다. 이것은 세 개 중 하나의 레플리카가 작동 불능에 빠져도 마찬가지다. 하지만 만약 세 개 중 두 개의 레플리카가 작동 불능에 빠질 경우, 브로커는 더 이상 쓰기 요청을 받을 수 없을 것이다. 대신, 데이터를 전송하고자 시도하는 프로듀서는 NotEnoughReplicasException을 받게 된다. 컨슈머는 계속해서 존재하는 데이터를 읽을 수 있다. 이와 같은 설정에서 인-싱크 레플리카가 하나만 남을 경우 해당 레플리카는 사실상 읽기 전용이 된다. 이렇게 하면 언클린 리더 선출이 발생하면 사라질 데이터를 쓰거나 읽는, 바람직하지 못한 상황을 방지할 수 있다. 읽기 전용 상태에서 회복하려면, 두 개의 사용 불능 레플리카 중 하나를 (아마도 브로커를 재시작함으로써) 복구시킨 뒤 리더 레플리카의 상태를 따라잡아서 인-싱크 상태로 들어갈 때까지 기다려야 할 것이다.

7.3.4 레플리카를 인-싱크 상태로 유지하기

앞에서 설명한 것과 같이, 아웃-오브-싱크 레플리카는 전반적인 신뢰성을 낮추므로 가능한 한 피할 필요가 있다. 우리는 레플리카가 아웃-오브-싱크 상태가 될 수 있는 두 가지 이유 역시 알아보았다(주키퍼와의 연결이 끊어지거나 아니면 리더 업데이트 내역을 따라가는 데 실패해서 복제 랙이 발생하거나). 카프카는 이 두 조건에 대한 카프카 클러스터의 민감도를 조절할 수 있는 브로커 설정을 두 개 가지고 있다.

zookeeper.session.timeout.ms는 카프카 브로커가 주키퍼로 하트비트 전송을 멈출 수 있는 최대 시간을 정의한다. 이 간격 안에만 하트비트를 보내면 주키퍼는 브로커가 죽었다고 판단하지 않으므로 클러스터에서 제외하지도 않는다. 네트워크 지연의 변동폭이 큰 클라우드 환경에 설치된 카프카 클러스터의 안정성을 증대시키기 위해 버전 2.5.0부터 이 값은 6초에서 18초로 증가되었다. 일반적으로, 이 값은 가비지 수집이나 네트워크 상황과 같은 무작위적인 변동에 영향을 받지 않을 만큼 높게, 하지만 실제로 작동이 멈춘 브로커가 적시에 탐지될 수 있을 만큼 충분히 낮게 설정될 필요가 있다.

만약 레플리카가 replica.lag.time.max.ms에 설정된 값보다 더 오랫동안 리더로부터 데이터를 읽어 오지 못하거나, 리더에 쓰여진 최신 메시지를 따라잡지 못하는 경우 동기화가 풀린 상태 - 즉 아웃-오브-싱크 상태가 된다. 이 설정의 기본값 역시 원래는 10초였으나, 클러스터의 회복 탄력성을 증대시키고 불필요한 변동을 피하기 위해 버전 2.5.0에서 30초로 조정되었다. 이것이 컨슈머의 최대 지연에도 영향을 준다는 점을 명심하자. 즉, 메시지가 모든 레플리카에 도착해서 컨슈머가 이 메시지를 읽을 수 있게 되는 데 최대 30초가 걸릴 수 있다.

7.3.5 디스크에 저장하기

우리는 앞에서 카프카는 메시지를 받은 레플리카의 수에만 의존할 뿐, 디스크에 저장되지 않은 메시지에 대해서도 응답한다는 점을 몇 번 언급했다. 카프카는 세그먼트를 교체할 때(기본값: 1GB)와 재시작 직전에만 메시지를 디스크로 플러시하며, 그 외의 경우에는 리눅스의 페이지 캐시 기능에 의존한다(페이지 캐시 공간이 다 찼을 경우에만 메시지를 플러시 하는 것이다). 이러한 발상의 배경에는 각각 데이터의 복제본을 가지고 있는, 서로 다른 랙이나 가용 영역에 위치한 세 대의 장비가 리더의 디스크에 메시지를 쓰는 것보다 더 안전하다는 판단이 있다. 서로 다른 랙이나 가용 영역에서 동시에 장애가 발생할 가능성은 거의 없기 때문이다. 하지만, 브로커가 디스크에 더 자주 메시지를 저장하도록 설정하는 것은 가능하다. `flush.messages` 설정 매개변수는 디스크에 저장되지 않은 최대 메시지 수를, `flush.ms`는 얼마나 자주 디스크에 메시지를 저장하는지를 조절할 수 있게 해 준다. 이 기능을 사용하기 전에, fsync가 어떻게 카프카의 처리량에 영향을 미치는지, 그 단점을 극복하려면 어떻게 해야 하는지에 대해 설명한 글https://www.confluent.io/blog/kafka-fastest-messaging-system/#fsync을 읽어 보면 좋다.

7.4 신뢰성 있는 시스템에서 프로듀서 사용하기

사용 가능한 가장 높은 신뢰성 설정을 브로커에 적용하더라도, 프로듀서 역시 신뢰성이 있도록 설정을 잡아 주지 않는다면 시스템 전체로서는 여전히 데이터가 유실될 수 있다.

이것을 보여주는 두 가지 예를 살펴보자면 다음과 같다.

- 토픽별로 3개의 레플리카를 가지도록 브로커를 설정한 상태에서 언클린 리더 선출 기능을 끈다. 이렇게 되면 카프카 클러스터에 커밋된 메시지는 유실되지 않는다. 하지만 프로듀서가 메시지를 보낼 때 `acks=1` 설정으로 보내도록 설정한다. 프로듀서에서 메시지를 전송해서 리더에는 쓰여졌지만, 아직 인-싱크 레플리카에 반영되지는 않은 상태다. 리더가 프로듀서에게 "메시지가 성공적으로 쓰여졌다."라고 응답을 보낸 직후 크래시가 나서 데이터가 레플리카로 복제되지 않는다. 다른 레플리카들은 여전히 인-싱크 상태로 간주되기 때문에(레플리카가 아웃-오브-싱크 상태로 판정될 때까지는 약간의 시간이 걸린다는 점을 기억하라), 그중 하나가 리더가 될 것이다. 메시지가 레플리카에 쓰여지지 않은 만큼 해당 메시지는 유실된다. 하지만 메시지를 쓰고 있는 애플리케이션 입장에서는 성공적으로 쓰여졌다고 착각할 수 있다. 어떤 컨슈머도 이 메시지를 보지 못한 만큼(레플리카 입장에서는 본 적도 없는 메시지이기 때문에 커밋된 것도 아니다), 시스템의 일관성은 유지된다. 하지만 프로듀서의 입장에서 보면 메시지는 유실된 것이다.

- 토픽별로 3개의 레플리카를 가지도록 브로커를 설정한 상태에서 언클린 리더 선출 기능을 끈다. 앞의 실수에서 배운 만큼 `acks=all` 설정으로 메시지 전송을 시작한다. 우리가 카프카에 메시지를 쓰려 하고 있는데, 우리가 쓰고 있는 파티션의 리더 브로커가 방금 전 크래시 나서 새 리더는 아직 선출중이라고 가정하자. 카프카는 "Leader not Available." 응답을 보낼 것이다. 이 시점에서, 만약 프로듀서가 올바르게 에러를 처리하지 않고 쓰기가 성공할 때까지 재시도도 하지 않을 경우, 메시지는 유실될 수 있다. 다시 한 번 이야기하지만, 이것은 브로커의 신뢰성 문제와는 별개의 문제다. 즉, 브로커는 메시지를 받지도 않았기 때문이다. 컨슈머들 역시 메시지를 받은 적이 없기 때문에 일관성 문제도 아니다. 하지만 프로듀서가 이 에러를 정확히 처리해주지 않을 경우, 메시지 유실을 초래할 수 있다.

앞의 예제들에서 볼 수 있는 것처럼, 카프카에 메시지를 쓰는 애플리케이션을 개발하는 모든 이들이 신경써야 할 중요한 것이 두 개가 있다.

- 신뢰성 요구 조건에 맞는 올바른 `acks` 설정을 사용한다.
- 설정과 코드 모두에서 에러를 올바르게 처리한다.

프로듀서 설정에 대해서는 이미 3장에서 자세히 논의하였지만, 중요한 부분을 여기서 다시 한 번 짚어 보도록 하자.

7.4.1 응답 보내기

프로듀서는 아래 세 가지 응답acknowledgement 모드 중 하나를 선택할 수 있다.

`acks=0`

프로듀서가 네트워크로 메시지를 전송한 시점에서 메시지가 카프카에 성공적으로 쓰여진 것으로 간주된다. 우리가 전송하는 객체가 직렬화될 수 없거나 네트워크 카드가 오작동할 경우 여전히 에러를 받겠지만, 파티션이 오프라인이거나, 리더 선출이 진행중이거나, 심지어 전체 카프카 클러스터가 작동 불능인 경우 에러가 발생하지 않을 것이다. `acks=0` 설정으로 작동시키는 경우 지연은 낮지만(이 설정으로 벤치마크를 돌리는 경우가 많은 이유이기도 하다), 종단 지연이 개선되지는 않는다. (컨슈머는 메시지가 모든 인-싱크 레플리카로 복제되지 않는 한 해당 메시지를 볼 수 없다는 점을 기억하자.)

`acks=1`

이것은 리더가 메시지를 받아서 파티션 데이터 파일에 쓴 직후 응답 또는 에러를 보낸다는 것을 의미한다(단, 굳이 디스크에 반영될 필요는 없다). 만약 일부 메시지가 리더에 성공적으로 쓰여져서 클라이언트로 응답이 간 상태에서 미처 팔로워로 복제가 완료되기 전에 리더가 정지하거나 크래쉬 날 경우 데이터가 유실될 수 있다. 이 설정을 사용할 경우 메시지를 복제하는 속도보다 더 빨리 리더에 쓸 수 있기 때문에 불완전 복제 파티션under-replicated partition, URP이 발생할 수 있다. 리더 입장에서는 복제가 완료되기 전에 프로듀서에게 응답 먼저 하기 때문이다.

`acks=all`

이것은 리더가 모든 인-싱크 레플리카가 메시지를 받아갈 때까지 기다렸다가 응답하거나 에러를 보낸다는 것을 의미한다. 브로커의 `min.insync.replicas` 설정과 함께, 이 설정은 응답이 오기 전까지 얼마나 많은 레플리카에 메시지가 복제될 것인지를 조절할 수 있게 해 준다. 이것은 가장 안전한 옵션이기도 한데, 프로듀서는 메시지가 완전히 커밋될 때까지 계속해서 메시지를 재전송한다. 이것은 프로듀서 지연이 가장 길어지는 옵션이기도 해서, 프로듀서는 모든 인-싱크 레플리카가 메시지를 받을 때까지 기다린 뒤에야 해당 메시지 배치에 완료 표시를 하고 작업을 진행한다.

7.4.2 프로듀서 재시도 설정하기

프로듀서의 에러 처리는 두 부분으로 나누어지는데, 바로 프로듀서가 자동으로 처리해주는 에러와 프로듀서 라이브러리를 사용하는 개발자들이 처리해야 하는 에러다.

프로듀서는 재시도 가능한 에러retriable error를 처리할 수 있다. 프로듀서가 브로커에 메시지를 전송하면 브로커는 성공 혹은 에러 코드를 리턴할 수 있다. 에러 코드는 두 부류로 나뉘어진다. 즉, 전송을 재시도하면 해결될 수 있는 것과 아닌 것이다. 예를 들어서, 브로커가 `LEADER_NOT_AVAILABLE` 에러 코드를 리턴할 경우, 프로듀서는 전송을 재시도할 수 있다. 그러니까, 아마도 새로운 브로커가 리더로 선출된 상황일 것이며 두 번째 시도는 성공할 것이다. 즉, `LEADER_NOT_AVAILABLE`은 재시도 가능한 에러인 것이다. 반대로, 만약 브로커가 `INVALID_CONFIG` 예외를 리턴할 경우, 같은 메시지를 재전송한다고 해서 설정이 변경되지는 않는다. 이것이 재시도 불가능한 에러의 한 예이다.

일반적으로, 메시지가 유실되지 않는 것이 목표일 경우, 가장 좋은 방법은 재시도 가능한 에러가 발생했을 경우 프로듀서가 계속해서 메시지 전송을 재시도하도록 설정하는 것이다. 그리고 재시도에 관한 한 가장 좋은 방법은 3장에서 권장한 것과 같이 재시도 수를 기본 설정값(`MAX_INT`, 사실상 무한)으로 내버려 두고 메시지 전송을 포기할 때까지 대기할 수 있는 시간을 지정하는 `delivery.timout.ms` 설정값을 최대로 잡아 주는 것이다. 즉, 프로듀서는 이 시간 간격 내에 있는 한, 메시지 전송을 계속해서 재시도한다.

전송 실패한 메시지를 재시도하는 것은 두 메시지(실패했다고 생각했지만 실제로는 아닌 메시지와 재전송된 메시지)가 모두 브로커에 성공적으로 쓰여지는, 결과적으로 메시지가 중복될 위험을 내포한다. 재시도와 주의 깊은 에러 처리는 각 메시지가 '최소 한 번' 저장되도록 보장할 수는 있지만, '정확히 한 번'은 보장할 수 없다. `enable.idempotence=true` 설정을 잡아줌으로써 프로듀서가 추가적인 정보를 레코드에 포함할 수 있도록, 그리고 이를 활용해서 브로커가 재시도로 인해 중복된 메시지를 건너뛸 수 있도록 할 수 있다. 8장에서는 이것이 언제 그리고 어떻게 작동하는지에 대해서 자세히 논의할 것이다.

7.4.3 추가적인 에러 처리

프로듀서에 탑재된 재시도 기능을 사용하는 것은 메시지 유실 없이 다양한 종류의 에러를 올바르게 처리할 수 있는 쉬운 방법이다. 하지만 개발자 입장에서는 다른 종류의 에러들 역시 처리할 수 있어야 한다. 여기에는 다음과 같은 것들이 포함된다.

- 메시지 크기에 관련되었거나 인가 관련 에러와 같이 재시도가 불가능한 브로커 에러
- 메시지가 브로커에 전송되기 전에 발생한 에러(예를 들어서, 직렬화 과정에서 발생한 에러)
- 프로듀서가 모든 재전송 시도를 소진했거나, 재시도 과정에서 프로듀서가 사용하는 가용 메모리가 메시지로 가득 차서 발생하는 에러
- 타임아웃

3장에서 우리는 동기적인 전송 방식과 비동기적인 전송 방식 모두에 대해서 에러 핸들러를 작성하는 방법에 대해서 살펴보았다. 이러한 에러 핸들러들의 내용은 애플리케이션과 그 목표에 달려있는데, '잘못된 메시지'는 그냥 폐기해야 하는가? 에러를 로깅해야 하는가? 원본 시스템으로부터 메시지를 읽는 것을 중단해야 하는가? 원본 시스템에 백프레셔back pressure를 적용해서 잠시 메시지 전송을 멈추도록 해야 하는가? 이 메시지를 로컬 디스크의 디렉토리에 저장해야 하는가?

이러한 결정들은 아키텍처와 제품의 요구 조건에 따라 달라진다. 만약 메시지 재전송이 에러 핸들러가 하는 일의 전부라면, 프로듀서의 재전송 기능을 사용하는 편이 더 낫다는 점을 유념하라.

7.5 신뢰성 있는 시스템에서 컨슈머 사용하기

지금까지는 카프카의 신뢰성 보장을 고려하여 데이터를 쓰는 방법을 배웠으니, 이제는 읽는 방법에 대해서 살펴볼 차례다.

이 장의 첫 부분에서 봤듯이, 컨슈머는 카프카에 커밋된 데이터만 읽을 수 있다. 즉, 모든 인-싱크 레플리카에 쓰여진 다음부터 읽을 수 있는 것이다. 다르게 말하면, 컨슈머는 일관성이 보장되는 데이터

만 읽는다. 컨슈머가 해야 할 일은 어느 메시지까지를 읽었고 어디까지는 읽지 않았는지를 추적하는 것이다. 이것은 메시지를 읽는 도중에 누락되지 않게 하기 위해서 필수적이다.

파티션으로부터 데이터를 읽어 올 때, 컨슈머는 메시지를 배치 단위로 읽어온 뒤 배치별로 마지막 오프셋을 확인한 뒤, 브로커로부터 받은 마지막 오프셋 값에서 시작하는 다른 메시지 배치를 요청한다. 이렇게 함으로써 카프카 컨슈머는 메시지 누락 없이, 언제나 새로운 데이터를 올바른 순서로 읽어올 수 있다.

특정 카프카 컨슈머가 작동을 정지하면, 또 다른 컨슈머 입장에서는 어디서부터 작업을 재개해야 할지 알아야 할 필요가 있다. 즉, 이전 컨슈머가 정지하기 전에 마지막으로 읽은 오프셋은 무엇인가? '다른' 컨슈머는 아예 별도의 컨슈머일 수도 있지만, 단순히 기존 컨슈머가 재시작한 것일 수도 있다. 사실 어느 쪽이건 상관이 없는 게, 어떤 컨슈머건 간에 정지한 컨슈머가 읽어오고 있던 파티션을 가져갈 것이고 어느 오프셋부터 작업을 시작해야 하는지는 알아야 할 것이기 때문이다. 컨슈머가 읽어온 오프셋을 '커밋'해야 하는 이유가 여기에 있다. 읽고 있는 각 파티션에 대해 어디까지 읽었는지를 저장해 둬야 해당 컨슈머나 다른 컨슈머가 재시작한 뒤에도 어디서부터 작업을 계속해야 할지 알 수 있기 때문이다. 컨슈머가 메시지를 누락할 수 있는 경우는 대개 읽기는 했지만 아직 처리는 완료되지 않은 이벤트들의 오프셋을 커밋하는 경우다. 이렇게 하면 다른 컨슈머가 작업을 물려받았을 때 이 메시지들은 건너뛰게 되므로 영원히 처리되지 않는다. 오프셋이 언제 어떻게 커밋되는지에 대해 신경써야 하는 것이 중요한 이유다.

커밋된 메시지 vs. 커밋된 오프셋

비슷하게 들리지만 둘은 다르다. 앞에서 논의한 것과 같이, 커밋된 메시지란 모든 인-싱크 레플리카에 쓰여져서 컨슈머가 읽을 수 있는 메시지를 의미한다. 커밋된 오프셋이란 컨슈머가 특정 파티션 어느 오프셋까지의 모든 메시지를 받아서 처리를 완료했는지를 알리기 위해 카프카에 보낸 오프셋이다.

4장에서 우리는 컨슈머 API를 자세히 살펴보고, 오프셋을 커밋하는 다양한 방법에 대해 알아보았다. 여기서는 몇몇 중요한 고려 사항과 선택할 지점에 대해 다룰 것이지만, 자세한 API 사용법은 4장을 참고하라.

7.5.1 신뢰성 있는 처리를 위해 중요한 컨슈머 설정

우리가 원하는 수준의 신뢰성을 갖는 컨슈머를 설정하기 위해 알아두어야 하는 컨슈머 속성은 다음과 같이 네 개가 있다.

첫 번째는 14장에서 자세히 설명한 바 있는 `group.id`다. 기본적인 아이디어는, 만약 같은 그룹 ID를 갖는 두 개의 컨슈머가 같은 토픽을 구독할 경우, 각각의 컨슈머에는 해당 토픽 전체 파티션의 서로 다른 부분집합이 할당되므로 각각은 서로 다른 부분의 메시지만을 읽게 된다(전체적으로는 컨슈머 그룹이 모든 메시지를 읽고 있는 셈이 된다). 만약 컨슈머가 구독한 토픽의 모든 메시지를 읽어야 한다면 고유한 그룹 ID가 필요할 것이다.

두 번째는 `auto.offset.reset`이다. 이 매개변수는 (예를 들어서 컨슈머가 처음으로 시작되었을 때와 같이) 커밋된 오프셋이 없을 때나 컨슈머가 브로커에 없는 오프셋을 요청할 때 컨슈머가 어떻게 해야 할지를 결정한다(이러한 상황이 어떻게 발생할 수 있는지에 대해서는 4장에서 설명했다). 여기에는 두 가지 옵션이 있다. 만약 `earliest`를 사용한다면, 유효한 오프셋이 없는 한 컨슈머는 파티션의 맨 앞에서부터 읽기를 시작하게 된다. 이렇게 하면 컨슈머는 많은 메시지들을 중복 처리하게 될 수 있지만, 데이터 유실은 최소화할 수 있다. `latest`를 사용한다면 컨슈머는 파티션의 끝에서부터 읽기를 시작한다. 이것은 중복 처리는 최소화하지만, 컨슈머가 일부 메시지는 누락할 것이 거의 확실하다.

세 번째는 `enable.auto.commit`이다. 이것은 중요한 결정이다. 일정한 시간에 맞춰 컨슈머가 알아서 오프셋을 커밋하게 할 것인가, 아니면 코드에서 직접 오프셋을 커밋하게 할 것인가? 자동 오프셋 커밋의 주된 이점은 애플리케이션에서 컨슈머를 사용할 때 걱정거리가 한 개 준다는 점이다. 우리가 폴링 루프에서 모든 읽어온 레코드에 대한 처리를 하는 와중에도, 자동 오프셋 커밋 기능은 우리가 처리하지 않은 오프셋을 실수로 커밋하는 사태가 발생하지 않도록 보장해준다. 자동 오프셋 커밋 기능의 주된 단점은 메시지 중복 처리를 우리가 제어할 수 없다는 점이겠다. 읽어온 메시지 중 일부만을 처리했고 아직 자동 커밋이 되지 않은 상태에서 컨슈머가 멈추면, 컨슈머를 다시 시작시켰을 때 메시지 중복 처리를 피할 수 없는 것이다. 애플리케이션이 백그라운드에서 처리를 수행하기 위해 다른 스레드에 레코드를 넘기는 것과 같이 더 복잡한 처리를 해야 할 경우, 직접 오프셋을 커밋해주는 것 외에는 선택지가 없다. 자동 커밋 기능이 컨슈머가 읽어오기는 했지만 아직 처리하지는 않은 오프셋을 커밋할 수도 있기 때문이다.

네 번째로 중요한 설정인 `auto.commit.interval.ms`는 세 번째에 연관된 것이다. 만약 오프셋을 자동으로 커밋할 경우, 이 설정을 사용해서 커밋되는 주기를 설정할 수 있다. 5초마다 커밋하는 것이 기본값이다. 일반적으로, 더 자주 커밋할수록 오버헤드 역시 늘어나지만 컨슈머가 정지했을 때 발생할 수 있는 중복의 수는 줄어든다.

데이터 처리의 신뢰성과 직접적으로 연관되는 것은 아니지만, 만약 컨슈머가 리밸런스를 수행하기 위해 너무 자주 멈추면 신뢰성이 있다고 하기는 어려울 것이다. 불필요한 리밸런싱과 리밸런싱이 발생했을 때의 멈춤을 최소화하기 위해서는 어떻게 컨슈머를 설정해야 하는가에 대한 내용은 4장에서 다뤘다.

7.5.2 컨슈머에서 명시적으로 오프셋 커밋하기

더 세밀한 제어가 필요해서 오프셋 커밋을 직접 수행하기로 했다면, 이러한 결정이 정확성과 성능에 미치는 영향에도 신경을 쓸 필요가 있다.

이미 4장에서 자세히 다룬 만큼, 여기서는 오프셋 커밋의 메커니즘과 API에 대해서는 다루지 않을 것이다. 대신, 우리는 데이터를 신뢰성 있게 다루는 컨슈머를 개발할 때 고려해야 할 중요한 사항들에 대해서 살펴볼 것이다. 우선, 간단하고도 명백한 부분들에 대해서 먼저 살펴본 뒤 더 복잡한 패턴들에 대해 설명할 것이다.

❶ 메시지 처리 먼저, 오프셋 커밋은 나중에

만약 폴링 루프에서 모든 처리를 하고 루프 사이의 상태는 저장하지 않는다면(예를 들어서, 집계된 값), 이것은 쉽다. 자동 오프셋 커밋 설정을 사용하거나, 폴링 루프의 끝에서 오프셋을 커밋하거나, 아니면 루프 안에서 일정한 주기로 오프셋을 커밋함으로써 오버헤드와 중복 처리 회피 사이의 요구 조건의 균형을 맞춘다던가 하면 된다. 만약 스레드가 2개 이상 있거나 상태가 있는stateful 처리가 필요한 경우, 컨슈머 객체가 스레드 안전하지 않기 때문에 이것은 더 복잡해진다. 4장에서는 어떻게 이러한 문제를 해결할 수 있는지에 대해 추가적인 예제와 함께 논의하였다.

❷ 커밋 빈도는 성능과 크래시 발생시 중복 개수 사이의 트레이드오프다

컨슈머의 폴링 루프 안에서 모든 처리를 수행하고 그 사이에 상태를 전혀 유지하지 않는 가장 단순한 경우일지라도, 루프 안에서 여러 번 커밋하거나 루프가 몇 번 지나갈 때마다 커밋하는 것 사이에서 선택할 수 있다. 커밋 작업은 상당한 성능 오버헤드를 수반한다. 이것은 `acks=all` 설정과 함께 쓰기 작업을 수행하는 것과 비슷한데, 다만 특정 컨슈머 그룹의 모든 오프셋 커밋이 동일한 브로커로 간다는 점(그리고 오버헤드가 된다는 점)이 다르다. 커밋 주기는 성능과 중복 발생의 요구 조건 사이에서 균형을 맞춰야 한다. 메시지를 읽어올 때마다 커밋하는 방식은 매우 낮은 빈도로 메시지가 들어오는 토픽에나 사용할 수 있다.

❸ 정확한 시점에 정확한 오프셋을 커밋하자

폴링 루프 중간에서 커밋할 때 흔히 하는 실수는 마지막으로 처리된 메시지의 오프셋이 아닌, 마지막으로 읽어 온 메시지의 오프셋을 커밋하는 것이다. 언제나 처리가 완료된 메시지의 오프셋을 커밋하는 것이 중요하다는 걸 기억하자. 즉, 읽기는 했지만 처리되지는 않은 메시지의 오프셋을 커밋할 경우 컨슈머 입장에서는 메시지가 누락될 수 있다. 4장의 예제를 참조하자.

❹ 리밸런스

애플리케이션을 설계할 때는 컨슈머 리밸런스가 발생할 것이라는 것과 이것을 적절히 처리해 줄 필요가 있다는 점을 기억해야 한다. 4장에 몇 개의 예제가 나와 있다. 이것은 보통 할당된 파티션이 해제되기 전에 오프셋을 커밋하고, 새로운 파티션이 할당되었을 때 애플리케이션이 보유하고 있던 상태(그런 게 있다면)를 삭제해주는 작업을 포함한다.

❺ 컨슈머는 재시도를 해야 할 수도 있다

상황에 따라, `poll()`을 호출하고 레코드를 처리한 뒤, 일부 레코드는 처리가 완료되지 않아서 나중에 처리되어야 할 수도 있다. 예를 들어서, 카프카에서 읽어 온 레코드를 데이터베이스에 쓰려고 하는데, 정작 그 데이터베이스가 현재 사용 가능하지 않아서 나중에 재시도해야 할 수 있다. 전통적인 발행/구독 메시지 전달 시스템과는 달리, 카프카 컨슈머들은 오프셋을 커밋할 뿐 각각의 메시지에 응답을 보내거나 하지 않는다. 즉, 만약 레코드 #30 처리에 실패한 상태에서 #31 처리에 성공할 경우, #31의 오프셋을 커밋하면 안 된다. 이것은 #30을 포함한 #31까지의 모든 레코드를 처리했다고 표시하는 것과 같은 결과를 초래하는데, 이는 우리가 원하는 것이 아닐 것이다. 대신, 다음 두 패턴 중 하나를 시도해 보라.

재시도 가능한 에러가 발생했을 경우 사용 가능한 방법 하나는 마지막으로 처리에 성공한 레코드의 오프셋을 커밋하는 것이다. 그러고 나서 나중에 처리해야 할 레코드들을 버퍼에 저장하고(이렇게 하면 다음 번 `poll()` 호출에서 덮어쓰지 않는다), 컨슈머의 `pause()` 메서드를 호출해서 추가적인 `poll()` 호출이 데이터를 리턴하지 않도록 한 뒤, 레코드 처리를 계속한다.

두 번째 방법은 별도의 토픽에 쓴 뒤 계속 진행하는 것이다. 별도의 컨슈머 그룹을 사용해서 재시도 토픽에 저장된 레코드들을 처리하거나, 주 토픽과 재시도 토픽을 모두 구독하는 컨슈머를 하나 둬서 재시도 사이에는 재시도 토픽 구독을 잠시 멈추도록 할 수도 있다. 이 패턴은 많은 메시지 교환 시스템에서 사용되어 온 데드 레터 큐dead letter queue 시스템과 비슷하다.

❻ 컨슈머가 상태를 유지해야 할 수도 있다

애플리케이션에 따라서는 `poll()` 메서드 호출 간에 상태를 유지해야 할 수도 있다. 예를 들어서, 만약 이동평균moving average을 계산하고자 한다면, 카프카에서 새 메시지들을 폴링해 올 때마다 평균값을 업데이트 해줘야 할 것이다. 만약 프로세스가 재시작된다면, 단순히 마지막 오프셋에서부터 읽기 작업을 재개하는 것만으로는 안 되고 여기에 해당하는 이동평균값 역시 복구시켜야 할 것이다. 이 문제를 해결하는 방법 중 하나는 마지막으로 누적된 값을 애플리케이션이 오프셋을 커밋할 때 'results' 토픽에 쓰는 것이다. 이렇게 하면 스레드가 시작될 때, 작업이 중단된 시점과 마지막으로 누적된 값을 가져올 수 있다. 8장에서는 단일 트랜잭션 내에서 결과를 쓰는 작업과 오프셋을 커밋하는 작업을 함께 수행하는 방법에 대해서 논의할 것이다. 일반적으로 이 문제는 상당히 복잡한 문제다. 따라서 우리는 카프카 스트림즈나 플링크Flink와 같이 집적aggregation, 조인join 등의 복잡한 분석 작업을 위한 고수준의 DSL 형식 API를 제공하는 라이브러리를 살펴볼 것을 권한다.

7.6 시스템 신뢰성 검증하기

신뢰성 요구 조건 확인, 브로커 설정, 클라이언트 설정, 활용 사례에 맞는 API 사용이 완료되면, 이제 이벤트가 유실되지 않을 거라는 확신을 가지고 프로덕션 환경에서 돌리는 것만 남은 것 같다. 그렇지 않은가?

우리는 일단 몇 가지 검증 작업을 먼저 한 뒤, 세 개의 계층에 걸쳐서 검증을 수행할 것을 제안한다. 즉, 설정 검증, 애플리케이션 검증, 그리고 프로덕션 환경에 배포된 애플리케이션 모니터링이다. 지금부터 이들 각각을 하나씩 살펴보고, 무엇을 어떻게 검증해야 하는지를 알아보자.

7.6.1 설정 검증하기

애플리케이션 로직과 격리된 채 브로커와 클라이언트 설정을 검증하는 것은 쉬울 뿐더러, 아래와 같은 이유로 인해 권장된다.

- 우리가 선택한 구상이 요구 조건을 충족시킬 수 있는지 확인하는 데 도움이 된다.
- 시스템의 예상 작동을 추론해 보기 위한 좋은 방법이다. 카프카는 이러한 검증 작업을 위한 두 개의 중요한 툴을 포함한다. `org.apache.kafka.tools` 패키지에는 `VerifiableProducer`(검증용 프로듀서), `VerifiableConsumer`(검증용 컨슈머) 클래스가 포함되어 있는데, 이들 각각은 명령줄 툴 형태로든 자동화된 테스팅 프레임워크에 포함된 형태로든 실행이 가능하다.

개략적인 발상은 다음과 같다. 즉, 검증용 프로듀서를 사용해서 1에서부터 우리가 선택한 값까지의 숫자를 포함하는 메시지를 순서대로 쓴다. 검증용 프로듀서에는 일반적인 프로듀서와 똑같이 `acks`, `retries`, `delivery.timeout.ms` 등의 설정값을 잡아줄 수 있을 뿐더러 메시지를 쓰는 속도 역시 정해줄 수 있다. 그러고 나서 검증용 프로듀서를 실행시키면, 브로커에 전송된 각 메시지마다 (리턴된 응답에 따라) 성공 혹은 에러를 출력한다. 검증용 컨슈머는 이와는 반대 방향으로 확인 작업을 수행한다. (대체로 검증용 프로듀서가 쓴) 이벤트를 읽어 온 순서대로 출력하는 것이다. 커밋과 리밸런스에 관련된 정보 역시 출력된다.

어떤 테스트를 할 것인지 역시 고려해야 한다. 예를 들면 다음과 같다.

- 리더 선출: 리더를 정지시키면 어떻게 될까? 프로듀서와 컨슈머가 평상시처럼 작동을 재개하는 데까지 얼마나 걸릴까?
- 컨트롤러 선출: 컨트롤러가 재시작한 뒤 시스템이 재개되는 데 얼마나 걸릴까?
- 롤링 재시작: 메시지 유실 없이 브로커들을 하나씩 재시작시킬 수 있을까?
- 언클린 리더 선출 테스트: (각 레플리카의 동기화가 풀리도록 하기 위해) 한 파티션의 모든 레플리카들을 하나씩 중단시킨 다음 아웃-오브-싱크 상태가 된 브로커를 시작시키면 어떻게 될까? 작업을 재개하려면 어떻게 해야 할까? 이것은 용인할 수 있는 수준인가?

그런 다음, 하나의 시나리오를 고른 뒤 검증용 프로듀서를 실행시키고, 검증용 컨슈머를 실행시키고, 해당 시나리오대로 실행해 본다. 예를 들어서, 데이터를 써넣고 있는 파티션의 리더를 정지시킨다. 만약 잠깐 중단되었다가 메시지 유실 없이 정상적으로 작동이 재개될 거라고 예상했다면, 프로듀서가 쓴 메시지 수와 컨슈머가 읽어 온 메시지 수가 맞는지를 확인해 봐야 할 것이다.

아파치 카프카 소스코드 저장소는 방대한 테스트 스위트test suite, https://github.com/apache/kafka/tree/trunk/tests를 포함한다. 스위트 안에 포함된 많은 테스트들은 위에서 설명한 것과 같은 원리로 작동하며, 롤링 업그레이드가 작동하는지의 여부를 확인하기 위해 검증용 프로듀서와 컨슈머를 사용한다.

7.6.2 애플리케이션 검증하기

브로커와 클라이언트의 설정이 요구 조건과 맞다는 걸 확인했다면, 이제 애플리케이션이 우리가 필요로 하는 보장을 해주는지를 확인할 때다. 이 단계에서는 애플리케이션 로직이 카프카의 클라이언트 라이브러리와 상호작용하는 커스텀 에러 처리 코드, 오프셋 커밋, 리밸런스 리스너와 같은 곳들을 확인한다.

애플리케이션 로직이 매우 다양한 만큼, 테스트 방법에 대해 저자들이 조언할 수 있는 것에는 한계가 있을 수밖에 없다. 우리는 개발 프로세스의 일부로서 애플리케이션의 통합 테스트를 수행할 것을 권장하며, 다양한 장애 상황에 대해 테스트를 수행할 것 역시 권장한다.

- 클라이언트가 브로커 중 하나와 연결이 끊어짐
- 클라이언트와 브로커 사이의 긴 지연
- 디스크 꽉 참
- 디스크 멈춤

- 리더 선출
- 브로커 롤링 재시작
- 컨슈머 롤링 재시작
- 프로듀서 롤링 재시작

테스트를 위해 가상의 네트워크나 디스크 장애를 발생시킬 수 있는 좋은 툴들이 많이 있으므로, 우리는 특정한 툴을 추천하거나 하지 않을 것이다. 아파치 카프카는 장애 주입을 위한 자체적인 프레임워크인 트록도르Trogdor 테스트 프레임워크https://github.com/apache/kafka/blob/trunk/TROGDOR.md를 포함한다. 각 상황별로 우리는 예상 작동(애플리케이션을 개발할 때 기대했던 것)을 가지고 있을 것이다. 그러면 이제 실제로 어떻게 되는지를 확인할 수 있도록 테스트를 실행한다. 예를 들어서, 컨슈머의 롤링 재시작을 하고자 한다면, 컨슈머 리밸런스 때문에 잠깐 멈춘 뒤 읽기가 재개되어 1000개 이하의 중복 메시지를 읽게 될 거라는 식으로 예상할 수 있다. 이렇게 테스트를 해보면 애플리케이션의 오프셋 커밋과 리밸런스 처리가 제대로 작동하는지 확인할 수 있을 것이다.

7.6.3 프로덕션 환경에서 신뢰성 모니터링하기

애플리케이션을 테스트하는 것은 중요하지만, 그렇다고 해서 데이터가 예상한 대로 흐르고 있는지 프로덕션 시스템을 지속적으로 모니터링하는 것을 그냥 넘어가서는 안 된다. 카프카 클러스터를 어떻게 모니터링해야 하는지에 대해서는 12장에서 상세히 다룰 것이지만, 클러스터의 상태를 모니터링하는 것 외에 클라이언트와 전체 데이터의 흐름 역시 모니터링하는 것이 중요하다.

카프카의 자바 클라이언트들은 클라이언트 쪽 상태와 이벤트를 모니터링할 수 있게 해주는 JMX 지표를 포함한다. 프로듀서의 경우, 신뢰성 측면에서 가장 중요한 두 지표는 레코드별 에러율error-rate과 재시도율retry-rate이다(초 단위 평균값이다). 에러율과 재시도율이 올라가는 것은 시스템에 문제가 있음을 가리킬 수 있으므로 잘 살펴봐야 한다. 이벤트 전송 도중에 발생하는 프로듀서 에러 로그 역시 모니터링해주어야 한다. 이러한 로그들은 `WARN` 레벨에서 "Got error produce response with correlation id 5689 on topic-partition [topic-1,3], retrying (two attempts left). Error: ..."와 같은 형태를 찍힌다. 남은 재시도 횟수가 0인 이벤트가 보인다면, 프로듀서에서 재시도 횟수가 고갈된 것이다. 3장에서 우리는 프로듀서의 에러 처리를 개선하고 재시도 횟수가 너무 일찍 고갈되는 것을 방지하기 위해 `delivery.timeout.ms`와 `retries`를 어떻게 설정해야 하는지에 대해 논의하였다. 물론, 이러한 에러를 발생시킨 원인을 발본색원하는 것이 언제나 더 낫다. 프로듀서의 `ERROR` 레벨 로그 메시지들은 재시도 불가능한 에러나, 재시도 횟수가 고갈된 재시도 가능한 에러나, 혹은 타임아웃으로 인해 메시지 전송이 완전히 실패했음을 가리킬 가능성이 높다. 이 경우 브로커로부터 리턴된 정확한 에러 값 역시 함께 로그에 찍혔을 것이다.

컨슈머 쪽에서 가장 중요한 지표는 컨슈머 랙consumer lag이다. 이 지표는 컨슈머가 브로커 내 파티션에 커밋된 가장 최신 메시지에서 얼마나 뒤떨어져 있는지를 가리킨다. 이상적인 상황에서는 이 랙이 항상 0이고 컨슈머는 계속해서 최신 메시지만을 읽을 것이다. 하지만 현실에서는, `poll()` 호출이 여러 개의 메시지를 리턴하면 컨슈머는 다음 번 메시지를 읽어오기 전까지 리턴된 메시지를 처리하는 데 시간을 쓰기 마련이므로, 랙은 계속해서 약간 오르락내리락 하게 되어 있다. 여기서 중요한 것은, 컨슈머가 점점 더 뒤쳐지는 게 아니라 계속해서 따라붙는 것이다. 컨슈머 랙 값이 어느 정도 오르락내리락 하는 만큼, 이 지표에 전통적인 경보를 설정하는 것은 약간 어려울 수 있다. 컨슈머 랙을 확인하기 위해 링크드인이 개발한 버로우https://github.com/linkedin/Burrow를 사용하면 이 작업을 좀 더 쉽게 할 수 있다.

데이터의 흐름을 모니터링한다는 것은 곧 모든 쓰여진 데이터가 적절한 시기에 읽혀진다는 것을 의미한다(이 '적절한 시기'란 요구조건에 따라 결정되는 것이 보통이다). 데이터가 적절한 시기에 읽히도록 하려면, 언제 데이터가 생성되었는지를 알아야 한다. 카프카에는 이를 쉽게 해주는 기능이 내장되어 있다. 버전 0.10.0부터, 모든 메시지는 이벤트가 생성된 시점을 가리키는 타임스탬프를 포함한다. 단, 이 값은 이벤트를 전송중인 애플리케이션이나 관련 설정이 잡혀 있는 브로커에 의해 재정의될 수 있음을 기억하자.

모든 쓰여진 메시지가 적절한 시간 내에 읽히도록 하기 위해서는, 애플리케이션은 자신이 쓴 이벤트의 수를 (보통 초당 이벤트 수 형태로) 메시지 형태로 써줘야 할 것이다. 컨슈머는 단위 시간당 읽은 이벤트 수와 이벤트가 쓰여진 시점과 읽힌 시점 사이의 랙(이벤트 타임스탬프를 사용하면 알 수 있다)을 기록해야 할 것이다. 그러고 나서 (누락된 메시지가 없음을 확인하기 위해) 프로듀서와 컨슈머 양쪽에서 들어온 초당 이벤트 수를 서로 맞춘 뒤 이벤트가 쓰여진 시점과 읽힌 시점 사이의 간격이 적절함을 확인할 수 있도록 해주는 시스템이 필요할 것이다. 이러한 류의 종단 모니터링 시스템은 구현하기 쉽지 않을 뿐 아니라 구현 작업에도 시간이 많이 걸릴 수 있다. 우리가 아는 한, 이러한 류의 시스템을 오픈소스로 구현한 것은 없다. 다만 컨플루언트에서 컨플루언트 컨트롤 센터https://www.confluent.io/product/confluent-platform/gui-driven-management-and-monitoring/의 일부로서 제품 형태의 구현체가 나와 있다.

클라이언트와 종단 간 데이터 흐름을 모니터링하는 것 외에도, 카프카 브로커는 브로커가 클라이언트로 보내는 에러 응답률을 보여주는 지표들을 포함한다. 우리는 `kafka.server:type=BrokerTopi` cMetrics,name=FailedProduceRequestsPerSec와 kafka.server:type=BrokerTopicMetrics,name=FailedFetchRequestsPerSec 지푯값을 수집할 것을 권장한다. 때때로 일정 수준의 에러 응답이 예상되는 경우가 있다. 예를 들어서, 유지 관리 작업을 위해 브로커를 꺼서 다른 브로커가 리더로 선출될 경우, 프로듀서가 NOT_LEADER_FOR_PARTITION 에러를 받는 것은 예상된 작동이다. 이 에러를 받은 뒤에야 메타데이터 업데이트를 요청한 뒤 이벤트 쓰기 작업을 재개할 수 있기 때문이다. 요청 실패가 알 수 없는 이유로 증가할 경우 반드시 원인을 살펴보아야 한다. 이러한 작업을 편리하게 할 수 있도록 요청 실패 지표에는 브로커가 보낸 에러 응답이 태그 형식으로 달려 있다.

7.7 요약

이 장의 도입부에서 밝힌 것과 같이, 신뢰성이란 단순히 카프카의 특정 기능의 문제가 아니다. 우리는 애플리케이션 아키텍처, 애플리케이션이 프로듀서와 컨슈머 API를 사용하는 방식, 프로듀서와 컨슈머 설정, 토픽 설정, 그리고 브로커 설정을 포함해서 총체적으로 신뢰성 있는 시스템을 구축할 필요가 있다. 더 높은 신뢰성을 갖는 시스템을 구축하는 것은 항상 애플리케이션의 복잡성, 성능, 가용성, 그리고 디스크 공간 사용에 있어서 트레이드오프를 수반한다. 모든 옵션과 일반적으로 사용되는 패턴, 각 활용 사례에 있어서의 요구 조건을 이해함으로써 우리는 애플리케이션과 카프카가 어느 정도의 신뢰성을 가져야 하는지, 어떤 수준의 트레이드오프가 합리적인지에 대해 올바른 결정을 할 수 있다.

CHAPTER 8

'정확히 한 번' 의미 구조

7장에서 우리는 사용자가 카프카의 신뢰성 보장을 제어할 수 있게 해주는 설정 매개변수들과 모범사례들에 대해 논의하였다. 여기서 우리는 '최소 한 번' 전달에 초점을 맞췄다(여기서는 카프카 브로커의 응답이 곧 커밋으로 간주되며, 유실되지 않음이 보장된다). 하지만 메시지 중복의 가능성은 여전히 있다. 다양한 애플리케이션이 메시지를 쓰고 읽는 단순한 시스템에서 메시지 중복이란 쉽게 처리할 수 있는, 단순히 귀찮은 문제일 뿐이다. 현실에서 사용되는 대부분의 애플리케이션들은 메시지를 읽는 애플리케이션이 중복 메시지를 제거할 수 있도록 메시지에 고유한 식별자를 포함한다.

이벤트를 집적하는 스트림 처리 애플리케이션들은 갈수록 복잡해지고 있다. 이벤트를 읽어서 평균을 구하고, 결과를 산출하는 애플리케이션을 예로 들면, 결과만 보는 입장에서 특정 이벤트가 두 번 쓰여지는 바람에 평균값이 잘못 계산된 것을 알아내는 것은 불가능에 가깝다. 이러한 경우, 더 강력한 보장을 제공할 필요가 있다(처리에 있어서 '정확히 한 번' 의미 구조exactly-once semantics가 필요한 것이다).

이 장에서는 카프카의 '정확히 한 번' 의미 구조를 사용하는 방법과 권장되는 활용 사례, 그리고 그 한계에 대해서 알아본다. 우리가 '최소 한 번' 보장에서 했던 것처럼, 우리는 '정확히 한 번' 의미구조를 자세히 살펴봄으로써 이것이 구현되어 있는 방식에 대해 독자가 어느 정도 이해와 직관을 가질 수 있도록 할 것이다. 이 장을 처음 읽을 때는 이러한 세세한 부분을 그냥 넘어가도 상관없지만, 이 기능을 사용하기 전에 내용을 이해해 두면 좋을 것이다(서로 다른 설정 및 API의 의미와 올바른 사용법을 명확히 이해하는 데 도움이 된다).

카프카의 '정확히 한 번' 의미 구조는 두 개의 핵심 기능(멱등적 프로듀서idempotent producer와 트랜잭션

의미 구조)의 조합으로 이루어진다. 멱등적 프로듀서는 프로듀서 재시도로 인해 발생하는 중복을 방지한다. 그리고 트랜잭션 의미 구조는 스트림 처리 애플리케이션에서 '정확히 한 번' 처리를 보장한다. 우리는 좀 더 단순하고 일반적으로 활용 가능한 멱등적 프로듀서를 시작으로 이 두 가지를 모두 살펴볼 것이다.

8.1 멱등적 프로듀서

동일한 작업을 여러 번 실행해도 한 번 실행한 것과 결과가 같은 서비스를 '멱등적idempotent'이라고 한다. 데이터베이스에서는 흔히 다음과 같이 설명되고는 한다.

1. `UPDATE t SET x=x+1 where y=5`
2. `UPDATE t SET x=18 where y=5`

1은 멱등적이지 않다. 만약 1을 세 번 호출하면 한 번 호출한 것과는 결과가 달라지기 때문이다. 반면 2는 멱등적이다. 즉, 이 구문을 몇 번을 호출하든 간에 x는 18이 된다.

이것이 카프카 프로듀서와 무슨 상관이 있을까? 만약 우리가 멱등성 의미 구조가 아닌 '최소 한 번'의미 구조를 가지도록 프로듀서를 설정한다면, 프로듀서가 메시지 전송을 재시도함으로써 메시지가 최소 한 번 이상 도착할 수 있는 불확실성이 존재하게 된다. 이렇게 재시도는 메시지 중복을 발생시킬 수 있다.

가장 고전적인 경우라면, 이런 경우가 있겠다.

1. 파티션 리더가 프로듀서로부터 레코드를 받아서 팔로워들에게 성공적으로 복제한다.
2. 프로듀서에게 응답을 보내기 전, 파티션 리더가 있는 브로커에 크래시가 발생한다.
3. 프로듀서 입장에서는 응답을 받지 못한 채 타임아웃이 발생하고, 메시지를 재전송한다.
4. 재전송된 메시지가 새 리더에 도착한다. 하지만 이 메시지는 이미 저장되어 있다(결과적으로, 중복이 발생한다).

어떤 애플리케이션에서는 중복이 크게 문제되지 않는다. 하지만 다른 애플리케이션에서는 재고가 맞지 않는다든가, 재무재표가 잘못된다든가, 우산 하나를 주문한 고객에게 두 개를 배송해 준다든가 하는 문제가 발생할 수 있다.

카프카의 멱등적 프로듀서 기능은 자동으로 이러한 중복을 탐지하고 처리함으로써 이 문제를 해결한다.

8.1.1 멱등적 프로듀서의 작동 원리

멱등적 프로듀서 기능을 켜면 모든 메시지는 고유한 프로듀서 IDproducer ID, PID와 시퀀스 넘버sequence ID를 가지게 된다. 대상 토픽 및 파티션과 이 두 값을 합치면 각 메시지의 고유한 식별자가 된다. 각 브로커는 해당 브로커에 할당된 모든 파티션들에 쓰여진 마지막 5개 메시지들을 추적하기 위해 이 고유 식별자를 사용한다. 파티션별로 추적되어야 하는 시퀀스 넘버의 수를 제한하고 싶다면 프로듀서의 `max.in.flights.requests.per.connection` 설정값이 5 이하로 잡혀 있어야 한다(기본값: 5).

브로커가 예전에 받은 적이 있는 메시지를 받게 될 경우, 적절한 에러를 발생시킴으로써 중복 메시지를 거부한다. 이 에러는 프로듀서에 로깅도 되고 지푯값에도 반영이 되지만, 예외가 발생하는 것은 아니기 때문에 사용자에게 경보를 보내지는 않는다. 프로듀서 클라이언트에서는 `record-error-rate` 지푯값을 확인함으로써 에러를 확인할 수 있다. 브로커의 경우 `RequestMetrics` 유형의 `ErrorsPerSec` 지푯값에 기록된다(`RequestMetrics`에는 유형별 에러 수가 기록된다).

만약 브로커가 예상보다 높은 시퀀스 넘버를 받게 된다면 어떻게 될까? 브로커는 2번 메시지 다음에 3번 메시지가 올 것을 예상하지만, 대신 27번 메시지가 오면 어떻게 될까? 이러한 경우, 브로커는 'out of order sequence number' 에러를 발생시킨다. 하지만 만약 트랜잭션 기능 없이 멱등적 프로듀서만 사용하고 있다면 이 에러는 무시해도 좋다.

'out of order sequence number' 에러가 발생한 뒤에도 프로듀서가 정상 작동한다면, 이 에러는 보통 프로듀서와 브로커 사이에 메시지 유실이 있었음을 의미한다. 즉, 만약 브로커가 2번 메시지 뒤에 27번 메시지를 받았다면, 3번 메시지에서부터 26번 메시지까지에 뭔가가 일어난 것이다. 만약 로그에 이러한 에러가 찍힌다면, 프로듀서와 브로커 설정을 재점검하고 프로듀서 설정이 고신뢰성을 위해 권장되는 값으로 잡혀 있는지, 아니면 언클린 리더 선출이 발생했는지의 여부를 확인해 볼 필요가 있다.

다른 모든 분산 시스템들과 마찬가지로, 작동이 실패했을 경우 멱등적 프로듀서가 어떻게 처리하는지를 생각해 보는 것은 의미가 있다. 프로듀서 재시작과 브로커 장애, 두 경우를 생각해 보자.

❶ 프로듀서 재시작

프로듀서에 장애가 발생할 경우, 보통 새 프로듀서를 생성해서 장애가 난 프로듀서를 대체한다. 즉, 사람이 직접 장비를 재시작해 줄 수도 있고 아니면 쿠버네티스와 같이 자동 장애 복구 기능을 제공하는 복잡한 프레임워크를 사용할 수도 있다. 여기서 중요한 점은 프로듀서가 시작될 때 멱등적 프로듀서 기능이 켜져 있을 경우, 프로듀서는 초기화 과정에서 카프카 브로커로부터 프로듀서 ID를 생성받는다는 점이다. 트랜잭션 기능을 켜지 않았을 경우, 프로듀서를 초기화할 때마다 완전히 새로운 ID

가 생성된다. 즉, 프로듀서에 장애가 발생해서 대신 투입된 새 프로듀서가 기존 프로듀서가 이미 전송한 메시지를 다시 전송할 경우, 브로커는 메시지에 중복이 발생했음을 알아차리지 못한다(두 메시지가 서로 다른 프로듀서 ID와 시퀀스 넘버를 갖는 만큼 서로 다른 것으로 취급될 것이기 때문이다). 만약 기존 프로듀서가 작동을 멈췄다가 새 프로듀서가 투입된 뒤 작동을 재개해도 역시 마찬가지라는 점을 기억하자. 서로 다른 ID를 가진 서로 다른 프로듀서로 간주되는 만큼 기존 프로듀서는 좀비로 취급되지 않는다.

❷ 브로커 장애

만약 브로커 장애가 발생할 경우, 컨트롤러는 장애가 난 브로커가 리더를 맡고 있었던 파티션들에 대해 새 리더를 선출한다. 우리가 토픽 A의 파티션 0에 메시지를 쓰는 프로듀서를 가지고 있다고 가정하자. 이 파티션의 리더 레플리카는 브로커 5에 있고, 팔로워 레플리카는 브로커 3에 있다. 브로커 5에 장애가 발생하면, 브로커 3이 새로운 리더가 된다. 프로듀서는 메타데이터 프로토콜을 통해 브로커 3이 새 리더임을 알아차리고 거기로 메시지를 쓰기 시작할 것이다.

하지만 브로커 3 입장에서, 어느 시퀀스 넘버까지 쓰여졌는지 어떻게 알고 중복 메시지를 걸러내는가?

리더는 새 메시지가 쓰여질 때마다 인-메모리 프로듀서 상태에 저장된 최근 5개의 시퀀스 넘버를 업데이트한다. 팔로워 레플리카는 리더로부터 새로운 메시지를 복제할 때마다 자체적인 인-메모리 버퍼를 업데이트한다. 즉, 팔로워가 리더가 된 시점에는 이미 메모리 안에 최근 5개의 시퀀스 넘버를 가지고 있는 것이다. 따라서 아무 이슈나 지연 없이, 새로 쓰여진 메시지의 유효성 검증이 재개될 수 있는 것이다.

하지만, 여기서 예전 리더가 다시 돌아온다면 어떤 일이 벌어질까? 재시작 후에는 인-메모리 프로듀서 상태는 더 이상 메모리 안에 저장되어 있지 않다. 복구 과정에 도움이 될 수 있도록, 브로커는 종료되거나 새 세그먼트가 생성될 때마다 프로듀서 상태에 대한 스냅샷을 파일 형태로 저장한다. 브로커가 시작되면 일단 파일에서 최신 상태를 읽어 온다. 그러고 나서 현재 리더로부터 복제한 레코드를 사용해서 프로듀서 상태를 업데이트함으로써 최신 상태를 복구한다. 그래서 이 브로커가 다시 리더를 맡을 준비가 될 시점에는 최신 시퀀스 넘버를 가지고 있게 된다. 만약 브로커가 크래시 나서 최신 스냅샷이 업데이트되지 않는다면 어떻게 될까? 프로듀서 ID와 시퀀스 넘버는 둘 다 카프카 로그에 저장되는 메시지 형식의 일부다. 크래시 복구 작업이 진행되는 동안 프로듀서 상태는 더 오래 된 스냅샷뿐만 아니라 각 파티션 최신 세그먼트의 메시지들 역시 사용해서 복구된다. 복구 작업이 완료되는 대로 새로운 스냅샷 파일이 저장된다.

재미있는 질문의 하나로 만약 메시지가 없다면 어떻게 될까? 보존 기한은 2시간인데 지난 두 시간동안 메시지가 하나도 들어오지 않은 토픽을 상상해 보자(브로커가 크래시 날 경우, 프로듀서 상태를 복구하기 위해 사용할 수 있는 메시지 역시 없을 것이다). 다행히, 메시지가 없다는 얘기는 중복이 없다는 얘기도 된다. 이 경우 즉시 새 메시지를 받기 시작해서(프로듀서 상태가 없다는 경고가 로그에 찍힐 것이다), 새로 들어오는 메시지들을 기준으로 프로듀서 상태를 생성할 수 있다.

8.1.2 멱등적 프로듀서의 한계

카프카의 멱등적 프로듀서는 프로듀서의 내부 로직으로 인한 재시도가 발생할 경우 생기는 중복만을 방지한다. 동일한 메시지를 가지고 `producer.send()`를 두 번 호출하면 멱등적 프로듀서가 개입하지 않는 만큼 중복된 메시지가 생기게 된다. 프로듀서 입장에서는 전송된 레코드 두 개가 실제로는 동일한 레코드인지 확인할 방법이 없기 때문이다. 프로듀서 예외를 잡아서 애플리케이션이 직접 재시도하는 것보다는 프로듀서에 탑재된 재시도 메커니즘을 사용하는 것이 언제나 더 낫다. 멱등적 프로듀서는 이 패턴을 더 편리하게 만들어준다(재시도를 할 때 중복을 피할 수 있는 가장 쉬운 방법이기 때문이다).

여러 개의 인스턴스를 띄우거나 하나의 인스턴스에서 여러 개의 프로듀서를 띄우는 애플리케이션들 역시 흔하다. 만약 이러한 프로듀서들 중 두 개가 동일한 메시지를 전송하려 시도할 경우, 멱등적 프로듀서는 중복을 잡아내지 못한다. 이러한 사례는 파일 디렉토리와 같은 원본에서 데이터를 읽어서 카프카로 쓰는 애플리케이션에서 꽤 흔하다. 만약 동일한 파일을 읽어서 카프카에 레코드를 쓰는 두 개의 애플리케이션 인스턴스가 뜨게 되면 해당 파일의 레코드들은 2번 이상 쓰여지게 될 것이다.

멱등적 프로듀서는 프로듀서 자체의 재시도 메커니즘(프로듀서, 네트워크, 브로커 에러로 인해 발생하는)에 의한 중복만을 방지할 뿐, 그 이상은 하지 않는다.

8.1.3 멱등적 프로듀서 사용법

이 부분은 쉽다. 프로듀서 설정에 `enable.idempotence=true` 를 추가해주면 끝이다.[25] 만약 프로듀서에 `acks=all` 설정이 이미 잡혀 있다면, 성능에는 차이가 없을 것이다. 멱등적 프로듀서 기능을 활성화시키면 다음과 같은 것들이 바뀐다.

25 옮긴이 카프카 3.0부터는 기본적으로 켜져 있다. 자세한 내용은 KIP-679(https://cwiki.apache.org/confluence/display/KAFKA/KIP-679%3A+Producer+will+enable+the+strongest+delivery+guarantee+by+default)를 참조하자. `acks` 기본값 역시 `1`에서 `all`로 바뀌었기 때문에 가장 강력한 전달 보장이 기본값이 되었다.

- 프로듀서 ID를 받아오기 위해 프로듀서 시동 과정에서 API를 하나 더 호출한다.
- 전송되는 각각의 레코드 배치에는 프로듀서 ID와 배치 내 첫 메시지의 시퀀스 넘버가 포함된다(각 메시지의 시퀀스 넘버는 첫 메시지의 시퀀스 넘버에 변화량을 더하면 나온다). 이 새 필드들은 각 메시지 배치에 96 비트를 추가한다(프로듀서 ID는 long 타입이고 시퀀스 넘버는 integer 타입이다). 따라서 대부분의 경우 작업 부하에 어떠한 오버헤드도 되지 않는다.
- 브로커들은 모든 프로듀서 인스턴스에서 들어온 레코드 배치의 시퀀스 넘버를 검증해서 메시지 중복을 방지한다.
- 장애가 발생하더라도 각 파티션에 쓰여지는 메시지들의 순서는 보장된다. `max.in.flight.requests.per.connection` 설정값이 1보다 큰 값으로 잡혀도 마찬가지다(5는 기본값인 동시에 멱등적 프로듀서가 지원하는 가장 큰 값이다).

멱등적 프로듀서의 로직과 에러 처리는 버전 2.5에서 KIP-360이 도입되면서 크게 개선되었다(프로듀서와 브로커 양쪽 모두에서 말이다). 2.5 이전에는 프로듀서 상태가 언제나 충분히 길게 유지되지는 않았다. 이에 따라 다양한 경우에 있어서 치명적인 UNKNOWN_PRODUCER_ID 에러가 발생하고는 했다. (이러한 경우의 예 중 하나는 파티션 재할당 상황에서 발생한다. 특정 프로듀서에서 아직 쓴 메시지가 하나도 없는 상태에서 새로운 레플리카가 리더가 되는 경우다. 새 리더 입장에서는 해당 파티션에 대해 프로듀서 상태 같은 게 아예 없는 것이다.) 또한, 이전 버전에서는 몇몇 에러 상황에서 시퀀스 넘버를 변경하기도 했는데, 이것은 메시지 중복을 초래할 수 있었다. 2.5 버전 이후부터는 레코드 배치에서 치명적인 에러가 발생할 경우, 에러가 발생한 배치를 포함한 모든 전송중인 배치들은 거부될 것이다. 애플리케이션을 작성하는 입장에서는 발생한 예외를 잡아서 이 레코드들을 그냥 건너뛸지 아니면 중복이나 순서 반전의 위험을 감수하고 재시도할지를 결정할 수 있다.

8.2 트랜잭션

이 장의 도입부에서 언급했듯이, 트랜잭션 기능은 카프카 스트림즈를 사용해서 개발된 애플리케이션에 정확성을 보장하기 위해 도입되었다. 스트림 처리 애플리케이션이 정확한 결과를 산출하도록 하기 위해, 각 입력 레코드는 정확히 한 번만 처리되어야 하며 그 처리 결과 역시 (장애 상황에서도) 정확히 한 번만 반영되어야 한다. 아파치 카프카의 트랜잭션 기능은 스트림 처리 애플리케이션이 정확한 결과를 산출할 수 있도록 한다. 이는 다시 개발자들이 정확성이 핵심 요구 조건인 활용 사례에서 스트림 처리 애플리케이션을 사용할 수 있도록 해 준다.

카프카의 트랜잭션 기능은 스트림 처리 애플리케이션을 위해 특별히 개발되었음을 염두에 둘 필요가 있다. 그런 만큼 스트림 처리 애플리케이션의 기본 패턴인 '읽기-처리-쓰기' 패턴에서 사용하도록 개발되었다. 트랜잭션 기능은 이런 맥락에서 '정확히 한 번' 의미 구조를 보장할 수 있는 것이다(각 입력 레코드의 처리는 애플리케이션의 내부 상태가 업데이트되고 결과가 출력 토픽에 성공적으로 쓰여졌을 때에야 완료된 것으로 간주된다). 215쪽의 '트랜잭션으로 해결할 수 없는 문제들'에서는 카프카의 '정확히 한 번' 보장이 적용되지 않는 몇몇 상황에 대해서 알아볼 것이다.

트랜잭션은 근본적인 메커니즘의 이름이다. '정확히 한 번' 의미구조 혹은 '정확히 한 번' 보장은 스트림 처리 애플리케이션의 작동을 가리킨다. 카프카 스트림즈는 '정확히 한 번' 보장을 구현하기 위해 트랜잭션 기능을 사용한다. 스파크 스트리밍(Spark Streaming)이나 플링크(Flink)와 같은 다른 스트림 처리 프레임워크의 경우 사용자에게 '정확히 한 번' 의미 구조를 제공하기 위해 다른 메커니즘을 사용한다.

8.2.1 트랜잭션 활용 사례

트랜잭션은 정확성이 중요한 스트림 처리 애플리케이션이라면 언제나 큰 도움이 되며, 스트림 처리 로직에 집적이나 조인이 포함되어 있는 경우 특히나 그렇다. 만약 스트림 처리 애플리케이션이 개별 레코드 변환과 필터만을 수행한다면 업데이트할 상태 자체가 없는 만큼 처리 과정에서 중복이 발생하더라도 출력 스트림에서 걸러 내는 것은 상당히 단순하다. 스트림 처리 애플리케이션이 다수의 레코드를 집적해서 하나로 만들 경우, 결과 레코드가 잘못되었는지의 여부를 판단하는 것은 훨씬 더 어렵다. 몇 개의 입력 레코드가 한 번 이상 처리되었을 수 있기 때문이다. 주어진 입력을 다시 처리하지 않는 한 결과를 교정하는 것은 불가능하다.

금융 애플리케이션은 '정확히 한 번' 기능이 정확한 집적 결과를 보장하는 데 쓰이는, 복잡한 스트림 처리 애플리케이션의 전형적인 예다. 하지만, 카프카 스트림즈 애플리케이션이 '정확히 한 번' 보장을 제공하도록 설정하는 것이 상당히 단순한 만큼 챗봇과 같이 더 흔한 활용 사례에서도 이 기능이 활용되는 것을 볼 수 있다.

8.2.2 트랜잭션이 해결하는 문제

단순한 스트림 처리 애플리케이션을 하나 생각해 보자. 즉, 원본 토픽으로부터 이벤트를 읽어서, (아마도) 처리를 한 다음, 결과를 다른 토픽에 쓴다. 우리가 처리하는 각 메시지에 대해 결과가 정확히 한 번만 쓰여지도록 하고 싶다. 무엇이 잘못될 수 있을까?

알고 보면 꽤 많은 것들이 잘못될 수 있다. 그중 두 가지 경우를 살펴보자.

❶ 애플리케이션 크래시로 인한 재처리

원본 클러스터로부터 메시지를 읽어서 처리한 뒤, 애플리케이션은 두 가지를 해야 한다. 즉, 하나는 결과를 출력 토픽에 쓰는 것이고 또 하나는 우리가 읽어 온 메시지의 오프셋을 커밋하는 것이다. 이 두 작업이 앞에서 이야기한 순서대로 실행되었다고 가정하자. 만약 출력 토픽에는 이미 썼는데 입력 오프셋은 커밋되기 전에 애플리케이션이 크래시 나면 어떻게 될까?

4장에서, 우리는 컨슈머가 크래시 날 경우 어떤 일이 벌어지는지에 대해 논하였다. 몇 초가 지난 후 하트비트가 끊어지면서 리밸런스가 발생하고, 컨슈머가 읽어오고 있던 파티션들은 다른 컨슈머로 재할당될 것이다. 컨슈머는 새로 할당된 파티션의 마지막으로 커밋된 오프셋으로부터 레코드를 읽어오기 시작한다. 즉, 마지막으로 커밋된 오프셋에서부터 크래시가 난 시점까지, 애플리케이션에 의해 처리된 모든 레코드들은 다시 처리될 것이며 결과 역시 출력 토픽에 다시 쓰여질 것이다. 즉, 중복이 발생하는 것이다.

2 좀비 애플리케이션에 의해 발생하는 재처리

만약 애플리케이션이 카프카로부터 레코드 배치를 읽어온 직후 뭔가를 하기 전에 멈추거나, 카프카로의 연결이 끊어진다면 어떻게 될까?

앞에서 살펴본 상황과 비슷하게, 하트비트가 끊어지면서 애플리케이션은 죽은 것으로 간주될 것이며, 해당 컨슈머에 할당되어 있던 파티션들은 컨슈머 그룹 내 다른 컨슈머들에게 재할당될 것이다. 파티션을 재할당받은 컨슈머가 레코드 배치를 다시 읽어서 처리하고, 출력 토픽에 결과를 쓰고, 작업을 계속한다.

그 사이, 멈췄던 애플리케이션의 첫 번째 인스턴스가 다시 작동할 수 있다. 즉, 마지막으로 읽어 왔던 레코드 배치를 처리하고 결과를 출력 토픽에 쓰는 것이다. 레코드를 읽어오기 위해 새로 카프카를 폴링하거나, 하트비트를 보냈다가 자기가 죽은 것으로 판정되어 다른 인스턴스들이 현재 해당 파티션들을 할당받은 상태라는 걸 알아차릴 때까지 이 작업을 계속할 수 있다.

스스로가 죽은 상태인지 모르는 컨슈머를 좀비라고 부른다. 이러한 상황에서 우리는 추가적인 보장이 없을 경우, 좀비는 출력 토픽으로 데이터를 쓸 수 있으며 따라서 중복된 결과가 발생할 수 있음을 알 수 있다.

8.2.3 트랜잭션은 어떻게 '정확히 한 번'을 보장하는가?

앞에서 예로 들었던 간단한 스트림 처리 애플리케이션을 다시 한 번 살펴보자. 토픽에서 데이터를 읽어서, 처리하고, 결과를 다른 토픽에 쓴다. '정확히 한 번' 처리라 함은 이러한 읽기, 처리, 쓰기 작업이 원자적으로 이루어진다는 의미다. 읽어 온 원본 메시지의 오프셋이 커밋되고 결과가 성공적으로 쓰여지거나, 아니면 둘 다 안 일어나거나. 우리는 부분적인 결과(오프셋은 커밋되었는데 결과는 안 쓰여진다던가, 그 반대)가 결코 발생하지 않을 거라는 보장이 필요하다.

이러한 작동을 지원하기 위해, 카프카 트랜잭션은 원자적 다수 파티션 쓰기atomic multipartition write 기능을 도입했다. 이 아이디어는 오프셋을 커밋하는 것과 결과를 쓰는 것은 둘 다 파티션에 메시지를 쓰는 과정을 수반한다는 점에 착안한 것이다. 결과는 출력 토픽에, 오프셋은 `_consumer_offsets` 토픽에 쓰여진다는 점이 다를 뿐이다. 만약 우리가 트랜잭션을 시작해서 양쪽에 메시지를 쓰고, 둘 다 성공해서 커밋할 수 있다면(아니면 재시도하기 위해 중단할 수 있다면), 그 다음부터 그 다음부터는 '정확히 한 번' 의미 구조가 알아서 해 준다.

그림 8-1은 읽어온 이벤트의 오프셋을 커밋함과 동시에 두 개의 파티션에 원자적 다수 파티션 쓰기를 수행하는 간단한 스트림 처리 애플리케이션을 보여준다.

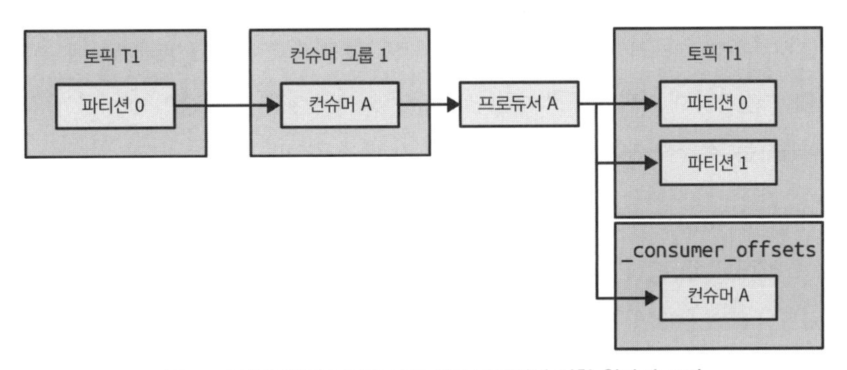

그림 8-1 **트랜잭션적 프로듀서와 여러 파티션에 대한 원자적 쓰기**

트랜잭션을 사용해서 원자적 다수 파티션 쓰기를 수행하려면 **트랜잭션적 프로듀서**를 사용해야 한다. 트랜잭션적 프로듀서와 보통 프로듀서의 차이점이란 `transactional.id` 설정이 잡혀 있고 `initTransactions()`을 호출해서 초기화해주었다는 것뿐이다. 카프카 브로커에 의해 자동으로 생성되는 `producer.id`와는 달리 `transactional.id` 프로듀서 설정의 일부이며, 재시작을 하더라도 값이 유지된다. 사실, `transactional.id`의 주 용도가 재시작 후에도 동일한 프로듀서를 식별하는 것이다. 카프카 브로커는 `transactional.id`에서 `producer.id`로의 대응 관계를 유지하고 있다가 만약 이미 있는 `transactional.id` 프로듀서가 `initTransactions()`를 다시 호출하면 새로운 랜덤값이 아닌 이전에 쓰던 `producer.id` 값을 할당해 준다.

애플리케이션의 좀비 인스턴스가 중복 프로듀서를 생성하는 것을 방지하려면 **좀비 펜싱**zombie fencing, 혹은 애플리케이션의 좀비 인스턴스가 출력 스트림에 결과를 쓰는 것을 방지할 필요가 있다. 가장 일반적인 좀비 펜싱 방법인 에포크epoch를 사용하는 방식이 쓰인다. 카프카는 트랜잭션적 프로듀서가 초기화를 위해 `initTransaction()`를 호출하면 `transactional.id`에 해당하는 에포크 값을 증가시킨다. 같은 `transactional.id`를 가지고 있지만 에포크 값은 낮은 프로듀서가 메시지 전송, 트랜잭션 커

및, 트랜잭션 중단 요청을 보낼 경우 FencedProducer 에러가 발생하면서 거부된다. 이렇게 오래된 프로듀서는 출력 스트림을 쓰는 것이 불가능하기 때문에 close()를 호출해서 닫아주는 것 외에는 방법이 없다. 즉, 좀비가 중복 레코드를 쓰는 것은 불가능하다. 아파치 카프카 2.5 이후부터는 트랜잭션 메타데이터에 컨슈머 그룹 메타데이터를 추가할 수 있는 옵션이 생겼다. 이 메타데이터 역시 펜싱에 사용되기 때문에 좀비 인스턴스를 펜싱하면서도 서로 다른 트랜잭션 ID를 갖는 프로듀서들이 같은 파티션들에 레코드를 쓸 수 있게 되었다.

트랜잭션은 대부분 프로듀서 쪽 기능이다. 즉, 트랜잭션적 프로듀서를 생성하고, 트랜잭션을 시작하고, 다수의 파티션에 레코드를 쓰고, 이미 처리된 레코드들을 표시하기 위해 오프셋을 쓰고, 트랜잭션을 커밋하거나 중단하는 이 모든 작업이 프로듀서로부터 이루어진다. 하지만 이것으로 끝이 아니다. 트랜잭션 기능을 사용해서 쓰여진 레코드는 비록 결과적으로 중단된 트랜잭션에 속할지라도 다른 레코드들과 마찬가지로 파티션에 쓰여진다. 컨슈머에 올바른 격리 수준이 설정되어 있지 않을 경우, 우리가 기대하는 '정확히 한 번' 보장은 이루어지지 않을 것이다.

우리는 isolation.level 설정값을 잡아줌으로써 트랜잭션 기능을 써서 쓰여진 메시지들을 읽어오는 방식을 제어할 수 있다. 이 값이 read_committed로 잡혀 있을 경우, 토픽들을 구독한 뒤 consumer.poll()을 호출하면 커밋된 트랜잭션에 속한 메시지나 처음부터 트랜잭션에 속하지 않는 메시지만 리턴된다(중단된 트랜잭션에 속한 메시지나 아직 진행중인 트랜잭션에 속하는 메시지는 리턴되지 않는 것이다). 하지만 isolation.level 설정을 기본값인 read_uncommitted로 두면 진행중이거나 중단된 트랜잭션에 속하는 것들 포함, 모든 레코드가 리턴된다. read_committed로 설정한다고 해서 특정 트랜잭션에 속한 모든 메시지가 리턴된다고 보장되는 것도 아니다. 트랜잭션에 속하는 토픽의 일부만 구독했기 때문에 일부 메시지만 리턴받을 수도 있는 것이다. 또한, 트랜잭션이 언제 시작되고 끝날지, 어느 메시지가 어느 트랜잭션에 속하는지에 대해서 애플리케이션은 알 수 없다.

그림 8-2는 기본값인 read_uncommitted 모드로 설정된 컨슈머와 비교할 때 read_committed 모드 컨슈머에서 어떤 레코드들이 보여지는지를 보여준다.

메시지의 읽기 순서를 보장하기 위해 read_committed 모드에서는 아직 진행중인 트랜잭션이 처음으로 시작된 시점Last Stable Offset, LSO 이후에 쓰여진 메시지는 리턴되지 않는다. 이 메시지들은 트랜잭션이 프로듀서에 의해 커밋되거나 중단될 때까지, 혹은 transaction.timeout.ms 설정값(기본값: 15분)만큼 시간이 지나 브로커가 트랜잭션을 중단시킬 때까지 보류된다. 이렇게 트랜잭션이 오랫동안 닫히지 않고 있으면 컨슈머들이 지체되면서 종단 지연이 길어진다.

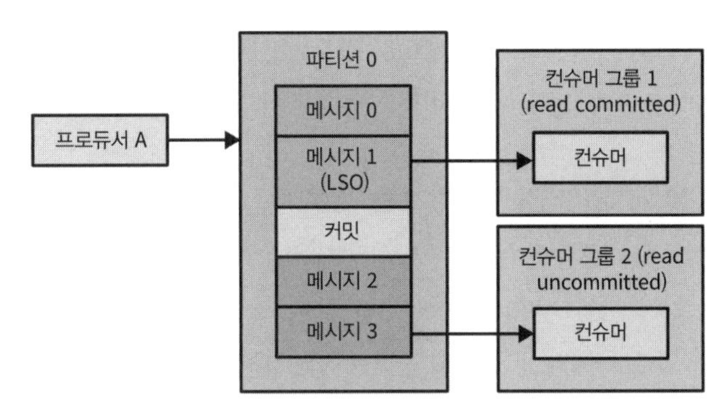

그림 8-2 read_committed 모드로 작동 중인 컨슈머는 read_uncommitted 모드로 작동하는 컨슈머(기본값)보다 약간 더 뒤에 있는 메시지를 읽는다.

스트림 처리 애플리케이션은 입력 토픽이 트랜잭션 없이 쓰여졌을 경우에도 '정확히 한 번' 출력을 보장한다. 원자적 다수 파티션 쓰기 기능은 만약 출력 레코드가 출력 토픽에 커밋되었을 경우, 입력 레코드의 오프셋 역시 해당 컨슈머에 대해 커밋되는 것을 보장한다. 결과적으로 입력 레코드는 다시 처리되지 않는다.

8.2.4 트랜잭션으로 해결할 수 없는 문제들

앞에서 설명한 것과 같이, 트랜잭션 기능은 다수의 파티션에 대한 원자적 쓰기 기능('읽기' 기능이 아니라)을 제공하고 스트림 처리 애플리케이션에서 좀비 프로듀서를 방지하기 위한 목적으로 추가되었다. 결과적으로, 읽기-처리-쓰기 스트림 처리 작업에서 사용될 때 '정확히 한 번' 처리가 보장된다. 다른 맥락에서, 트랜잭션은 아예 작동하지 않던가 아니면 원하는 보장을 달성하기 위해 추가적인 노력이 필요할 것이다.

트랜잭션 기능과 관련해서 자주 하는 실수가 두 가지 있다. 하나는 '정확히 한 번 보장'이 카프카에 대한 쓰기 이외의 작동에서도 보장된다고 착각하는 것이다. 또 하나는 컨슈머가 항상 전체 트랜잭션을 읽어 온다고 (트랜잭션 간의 경계에 대해 알고 있다고) 가정하는 것이다.

다음은 카프카의 트랜잭션 기능이 '정확히 한 번' 보장에 도움이 되지 않는 몇 가지 경우다.

❶ 스트림 처리에 있어서의 부수 효과side effect

스트림 처리 애플리케이션의 처리 단계에 사용자에 이메일을 보내는 작업이 포함되어 있다고 해 보자. 이 애플리케이션에서 '정확히 한 번' 의미 구조를 활성화한다고 해서 이메일이 한 번만 발송되는 것은 아니다. 이 기능은 카프카에 쓰여지는 레코드에만 적용된다. 레코드 중복을 방지하기 위해 시퀀스 넘버를 사용하는 것이나 트랜잭션을 중단 혹은 취소하기 위해 마커를 사용하는 것은 카프카 안에서만 작동하는 것이지, 이메일 발송을 취소시킬 수 있는 것은 아니기 때문이다. 이는 스트림 처리 애플리케이션 안에서 외부 효과를 일으키는 어떠한 작업(REST API 호출, 파일 쓰기 등)에도 해당된다.

❷ 카프카 토픽에서 읽어서 데이터베이스에 쓰는 경우

이 경우 애플리케이션은 카프카가 아닌 외부 데이터베이스에 결과물을 쓴다. 여기서는 프로듀서가 사용되지 않는다. 즉, 레코드는 JDBC와 같은 데이터베이스 드라이버를 통해 데이터베이스에 쓰여지고, 오프셋은 컨슈머에 의해 카프카에 커밋된다. 하나의 트랜잭션에서 외부 데이터베이스에는 결과를 쓰고 카프카에는 오프셋을 커밋할 수 있도록 해주는 메커니즘 같은 건 없다. 대신, 4장에서 설명한 것과 같이 오프셋을 데이터베이스에서 저장하도록 할 수는 있다. 이렇게 하면 하나의 트랜잭션에서 데이터와 오프셋을 동시에 데이터베이스에 커밋할 수 있다(이 부분은 카프카가 아닌, 데이터베이스의 트랜잭션 보장에 달렸다).

마이크로서비스에서는 하나의 원자적 트랜잭션 안에서 데이터베이스도 업데이트하고 카프카에 메시지도 써야 하는 경우가 종종 있다(즉, 둘 다 성공하든지, 아니면 둘 다 안 되든지). 우리가 앞의 두 예제에서 살펴본 것과 같이 카프카 트랜잭션은 이러한 작업을 해주지 않는다. 이러한 일반적인 문제에 대한 일반적인 해법은 **아웃박스 패턴**(outbox pattern)이라 불린다. 마이크로서비스는 '아웃박스'라고 불리는 카프카 토픽에 메시지를 쓰는 작업까지만 하고, 별도의 메시지 중계 서비스가 카프카로부터 메시지를 읽어와서 데이터베이스를 업데이트한다. 앞에서 살펴본 것처럼 카프카가 데이터베이스 업데이트에 대해 '정확히 한 번' 보장을 하지 않는 만큼, 업데이트 작업은 반드시 멱등적이어야 한다. 이 패턴을 사용하면 결과적으로 메시지가 카프카, 토픽 컨슈머, 그리고 데이터베이스 모두에서 사용 가능하거나, 셋 중 어디에도 쓰여지지 않는다. 이 패턴을 반전시켜서 사용할 수도 있다. 즉, 데이터베이스 테이블을 아웃박스로 사용하고 릴레이 서비스가 테이블 업데이트 내역을 카프카에 메시지로 쓰는 것이다. 이 패턴은 고유 키나 외래 키와 같이 관계형 데이터베이스에 제약 조건이 적용되어야 할 때 유용하다. 디비지움(Debezium) 프로젝트 블로그의 아웃박스 패턴 심층 분석 글(https://debezium.io/blog/2019/02/19/reliable-microservices-data-exchange-with-the-outbox-pattern/)에서 상세한 예제를 볼 수 있다.

❸ 데이터베이스에서 읽어서, 카프카에 쓰고, 여기서 다시 다른 데이터베이스에 쓰는 경우

하나의 앱에서 데이터베이스 데이터를 읽고, 트랜잭션을 구분하고, 카프카에 레코드를 쓰고, 여기서 다시 다른 데이터베이스에 레코드를 쓰고, 그 와중에도 원본 데이터베이스의 원래 트랜잭션을 관리할 수 있는 앱을 개발할 수 있다면 솔깃할 것이다.

불행히도 카프카 트랜잭션은 이러한 종류의 종단 보장end-to-end guarantee에 필요한 기능을 가지고 있지 않다. 하나의 트랜잭션 안에서 레코드와 오프셋을 함께 커밋하는 문제 외에도 또 다른 문제가 있기 때문이다. 카프카 컨슈머의 `read_committed` 보장은 데이터베이스 트랜잭션을 보존하기엔 너무 약하다. 컨슈머가 아직 커밋되지 않은 레코드를 볼 수 없는 건 사실이지만, 일부 토픽에서 랙이 발생했을 수도 있는 만큼 이미 커밋된 트랜잭션의 레코드를 모두 봤을 거라는 보장 또한 없기 때문이다. 트랜잭션의 경계를 알 수 있는 방법 역시 없기 때문에 언제 트랜잭션이 시작되었는지, 끝났는지, 레코드 중 어느 정도를 읽었는지도 알 수 없다.

❹ 한 클러스터에서 다른 클러스터로 데이터 복제

이 경우는 좀 더 미묘하다. 하나의 카프카 클러스터에서 다른 클러스터로 데이터를 복사할 때 '정확히 한 번'을 보장할 수 있다. 어떻게 이것이 가능한지에 대한 상세한 내용은 미러메이커 2.0에 '정확히 한 번' 기능을 추가하는 KIP-656https://cwiki.apache.org/confluence/display/KAFKA/KIP-656%3A+MirrorMaker2+Exactly-once+Semantics에서 볼 수 있다. 이 부분을 쓰는 시점에서 이 제안은 여전히 계류 중이지만, 알고리즘 자체는 명확하게 설명되어 있다. 이 제안은 원본 클러스터의 각 레코드가 대상 클러스터에 정확히 한 번 복사될 것을 보장하는 내용을 담고 있다.

하지만 이것이 트랜잭션의 원자성을 보장하지는 않는다. 만약 애플리케이션이 여러 개의 레코드와 오프셋을 트랜잭션적으로 쓰고, 미러메이커 2.0이 이 레코드들을 다른 카프카 클러스터에 복사한다면, 복사 과정에서 트랜잭션 속성이나 보장 같은 것은 유실된다. 마찬가지로 이 정보들은 카프카의 데이터를 관계형 데이터베이스에 복사할 때도 유실된다. 카프카에서 데이터를 읽어오는 컨슈머 입장에서는 트랜잭션의 모든 데이터를 읽어왔는지 알 수도 없고 보장할 수도 없는 것이다. 예를 들어서, 토픽의 일부만 구독했을 경우 전체 트랜잭션의 일부만 복사할 수 있다.

❺ 발행/구독 패턴

좀 더 미묘한 경우다. 우리는 읽기-처리-쓰기 패턴의 맥락에서 '정확히 한 번'이 어떠한 의미인지를 논의하였다. 하지만 발행/구독 패턴은 매우 일반적인 활용 사례다. 발행/구독 패턴에 트랜잭션을 사용할 경우 몇 가지 보장되는 것이 있기는 하다. 즉, `read_committed` 모드가 설정된 컨슈머들은 중단된 트랜잭션에 속한 레코드들을 보지 못할 것이다. 하지만 이러한 보장은 '정확히 한 번'에 미치지 못한다. 오프셋 커밋 로직에 따라 컨슈머들은 메시지를 한 번 이상 처리할 수 있다.

이 경우 카프카가 보장하는 것은 JMS 트랜잭션에서 보장하는 것과 비슷하지만, 커밋되지 않은 트랜잭션들이 보이지 않도록 컨슈머들에 `read_committed` 설정이 되어 있어야 한다는 전제 조건이 붙는다. JMS 브로커들은 모든 컨슈머에게 커밋되지 않은 트랜잭션의 레코드를 주지 않는다.

메시지를 쓰고 나서 커밋하기 전에 다른 애플리케이션이 응답하기를 기다리는 패턴은 반드시 피해야 한다. 다른 애플리케이션은 트랜잭션이 커밋될 때까지 메시지를 받지 못할 것이기 때문에 결과적으로 데드락이 발생한다.

8.2.5 트랜잭션 사용법

트랜잭션은 브로커 기능이기도 하며, 카프카 프로토콜의 일부인 만큼 여러 클라이언트들이 트랜잭션을 지원한다.

트랜잭션 기능을 사용하는 가장 일반적이고도 권장되는 방법은 카프카 스트림즈에서 exactly-once 보장을 활성화하는 것이다. 이렇게 하면 트랜잭션 기능을 직접적으로 사용할 일은 전혀 없지만, 카프카 스트림즈가 대신 해당 기능을 사용해서 우리가 필요로 하는 보장을 제공해 준다. 트랜잭션 기능 자체가 이런 활용 사례를 염두에 두고 설계된 만큼, 카프카 스트림즈를 통한 간접 사용은 가장 쉬우면서도 예상했던 결과를 얻을 가능성이 높은 방법이다. 카프카 스트림즈 애플리케이션에서 '정확히 한 번' 보장 기능을 활성화하려면 그냥 processing.guarantee 설정을 exactly_once이나 exactly_once_beta로 잡아 주면 된다. 그걸로 끝이다.

exactly_once_beta는 크래시가 나거나 트랜잭션 전송중에 멈춘 애플리케이션 인스턴스를 처리하는 방식이 조금 다르다. 이 기능은 카프카 브로커에는 2.5에, 카프카 스트림즈에는 2.6에 도입되었다. 이 방식의 주된 이점은 하나의 트랜잭션적 프로듀서에서 더 많은 파티션을 효율적으로 다룰 수 있다는 것이다. 자연히 카프카 스트림즈 애플리케이션의 확장성은 향상된다. 자세한 변경점은 해당 KIP(https://cwiki.apache.org/confluence/display/KAFKA/KIP-447%3A+Producer+scalability+for+exactly+once+semantics)을 참고하자.

하지만 카프카 스트림즈를 사용하지 않고 '정확히 한 번' 보장을 사용하고 싶다면 어떨까? 이 경우 트랜잭션 API를 직접 사용한다. 다음 코드는 그 예를 보여준다. 데모 드라이버https://github.com/apache/kafka/blob/trunk/examples/src/main/java/kafka/examples/KafkaExactlyOnceDemo.java와 별개의 스레드에서 돌아가는 간단한 '정확히-한 번' 프로세서https://github.com/apache/kafka/blob/trunk/examples/src/main/java/kafka/examples/ExactlyOnceMessageProcessor.java를 포함하는 전체 예제는 아파치 카프카 깃헙에 있다.

```
Properties producerProps = new Properties();
producerProps.put(ProducerConfig.BOOTSTRAP_SERVERS_CONFIG, "localhost:9092");
producerProps.put(ProducerConfig.CLIENT_ID_CONFIG, "DemoProducer");
producerProps.put(ProducerConfig.TRANSACTIONAL_ID_CONFIG, transactionalId); ❶

producer = new KafkaProducer<>(producerProps);

Properties consumerProps = new Properties();
consumerProps.put(ConsumerConfig.BOOTSTRAP_SERVERS_CONFIG, "localhost:9092");
consumerProps.put(ConsumerConfig.GROUP_ID_CONFIG, groupId);
props.put(ConsumerConfig.ENABLE_AUTO_COMMIT_CONFIG, "false"); ❷1234
consumerProps.put(ConsumerConfig.ISOLATION_LEVEL_CONFIG, "read_committed"); ❸
```

```
consumer = new KafkaConsumer<>(consumerProps);

producer.initTransactions(); ❹

consumer.subscribe(Collections.singleton(inputTopic)); ❺

while (true) {
    try {
        ConsumerRecords<Integer, String> records =
            consumer.poll(Duration.ofMillis(200));
        if (records.count() > 0) {
            producer.beginTransaction(); ❻
            for (ConsumerRecord<Integer, String> record : records) {
                ProducerRecord<Integer, String> customizedRecord =
                    transform(record); ❼
                producer.send(customizedRecord);
            }
            Map<TopicPartition, OffsetAndMetadata> offsets = consumerOffsets();
            producer.sendOffsetsToTransaction(offsets, consumer.groupMetadata()); ❽
            producer.commitTransaction(); ❾
        }
    } catch (ProducerFencedException|InvalidProducerEpochException e) { ❿
        throw new KafkaException(String.format(
            "The transactional.id %s is used by another process", transactionalId));
    } catch (KafkaException e) {
        producer.abortTransaction(); ⓫
        resetToLastCommittedPositions(consumer);
    }
}
```

❶ 프로듀서에 `transactional.id`을 설정해 줌으로써 다수의 파티션에 대해 원자적 쓰기가 가능한 트랜잭션적 프로듀서를 생성한다. 트랜잭션 ID는 고유하고 또 오랫동안 유지되어야 한다. 본질적으로 이것은 애플리케이션 인스턴스를 정의한다.

❷ 트랜잭션의 일부가 되는 컨슈머는 오프셋을 직접 커밋하지 않으며, 프로듀서가 트랜잭션 과정의 일부로서 오프셋을 쓴다. 따라서, 오프셋 커밋 기능은 꺼야 한다.

❸ 이 예에서는 컨슈머가 입력 토픽을 읽어 온다. 여기서는 입력 토픽의 레코드들 역시 트랜잭션적 프로듀서에 의해 쓰였다고 가정할 것이다(꼭 그럴 필요는 없다). 트랜잭션을 깔끔하게 읽어 오기 위해(즉, 진행중이거나 실패한 트랜잭션들을 무시하기 위해), 컨슈머 격리 수준을 `read_committed`로 설정할 것이다. 컨슈머는 커밋된 트랜잭션 외에도 비 트랜잭션적 쓰기 역시 여전히 읽어올 것이라는 점을 유념하자.

❹ 트랜잭션적 프로듀서를 사용할 때 가장 먼저 해야 하는 것은 초기화 작업이다. 이것은 트랜잭션 ID를 등록하고, 동일한 트랜잭션 ID를 갖는 다른 프로듀서들이 좀비로 인식될 수 있도록 에포크 값을 증가시킨다. 같은 트랜잭션 ID를 사용하는, 아직 진행중인 트랜잭션들 역시 중단된다.

❺ 여기서는 `subscribe` 컨슈머 API를 사용했다. 이 애플리케이션 인스턴스에 할당된 파티션들은 언제고 리밸런스의 결과로서 변경될 수 있는 것이다. KIP-447https://cwiki.apache.org/confluence/display/KAFKA/KIP-447%3A+Producer+scalability+for+exactly+once+semantics에 의한 API 변경이 도입된 2.5 이전에는 이것이 훨씬 더 어려운 일이었다. 트랜잭션 펜싱 메커니즘이 동일한 파티션들에 대해 사용되는 동일한 트랜잭션 ID 값에 의존했기 때문에 트랜잭션 프로듀서에는 정적으로 파티션을 할당해 줘야 했기 때문이다(트랜잭션 ID가 바뀌면 좀비 펜싱 같은 것도 없었다). KIP-447은 이 예제에서 사용되는 새로운 API를 추가했다. 이 API는 트랜잭션에 컨슈머 그룹 정보를 추가하고 이를 사용해서 좀비 펜싱을 수행한다. 이 메서드를 사용할 때는 관련된 파티션이 할당 해제될 때마다 트랜잭션을 커밋해주는 것이 좋다.

❻ 레코드를 읽어 왔으니 처리해서 결과를 생성한다. 이 메서드는 호출된 시점부터 트랜잭션이 종료(즉, 커밋 아니면 중단)되는 사이 쓰여진 모든 레코드들이 하나의 원자적 트랜잭션의 일부임을 보장한다.

❼ 레코드를 처리해주는 곳이다. 즉, 모든 비즈니스 로직이 여기로 들어간다.

❽ 이 장의 앞에서 설명했듯이, 트랜잭션 작업 도중에 오프셋을 커밋해주는 것이 중요하다. 이것은 우리가 결과 쓰기에 실패하더라도 처리되지 않은 레코드 오프셋이 커밋되지 않도록 보장해준다. 다른 방식으로 오프셋을 커밋하면 안 된다는 점을 명심하라. 자동 커밋 기능은 끄고, 컨슈머의 커밋 API 역시 호출하지 말아야 한다. 다른 방식으로 오프셋을 커밋할 경우 트랜잭션 보장이 적용되지 않는다.

❾ 필요한 메시지를 모두 쓰고 오프셋 역시 커밋했으니 이제 트랜잭션을 커밋하고 작업을 마무리지을 때다. 이 메서드가 성공적으로 리턴하면 전체 트랜잭션이 완료된 것이다. 이제 다음 이벤트 배치를 읽어와서 처리해주는 작업을 계속할 수 있다.

❿ 이 예외가 발생한다면 현재 프로듀서가 좀비가 된 것이다. 애플리케이션이 처리를 멈췄든 아니면 연결이 끊어졌든, 같은 트랜잭션 ID를 갖는 애플리케이션의 새로운 인스턴스가 실행되고 있을 것이다. 우리가 시작한 트랜잭션은 이미 중단되었고 누군가가 그 레코드들을 대신 처리하고 있을 가능성이 높다. 곱게 종료하는 것 외엔 할 일이 없다.

⓫ 만약 트랜잭션을 쓰는 도중에 에러가 발생할 경우, 트랜잭션을 중단시키고, 컨슈머 위치를 뒤로 돌리고, 재시도한다.

8.2.6 트랜잭션 ID와 펜싱

프로듀서가 사용할 트랜잭션 ID를 선택하는 것은 중요할 뿐 아니라 보기보다 조금 더 어려운 일이다. 트랜잭션 ID를 잘못 할당해 줄 경우 애플리케이션에 에러가 발생하거나 '정확히 한 번' 보장을 준수할 수 없게 될 수도 있다. 여기서 핵심 요구 조건은 트랜잭션 ID가 동일 애플리케이션 인스턴스가 재시작했을 때는 일관적으로 유지되는 반면, 서로 다른 애플리케이션 인스턴스에 대해서는 서로 달라야 한다는 점이다. 그렇지 않으면 브로커는 좀비 인스턴스의 요청을 쳐내지 못할 것이다.

버전 2.5까지, 펜싱fencing을 보장하는 유일한 방법은 트랜잭션 ID를 파티션에 정적으로 대응시켜 보는 것뿐이었다. 이렇게 하면 각 파티션이 항상 단 하나의 트랜잭션 ID에 의해 읽혀짐을 보장할 수 있었다. 만약 트랜잭션 ID가 A인 프로듀서가 토픽 T에 메시지를 쓰다가 연결이 끊어지고, 트랜잭션 ID가 B인 새 프로듀서가 대신 들어올 경우, 연결이 복구된 A쪽 프로듀서는 좀비지만 새 프로듀서와 트랜잭션 ID가 다르기 때문에 펜싱되지도 않는다. 우리가 원하는 것은 프로듀서 A가 언제나 트랜잭션 ID는 똑같지만, 에포크 값은 더 높은 새로운 프로듀서 A에 의해 대체되는 것(그리고 좀비가 된 프로듀서는 펜싱되는 것)이다. 문제는 버전 2.5까지는 그렇지가 않다는 것이다. 즉, 스레드에 할당되는 트랜잭션 ID는 랜덤하게 결정되고, 동일한 파티션에 쓰기 작업을 할 때 언제나 동일한 트랜잭션 ID가 쓰일 거라는 보장이 없다.

아파치 카프카 2.5에서 소개된 KIP-447https://bit.ly/3AVWK1D은 펜싱을 수행하는 두 번째 방법, 즉 트랜잭션 ID와 컨슈머 그룹 메타데이터를 함께 사용하는 펜싱을 도입하였다. 여기서는 프로듀서의 오프셋 커밋 메서드를 호출할 때 단순한 컨슈머 그룹 ID가 아닌, 컨슈머 그룹 메타데이터를 인수로 전달한다.

토픽 T1에 두 개의 파티션, t-0과 t-1이 있다고 가정해보자. 이들 각각은 동일한 컨슈머 그룹에 속한 서로 다른 컨슈머가 읽고 있으며, 각 컨슈머는 읽어 온 레코드를 트랜잭션적 프로듀서에게 넘겨준다(하나는 트랜잭션 ID가 A이고 다른 하나는 B라고 하자). 그리고 이들은 각각 토픽 T2의 파티션 0과 1에 결과물을 쓴다(그림 8-3).

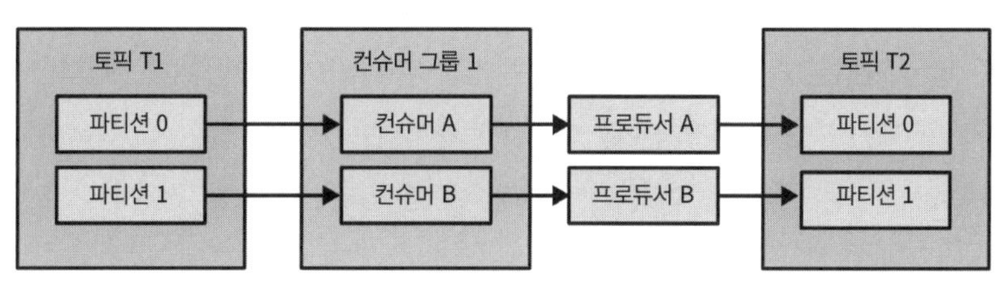

그림 8-3 **트랜잭션적 레코드 프로세서**

그림 8-4와 같이 컨슈머 A와 프로듀서 A가 포함된 애플리케이션 인스턴스가 좀비가 되고, 컨슈머 B가 두 파티션으로부터의 레코드를 모두 처리하기 시작했다고 하자. 만약 어떤 좀비도 파티션 0에 레코드를 쓰지 못하게 하고 싶다면, 컨슈머 B가 파티션 0을 읽어서 트랜잭션 ID가 B인 프로듀서가 또 다른 파티션 0으로 쓰는 작업 역시 바로 시작할 수 없다. 대신, 애플리케이션은 기존 프로듀서의 쓰기를 펜싱하고 파티션 0에 무사히 쓰기 작업을 수행하기 위해 트랜잭션 ID가 A인 새 프로듀서를 생성해야 할 것이다. 이것은 낭비다. 대신, 트랜잭션에 컨슈머 그룹 정보를 포함한다. 이제 프로듀서 B로부터의 트랜잭션은 다음 세대의 컨슈머 그룹에서 온 것이 명백하므로 문제없이 작업을 진행할 수 있다. 대신 (좀비가 된) 프로듀서 A로부터의 트랜잭션은 이전 세대의 컨슈머 그룹에서 온 것인 만큼 펜싱된다.

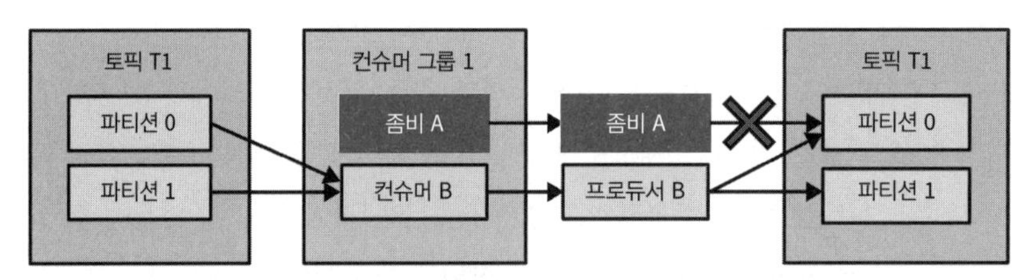

그림 8-4 리밸런스가 발생한 후의 트랜잭션적 레코드 프로세서

8.2.7 트랜잭션의 작동 원리

우리는 트랜잭션이 어떻게 작동하는지 알지 못해도 API를 호출해서 사용할 수는 있다. 하지만 이 기능이 내부적으로 어떻게 돌아가는지, 어느 정도의 모델을 머릿속에 가지고 있으면 예상했던 것과 다르게 작동하는 애플리케이션을 트러블슈팅 할 때 도움이 된다.

카프카 트랜잭션 기능의 기본적인 알고리즘은 찬디-램포트 스냅샷Chandy-Lamport snapshot 알고리즘의 영향을 받았다. 이 알고리즘은 통신 채널을 통해 '마커marker'라 불리는 컨트롤 메시지를 보내고, 이 마커의 도착을 기준으로 일관적인 상태를 결정한다. 카프카의 트랜잭션은 다수의 파티션에 대해 트랜잭션이 커밋되었거나 중단되었다는 것을 표시하기 위해 마커 메시지를 사용한다. 즉, 프로듀서가 트랜잭션을 커밋하기 위해 트랜잭션 코디네이터에 '커밋' 메시지를 보내면 트랜잭션 코디네이터가 트랜잭션에 관련된 모든 파티션에 커밋 마커를 쓴다. 하지만 일부 파티션에만 커밋 메시지가 쓰여진 상태에서 프로듀서가 크래시 나면 어떻게 될까? 카프카 트랜잭션은 2단계 커밋two-phase commit과 트랜잭션 로그를 사용해서 이 문제를 해결한다. 이 알고리즘은 대략 다음과 같이 작동한다.

1. 현재 진행중인 트랜잭션이 존재함을 로그에 기록한다. 연관된 파티션들 역시 함께 기록한다.

2. 로그에 커밋 혹은 중단 시도를 기록한다(일단 로그에 기록이 남으면 최종적으로는 커밋되거나 중단되어야 한다).
3. 모든 파티션에 트랜잭션 마커를 쓴다.
4. 트랜잭션이 종료되었음을 로그에 쓴다.

이 기본적인 알고리즘을 구현하기 위해 카프카는 트랜잭션 로그를 필요로 한다. 구체적으로는, `__transaction_state`라는 이름의 내부 토픽을 사용한다.

이제 우리가 앞의 코드에서 사용한 트랜잭션 API 호출의 내부를 따라가면서, 이 알고리즘이 실제로 어떻게 작동하는지 살펴보자.

트랜잭션을 시작하기 전에, 프로듀서는 `initTransaction()`를 호출해서 자신이 트랜잭션 프로듀서임을 등록해야 한다. 이 요청은 이 트랜잭션 프로듀서의 트랜잭션 코디네이터 역할을 맡을 브로커로 보내진다. 각 브로커는 전체 프로듀서의 트랜잭션 코디네이터 역할을 나눠서 맡는다(각 브로커가 전체 컨슈머 그룹의 컨슈머 그룹 코디네이터 역할을 나눠서 맡는 것과 비슷하다). 각 트랜잭션 ID의 트랜잭션 코디네이터는 트랜잭션 ID에 해당하는 트랜잭션 로그 파티션의 리더 브로커가 맡는다.

`initTransaction()` API는 코디네이터에 새 트랜잭션 ID를 등록하거나, 기존 트랜잭션 ID의 에포크 값을 증가시킨다. 에포크 값을 증가시키는 이유는 좀비가 되었을 수 있는 기존 프로듀서들을 펜싱하기 위해서이다. 에포크 값이 증가되면 아직 완료되지 않은 트랜잭션들은 중단될 것이다.

다음 단계는 `beginTransaction()`를 호출하는 것이다. 이 API 호출은 프로토콜의 일부가 아니고, 그냥 프로듀서에 현재 진행중인 트랜잭션이 있음을 알려 줄 뿐이다. 브로커 쪽의 트랜잭션 코디네이터는 여전히 트랜잭션이 시작되었다는 사실을 모른다. 하지만 프로듀서가 레코드 전송을 시작하면, 프로듀서는 새로운 파티션으로 레코드를 전송하게 될 때마다 브로커에 `AddPartitionsToTxn` 요청을 보냄으로써 현재 이 프로듀서에 진행중인 트랜잭션이 있으며 레코드가 추가되는 파티션들이 트랜잭션의 일부임을 알린다. 이 정보는 트랜잭션 로그에 기록될 것이다.

쓰기 작업이 완료되고 커밋할 준비가 되면, 이 트랜잭션에서 처리한 레코드들의 오프셋부터 커밋한다. 오프셋 커밋은 언제 해도 상관없지만, 트랜잭션이 커밋되기 전에는 해줘야 한다. `sendOffsetsToTransaction()`를 호출하면 트랜잭션 코디네이터로 오프셋과 컨슈머 그룹 ID가 포함된 요청이 전송된다. 트랜잭션 코디네이터는 컨슈머 그룹 ID를 사용해서 컨슈머 그룹 코디네이터를 찾은 뒤, 컨슈머 그룹이 보통 하는 것과 같은 방식으로 오프셋을 커밋한다.

이제 커밋 아니면 중단을 해줄 때가 되었다. commitTransaction()나 abortTransaction()를 호출하면 트랜잭션 코디네이터에 EndTxn 요청이 전송된다. 트랜잭션 코디네이터는 트랜잭션 로그에 커밋 혹은 중단 시도를 기록한다. 만약 이 단계가 성공한다면, 트랜잭션을 커밋하거나 중단하는 것은 트랜잭션 코디네이터에 달려 있다. 트랜잭션 코디네이터는 우선 트랜잭션에 포함된 모든 파티션에 커밋 마커를 쓴 다음 트랜잭션 로그에 커밋이 성공적으로 완료되었음을 기록해 넣는다. 만약 커밋 시도는 로그에 기록되었지만 전체 과정이 완료되기 전에 트랜잭션 코디네이터가 종료되거나 크래시날 경우, 새로운 트랜잭션 코디네이터가 선출되어 트랜잭션 로그에 대한 커밋 작업을 대신 마무리짓는다는 점을 명심하라.

만약 트랜잭션이 transaction.timeout.ms에 설정된 시간 내에 커밋되지도, 중단되지도 않는다면, 트랜잭션 코디네이터는 자동으로 트랜잭션을 중단한다.

트랜잭션 혹은 멱등적 프로듀서로부터 레코드를 전달받는 각 브로커는 메모리상에 프로듀서/트랜잭션 ID와 프로듀서가 전송한 마지막 배치 5개에 연관된 상태(시퀀스 넘버, 오프셋 등)를 저장한다. 이 상태는 프로듀서가 정지하고 나서도 transactional.id.expiration.ms 밀리초만큼 저장된다(기본값: 7일). 이렇게 함으로써 프로듀서가 UNKNOWN_PRODUCER_ID 에러 없이 작업을 재개할 수 있다. 새로운 멱등적 프로듀서나 트랜잭션 ID를 매우 빠른 속도로 생성하되 재사용은 하지 않는 식으로 브로커에 메모리 누수와 비슷한 현상을 일으키는 것도 가능하다. 초당 3개의 멱등적 프로듀서를 생성하고 이것이 1주일 동안 누적된다고 하면 프로듀서 상태는 180만 개, 배치 메타데이터는 900만 개, 사용하는 메모리 공간은 5GB가 된다. 이것은 브로커에 메모리 고갈이나 심각한 가비지 수집 문제를 발생시킬 수 있다. 따라서, 애플리케이션을 설계할 때 초기화 과정에서 오랫동안 유지되는 프로듀서는 몇 개만 생성한 뒤 애플리케이션이 종료될 때까지 재사용하길 권장한다. 만약 이것이 불가능하다면(Function as a Service 같은 경우 이것이 어렵다), transactional.id.expiration.ms 설정값을 낮춰 잡음으로써 트랜잭션 ID가 더 빨리 만료되도록 하여, 재활용도 불가능한 오래 된 상태가 브로커 메모리의 상당 부분을 차지하는 사태를 방지할 것을 권장한다.

트랜잭션이 멈췄다면?

극히 희귀한 사례이긴 하지만, 트랜잭션이 진행중인 파티션의 LSO 값이 증가되지 않는 문제가 발생할 수 있다(이를 행잉 트랜잭션(hanging transaction)이라고 한다). 이렇게 되면 해당 파티션을 읽어오고 있는, 격리 수준이 read-committed로 설정된 컨슈머는 읽기 작업이 멈출 수 있고, 해당 트랜잭션이 로그 보존 기능(30쪽에서 설명하는 log.retention.ms와 177쪽의 '압착' 참조) 등으로 인해 삭제될 때까지 작업이 재개되지 않는다. 멀쩡히 작동 중이던 컨슈머가 갑자기 멈췄다면 이 현상을 의심해 볼 필요가 있다.

버전 3.4.0인 현재, 이 문제에 대한 해결책(https://cwiki.apache.org/confluence/display/KAFKA/KIP-664:+Provide+tooling+to+detect+and+abort+hanging+transactions)이 마련되고 있기는 하지만, 아직 정식 출시되지는 않았다. 만약 이러한 문제가 발생했다면, retention.ms 설정값을 동적으로 잡아 줌으로써 문제가 되는 트랜잭션을 삭제해서 문제를 넘길 수 있다. (354쪽의 '토픽 설정 기본값 재정의하기' 참조. 단, 어느 정도의 데이터 유실은 감수해야 한다.)

좀 더 확실한 방법은 토픽 파티션별로 LastStableOffsetLag 지표를 모니터링하는 것이다. 이 지표는 파티션의 LSO가 최신 오프셋 값에서 얼마나 떨어졌는지를 나타낸다. 만약 이 값이 무한히 증가하는 상황이 발생한다면 트랜잭션이 멈췄을 가능성이 높다.

8.3 트랜잭션 성능

트랜잭션은 프로듀서에 약간의 오버헤드를 발생시킨다. 프로듀서를 생성해서 사용하는 동안 트랜잭션 ID 등록 요청은 단 한 번 발생한다. 트랜잭션의 일부로서 파티션들을 등록하는 추가적인 호출은 각 트랜잭션에 있어서 파티션 별로 최대 한 번씩만 이루어진다. 그리고 각 트랜잭션이 커밋 요청을 전송하면, 파티션마다 커밋 마커가 추가된다. 트랜잭션 초기화와 커밋 요청은 동기적으로 작동하기 때문에 성공적으로 완료되거나, 실패하거나, 타임아웃되거나 할 때까지 어떤 데이터도 전송되지 않는다. 그렇기 때문에 오버헤드는 더 증가한다.

프로듀서에 있어서 트랜잭션 오버헤드는 트랜잭션에 포함된 메시지의 수와는 무관하다는 점을 명심하라. 그렇기 때문에 트랜잭션마다 많은 수의 메시지를 집어넣는 쪽이 상대적으로 오버헤드가 적을 뿐 아니라 동기적으로 실행되는 단계의 수도 줄어든다. 결과적으로 전체 처리량은 올라간다.

컨슈머 쪽에 대해서는, 커밋 마커를 읽어오는 작업에 관련해서 약간의 오버헤드가 있다. 트랜잭션 기능이 컨슈머 성능에 미치는 핵심적인 영향은 read_committed 모드 컨슈머에서는 아직 완료되지 않은 트랜잭션의 레코드들이 리턴되지 않는다는 것이다. 트랜잭션 커밋 사이의 간격이 길어질수록 컨슈머는 메시지가 리턴될 때까지 더 오랫동안 기다려야 할 것이다. 결과적으로 종단 지연 역시 그만큼 길어진다.

하지만, 컨슈머는 아직 완료되지 않은 트랜잭션에 속하는 메시지들을 버퍼링할 필요가 없다는 점 역시 유념하길 바란다. 브로커는 컨슈머가 보낸 읽기 요청을 받는다고 해서 이 메시지들을 리턴하지 않는다. 따라서 트랜잭션 데이터를 읽을 때 컨슈머 쪽에 추가적인 작업은 없다. 자연히 처리량이 줄어들지도 않는다.

8.4 요약

카프카의 '정확히 한 번' 의미 구조는 이해하기는 어렵지만, 쓰기는 쉽다(이해하기는 쉽지만 쓰려면 어려운 바둑과는 정반대다).

이 장에서는 카프카에서 '정확히 한 번' 보장을 제공하는 두 개의 핵심 메커니즘을 살펴보았다. 멱등적 프로듀서는 재시도 메커니즘에 의해 발생하는 메시지 중복을 방지한다. 트랜잭션은 카프카 스트림즈에 있어서의 '정확히 한 번' 보장의 기반이 된다.

이 두 가지는 간단한 설정만으로도 사용이 가능하며, 더 중복이 적고 더 강력한 정확성 보장이 필요한 애플리케이션을 개발할 때 카프카를 사용할 수 있게 해준다.

우리는 '정확히 한 번' 의미 구조가 보장하는 행동을 설명하기 위해 특정한 상황과 활용 사례들에 관해 자세히 논의하고, 구현상의 상세한 내용에 대해서도 어느 정도 다루었다. 이러한 내용은 애플리케이션을 트러블슈팅 하거나 트랜잭션 API를 직접 사용할 때 중요하다.

각각의 활용 사례에 있어서 카프카의 '정확히 한 번' 의미 구조가 보장하는 바를 이해함으로써 필요할 때 '정확히 한 번' 기능을 사용하는 애플리케이션을 설계할 수 있다. 애플리케이션이 예상했던 것과 다르게 작동하는 것은 좋지 않다. 그리고 이 장에서 살펴본 내용들은 그러한 상황을 피하는 데 도움이 될 것이다.

CHAPTER 9

데이터 파이프라인 구축하기

아파치 카프카를 사용한 데이터 파이프라인Data Pipeline 구축을 이야기할 때 몇 가지 활용 사례만 언급하는 경우가 많다. 첫 번째는 아파치 카프카가 두 개의 엔드포인트endpoint 중 하나가 되는 데이터 파이프라인 구축이다. 예를 들어서, 카프카에서 가져온 데이터를 Amazon S3에 넣거나 몽고DBMongoDB의 데이터를 카프카로 가져오는 것과 같은 경우다. 두 번째는, 두 개의 서로 다른 시스템을 연결하는 파이프라인을 만들면서 그 중간에 카프카를 사용하는 경우다. 이러한 사례의 예로는 우선 트위터Twitter에서 카프카로 데이터를 전달한 후 다시 카프카에서 엘라스틱서치로 전달함으로써 트위터에서 가져온 데이터를 엘라스틱서치로 보내는 경우가 있겠다.

우리가 버전 0.9에서 카프카 커넥트를 카프카에 추가했을 때는 이미 링크드인과 다른 대형 조직들이 이 두 가지 모두에 해당하는 목적으로 카프카를 사용하고 있는 것을 본 뒤였다. 우리는 모든 조직이나 기업에서 필요로 하는 데이터 파이프라인에 카프카를 통합해 넣는 작업이 쉽지 않은 작업이라는 것을 알아차렸다. 이에 따라 조직마다 카프카를 사용한 데이터 파이프라인을 밑바닥부터 개발하도록 하는 대신 카프카에 이러한 문제를 해결하기 위한 API를 추가하기로 했다.

데이터 파이프라인에 있어서 카프카가 갖는 주요한 역할은 데이터 파이프라인의 다양한 단계 사이사이에 있어 매우 크고 안정적인 버퍼 역할을 해 줄 수 있다는 점이다. 이것은 실질적으로 데이터 파이프라인의 데이터를 쓰는 쪽과 읽는 쪽을 분리함으로써 하나의 원본에서 가져온 동일한 데이터를 서로 다른 적시성timeliness과 가용성 요구 조건을 가진 여러 대상 애플리케이션이나 시스템으로 보낼 수 있게 한다. 이렇게 데이터 파이프라인의 양쪽을 분리할 수 있다는 점은 신뢰성, 보안성, 효율성과 함께 카프카가 대부분의 데이터 파이프라인에 적합한 이유이기도 하다.

데이터 통합

어떤 기업이나 조직에에서는 카프카를 데이터 파이프라인의 엔드포인트로 배치하는 것을 고려한다. 이때 "카프카의 데이터를 어떻게 엘라스틱서치로 가져올까?"와 같은 질문을 하기 마련이다. 지금 카프카에 저장되어 있는 데이터가 엘라스틱서치에서 필요한 데이터라면 이는 매우 유효한 질문이며, 실제로 그렇게 할 방법을 찾아볼 것이다. 그러나 우리는 좀 더 넓은 맥락에서, 카프카가 아닌 엔드포인트를 최소 2개 이상(그리고 아마도 그보다 많을) 가지는 경우 카프카가 어떻게 사용되는지를 살펴봄으로써 논의를 시작하고자 한다. 우리는 데이터 통합(data integration) 문제에 직면한 이들이 당장 필요한 엔드포인트만 생각하지 말고 더 큰 그림을 고려할 것을 권한다. 단기적인 통합에만 치중하면 복잡하고, 비용이 많이 들고, 유지보수하기도 어려운 엉망진창인 결과물을 초래하기 마련이다.

이 장에서는 데이터 파이프라인을 구축할 때 공통적으로 고려해야 할 문제들에 대해서 알아본다. 이러한 문제들은 카프카에 국한된 것이라기보다 데이터 통합에 있어서의 보편적인 문제에 더 가깝다. 하지만, 우리는 왜 카프카가 데이터 통합에 적합하고 어떻게 많은 문제들을 해결하는지를 살펴볼 것이다. 카프카 커넥트 API가 일반적인 프로듀서와 클라이언트와 어떻게 다른지, 언제 어떤 타입을 사용해야 하는지 먼저 설명한 다음 카프카 커넥트에 대해 조금 더 자세히 알아볼 것이다. 카프카 커넥트의 모든 것을 다루는 것은 이 장의 범위를 벗어나기 때문에, 기초적인 사용 방법과 이후 학습 방향을 제시해 줄 수 있는 기본적인 사용 예제 위주로 설명할 것이다. 끝으로, 다른 데이터 통합 시스템에 대해서 설명하고 이들을 어떻게 카프카와 연동할 수 있는지를 논의할 것이다.

9.1 데이터 파이프라인 구축 시 고려사항

우리가 여기서 데이터 파이프라인 구축의 모든 세부사항에 대해서 다루지는 않을 것이다. 하지만, 다수의 시스템을 통합하고자 하는 목적으로 소프트웨어 아키텍처를 디자인할 때 고려해야 할 가장 중요한 것들을 몇 가지 살펴보자.

9.1.1 적시성

하루에 한 번 대량의 데이터를 받는 시스템이 있는 반면 데이터가 생성된 뒤 몇 밀리초 안에 받아야 하는 시스템도 있다. 대부분의 데이터 파이프라인은 이 두 가지 형태의 중간쯤 어딘가에 위치한다. 좋은 데이터 통합 시스템은 각각의 데이터 파이프라인에 대해 서로 다른 적시성 요구 조건을 지원하면서도 업무에 대한 요구 조건이 변경되었을 때 이전하기가 쉽다. 확장성과 신뢰성을 보유한 저장소를 갖춘 스트리밍 데이터 플랫폼으로서의 카프카는 거의 실시간으로 작동하는 데이터 파이프라인에서부터 일 단위로 작동하는 배치 작업에 이르는 모든 작업에 사용될 수 있다. 쓰는 쪽에서는 필요에 따라 자주 혹은 가끔 카프카에 쓸 수 있으며 읽는 쪽 역시 최신 이벤트가 도착하는 즉시 혹은 배치 형태로 데이터를 읽어올 수 있다. 매시간 실행되어서 카프카에 연결한 뒤, 지난 시간동안 누적된 이벤트들을 읽어 오는 식이다.

이러한 맥락에서 카프카를 이해하는 좋은 방법은 쓰는 쪽과 읽는 쪽 사이의 시간적 민감도에 대한 요구 조건을 분리시키는 거대한 버퍼로 생각하는 것이다. 쓰는 쪽에서는 실시간으로 쓸 수 있지만, 읽는 쪽에서는 배치 단위로 읽을 수 있으며 그 반대도 가능하다. 이것은 백프레셔 적용 역시 단순하게 해준다. 즉, 데이터의 소비 속도가 온전히 읽는 쪽에 의해 결정되기 때문에, 카프카 자체에서 필요한 경우 쓰는 쪽에 대한 응답을 늦춤으로써 백프레셔를 적용하는 것이다.

9.1.2 신뢰성

우리는 단일 장애점을 최대한 피하는 한편 모든 종류의 장애 발생에 대해 신속하고 자동화된 복구를 수행해야 한다. 데이터 파이프라인은 많은 경우 중요한 비즈니스 시스템에 데이터가 전달되는 통로이기도 하기 때문에, 몇 초간의 장애가 발생하는 것만으로도 전체 시스템에 큰 지장을 줄 수 있다. 특히 수 밀리초에 가까운 적시성을 요구하는 시스템에서는 더욱 그렇다. 신뢰성에 대해 생각할 때 중요한 또 다른 고려 사항은 전달 보장delivery guarantee이다. 데이터 유실을 허용하는 시스템도 있지만, 대부분의 경우 최소 한 번 보장을 요구하는 게 보통이기 때문에 (이따금 재전송으로 인해 중복이 생기는 경우를 제외하면) 원본 시스템에서 발생한 이벤트가 모두 목적지에 도착해야 한다. '정확히 한 번' 전달 보장을 요구하는 경우도 자주 볼 수 있다. 즉, 원본 시스템에서 발생한 모든 이벤트가 유실도, 중복도 없이 목적지에 도착해야 하는 것이다.

7장에서 카프카의 가용성과 신뢰성에 대해서 자세히 알아보았다. 우리가 살펴봤듯이, 카프카는 자체적으로 '최소 한 번' 전달을 보장하며, 트랜잭션 모델이나 고유 키를 지원하는 외부 데이터 저장소와 결합됐을 때 '정확히 한 번'까지도 보장이 가능하다. 많은 엔드포인트들이 '정확히 한 번' 전달을 보장하는 데이터 저장소이므로 대체로 카프카 기반의 데이터 파이프라인 역시 '정확히 한 번' 전달을 보장할 수 있다. 카프카 커넥트 API가 오프셋을 다룰 때 외부 시스템과의 통합을 지원하는 API를 제공하기 때문에 '정확히 한 번' 전달을 보장하는 파이프라인을 구축하기 위한 커넥터를 개발하는 것 역시 더 쉬워졌다는 점 역시 언급할 가치가 있겠다. 많은 오픈소스 커넥터 역시 '정확히 한 번' 전달을 보장한다.

9.1.3 높으면서도 조정 가능한 처리율

우리가 구축하려는 데이터 파이프라인은 모던 데이터 시스템modern data system에서 자주 요구되는 것과 같이 매우 높은 처리율을 가질 수 있도록 확장이 가능해야 한다. 더 중요하게는, 처리율이 갑자기 증가해야 하는 경우에도 적응할 수 있어야 한다.

카프카가 쓰는 쪽과 읽는 쪽 사이에서 버퍼 역할을 하기 때문에, 더 이상 프로듀서의 처리율과 컨슈머의 처리율을 묶어서 생각하지 않아도 된다. 프로듀서 처리율이 컨슈머 처리율을 넘어설 경우 데이터는 컨슈머가 따라잡을 때까지 카프카에 누적되고 말 것이기 때문에 복잡한 백프레셔 메커니즘을 개발할 필요도 없다. 카프카는 독립적으로 프로듀서나 컨슈머를 추가함으로써 확장이 가능하므로 변화하는 요구 조건에 맞춰 파이프라인의 한쪽을 동적이면서도 독립적으로 확장할 수 있다.

카프카는 높은 처리율을 받아낼 수 있는 분산 시스템이다. 평범한 클러스터에서도 초당 수백 메가바이트를 처리할 수 있으며, 그렇기 때문에 우리가 개발할 파이프라인이 필요에 맞춰 확장이 불가능하게 되는 건 아닐까 하는 걱정은 할 필요가 없다. 또한, 카프카 커넥트 API는 작업을 병렬화하는 데 초점을 맞추기 때문에 시스템 요구 조건에 따라 하나의 노드에서든 수평 확장scale-out된 여러 개의 노드에서든 아무 상관없이 실행될 수 있다. 우리는 좀 더 뒤에서 어떻게 카프카 커넥트가 (심지어 하나의 서버에서 실행될 때도) 데이터 소스와 싱크를 여러 스레드로 분할하고 사용 가능한 CPU 자원을 활용하는지 살펴볼 것이다.

카프카는 또한 여러 종류의 압축 코덱을 지원함으로써 처리율에 관한 요구 조건이 상향되는 와중에서도 사용자와 운영자가 네트워크와 스토리지 자원의 사용을 제어할 수 있게 해 준다.

9.1.4 데이터 형식

데이터 파이프라인에서 가장 중요하게 고려해야 할 것 중 하나는 서로 다른 데이터 형식과 자료형data type을 적절히 사용하는 것이다. 서로 다른 데이터베이스와 다른 저장 시스템마다 지원되는 자료형은 제각기 다르다. 예를 들어서 에이브로 타입을 사용해서 XML이나 관계형 데이터를 카프카에 적재한 뒤 엘라스틱서치에 쓸 때는 JSON 형식으로, HDFS에 쓸 때는 파케이Parquet 형식으로, S3로 쓸 때는 CSV로 변환해야 할 수도 있다.

카프카 자체와 커넥트 API는 데이터 형식에 완전히 독립적이다. 앞에서 이미 보았듯이, 프로듀서와 컨슈머는 필요한 데이터 형식을 지원할 수만 있다면 어떤 시리얼라이저도 쓸 수 있다. 카프카 커넥트는 자료형과 스키마를 포함하는 고유한 인메모리 객체들을 가지고 있는데, 곧 보게 되겠지만, 이 레코드를 어떠한 형식으로도 저장할 수 있도록 장착 가능pluggable한 컨버터 역시 지원한다. 따라서 카프카에 사용하는 데이터 형식이 무엇이든 간에 사용할 수 있는 커넥터는 영향을 받지 않는다.

많은 소스source와 싱크sink는 스키마를 가지고 있다. 소스에서 데이터와 함께 스키마를 읽어서 저장한 후 호환성compatibility을 검증하거나 싱크 데이터베이스의 스키마를 업데이트 하는 데 사용할 수 있다. 고전적인 예로는 MySQL로부터 스노우플레이크Snowflake로의 데이터 파이프라인이 있겠다. 만약 누군가가 MySQL에 새로운 열column을 추가했다면, 잘 만들어진 파이프라인은 우리가 파이프라인을 통해 새 데이터를 적재할 때 스노우플레이크에도 새로운 열을 추가해 줄 것이다.

여기에 더해서, 카프카의 데이터를 외부 시스템에 쓸 경우, 싱크 커넥터sink connector가 외부 시스템에 쓰여지는 데이터의 형식을 책임진다. 어떤 커넥터에서는 이 형식을 선택할 수 있다. 예를 들어서, S3 커넥터에서는 에이브로 형식과 파케이 형식 중 하나를 고를 수 있다.

서로 다른 데이터 형식을 지원하는 것만으로는 충분치 않다. 범용적인 데이터 통합 프레임워크는 다양한 소스와 싱크 사이의 서로 다른 작동 방식 역시 처리할 수 있어야 한다. 예를 들어서, Syslog는 소스로서 데이터를 쓰는push 반면, 관계형 데이터베이스는 데이터를 읽을pull 수 있어야 하는 것이다. HDFS는 추가 전용append-only이기 때문에 데이터를 쓰는 작업밖에 할 수 없지만, 대부분의 시스템은 데이터를 추가하는 것 외에도 기존 데이터 변경 역시 가능하다.

9.1.5 변환

변환은 다른 요구 조건에 비해 좀 더 논쟁적인 주제다. 일반적으로, 데이터 파이프라인을 구축하는 방식에는 두 가지 방식, 즉 ETL과 ELT 방식이 있다. ETL은 추출-변환-적재Extract-Transform-Load의 줄임말이며, 데이터 파이프라인이 통과하는 데이터에 변경을 가하는 작업까지도 담당한다는 의미다. 데이터를 수정한 뒤 다시 저장할 필요가 없기 때문에 시간과 공간을 절약할 수 있다. 변환에 따라 실제로 이러한 이점을 얻을 수도 있지만, 연산과 저장의 부담을 데이터 파이프라인으로 옮긴다는 특성이 때로는 장점이 되기도, 단점이 되기도 한다. 이러한 방식의 주된 단점은 파이프라인에서 데이터의 변환이 일어나기 때문에, 파이프라인의 하단에서 데이터를 처리하고자 할 경우 손쓸 방법이 없다는 것이다. 만약 MongoDB와 MySQL 사이에 데이터 파이프라인을 개발한 사람이 특정한 이벤트를 걸러내거나 레코드에서 특정 필드를 삭제하기로 했다면, MySQL에 저장된 데이터에 접근하는 사용자나 애플리케이션은 전체 데이터의 일부만 볼 수 있는 것이다. 만약 생략된 필드를 써야 하는 상황이 온다면 전체 파이프라인을 다시 만들어야 한다. 예전에 처리했던 데이터 역시 (그게 가능하다면) 재처리를 해줘야 한다.

ELT는 추출-적재-변환Extract-Load-Transform의 줄임말로, 데이터 파이프라인은 대상 시스템에 전달되는 데이터가 원본 데이터와 최대한 비슷하도록 (자료형 변환 정도의) 최소한의 변환만을 수행한다. 이러한 시스템에서는 대상 시스템이 가공되지 않은 '로데이터raw data'를 받아서 모든 필요한 처리까지 다 한다. 이러한 방식의 장점은 대상 시스템의 사용자에게 (가공되지 않은 모든 데이터를 다 사용할 수 있기 때문에) 최대한의 유연성을 제공해 줄 수 있다는 점이다. 또한 모든 데이터 처리 작업이 여러 파이프라인과 추가적인 애플리케이션으로 나눠져서 처리된다기보다 하나의 시스템에 모여 있게 되기 때문에 문제가 발생했을 때 대응하기도 더 쉽다. 단점은 변환 작업이 대상 시스템의 CPU와 자원을 잡아먹는다는 점이다. 이러한 시스템이 비싼 경우도 있기 때문에 연산 부분을 가능하면 다른 시스템으로 옮기고 싶어질 수도 있다.

카프카 커넥트는 원본 시스템의 데이터를 카프카로 옮길 때 혹은 카프카의 데이터를 대상 시스템으로 옮길 때 단위 레코드를 변환할 수 있게 해주는 단일 메시지 변환Single Message Transformation 기능을 탑재하고 있다. 이 기능은 다른 토픽으로 메시지를 보내거나, 필터링하거나, 자료형을 바꾸거나, 특정한 필드를 삭제하거나 하는 등의 기능을 포함한다. 조인이나 집적과 같이 더 복잡한 변환 작업은 카프카 스트림을 사용해서 처리할 수 있는데, 이것은 별도의 장에서 자세히 알아볼 것이다.

카프카를 사용해서 ETL 시스템을 구축할 대, 카프카에 한 번 쓰여진 원본 데이터를 다수의 애플리케이션과 대상 시스템이 읽어 갈 수 있는 일대다 파이프라인을 구축할 수 있다는 점을 명심하라. 데이터를 읽어 가는 쪽이 편하게 처리할 수 있도록 타임스탬프와 자료형 표준화나 전달 내역 기입, 개인 정보 마스킹과 같은 몇몇 전처리와 정제 작업이 필요할 수는 있다. 하지만 데이터를 수집하는 과정에서 성급하게 데이터를 정제하고 최적화하려고 들지는 말자. 덜 정제된 형태가 필요한 경우도 많다.

9.1.6 보안

보안security는 항상 신경 써야 하는 문제다. 데이터 파이프라인의 관점에서 주로 고려해야 할 점은 다음과 같다.

- 누가 카프카로 수집되는 데이터에 접근할 수 있는가?
- 파이프라인을 통과하는 데이터가 암호화되었다고 확신할 수 있는가? 이것은 여러 데이터센터에 걸쳐 구축된 데이터 파이프라인의 경우 특히 중요하다.
- 누가 파이프라인을 변경할 수 있는가?
- 만약 파이프라인이 접근이 제한된 곳의 데이터를 읽거나 써야 할 경우, 문제없이 인증을 통과할 수 있는가?
- 개인 식별 정보Personally Identifiable Information, PII를 저장하고, 접근하고, 사용할 때 법과 규제를 준수하는가?

카프카는 소스에서 카프카로 데이터를 보내거나 아니면 카프카에서 싱크로 데이터를 보내는 데이터 전송 과정에서 데이터 암호화를 지원한다. SASL을 사용한 인증과 인가 역시 지원한다. 따라서 토픽이 민감한 정보를 담고 있을 경우, 여기 저장되어 있는 정보가 권한이 없는 누군가에 의해 덜 안전한 시스템으로 전달될 걱정은 할 필요가 없는 것이다. 카프카는 허가받거나 허가받지 않은 접근 내역을 추적할 수 있는 감사 로그 역시 지원한다. 약간의 추가 코드를 작성하는 것만으로 각 토픽에 데이터가 어디에서 왔고 누가 그것을 수정했는지 추적할 수도 있기 때문에 각 레코드의 전체 전달 내역을 살펴볼 수도 있다.

카프카 보안은 11장에서 자세히 논의될 것이다. 하지만, 카프카 커넥트와 커넥터는 외부 외부 데이터 시스템에 연결하고, 인증할 수 있어야 하며 커넥터 설정 역시 외부 데이터 시스템의 인증을 통과할 수 있도록 자격 증명credential을 포함해야 한다.

설정 파일 자체를 관리하고 접근을 제한하는 데도 손이 가는 만큼, 자격 증명을 설정 파일에 포함하는 것은 권장되지 않는다. 일반적인 해법은 하시코프 볼트HashiCorp Vault, https://www.vaultproject.io/와 같은 외부 비밀 관리 시스템을 사용하는 것이다. 카프카 커넥트는 외부 비밀 설정https://cwiki.apache.org/confluence/display/KAFKA/KIP-297%3A+Externalizing+Secrets+for+Connect+Configurations을 지원한다. 아파치 카프카는 플러그인이 가능한 외부 설정 제공자를 지원하는 프레임워크와 파일에서 설정을 읽어오는 예제 제공자 구현체만을 포함한다. 이 프레임워크를 사용해서 볼트, AWS, Azure 등과 통합하고 싶다면 오픈소스 커뮤니티에서 개발된 외부 설정 제공자를 찾아보면 된다.

9.1.7 장애 처리

모든 데이터가 항상 완벽할 것이라고 가정하는 것은 위험하다. 사전에 장애 처리에 관한 계획을 세워두는 것이 중요하다. 잘못된 레코드가 파이프라인으로 유입되는 것을 방지할 수 있을까? 파싱할 수 없는 레코드가 주어졌을 때 복구가 가능할까? (실수로 발생한) 결함이 있는 레코드를 바로잡아 재처리할 수 있을까? 잘못된 이벤트가 문제없는 것처럼 보여서 며칠이 지난 뒤에야 문제가 있다는 걸 알아차렸다면 어떻게 해야 할까?

모든 이벤트를 장기간에 걸쳐 저장하도록 카프카를 설정할 수 있기 때문에, 필요할 경우 이전 시점으로 돌아가서 에러를 복구할 수 있다. 만약 대상 시스템이 유실되었을 경우, 카프카에 저장된 이벤트들을 재생하는 것 역시 가능하다.

9.1.8 결합Coupling과 민첩성Agility

데이터 파이프라인을 구현할 때 중요한 것 중 하나는 데이터 원본과 대상을 분리할 수 있어야 한다. 의도치 않게 결합이 생길 수 있는 경우는 다음과 같다.

임기응변Ad-hoc 파이프라인

어떤 기업이나 조직들은 애플리케이션을 연결해야 할 때마다 커스텀 파이프라인을 구축한다. 예를 들어서, 로그스태시Logstash를 사용해서 로그를 엘라스틱서치에 밀어 넣거나, 플룸Flume을 사용해서 로그를 HDFS에 밀어 넣거나 오라클 골든게이트Oracle GoldenGate를 사용해서 오라클 데이터베이스의 데이터를 HDFS로 밀어 넣거나, 인포매티카Informatica를 사용해서 MySQL 혹은 XML 형식 데이터를 오라클에 밀어 넣거나, 뭐 이런 식이다. 이 경우 데이터 파이프라인이 특정한 엔드포인트에 강하게 결합되기 때문에 설치, 유지 보수, 모니터링에 상당한 노력이 소요되어야 하는 결과물이 나오기 쉽다. 이는 조직이 새로운 시스템을 도입할 때마다 추가적인 데이터 파이프라인을 구축해야 한다는 의미이기도 한데, 이는 새로운 기술을 도입하는 데 들어가는 비용을 증대시키고 혁신은 가로막는다.

메타데이터 유실

만약 데이터 파이프라인이 스키마 메타데이터를 보존하지 않고 스키마 진화 역시 지원하지 않는다면, 소스 쪽에서 데이터를 생성하는 소프트웨어와 싱크 쪽에서 데이터를 사용하는 소프트웨어를 강하게 결합시키게 된다. 그리고 스키마 정보가 없기 때문에, 두 소프트웨어 모두 데이터를 파싱하고 해석하는 방법에 대해 알고 있어야 한다. 만약 이런 상태에서 오라클의 데이터를 HDFS로 보내는 파이프라인이 있고 DBA가 오라클에 새 필드를 추가했다고 하면, HDFS에서 데이터를 읽어오는 모든 애플리케이션이 깨지든지 아니면 모든 개발자들이 동시에 애플리케이션을 업그레이드해 줘야 한다. 어느 쪽도 유연하지 않기는 마찬가지다. 파이프라인에서 스키마 진화를 지원한다면, 각 팀은 시스템 중단을 걱정할 필요 없이 자신들의 애플리케이션을 변경할 수 있다.

과도한 처리

데이터 변환에서 이미 언급했듯이, 데이터 파이프라인에서도 어느 정도의 데이터 처리는 피할 수 없다. 어쨌거나 우리는 서로 다른 데이터 형식을 사용하는, 서로 다른 활용 사례를 가진 시스템 사이에서 데이터를 이동시킨다. 하지만 파이프라인에서 너무 많은 처리를 하면 하단에 있는 시스템들이 데이터 파이프라인을 구축할 때 어떤 필드를 보존할지, 어떻게 데이터를 집적할지, 등에 선택지가 별로 남지 않게 된다. 이에 따라 많은 경우 하단에 있는 애플리케이션의 요구 조건이 변경될 때마다 계속해서 파이프라인도 변경해 줘야 하는 사태가 발생하는데, 이것은 유연하지도, 효율적이지도, 안전하지도 않다. 가공되지 않은 로데이터를 가능한 한 건드리지 않은 채로 하단에 있는 애플리케이션으로 내려보내고(카프카 스트림즈 애플리케이션 포함), 데이터를 처리하고 집적하는 방법은 애플리케이션이 알아서 결정하게 하는 것이 좀 더 유연한 방법이다.

9.2 카프카 커넥트 vs. 프로듀서/컨슈머

카프카에 데이터를 쓰거나 읽을 때는 3, 4장에서 살펴본 것과 같이 전통적인 프로듀서와 컨슈머를 사용하는 방법과 지금부터 알아볼, 커넥트 API와 커넥터를 사용하는 방법 중에 하나를 선택할 수 있다. 카프카 커넥트에 대해 자세히 알아보기 전에, 아마 이런 생각이 들 것이다. '언제 무엇을 써야 하는 거지?'

이미 살펴보았듯이, '카프카 클라이언트'는 애플리케이션에 포함되는 클라이언트를 가리킨다. 이것은 애플리케이션에서 카프카에 데이터를 쓰거나 데이터를 읽어올 수 있게 해 준다. 즉, 카프카 클라이언트는 애플리케이션의 코드를 변경할 수 있으면서 카프카에 데이터를 쓰거나 읽어오고 싶을 때 쓴다.

카프카 커넥트는 카프카를 직접 코드나 API를 작성하지 않았고, 변경도 할 수 없는 데이터 저장소에 연결시켜야 할 때 쓴다. 카프카 커넥트를 사용해서 외부 데이터 저장소의 데이터를 카프카로 가져올 수도, 카프카에 저장된 데이터를 외부 저장소로 내보낼 수도 있다. 카프카 커넥트를 사용하려면 연결하고자 하는 데이터 저장소에 맞는 커넥터가 필요한데, 요즘은 많은 커넥터가 나와 있다. 즉, 카프카 커넥트의 사용자들이 실제로 해 줘야 할 일은 설정 파일을 작성하는 것뿐이라는 얘기다.

만약 카프카와 연결하고자 하는 데이터 저장소의 커넥터가 아직 없다면, 카프카 클라이언트 또는 커넥트 API 둘 중 하나를 사용해서 애플리케이션을 직접 작성할 수 있다. 커넥트 API 쪽이 설정 관리, 오프셋 저장, 병렬 처리, 에러 처리, 서로 다른 데이터 형식 지원 및 REST API를 통한 표준화된 관리 기능을 제공하는 만큼 후자를 사용하길 권장한다. 카프카를 데이터 저장소와 연결하는 간단한 애플리케이션을 개발하는 것이 단순해 보이지만, 데이터 형식이나 설정 관련해서 세세하게 만져줘야 할 디테일들이 많기 때문에 작업이 쉽지만은 않다. 설상가상으로 이 파이프라인 애플리케이션을 계속해서 유지보수하고 문서화해야 하며, 다른 사람들은 사용법을 배워야 할 것이다. 카프카 커넥트는 카프카 생태계의 표준화된 일부일 뿐만 아니라 이러한 작업 대부분을 대신 처리해 준다. 따라서 우리는 외부 저장소와 데이터를 주고받는 일에만 신경 쓰면 된다.

9.3 카프카 커넥트

카프카 커넥트(혹은 줄여서 '커넥트')는 아파치 카프카의 일부로서, 카프카와 다른 데이터 저장소 사이에 확장성과 신뢰성을 가지면서 데이터를 주고받을 수 있는 수단을 제공한다. 커넥트는 커넥터 플러그인connector plugin을 개발하고 실행하기 위한 API와 런타임을 제공한다. 커넥터 플러그인은 카프카 커넥트가 실행시키는 라이브러리로, 데이터를 이동시키는 것을 담당한다. 카프카 커넥트는 여러 워커worker 프로세스들의 클러스터 형태로 실행된다. 사용자는 워커에 커넥터 플러그인을 설치한 뒤 REST API를 사용해서 커넥터별 설정을 잡아 주거나 관리해주면 된다. 커넥터는 대용량의 데이터 이동을 병렬화해서 처리하고 워커의 유휴 자원을 더 효율적으로 활용하기 위해 태스크task를 추가로 실행시킨다. 소스 커넥터 태스크는 원본 시스템으로부터 데이터를 읽어 와서 커넥트 자료 객체의 형태로 워커 프로세스에 전달만 해주면 된다. 싱크 커넥트 태스크는 워커로부터 커넥트 자료 객체를 받아서 대상 시스템에 쓰는 작업을 담당한다. 카프카 커넥트는 자료 객체를 카프카에 쓸 때 사용되는 형식으로 바꿀 수 있도록 컨버터convertor를 사용한다. JSON 형식은 기본적으로 지원되며, 컨플루언트 스키마 레지스트리와 함께 사용할 경우 Avro, Protobuf, 그리고 JSON 스키마 컨버터가 지원된다. 따라서 사용하는 커넥터와 상관없이 카프카에 저장되는 데이터의 형식뿐만 아니라, 저장되는 데이터의 스키마 역시 선택할 수 있다(만약 있다면).

이 장에서 카프카 커넥트와 수많은 커넥터들에 대해 모두 세세히 다루기는 어렵다. 그 자체만으로도 책 한 권이 나올 주제이기 때문이다. 대신 우리는 카프카 커넥트의 개요와 사용법에 대해서 설명하고, 참고할 만한 추가적인 자료를 제시할 것이다.

9.3.1 카프카 커넥트 실행하기

카프카 커넥트는 아파치 카프카에 포함되어 배포되므로 별도로 설치할 필요는 없다. 카프카 커넥트를 프로덕션 환경에서 사용할 경우(특히 대량의 데이터를 옮기기 위해 카프카 커넥트를 사용하려 하거나 많은 수의 커넥터를 사용하고자 할 경우), 카프카 브로커와는 별도의 서버에서 커넥트를 실행시켜야 한다. 이런 상황이라면 모든 서버에 일단 카프카를 설치한 뒤 일부에서는 브로커를 실행시키고 나머지에서는 카프카 커넥트를 실행시키면 된다.

카프카 커넥트 워커를 실행시키는 것은 브로커를 실행시키는 것과 매우 비슷하다. 다음과 같이 속성 파일과 함께 시작 스크립트를 실행하면 된다.

```
bin/connect-distributed.sh config/connect-distributed.properties
```

커넥트 워커의 핵심 설정은 다음과 같다.

`bootstrap.servers`

카프카 커넥트와 함께 작동하는 카프카 브로커의 목록이다. 커넥터는 다른 곳의 데이터를 이 브로커로 전달하거나 아니면 이 브로커의 데이터를 다른 시스템으로 전달할 것이다. 클러스터 안의 모든 브로커를 지정할 필요는 없지만, 최소 3개 이상이 권장된다.

`group.id`

동일한 그룹 ID를 갖는 모든 워커들은 같은 커넥트 클러스터를 구성한다. 실행된 커넥터는 클러스터 내 어느 워커에서도 실행될 수 있으며, 태스크 또한 마찬가지다.

`plugin.path`

카프카 커넥트는 커넥터, 컨버터, 트랜스포메이션transformation, 그리고 비밀 제공자를 다운로드받아서 플랫폼에 플러그인할 수 있도록 설계되어 있다. 카프카 커넥트에는 이런 플러그인들을 찾아서 적재할 수 있어야 한다.

카프카 커넥트에는 커넥터와 그 의존성dependency들을 찾을 수 있는 디렉토리를 1개 이상 설정할 수 있다. 예를 들어서, 우리가 `plugin.path=/opt/connectors,/home/gwenshap/connectors` 라고 설정을 잡아줬다고 하자. 보통 이 디렉토리 중 하나에 커넥터별로 서브디렉토리를 하나씩 만들어 준다. 앞의 예로 말하자면, `/opt/connectors/jdbc`와 `/opt/connectors/elastic`를 만들고 이 안에 커넥터 jar 파일과 모든 의존성들을 저장한다. 만약 커넥터가 uberJar 형태여서 별도의 의존성이 없다면 서브디렉토리 같은 것 만들 필요 없이 `plugin.path` 아래 바로 저장할 수 있다. 단, `plugin.path`에 의존성을 바로 저장할 수는 없다는 점을 유념하라.

카프카 커넥트의 클래스패스classpath에 커넥터를 의존성과 함께 추가할 수도 있지만, 권장되지 않는다. 이 방법은 커넥터의 의존성과 카프카의 의존성이 충돌할 때 에러가 발생할 수 있기 때문이다. 권장되는 방법은 `plugin.path` 설정을 사용하는 것이다.

`key.converter`와 `value.converter`

커넥트는 카프카에 저장된 여러 형식의 데이터를 처리할 수 있다. 카프카에 저장될 메시지의 키와 밸류 부분 각각에 대해 컨버터를 설정해 줄 수 있다. 기본값은 아파치 카프카에 포함되어 있는 `JSONConverter`를 사용하는 JSON 형식이다. 컨플루언트 스키마 레지스트리의 `AvroConverter`, `ProtobufConverter`, `JsonSchemaConverter` 역시 사용이 가능하다.[26]

어떤 컨버터에는 해당 컨버터에만 한정해서 사용 가능한 설정 매개변수들이 있다. 이러한 설정 매개변수가 있을 경우 매개변수 이름 앞에 (키 컨버터냐 밸류 컨버터냐에 따라) `key.converter.`나 `value.converter.`를 붙여 줌으로써 설정이 가능하다. 예를 들어서 JSON 메시지는 스키마를 포함할 수도 있고 아닐 수도 있는데, 어느 한쪽을 선택하고 싶다면 `key.converter.schemas.enable` (또는 `value.`

26 옮긴이 이 컨버터들은 사용하기 위해 스키마 레지스트리를 필요로 할 뿐만 아니라 스키마 레지스트리 프로젝트 https://github.com/confluentinc/schema-registry의 일부이기도 하다. 따라서 이 컨버터들을 사용하고자 한다면 먼저 스키마 레지스트리 프로젝트 소스코드를 다운로드받은 뒤 빌드해주어야 한다. 자세한 것은 프로젝트 문서를 참조하자.

converter.schemas.enable)를 true 혹은 false로 잡아주면 된다. Avro 메시지에도 스키마는 있지만, key.converter.schema.registry.url 나 value.converter.schema.registry.url를 사용해서 스키마 레지스트리의 위치를 잡아 주어야 한다.

rest.host.name과 rest.port
: 커넥터를 설정하거나 모니터링할 때는 카프카 커넥트의 REST API를 사용하는 것이 보통이다. REST API에 사용할 특정한 포트값을 할당해 줄 수 있다.

클러스터에 워커가 돌아가고 있다면, 다음과 같이 REST API를 호출해서 확인할 수 있다.

```
$ curl http://localhost:8083/
{"version":"3.0.0-SNAPSHOT","commit":"fae0784ce32a448a","kafka_cluster_id":"pfkYIGZQSXm8Ryl-
vACQHdg"}%
```

REST API의 기준 URLbase url을 호출함으로써 현재 실행되고 있는 버전을 확인할 수 있다. 여기서는 아직 공식적으로 릴리스되기 전의 카프카 3.0.0 스냅샷 버전을 실행중이다. 사용 가능한 커넥터 목록 역시 확인이 가능하다.

```
$ curl http://localhost:8083/connector-plugins
[
    {
        "class": "org.apache.kafka.connect.file.FileStreamSinkConnector",
        "type": "sink",
        "version": "3.0.0-SNAPSHOT"
    },
    {
        "class": "org.apache.kafka.connect.file.FileStreamSourceConnector",
                "type": "source",
        "version": "3.0.0-SNAPSHOT"
    },
    {
        "class": "org.apache.kafka.connect.mirror.MirrorCheckpointConnector",
        "type": "source",
        "version": "1"
    },
    {
        "class": "org.apache.kafka.connect.mirror.MirrorHeartbeatConnector",
        "type": "source",
        "version": "1"
    },
    {
```

```
        "class": "org.apache.kafka.connect.mirror.MirrorSourceConnector",
        "type": "source",
        "version": "1"
    }
]
```

아파치 카프카 본체만 실행시키고 있는 만큼 사용 가능한 커넥터는 파일 소스, 파일 싱크, 그리고 미러메이커 2.0에 포함된 커넥터뿐이다.

이 예제 커넥터들을 설정하고 사용하는 방법을 알아본 뒤, 연결할 외부 데이터 시스템을 설정해 줘야 하는 좀 더 어려운 예제를 살펴보자.

독립 실행 모드

카프카 커넥트에는 독립 실행 모드(standalone mode)도 있다는 점을 알아두자. 이것은 분산 모드와 비슷해서, 단지 `bin/connect-distributed.sh` 대신 `bin/connect-standalone.sh`를 실행시켜 주면 된다. REST API 대신 명령줄을 통해 커넥터 설정 파일을 전달해 줄 수 있다. 이 모드를 사용하면 모든 커넥터와 태스크들이 하나의 독립 실행 워커(standalone worker)에서 돌아간다. 이 모드는 커넥터나 태스크가 특정한 장비에서 실행되어야 하는 경우 사용된다(예 syslog 커넥터가 특정 포트에서 요청을 받고 있을 경우, 이 커넥터가 어느 장비에서 작동 중인지 알아야 할 것이다).

9.3.2 커넥터 예제: 파일 소스와 파일 싱크

여기서는 카프카의 일부로 포함된 파일 커넥터와 JSON 컨버터를 사용하는 방법을 알아볼 것이다. 실제로 작동을 시켜보려면 주키퍼와 카프카가 실행되고 있어야 한다.

우선, 분산 모드로 커넥트 워커를 실행시키자. 실제 프로덕션 환경에서는 고가용성을 보장하기 위해 최소 두세 개의 프로세스를 실행시켜야 하겠지만, 여기서는 하나만 실행한다.

```
$ bin/connect-distributed.sh config/connect-distributed.properties &
```

다음 차례는 파일 소스를 시작시키는 것이다. 예를 보이기 위해, 여기서는 카프카 설정 파일을 읽어오도록 커넥터를 설정할 것이다. 즉, 카프카의 설정을 카프카 토픽으로 보내는 셈이다.

```
$ echo '{"name":"load-kafka-config", "config":{"connector.class":
"FileStreamSource","file":"config/server.properties","topic":
"kafka-config-topic"}}' | curl -X POST -d @- http://localhost:8083/connectors \
    -H "Content-Type: application/json"
{
```

```
    "name": "load-kafka-config",
    "config": {
        "connector.class": "FileStreamSource",
        "file": "config/server.properties",
        "topic": "kafka-config-topic",
        "name": "load-kafka-config"
    },
    "tasks": [
        {
            "connector": "load-kafka-config",
            "task": 0
        }
    ],
    "type": "source"
}
```

커넥터를 생성하기 위해 커넥터 이름(load-kafka-config)과 설정 맵을 포함하는 JSON 형식을 사용하였다. 설정 맵에는 커넥터 클래스 이름, 읽고자 하는 파일의 위치, 그리고 파일에서 읽은 내용을 보내고자 하는 토픽 이름이 포함된다.

이제 카프카 콘솔 컨슈머를 사용해서 카프카 설정 파일의 내용이 토픽에 제대로 저장되었는지 확인해 보자.

```
$ bin/kafka-console-consumer.sh --bootstrap-server=localhost:9092 \
    --topic kafka-config-topic --from-beginning
```

제대로 따라 했다면 다음과 같은 메시지를 볼 수 있을 것이다.

```
{"schema":{"type":"string","optional":false},"payload":"# Licensed to the
Apache Software Foundation (ASF) under one or more"}

"(생략)"

{"schema":{"type":"string","optional":false},"pay-
load":"############################# Server Basics
#############################"}
{"schema":{"type":"string","optional":false},"payload":""}
{"schema":{"type":"string","optional":false},"payload":"# The id of the broker.
This must be set to a unique integer for each broker."}
{"schema":{"type":"string","optional":false},"payload":"broker.id=0"}
{"schema":{"type":"string","optional":false},"payload":""}

"(이하 생략)"
```

이것은 config/server.properties 파일의 내용물이 커넥터에 의해 줄 단위로 JSON으로 변환된 뒤 kafka-config-topic 토픽에 저장된 것이다. JSON 컨버터는 레코드마다 스키마 정보를 포함시키는 것이 기본 작동이라는 점을 유의하자. 이 경우 스키마는 매우 단순한데, 그냥 String 타입의 열인 payload 하나만 있을 뿐이다. 그리고 각 레코드는 파일 한 줄씩을 포함한다.

이제 싱크 커넥터를 사용해서 토픽의 내용물을 파일로 내보내 보자. 이렇게 생성된 파일은 원본 server.properties과 완전히 동일할 것이다. 왜냐하면 JSON 컨버터가 JSON 레코드를 텍스트 문자열로 원상복구 시킬 것이기 때문이다.

```
$ echo '{"name":"dump-kafka-config", "config":
{"connector.class":"FileStreamSink","file":"copy-of-server-
properties","topics":"kafka-config-topic"}}' | curl -X POST -d @- http://local-
host:8083/connectors --header "Content-Type:application/json"

{"name":"dump-kafka-config","config":
{"connector.class":"FileStreamSink","file":"copy-of-server-
properties","topics":"kafka-config-topic","name":"dump-kafka-config"},"tasks":[]}
```

소스 쪽 설정과 다른 부분을 눈여겨 보자. 우리가 사용할 클래스 이름은 이제 FileStreamSource가 아니라 FileStreamSink이다. 여전히 file 속성은 있지만, 레코드를 읽어 올 파일이 아닌 레코드를 쓸 파일을 가리킨다. 토픽 하나를 지정하는 대신 다수의 토픽topics을 지정한다. 복수형인 데서 알 수 있듯이 여러 토픽의 내용물을 하나의 싱크 파일에 쓸 수 있다. 소스 커넥터는 하나의 토픽에만 쓸 수 있지만 말이다.

여기까지 잘 따라했다면 kafka-config-topic에 넣어 줬던 config/server.properties 파일과 완전히 동일한 copy-of-server-properties 파일이 생성되었을 것이다.

커넥터를 삭제하려면 다음과 같이 한다.

```
$ curl -X DELETE http://localhost:8083/connectors/dump-kafka-config
```

이 예제에서는 간단할 뿐만 아니라 카프카에 기본적으로 탑재되어 있는 파일스트림 커넥터를 사용했다. 이걸 사용하면 카프카에 뭔가를 추가적으로 설치할 필요 없이 파이프라인을 구축할 수 있다. 하지만 제한도 많고 신뢰성 보장도 없는 만큼 실제 프로덕션 파이프라인에서 이걸 쓰면 안 된다. 파일에서 데이터를 수집하고자 한다면 FilePulse 커넥터(https://github.com/streamthoughts/kafka-connect-file-pulse), FileSystem 커넥터(https://github.com/mmolimar/kafka-connect-fs), SpoolDir(https://github.com/jcustenborder/kafka-connect-spooldir)과 같은 다른 대안들이 많이 있다.

9.3.3 커넥터 예제: MySQL에서 Elasticsearch로 데이터 보내기

단순한 예제를 하나 살펴봤으니 이제는 더 유용한 뭔가를 해 보자. MySQL 테이블 하나의 내용을 카프카 토픽으로 보낸 뒤, 여기서 다시 엘라스틱서치로 보내서 내용물을 인덱싱하게 해보자.

여기서는 맥북을 사용하여 테스트하였다. MySQL과 엘라스틱서치는 다음과 같이 설치할 수 있다.

```
$ brew install mysql
$ brew install elasticsearch
```

다음 단계는 커넥터가 있는지 확인하는 것이다. 여기에는 몇 개의 선택지가 있다.

1. 컨플루언트 허브Confluent Hub 클라이언트https://docs.confluent.io/home/connect/confluent-hub/client.html를 사용해서 다운로드하고 설치한다.
2. 컨플루언트 허브 웹사이트https://www.confluent.io/hub/(혹은 사용하려는 커넥터의 웹사이트)에서 다운로드한다.
3. 소스코드에서 직접 빌드한다. 이렇게 하려면 다음과 같은 작업이 필요하다.
   a. 커넥터 소스코드를 클론한다.

   ```
   $ git clone https://github.com/confluentinc/kafka-connect-elasticsearch
   ```

   b. `mvn install -DskipTests`를 실행하여 프로젝트를 빌드한다.
   c. JDBC 커넥터https://github.com/confluentinc/kafka-connect-jdbc에 대해 위 작업을 반복한다.

이제 이 커넥터들을 적재해야 한다. `/opt/connectors`와 같은 디렉토리를 만든 뒤 `config/connect-distributed.properties`를 수정하여 `plugin.path=/opt/connectors`라고 넣어 주자.

그러고 나서 앞의 과정 중에 `target` 디렉토리에 생성된 jar 파일들을 의존성과 함께 `plugin.path` 아래의 적절한 서브디렉토리로 복사해 준다.

```
$ mkdir /opt/connectors/jdbc
$ mkdir /opt/connectors/elastic
$ cp ../kafka-connect-jdbc/target/kafka-connect-jdbc-10.3.x
-SNAPSHOT.jar /opt/connectors/jdbc
$ cp ../kafka-connect-elasticsearch/target/kafka-connect-
elasticsearch-11.1.0-SNAPSHOT.jar /opt/connectors/elastic
$ cp ../kafka-connect-elasticsearch/target/kafka-connect-
```

```
elasticsearch-11.1.0-SNAPSHOT-package/share/java/kafka-connect-
elasticsearch/* /opt/connectors/elastic
```

또 하나, 지금 우리는 아무 데이터베이스가 아닌 MySQL에 접속해야 하므로 MySQL JDBC 드라이버를 다운로드해서 설치해주어야 한다. 라이선스 문제 때문에 드라이버가 커넥터에 포함되어 있지 않기 때문이다. MySQL 웹사이트https://dev.mysql.com/downloads/connector/j/에서 드라이버를 다운로드받아서 /opt/connectors/jdbc 아래 넣어 주자.

카프카 커넥트 워커를 재시작한 뒤 새로 설치해 준 플러그인들이 보이는지 확인한다.

```
$ bin/connect-distributed.sh config/connect-distributed.properties &

$ curl http://localhost:8083/connector-plugins
[
    {
        "class": "io.confluent.connect.elasticsearch.ElasticsearchSinkConnector",
        "type": "sink",
        "version": "11.1.0-SNAPSHOT"
    },
    {
        "class": "io.confluent.connect.jdbc.JdbcSinkConnector",
        "type": "sink",
        "version": "10.3.x-SNAPSHOT"
    },

        "class": "io.confluent.connect.jdbc.JdbcSourceConnector",
        "type": "source",
        "version": "10.3.x-SNAPSHOT"
    }
...
```

이제 Connect 클러스터에 새로 설치해 준 커넥터들이 사용 가능함을 확인할 수 있다.

다음 단계는 우리가 JDBC 커넥터를 사용해서 카프카로 데이터를 스트리밍해 줄 MySQL 테이블을 생성하는 것이다.

```
$ mysql.server restart
$ mysql --user=root
mysql> create database test;
Query OK, 1 row affected (0.00 sec)
mysql> use test;
```

```
Database changed
mysql> create table login (username varchar(30), login_time datetime);
Query OK, 0 rows affected (0.02 sec)
mysql> insert into login values ('gwen shap', now());
Query OK, 1 row affected (0.01 sec)
mysql> insert into login values ('tpalino', now());
Query OK, 1 row affected (0.00 sec)
```

위에서 볼 수 있듯, 우리는 데이터베이스와 테이블을 하나씩 생성한 뒤 몇 개의 로우를 추가해주었다.

다음 단계는 JDBC 소스 커넥터를 설정해주는 것이다. 사용 가능한 옵션들에 대해서는 문서https://kafka.apache.org/documentation/#connectconfigs에 나와 있지만, REST API를 사용해서도 사용 가능한 옵션들을 볼 수 있다.

```
$ curl -X PUT -H "Content-Type: application/json" -d '{
  "connector.class": "JdbcSource"
}' 'http://localhost:8083/connector-plugins/JdbcSourceConnector/config/validate/'
{
    "configs": [
        {
            "definition": {
                "default_value": "",
                "dependents": [],
                "display_name": "Timestamp Column Name",
                "documentation": "The name of the timestamp column to use
                to detect new or modified rows. This column may not be nullable.",
                "group": "Mode",
                "importance": "MEDIUM",
                "name": "timestamp.column.name",
                "order": 3,
                "required": false,
                "type": "STRING",
                "width": "MEDIUM"
            },
            "(이하 생략)"
...
```

위에서는 커넥터 설정의 유효성을 검사할 때 쓰이는 REST API에 클래스 이름만 포함되어 있는 설정(최소한의 커넥터 설정이기도 하다)을 보냈다. JSON 형태로 된, 모든 사용 가능한 설정에 대한 정의를 응답으로 받는 것을 볼 수 있다.

이 정보를 사용해서 JDBC 커넥터를 설정하고 생성해 보자.

```
echo '{
    "name": "mysql-login-connector",
    "config": {
        "connector.class": "JdbcSourceConnector",
        "connection.url": "jdbc:mysql://127.0.0.1:3306/test?user=root",
        "mode": "timestamp",
        "table.whitelist": "login",
        "validate.non.null": false,
        "timestamp.column.name": "login_time",
        "topic.prefix": "mysql."
    }
}' |
curl -X POST -H "Content-Type: application/json" -d @- 'http://localhost:8083/connectors'
{
    "name": "mysql-login-connector",
    "config": {
        "connector.class": "JdbcSourceConnector",
        "connection.url": "jdbc:mysql://127.0.0.1:3306/test?user=root",
        "mode": "timestamp",
        "table.whitelist": "login",
        "validate.non.null": "false",
        "timestamp.column.name": "login_time",
        "topic.prefix": "mysql.",
        "name": "mysql-login-connector"
    },
    "tasks": []
}
```

이제 `mysql.login` 토픽으로부터 제대로 데이터를 읽어오는지 확인해 보자.

```
$ bin/kafka-console-consumer.sh --bootstrap-server=localhost:9092 --topic \
mysql.login --from-beginning
```

만약 토픽이 존재하지 않는다는 에러가 발생하거나 토픽에 데이터가 들어있지 않을 경우, 커넥트 워커의 로그를 확인해 보자. 다음과 같은 에러가 발생했을 수 있다.[27]

```
[2016-10-16 19:39:40,482] ERROR Error while starting connector mysql-login-
connector (org.apache.kafka.connect.runtime.WorkerConnector:108)
org.apache.kafka.connect.errors.ConnectException: java.sql.SQLException: Access
```

27 옮긴이 root 계정으로 인증을 시도하다 실패한 상황이다.

```
denied for user 'root;'@'localhost' (using password: NO)
    at io.confluent.connect.jdbc.JdbcSourceConnector.start(JdbcSourceConnector.java:78)
```

인증 문제가 아니더라도 클래스패스에 드라이버가 없거나, 테이블 읽기 권한 문제 같은 다른 문제가 있을 수 있다.

커넥터가 돌아가기 시작했다면, `login` 테이블에 로우를 추가할 때마다 `mysql.login` 토픽에 레코드가 추가되는 것을 확인할 수 있을 것이다.

변경 데이터 캡처와 디비지움 프로젝트

우리가 사용중인 JDBC 커넥터는 JDBC와 SQL을 사용해서 데이터베이스 테이블에 새로 들어온 레코드를 찾아낸다. 구체적으로는 타임스탬프 필드와 기본 키가 증가하는 것을 사용해서 새 레코드를 탐지하는데, 이 방식은 다소 비효율적일 뿐만 아니라 때로는 정확하지 않은 결과물을 낸다. 모든 관계형 데이터베이스는 트랜잭션 로그(transaction log: 리두 로그(redo log), 빈로그(binlog), 혹은 선행 기입 로그(write-ahead log; WAL)라고 불리기도 한다)를 포함하고 있는데, 많은 경우 외부 시스템이 트랜잭션 로그를 직접 읽어갈 수 있도록 하고 있다. 이렇게 트랜잭션 로그를 읽음으로써 관계형 데이터베이스 내용물의 변경을 탐지하는 방식을 변경 데이터 캡처(Change Data Capture, CDC)라 부르는데, 이 방식은 위에서 설명한 특정한 필드와 SQL문을 사용하는 것에 비해 훨씬 더 정확할 뿐만 아니라 효율적이기까지 하다. 대부분의 최신 ETL 시스템들은 CDC를 데이터 저장소로서 사용한다. 디비지움 프로젝트(Debezium Project, https://debezium.io/)는 다양한 데이터베이스에 대한 고품질의 오픈소스 CDC 커넥터를 제공한다. 만약 관계형 데이터베이스에서 카프카로의 데이터 스트리밍을 생각중이라면, 우리는 (해당 데이터베이스에 대한 커넥터가 있다면) Debezium에 포함된 CDC 커넥터를 사용할 것을 강력하게 권장한다. 또 하나, Debezium의 문서는 우리 저자들이 지금껏 봐온 문서 중에서도 최고 수준이다. 즉, 커넥터에 대한 문서화를 제공하는 것을 넘어서서 (마이크로서비스의 맥락에서) CDC에 관련된 디자인 패턴이나 활용 사례에 대해서도 다루고 있다.

MySQL 데이터를 카프카로 동기화하는 것은 그 자체만으로도 유용하지만 좀 더 재미있게, 이 데이터를 다시 엘라스틱서치에 써 보자.

우선, 엘라스틱서치를 시작하고 로컬 포트로 접속하여 제대로 작동하는지 확인하자.

```
$ elasticsearch &
$ curl http://localhost:9200/
```

```
{
    "name" : "Chens-MBP",
    "cluster_name" : "elasticsearch_gwenshap",
    "cluster_uuid" : "X69zu3_sQNGb7zbMh7NDVw",
    "version" : {
```

```
        "number" : "7.5.2",
        "build_flavor" : "default",
        "build_type" : "tar",
        "build_hash" : "8bec50e1e0ad29dad5653712cf3bb580cd1afcdf",
        "build_date" : "2020-01-15T12:11:52.313576Z",
        "build_snapshot" : false,
        "lucene_version" : "8.3.0",
        "minimum_wire_compatibility_version" : "6.8.0",
        "minimum_index_compatibility_version" : "6.0.0-beta1"
    },
    "tagline" : "You Know, for Search"
}
```

이제 커넥터를 생성하고 시작시킨다.

```
$ echo '{"name":"elastic-login-connector", "config":{"connector.class":
"ElasticsearchSinkConnector","connection.url":"http://localhost:9200","type.name":
"mysql-data","topics":"mysql.login","key.ignore":true}}' | curl -X POST -d @-
http://localhost:8083/connectors --header "Content-Type:application/json"
```

```
{
    "name": "elastic-login-connector",
    "config": {
        "connector.class": "ElasticsearchSinkConnector",
        "connection.url": "http://localhost:9200",
        "topics": "mysql.login",
        "key.ignore": "true",
        "name": "elastic-login-connector"
    },
    "tasks": [
        {
            "connector": "elastic-login-connector",
    "task": 0
    }
  ]
}
```

이쯤에서 짚고 넘어가야 할 설정이 몇 개 있다. connection.url 설정은 방금 전 우리가 설정해 준 로컬 엘라스틱서버의 URL이다. 기본적으로 카프카의 각 토픽은 별개의 엘라스틱서치 인덱스와 동기화된다(인덱스의 이름은 토픽과 동일하다). 여기서는 mysql.login 토픽의 데이터만 엘라스틱서치에 쓴다. JDBC 커넥터는 메시지 키를 채우지 않기 때문에 카프카에 저장된 이벤트의 키값은 null이 된다. 키값이 없는 만큼 우리는 엘라스틱서치에 각 이벤트의 키값으로 토픽 이름, 파티션 ID 그리고 오프셋을 대신 사용하라고 알려 줄 필요가 있다. key.ignore 설정을 true로 잡아 주면 이것이 가능하다.

mysql.data가 생성된 인덱스를 확인해 보자.

```
$ curl 'localhost:9200/_cat/indices?v'
health status index    uuid    pri rep docs.count
docs.deleted store.size pri.store.size
yellow open    mysql.login wkeyk9-bQea6NJmAFjv4hw    1    1    2
0      3.9kb          3.9kb
```

만약 인덱스가 존재하지 않는다면, 커넥트 워커 로그의 에러를 살펴보자. 설정값이나 라이브러리가 누락되어 에러가 발생하는 경우가 많다. 만약 모든 것이 제대로 되어 있다면, 다음과 같이 레코드가 저장된 인덱스를 검색할 수 있다.

```
$ curl -s -X "GET" "http://localhost:9200/mysql.login/_search?pretty=true"
{
    "took" : 40,
    "timed_out" : false,
    "_shards" : {
        "total" : 1,
        "successful" : 1,
        "skipped" : 0,
        "failed" : 0
    },
    "hits" : {
        "total" : {
        "value" : 2,
        "relation" : "eq"
        },
        "max_score" : 1.0,
        "hits" : [
            {
                "_index" : "mysql.login",
                "_type" : "_doc",
                "_id" : "mysql.login+0+0",
                "_score" : 1.0,
                "_source" : {
                    "username" : "gwenshap",
                    "login_time" : 1621699811000
                }
            },
            {
                "_index" : "mysql.login",
                "_type" : "_doc",
```

```
                "_id" : "mysql.login+0+1",
                "_score" : 1.0,
                "_source" : {
                    "username" : "tpalino",
                    "login_time" : 1621699816000
                }
            }
        ]
    }
}
```

MySQL 테이블에 새 레코드를 추가할 때마다 해당 레코드가 카프카의 `mysql.login` 토픽 그리고 여기에 대응하는 엘라스틱서치 인덱스에 자동으로 나타날 것이다.

이제 JDBC 소스와 엘라스틱서치 싱크를 빌드하고 설치하는 방법을 알아봤으니, 우리의 활용 사례에 맞는 어떤 커넥터 조합도 빌드해서 사용할 수 있다. 컨플루언트는 많은 사전 빌드된 커넥터들을 오픈 소스 커뮤니티나 다른 벤더에서 개발한 것들과 함께 컨플루언트 허브https://www.confluent.io/hub/에서 유지 관리하고 있다. 써보고자 하는 커넥터를 일일이 빌드할 필요 없이 여기에서 찾아서 다운로드하고, (문서를 참고하든 아니면 REST API에서 가져온 설정을 참고하든) 설정하고, 커넥트 워커 클러스터에서 실행시킬 수 있는 것이다.

커넥터 직접 제작하기

커넥터 API가 공개되어 있는 만큼 누구나 새로운 커넥터를 제작할 수 있다. 만약 통합하고자 하는 데이터 저장소에 커넥터가 없다면, 우리는 당사자가 직접 커넥터를 만들길 권한다. 컨플루언트 허브에 공개해서 다른 사람들이 가져다 쓰도록 할 수 있다. 커넥터 개발에 대해 상세히 다루는 것은 이 책의 범위를 벗어나지만, 이 주제에 대해 다루고 있는 블로그 포스트(https://www.confluent.io/blog/create-dynamic-kafka-connect-source-connectors/)도 여럿 있고 카프카 서밋 NY 2019(https://www.confluent.io/en-gb/kafka-summit-ny19/lessons-learned-building-a-connector/), 카프카 서밋 런던 2018(https://www.confluent.io/kafka-summit-london18/make-your-connections-count-a-journey-building-kafka-connectors/), 그리고 아파치콘(https://www.youtube.com/watch?v=EXviLqXFoQI)에도 좋은 발표가 있다. 우리는 이미 있는 커넥터들을 살펴보거나 아파치 메이븐 아키타입(Apache Maven archetype, https://github.com/jcustenborder/kafka-connect-archtype)을 사용해서 작업을 시작할 것 역시 권장한다. 도움이 필요하거나 새로 만든 커넥터를 홍보하기 위해 아파치 카프카 커뮤니티 메일링 리스트(users@kafka.apache.org)에 글을 올리거나 사용자들이 편리하게 찾을 수 있도록 컨플루언트 허브에 올리는 것은 언제나 환영한다.

9.3.4 개별 메시지 변환

MySQL에서 카프카로, 카프카에서 엘라스틱서치로 데이터를 복사하는 것은 그 자체로 유용하지만, 대개 ETL 파이프라인에는 변환 단계가 포함된다. 카프카 생태계에서는 이러한 상태 없는stateless 변환을 상태가 있을 수 있는 스트림 처리와 구분하여 개별 메시지 변환single message transformation, SMT이라고 부른다. SMT는 카프카 커넥트가 메시지를 복사하는 도중에 데이터 변환 작업의 일부로서, 보통 코드를 작성할 필요 없이 수행된다. 조인이나 집적을 포함하곤 하는 더 복잡한 변환의 경우 상태가 있는 카프카 스트림즈 프레임워크를 사용해야 할 것이다. 카프카 스트림즈에 대해서는 나중에 설명한다.

아파치 카프카는 다음과 같은 SMT들을 포함한다.

Cast

필드의 데이터 타입을 바꾼다.

MaskField

특정 필드의 내용물을 `null`로 채운다. 민감한 정보나 개인 식별 정보를 제거할 때 유용하다.

Filter

특정한 조건에 부합하는 모든 메시지를 제외하거나 포함한다. 기본으로 제공되는 조건으로는 토픽 이름 패턴, 특정 헤더, 툼스톤 메시지(즉, 밸류값이 `null`인 메시지) 여부를 판별할 수 있다.

Flatten

중첩된 자료 구조를 편다. 각 밸류값의 경로 안에 있는 모든 필드의 이름을 이어붙인 것이 새 키값이 된다.

HeaderFrom

메시지에 포함되어 있는 필드를 헤더로 이동시키거나 복사한다.

InsertHeader

각 메시지의 헤더에 정적인 문자열을 추가한다.

InsertField

메시지에 새로운 필드를 추가해 넣는다. 오프셋과 같은 메타데이터에서 가져온 값일 수도 있고 정적인 값일 수도 있다.

RegexRouter

정규식과 교체할 문자열을 사용해서 목적지 토픽의 이름을 바꾼다.

ReplaceField

메시지에 포함된 필드를 삭제하거나 이름을 변경한다.

TimestampConverter

필드의 시간 형식을 바꾼다. 예를 들어서, 유닉스 시간값을 문자열로 바꾼다.

TimestampRouter

메시지에 포함된 타임스탬프 값을 기준으로 토픽을 변경한다. 이것은 싱크 커넥터에서 특히나 유용한데, 타임스탬프 기준으로 저장된 특정 테이블의 파티션에 메시지를 복사해야 할 경우, 토픽 이름만으로 목적지 시스템의 데이터세트를 찾아야 하기 때문이다.

변환 기능 중에는 아파치 카프카 프로젝트 외부의 기여자들이 만든 것들도 많다. 깃허브[28]나 컨플루언트 허브https://www.confluent.io/hub/#transform에서 관련 프로젝트를 찾아보자.

카프카 커넥트 SMT에 대해서 더 알아보고 싶다면, 컨플루언트 블로그의 "Twelve Days of SMT" 시리즈https://rmoff.net/categories/twelvedaysofsmt/에서 다양한 변환에 대한 상세한 예제들을 찾아볼 수 있다. 변환 기능을 직접 개발하고 싶다면 이 자료https://www.confluent.io/blog/kafka-connect-single-message-transformation-tutorial-with-examples/를 참조하자.

예를 들어서, 우리가 방금 전 만든 MySQL 커넥터에서 생성되는 각 레코드에 레코드 헤더https://www.confluent.io/blog/5-things-every-kafka-developer-should-know/#tip-5-record-headers를 추가하고 싶다고 해 보자. 이 헤더는 레코드가 이 MySQL 커넥터에 의해 생성되었음을 가리키는데, 이는 레코드의 전달 내역을 추적할 때 유용하다.

이렇게 하려면 앞의 MySQL 커넥터 설정을 다음과 같이 수정한다.

```
$ echo '{
    "name": "mysql-login-connector",
    "config": {
        "connector.class": "JdbcSourceConnector",
        "connection.url": "jdbc:mysql://127.0.0.1:3306/test?user=root",
```

28 Lenses.io(https://github.com/lensesio/kafka-connect-transformers), Aiven(https://github.com/aiven/transforms-for-apache-kafka-connect), Jeremy Custenborder(https://github.com/jcustenborder/kafka-connect-transform-common)에 유용한 것들이 많다.

```
        "mode": "timestamp",
        "table.whitelist": "login",
        "validate.non.null": "false",
        "timestamp.column.name": "login_time",
        "topic.prefix": "mysql.",
        "name": "mysql-login-connector",
        "transforms": "InsertHeader",
        "transforms.InsertHeader.type":
            "org.apache.kafka.connect.transforms.InsertHeader",
        "transforms.InsertHeader.header": "MessageSource",
        "transforms.InsertHeader.value.literal": "mysql-login-connector"
    }
}' |
curl -X POST -d @- http://localhost:8083/connectors -H "Content-Type: application/json"
```

이제, 우리가 앞에서 생성한 MySQL 테이블에 새 레코드를 추가해주면 `mysql.login` 토픽에 헤더가 추가된 새 메시지들이 쌓이는 걸 볼 수 있을 것이다(아파치 카프카 2.7 이상을 사용해야 콘솔 컨슈머가 헤더 정보를 보여준다는 점을 명심하자).

```
$ bin/kafka-console-consumer.sh --bootstrap-server=localhost:9092 \
    --topic mysql.login --from-beginning --property print.headers=true

NO_HEADERS    {"schema":{"type":"struct","fields":
[{"type":"string","optional":true,"field":"username"},
{"type":"int64","optional":true,"name":"org.apache.kafka.connect.data.Timestamp",
"version":1,"field":"login_time"}],"optional":false,"name":"login"},
"payload":{"username":"tpalino","login_time":1621699816000}}
MessageSource:mysql-login-connector    {"schema":{"type":"struct","fields":[{"type":
"string","optional":true,"field":"username"},{"type":"int64","optional":true,"name":
"org.apache.kafka.connect.data.Timestamp","version":1,"field":"login_time"}],"optional":
false,"name":"login"},"payload":{"username":"rajini","login_time":1621803287000}}
```

위에서 볼 수 있듯 오래된 레코드에 대해서는 `NO_HEADERS`가 출력되지만 새 레코드에서는 `MessageSource:mysql-login-connector`가 출력된다.

에러 처리와 데드 레터 큐(Dead Letter Queue)

변환 기능은 특정한 커넥터에 국한되지 않고 아무 커넥터와도 함께 사용될 수 있는 커넥터 설정의 예이다. 비슷하게 아무 싱크 커넥터에서나 사용 가능한, 또 다른 유용한 설정으로는 `error.tolerance`가 있다(이 설정을 사용하면 커넥터가 오염된 메시지를 조용히 무시하거나 '데드 레터 큐'라 불리는 토픽으로 보내도록 할 수 있다). 자세한 내용은 "Kafka Connect Deep Dive—Error Handling and Dead Letter Queues"(https://www.confluent.io/blog/kafka-connect-deep-dive-error-handling-dead-letter-queues/)를 참고하자.

9.3.5 카프카 커넥트: 좀 더 자세히 알아보기

커넥트가 어떻게 작동하는지를 이해하려면 3개의 기본적인 개념과 함께 이들이 어떻게 상호작용하는지를 알아야 한다. 앞에서 예제와 함께 설명했듯이, 카프카 커넥트를 사용하려면 워커 클러스터를 실행시킨 뒤 커넥터를 생성하거나 삭제해주어야 한다. 앞에서는 컨버터를 사용해서 데이터를 처리하는 부분을 자세히 설명하지 않았다(이 컴포넌트는 MySQL 로우를 커넥터가 카프카에 쓰는 JSON 레코드 형태로 변환하는 작업을 한다).

지금부터는 각 시스템과 그들 사이의 상호작용에 대해 조금 더 자세히 살펴보도록 하자.

1 커넥터connector와 태스크task

커넥터 플러그인은 커넥터 API를 구현한다. 이것은 아래에서 설명하는 커넥터와 태스크, 두 부분을 포함한다.

커넥터

커넥터는 다음의 세 가지 작업을 수행한다.

- 커넥터에서 몇 개의 태스크가 실행되어야 하는지 결정한다.
- 데이터 복사 작업을 각 태스크에 어떻게 분할해 줄지 결정한다.
- 워커로부터 태스크 설정을 얻어와서 태스크에 전달해준다.

예를 들어서, JDBC 소스 커넥터는 데이터베이스에 연결한 뒤 복사할 기존 테이블들을 찾고, 그 결과를 근거로 얼마나 많은 태스크가 필요한지 결정한다(테이블의 수와 `tasks.max` 설정값 중 작은 쪽으로 선택된다). 실행시킬 태스크의 수를 결정하고 나면 커넥터 설정(예 `connection.url`)과 각 태스크에 복사 작업을 할당해 줄 테이블의 목록을 사용해서 각 태스크에 전달된 설정을 생성한다. `taskConfigs()` 메서드가 이 설정이 저장된 맵의 리스트를 리턴하는 역할을 한다. 이 시점에서 워커들이 태스크를 실행시키고, 이 태스크들이 데이터베이스의 서로 다른 테이블들을 복사할 수 있도록 각각에 대한 설정을 전달해 준다. REST API를 사용해서 커넥터를 시작시킬 경우 커넥터는 어느 노드에서도 실행될 수 있으며, 커넥터가 시작시키는 태스크 역시 어느 노드에서든 실행될 수 있다는 점을 명심하라.

태스크

태스크는 데이터를 실제로 카프카에 넣거나 가져오는 작업을 담당한다. 모든 태스크는 워커로부터 컨텍스트context를 받아서 초기화된다. 소스 컨텍스트source context는 소스 태스크source task[29]

29 옮긴이 소스 커넥터가 생성하는 태스크를 소스 태스크, 싱크 커넥터가 생성하는 태스크를 싱크 태스크라고 부른다.

가 소스 레코드의 오프셋을 저장할 수 있게 해주는 객체를 포함한다(예 파일 커넥터의 경우, 오프셋은 파일 안에서의 위치가 된다. JDBC 소스 커넥터의 경우, 오프셋은 테이블의 타임스탬프 열 값이 된다). 싱크 커넥터의 컨텍스트에는 커넥터가 카프카로부터 받는 레코드를 제어할 수 있게 해주는 메서드들이 들어 있는데, 이는 백프레셔를 적용하거나, 재시도를 하거나, '정확히 한 번' 전달을 위해 오프셋을 외부에 저장하거나 할 때 사용된다. 태스크는 초기화된 뒤 `Connector`가 생성해서 태스크에게 전달해준 설정값을 담고 있는 `Properties` 객체와 함께 시작된다. 태스크가 시작되면 소스 태스크는 외부 시스템을 폴링해서 워커가 카프카 브로커로 보낼 레코드 리스트를 리턴한다. 싱크 태스크는 워커를 통해 카프카 레코드를 받아서 외부 시스템에 쓰는 작업을 담당한다.

2 워커

카프카 커넥트의 워커 프로세스는 커넥터와 태스크를 실행시키는 역할을 맡는 '컨테이너' 프로세스라고 할 수 있다. 워커 프로세스는 커넥터와 그 설정을 정의하는 HTTP 요청을 처리할 뿐만 아니라 커넥터 설정을 내부 카프카 토픽에 저장하고, 커넥터와 태스크를 실행시키고, 여기에 적절한 설정값을 전달해주는 역할을 한다. 만약 워커 프로세스가 정지하거나 크래시 날 경우, 커넥트 클러스터 안의 다른 워커들이 이것을 감지해서(카프카 컨슈머 프로토콜의 하트비트를 사용한다) 해당 워커에서 실행중이던 커넥터와 태스크를 다른 워커로 재할당한다. 만약 새로운 워커가 커넥트 클러스터에 추가된다면, 다른 워커들이 이것을 감지해서 모든 워커 간에 부하가 균형이 잡히도록 커넥터와 태스크를 할당해 준다. 워커는 소스와 싱크 커넥터의 오프셋을 내부 카프카 토픽에 자동으로 커밋하는 작업과 태스크에서 에러가 발생할 경우, 재시도하는 작업 역시 담당한다.

워커를 이해하는 가장 좋은 방법은 워커가 커넥터, 태스크와는 서로 다른 책임을 맡는다는 걸 이해하는 것이다. 커넥터와 태스크는 데이터 통합에서 '데이터 이동' 단계를 맡는다. 반면에, 워커는 REST API, 설정 관리, 신뢰성, 고가용성, 규모 확장성 그리고 부하 분산을 담당한다.

이러한 관심사의 분리separation of concerns야말로 고전적인 컨슈머/프로듀서 API가 아닌, 커넥트 API를 사용할 때의 주된 이점이다. 경험 있는 개발자는 하루이틀이면 카프카에서 데이터를 읽어다 데이터베이스에 저장하는 코드를 작성할 수 있다. 하지만 설정 관리, 에러 처리, REST API, 모니터링, 배포, 규모 확장 및 축소, 장애 대응과 같은 기능들을 구현해줘야 할 경우, 모든 것이 제대로 돌아가게 만드는 데는 몇 달이 걸린다. 뿐만 아니라, 대부분의 데이터 통합 파이프라인은 1개 이상의 원본 혹은 대상 시스템을 포함한다. 하나의 데이터베이스에 대해 데이터 통합 작업을 하기 위해서 이런 맞춤형 코드를 작성하고, 이걸 다른 기술들에 대해 일일이 반복해줘야 한다고 생각해 보라. 커넥터의 형태로 데이터 복사를 구현한 뒤 워커 프로세스에 커넥터를 꽂아 넣기만 하면 그런 복잡한 운영상의 이

슈에 신경쓸 필요가 없다. 워커가 이런 문제들을 알아서 처리해주기 때문이다.

③ 컨버터 및 커넥트 데이터 모델

카프카 커넥트 API에서 마지막으로 이해해야 할 부분은 커넥터 데이터 모델과 컨버터다. 카프카 커넥터 API에는 데이터 API가 포함되어 있는데, 이 API는 데이터 객체와 이 객체의 구조를 나타내는 스키마 모두를 다룬다. 예를 들어서, JDBC 소스 커넥터는 데이터베이스의 열을 읽어온 뒤, 데이터베이스에서 리턴된 열의 데이터 타입에 따라 `ConnectSchema` 객체를 생성한다. 그리고 해당 스키마를 사용해서 데이터베이스 레코드의 모든 필드를 포함하는 `Struct` 객체를 생성한다. 각각의 열에 대해, 우리는 해당 열의 이름과 저장된 값을 저장한다. 모든 소스 커넥터는 이것과 비슷한 작업을 수행한다. 즉, 원본 시스템의 이벤트를 읽어와서 `Schema`, `Value` 순서쌍을 생성하는 것이다. 싱크 커넥터는 정확히 반대 작업을 수행한다. `Schema`, `Value` 순서쌍을 받아온 뒤 `Schema`를 사용해서 해당 값을 파싱하고, 대상 시스템에 쓰는 것이다.

소스 커넥터는 데이터 API를 사용해서 데이터 객체를 생성하는 방법을 알고 있지만, 커넥트 워커가 이 객체들을 카프카에 어떻게 써야 하는지에 대한 문제는 여전히 남는다. 컨버터가 사용되는 곳이 바로 여기다. 사용자가 워커나 커넥터를 설정할 때, 카프카에 데이터를 저장할 때 사용하고자 하는 컨버터를 선택해 준다. 현재 기본 데이터 타입, 바이트 배열, 문자열, Avro, JSON, 스키마 있는 JSON 그리고 Protobuf가 사용 가능하다. JSON 컨버터는 결과 레코드에 스키마를 포함할지의 여부를 선택할 수 있으므로, 구조화된 데이터와 준 구조화된 데이터 모두를 지원할 수 있다. 커넥터가 데이터 API 객체를 워커에 리턴하면, 워커는 설정된 컨버터를 사용해서 이 레코드를 Avro 객체나 JSON 객체, 혹은 문자열로 변환한 뒤 카프카에 쓴다.

싱크 커넥터에서는 정확히 반대 방향의 처리 과정을 거친다. 커넥트 워커는 카프카로부터 레코드를 읽어 온 뒤, 설정된 컨버터를 사용해서 읽어 온 레코드를 카프카에 저장된 형식(기본 데이터 타입일 수도 있고, 바이트 배열, 문자열, Avro, JSON, 스키마 있는 JSON, 혹은 Protobuf 일 수도 있다) 커넥트 데이터 API 레코드로 변환한다. 이렇게 변환된 데이터는 다시 싱크 커넥터에 전달되어 최종적으로 대상 시스템에 쓰여진다.

컨버터를 사용함으로써 커넥트 API는 커넥터 구현과는 무관하게, 카프카에 서로 다른 형식의 데이터를 저장할 수 있도록 해 준다. 즉, 사용 가능한 컨버터만 있다면, 어떤 커넥터도 레코드 형식에 상관없이 사용할 수 있는 것이다.

④ 오프셋 관리

오프셋 관리는 워커 프로세스가 커넥터에 제공하는 편리한 기능 중 하나다. REST API를 통한 배포 및 설정 관리 기능과 마찬가지로 말이다. 커넥터는 어떤 데이터를 이미 처리했는지 알아야 한다. 그리고 커넥터는 카프카가 제공하는 API를 사용해서 어느 이벤트가 이미 처리되었는지에 대한 정보를 유지 관리할 수 있다.

소스 커넥터의 경우, 커넥터가 커넥트 워커에 리턴하는 레코드에는 논리적인 파티션과 오프셋이 포함된다. 이것은 카프카의 파티션과 오프셋이 아니라 원본 시스템에서 필요로 하는 파티션과 오프셋이다. 예를 들어 파일 소스의 경우, 파일이 파티션 역할을, 파일 안의 줄 혹은 문자 위치가 오프셋 역할을 할 수 있다. JDBC 소스의 경우 데이터베이스 테이블이 파티션 역할을, 테이블 레코드의 ID나 타임스탬프가 오프셋 역할을 한다. 소스 커넥터를 개발할 때 가장 중요한 것 중 하나는 원본 시스템의 데이터를 분할하고 오프셋을 추적하는 좋은 방법을 결정하는 것이다. 이것은 커넥터의 병렬성 parallelism 수준이나 전달의 의미 구조, 즉 '최소 한 번'이냐 '정확히 한 번'이냐에 영향을 미칠 수 있다.

소스 커넥터가 레코드들을 리턴하면(이 레코드 각각에는 소스 파티션과 오프셋이 포함되어 있다), 워커는 이 레코드를 카프카 브로커로 보낸다. 만약 브로커가 해당 레코드를 성공적으로 쓴 뒤 해당 요청에 대한 응답을 보내면, 그제서야 워커는 방금 전 카프카로 보낸 레코드에 대한 오프셋[30]을 저장한다. 이렇게 함으로써 커넥터는 재시작 혹은 크래시 발생 후에도 마지막으로 저장되었던 오프셋에서부터 이벤트를 처리를 시작할 수 있다. 이 오프셋은 대체로 카프카 토픽에 저장되지만, 저장소 메커니즘 자체가 플러그인이 가능한 구조이기 때문에 오프셋이 저장되는 위치를 바꿀 수 있다. 카프카에 저장할 경우, `offset.storage.topic` 설정을 사용해서 토픽 이름을 바꿀 수 있다. 또 하나, 카프카 커넥트는 우리가 생성한 모든 커넥터의 설정과 각 커넥터의 현재 상태를 저장하는 데도 카프카를 사용한다. 이 토픽들의 이름은 각각 `config.storage.topic`, `status.storage.topic`로 설정해 줄 수 있다.

싱크 커넥터는 비슷한 과정을 정반대 순서로 실행한다. 토픽, 파티션, 오프셋 식별자가 이미 포함되어 있는 카프카 레코드를 읽은 뒤 커넥터의 `put()` 메서드를 호출해서 이 레코드를 대상 시스템에 저장한다. 작업이 성공하면 싱크 커넥터는 커넥터에 주어졌던 오프셋을 카프카에 커밋한다. 평범한 컨슈머 애플리케이션이 하는 것과 완전히 동일한 방법으로 말이다.

카프카 커넥트 프레임워크 단위에서 제공되는 오프셋 추적 기능은 개발자들이 새로운 커넥터를 개발하는 것을 더 쉽게 해줄 뿐만 아니라 서로 다른 커넥터를 사용할 때도 어느 정도 일관적인 작동을 보장한다.

30 옮긴이 카프카의 오프셋이 아니라, 원본 시스템의 논리적인 오프셋

9.4 카프카 커넥트의 대안

지금까지는 카프카 커넥트 API를 자세히 살펴보았다. 커넥트 API가 제공하는 편의성과 신뢰성은 매력적이지만, 카프카에 데이터를 집어넣거나 내보내는 방법이 이것뿐인 것은 아니다. 지금부터는 카프카 커넥트의 대안으로 어떤 것들이 있는지, 그리고 이들이 어떤 경우 사용되는지를 알아보자.

9.4.1 다른 데이터 저장소를 위한 수집 프레임워크

우리야 카프카가 우주의 중심이라고 생각하고 싶을지 몰라도 다른 사람들은 여기에 동의하지 않을 것이다. 하둡이나 엘라스틱서치와 같은 시스템을 중심으로 대부분의 데이터 아키텍처를 구축하는 경우도 있다. 이러한 시스템에는 자체적인 데이터 수집 툴이 갖춰져 있다(하둡의 경우 플룸, 엘라스틱처치의 경우 로그스태시, 플루언트디Fluentd가 있다). 카프카가 아키텍처의 핵심 부분이면서 많은 수의 소스와 싱크를 연결하는 것이 목표라면 카프카 커넥트 API를 추천한다. 하지만 실제로 구축중인 것이 하둡 중심, 혹은 엘라스틱서치 중심 시스템이고 카프카는 그저 해당 시스템의 수많은 입력 중 하나일 뿐이라면 플룸이나 로그스태시를 쓰는 것이 더 바람직할 것이다.

9.4.2 GUI 기반 ETL 툴

인포매티카와 같은 전통적인 시스템이나 오픈소스 기반의 탈렌드Talend와 펜타호Pentaho, 아파치 나이파이NiFi나 스트림세츠StreamSets와 같은 상대적으로 새로운 대안들 모두가 아파치 카프카와의 데이터 교환을 지원한다. 만약 이러한 시스템을 이미 사용하고 있다면(예를 들어서, 이미 펜타호를 사용해서 모든 것을 다 하고 있다면), 카프카 하나만을 위해서 또 다른 데이터 통합 시스템을 추가하고 싶지는 않을 것이다. 이것은 GUI 기반으로 ETL 파이프라인을 개발하고 있을 경우에도 합리적인 선택이다. 이러한 시스템들의 주된 단점은 대개 복잡한 워크플로를 상정하고 개발되었다는 점과 단순히 카프카와의 데이터 교환이 목적일 경우 다소 무겁고 복잡하다는 점이다. 대부분의 ETL 툴들은 불필요한 복잡성을 추가하는 경우가 많지만, 우리는 데이터 통합은 어떤 상황에서도 메시지의 충실한 전달에 초점을 맞출 필요가 있다고 믿는다.

우리는 데이터 통합(커넥트)과 애플리케이션 통합(프로듀서와 컨슈머), 스트림 처리를 함께 다룰 수 있는 플랫폼으로 카프카를 고려할 것을 권장한다. 카프카는 데이터 저장소만 통합하는 ETL 툴의 성공적인 대안이 될 수 있다.

9.4.3 스트림 프로세싱 프레임워크

대부분의 스트림 처리 프레임워크는 카프카에서 이벤트를 읽어와서 다른 시스템에 쓰는 기능을 포함하고 있다. 만약 현재 사용중인 스트림 처리 프레임워크가 해당 시스템에 대한 쓰기를 지원하고 또 카프카에서 읽어 온 이벤트를 처리하는 데 해당 프레임워크를 쓰고자 한다면 데이터 통합에도 동일한 프레임워크를 사용하는 것이 합리적일 것이다. 이렇게 하면 스트림 처리 워크플로에서 한 단계를 줄일 수 있는 경우가 많다(처리된 이벤트를 카프카에 저장할 필요가 없는데, 그냥 카프카의 데이터를 읽어서 다른 시스템에 쓰기만 하면 된다). 단, 메시지 유실이나 오염과 같은 문제에 대응하기는 좀 더 어려울 수 있다는 단점이 있다.

9.5 요약

이 장에서 우리는 데이터 통합을 위해 카프카를 사용하는 것에 대해 논의하였다. 우선 데이터 통합의 관점에서 카프카를 사용해야 하는 이유를 설명한 뒤, 데이터 통합 솔루션을 위한 보편적인 고려사항에 대해 알아보았다. 왜 카프카와 카프카 커넥트 API가 데이터 통합에 적합한지에 대해서도 설명했다. 그리고 서로 다른 상황에서 카프카 커넥트를 어떻게 사용해야 하는지를 몇 가지 예를 통해 살펴봤고, 커넥트가 어떻게 작동하는지, 어떠한 대안들이 있는지에 대해서도 알아보았다.

최종적으로 어떤 데이터 통합 솔루션을 선택하든 간에, 언제나 가장 중요한 것은 장애가 발생하더라도 모든 데이터를 전달할 수 있어야 한다는 것이다. 우리는 (카프카의 검증된 기능에 기반한) 카프카 커넥트가 매우 신뢰성이 높다고 믿지만, 우리가 그러했듯이 각자가 선택한 시스템을 테스트해 보는 것이 중요하다. 선택한 데이터 통합 시스템이 프로세스가 정지하거나, 장비가 크래시 나거나, 네트워크 지연이 발생하거나, 엄청난 부하가 걸리거나 하는 상황에서 메시지 유실 없이 제대로 작동할 수 있는지 확인하길 바란다. 궁극적으로, 데이터 통합 시스템의 목적은 메시지를 전달하는 것, 단 하나뿐이다.

물론 데이터 시스템을 통합할 때 보통 신뢰성이 가장 중요한 요구 조건이기는 하지만, 그래봤자 여러 요구 조건 중 하나일 뿐이다. 데이터 시스템을 선택할 때는 우선 요구 조건들을 검토한 뒤(228쪽의 '데이터 파이프라인 구축 시 고려사항' 참조), 선택한 시스템이 그것들을 만족하는지 확인하는 것이 중요하다. 하지만 이것만으로는 충분하지 않고, 요구 사항을 만족시킬 수 있는 방법으로 사용할 수 있도록 해당 데이터 통합 솔루션을 충분히 익힐 필요가 있다. 카프카가 '최소 한 번' 의미 구조를 지원하는 것만으로는 충분치 않다. 사용자는 카프카를 잘못 설정하여 신뢰성에 빈틈이 생기고 있지 않은지 확인할 필요가 있다.

CHAPTER 10

클러스터간 데이터 미러링하기

이 책에서는 주로 단일 카프카 클러스터를 설치하고, 운영하고, 사용하는 방법에 대해서 설명하였다. 하지만 하나 이상의 클러스터로 구성되는 아키텍처가 필요한 경우가 있다.

2개 이상의 클러스터가 서로 완전히 분리되어 있는 경우를 생각해 보자. 이 클러스터는 서로 다른 부서에 속해 있거나 다른 용도로 사용되기 때문에 한쪽에 있는 데이터를 다른 쪽으로 복사할 이유가 없다. 이 밖에도 서로 다른 서비스 수준 협약Service-Level Agreement, SLA이나 워크로드 때문에 하나의 클러스터에서 여러 용도를 커버할 수 없는 경우도 있고, 서로 다른 보안 요구 조건이 있는 경우도 있다. 이러한 사례는 꽤 쉬운데, 여러 개의 별도 클러스터를 운영하는 것은 단일 클러스터를 여러 개 운영하는 것과 같은 것이다.

하지만 다른 경우, 운영자가 상호 의존하는 클러스터 사이에 데이터를 지속적으로 복사해 줘야 하는 경우도 있다. 대부분의 데이터베이스에서는 데이터베이스 서버 간에 지속적으로 데이터를 복사하는 행위를 **복제**replication라고 한다. 우리는 이미 같은 클러스터에 속한 카프카 노드 간의 데이터의 교환을 복제라고 부르고 있으므로, 카프카 클러스터 간의 데이터 복제는 **미러링**mirroring이라고 부를 것이다. 아파치 카프카에는 클러스터간 데이터 복제를 수행하기 위한 툴로 **미러메이커**MirrorMaker를 포함하고 있다.

이 장에서는 클러스터 간에 데이터의 일부 혹은 전부를 미러링하는 방법에 대해서 논의할 것이다. 우선 클러스터간 미러링의 몇 가지 활용 사례를 알아본 뒤, 이러한 사례를 구현하기 위해 사용되는 아키텍처와 각각의 장단점에 대해서 이야기할 것이다. 그 다음에 미러메이커가 무엇이고, 어떻게 사용하는지에 대해서 살펴볼 것이다. 그러고 나서 미러메이커를 전개하는 방법과 성능을 튜닝하는 방법 등 운영상의 팁에 대한 내용을 설명한 뒤, 마지막으로 미러메이커의 몇몇 대안들에 대해서 알아볼 것이다.

10.1 클러스터간 미러링 활용 사례

다음 사례들은 클러스터간 미러링이 활용될 수 있는 사례들이다.

지역 및 중앙 클러스터

하나의 기업이 지리적으로 분산된 지역, 도시, 대륙 간에 하나 이상의 데이터센터를 가지고 있을 수 있으며, 각각의 데이터센터에 카프카 클러스터가 설치되어 있는 경우다. 어떤 애플리케이션은 로컬 클러스터만 사용하는 것으로 충분하지만, 여러 데이터센터의 데이터를 필요로 하는 애플리케이션들도 있다(그게 아니라면 데이터센터간 미러링 솔루션을 찾을 필요가 없을 것이다). 이러한 요구 조건을 가진 경우는 여럿 있지만 고전적인 사례로는 수요와 공급에 따라서 가격을 조정해야 하는 회사가 있을 것이다. 이 회사는 사무실을 운영중인 각각의 도시에 데이터센터를 가지고 각 지역의 수요와 공급에 대한 정보를 수집해서 그에 따라 가격을 조정한다. 이 모든 데이터는 그 후 중앙 클러스터로 미러링되어 비즈니스 분석가들이 회사 단위의 수익 보고를 할 때 사용할 수 있다.

고가용성high availability**와 재해 복구**disaster recovery

애플리케이션이 하나의 카프카 클러스터만을 사용하고 다른 곳에서의 데이터는 필요로 하지 않는다 하더라도, 전체 클러스터가 어떠한 이유에서든 사용 불가능하게 될 가능성은 우려스럽다. 첫 번째 클러스터의 모든 데이터를 보유하는 여분의 두 번째 클러스터를 준비해 뒀다가 만약의 사태가 발생했을 때 애플리케이션을 두 번째 클러스터를 사용해서 작동하도록 함으로써 평상시처럼 작업을 계속하게 할 수 있다.

규제

여러 나라에서 사업을 운영하는 회사의 경우 국가별로 다른 법적, 규제적 요구 조건을 따르기 위해 나라마다 있는 카프카 클러스터별로 서로 다른 설정과 정책을 시행해야 할 수 있다. 예를 들어서, 어떠한 데이터는 엄격한 접근 설정과 함께 서로 분리된 클러스터에 저장한 뒤 그중 일부는 보다 개방적인 접근 설정이 되어 있는 클러스터로 복제하는 식이다. 규제 정책이 지역별로 데이터의 보존 기한을 결정하기 때문에 이를 준수하기 위해서는 데이터를 서로 다른 설정을 가진 여러 지역별 클러스터에 나눠서 저장하게 된다.

클라우드 마이그레이션

요즘 많은 회사들은 사내 데이터센터와 클라우드 공급자 모두를 사용해서 비즈니스를 운영한다. 이에 따라 애플리케이션이 클라우드 공급자의 여러 리전region에서 실행되기도 하고, 이중화를 위해 여러 클라우드 공급자의 서비스를 사용하는 경우도 잦다. 이러한 경우, 각각의 온프레미스 데이터센터와 각각의 클라우드 리전에 최소 1개의 카프카 클러스터가 존재하는 것이 보통이다. 이러한 카프카 클러스터들은 데이터센터 간에 데이터를 효율적으로 전송하기 위해 각각의 데이터센터나 리전에 위치한 애플리케이션에 의해 사용된다. 예를 들어서, 새로운 애플리케이션이 클라우드에 배포되었는데 이 애플리케이션이 온프레미스 데이터센터에서 실행되는 애플리케이션에 의해 업데이트되어 역시 온프레미스 데이터베이스에 저장되는 데이터를 필요로 한다거나 할 경우, 카프카 커넥트를 사용해서 데이터베이스의 변경 내역을 로컬 카프카 클러스터로 내보낸 뒤 이를 다시 클라우드 환경에서 실행되는 카프카 클러스터로 미러링함으로써 새로운 애플리케이션이 이 데이터를 사용할 수 있도록 할 수 있다. 이러한 방식은 데이터센터 간의 트래픽을 관리하고 보안을 유지하는 데 도움을 줄 뿐만 아니라 비용 역시 절감할 수 있게 해 준다.

엣지 클러스터로부터의 데이터 집적

유통, 통신, 물류에서 헬스케어에 이르는 여러 산업에서는 연결성connectivity이 제한된 소형 기기를 사용해서 데이터를 생성한다. 가용성이 높은 집적용 클러스터aggregate cluster를 사용한다면 많은 수의 엣지 클러스터로부터 수집된 데이터를 데이터를 분석하는 등의 용도로 사용될 수 있다. 이러한 전략은 사용할 수 있는 자원이 한정적일 수밖에 없는low-footprint 엣지 클러스터의 연결성, 가용성, 지속성에 대한 요구 조건을 낮추는 데 도움이 된다(예 IoT 활용 사례). 가용성이 높은 집적용 클러스터는 엣지 클러스터가 오프라인 상태가 되거나 할 경우에도 연속적으로 작업을 수행할 수 있게 해줄 뿐만 아니라 애플리케이션이 불안정한 네트워크로 연결되어 있는 많은 수의 엣지 클러스터를 직접적으로 신경 쓸 필요가 없도록 함으로써 애플리케이션 개발을 더 단순하게 해 준다.

10.2 다중 클러스터 아키텍처

지금까지 다수의 카프카 클러스터를 요구하는 활용 사례들을 살펴보았으니, 지금부터는 이러한 활용 사례를 구현할 때 성공적으로 사용되어 온 공통적인 아키텍처 패턴들을 살펴보자. 하지만 아키텍처를 살펴보기 전에 데이터센터 간 통신에서 현실적으로 고려해야 할 사항들에 대해서 간략히 살펴볼 것이다. 우리가 논의할 해법들이 특정한 네트워크 환경에서의 트레이드오프를 반영한다는 것을 이해하지 않는다면 이들이 쓸데없이 복잡해 보일 수 있다.

10.2.1 데이터센터간 통신의 현실적 문제들

데이터센터간 통신을 하게 될 때 고려해야 할 사항에는 다음과 같은 것들이 있다.

높은 지연high latency

두 카프카 클러스터 간의 거리나 네트워크 홉hop 개수가 증가함에 따라 통신 지연 역시 증가한다.

제한된 대역폭limited bandwidth

광역 통신망wide area network, WAN은 일반적으로 단일 데이터센터 내부보다 훨씬 낮은 대역폭을 가지며, 사용 가능한 대역폭 역시 시시각각 변하는 특성을 가지고 있다. 뿐만 아니라 지연이 높아지는 만큼 사용 가능한 대역폭을 최대한 활용하는 것 역시 더 어려워진다.

더 높은 비용higher cost

카프카를 온프레미스에서 운영하든 클라우드에서 운영하든 간에, 클러스터 간의 통신에는 더 많은 비용이 된다. 이는 대역폭이 제한되어 있을 뿐 아니라 이를 확장하는 데 엄청난 비용이 들기 때문이기도 하지만, 공급자가 서로 다른 데이터센터, 리전, 클라우드와의 데이터 전송에 과금하기 때문이기도 하다.

아파치 카프카의 브로커와 클라이언트는 하나의 데이터센터 안에서 실행되도록 설계, 개발, 테스트, 조정되었다. 개발자들은 브로커와 클라이언트 사이에 낮은 지연, 높은 대역폭을 가진 상황을 상정하였으며, 각종 타임아웃 기본값이나 다양한 버퍼의 크기 역시 여기에 맞춰서 설정되어 있다. 이러한 이유 때문에 (우리가 좀 있다가 논의할, 특정한 경우를 제외하면) 카프카 브로커를 서로 다른 데이터센터에 나눠서 설치하는 것은 권장되지 않는다.

대부분의 경우, 원격 데이터센터에 데이터를 쓰는 것은 피하는 것이 좋다. 하지만 그렇게 해야 할 경우에는 더 높은 통신 지연과 네트워크 에러 발생 가능성을 감수해야 한다. 프로듀서의 전송 재시도 횟수를 늘림으로써 네트워크 에러를 처리할 수 있으며, 전송을 시도하는 사이 레코드를 저장해 두는 버퍼의 크기를 증가시킴으로써 높은 통신 지연에 대응할 수 있다.

어떠한 형태든 간에 원격 클로스터 간 복제가 필요할 경우, 원격 브로커 간의 통신과 원격 프로듀서-브로커 통신을 배제하면 원격 브로커-컨슈머 통신이 남게 된다. 실은, 이 방식은 가장 안전한 형식의 클러스터간 통신이다. 네트워크 단절이 일어났을 때 컨슈머가 데이터를 읽을 수는 없게 되지만, 레코드 자체는 연결이 복구되어 컨슈머가 읽을 수 있게 될 때까지 카프카 브로커 안에 안전하게 저장되어 있기 때문이다. 따라서 네트워크 단절로 인한 데이터 유실의 위험성이 존재하지 않는다. 물론, 대역폭이 제한되어 있기 때문에 하나의 데이터센터 안에 위치한 여러 애플리케이션이 다른 데이터센터에 위치한 카프카 브로커들로부터 데이터를 읽어와야 할 경우에는 각각의 데이터센터에 카프카 클러스터를 설치한 뒤 필요한 데이터를 미러링하는 방식이 같은 데이터를 광역 통신망을 통해 여러 번 읽어오는 것보다는 더 낫다.

지금부터는 데이터센터간 통신을 위해 카프카를 조정하는 방법에 대해서 이야기할 것이다. 하지만 앞으로 우리가 논의할 아키텍처 대부분에 해당하는 원칙은 다음과 같다.

- 하나의 데이터센터당 한 개 이상의 클러스터를 설치한다.
- 각각의 데이터센터 간에 각각의 이벤트를 (에러로 인한 재시도를 제외하면) 정확히 한 번씩 복제한다.
- 가능하다면, 원격 데이터센터에 쓰는 것보다 원격 데이터센터에서 읽어오는 것이 더 낫다.

10.2.2 허브-앤-스포크 아키텍처

허브-앤-스포크 아키텍처hub-and-spokes architecture는 여러 개의 로컬 카프카 클러스터와 한 개의 중앙 카프카 클러스터가 있는 상황을 상정한 것이다(그림 10-1).

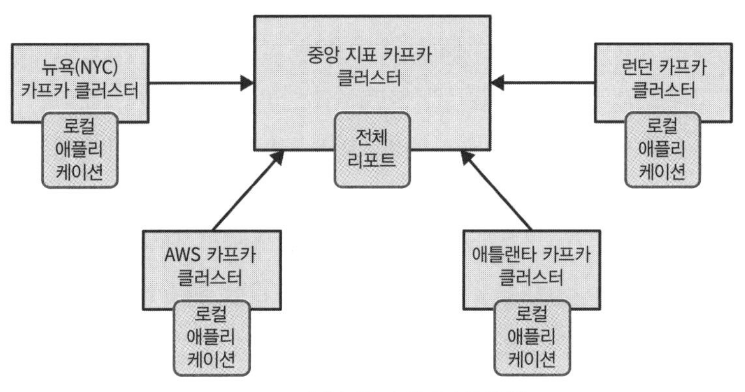

그림 10-1 **허브-앤-스포크 아키텍처**

이 아키텍처의 단순화된 형태로는 리더leader와 팔로워follower, 두 개의 클러스터만 사용하는 방식이 있다(그림 10-2).

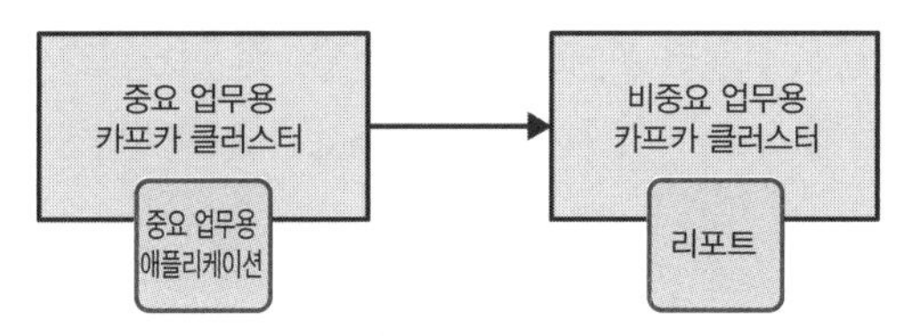

그림 10-2 **허브-앤-스포크 아키텍처의 단순화된 버전**

이 아키텍처는 데이터가 여러 개의 데이터센터에서 생성되는 반면, 일부 컨슈머는 전체 데이터를 사용해야 할 경우 사용된다. 이 아키텍처는 각각의 데이터센터에서 실행되는 애플리케이션이 해당 데이터센터의 로컬 데이터만을 사용할 수 있게 해줄 뿐 모든 데이터센터에서 생성된 전체 데이터세트를 사용할 수 있도록 해주지는 않는다.

이 아키텍처의 주된 장점은 항상 로컬 데이터센터에서 데이터가 생성되고, 각각의 데이터센터에 저장된 이벤트가 중앙 데이터센터로 단 한 번만 미러링된다는 점이다. 단일 데이터센터의 데이터를 처리하면 애플리케이션은 해당 데이터센터에 배치될 수 있다. 다수의 데이터센터에서 생성된 데이터를 처리하는 애플리케이션은 모든 데이터가 미러링되는 중앙 데이터센터에 두면 된다. 미러링은 한 방향으로만 진행되고 각각의 컨슈머는 언제나 같은 클러스터에서 데이터를 읽게 되므로 이 아키텍처는 배포, 설정, 모니터링이 간편하다.

이러한 장점과 단순성은 곧 단점도 된다. 지역 데이터센터에 있는 애플리케이션은 다른 데이터센터에 있는 데이터를 사용할 수 없다. 어째서 이것이 제약이 되는지를 이해하기 위해서 다음의 예를 살펴보자.

우리가 여러 도시에 지점을 가지고 있는 대규모의 은행이라고 가정해 보자. 우리가 도시마다 있는 카프카 클러스터에 고객 정보와 거래 내역을 저장하기로 했다고 하자. 우리는 이 모든 데이터를 은행의 비즈니스를 분석하는 데 사용되는 중앙 클러스터에 미러링할 것이다. 고객이 은행 웹사이트에 접속하거나 은행 지점에 방문했을 경우, 로컬 클러스터에 이벤트를 저장하거나 여기서 이벤트를 읽어 오게 된다. 하지만, 고객이 다른 도시에 있는 지점을 방문했다고 해보자. 이 경우 고객이 방문한 지점에는 정작 해당 고객의 정보가 없으므로 해당 지점은 원격 클러스터의 데이터를 사용해야 하거나(별로 권장되지 않는 상황), 고객 정보를 사용할 방법이 아예 없게 된다(매우 난감한 상황). 이러한 이유 때문에, 이 아키텍처를 사용하는 것은 대개 다른 지역 데이터센터에서 완전히 분리된 일부 데이터를 사용하는 것으로 충분한 경우에 국한된다.

이 아키텍처를 구현할 때는 중앙 데이터센터에 각 지역 데이터센터별로 미러링 프로세스를 최소 한 개 이상 설정해야 한다. 이 프로세스는 원격 지역 클러스터의 데이터를 읽어서 중앙 클러스터에 쓴다. 만약 다수의 데이터센터에 같은 이름의 토픽이 존재한다면, 이 토픽들의 모든 데이터를 중앙 클러스터의 같은 이름 토픽 안에 쓰거나, 아니면 각각의 데이터센터에서 미러링된 이벤트를 서로 다른 토픽에 쓰거나 할 수 있다.

10.2.3 액티브-액티브 아키텍처

액티브-액티브 아키텍처active-active architecture는 2개 이상의 데이터센터가 전체 데이터의 일부 혹은 전체를 공유하면서, 각 데이터센터가 모두 읽기와 쓰기를 수행할 수 있어야 할 경우 사용된다. 그림 10-3을 보자.

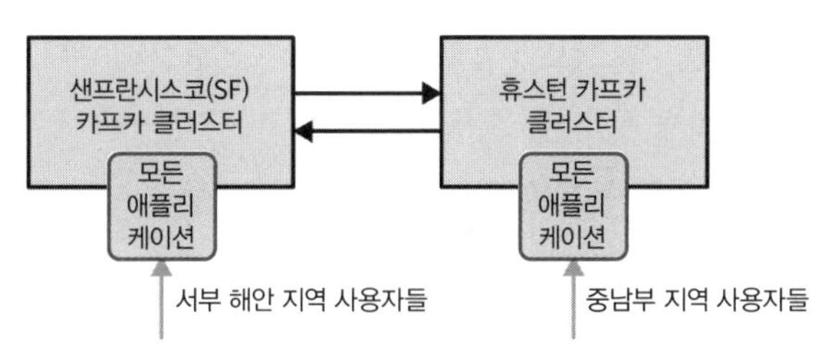

그림 10-3 **액티브-액티브 아키텍처 모델**

이 아키텍처의 주된 장점은 인근 데이터센터에서 사용자들의 요청을 처리할 수 있다는 점이다. 우리가 앞에서 살펴본 허브-앤-스포크 아키텍처와는 달리 사용할 수 있는 데이터가 제한됨으로써 발생하는 기능 제한이 없으며 성능상으로도 이점이 있다. 또 다른 장점은 데이터 중복redundancy와 회복 탄력성resilience이다. 모든 데이터센터가 모든 기능을 동일하게 가지기 때문에 한 데이터센터에 장애가 발생하더라도 사용자 요청을 다른 데이터센터에서 처리할 수 있는 것이다. 이러한 종류의 장애 복구는 네트워크 리다이렉션만을 필요로 하며, 보통 가장 쉽고 명료한 형태의 장애 복구다.

이 아키텍처의 주된 단점은 데이터를 여러 위치에서 비동기적으로 읽거나 변경할 경우 발생하는 충돌을 피하는 것이 어렵다는 점이다. 이것은 이벤트를 미러링하는 데 있어서의 기술적인 어려움을 포함한다. 예를 들어서, 같은 이벤트가 클러스터 사이를 무한히 오가면서 반복되어 미러링되지 않을 것이라는 걸 어떻게 확신할 수 있는가? 더 중요한 점은, 두 데이터센터 간의 데이터 일관성을 유지하는 것이 어렵다는 점이다. 몇 가지 예를 들자면 다음과 같다.

- 사용자가 하나의 데이터센터에 이벤트를 쓰고 또 다른 데이터센터로부터는 이벤트를 읽어 오는 상황을 생각해 보자. 전자에 쓴 데이터가 후자에 아직 도착하지 않았을 수도 있다. 사용자 입장에서는 (인터넷 서점을 예로 들자면) 위시리스트에 책을 하나 추가하고, 위시리스트를 클릭했는데 정작 거기에 방금 전 추가한 책이 없는 것이다. 이러한 이유 때문에 이 아키텍처가 사용될 때에는 각 사용자를 특정 데이터센터에 고정시킴으로써 사용자가 다른 위치에서 접속하거나 해당 데이터센터에 장애가 발생하지 않는 한 대체로 같은 사용자가 동일한 클러스터를 사용하도록 하는 방법을 마련해야 한다.

- 한 데이터센터에서 발생한 이벤트에는 사용자가 책 A를 주문했다는 내용이 들어 있고, 거의 동시에 다른 데이터센터에서 발생한 이벤트에는 같은 사용자가 책 B를 주문했다는 내용이 들어있을 수 있다. 이 이벤트가 미러링되면 각각의 데이터센터는 서로 배치되는 내용을 가진 두 개의 이벤트를 가지게 된다. 두 데이터센터에서 실행되는 애플리케이션은 이러한 상황을 처리해야 할지 알아야 한다. 만약 둘 중 '올바른 것' 하나를 고르기로 한다면, 양쪽에서 실행되고 있는 애플리케이션들이 모두 같은 결론을 내릴 수 있도록 일관적인 규칙이 필요할 것이다. 두 이벤트가 모두 맞는 것이라고 판정하고 사용자에게 두 책을 모두 배송한 후 다른 부서에서 반품을 처리하도록 한다면? 아마존은 이 방식으로 충돌 문제를 해결하고 있지만, 예를 들어서 주식 거래를 처리하는 회사에서는 그렇게 할 수 없다. 충돌을 최소화하고 실제로 발생했을 때 이를 다루는 방식은 경우에 따라 다르다. 이 아키텍처를 사용할 경우, 데이터 충돌이 발생할 수 있고 이를 스스로 해결해야 한다는 점을 명심하자.

만약 동일한 데이터세트를 여러 위치에서 비동기적으로 읽고 썼을 때 발생하는 문제점을 해결할 방법이 있다면, 이 아키텍처가 매우 권장된다. 우리가 아는 한 확장성, 회복력, 유연성 그리고 가성비까지 가장 좋은 선택이기 때문이다. 그렇기 때문에 순환 복제를 방지하고, 사용자들을 대체로 같은 데이터센터안에 유지하며, 충돌이 발생했을 때 처리하는 방법에 대해 신경쓸 필요가 있다.

액티브-액티브 미러링을 수행할 때, 특히 데이터센터의 개수가 2개 이상일 경우에 어려움 점 중 하나는 각 쌍의 데이터센터의 양 방향에 대해 미러링 작업이 필요할 것이라는 것이다. 최근 사용되는 많은 미러링 툴들은 프로세스를 공유할 수 있게 되어 있다. 예를 들어서, 목적지 클러스터에 대한 모든 미러링 작업을 하나의 프로세스에서 처리할 수 있는 것이다.

또한, 같은 데이터가 클러스터 사이를 오가면서 끝없이 순환 미러링되는 것을 막아야 한다. 이것은 각각의 '논리적 토픽'에 대해 데이터센터별로 별도의 토픽을 두고, 원격 데이터센터에서 생성된 토픽의 복제를 막음으로써 가능하다. 예를 들어서, 논리적 토픽 `users`는 한 데이터센터에서는 `SF.users` 토픽에 저장되고 또 다른 데이터센터에서는 `NYC.users` 토픽에 저장되게 하는 것이다. 미러링 프로세스는 SF 데이터센터의 `SF.users` 토픽을 NYC 데이터센터로, NYC 데이터센터의 `NYC.users` 토픽을 SF 데이터센터로 미러링하게 된다. 결과적으로 각각의 이벤트는 한 번씩만 미러링되겠지만 각각의 데이터센터는 `SF.users`와 `NYC.users` 토픽 모두를 가지고 있게 되는 것이다. 컨슈머가 모든 사용자 이벤트를 읽어오고 싶다면 `*.users` 패턴을 가진 토픽들을 읽으면 된다. 조금 달리 생각하면, 서로 다른 네임스페이스namespace를 가진 데이터센터들이 있고 각각의 데이터센터는 특정한 데이터센터의 모든 토픽을 가지고 있다고 볼 수도 있다(이 예에서는 NYC와 SF, 두 개의 네임스페이스를 가지게 될 것이다). 미러메이커MirrorMaker와 같은 미러링 툴은 이와 유사한 네이밍 컨벤션naming convention을 사용함으로써 순환 미러링을 방지한다.

카프카 0.11.0에서 추가된 레코드 헤더record header 기능은 각각의 이벤트에 데이터가 생성된 데이터센터를 태그tag할 수 있도록 한다. 헤더에 심어진 정보는 이벤트가 무한히 순환 미러링되는 것을 방지하거나 다른 데이터센터에서 미러링된 이벤트를 별도로 처리하는 등의 용도로도 사용될 수 있다. 레코드 밸류값에 사용되는 구조화된 데이터 형식(Avro가 좋은 예일 것이다)을 사용해서 이벤트 자체의 헤더에 태그를 심는 식으로 이러한 기능을 구현할 수도 있다. 하지만, 이 방식은 현존하는 미러링 툴이 이런 특별한 헤더 형식을 지원하지는 않을 것이기 때문에 미러링 작업에 추가적인 작업이 필요할 것이다.

10.2.4 액티브-스탠바이 아키텍처

상황에 따라서는 다중 클러스터에 대한 유일한 요구 조건이 특정한 상황의 재해 대비뿐일 수도 있다. 하나의 데이터센터 안에 두 개의 클러스터를 가지고 있는 경우를 생각해 보자, 모든 애플리케이션이 첫 번째 클러스터를 사용할지라도 첫 번째 클러스터의 (거의) 모든 데이터를 가지고 있다가 첫 번째 클러스터가 완전히 사용할 수 없게 될 경우 대신 사용할 수 있는 두 번째 클러스터가 필요할 수 있다. 혹은, 지리적인 장애 복구가 필요할 수도 있다. 전체 비즈니스가 캘리포니아의 데이터센터에서 수행될지라도, 평소에는 많이 사용되지 않다가 캘리포니아에 지진이 났을 때 대신 사용할 수 있는 두 번째 데이터센터를 텍사스에 두어야 할 수도 있는 것이다. 이 데이터센터는 보통 모든 애플리케이션의 비실행 상태 복사본을 평소에 가지고 있다가(그림 10-4), 비상시 운영자가 실제로 이 애플리케이션을 시작시키면 두 번째 클러스터를 사용해서 작동하는 식으로 작동한다(그림 10-4). 이것은 비즈니스적으로 의도하는 것이라기보다 법적 요구 조건에 가깝겠지만, 여전히 준비는 해둬야 한다.

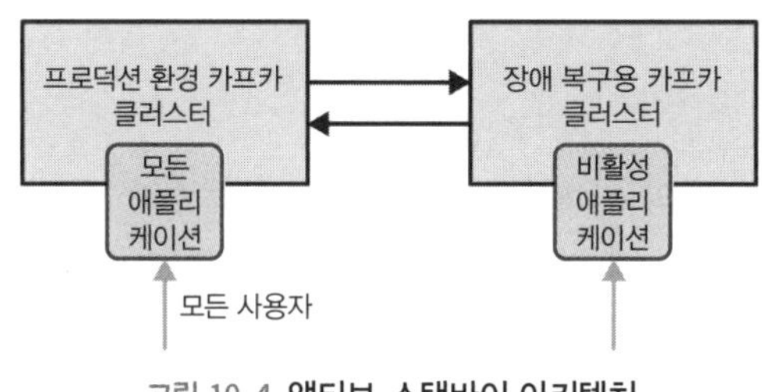

그림 10-4 액티브-스탠바이 아키텍처

이러한 액티브-스탠바이 아키텍처active-standby architecture 방식의 장점은 간단한 설치가 가능하다는 점과 거의 대부분의 활용 사례에서 사용될 수 있다는 점일 것이다. 그냥 두 번째 클러스터를 설치한 뒤에 첫 번째 클러스터의 모든 이벤트를 미러링하는 프로세스를 설치하기만 하면 된다. 데이터 접근, 충돌 처리, 기타 복잡한 아키텍처 문제에 대해 걱정할 필요가 전혀 없다.

단점은 멀쩡한 클러스터를 놀려야 한다는 점과 카프카 클러스터 간의 장애 복구가 보기보다 훨씬 어려운 일이라는 것이다. 가장 중요한 점은 현재로서는 일체의 데이터 유실이나 중복 없이 카프카 클러스터를 완벽하게 복구하는 것은 불가능하다는 점이다. 최소화할 수야 있겠지만, 완전히 없앨 수는 없다.

재해 상황을 제외하면 대기 상태로만 있는 클러스터는 분명히 자원의 낭비로 보인다. 재해 상황은 드물기 때문에(그리고 그래야 하기 때문에), 대부분의 경우 아무것도 하지 않는 장비들을 그저 지켜보기만 하게 된다. 어떤 조직에서는 프로덕션 클러스터보다 DRdisaster recovery 클러스터를 훨씬 작은 크기로 생성함으로써 이 문제를 해결하려 하기도 한다. 하지만 이것은 위험한 생각인데, 이렇게 최소한의 크기로 설정된 클러스터가 비상시에 제대로 작동할 수 있는지 확신할 수 없기 때문이다. 다른 조직에서는 재해가 발생하지 않은 동안 읽기 전용 작업 일부를 DR 클러스터에 옮겨서 처리하는 방식을 선호하기도 하는데, 이것은 사실상 스포크가 하나뿐인, 허브-앤-스포크 아키텍처의 소규모 버전을 운용하는 것을 의미한다.

더 중요한 문제는, 아파치 카프카에서 DR 클러스터로 어떻게 장애 복구를 하는가다.

우선, 선택한 장애 복구 방법이 무엇이든 간에 SRESite Reliability Engineering 팀에서는 정기적으로 장애 복구 훈련을 해야 한다는 것은 말할 필요도 없다. 오늘 문제없이 작동하는 방법이라도 업그레이드 후에는 작동하지 않을 수 있고, 새로운 활용 사례에서는 기존에 쓰던 툴이 쓸모 없게 될 수도 있다. 대개 장애 복구 훈련은 분기당 최소 한 번씩 하는 게 보통이지만, 엄격한 SRE 팀에서는 그보다 훨씬 더 자주 한다. 임의로 장애를 일으키기로 유명한 넷플릭스Netflix의 카오스 멍키Chaos Monkey 팀은 그 극단적인 경우다(어느 날이고 장애 복구 훈련일이 될 수 있는 것이다).

이제부터 장애 복구에 어떠한 것들이 필요한지 살펴보자.

❶ 재해 복구 계획하기

재해 복구를 계획할 때는 두 개의 지표를 염두에 두는 것이 중요하다. 복구 시간 목표recovery time objective, RTO는 모든 서비스가 장애가 발생한 뒤 다시 작동을 재개할 때까지의 최대 시간을 가리킨다. 복구 지점 목표recovery point objective, RPO는 장애의 결과로 인해 데이터가 유실될 수 있는 최대 시간을 가리킨다. 극단적으로 낮은 수준의 RTO는 자동화된 장애 복구failover에서만 가능하기 때문에, 더 낮은 RTO를 목표로 할수록 수동 작업과 애플리케이션 재시작을 최소화하는 것이 가장 중요한 작업이 된다. 낮은 RPO는 지연 시간이 짧은 실시간 미러링을 필요로 하며, 아예 0으로 만들려면 동기적 방식으로 미러링을 수행해야만 한다.

❷ 계획에 없던 장애 복구에서의 데이터 유실과 불일치

다양한 카프카 미러링 솔루션들이 모두 비동기적으로 작동하기 때문에(동기적으로 작동하는 솔루션에 대해서는 다음 섹션에서 다룰 것이다), DR 클러스터는 주 클러스터의 가장 최신 메시지를 가지고 있지 못할 것이다. 따라서 DR 클러스터가 주 클러스터에서 얼마나 뒤처져 있는지를 항상 모니터링하고, 너무 많이 뒤처지지 않도록 신경쓸 필요가 있다. 하지만 요청이 매우 많은 시스템에서는 DR 클러스터가 주 클러스터에 비해 최소 수백, 수천 개의 메시지는 뒤처져 있을 것이라고 생각해야 한다. 만약 카프카 클러스터가 초당 백만 개의 메시지를 처리하고 주 클러스터와 DR 클러스터 사이의 랙이 5밀리초라고 한다면, DR 클러스터는 주 클러스터에 비해 적어도 5천 개의 메시지가 뒤처져 있는 셈이 된다. 따라서, 예상치 못한 장애 복구는 어느 정도의 유실을 감수해야 한다. 사전에 계획된 장애 복구의 경우, 주 클러스터를 먼저 멈춘 뒤 애플리케이션을 DR 클러스터로 마이그레이션하기 전에 미러링 프로세스가 남은 메시지를 모두 미러링할 때까지 기다림으로써 유실을 방지할 수 있다. 만약 예상치 못한 장애가 발생해서 수천 개의 메시지를 유실했을 경우, 미러링 솔루션들이 현재로서는 트랜잭션을 지원하지 않는다는 걸 명심하라. 만약 여러 토픽들이 서로 연관되어 있을 경우(예 매상과 상품명), 일부 이벤트는 DR 클러스터에 도착했을 수 있지만 나머지는 그렇지 않을 수 있다. 애플리케이션 입장에서는 DR 클러스터로 마이그레이션한 뒤 해당하는 매상 기록이 없는 상품명을 처리할 수 있어야 할 것이다.

❸ 장애 복구 이후 애플리케이션의 시작 오프셋

다른 클러스터로 장애 복구를 할 때 가장 어려운 것 중 하나는 다른 클러스터로 옮겨간 애플리케이션이 데이터를 읽어오기 시작해야 하는 위치를 결정하는 것이다. 여기에는 몇 가지 흔히 사용되는 방법이 있다. 그중 몇몇은 간단하지만, 데이터 유실이나 중복을 초래할 수 있다. 반면 다른 방법은 좀 더 복잡하지만 추가적인 데이터 유실이나 재처리를 최소화할 수 있다. 몇 개만 살펴보자.

자동 오프셋 재설정auto offset reset

아파치 카프카 컨슈머는 사전에 커밋된 오프셋이 없을 경우 어떻게 작동해야 하는지(파티션의 맨 앞에서부터 읽기 시작할 것인지, 아니면 맨 끝에서부터 읽기 시작할 것인지)를 결정하는 설정값을 갖는다. 장애 복구 계획에 이 오프셋을 미러링하는 부분이 빠져 있다면, 다음 두 가지 옵션 중에서 양자택일해야 할 것이다. 즉, 데이터의 맨 처음부터 읽기 시작해서 상당한 수의 많은 양의 데이터를 처리할 것인지, 아니면 맨 끝에서 시작해서 알려지지 않은 개수(적으면 다행)의 이벤트를 건너뛸 것인지? 만약 애플리케이션이 아무런 이슈 없이 중복을 처리할 수 있거나 약간의 유실이 별 문제가 안 된다면, 선택은 매우 쉬울 것이다. 장애 복구 중인 토픽의 맨 끝에서부터 읽기 시작하는 것은 단순한 만큼 많이 사용되는 방법이다.

오프셋 토픽 복제

만약 카프카 0.9 버전 이후의 컨슈머를 사용하고 있다면, 컨슈머는 자신의 오프셋을 `__consumer_offsets`라 불리는 특별한 토픽에 커밋한다. 만약 이 토픽을 DR 클러스터로 미러링해 준다면, DR 클러스터에서 읽기 작업을 시작하는 컨슈머는 이전에 주 클러스터에 마지막으로 커밋한 오프셋부터 작업을 재개하게 된다. 일견 간단해 보이지만, 여기에는 지금부터 설명할 많은 주의사항이 따른다.

우선, 주 클러스터의 오프셋이 DR 클러스터의 오프셋과 일치할 것이라는 보장이 없다. 주 클러스터에 데이터를 3일까지만 보관하고, 토픽이 생성된 뒤 1주일 뒤부터 미러링을 시작했다고 가정하자. 이 경우, 주 클러스터의 첫 번째 오프셋은 (첫 4일 동안에 발생한 오래된 이벤트는 이미 삭제되었을 것이므로) 57000000과 같은 값이 될 수 있다. 하지만 DR 클러스터의 첫 번째 오프셋 값은 0이다. 따라서, DR 클러스터의 (다음으로 읽어야 할 이벤트 오프셋인) 57000003부터 읽기를 시도해야 하는 컨슈머는 읽기에 실패할 것이다.

두 번째로, 설령 토픽이 처음 생성된 시점부터 미러링을 시작해서 주 클러스터와 DR 클러스터의 토픽이 모두 0부터 시작할지라도, 프로듀서 재시도로 인해 오프셋이 서로 달라질 수 있다. 우리는 이 장의 마지막에서 주 클러스터와 DR 클러스터 간의 오프셋을 보존하는 대안적인 미러링 솔루션에 대해서 살펴볼 것이다.

세 번째로, 설령 오프셋이 완벽히 보존되었다 할지라도, 주 클러스터와 DR 클러스터 사이에 랙이 존재한다는 것 그리고 현재 미러링 솔루션이 트랜잭션 기능을 지원하지 않는다는 사실 때문에, 카프카 컨슈머가 커밋한 오프셋이 해당 오프셋에 해당하는 레코드보다 먼저 혹은 늦게 도착할 수 있다. 장애 복구 중인 컨슈머 입장에서는 커밋된 오프셋은 있는데 정작 해당하는 레코드는 없을 수 있는 것이다. 혹은, DR 클러스터 쪽에 마지막으로 커밋된 오프셋이 주 클러스터에 마지막으로 커밋된 오프셋보다 더 오래되었을 수도 있다(그림 10-5).

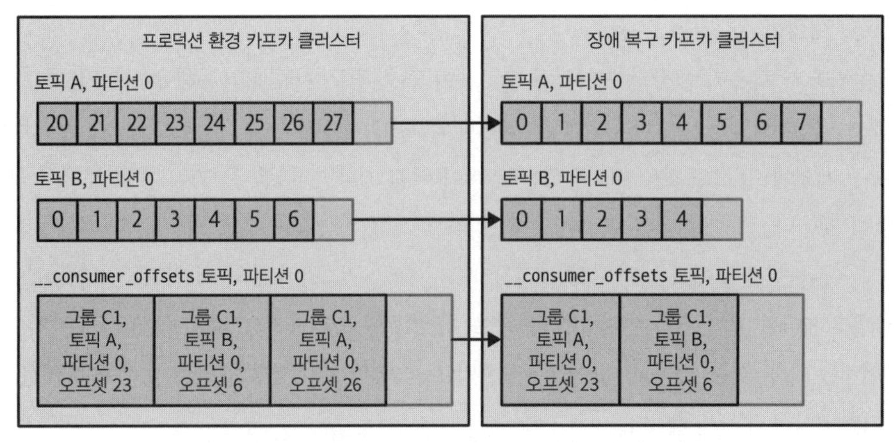

그림 10-5 **장애 복구 과정에서 커밋된 오프셋이 어긋난 경우**

이러한 경우, 즉 DR 클러스터에 커밋된 오프셋이 주 클러스터에 커밋된 오프셋보다 오래된 것이거나 재시도로 인해 DR 클러스터의 레코드 오프셋이 주 클러스터 레코드 오프셋보다 낮은 경우에 어느 정도의 중복 처리는 감수해야 한다. 여기에 더해서, DR 클러스터의 마지막으로 커밋된 오프셋에 해당하는 레코드가 실제로는 존재하지 않을 때 어떻게 해야 할지(토픽의 처음부터 처리할지, 그냥 넘어가고 제일 끝에서부터 읽기 시작할지) 역시 결정해야 한다.

지금까지 살펴봤듯이, 이 방법에는 제약이 따른다. 하지만, 여전히 이 방식은 다른 방식에 비해 단순하면서도 상대적으로 적은 이벤트 중복이나 유실로 생긴 장애를 복구할 수 있게 해 준다.

시간 기반 장애 복구

카프카 0.10.0 버전부터 메시지는 카프카로 전송된 시각을 가리키는 타임스탬프 값을 갖는다. 그리고 0.10.1.0부터 브로커는 타임스탬프를 기준으로 오프셋을 검색할 수 있는 인덱스와 API를 포함한다. 따라서 DR 클러스터로 장애 복구를 진행할 때 문제가 발생한 시점이 오전 4시 5분이라는 걸 알 수 있다면, 컨슈머가 오전 4시 3분에 해당하는 데이터부터 처리를 재개하도록 할 수 있다. 2분가량 중복이 발생하기야 하겠지만, 다른 대안에 비해서는 더 나을 뿐더러 다른 사람들에게 상황을 설명하기도 훨씬 더 쉽다. 즉, "오전 4시 3분 시점으로 복구했습니다."가 "마지막으로 커밋된 오프셋일 수도 있고 아닐 수도 있는 시점으로 복구했습니다."보다 더 나은 것이다. 따라서 이것은 좋은 절충안이 될 수 있다. 유일한 문제가 남는데, "그렇다면 컨슈머에게 오전 4시 3분 시점의 데이터부터 읽고 처리하도록 할 수 있을까?"이다.

한 가지 방법은 애플리케이션에 해당 로직을 직접적으로 집어넣는 것이다. 애플리케이션의 시작 시간을 지정할 수 있는 사용자 설정을 추가하는 것이다. 이 값이 설정되어 있을 경우 애플리케이션은 새로운 API를 사용해서 주어진 시각에 해당하는 오프셋을 가져오고, 해당 오프셋으로 이동한 뒤, 바로 그 지점에서부터 읽기 작업을 시작하면 되는 것이다. 오프셋 커밋 역시 이전과 똑같이 하면 된다.

개발하는 모든 애플리케이션이 미리 그렇게 개발되어 있다면 참 좋을 것이다. 하지만 그렇지 않았다면? 아파치 카프카는 0.11.0부터 추가된 타임스탬프 기준 초기화를 포함하는 다양한 오프셋 초기화를 지원하는 `kafka-consumer-groups`라는 툴을 제공한다. 이 툴이 실행되는 도중에 컨슈머 그룹은 잠시 작업을 중단했다가 실행이 완료되는 즉시 다시 시작될 것이다. 예를 들어서, 다음 명령은 특정 컨슈머 그룹의 모든 토픽에 대한 컨슈머 오프셋을 특정 시점으로 초기화한다.

```
bin/kafka-consumer-groups.sh --bootstrap-server localhost:9092 --reset-offsets --all-
topics --group my-group --to-datetime 2021-03-31T04:03:00.000 --execute
```

이 옵션은 장애 복구에 있어서 어느 정도의 확실성을 보장해야 하는 경우 권장된다.

오프셋 변환

오프셋 토픽을 미러링할 때 가장 어려운 것은 주 클러스터와 DR 클러스터의 오프셋이 어긋날 수 있다는 것이다. 과거 일부 조직에서는 아파치 카산드라Cassandra와 같은 외부 데이터 저장소를 사용해서 한 클러스터에서 다른 클러스터로의 오프셋 변환을 저장하기도 했다. 오프셋이 어긋날 경우, DR 클러스터에 이벤트가 복제될 때마다 미러링 툴이 서로 매핑mapping되는 오프셋 값을 외부 저장소로 전송하는 식이다. 요즘에는 미러메이커를 포함한 미러링 솔루션들이 오프셋 변환 메타데이터를 저장하기 위해 카프카 토픽을 사용한다. 오프셋 매핑은 양쪽의 오프셋 값 차이가 달라질 때마다 저장된다. 예를 들어서, 주 클러스터의 오프셋 495가 DR 클러스터의 오프셋 500에 매핑된다고 할 때, 외부 저장소나 오프셋 변환 토픽에는 (495, 500)이 저장된다. 중복 등의 이유로 두 오프셋 값 차이가 변해서 오프셋 596이 600에 해당되게 되면 새로운 매핑값인 (596, 600)이 저장된다. 오프셋 495과 596 사이의 모든 오프셋 매핑을 저장할 필요는 없다. 즉, 이 사이에 오프셋 값 차이가 그대로 유지된다고 보고 주 클러스터의 오프셋 550이 DR 클러스터에서는 오프셋 555으로 매핑하는 것이다. 그리고 실제로 장애 복구 작업을 수행하게 되면, (약간은 부정확할 수밖에 없는) 타임스탬프 기준으로 오프셋을 변환하는 대신 주 클러스터 오프셋에 매핑되는 DR 클러스터 오프셋을 찾아서 여기서부터 작업을 재개하게 된다. 컨슈머가 저장된 매핑으로부터 가져온 새로운 오프셋을 사용해서 작업을 시작하도록 할 때, 위에서 설명한 두 방식 중 하나를 선택해서 작업할 수 있다. 이 방식은 커밋된 오프셋이 레코드보다 먼저 미러링되거나 커밋된 오프셋이 제 시간에 맞춰 DR 클러스터로 미러링되지 않을 경우 여전히 문제가 있지만, 어떠한 경우에는 적절한 방식이 될 수 있다.

4 장애 복구가 끝난 후

장애 복구가 성공적으로 마무리되었다면, DR 클러스터에서 모든 것이 잘 작동하고 있을 것이다. 이쯤에서 주 클러스터에 해줘야 할 것이 있다. 장애가 생겼던 주 클러스터를 이제 DR 클러스터로 역할을 변경해야 한다.

이때 단순히 미러링 프로세스의 방향만 반대로 바꾸고 새 주 클러스터(지금부터 DR 클러스터 역할을 할)에서 예전 주 클러스터로 미러링을 시작하면 된다고 생각할 수도 있다. 하지만 이것은 두 가지 중요한 문제를 제기한다.

- 어디서부터 미러링을 시작해야 하는지 어떻게 아는가? 우리가 컨슈머에 대해서 다뤘던 것과 동일한 문제를 미러링 애플리케이션 그 자체에 대해 해결해야 한다. 어떠한 해법을 찾건 간에 중복이

발생하거나, 유실이 발생하거나, 심지어 둘 다 발생할 수 있다는 점을 명심하라.

- 여기에 더해서, 위에서 논의한 이유 때문에, 이전 주 클러스터는 DR 클러스터가 가지고 있지 않은 이벤트를 가지고 있을 가능성이 높다. 만약 새로운 데이터를 반대 방향으로 미러링하기 시작한다면, 이 여분의 이벤트들은 여전히 이전 주 클러스터 안에 남아있을 것이고 따라서 두 클러스터의 내용물은 서로 달라지게 된다.

이러한 이유 때문에, 일관성과 순서 보장이 극도로 중요한 상황에서 가장 간단한 해법은 일단 원래 주 클러스터에 저장된 데이터와 커밋된 오프셋을 완전히 삭제한 뒤 새로운 주 클러스터에서 완전히 새것이 된 새 DR 클러스터로 미러링을 시작하는 것이다. 이렇게 하면 새 주 클러스터와 완전히 동일한, 깨끗한 상태의 DR 클러스터를 얻을 수 있다.

5 클러스터 디스커버리 관련

스탠바이 클러스터를 준비할 때 고려해야 할 것 중에서 가장 중요한 것 중 하나는 장애가 발생한 상황에서 애플리케이션이 장애 복구용 클러스터와 통신을 시작하는 방법을 알 수 있게 하는 것이다. 만약 프로듀서나 컨슈머 설정에 주 클러스터 브로커들의 호스트 이름을 하드 코딩해 넣었다면 이것은 어려운 일이 될 것이다. 많은 조직에서는 호스트 이름을 최대한 단순하게 정한 뒤 DNS를 써서 주 클러스터 브로커로 연결한다. 그리고 비상 상황이 닥치면, DNS 이름을 스탠바이 클러스터로 돌린다. 디스커버리 서비스(DNS 등)가 모든 브로커에 대한 IP 주소를 가질 필요는 없다. 왜냐하면 카프카 클라이언트는 클러스터 메타데이터를 얻어와서 다른 브로커의 위치를 찾기 위해서 하나의 브로커에만 성공적으로 접근할 수 있으면 되기 때문이다. 따라서, 대체로 3개의 브로커에 대한 정보만 가지고 있으면 된다. 디스커버리 서비스가 어떠한 것이든 간에, 대부분의 장애 복구 상황에서는 장애 발생 후 컨슈머 애플리케이션이 작업을 재개할 새 오프셋을 잡아 주어야 한다. RTO를 극도로 낮추기 위해 애플리케이션 재시작 없는 완전히 자동화된 장애 복구를 수행하고자 한다면, 장애 복구 로직이 클라이언트 애플리케이션에 내장되어 있어야 한다.

10.2.5 스트레치 클러스터

액티브-스탠바이 아키텍처는 카프카 클러스터에 장애가 발생했을 때 애플리케이션이 다른 클러스터와 통신하도록 함으로써 전체 업무가 마비되는 것을 방지하기 위해 사용된다. 스트레치 클러스터 Stretch Cluster는 데이터센터 전체에 문제가 발생했을 때 카프카 클러스터에 장애가 발생하는 것을 방지하기 위한 것이다. 하나의 카프카 클러스터를 여러 개의 데이터센터에 걸쳐 설치하는 것이다.

스트레치 클러스터는 다중 데이터센터를 상정한 다른 방식과는 본질적으로 다르다. 우선, 스트레치 클러스터는 다중 클러스터가 아니고, 단지 하나의 클러스터일 뿐이다. 결과적으로, 두 클러스터를 동기화시켜주는 미러링 프로세스가 필요 없다. 카프카의 복제 메커니즘이 평소대로 클러스터 안의 브로커들을 동기화된 상태로 유지시켜 주는 것이다. 이 방식은 동기적인 복제를 포함한다. 프로듀서는 보통 메시지가 카프카에 성공적으로 쓰여진 다음 브로커로부터 응답을 받는다. 스트레치 클러스터는 메시지가 두 데이터센터에 위치한 카프카 브로커 각각에게 성공적으로 쓰여진 뒤에야 응답이 가도록 설정할 수 있다. 각각의 파티션이 하나 이상의 데이터센터에 분산해서 레플리카를 저장하도록 랙 설정을 정의해주고, `min.insync.replicas` 설정을 잡아주고, `acks` 설정을 `all`로 잡아줌으로써 각각의 쓰기 작업이 최소 두 개의 데이터센터에서 성공한 다음에야 응답이 가도록 해주면 되는 것이다. 2.4.0부터, 컨슈머가 정의된 랙 기준으로 가장 가까운 레플리카에서 읽어올 수 있도록 브로커를 설정할 수 있다. 이 기능을 사용할 경우, 브로커는 컨슈머의 랙 설정과 자신의 랙 설정을 맞춰 본 뒤 로컬 레플리카가 최신 상태를 가지고 있는지 확인한 뒤, 그게 아니라면 리더에게 처리를 넘기게 된다. 컨슈머는 로컬 데이터센터에 위치한 팔로워로부터 데이터를 읽어 옴으로써 처리율은 높이고, 지연은 낮추고, 그리고 데이터센터간 통신을 줄임으로써 비용 역시 낮출 수 있다.

이 아키텍처의 장점은 동기적인 복제라고 할 수 있는데, DR 클러스터가 주 클러스터와 언제나 100% 동기화되어 있어야만 하는 경우도 있기 때문이다. 이것은 때때로 법적인 요구 조건이기도 한데, 이 경우 카프카를 포함한, 회사에서 사용중인 모든 데이터 저장소에 해당된다. 또 다른 이점은 양 데이터센터와 클러스터 안의 모든 브로커가 사용된다는 점이다. 우리가 액티브-스탠바이 아키텍처에서 살펴봤던 유형의 자원 낭비가 전혀 없다.

이 아키텍처는 대응할 수 있는 장애의 종류가 한정되어 있다. 데이터센터 전체에 장애가 난 경우는 대응할 수 있지만, 애플리케이션이나 카프카에 장애가 발생하는 경우는 커버하지 않는 것이다. 복잡한 설정의 운영 역시 제한된다. 이 아키텍처는 물리적인 인프라스트럭처를 필요로 하지만, 모든 회사들이 이런 걸 가지고 있지는 않다.

이 아키텍처는 카프카(그리고 주키퍼)를 높은 대역폭과 낮은 지연을 가진 회선으로 서로 연결된 최소 3개의 데이터센터에 설치할 수 있을 경우에 적당하다. 서로 인접한 주소에 3개의 건물을 가진 회사에서 일하고 있거나 좀 더 일반적으로, 클라우드 제공자의 한 리전 안에 3개의 가용 영역을 사용중이라면 이것이 가능할 것이다.

3개의 데이터센터라는 조건이 중요한 이유는 주키퍼 클러스터 때문이다. 주키퍼 클러스터는 홀수 개의 노드로 이루어지며, 노드 중에서 과반 이상만 작동한다면 전체 클러스터 역시 작동에 이상이 없다. 만약 2개의 데이터센터에 홀수 개의 주키퍼 노드를 배치한다면, 하나의 데이터센터에는 과반 이상의 노드가 배치될 수밖에 없고 따라서 해당 데이터센터에 문제가 생긴다면 주키퍼와 카프카 역시 연쇄적으로 장애가 발생하게 된다. 데이터센터가 3개 있다면 어느 데이터센터에도 과반 이상의 노드가 몰리지 않도록 배치하는 것이 쉽다. 따라서, 설령 하나의 데이터센터에 문제가 발생한다고 해도 나머지 두 데이터센터에 배치된 과반 이상의 노드들은 작동에 지장이 없을 것이며 주키퍼 클러스터 역시 장애가 발생하지 않는다. 카프카 클러스터 역시 마찬가지다.

2.5 데이터센터 아키텍처

스트레치 클러스터에 있어 자주 사용되는 모델 중 하나는 2.5 데이터센센터 아키텍처라는 것이다. 이 아키텍처에서는 두 개의 데이터센터에 카프카와 주키퍼를 설치한 뒤, 마지막 '0.5' 클러스터에 하나의 주키퍼 노드를 설치함으로써 데이터센터 중 하나에 장애가 발생한 경우에도 쿼럼 역할을 할 수 있도록 한다.

주키퍼 그룹 기능을 사용하면 두 개의 데이터센터에서 주키퍼와 카프카를 실행시킬 수 있다. 이렇게 하면 두 개의 데이터센터 간에 수동으로 재해 복구가 가능하지만, 그리 흔치는 않다.

10.3 아파치 카프카의 미러메이커

아파치 카프카는 두 데이터센터 간의 데이터 미러링을 위해 미러메이커MirrorMaker라 불리는 툴을 포함한다. 미러메이커의 초기 버전은 하나의 컨슈머 그룹에 속하는 여러 개의 컨슈머를 사용해서 복제할 토픽의 집합을 읽은 뒤, 미러메이커 프로세스들이 공유하는 카프카 프로듀서를 사용해서 읽어 온 이벤트를 목적지 클러스터에 쓰는 식으로 작동했다. 어떤 경우에는 클러스터간 데이터 미러링을 수행하는 데 이것만으로도 충분했지만, 설정 변경시 지연값이 치솟는다던가 새 토픽을 추가하면 리밸런스 때문에 멈춘다던가stop-the-world 하는 몇 가지 문제가 있었다. 미러메이커 2.0은 아파치 카프카를 위한 차세대 다중 클러스터 미러링 솔루션으로, 카프카 커넥트 프레임워크에 기반하여 개발되었으며 이전 버전의 많은 단점들을 해결하고 있다. 재해 복구, 백업, 마이그레이션, 데이터 집적 등 넓은 범위의 활용 사례를 지원할 수 있도록 복잡한 토폴로지를 쉽게 설정할 수 있는 것이다.

미러메이커, 조금 더 자세히

언뜻 보기에 미러메이커는 매우 단순한 것으로 보이지만, 높은 효율성을 담보하면서도 거의 '정확히 한 번' 전달에 가까워야 했던 만큼 제대로 구현하는 일은 예상외로 쉽지 않았다. 미러메이커는 몇 번에 걸친 재작업을 거쳤다. 여기서 설명하는, 그리고 아래 섹션들에서 다루는 세부 사항은 2.4.0에서 소개된 미러메이커 2에 해당된다.

미러메이커는 데이터베이스가 아닌 다른 카프카 클러스터로부터 데이터를 읽어오기 위해 소스 커넥터를 사용한다. 카프카 커넥트 프레임워크를 사용함으로써 바쁜 엔터프라이즈 IT 부서 입장에서는 관리에 들어가는 수고를 줄일 수 있다. 9장에서 다룬 카프카 커넥트 아키텍처를 기억한다면 각각의 커넥터가 전체 작업을 사전에 설정된 개수의 태스크로 분할한다는 것을 기억할 것이다. 미러메이커에서는 각각의 태스크가 한 쌍의 컨슈머와 프로듀서로 이루어진다. 커넥트 프레임워크가 각각의 태스크를 필요에 따라 서로 다른 커넥트 워커 노드로 할당한다. 그래서 여러 태스크를 하나의 서버에서 수행할 수도 있고 여러 개의 서버에서 나눠서 수행할 수도 있다. 바로 이 기능이 인스턴스별로 몇 개의 미러메이커 스트림을 실행시켜야 하는지, 서버별로 몇 개의 인스턴스를 실행시켜야 하는지를 직접 결정하는 작업을 자동화해 준다. 커넥트는 커넥터와 태스크 설정을 한 곳에서 관리할 수 있는 REST API 역시 제공한다. 만약 어떠한 이유로 대부분의 카프카 클러스터가 카프카 커넥트를 포함하고 있을 경우(데이터베이스의 변경 내역을 카프카로 보내는 활용 사례가 많다), 미러메이커를 커넥트 안에서 실행시킴으로써 관리해야 할 클러스터의 수를 줄일 수 있다.

미러메이커는 카프카의 컨슈머 그룹 관리 프로토콜을 사용하지 않고 태스크에 파티션을 균등하게 배분함으로써 새로운 토픽이나 파티션이 추가되었을 때 발생하는 리밸런스로 인해 지연이 튀어오르는 상황을 방지한다. 미러메이커는 원본 클러스터의 각 파티션에 저장된 이벤트를 대상 클러스터의 동일한 파티션으로 미러링함으로써 파티션의 의미 구조semantic나 각 파티션 안에서의 이벤트 순서를 그대로 유지한다. 원본 토픽에 새 파티션이 추가될 경우, 자동으로 대상 토픽에 새 파티션이 생성된다. 미러메이커는 데이터 복제뿐만 아니라 컨슈머 오프셋, 토픽 설정, 토픽 ACL 마이그레이션까지 지원하기에 자동 클러스터 배치에 필요한 완전한 기능을 갖춘 미러링 솔루션이라고 할 수 있다. 복제 흐름replication flow는 원본 클러스터에서 대상 클러스터로의 복제 작업을 정의한다. 우리가 앞에서 살펴본 것과 같은 허브-앤-스포크, 액티브-스탠바이, 액티브-액티브 아키텍처 패턴을 포함하는 복잡한 토폴로지를 정의하기 위해 미러메이커에 다수의 복제 흐름을 정의할 수도 있다. 그림 10-6은 액티브-스탠바이 아키텍처에서 미러메이커를 사용하는 모습을 보여준다.

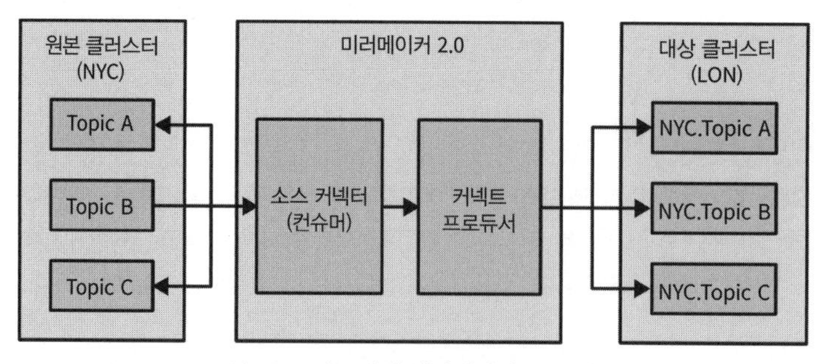

그림 10-6 **카프카의 미러메이커 프로세스**

10.3.1 미러메이커 설정하기

미러메이커는 매우 세밀한 곳까지 설정이 가능한 시스템이다. 토폴로지, 카프카 커넥트, 커넥터 설정을 정의하기 위한 클러스터 설정뿐만 아니라 미러메이커가 내부적으로 사용하는 프로듀서, 컨슈머, 어드민 클라이언트의 모든 설정 매개변수도 커스터마이즈가 가능하다. 지금부터 몇 가지 예를 살펴보면서 몇몇 중요한 설정 매개변수에 대해서 설명하겠지만, 미러메이커의 전체 기능을 모두 다루는 것은 이 책의 범위를 넘어간다.

이것을 염두에 두고, 미러메이커의 예제를 하나 살펴보자. 아래 명령은 properties 파일에 정의된 설정값을 사용해서 미러메이커를 실행시킨다.

```
$ bin/connect-mirror-maker.sh etc/kafka/connect-mirror-maker.properties
```

이제 미러메이커의 설정 옵션들을 살펴보자.

복제 흐름

다음 예제는 각각 뉴욕과 런던에 있는 두 개의 데이터센터 사이에 액티브-스탠바이 복제 흐름을 정의하는 설정 옵션을 보여준다.

```
clusters = NYC, LON ❶
NYC.bootstrap.servers = kafka.nyc.example.com:9092
LON.bootstrap.servers = kafka.lon.example.com:9092 ❷
NYC->LON.enabled = true ❸
NYC->LON.topics = .* ❹
```

❶ 복제 흐름에서 사용될 클러스터의 별칭을 정의한다.

❷ 각 클러스터에 대한 부트스트랩 서버를 지정해 준다. 1에서 정의한 별칭을 접두어로 사용한다.

❸ {원본}->{대상} 접두어를 사용해서 클러스터 간에 복제 흐름을 활성화시킨다. 이 플로에 적용되는 모든 설정 옵션은 동일한 접두어를 사용한다.

❹ 복제 흐름에서 미러링되는 토픽들을 정의한다.

미러링 토픽

예제에서 보았듯이, 각 복제 흐름에서 미러링될 토픽들을 지정하기 위해 정규식을 사용할 수 있다. 여기서는 모든 토픽을 미러링하도록 설정했지만, `prod.*`와 같이 정의함으로써 테스트 토픽이 복제되지 않도록 해주는 게 좋다. `test.*`와 같이 미러링에서 제외할 토픽 목록이나 패턴을 별도로 지정할 수도 있다. 복제된 대상 토픽 이름 앞에는 기본적으로 원본 클러스터의 별칭이 접두어로 붙는다. 예를 들어서, 액티브-액티브 아키텍처에서 미러메이커가 NYC 데이터센터에 있는 토픽을 LON 데이터센터로 미러링할 경우 NYC의 `orders` 토픽은 LON에서는 `NYC.orders` 토픽으로 복제된다. 이러한 기본 네이밍 전략은 액티브-액티브 모드에서 두 클러스터 간에 메시지가 무한히 순환 복제되는 사태를 방지한다. 로컬 토픽과 원격 토픽을 구분해 줄 경우, 컨슈머가 구독 패턴 기능을 사용해서 로컬 리전의 토픽만 구독하거나 아니면 전체 데이터세트의 내용을 볼 수 있도록 전 리전의 토픽을 구독하는 것 중에 선택하도록 할 수 있다.

미러메이커는 원본 클러스터에 새로운 토픽이 추가되었는지 주기적으로 확인하고, 설정된 패턴과 일치할 경우 자동으로 이 토픽들에 대한 미러링 작업을 시작한다. 원본 토픽에 파티션이 추가될 경우, 대상 토픽에도 자동으로 추가되기 때문에 원본 토픽의 이벤트가 대상 토픽에서도 같은 파티션 같은 순서로 저장되게 된다.

컨슈머 오프셋 마이그레이션

미러메이커는 주 클러스터에서 DR 클러스터로 장애 복구를 수행할 때 주 클러스터에서 마지막으로 체크포인트된 오프셋을 DR 클러스터에서 찾을 수 있도록 `RemoteClusterUtils` 유틸리티 클래스를 포함한다. 주기적인 컨슈머 오프셋 마이그레이션은 2.7.0부터 지원되기 시작했다. 이 기능은 (주기적으로) 주 클러스터에 커밋된 오프셋을 자동으로 변환하여 DR 클러스터의 `__consumer_offsets`에 커밋해 줌으로써 DR 클러스터로 옮겨가는 컨슈머들이 별도의 마이그레이션 작업 없이도 주 클러스터의 커밋 지점에 해당하는 오프셋에서 바로 작업을 재개할 수 있게 해준다(데이터 유실이 없을 뿐만 아니라 중복이 최소화된다는 점도 장점이다). 이렇게 오프셋을 마이그레이션할 컨슈머 그룹의 목록 역시 커스터마이즈가 가능하다. 단, 불의의 사고를 방지하기 위해 현재 대상 클러스터 쪽 컨슈머 그룹을 사용중인 컨슈머들이 있을 경우, 미러메이커는 오프셋을 덮어쓰지 않는다. 따라서 현재 작동 중인 컨슈머들의 컨슈머 그룹 오프셋과 원본에서 마이그레이션된 오프셋이 충돌하는 사태는 발생하지 않는다.

토픽 설정 및 ACL 마이그레이션

데이터 레코드를 미러링하는 것 외에도 토픽 설정과 접근 제어 목록access control list, ACL을 미러링하도록 설정할 수도 있다(이렇게 하면 원본과 대상 토픽이 똑같이 작동하도록 할 수 있다. 자세한 내용은 11장을 참고하자). 대부분의 상황에서 문제없이 작동하는 기본 설정값을 그대로 두면, 일정한 주기로 ACL을 마이그레이션해 준다. 대부분의 원본 토픽 설정값은 대상 토픽에 그대로 적용되지만, `min.insync.replicas` 같은 몇 개는 예외다. 이렇게 동기화에서 제외되는 설정의 목록 역시 커스터마이즈가 가능하다.

미러링되는 토픽에 해당하는 `Literal` 타입 ACL만이 이전되므로, 자원 이름에 접두어(`Prefixed`) 혹은 와일드카드(*)를 사용하거나 다른 인가 매커니즘을 사용하고 있을 경우 대상 클러스터에 명시적으로 설정을 잡아줘야 할 것이다. 미러메이커만이 대상 토픽에 쓸 수 있도록 하기 위해 `Topic:Write` ACL 역시 이전되지 않는다. 장애 복구를 위해 애플리케이션이 대상 클러스터에 읽거나 쓸 수 있도록 하기 위해서는 적절한 접근 권한을 명시적으로 잡아 주어야 할 것이다.

커넥터 태스크

`tasks.max` 설정 옵션은 미러메이커가 띄울 수 있는 커넥터 태스크의 최대 개수를 정의한다. 기본값은 1인데, 최소한 2 이상으로 올려잡아 줄 것을 권장한다. 복제해야 할 토픽 파티션의 수가 많은 경우, 병렬 처리의 수준을 올리기 위해 가능한 한 더 큰 값을 사용해야 한다.

설정 접두어

미러메이커에 사용되는 모든 컴포넌트들(커넥터, 프로듀서, 컨슈머, 어드민 클라이언트)에 대해서 설정 옵션을 잡아줄 수 있다. 카프카 커넥트와 커넥터 설정은 별도의 접두어를 필요로 하지 않는다. 하지만 미러메이커에는 2개 이상의 클러스터에 대한 설정이 포함될 수 있기 때문에 특정 클러스터나 복제 흐름에 적용되는 설정의 경우 접두어를 사용할 수 있다. 앞의 예제에서 보았듯이, 클러스터를 구분할 때 사용되는 별칭은 해당 클러스터에 관련된 설정값을 잡아줄 때 접두어로 사용된다. 설정에는 계층 구조가 적용되는데, 더 구체적인 접두어를 갖는 설정이 접두어가 없거나 덜 구체적인 접두어가 붙은 설정에 비해 더 우선권을 갖는다. 미러메이커는 다음과 같은 접두어를 사용한다.

- {클러스터}.{커넥터 설정}
- {클러스터}.admin.{어드민 클라이언트 설정}
- {원본 클러스터}.consumer.{컨슈머 설정}
- {대상 클러스터}.producer.{프로듀서 설정}
- {원본 클러스터}->{대상 클러스터}.{복제 흐름 설정}

10.3.2 다중 클러스터 토폴로지

우리는 단순한 액티브-스탠바이 복제 흐름을 정의하기 위한 미러메이커 설정 예제를 살펴보았다. 이제 다른 일반적인 아키텍처 패턴을 정의하기 위해 이 설정을 확장해 보자.

뉴욕과 런던 사이의 액티브-액티브 토폴로지는 단순히 양방향 복제 흐름을 활성화하는 것만으로 설정이 가능하다. 이 경우, NYC의 모든 토픽이 LON으로 미러링되고 그 반대 역시 마찬가지지만, 미러메이커는 원격 토픽 앞에 클러스터 별칭을 붙임으로써 동일한 이벤트가 순환 복제되는 것을 방지한다.

여러 개의 미러메이커 프로세스를 실행시킬 때 전체 복제 토폴로지를 기술하는 공통 설정 파일을 사용하는 것은 좋은 습관인데, 설정이 대상 데이터센터의 내부 토픽을 통해 공유될 때 발생하는 충돌을 방지할 수 있기 때문이다. 미러메이커 프로세스를 시작할 때 '--clusters' 옵션을 사용해서 대상 클러스터를 지정함으로써 공유 설정을 사용하는 미러메이커 프로세스를 대상 클러스터 안에서 실행시킬 수 있다.

```
clusters = NYC, LON
NYC.bootstrap.servers = kafka.nyc.example.com:9092
LON.bootstrap.servers = kafka.lon.example.com:9092
NYC->LON.enabled = true  ❶
NYC->LON.topics = .*  ❷
LON->NYC.enabled = true  ❸
LON->NYC.topics = .*  ❹
```

❶ 뉴욕에서 런던으로의 복제 흐름을 켠다.

❷ 뉴욕에서 런던으로 복제될 토픽들을 지정한다.

❸ 런던에서 뉴욕으로의 복제 흐름을 켠다.

❹ 런던에서 뉴욕으로 복제될 토픽들을 지정한다.

토폴로지에는 추가적인 원본/대상 클러스터를 갖는 복제 흐름을 추가 정의할 수 있다. 예를 들어서, 위 설정에 SF에 대한 복제 흐름을 추가해 줌으로써 NYC에서 SF, LON으로 팬아웃fan-out되는 토폴로지를 구성할 수 있다.

```
clusters = NYC, LON, SF
SF.bootstrap.servers = kafka.sf.example.com:9092
NYC->SF.enabled = true
NYC->SF.topics = .*
```

10.3.3 미러메이커 보안

프로덕션 환경 클러스터의 경우, 모든 데이터센터간 트래픽에 보안을 적용하는 것이 중요하다. 카프카 클러스터 보안 설정에 대해서는 11장에서 다룬다. 미러메이커의 경우 원본과 대상 클러스터 양쪽에 대해 보안이 적용된 브로커 리스너를 사용하도록 설정되어야 하며, (연결을 맺을 때 인증을 할 수 있도록)

각 클러스터에 대해 클라이언트 쪽 보안 옵션들 역시 설정되어야 한다. 모든 데이터센터간 트래픽에는 SSL 암호화가 적용되어야 한다. 예를 들어서, 아래 설정은 미러메이커에 자격 증명을 적용한다.

```
NYC.security.protocol=SASL_SSL ❶
NYC.sasl.mechanism=PLAIN
NYC.sasl.jaas.config=org.apache.kafka.common.security.plain.PlainLoginModule \
required username="MirrorMaker" password="MirrorMaker-password"; ❷
```

❶ 사용되는 보안 프로토콜은 클러스터의 부트스트랩 서버에 해당하는 브로커 리스너와 일치해야 한다. SSL이나 SASL_SSL를 권장한다.

❷ SASL을 사용했기 때문에 여기서는 JAAS 설정을 사용해서 미러메이커가 사용할 자격 증명을 지정해주었다. SSL의 경우, 클라이언트 상호 인증을 사용할 때는 키스토어를 지정해주어야 한다.

만약 클러스터에 인가authorization가 설정되어 있을 경우, 미러메이커에 적용되는 자격 증명에는 원본과 대상 클러스터에 적절한 권한이 부여되어야 한다. 미러메이커 프로세스에는 다음과 같은 ACL이 부여되어야 한다.

- 원본 토픽을 읽어오기 위한 원본 클러스터의 `Topic:Read` 권한, 대상 클러스터에 토픽을 생성하고 메시지를 쓰기 위한 대상 클러스터의 `Topic:Create`, `Topic:Write` 권한, 원본 토픽의 설정을 얻어오기 위한 원본 클러스터의 `Topic:DescribeConfigs` 권한, 대상 토픽 설정을 업데이트하기 위한 대상 클러스터의 `Topic:AlterConfigs` 권한
- 원본 토픽에 새로 추가된 파티션이 탐지되었을 때 대상 클러스터 쪽에 새 파티션을 추가해주기 위한 대상 클러스터의 `Topic:Alter` 권한
- 오프셋을 포함한 원본 컨슈머 그룹 메타데이터를 얻어오기 위한 원본 클러스터의 `Group:Describe` 권한, 컨슈머 그룹의 오프셋을 대상 클러스터 쪽에 커밋해주기 위한 대상 클러스터의 `Group:Read` 권한
- 원본 토픽의 ACL을 가져오기 위한 원본 클러스터의 `Cluster:Describe`권한, 대상 토픽의 ACL을 업데이트하기 위한 대상 클러스터의 `Cluster:Alter` 권한
- 미러메이커 내부 토픽에 사용하기 위한, 원본과 대상 클러스터 모두의 `Topic:Create`, `Topic:Write` 권한

10.3.4 프로덕션 환경에 미러메이커 배포하기

앞의 예에서는 미러메이커를 명령줄에서 전용 모드dedicated mode로 실행시켰다. 전용 모드 프로세

스를 여러 개 띄움으로써 확장성과 내고장성fault tolerance을 갖춘 미러메이커 클러스터를 구성할 수 있다. 동일한 대상 클러스터를 갖는 프로세스들은 자동으로 서로를 인식해서 부하 균형을 맞출 것이다. 미러메이커를 프로덕션 환경에서 사용할 경우 서비스 형태(nohup을 사용한 백그라운드 프로세스 형태로 실행되고 콘솔 출력은 로그 파일로 리다이렉트 해주는)로 사용하고 싶은 것이 보통일 것이다. 이를 위해 미러메이커는 -daemon 명령줄 옵션을 가지고 있다. 미러메이커를 사용하는 대부분의 회사들은 자신들이 사용하는 설정 매개변수를 포함하는 자체적인 시동 스크립트를 가지고 있다. 배포를 자동화하고 다수의 설정 옵션들을 관리하기 위해 앤서블Ansible, 퍼펫Puppet, 쉐프Chef, 솔트Salt, https://www.fitcloud.co.kr/devops_paas와 같은 프로덕션 배포 시스템들을 사용할 수 있다. 미러메이커는 도커 컨테이너 안에서 실행시킬 수도 있다. 미러메이커는 상태라는 게 없기 때문에stateless 디스크 공간을 아예 필요로 하지 않는다(모든 필요한 데이터와 상태는 카프카에 저장된다).

미러메이커가 카프카 커넥트에 기반한 만큼, (독립 실행 모드 혹은 분산 모드 여부에 상관없이) 카프카 커넥트에서 미러메이커를 실행시킬 수 있다. 개발이나 테스트 용도라면 독립 실행 모드로 작동시킬 수 있다(이 경우 미러메이커는 장비 한 대에서 독립 실행되는 한 개의 커넥트 워커 프로세스의 형태로 실행된다). 미러메이커는 별도로 설치된 분산 모드 카프카 커넥트 클러스터에서 (명시적으로 설정된) 커넥터 형태로도 실행될 수 있다. 프로덕션 환경에서 사용할 거라면, 우리는 미러메이커를 분산 모드로 실행시킬 것을 권장한다. 전용 모드 여러 개가 돌아가는 형태로 구성된 클러스터든, 분산 모드로 실행되는 카프카 커넥트 클러스터 상에서 다른 커넥터들과 함께 실행되든 말이다.

미러메이커는 가능한 한 대상 데이터센터에서 실행시키는 것이 좋다. 예를 들어서 NYC 데이터센터에서 SF 데이터센터로 데이터를 보내고 있을 경우, SF에서 실행중인 미러메이커가 NYC에서 데이터를 읽어오는 식이 되어야 한다는 것이다. 이렇게 하는 이유는 장거리 네트워크는 데이터센터 내 네트워크에 비해 약간 더 불안정할 수 있기 때문이다. 만약 네트워크 단절이 일어나서 데이터센터 간 연결이 끊어졌을 경우, 컨슈머가 클러스터에 연결할 수 없는 편이 프로듀서가 연결할 수 없는 편보다 훨씬 더 안전하다. 만약 컨슈머가 연결할 수 없는 경우, 단순히 읽어올 수 없는 것일 뿐 이벤트 자체는 여전히 원본 카프카 클러스터에 저장되어 오랫동안 남아 있을 것이기 때문이다. 이벤트 유실의 위험 같은 건 없다. 반면, 이미 읽어 온 이벤트를 미러메이커가 네트워크 단절 문제로 인해 쓰지 못하게 된다면 이 이벤트들이 뜻하지 않게 유실될 위험성은 언제고 존재한다. 바로 이러한 이유 때문에 원격 읽기가 원격 쓰기보다 더 안전하다.

그렇다면, 지역 읽기 - 원격 쓰기Local Read-Remote Write를 해야 할 경우엔 어떠한 경우가 있을까? 데이터센터 간에 전송될 때는 암호화를 해야 하지만, 데이터센터 안에서는 암호화할 필요가 없는 데이터가 여기에 해당한다. 컨슈머는 SSL 암호화를 사용해서 카프카에 연결할 경우 성능에 확연한 타격을 입기 때문이다(프로듀서보다 훨씬 더 그러한데, SSL을 사용할 경우 데이터를 암호화하기 위해 데이터를 복사해야 하기 때문이다). 즉, 컨슈머는 더 이상 제로카피 최적화의 이득을 볼 수 없다는 것인데, 이러한 성능 타격은 카프카 브로커 그 자체에도 영향을 미친다. 만약 데이터센터간 트래픽에는 암호화가 필요한데 지역 트래픽은 그렇지 않다면, 암호화되지 않은 데이터를 같은 데이터센터 내에서 읽어서 SSL 암호화된 연결을 통해 원격 데이터센터 쪽으로 쓰도록 미러메이커를 원본 쪽 데이터센터에 놓는 게 더 나을 것이다. 이렇게 하면 프로듀서 쪽은 SSL을 통해 카프카에 연결하지만 컨슈머 쪽은 그렇지 않기 때문에 성능에 큰 영향을 주지 않을 수 있다. 만약 이렇게 지역 읽기 - 원격 쓰기 방식을 사용한다면, 미러메이커의 커넥트 프로듀서에 절대로 이벤트 유실이 발생하지 않도록 설정을 잡아 주어야 한다(`acks=all` 그리고 충분한 수의 `retries`)는 걸 명심하라. 또한, 미러메이커에 문제가 발생했을 때 빠르게 실패fail fast하도록 `errors.tolerance=none` 설정을 잡아 주도록 하자. 대개 이벤트 전송에 실패했을 때는 그냥 에러가 발생하는 쪽이 데이터 유실의 위험을 안고 작업을 계속하는 쪽보다 낫다. 최신 자바 버전에서는 SSL 성능이 비약적으로 향상되었다는 점을 기억하자. 그렇기 때문에 암호화를 수반하는 지역 읽기 - 원격 쓰기는 실행 가능한 옵션일 수 있다.

지역 읽기 - 원격 쓰기를 해야 하는 또 다른 상황은 하이브리드 환경이다. 온프레미스 클러스터의 토픽을 클라우드 클러스터로 미러링하는 것이다. 안전한 온프레미스 클러스터는 클라우드로부터의 연결을 허용하지 않는 방화벽 뒤에 설정되어 있을 가능성이 높다. 미러메이커를 온프레미스 쪽에서 작동시키면 모든 연결은 온프레미스에서 클라우드 방향으로 맺어지도록 할 수 있다.

미러메이커를 프로덕션 환경에 배포할 때는 아래와 같이 모니터링 해야 한다는 점을 기억할 필요가 있다.

카프카 커넥트 모니터링

카프카 커넥트는 커넥터 상태를 모니터링하기 위한 커넥터 지표, 처리량을 모니터링하기 위한 소스 커넥터 지표, 리밸런스 지연을 모니터링하기 위한 워커 지표와 같이 서로 다른 측면을 모니터링하기 위한 넓은 범위의 지표들을 제공한다. 커넥트는 커넥터들을 확인하고 관리할 수 있는 REST API 역시 제공한다.

미러메이커 지표 모니터링

카프카 커넥트 단위에서 제공되는 지표 외에도, 미러메이커는 미러링 처리량과 복제 지연을 모니터링할 수 있는 지표들을 추가로 제공한다. 복제 지연 지표인 `replication-latency-ms`는 레코드의 타임스탬프와 대상 클러스터에 성공적으로 쓰여진 시각 사이의 간격을 보여준다. 이 지표는 대상 클러스터가 원본 클러스터를 제대로 따라오고 있지 못한 상황을 탐지하고자 할 때 도움이 된다. 충분한 처리 용량이 있다면 피크 시간대에 지연값이 치솟아도 나중에 따라잡을 수 있으니 괜찮다. 하지만 이 값이 지속적으로 증가하는 것은 처리 용량이 부족하다는 의미일 수 있다. 다른 지표들 역시 매우 큰 도움이 될 수 있다.

- `record-age-ms`: 복제 시점에 레코드가 얼마나 오래되었는지를 보여준다.
- `byte-rate`: 복제 처리량을 보여준다.
- `checkpoint-latency-ms`: 오프셋 마이그레이션의 지연을 보여준다.

미러메이커 역시 주기적으로 하트비트를 내보내는 것이 기본 설정이다. 이를 사용하면 미러메이커의 상태를 모니터링할 수 있다.[31]

랙 모니터링

대상 클러스터가 원본 클러스터에서 얼마나 뒤쳐져 있는지를 알고 싶을 것이다. '랙lag'이란 원본 카프카 클러스터의 마지막 메시지 오프셋과 대상 카프카 클러스터의 마지막 메시지 오프셋 사이의 차이를 가리킨다(그림 10-7).

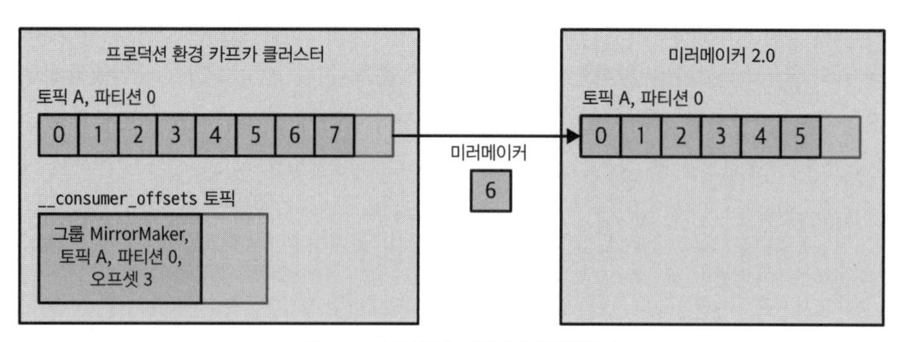

그림 10-7 **오프셋 랙 차이 모니터링하기**

그림 10-7에서 원본 클러스터의 마지막 오프셋은 7이고, 대상 클러스터의 마지막 오프셋은 5다(즉, 메시지 랙은 2가 된다).

랙 값을 추적하는 방법에는 두 가지가 있지만, 어느 쪽도 완벽하지는 않다.

- 미러메이커가 원본 카프카 클러스터에 마지막으로 커밋된 오프셋을 추적한다. `kafka-consumer-groups` 툴을 사용해서 미러메이커가 현재 읽고 있는 각 파티션을 확인할 수 있있다. 즉, 파티션의 마지막 이벤트 오프셋, 미러메이커가 커밋한 마지막 오프셋, 그리고 둘 사

31 옮긴이 미러메이커가 대상 클러스터에 생성하는 `heartbeats` 토픽을 가리킨다. 기본적으로 이 토픽에 1초에 한 번씩 레코드를 추가함으로써 '이 클러스터를 대상 클러스터로 하는 미러링 작업이 마지막으로 이루어진 시각'을 확인할 수 있도록 되어 있다. `emit.heartbeats.enabled` 매개변수에 `false`를 잡아 줌으로써 끌 수도 있고, `emit.heartbeats.interval.seconds` 매개변수를 사용해서 간격을 바꿀 수도 있다.

이의 랙을 볼 수 있는 것이다. 미러메이커가 항상 오프셋을 커밋하는 것은 아니기 때문에 이 값이 100% 정확하지는 않다. 기본 설정값이 1분에 한 번 커밋하도록 잡혀 있기 때문에 1분 동안은 이 값이 늘어나다가 갑자기 낮아지는 것을 볼 수 있을 것이다. 이 그림에서 실제 랙은 2지만, 미러메이커가 아직 최신 메시지에 대해 오프셋을 커밋하지 않았기 때문에 `kafka-consumer-groups` 툴은 5를 보여 줄 것이다. 링크드인의 버로우Burrow 역시 동일한 정보를 모니터링하지만, 실제로 문제가 발생한 것이 맞는지 결정하기 위해 좀 더 정교한 방법을 사용하기 때문에 잘못된 경보를 받지는 않는다.

- 커밋 여부와 상관없이, 미러메이커가 읽어 온 최신 오프셋을 추적한다. 미러메이커에 포함되어 있는 컨슈머들은 핵심 지표들을 JMX의 형태로 내보낸다. 이들 중 하나가 현재 읽고 있는 파티션들에 대한 랙 최대값을 보여주는 최대 컨슈머 랙이다. 이 값 역시 100% 정확한 것은 아니다. 컨슈머가 읽어 온 메시지를 기준으로 업데이트될 뿐, 프로듀서가 해당 메시지를 대상 카프카 클러스터에 썼는지 그리고 응답을 받았는지의 여부는 전혀 고려하지 않기 때문이다. 이 예에서는 랙이 2가 아니라 1로 나온다. 아직 대상 클러스터에 쓰지는 않았지만, 어쨌거나 메시지 6까지는 이미 읽었기 때문이다.

만약 미러메이커가 메시지를 건너뛰거나 놓칠 경우 위의 두 방법 중 어느 쪽도 뭐가 잘못되었는지를 알아차리지 못한다는 것을 알아두자. 어느 쪽이건 마지막 오프셋을 추적한다는 점에서는 동일하기 때문이다. 컨플루언트의 상업적 배포판에 포함되어 있는 툴인 컨트롤 센터Control Center, https://oreil.ly/KnvVV에는 메시지 수와 체크섬을 모니터링함으로써 이러한 차이를 줄여 주는 기능이 있다.

프로듀서/컨슈머 지표 모니터링

미러메이커가 사용하는 카프카 커넥트 프레임워크는 프로듀서와 컨슈머를 포함한다. 둘 다 여러 지표들을 모니터링 가능한 형태로 제공하고 있으므로 이들을 수집하고 추적할 것을 권장한다. 카프카 문서http://bit.ly/2sMfZWf에는 사용 가능한 지표 전체가 나와 있지만, 여기서 소개하는 것들은 미러메이커 성능을 튜닝할 때 유용한 것들이다.

컨슈머

`fetch-size-avg`, `fetch-size-max`, `fetch-rate`, `fetch-throttle-time-avg`, `fetch-throttle-time-max`

프로듀서

`batch-size-avg`, `batch-size-max`, `requests-in-flight`, `record-retry-rate`

둘 다

`io-ratio`, `io-wait-ratio`

카나리아 테스트

만약 다른 것들을 전부 모니터링하고 있다면 카나리아 테스트Canary Test 같은 건 굳이 필요 없다. 하지만 우리는 모니터링 레이어 여러 곳에 카나리아 테스트를 하는 걸 선호한다. 1분에 한 번, 소스 클러스터의 특정한 토픽에 이벤트를 하나 보낸 뒤 대상 클러스터의 토픽에서 해당 메시지를 읽는 식으로 구현하면 된다. 이렇게 하면 이벤트가 복제될 때까지 걸리는 시간이 일정 수준을 넘어갔을 때 경보를 받을 수도 있다. 실제로 이런 상황이 발생한다면 미러메이커가 랙에 시달리고 있거나 아니면 아예 작동 중이지 않은 것이다.

10.3.5 미러메이커 튜닝하기

미러메이커는 수평 확장이 가능한 시스템이다. 미러메이커 클러스터의 크기는 필요한 처리량과 허용할 수 있는 랙의 크기에 의해 결정된다. 만약 랙을 전혀 허용할 수 없다면, 최고 수준의 처리량을 유지할 수 있는 수준으로 미러메이커의 크기를 키워줘야 할 것이다. 어느 정도의 랙을 허용할 수 있다면 미러메이커가 전체 시간의 95~99%에 대해 75~80% 정도의 사용률을 보이도록 할 수 있다. 그러고 나서 피크 시간대에 어느 정도 랙이 발생할 수 있다고 생각하면 된다. 대부분의 시간 동안 미러메이커에 어느 정도의 예비 용량이 있는 만큼 피크 시간대가 지나가면 랙을 따라잡을 것이다.

그렇다면, (tasks.max 매개변수에 따라 결정되는) 커넥터 태스크 수에 따른 미러메이커 처리량을 측정하고 싶을 것이다. 이것은 하드웨어, 데이터센터, 혹은 클라우드 공급자의 영향을 크게 받기 때문에 직접 테스트를 돌려 보아야 할 것이다. 카프카에는 kafka-performance-producer 툴이 포함되어 있다. 이 툴을 사용해서 원본 클러스터에 부하를 생성한 뒤 미러메이커를 연결해서 이를 미러링하기 시작한다. 미러메이커를 1, 2, 4, 8, 16, 24, 32개 태스크와 함께 실행시켜 본다. 어느 지점에서 성능이 줄어드는지를 잘 보아두었다가 tasks.max 설정값을 그보다 살짝 아래 앞으로 잡아준다. 만약 압축된 이벤트를 읽거나 쓰고 있을 경우(데이터센터 간 미러링에서 대역폭이 주 병목인 만큼 권장 사항이다), 미러메이커는 이벤트의 압축을 해제한 뒤 재압축해야 한다. 이것은 CPU를 매우 많이 사용하므로, 태스크 수를 늘릴 때는 CPU 사용률에 유의하자. 이 과정에서 단일 미러메이커 워커의 최대 처리량을 찾을 수 있을 것이다. 만약 이 값이 충분치 않다면 워커를 추가해서 테스트해 본다. 만약 이미 다른 커넥터들과 함께 사용중인 커넥트 클러스터에서 미러메이커를 돌리고 있다면, 클러스터 크기를 결정할 때 이 커넥터들의 부하 역시 고려해야 할 것이다.

또한, 민감한 토픽들을 별도의 미러메이커 클러스터로 분리해야 할 수도 있다(이 토픽들은 절대적으로 지연이 낮아야 할 뿐만 아니라 원본에 새 메시지가 들어오는 즉시 바로바로 미러링되어야 한다). 이렇게 하면 토픽의 미러링이 밀리거나 가장 중요한 데이터 파이프라인의 작업이 지연됨으로써 내가 통제할 수 없는 프로듀서가 느려지는 사태를 방지할 수 있다.

이것이 미러메이커 자체에 해줄 수 있는 튜닝의 거의 전부다. 단, 여기서 각 태스크와 미러메이커 워커의 처리량을 더 증가시킬 수 있다.

만약 서로 다른 데이터센터 사이에 미러메이커를 돌리고 있다면, TCP 스택을 튜닝해주는 것이 실질 대역폭을 증가시키는 데 도움이 될 수 있다. 이미 3, 4장에서 `send.buffer.bytes`, `receive.buffer.bytes` 설정을 사용해서 프로듀서와 컨슈머의 TCP 버퍼 크기를 잡아줄 수 있음을 살펴봤다. 이와 비슷하게, 브로커의 `socket.send.buffer.bytes`, `socket.receive.buffer.bytes` 설정을 잡아 줌으로써 브로커 쪽 버퍼 크기를 설정할 수 있다. 이러한 설정 옵션들을 잡아줄 때는 아래와 같은 리눅스 네트워크 설정 최적화 역시 해주어야 한다.

- TCP 버퍼 크기를 늘린다(`net.core.rmem_default`, `net.core.rmem_max`, `net.core.wmem_default`, `net.core.wmem_max`, `net.core.optmem_max`).
- 자동 윈도우 스케일링을 설정해 준다(`sysctl -w net.ipv4.tcp_window_scaling=1` 혹은 `/etc/sysctl.conf` 파일에 `net.ipv4.tcp_window_scaling=1`을 추가해 준다).
- TCP 슬로우 스타트 시간을 줄인다(`/proc/sys/net/ipv4/tcp_slow_start_after_idle` 설정값을 `0`으로 잡아준다).

리눅스 네트워크는 방대하고 또 복잡한 주제라는 점을 기억하자. 위 매개변수 등에 대해 더 자세히 알고 싶다면 산드라 K. 존슨Sandra K. Johnson 등이 쓴 《리눅스 서버를 위한 성능 튜닝Performance Tuning for Linux Servers》(IBM Press)와 같은 네트워크 튜닝 가이드를 읽어보길 권한다.

또한, 미러메이커가 사용하는 프로듀서나 컨슈머를 튜닝하고 싶을 수도 있다. 우선, 프로듀서 혹은 컨슈머가 병목 지점인지부터 확인한다(더 많은 데이터를 읽어오거나 하는 등의 이유로 프로듀서가 컨슈머를 기다리고 있지는 않은지?). 이를 확인하는 한 가지 방법은 모니터링하고 있는 프로듀서나 컨슈머의 지표를 확인해보는 것이다. 만약 어느 한 쪽은 최대 용량으로 돌아가고 있는데 다른 한쪽은 놀고 있다면, 어느 쪽을 튜닝해줘야 할지는 명백할 것이다. 또 다른 방법은 jstack을 사용해서 스레드 덤프를 몇 개 뜬 다음, 미러메이커 스레드가 대부분의 시간을 쓰고 있는 지점이 poll인지 send인지를 확인하는 것이다(전자 쪽이라면 대개 컨슈머가 병목일 것이고, 후자 쪽이라면 프로듀서가 병목일 것이다).

만약 프로듀서를 튜닝해 줘야 한다면 다음 설정들을 조절해주는 것이 도움이 될 수 있다.

`linger.ms`, `batch.size`

만약 프로듀서가 계속해서 부분적으로 빈 배치들을 전송하고 있다면(예를 들어서, batch-size-avg와 batch-size-max 지푯값이 batch.size 설정값보다 낮은 경우), 약간의 지연을 추가함으로써 처리량을 증대시킬 수 있다. linger.ms 설정값을 올려잡아 주면 프로듀서는 배치를 전송하기 전, 배치가 다 찰 때까지 몇 밀리초 동안 대기한다. 만약 꽉 찬 배치가 전송되고 있는데 메모리에는 여유가 있다면, batch.size 설정값을 올려잡아 줌으로써 더 큰 배치를 전송하도록 할 수 있다.

`max.in.flight.requests.per.connection`

현재로서는, 일부 메시지에 대해 성공적으로 응답이 올 때까지 몇 번의 재시도가 필요한 상황에서 미러메이커가 메시지 순서를 보존하는 방법은 전송중인 요청의 수를 1로 제한하는 것밖에 없다. 즉, 프로듀서가 요청을 전송할 때마다 대상 클러스터로부터 응답이 오기 전까지는 다음 메시지를 보낼 수 없는 것이다. 이것은 특히 브로커가 메시지에 대해 응답을 보내기 전 상당한 지연이 있는 경우, 처리량을 제한할 수 있다. 만약 메시지 순서가 그리 중요하지 않다면, max.in.flight.requests.per.connection 설정에 기본값인 5를 사용하는 것이 처리량을 확연히 증가시키는 방법일 수 있다.

컨슈머 처리량을 증가시키고 싶다면 다음 컨슈머 설정들을 튜닝해 준다.

`fetch.max.bytes`

만약 fetch-size-avg, fetch-size-max 지표가 fetch.max.bytes 설정값과 비슷하게 나온다면, 컨슈머는 브로커로부터 최대한의 데이터를 읽어오고 있는 것이다. 메모리가 충분하다면, 컨슈머가 각 요청마다 더 많은 데이터를 읽어올 수 있도록 fetch.max.bytes 설정값을 올려잡아 본다.

`fetch.min.bytes`, `fetch.max.wait.ms`

만약 컨슈머의 fetch-rate 지표가 높게 유지된다면, 컨슈머가 브로커에게 너무 많은 요청을 보내고 있는데 정작 각 요청에서 실제로 받은 데이터는 너무 적다는 의미다. 이럴 때는 fetch.min.bytes와 fetch.max.wait.ms 설정을 늘려잡아 준다. 이렇게 하면 컨슈머는 요청을 보낼 때마다 더 많은 데이터를 받게 될 것이며, 브로커는 컨슈머 요청에 응답하기 전 충분한 데이터가 쌓일 때까지 기다리게 된다.

10.4 기타 클러스터간 미러링 솔루션

미러메이커가 아파치 카프카의 일부로서 배포되는 만큼, 지금까지는 미러메이커를 자세히 살펴보았다. 하지만 실전에서 사용하기에는 미러메이커 역시 어느 정도 한계가 있다. 따라서 미러메이커의 대안과 이들 각각이 미러메이커의 한계와 복잡성에 대응하기 위해 사용하는 방법은 살펴볼 가치가 있다. 우리는 우버와 링크드인이 개발한 오픈소스 솔루션들과 함께 컨플루언트가 제작한 상업적 솔루션에 대해 설명할 것이다.

10.4.1 우버 uReplicator

우버는 레거시 미러메이커를 매우 큰 규모로 운용해 왔지만, 토픽과 파티션의 수가 늘어나고 클러스터 처리량 역시 증가하면서 여러가지 문제에 직면하게 되었다. 앞에서 우리가 살펴봤듯이, 레거시 미러메이커는 원본 토픽들을 읽어오기 위해 하나의 컨슈머그룹에 속한 다수의 컨슈머들을 사용한다. 그렇기 때문에 미러메이커에 스레드를 추가 투입하든, 미러메이커 인스턴스를 늘리든, 각 인스턴스를 재시작하든 심지어 레거시 미러메이커가 토픽을 구독하기 위해 사용하는 정규식에 매치되는 새 토픽을 추가하든 간에 컨슈머 리밸런스는 발생한다. 우리가 4장에서 살펴본 것과 같이, 리밸런스가 발생하면 각 컨슈머에 새 파티션이 할당될 때까지 모든 컨슈머 작업이 멈춘다. 토픽과 파티션 수가 매우 많은 상황이라면 이 작업은 상당한 시간이 걸릴 수 있다. 우버처럼 오래된(협력적 리밸런스 기능이 탑재되기 전의) 컨슈머들을 사용하고 있다면 특히나 문제가 될 수 있다. 심지어 5분에서 10분까지 읽기 작업이 멈춰서 미러링 작업이 엄청나게 밀릴 수도 있다(이렇게 되면 회복하는 데도 긴 시간이 걸린다). 이것은 대상 클러스터에서 이벤트를 읽어오는 컨슈머들의 지연을 크게 증가시켰다. 누군가가 정규식에 매치되는 토픽을 추가했을 때 리밸런스가 발생하는 상황을 피하기 위해, 우버는 미러링을 수행할 때 정규식 필터를 사용하는 대신 정확한 토픽 이름 목록을 유지하는 방법을 택했다. 하지만 이것 역시 쉬운 일은 아니었다. 새로운 토픽을 추가하려면 모든 미러메이커 인스턴스의 설정을 바꾼 뒤 재시작해야 했기 때문이다. 여기서 뭔가 실수라도 생기면 컨슈머들이 구독하는 토픽 목록에 합의하지를 못해서 리밸런스가 끝없이 계속되는 사태가 발생할 수 있었다.

이러한 문제들에 대응하기 위해 우버는 uReplicator라 불리는, 자체적인 미러메이커 클론을 개발하기로 결정했다. 우버는 uReplicator 인스턴스에 할당된 토픽 목록과 파티션들을 관리하는 중앙집중화된(하지만 높은 가용성을 가진) 컨트롤러를 구현하기 위해 Apache Helix를 사용하기로 했다. 운영자가 REST API를 사용해서 Helix에 저장되는 토픽 목록에 새로운 토픽을 추가하면 uReplicator가 서로 다른 컨슈머들에게 파티션을 할당해 준다. 이를 위해서 우버는 미러메이커에 사용되는 카프카 컨슈머를 우버 개발자들이 개발한 카프카 컨슈머(일명 'Helix 컨슈머')로 교체하였다. 이 컨슈머는 우리가 4장에서 살펴본 것과 같이 컨슈머들 간에 합의된 파티션 할당을 사용하는 대신 Apache Helix 컨트롤러에서 파티션 할당을 받아온다. 결과적으로, Helix 컨슈머는 리밸런스를 회피할 수 있으며 대신 Helix에서 주어지는 할당 파티션 변경을 받아서 처리한다.

우버 엔지니어링 팀이 쓴 이 글https://eng.uber.com/ureplicator-apache-kafka-replicator/에 uReplicator의 상세한 아키텍처와 개선점들이 나와 있다. uReplicator가 Apache Helix에 의존하고 있는 만큼 배우고 관리해야 할 새로운 컴포넌트가 생기고, 설치된 시스템에 복잡성이 추가되는 것은 어쩔 수 없다. 우리가 앞에서 살펴봤듯이, 미러메이커 2.0은 외부 의존성 같은 것 없이도 많은 레거시 미러메이커의 확장성과 내고장성 이슈들을 해결한다.

10.4.2 링크드인 브루클린

우버와 마찬가지로 링크드인 역시 카프카 클러스터 간에 데이터 전송을 위해 레거시 미러메이커를 사용하고 있었다. 데이터의 규모가 커지면서 비슷한 확장성 이슈와 운영상의 어려움을 경험하게 된 것은 물론이다. 이에 따라 링크드인은 브루클린Brooklin이라 불리는 자체적인 데이터 스트리밍 시스템 위에 미러링 솔루션을 구축하였다. 브루클린은 카프카를 포함한 서로 다른 종류의 데이터 저장소 사이에 데이터를 스트리밍해 줄 수 있는 분산 서비스이다. 데이터 파이프라인을 구축하기 위해 사용될 수 있는 범용 데이터 수집 프레임워크로서 브루클린은 다음과 같은 활용 사례를 지원한다.

- 서로 다른 데이터 저장소와 스트림 처리 시스템 사이를 연결해서 데이터를 주고받을 수 있게 해준다.
- 서로 다른 데이터 저장소에 대해 CDC 이벤트를 스트리밍해 준다.
- 클러스터간 카프카 미러링을 제공한다.

브루클린은 높은 신뢰성을 갖도록 설계된 확장성 있는 분산 시스템으로, 대규모의 카프카 클러스터에서 검증되었다. 하루에 조 단위의 메시지를 미러링하는 데 사용되어 왔을 뿐 아니라 안정성, 성능, 운용성 모두에 있어 최적화되었다. 브루클린은 관리 작업을 위해 REST API를 제공한다. 브루클린은 다수의 데이터 파이프라인을 처리하기 위해 공유해서 사용할 수 있는 서비스인 만큼 다수의 카프카 클러스터 간에 데이터를 미러링하기 위해 사용할 수도 있다.

10.4.3 컨플루언트의 데이터센터간 미러링 솔루션

우버가 uReplicator를 개발하는 사이 컨플루언트는 컨플루언트 리플리케이터Comfluent Replicator를 독립적으로 개발했다. 둘은 이름만 비슷할 뿐 공통점이 거의 없다. 즉, 둘은 서로 다른 미러메이커 문제에 대한 서로 다른 해법인 것이다. 조금 뒤에 나온 미러메이커 2.0과 마찬가지로, 컨플루언트의 리플리케이터는 카프카 커넥트 프레임워크에 기반하여 개발되었다. 개발 목표 역시 기업 고객들이 다중 클러스터 환경에서 레거시 미러메이커를 사용하는 도중에 마주치는 문제들을 해결하기 위한 것이었다.

운영을 단순화하고 목표 복구 시간recovery time objective, RTO과 목표 복구 시점recovery point objective, RPO을 낮게 유지하기 위해 스트레치 클러스터를 사용하는 고객들을 위해 컨플루언트는 컨플루언트 플랫폼 제품의 제품 컴포넌트 중 하나인 컨플루언트 서버Confluent Server에 멀티 리전 클러스터Multi-Region Cluster, MRC 기능을 기본으로 탑재하였다. MRC는 지연과 처리량에 미치는 영향을 최소화하기 위해 비동기적으로 복제되는 레플리카를 사용해서 카프카의 스트레치 클러스터 기능을 개선한다. 스트레치 클러스터와 마찬가지로, 이 기능은 지연이 50밀리초 미만인 가용 영역이나 리전 사이의 복제에 적절하며, 클라이언트 복구가 투명하게 이루어진다는 점이 장점이다. 안정성이 더 떨어지는 네트워크를 사용해서 연결된, 서로 멀리 떨어진 서버들로 구축된 클러스터를 위해서는, 좀 더 최근에 컨플루언트 서버에 클러스터 링킹Cluster Linking라 불리는 기능이 기본으로 탑재되었다. 클러스터 링킹 기능은 클러스터 간 데이터 미러링을 위해 카프카의 클러스터간 복제 프로토콜의 오프셋 보존 기능을 확장한다.

지금부터 이들 솔루션 각각이 지원하는 기능들을 살펴보자.

컨플루언트 리플리케이터

컨플루언트 리플리케이터는 미러메이커와 비슷하게 카프카 커넥트 프레임워크에 기반한 미러링 툴이다(미러메이커와 마찬가지로, 카프카 커넥트 프레임워크를 사용해서 클러스터 관리 기능을 구현하며 커넥트 클러스터상에서 돌릴 수 있다). 서로 다른 토폴로지에 대한 데이터 복제와 컨슈머 오프셋, 토픽 설정 마이그레이션을 지원한다. 하지만 미러메이커와 리플리케이터 사이에는 약간의 기능 차이가 있다. 예를 들어서, 미러메이커는 임의의 클라이언트에 대한 ACL 마이그레이션과 오프셋 변환 기능을 제공하지만, 리플리케이터는 ACL을 마이그레이션하지 않으며 자바 클라이언트에 대해서만(타임스탬프 인터셉터를 사용해서) 오프셋 변환 기능을 지원한다. 레플리케이터에는 미러메이커와 같은 로컬, 원격 토픽과 같은 개념이 없는 대신 '집적 토픽aggregate topic'이라는 개념이 있다. 미러메이커와 유사하게, 리플리케이터 역시 순환 복제를 피하려 하지만, 레코드 헤더에 출처를 기입하는 방식(토픽 이름 앞에 접두어를 붙이는 대신)으로 이를 구현한다. 리플리케이터는 복제 랙과 같이 다양한 지푯값을 제공하며, REST API나 컨트롤 센터 UI를 사용해서 모니터링할 수도 있다. 클러스터 간 스키마 마이그레이션과 변환 역시 가능하다.

멀티 리전 클러스터

우리는 앞에서 살펴본 스트레치 클러스터는 클라이언트에 대해 단순하고 투명한 장애 복구를 제공하는 만큼 오프셋 변환이나 클라이언트 재시작과 같은 작업이 필요하지 않았다. 하지만 스트레치 클러스터를 설치하려면 데이터센터 간의 거리가 서로 가까울 뿐 아니라 데이터센터 간에 동기적 복제가 가능할 정도로 안정적인 저지연 네트워크가 설치되어 있어야 한다. 멀티 리전 클러스터 역시 데이터센터 간 지연이 50밀리초 이하인 경우에만 적절하지만, 이 경우엔 동기적인 복제와 비동기적 복제를 조합함으로써 프로듀서 성능에 미치는 영향을 제한하고 더 높은 네트워크 내고장성을 제공한다.

우리가 앞에서 살펴본 것과 같이, 아파치 카프카는 클라이언트가 랙 ID를 활용하여 가장 가까운 곳에 있는 브로커에 위치한 팔로워 레플리카로부터 데이터를 읽어올 수 있게 해주는 기능을 지원한다(결과적으로 데이터센터간 트래픽을 줄일 수 있다). 컨플루언트 서버는 ISR 목록에 추가되지 않은 채 비동기적으로 데이터를 복제하는 레플리카인 **옵저버**observer의 개념 역시 도입하였다(ISR에 없는 만큼 `acks=all` 설정을 사용하는 프로듀서의 작동에 영향을 주지는 않지만, 컨슈머에게 레코드를 전달해줄 수는 있다). 사용자는 낮은 지연과 높은 지속성이라는 두 마리 토끼를 동시에 잡기 위해 같은 리전 안에서는 동기적 복제를, 서로 다른 리전 안에서는 비동기적 복제를 설정할 수 있다. 컨플루언트 서버의 레플리카 위치 제한 기능은 랙 ID 설정값을 사용해서 레플리카들이 서로 다른 리전에 분산되도록 함으로써 지속성을 보장한다. 컨플루언트 플랫폼 6.1은 자동 옵저버 승격automatic observer promotion 기능 역시 지원한다. 이 기능을 사용하면 사전에 설정된 조건을 만족할 때 자동으로 옵저버 레플리카가 생성된다(데이터 유실 없는 빠른 장애 복구가 자동으로 가능해지는 것이다). `min.insync.replicas` 설정값이 사전 설정된 동기적으로 복제되는 레플리카 수 아래로 내려갈 경우, 최신 상태로 동기화중인 옵저버가 자동으로 승격되어 ISR에 추가될 수 있게 된다. 이렇게 함으로써 ISR 수가 필요한 최소값 이상으로 유지되도록 한다. 이렇게 승격된 옵저버는 동기적으로 복제를 수행하는 만큼 처리량에 영향을 줄 수 있지만, 해당 리전에 장애가 발생하더라도 클러스터는 데이터 유실 없이 운영에 필요한 처리량은 유지할 수 있다. 장애가 발생한 리전이 복구되면 옵저버들 역시 자동으로 승급이 해제되기 때문에 클러스터는 정상 상태에서의 성능으로 되돌아간다.

클러스터 링킹

컨플루언트 플랫폼 6.0에서 프리뷰 기능으로서 소개된 클러스터 링킹 기능은 클러스터간 복제 기능을 아예 컨플루언트 서버에 탑재한 것이다. 클러스터 내 브로커간 복제와 동일한 프로토콜을 사용하는 클러스터 링킹 기능은 서로 다른 클러스터 간에 오프셋을 보존한 채로 복제를 수행한다. 자연히 오프셋 변환 기능 같은 것 쓰지 않고 클라이언트를 마이그레이션할 수 있다. 두 클러스터 간에 토픽 설정, 파티션, 컨슈머 오프셋, ACL 모두가 동기화되기 때문에 장애 발생시 복구 시간이 짧아진다. 클러스터 링크는 원본 클러스터에서 대상 클러스터로의 방향성 있는 흐름을 정의한다. 대상 클러스터에서 미러링되는 파티션의 리더를 맡고 있는 브로커들은 해당하는 소스 클러스터 리더 브로커로부터 파티션 데이터를 읽어 오는 반면, 대상 클러스터의 팔로워들은 일반적인 카프카 복제 메커니즘을 사용해서 리더 브로커로부터 데이터를 복제해 온다. 미러링되는 토픽들은 대상 클러스터에서 읽기 전용으로 표시되기 때문에 이 토픽들로는 레코드를 쓸 수 없다. 자연히 원본 토픽과 미러링된 토픽은 논리적으로 동일해진다.

클러스터 링킹 기능은 카프카 커넥트 클러스터와 같은 것을 분리할 필요가 없는 데다가 카프카 외부에서 돌아가는 다른 툴들보다 더 성능이 좋기(미러링 과정에서의 압축 해제, 재압축 같은 게 없는 만큼) 때문에 운영이 더 단순해진다. MRC와는 달리, 클러스터 링킹에는 동기적 복제 옵션 같은 게 없다. 클라이언트 장애 복구 작업(클라이언트 재시작을 필요로 하는) 역시 수동으로 해줘야 한다. 하지만 클러스터 링킹 기능은 불안정하고 높은 지연을 가진 네트워크로 연결되어 있는, 서로 멀리 떨어진 데이터센터에 사용될 수 있으며 데이터센터 사이에 한 번씩만 복제를 수행함으로써 데이터센터 간 트래픽을 줄일 수 있다. 이것은 클러스터 마이그레이션이나 토픽 공유와 같은 활용 사례에 적절하다.

10.5 요약

이 장은 2개 이상의 카프카 클러스터를 운용할 필요성을 설명하는 것부터 시작했다. 간단한 것에서부터 복잡한 것까지, 몇 개의 일반적인 다중 클러스터 아키텍처에 대해 설명한 뒤, 카프카의 장애 복구 아키텍처를 구현에 대한 자세한 내용을 알아보고 현재 사용 가능한 다른 옵션들과 비교해 보았다. 그 다음에 우리는 사용 가능한 툴들에 대해서 알아보았다. 아파치 카프카 미러메이커가 무엇인지에서부터 프로덕션 환경에서 어떻게 사용해야 하는지에 대해 상세히 살펴보았고, 마지막으로 미러메이커를 사용하다가 마주칠 수 있는 이슈들을 해결해 줄 수 있는 대안들에 대해서도 다루었다.

어떤 아키텍처와 툴을 사용하던 간에 기억할 것이 있다. 프로덕션 환경에 들어가는 다른 모든 것들과 마찬가지로, 다중 클러스터 설정과 미러링 파이프라인은 모니터링되고 테스트되어야 한다는 것이다. 카프카의 다중 클러스터 운영이 관계형 데이터베이스의 경우에 비해 쉬울 수 있기 때문에, 어떤 기업이나 조직에서는 올바른 설계, 계획, 테스트, 배포 자동화, 모니터링, 유지관리 작업을 나중으로 미루거나 아예 안 하는 경우도 있다. 다중 클러스터 관리를 다수의 애플리케이션과 데이터 저장소를 포함한, 조직 전반에 걸친 장애 복구 계획이나 지리적 분산 계획의 일부로서 신중하게 고려해야만 다수의 카프카 클러스터를 성공적으로 관리할 가능성을 크게 높일 수 있을 것이다.

CHAPTER 11

보안

카프카는 웹사이트 사용자 추적에서부터 의료 기록 관리, 온라인 결제에 이르기까지 많은 사례에서 활용될 수 있다. 각각의 활용 사례는 보안, 성능, 신뢰성, 가용성의 측면에서 요구 조건이 다르다. 사용 가능한 가장 강력하고 또 최신인 보안 기능을 사용하는 것이 언제나 선호되지만, 보안을 향상시키면 성능, 비용, 사용자 경험 측면에서는 손해가 발생할 수밖에 없기 때문에 어느 정도의 절충은 필수적이다. 카프카는 각각의 활용 사례에 맞는 보안 설정을 지원하기 위해 여러 표준 보안 기술과 함께 다양한 설정 옵션을 지원한다.

성능이나 신뢰성과 마찬가지로, 보안은 컴포넌트별로 따로따로 다뤄지기보다 전체 시스템에 대해 다뤄져야 할 부분이라고 할 수 있다. 시스템 보안은 딱 가장 약한 고리만큼만 강한 법이고, 보안 절차와 정책 역시 시스템 전체(하위에 깔려 있는 시스템 포함)에 걸쳐 적용되어야 한다. 카프카의 커스터마이즈 가능한 보안 기능은 전체 시스템에 걸친 일관적인 보안 모델을 구축하기 위한 기존 보안 인프라스트럭처와의 통합을 가능하게 한다.

이 장에서는 카프카의 보안 기능에 대해 논의할 것이다. 그리고 각각의 기능이 보안의 서로 다른 측면을 어떻게 담당하는지, 카프카의 보안에 어떻게 기여하는지 살펴볼 것이다. 이 장 전체에 걸쳐 우리는 모범사례, 잠재적인 위협, 그리고 이 위협을 완화시킬 방법에 대해서 이야기할 것이다. 우리는 주키퍼와 플랫폼의 나머지 부분에 적용될 수 있는 추가적인 수단 역시 알아볼 것이다.

11.1 보안 설정 적용하기

카프카는 데이터의 기밀성, 진실성, 가용성을 보장하기 위해 다음과 같은 보안 절차를 사용한다.

- 인증authentication은 사용자가 **누구**인지 식별한다.
- 인가authorization는 사용자가 **무엇**을 할 수 있는지를 결정한다.
- 암호화encryption는 누설과 위조로부터 데이터를 보호한다.
- 감사auditing는 사용자가 무엇을 했는지, 하려 했는지를 추적한다.
- 쿼터quotas는 자원을 얼마나 많이 사용할 수 있는지를 조절한다.

카프카에 보안 설정을 적용하는 방법을 이해하기 위해 카프카 클러스터에서 데이터가 어떻게 흐르는지를 먼저 살펴보자. 그림 11-1은 예제 데이터 흐름의 주요 단계들을 보여준다. 이 장에서는 개발 과정 전체에 있어서 보안성을 보장하기 위해 각 단계에서 카프카를 어떻게 설정할 수 있는지, 서로 다른 방식을 설명하기 위해 이 예제 흐름을 사용해서 설명할 것이다.

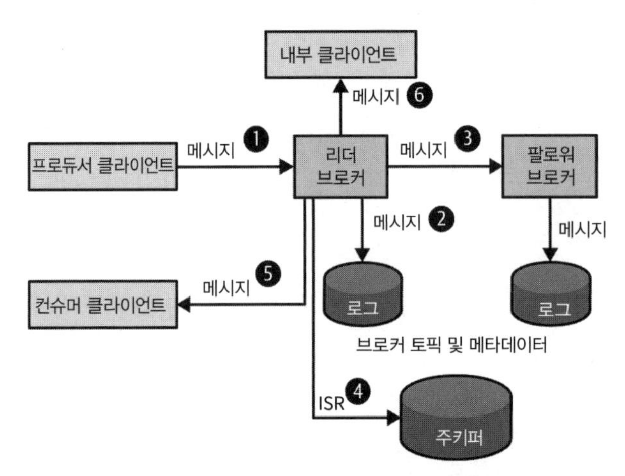

그림 11-1 카프카 클러스터 안에서의 데이터 흐름

1. 앨리스가 `customerOrders`라는 토픽의 파티션에 고객 주문 정보를 쓴다. 레코드는 해당 파티션의 리더를 맡고 있는 브로커에 보내진다.
2. 리더 브로커는 레코드를 로컬 로그 파일에 쓴다.
3. 팔로워 브로커는 리더 블로커로부터 메시지를 받아서 로컬 레플리카 로그 파일에 쓴다.
4. 필요할 경우 리더 브로커는 주키퍼에 저장된 파티션 상태의 인-싱크 레플리카 정보를 갱신한다.
5. 밥이 `customOrders` 토픽에서 고객 주문 정보를 읽는다. 1에서 앨리스가 쓴 레코드를 읽어 온다.

6. 내부 애플리케이션이 `customerOrders` 토픽에서 가져온 모든 메시지를 처리해서 가장 많이 팔린 상품에 대한 실시간 지표를 생성한다.

안전한 카프카 클러스터는 다음과 같은 특징을 가진다.

클라이언트 진정성client authenticity

앨리스가 사용하고 있는 클라이언트가 브로커로 연결을 맺을 때, 브로커는 전송된 메시지가 정말 앨리스로부터 온 것인지 클라이언트를 인증해야 한다.

서버 진정성server authenticity

리더 브로커로 메시지를 보내기 전에, 앨리스의 클라이언트는 해당 연결이 실제 브로커와 맺어진 것임을 검증해야 한다.

기밀성data privacy

메시지가 전달되는 도중에 있는 모든 연결(메시지가 저장되는 모든 디스크를 포함)은 암호화되거나, 물리적으로 보호되어서 외부에서 내용물을 엿보거나 훔칠 수 없어야 한다.

무결성data integrity

안전하지 못한 네트워크를 통해 전송되는 모든 데이터에 메시지 다이제스트digest를 포함함으로써 내용물 변조시 알아차릴 수 있어야 한다.

접근 제어access control

메시지를 로그에 쓰기 전에, 리더 브로커는 앨리스가 `customerOrders`에 쓰기 권한이 있는지를 확인해야 한다. 밥의 컨슈머에 메시지를 전달하기 전에, 브로커는 밥이 해당 토픽에 읽기 권한이 있는지를 확인해야 한다. 만약 밥의 컨슈머가 그룹 관리 기능을 쓰고 있다면 브로커는 밥이 해당 컨슈머 그룹에 접근할 권한이 있는지 역시 검증해야 한다.

감사 가능성auditability

브로커, 앨리스, 밥, 그리고 다른 클라이언트가 수행한 모든 작업을 보여주는 감사용 기록audit trail이 남아야 한다.

가용성availability

브로커는 몇몇 사용자가 사용 가능한 대역폭을 혼자 독차지하거나 브로커에 서비스 거부 공격denial-of-service attack을 가하는 것을 방지하기 위해 쿼터와 제한을 두어야 한다. 브로커의 가용성은 주키퍼 가용성과 주키퍼 안에 저장된 메타데이터의 일관성에 의존하므로, 주키퍼 역시 카프카 클러스터의 가용성을 보장하기 위해 보호되어야 한다.

지금부터 우리는 위와 같은 특징을 보장하기 위해 사용할 수 있는 카프카의 보안 기능에 대해 살펴볼 것이다. 우선 카프카의 연결 모델과 클라이언트에서 브로커로의 연결에 적용되는 보안 프로토콜에 대해서 소개할 것이다. 그러고 나서 각각의 보안 프로토콜을 자세히 살펴보면서 프로토콜별로 서버와 클라이언트의 진정성을 검증하기 위해 사용 가능한 인증 기능에는 어떠한 것이 있는지 알아볼 것이다. 그다음에는 카프카에서 접근 권한을 관리하기 위해 사용되는, 커스터마이즈 가능한 인가 기능과 감사 가능성에 도움을 주는 로그들을 살펴볼 것이다. 마지막으로, 우리는 가용성을 유지하기 위해 필요한 시스템의 나머지 부분(주키퍼, 플랫폼 등) 보안에 대해 설명할 것이다. 자원을 사용자 사이에 공정하게 할당함으로써 서비스 가용성을 향상시키는 쿼터 기능에 대한 자세한 내용은 3장을 참고하자.

11.2 보안 프로토콜

카프카 브로커에는 1개 이상의 엔드포인트를 가진 리스너 설정이 있는데, 클라이언트로부터의 연결을 받는 것이 바로 이 리스너다. 각각의 리스너는 각자의 보안 설정을 가질 수 있다. 물리적으로 보호되고 인가된 사람만이 접근 가능한 내부 리스너의 보안 요구 조건은 공용 인터넷을 통해 접근 가능한 외부 리스너와는 다를 수 있다. 보안 프로토콜은 인증과 전송되는 데이터의 암호화 수준을 결정한다.

카프카는 2개의 표준 기술, 즉 TLS와 SASL을 사용해서 4개의 보안 프로토콜을 지원한다. TLS Transport Layer Security는 이전 버전의 이름인 SSL Secure Sockets Layer라고도 불리는데, 서버와 클라이언트 사이의 인증뿐만 아니라 암호화도 지원한다. SASL Simple Authentication and Security Layer은 연결 지향 프로토콜에서 서로 다른 메커니즘을 사용한 인증을 지원하는 프레임워크이다. 각 카프카 보안 프로토콜은 전송 계층(PLAINTEXT 혹은 SSL)와 인증 계층(SSL 혹은 SASL, 선택 사항)을 조합해서 정의된다.

PLAINTEXT

PLAINTEXT 전송 계층에는 인증이 존재하지 않는다. 사설 네트워크 안에서 인증이나 암호화가 필요없을 정도로 민감하지 않은 데이터를 처리할 때만 적합하다.

SSL

SSL 전송 계층은 선택적으로 클라이언트 SSL 인증을 수행할 수 있다. 암호화뿐만 아니라 클라이언트/서버 인증도 지원되기 때문에 안전하지 않은 네트워크에서 적절하다.

SASL_PLAINTEXT

SASL 인증과 PLAINTEXT 전송 계층이 합쳐진 것이다. 어떤 SASL 메커니즘은 서버 인증 역시 지원한다. 암호화는 지원하지 않기 때문에 사설 네트워크 안에서만 적합하다.

SASL_SSL

SASL 인증과 SSL 전송 계층이 합쳐진 것이다. 암호화뿐만 아니라 클라이언트/서버 인증도 지원되기 때문에 안전하지 않은 네트워크에서 적절하다.

TLS/SSL

TLS는 인터넷에서 가장 많이 사용되는 암호화 프로토콜 중 하나다. HTTP, SMTP, FTP와 같은 애플리케이션 프로토콜은 보안성과 무결성을 지원하기 위해 TLS를 사용한다. TLS는 비대칭 암호화에 사용되는 디지털 인증서를 생성, 관리, 배포하기 위해 공개 키 인프라스트럭처(Public Key Infrastructure, PKI)를 사용한다(비대칭 암호화를 사용함으로써 서버와 클라이언트 간에 공유된 비밀(shared secret)을 주고받는 수고를 할 필요가 없다). TLS 핸드셰이크(handshake) 과정에서 대칭 키 암호화에 쓰이는 세션 키(session key)가 생성되어 이어지는 데이터 교환에 쓰인다. 대칭 키 암호화가 성능상으로는 더 좋기 때문이다.

SASL? SSL?

이 부분의 서술은 보안 기능에 익숙하지 않은 독자라면 헷갈릴 수 있다. 옮긴이 역시 "SSL과 SASL 중에서 어느 쪽이 더 좋아요?"라는 질문을 여러 번 받아봤다. 결론부터 이야기하자면, 둘은 용도가 약간 겹칠 뿐 목적 자체가 전혀 다른 기술이다.

우선 둘의 차이점을 먼저 살펴보면, SSL은 공개 키 암호화를 사용한 통신 프로토콜로, 종단 사이에 교환되는 메시지를 안전하게 보호하는 것을 목표로 한다. 반면 SASL은 종단 간에 사용할 인증 방식을 서로 합의할 수 있도록 해주는 프레임워크다. 인증 방식을 합의하는 방법과 절차를 정의할 뿐, 구체적인 인증 작업은 아래에서 설명할 GSSAPI, OAUTHBEARER 등의 인증 프로토콜이 구현하는 것이다. 그렇기 때문에 자바 애플리케이션에서 네트워크 통신에 보안 기능을 추가하려면 다음과 같은 경우의 수가 있다.

- SSL 암호화를 쓸 것인가 말 것인가?
- SASL을 사용한 인증 기능을 쓸 것인가 말 것인가?

앞에서 카프카 리스너에 설정할 수 있는 보안 프로토콜이 2 × 2 = 4개 나온 것은 바로 이것 때문이다. 내부적으로는 카프카 브로커가 클라이언트의 요청을 받는 소켓을 생성할 때 리스너 설정에 들어있는 보안 프로토콜 이름을 기준으로 거기에 맞는 소켓을 생성하기 때문이다.

- 리스너 설정이 PLAINTEXT://로 시작할 경우, SSL 암호화와 SASL 인증을 둘 다 사용하지 않는다. (기본값)
- SSL://로 시작할 경우, SSL 암호화는 적용하지만 SASL 인증 기능은 사용하지 않는다.
- SASL_PLAINTEXT://로 시작할 경우, SSL 암호화는 사용하지 않지만 SASL 인증 기능은 사용한다.
- SASL_SSL://로 시작할 경우, SSL 암호화와 SASL 인증 기능을 둘 다 사용한다.

그렇다면 이렇게 목적부터가 다른 두 기술이 왜 "약간 겹친다"고 하는 것일까? SSL의 경우, 보통은 서버 쪽이 보유하고 있는 인증서를 클라이언트가 확인하는 식으로 작동하지만(우리가 매일같이 쓰는 웹 브라우저의 https 연결이 여기에 해당한다), 브로커 역시 클라이언트가 보유하고 있는 인증서를 확인하도록 추가 설정을 잡아줄 수 있다(카프카의 경우 아래에서 설명할, ssl.client.auth=required 설정이 여기에 해당한다). 그런데 이 기능을 쓸 때는 클라이언트 간에 서로 다른 인증서를 발급해서 사용하는 것이 보통이기 때문에, 결과적으로 상호 인증이 되어버린다. 즉, 브로커 입장에서는 인증서를 확인하는 순간 클라이언트가 누구인지를 알 수 있는 것이다. 바로 이러한 특성 때문에 SSL은 암호화 통신 프로토콜이면서도 인증 기능도 어느 정도 있다고 할 수 있는 것이다.

반대로, 어떤 인증 프로토콜은 그 자체로 암호화 기능을 전제한다. 아래에서 설명하는 SASL/PLAIN 프로토콜의 경우 비밀번호가 노출되는 순간 악의적인 사용자가 인증 기능을 무력화시킬 수 있기 때문에 반드시 SSL과 함께 사용되어야 하며, 기업 환경에서 많이 쓰이는 SASL/GSSAPI 역시 악의적 사용자의 공격에서 방어하기 위해 SSL 설정을 권장한다.

결론적으로, SSL과 SASL은 서로 다른 목적을 가진 별개의 기술이면서도 역할이 조금 겹치거나 거의 항상 서로에 의존한다. 아래 SSL 절에서는 SSL 암호화 기능을 켜기 위해 각종 연관 설정을 잡아 주는 방법에 대해서, SASL 절에서는 브로커-클라이언트, 브로커-브로커 사이에 사용될 인증 프로토콜 관련된 설정값들(sasl.enabled.mechanisms, sasl.mechanism.inter.broker.protocol 등)을 잡아 주는 방법에 대해 설명한다.

inter.broker.listener.name나 security.inter.broker.protocol 설정을 사용해서 브로커 간의 통신에서 사용되는 리스너를 선택할 수 있다. 이 경우 브로커의 브로커 간 통신과 관련된 보안 프로토콜 설정에 서버 쪽과 클라이언트 쪽 옵션을 모두 넣어 줘야 한다. 브로커가 다른 브로커 리스너에 연결을 맺을 때는 클라이언트로서 맺기 때문이다. 다음 예제는 브로커간 통신 및 내부 네트워크용 리스너에는 SSL을, 외부용 리스너에는 SASL_SSL을 사용하는 방법을 보여준다.

```
listeners=EXTERNAL://:9092,INTERNAL://10.0.0.2:9093,BROKER://10.0.0.2:9094
advertised.listeners=EXTERNAL://broker1.example.com:9092,INTERNAL://
broker1.local:9093,BROKER://broker1.local:9094
listener.security.protocol.map=EXTERNAL:SASL_SSL,INTERNAL:SSL,BROKER:SSL
inter.broker.listener.name=BROKER
```

클라이언트가 연결을 맺을 브로커 리스너는 클라이언트에 설정된 보안 프로토콜과 부트스트랩 서버에 따라 결정된다. 메타데이터가 클라이언트에게 리턴될 때도 부트스트랩 서버에 지정된 리스너에 해당하는 종점만 리턴된다.

```
security.protocol=SASL_SSL
bootstrap.servers=broker1.example.com:9092,broker2.example.com:9092
```

다음 절에서 인증에 대해 설명하면서 우리는 각각의 보안 프로토콜에 대해 브로커와 클라이언트에서 사용 가능한 프로토콜 한정 설정 옵션들에 대해서 살펴볼 것이다.

11.3 인증

인증은 서버와 클라이언트의 사이에서 서로의 신원identity을 확인하는 과정이다. 앨리스의 클라이언트가 고객 주문 레코드를 쓰기 위해 리더 브로커로 접속할 때, 서버 인증 기능은 클라이언트가 (제3자가 아닌) 실제 브로커와 연결을 설정할 수 있도록 한다. 클라이언트 인증은 앨리스의 신원(비밀번호나 디지털 인증서 등)를 확인함으로써 연결된 상대방이 앨리스의 신원을 사칭하고 있는지를 검증한다. 인증이 성공하면 연결이 종료될 때까지 앨리스의 신원이 연결과 결부된다. 카프카는 클라이언트의 신원을 나타내기 위해 `KafkaPrincipal` 객체를 사용하며, 자원에 대한 접근을 허가하거나 해당 클라이언트에 쿼터를 할당하는 데도 이 객체를 사용한다. 각 연결에 대한 `KafkaPrincipal` 객체는 인증 프로토콜에 의한 인증 과정에서 설정된다. 예를 들어서, 비밀번호 기반 인증에서 사용자 이름에 Alice라고 쓴 사용자에 대해서는 User:Alice라는 인증 주체가 사용되는 식이다. `KafkaPrincipal`는 브로커의 `principal.builder.class` 설정을 사용해서 커스터마이즈가 가능하다.

익명 연결

익명 연결(혹은 비인증 연결)의 경우 `User:ANONYMOUS`가 보안 주체로 사용된다. 이것은 PLAINTEXT 리스너로 접속하는 클라이언트뿐만 아니라 SSL 리스너로 접속했지만 인증을 하지 않은 클라이언트에도 적용된다.

11.3.1 SSL

만약 카프카 리스너의 보안 프로토콜이 SSL 혹은 SASL_SSL로 설정되었을 경우, 해당 리스너로의 연결에 TLS 보안 전송 계층이 사용된다. TLS를 통해 연결이 생성될 경우, TLS 핸드셰이크 과정에서 인증, 암호 암호화 매개변수 교환, 암호화를 위한 공유 키 생성 등이 처리된다. 클라이언트는 서버의 신원을 확인하기 위해 서버의 디지털 인증서를 검증한다. 만약 SSL를 사용한 클라이언트 인증 기능이 활성화되어 있다면 서버 역시 클라이언트의 디지털 인증서를 검증해서 신원을 확인한다. SSL을 통한 모든 트래픽은 암호화되기 때문에 안전하지 못한 네트워크에 적절하다.

SSL 성능

SSL 채널은 암호화되기 때문에 CPU 사용에 오버헤드를 초래한다. SSL에서의 제로카피(zero-copy) 전송은 현재 지원되지 않는다. 트래픽 패턴에 따라 20~30%의 오버헤드도 발생할 수 있다.

❶ TLS 설정하기

브로커 리스너에 SSL 혹은 SASL_SSL을 사용해서 TLS 기능을 활성화시킬 경우, 브로커에는 비밀키와 인증서를 포함하고 있는 키스토어keystore가 설정되어야 하며, 클라이언트에는 브로커의 인증서 혹은 브로커 인증서에 서명한 인증기관certificate authority, CA의 인증서를 포함하는 트러스트스토어truststore가 설정되어야 한다. 브로커 인증서는 SANSubject Alternative Name 혹은 CNCommon Name 항목에 브로커 호스트명hostname이 설정되어 있어서 클라이언트가 검증할 수 있도록 되어 있어야 한다. 와일드카드 인증서를 사용하는 것도 가능한데, 이 경우 모든 브로커가 같은 키스토어를 사용하도록 함으로써 관리 작업을 단순화할 수 있다.

서버 호스트네임 검증하기

카프카 클라이언트는 기본적으로 서버의 인증서에 저장되어 있는 서버 이름과 클라이언트가 접속을 시도하는 호스트명이 일치하는지 검증하도록 되어 있다. 접속을 시도하는 호스트명은 클라이언트에 설정된 부트스트랩 서버이거나 아니면 메타데이터 응답으로 리턴되는 advertised.listeners 설정(129쪽 참조)에 포함된 호스트명이어야 한다. 호스트명 검증은 서버 인증에서 중간자 공격(man-in-the-middle attack)를 방지하는 매우 중요한 부분이므로 프로덕션 환경에서는 끄면 안 된다.

브로커 역시 `ssl.client.auth=required` 설정을 해줌으로써 SSL을 통해서 접속을 시도하는 클라이언트를 인증하도록 설정될 수 있다. 이 경우 클라이언트는 키스토어를 사용하도록 설정되어야 하며, 브로커는 클라이언트의 인증서 혹은 클라이언트 인증서에 서명한 인증기관의 인증서를 포함하는 트러스트스토어가 설정되어야 한다. 만약 브로커 간의 통신에 SSL을 사용하려 한다면 브로커의 트러스트스토어는 클라이언트 인증서의 인증기관 인증서뿐만 아니라 브로커 인증서의 인증기관 인증서 역시 포함해야 할 것이다. 기본적으로, 인가와 쿼터 적용의 과정에서는 클라이언트 인증서의 Distinguished NameDN 항목이 보안 주체(`KafkaPrincipal`)로 사용된다. 보안 주체를 커스터마이즈하기 위해 적용할 규칙은 `ssl.principal.mapping.rules`에 설정이 가능하다. SASL_SSL을 사용하는 리스너는 TLS를 통한 클라이언트 인증 기능을 비활성화시키고 SASL 인증을 대신 사용하며, 보안 주체 역시 SASL에 의해 결정된 것을 사용하게 된다.

SSL 클라이언트 인증

`ssl.client.auth=requested`로 설정함으로써 SSL 클라이언트 기능을 선택 사항으로 만들 수 있다. 이 경우 키스토어 설정이 되어 있지 않은 클라이언트는 TLS 핸드셰이크를 마칠 수 있지만 `User:ANONYMOUS` 보안 주체가 할당된다.

다음 예는 자체 서명 인증서를 사용해서 서버와 클라이언트 간의 인증에 사용될 키스토어와 트러스트스토어를 생성하는 방법을 보여준다.

브로커에서 사용할 자체 서명 인증서 키 쌍을 생성한다.

```
$ keytool -genkeypair -keyalg RSA -keysize 2048 -keystore server.ca.p12 \
  -storetype PKCS12 -storepass server-ca-password -keypass server-ca-password \
```

```
  -alias ca -dname "CN=BrokerCA" -ext bc=ca:true -validity 365 ❶
$ keytool -export -file server.ca.crt -keystore server.ca.p12 \
  -storetype PKCS12 -storepass server-ca-password -alias ca -rfc ❷
```

❶ 인증서용 키 쌍을 생성하고, PKCS12 형식 파일인 server.ca.p12에 저장한다. 이 쌍을 서명용 인증서로 사용할 것이다.

❷ CA의 공공 인증서를 server.ca.crt로 저장한다. 이것은 트러스트스토어와 인증서 체인certificate chain에 포함될 것이다.

자체 서명된 CA에 의해 서명된 인증서를 사용해서 브로커에서 사용할 키스토어를 생성한다. 호스트네임에 와일드카드를 사용할 경우, 모든 브로커에 대해 동일한 키스토어가 사용될 수 있다. 그게 아니라면 각각의 브로커별로 전체 주소 도메인 네임fully qualified domain name, FQDN을 사용해서 키스토어를 따로 생성해야 한다.

```
$ keytool -genkey -keyalg RSA -keysize 2048 -keystore server.ks.p12 \
  -storepass server-ks-password -keypass server-ks-password -alias server \
  -storetype PKCS12 -dname "CN=Kafka,O=Confluent,C=GB" -validity 365 ❶
$ keytool -certreq -file server.csr -keystore server.ks.p12 -storetype PKCS12 \
  -storepass server-ks-password -keypass server-ks-password -alias server ❷
$ keytool -gencert -infile server.csr -outfile server.crt \
  -keystore server.ca.p12 -storetype PKCS12 -storepass server-ca-password \
  -alias ca -ext SAN=DNS:broker1.example.com -validity 365 ❸
$ cat server.crt server.ca.crt > serverchain.crt
$ keytool -importcert -file serverchain.crt -keystore server.ks.p12 \
  -storepass server-ks-password -keypass server-ks-password -alias server \
  -storetype PKCS12 -noprompt ❹
```

❶ 브로커에서 사용할 비밀 키를 생성한 뒤 server.ks.p12라는 이름의 PKCS12 형식 파일로 저장한다.

❷ 인증서 서명 요청certificate signing request, CSR을 생성한다.

❸ CA 키스토어를 사용해서 브로커의 인증서를 서명한다. 서명된 인증서는 server.crt에 저장된다.

❹ 브로커의 인증서 체인을 브로커의 키스토어로 불러온다.

브로커간 통신에 TLS가 사용될 경우, 브로커끼리 서로를 인증해 줄 수 있도록 브로커의 CA 인증서를 사용해서 브로커용 트러스트스토어를 생성해 준다.

```
$ keytool -import -file server.ca.crt -keystore server.ts.p12 \
  -storetype PKCS12 -storepass server-ts-password -alias server -noprompt
```

브로커의 CA 인증서를 사용해서 클라이언트용 트러스트스토어를 생성해 준다.

```
$ keytool -import -file server.ca.crt -keystore client.ts.p12 \
  -storetype PKCS12 -storepass client-ts-password -alias ca -noprompt
```

만약 TLS 클라이언트 인증이 활성화되어 있을 경우, 클라이언트는 키스토어와 함께 설정되어야 한다. 다음 스크립트는 클라이언트용으로 자체 서명된 CA를 생성한 뒤 클라이언트 CA로 서명된 인증서를 사용해서 클라이언트용 키스토어를 생성한다. 브로커가 클라이언트를 인증할 수 있도록 클라이언트 CA는 브로커의 트러스트스토어에 추가되어야 한다.

```
# 클라이언트가 사용할 자체 서명된 CA 키 쌍을 생성한다
$ keytool-genkeypair -keyalg RSA -keysize 2048 -keystore client.ca.p12 \
  -storetype PKCS12 -storepass client-ca-password -keypass client-ca-password \
  -alias ca -dname CN=ClientCA -ext bc=ca:true -validity 365  ❶
$ keytool -export -file client.ca.crt -keystore client.ca.p12 -storetype PKCS12 \
  -storepass client-ca-password -alias ca -rfc

# 클라이언트 키스토어를 생성한다
keytool -genkey -keyalg RSA -keysize 2048 -keystore client.ks.p12 \
  -storepass client-ks-password -keypass client-ks-password -alias client \
  -storetype PKCS12 -dname "CN=Metrics App,O=Confluent,C=GB" -validity 365  ❷
$ keytool -certreq -file client.csr -keystore client.ks.p12 -storetype PKCS12 \
  -storepass client-ks-password -keypass client-ks-password -alias client
$ keytool -gencert -infile client.csr -outfile client.crt \
  -keystore client.ca.p12 -storetype PKCS12 -storepass client-ca-password \
  -alias ca -validity 365
cat client.crt client.ca.crt > clientchain.crt
$ keytool -importcert -file clientchain.crt -keystore client.ks.p12 \
  -storepass client-ks-password -keypass client-ks-password -alias client \
  -storetype PKCS12 -noprompt  ❸

# 클라이언트 CA 인증서를 브로커의 트러스트스토어에 추가한다
$ keytool -import -file client.ca.crt -keystore server.ts.p12 -alias client \
  -storetype PKCS12 -storepass server-ts-password -noprompt  ❸
```

❶ 클라이언트용으로 사용할 새 CA를 생성한다.

❷ 이 인증서를 사용하는 클라이언트는 인증 주체의 기본값으로 `User:CN=Metrics App,O=Confluent,C=GB`를 사용한다.

❸ 클라이언트 인증서 체인을 클라이언트 키스토어에 추가한다.

❹ 브로커의 트러스트스토어는 모든 클라이언트의 CA를 포함해야 한다.

키스토어와 트러스트스토어가 준비되었으면, 브로커에 TLS를 설정할 수 있다. 브로커는 브로커 간의 통신에 TLS가 사용되는 경우 혹은 클라이언트 인증 기능이 활성화된 경우에 한해서만 트러스트스토어를 필요로 한다.

```
ssl.keystore.location=/path/to/server.ks.p12
ssl.keystore.password=server-ks-password
ssl.key.password=server-ks-password
ssl.keystore.type=PKCS12
ssl.truststore.location=/path/to/server.ts.p12
ssl.truststore.password=server-ts-password
ssl.truststore.type=PKCS12
ssl.client.auth=required
```

생성된 트러스트스토어를 사용해서 클라이언트를 설정한다. 클라이언트 인증 기능이 필요한 경우, 클라이언트에 키스토어가 설정되어야 한다.

```
ssl.truststore.location=/path/to/client.ts.p12
ssl.truststore.password=client-ts-password
ssl.truststore.type=PKCS12
ssl.keystore.location=/path/to/client.ks.p12
ssl.keystore.password=client-ks-password
ssl.key.password=client-ks-password
ssl.keystore.type=PKCS12
```

트러스트스토어

잘 알려진 인증기관에 의해 서명된 인증서를 사용할 경우, 브로커든 클라이언트든 트러스트스토어 설정을 생략할 수 있다. 자바를 설치할 때 함께 설치되는 기본 트러스트스토어가 여기에 해당한다. 설치 방법은 2장을 참고하자.

TLS 핸드셰이크가 실패하는 걸 방지하려면 인증서가 만료되기 전 키스토어와 트러스트스토어를 주기적으로 갱신해야 한다. 브로커 SSL 저장소는 같은 파일을 덮어쓰거나 설정 옵션이 새 버전 파일을 가리키게 함으로써 동적으로 갱신이 가능하다. 어떠한 경우든 간에 Admin API와 카프카 설정 툴을 사용해서 변경이 적용되도록 할 수 있다. 다음 예시는 카프카 설정 툴을 사용해서 0번 브로커의 외부 리스너에 사용될 키스토어를 갱신한다.

```
$ bin/kafka-configs.sh --bootstrap-server localhost:9092 \
  --command-config admin.props \
```

```
    --entity-type brokers --entity-name 0 --alter --add-config \
    'listener.name.external.ssl.keystore.location=/path/to/server.ks.p12'
```

❷ 고려 사항

TLS는 https를 포함한 많은 프로토콜의 전송 계층 보안을 위해 널리 사용된다. 다른 보안 프로토콜과 마찬가지로, 잠재적인 위협과 미션 크리티컬한 애플리케이션에 적용시 취약성을 완화할 수 있는 전략을 이해하는 것이 중요하다. TLSv1와 같은 오래 된 프로토콜에는 알려진 보안 취약점이 있기 때문에 카프카는 기본적으로 TLSv1.2와 TLSv1.3 이후의 프로토콜만을 지원한다. 재교섭renegotiation 관련 보안 이슈도 있기 때문에 TLS 연결에 있어서 재교섭 기능 역시 지원하지 않는다. 중간자 공격을 방지하기 위해 호스트네임 검증 기능 역시 기본적으로 켜져 있다. 암호화 스위트cipher suite를 제한함으로써 보안을 향상시킬 수도 있다. 최소 256비트 크기의 암호화 키를 사용하는 강력한 암호는 데이터를 불안전한 네트워크를 통해 전송할 때 암호 공격으로부터 데이터를 방어하고 데이터 무결성을 보장한다. 어떤 조직이나 회사에서는 FIPS 140-2와 같은 보안 표준을 준수하는 TLS 프로토콜과 암호만 사용할 수 있도록 하기도 한다.

비밀 키를 저장하는 키스토어는 기본적으로 파일시스템상에 저장되도록 되어 있으므로, 파일시스템 권한을 사용해서 키스토어 파일에 접근할 수 있는 권한을 제한할 필요가 있다. 비밀 키가 위조되었을 경우 인증서를 폐기가 가능하도록 자바 표준 TLS 기능을 사용할 수 있다. 이 경우 수명이 짧은 키short-lived key를 사용해서 키가 노출될 수 있는 기간을 줄일 수 있다.

TLS 핸드셰이크는 자원을 많이 잡아먹는 데다가 브로커의 네트워크 스레드에 대해 상당한 시간을 사용한다. 불안전한 네트워크에서 TLS를 사용하는 리스너는 브로커의 가용성을 보호하기 위해 연결에 쿼터나 제한을 둠으로써 서비스 거부 공격을 막아낼 수 있어야 한다. 인증에 실패한 클라이언트가 재시도하는 속도를 제한하고 싶다면 브로커 설정의 `connection.failed.authentication.delay.ms` 옵션을 사용해서 실패한 인증에 대해 응답하는 것을 늦추면 된다.

자바 보안 기능과 카프카

자바 8 이전부터 keytool을 사용해 온 사용자라면 이 부분의 서술이 묘하게 이질적이라는 것을 느꼈을 것이다. 전통적으로 자바에서 사용되어 온 jks 파일 형식 저장소가 아닌 pkcs12 형식 저장소를 사용하고 있기 때문이다. (명령줄을 잘 보면 '-storetype PKCS12'가 계속해서 반복되는 것을 알 수 있다.)

전통적으로 자바 환경에서는 고유의 키 저장 형식인 jks 형식 저장소를 사용해 왔다. 자바 개발 환경에 딸려오는 keytool 역시 jks 형식 기준이었고, 언어 중립적(language-neutral) 표준 형식인 pkcs12 형식에 대해서는 일부 기능만을 지원했었다. 하지만 자바 8 이후로는 이것이 조금 바뀌었다. 여전히 기본 저장소 형식은 jks였지만, keytool이 pkcs12 형식을 온전히 지원할 수 있게 되었던 것이다. 그리고 자바 9 이후로는 아예 기본 저장소 형식이 pkcs12로 바뀌었다(JEP 229, https://openjdk.org/jeps/229). 본문의 모든 명령이 전통적인 jks 형식이 아닌, pkcs12 형식을 사용하고 있는 데에는 자바 생태계 자체가 pkcs12 형식으로 옮겨가고 있는 것 역시 영향을 미쳤을 것이다.

버전 3.4.0인 현재, 카프카는 자바 8 이후 버전만을 지원하고 있다. 하지만 보안이 중요시되는 환경이라면, 가능하면 자바 11을 사용할 것을 권한다. 본문에서는 "카프카는 기본적으로 TLSv1.2와 TLSv1.3 이후의 프로토콜만을 지원한다."라고 되어 있지만, TLSv1.3은 자바 11에서부터 지원되기 때문이다. 카프카 2.6.0부터는 자바 11 이상 버전을 사용할 경우 자동으로 TLSv1.3이 활성화되는 것으로 기본값이 바뀌었다.

클라이언트 인증서: 설정할 때는 마음대로였겠지만…

본문에서 설명한 것처럼 브로커와 클라이언트 양쪽에 상대편의 인증서를 넣어 준 뒤 `ssl.client.auth=required` 설정을 잡아 줌으로써 상호 인증을 할 수 있다. 그리고 `kafka-configs.sh` 툴을 써서 브로커의 키스토어, 트러스트스토어를 동적으로 갱신hot reload해 줄 수도 있다. 이쯤에서 눈치 빠른 사람은 뭔가 빠져 있다는 것을 알아챘을 것이다. 서버 쪽 키 저장소는 동적으로 갱신해 줄 수 있지만, 클라이언트에 대해서는 그러한 언급이 없다! 왜 그럴까? 실제로 그런 기능이 없기 때문이다.

여기에는 약간의 배경이 있다. 브로커의 경우 단순히 설정을 조금 바꾸기 위해 재시작하는 것이 너무 부담이 큰 일이었기 때문에 이미 버전 1.x대부터 동적 설정 업데이트가 지원되었다. 이후 보안 기능이 들어가면서 키스토어, 트러스트스토어 갱신 기능 역시 기존 기능의 연장선상에서 지원이 추가되었다.[31]

하지만 클라이언트의 경우 동적으로 설정을 업데이트하는 기능이 처음부터 들어있지 않았다. 재시작하는 것 외에는 방법이 없었던 것인데, 브로커와는 달리 재시작에 대한 부담이 상대적으로 적은 만큼 이것이 크게 문제될 일도 없었기 때문이다. 자연히 키스토어 등을 동적으로 갱신하는 기능 역시 (적어도 아직은) 없다. 갱신이 필요하다면 클라이언트를 재시작하는 것 외엔 방법이 없다.

이것이 문제가 될까? 대부분의 경우 문제가 되지 않는다. 하지만 보안을 강화하기 위해 클라이언트 쪽 인증서의 유효 기간 등을 동적으로 업데이트하는 기법을 사용한다면 이야기가 달라진다. 4장에서 설명한 것처럼, 컨슈머 그룹에서 컨슈머가 추가되거나 제거될 때마다 리밸런싱이 발생함으로써 작업이 지연될 수도 있는 것이다. 관련 기능을 작업할 때는 이러한 점에도 주의를 기울일 필요가 있다.

11.3.2 SASL

카프카 프로토콜은 SASL을 사용한 인증을 지원하며, 자주 사용되는 SASL 메커니즘을 기본적으로 지원한다. 전송 계층에 SASL과 TLS를 함께 사용함으로써 인증과 암호화를 동시에 지원하는 안전한 채널을 사용할 수 있다. SASL 인증은 서버가 챌린지challenge를 내놓으면 클라이언트가 여기에 응답response을 보내는 과정을 일정한 순서로 수행하는 식으로 수행된다(챌린지의 순서와 챌린지, 응답의 형식은 사용하는 SASL 메커니즘에 따라 결정된다). 카프카 브로커는 기본적으로 다음과 같은 SASL 메커니즘과 함께 기존 보안 인프라스트럭처와 통합하기 위한 커스터마이즈 가능한 콜백을 지원한다.

31 옮긴이 버전 3.4.0인 현재 키스토어, 트러스트스토어를 자동으로 갱신하는 기능이 제안되어 있는 상태지만 실제로 해당 기능이 언제 탑재될지는 알 수 없다. 자세한 것은 KIP-687(https://cwiki.apache.org/confluence/display/KAFKA/KIP-687:+Automatic+Reloading+of+Security+Store)을 읽어보자.

GSSAPI

SASL/GSSAPI를 사용하는 케르베로스 인증이 지원되며, Active Directory나 OpenLDAP와 같은 케르베로스 서버와 통합하는 데 사용될 수 있다.

PLAIN

사용자 이름/비밀번호 인증. 보통 외부 비밀번호 저장소를 사용해서 비밀번호를 검증하는 서버측 커스텀 콜백과 함께 사용된다.

SCRAM-SHA-256 and SCRAM-SHA-512

추가적인 비밀번호 저장소 같은 것을 설정할 필요 없이 카프카를 설치하자마자 바로 사용할 수 있는 사용자 이름/비밀번호 인증.

OAUTHBEARER

OAuth bearer 토큰을 사용한 인증. 보통 표준화된 OAuth 서버에서 부여된 토큰을 추출하고 검증하는 커스텀 콜백과 함께 사용된다.

브로커에서는 각각의 SASL이 활성화된 리스너에서는 해당 리스너의 `sasl.enabled.mechanisms` 설정을 사용해서 1개 이상의 SASL 메커니즘을 활성화시킬 수 있다. 클라이언트는 `sasl.mechanism` 설정을 사용해서 활성화된 메커니즘 중 하나를 고르면 된다.

카프카는 자바 인증 및 인가 서비스Java Authentication and Authorization Service, JAAS를 사용해서 SASL을 설정한다. `sasl.jaas.config` 설정 옵션은 하나의 JAAS 설정 엔트리를 포함하는데, 사용할 로그인 모듈과 옵션이 지정되는 곳이 바로 여기다. 브로커는 `sasl.jaas.config`를 설정할 때 리스너와 메커니즘을 앞에 붙인다. 예를 들어서, `listener.name.external.gssapi.sasl.jaas.config`에는 EXTERNAL이라는 이름을 가진 리스너의 SASL/GSSAPI 메커니즘 엔트리에 대한 JAAS 설정이 들어간다. 브로커와 클라이언트 사이의 로그인 과정은 인증에 필요한 공개 자격 증명, 비밀 자격 증명을 결정하기 위해 JAAS 설정 파일을 사용한다.

JAAS 설정 파일

JAAS 설정은 자바 시스템 속성인 `java.security.auth.login.config`를 사용해서 파일 형태로 정의될 수도 있다. 하지만, 카프카의 `sasl.jaas.config` 옵션이 더 권장된다. 왜냐하면 비밀번호 보호 기능이 있고 하나의 리스너에 다수의 메커니즘이 활성화되어 있을 경우, 각각의 SASL 메커니즘에 대한 설정을 분리할 수 있기 때문이다.

카프카가 지원하는 SASL 메커니즘은 콜백 핸들러를 사용해서 서드 파티 인증 서버와 통합할 수 있다. 로그인 과정을 커스터마이즈하기 위해 브로커나 클라이언트에 로그인 콜백 핸들러를 설정할 수도 있고(예 인증에 사용될 자격 증명을 얻어온다), 클라이언트가 제출한 자격 증명을 인증하기 위해 서버 콜백 핸들러를 사용할 수도 있으며(예 비밀번호를 외부 비밀번호 서버에 보내서 검증한다), 클라이언트 자격 증명을 JAAS 설정에 포함하는 대신 클라이언트 콜백 핸들러를 사용해서 주입할 수도 있다.

다음 절에서 우리는 카프카가 지원하는 SASL 메커니즘에 대해 더 자세히 알아볼 것이다.

1 SASL/GSSAPI

케르베로스는 널리 사용되는 네트워크 인증 프로토콜로서, 불안전한 네트워크에서의 안전한 상호 인증을 구현하기 위해 강력한 암호화 기능을 이용한다. 일반 보안 서비스 애플리케이션 프로그램 인터페이스Generic Security Service Application Program Interface, GSS-API는 서로 다른 인증 매커니즘을 사용하는 애플리케이션에 보안 서비스를 제공하기 위해 개발된 프레임워크이다. RFC-4752는 GSSAPI라는 이름의 SASL 인증 메커니즘을 추가하는데, 이 메커니즘은 GSS-API의 케르베로스 V5 메커니즘을 사용해서 인증을 수행한다. 엔터프라이즈 수준의 상업적 케르베로스 서버 구현체뿐만 아니라 오픈소스의 확장성까지 더해진 덕분에 케르베로스는 엄격한 보안 조건을 요구하는 많은 분야에서 널리 쓰이는 인증 수단이 되었다. 카프카는 SASL/GSSAPI를 사용해서 케르베로스 인증을 지원한다.

SASL/GSSAPI 설정하기

카프카는 케르베로스를 사용한 안전한 인증을 지원하기 위해 자바 런타임 환경에 포함된 GSSAPI 보안 공급자security provider를 사용한다. GSSAPI를 위한 JAAS 설정은 보안 주체와 여기에 해당하는 장기 키long-term key를 암호화된 형태로 저장하는 키탭keytab 파일의 위치를 포함한다. 브로커에 GSSAPI를 설정하려면, 브로커별로 브로커의 호스트명을 포함하는 보안 주체를 포함하는 키탭 파일을 생성해야 한다.

클라이언트는 서버의 진정성을 확인하고 중간자 공격을 방지하기 위해 브로커 호스트명을 검증한다. 케르베로스는 인증 과정에 필요한 호스트명 검색을 위해 안전한 DNS 서비스를 필요로 한다. 정방향 조회forward lookup 결과와 역방향 조회reverse lookup 결과가 맞지 않는 환경에서는 클라이언트 쪽 케르베로스 설정 파일 `krb5.conf`에서 `rdns=false`로 설정함으로써 역방향 조회를 비활성화할 수 있다. 브로커별 JAAS 설정은 자바 런타임에 포함되어 있는 케르베로스 V5 로그인 모듈, 키탭 파일 위치, 그리고 전체 브로커 보안 주체를 포함해야 한다.

```
sasl.enabled.mechanisms=GSSAPI
listener.name.external.gssapi.sasl.jaas.config=\ ❶
  com.sun.security.auth.module.Krb5LoginModule required \
```

```
  useKeyTab=true storeKey=true \
  keyTab="/path/to/broker1.keytab" \ ❷
  principal="kafka/broker1.example.com@EXAMPLE.COM"; ❸
```

❶ {리스너 이름}.{메커니즘}.sasl.jaas.config 옵션을 사용한다. 리스너 이름과 SASL 메커니즘은 소문자로 써야 한다.

❷ 브로커 프로세스가 키탭 파일을 읽을 수 있어야 한다.

❸ 브로커의 서비스 보안 주체service principal은 브로커의 호스트명을 포함해야 한다.

만약 SASL/GSSAPI이 브로커 간의 통신에 사용된다면, 브로커간 SASL 메커니즘과 케르베로스 서비스 이름이 브로커에 설정되어 있어야 한다.

```
sasl.mechanism.inter.broker.protocol=GSSAPI
sasl.kerberos.service.name=kafka
```

클라이언트의 사용할 키탭 파일과 보안 주체는 JAAS 설정에, 연결할 서비스 이름은 sasl.kerberos.service.name에 설정되어야 한다.

```
sasl.mechanism=GSSAPI
sasl.kerberos.service.name=kafka ❶
sasl.jaas.config=com.sun.security.auth.module.Krb5LoginModule required \
  useKeyTab=true storeKey=true \
  keyTab="/path/to/alice.keytab" \
  principal="Alice@EXAMPLE.COM"; ❷
```

❶ 클라이언트에는 카프카 서비스의 서비스 이름이 지정되어야 한다.

❷ 클라이언트는 호스트명이 없는 보안 주체를 사용할 수 있다.

기본적으로 클라이언트는 보안 주체의 축약된 이름을 신원으로 사용한다. 이 예에서 User:Alice는 클라이언트 보안 주체고 User:kafka는 브로커 보안 주체다. 전체 주소 보안 주체fully qualified principal를 커스텀 보안 주체로 변환하기 위한 변환 규칙들을 적용하기 위해 sasl.kerberos.principal.to.local.rules 브로커 설정이 사용될 수 있다.

고려 사항

케르베로스를 사용하는 프로덕션 환경에서는 인증 흐름과 인증 후 연결을 통해 오가는 데이터 트래픽을 보호하기 위해 SASL_SSL를 사용할 것이 권장된다. 만약 TLS가 사용되지 않아서 안전한 전송 계층을 사용할 수 없을 경우, 네트워크 상의 도청자는 사용자의 자격 증명을 탈취하기 위해 사전 공격dictionary attack이나 무작위 암호 대입 공격brute-force attack을 시도하기 위한 충분한 정보를 획득할 수 있다. 특정한 비밀번호에서 생성된 키는 크래킹 당하기 쉬우므로 각 브로커는 랜덤 생성된 키를 사용하는 것이 안전하다. DES-MD5와 같은 취약한 암호화 알고리즘은 쓰면 안 되고 더 강력한 알고리즘을 써야 한다. 파일 시스템 권한을 적절히 설정함으로써 키탭 파일에 대한 접근 역시 제한해야 하는데, 아무 사용자나 파일을 읽을 수 있게 해 놓으면 누출이 발생했을 때 누구 소행인지 특정하기 어렵기 때문이다.

SASL/GSSAPI는 서버 인증을 위해 안전한 DNS 서비스를 필요로 한다. KDC나 DNS에 대한 서비스 거부 공격이 클라이언트 인증 실패로 이어질 수 있기 때문에 이러한 서비스의 가용성에 대한 모니터링 역시 필요하다. 케르베로스는 리플레이 공격replay attack을 탐지하기 위해 가변 한계가 설정된, 느슨하게 동기화된 시각값에 의존하므로 안전한 시각 동기화를 보장하는 것 역시 중요하다.

❷ SASL/PLAIN

RFC-4616는 안전한 인증을 위해 TLS와 함께 사용될 수 있는 단순한 사용자 이름/비밀번호 인증 메커니즘을 정의한다. 클라이언트가 인증 과정에서 사용자 이름과 비밀번호를 서버로 보내면, 서버는 비밀번호 저장소에 저장된 값을 사용해서 비밀번호를 검증하는 것이다. 카프카는 커스텀 콜백 핸들러를 사용해서 안전한 외부 비밀번호 저장소와 통합할 수 있는 안전한 SASL/PLAIN 구현체를 기본적으로 지원한다.

SASL/PLAIN 설정하기

SASL/PLAIN의 기본 구현은 브로커의 JAAS 설정을 비밀번호 저장소로서 사용한다. 모든 클라이언트 사용자 이름과 비밀번호는 로그인 옵션으로서 주어지는데, 브로커는 인증 과정에서 클라이언트가 제출한 비밀번호가 로그인 옵션으로 주어진 비밀번호에 포함되는지를 검증한다. 브로커의 사용자 이름과 비밀번호는 브로커 간의 통신에 SASL/PLAIN이 사용될 때만 필요하다.

```
sasl.enabled.mechanisms=PLAIN
sasl.mechanism.inter.broker.protocol=PLAIN
listener.name.external.plain.sasl.jaas.config=\
  org.apache.kafka.common.security.plain.PlainLoginModule required \
    username="kafka" password="kafka-password" \  ❶
    user_kafka="kafka-password" \
    user_Alice="Alice-password";  ❷
```

❶ 브로커 간의 통신에 사용될 사용자 이름과 비밀번호.

② 앨리스의 클라이언트가 브로커로 접속을 시도할 경우, 앨리스가 입력한 비밀번호는 브로커 설정의 이 비밀번호와 대조, 검증된다.

클라이언트에는 인증에 사용될 사용자 이름과 비밀번호가 설정되어 있어야 한다.

```
sasl.mechanism=PLAIN
sasl.jaas.config=org.apache.kafka.common.security.plain.PlainLoginModule \
  required username="Alice" password="Alice-password";
```

모든 브로커의 JAAS 설정에 모든 비밀번호를 저장하는 기본 구현은 안전하지 않을 뿐더러 유연성도 떨어진다. 사용자를 추가하거나 제거할 때마다 모든 브로커를 재시작해야 하기 때문이다. 프로덕션 환경에서 SASL/PLAIN을 사용한다면, 브로커와 서드파티 비밀번호 서버를 통합하기 위해 커스텀 서버 콜백 핸들러를 사용할 수 있다. 비밀번호 순환password rotation 기능을 지원하기 위해 커스텀 콜백 핸들러를 사용할 수도 있다. 이 경우 서버 쪽에서는 서버 콜백 핸들러가 모든 클라이언트가 새 비밀번호로 옮겨갈 때까지 이전 비밀번호와 새 비밀번호를 둘 다 지원해야 한다. 다음 예는 아파치 웹 서버 툴인 htpasswd를 사용해서 생성한 파일에 저장된 암호화된 비밀번호를 검증하는 콜백 핸들러를 보여준다.

```
public class PasswordVerifier extends PlainServerCallbackHandler {

  private final List<String> passwdFiles = new ArrayList<>(); ❶

  @Override
  public void configure(Map<String, ?> configs, String mechanism,
                        List<AppConfigurationEntry> jaasEntries) {
    Map<String,?> loginOptions = jaasEntries.get(0).getOptions();
    String files = (String) loginOptions.get("password.files"); ❷
    Collections.addAll(passwdFiles, files.split(","));
}

  @Override
  protected boolean authenticate(String user, char[] password) {
    return passwdFiles.stream() ❸
        .anyMatch(file -> authenticate(file, user, password));
  }

  private boolean authenticate(String file, String user, char[] password) {
    try {
      String cmd = String.format("htpasswd -vb %s %s %s", ❹
              file, user, new String(password));
```

```
        return Runtime.getRuntime().exec(cmd).waitFor() == 0;
      } catch (Exception e) {
        return false;
        }
      }
  }
```

❶ 암호 순환 기능을 지원하기 위해 다수의 비밀번호 파일을 사용한다.

❷ 브로커 설정에 비밀번호 파일의 위치를 JAAS 옵션으로 넣어 준다. 커스텀 브로커 설정 옵션 역시 사용 가능하다.

❸ 비밀번호가 비밀번호 파일 중 하나의 내용과 일치하는지를 확인한다. 이렇게 함으로써 일정한 기간 동안 예전 비밀번호와 새 비밀번호 둘 다 사용되게 할 수 있다.

❹ 예제를 간단하게 하기 위해 htpasswd를 사용한다. 프로덕션 환경에서는 안전한 데이터베이스를 사용할 수 있다.

브로커에는 비밀번호 검증 콜백 핸들러와 여기 필요한 옵션들을 설정할 수 있다.

```
listener.name.external.plain.sasl.jaas.config=\
  org.apache.kafka.common.security.plain.PlainLoginModule required \
    password.files="/path/to/htpassword.props,/path/to/oldhtpassword.props";
listener.name.external.plain.sasl.server.callback.handler.class=\
  com.example.PasswordVerifier
```

클라이언트 쪽에서는 org.apache.kafka.common.security.auth.AuthenticateCallbackHandler 인터페이스를 구현하는 클라이언트 콜백 핸들러를 사용할 수 있다. 이 방법을 사용하면 실행 초기에 JAAS 설정을 정적으로 읽어오는 대신, 실행 도중 실제로 연결이 맺어졌을 때 동적으로 비밀번호를 읽어오도록 할 수 있다. 비밀번호는 암호화된 파일에서 읽어올 수도 있고, (보안성을 강화하기 위해) 외부의 안전한 서버로부터 읽어올 수도 있다. 다음 예는 카프카의 설정 클래스를 사용함으로써 파일에서 동적으로 비밀번호를 읽어오는 방법을 보여준다.

```
@Override
public void handle(Callback[] callbacks) throws IOException {
    Properties props = Utils.loadProps(passwdFile);  ❶
    PasswordConfig config = new PasswordConfig(props);
    String user = config.getString("username");
    String password = config.getPassword("password").value();  ❷
    for (Callback callback: callbacks) {
        if (callback instanceof NameCallback)
            ((NameCallback) callback).setName(user);
```

```
            else if (callback instanceof PasswordCallback) {
                ((PasswordCallback) callback).setPassword(password.toCharArray());
            }
        }
    }

    private static class PasswordConfig extends AbstractConfig {
        static ConfigDef CONFIG = new ConfigDef()
            .define("username", STRING, HIGH, "User name")
            .define("password", PASSWORD, HIGH, "User password"); ❸
        PasswordConfig(Properties props) {
            super(CONFIG, props, false);
        }
    }
```

❶ 콜백에서 설정 파일을 읽어와서 최신 비밀번호를 사용하고 있는지 확인한다. 이는 비밀번호 순환을 지원하기 위해 필요하다.

❷ 내부의 설정 라이브러리가 실제 비밀번호를 리턴한다. 비밀번호가 외부에 저장되어 있다 하더라도 상관없다.

❸ 비밀번호 설정을 PASSWORD 유형으로 정의함으로써 비밀번호가 로그에 찍히지 않도록 한다.

클라이언트뿐만 아니라 브로커 간의 통신에 SASL/PLAIN를 사용하는 브로커 역시 클라이언트 콜백 핸들러를 사용할 수 있다.

```
sasl.jaas.config=org.apache.kafka.common.security.plain.PlainLoginModule \
  required file="/path/to/credentials.props";
sasl.client.callback.handler.class=com.example.PasswordProvider
```

고려 사항

SASL/PLAIN는 비밀번호를 암호화되지 않은 형태로 전달하기 때문에, 안전한 전송 계층을 보장하기 위해서는 PLAIN 메커니즘을 활성화할 때 SASL_SSL 암호화 설정 역시 켜줘야 한다. 브로커와 클라이언트의 JAAS 설정에 암호화되지 않은 형태로 저장된 비밀번호는 안전하지 않으므로 비밀번호를 암호화하거나 외부의 안전한 비밀번호 저장소에 저장하는 것을 고려하는 것이 좋다. 기본적으로 제공되는, 모든 클라이언트 비밀번호를 브로커의 JAAS 설정에 저장하는 비밀번호 저장소를 사용하는 것보다 비밀번호를 안전하게 저장하고 강력한 비밀번호 정책을 취하는 외부의 안전한 비밀번호 서버를 사용하는 것이 더 낫다.

암호화되지 않은 비밀번호

암호화되지 않은 비밀번호를 설정 파일에 저장하지 않는 것이 좋다. 설령 그 파일이 파일시스템 권한으로 보호받는다고 해도 말이다. 비밀번호가 의도치 않게 누출되지 않도록 비밀번호를 외부에 저장하거나 아니면 암호화하는 것을 고려하라. 이 장의 뒤쪽에서 카프카의 비밀번호 보호 기능에 대해서 설명할 것이다.

❸ SASL/SCRAM

RFC-5802는 `SASL/PLAIN`처럼 비밀번호를 직접 전송하는 인증 메커니즘에서 발생하는 보안 문제에 대처할 수 있는 안전한 사용자 이름/비밀번호 인증 메커니즘을 제안한다. SCRAMSalted Challenge Response Authentication Mechanism은 암호화되지 않은 비밀번호가 전송되는 것을 피하고 악의적인 사용자가 다른 사용자로 가장해서 내용을 읽어오는 것이 불가능한 형식으로 저장한다. 솔트 처리는 비밀번호를 안전하게 저장하기 위해 단방향 암호화 해시 함수를 적용하기 전에 비밀번호에 약간의 랜덤 데이터를 결합시킨다. 카프카에는 별도의 비밀번호 서버를 갖출 필요 없이 안전한 주키퍼만을 갖춘 환경에서 사용할 수 있는 SCRAM 제공자를 기본적으로 제공한다. 이 제공자는 `SCRAM-SHA-256`와 `SCRAM-SHA-512`, 두 개의 SCRAM 메커니즘을 지원한다.

SASL/SCRAM 설정하기

주키퍼가 시작된 뒤 그리고 브로커를 시작하기 전에 초기 사용자 집합을 설정할 수 있다. 브로커는 시동 과정에서 SCRAM 사용자 메타데이터를 읽어와서 인메모리 캐시에 저장함으로써 모든 사용자(브로커 간의 통신을 수행하는 브로커 사용자를 포함해서)가 성공적으로 인증할 수 있도록 한다. 사용자 추가와 삭제는 언제나 가능하다. 브로커는 주키퍼의 와처watcher로 들어오는 알림을 사용해서 캐시를 언제나 최신으로 유지한다. 다음 예에서 보안 주체명은 `User:Alice`, 비밀번호는 `Alice-password`이고 `SCRAM-SHA-512` SASL 메커니즘을 사용하는 사용자를 생성한다.

```
$ bin/kafka-configs.sh --zookeeper localhost:2181 --alter --add-config \
  'SCRAM-SHA-512=[iterations=8192,password=Alice-password]' \
  --entity-type users --entity-name Alice
```

브로커에 메커니즘 설정을 잡아 줌으로써 하나의 리스너에 1개 이상의 SCRAM 메커니즘을 설정할 수 있다. 리스너가 브로커간 통신에 사용되는 경우에는 브로커 사용자 이름과 비밀번호가 필요하다.

```
sasl.enabled.mechanisms=SCRAM-SHA-512
sasl.mechanism.inter.broker.protocol=SCRAM-SHA-512
listener.name.external.scram-sha-512.sasl.jaas.config=\
  org.apache.kafka.common.security.scram.ScramLoginModule required \
    username="kafka" password="kafka-password"; ❶
```

❶ 브로커간 통신에 사용될 사용자 이름과 비밀번호.

클라이언트는 브로커에 설정된 SASL 메커니즘 중 하나를 사용하도록 설정해주면 된다. 클라이언트의 JAAS 설정에는 사용자 이름과 비밀번호가 반드시 포함되어야 한다.

```
sasl.mechanism=SCRAM-SHA-512
sasl.jaas.config=org.apache.kafka.common.security.scram.ScramLoginModule \
  required username="Alice" password="Alice-password";
```

설정 툴의 `--add-config` 옵션을 사용해서 새로운 SCRAM 사용자를 추가하거나 `--delete-config`를 사용해서 삭제할 수 있다. 기존 사용자가 삭제될 경우, 해당 사용자의 기존 연결은 계속해서 작동하지만 새로운 연결을 맺을 수는 없다. 이미 존재하던 사용자를 삭제할 경우 해당 사용자가 새로운 연결을 맺을 수는 없지만, 기존 연결은 계속해서 작동하게 된다. 삭제된 사용자의 연결이 계속해서 작동하는 시간을 줄이기 위해 브로커의 재인증 간격을 설정할 수 있다. 다음 예제는 `Alice`의 `SCRAM-SHA-512` 설정을 삭제함으로써 앨리스의 해당 메커니즘에 대한 자격 증명을 삭제하는 것을 보여준다.

```
$ bin/kafka-configs.sh --zookeeper localhost:2181 --alter --delete-config \
  'SCRAM-SHA-512' --entity-type users --entity-name Alice
```

고려 사항

SCRAM은 실제 비밀번호가 전송되거나 데이터베이스에 저장되는 사태를 방지하기 위해 비밀번호와 무작위로 생성된 솔트salt값을 합친 뒤 단방향 암호화 해시 함수를 적용한다. 하지만, 모든 비밀번호 기반 시스템은 딱 비밀번호만큼만 안전한 법이다. 무작위 암호 대입 공격이나 사전 공격으로부터 시스템을 보호하기 위해서는 강력한 비밀번호 정책이 적용되어야 한다. 카프카는 SHA-256나 SHA-512와 같은 강력한 해시 알고리즘만을 지원하고 SHA-1과 같은 약한 알고리즘은 배제함으로써 보호 장치를 제공한다. 사용 가능한 알고리즘을 제한하는 것 외에도 주키퍼의 보안이 뚫린 상황에서도 그 영향을 제한하기 위해 4096회의 기본 반복 횟수와 저장된 키별로 달라지는 랜덤 솔트값을 사용한다.

무작위 암호 대입 공격을 막아내려면 핸드셰이크 과정에서 오가는 키나 주키퍼에 저장된 키값에도 주의를 기울일 필요가 있다. SCRAM은 악의적인 사용자가 인증 과정에서 사용되는 해시 키를 엿볼 수 없도록 반드시 `SASL_SSL` 보안 프로토콜과 함께 사용되어야 한다. 주키퍼 역시 SSL 기능을 켜고 저장소가 손상된 경우에도 저장된 키가 유출되지 않도록 데이터는 암호화된 디스크에 저장해야 한다. 안전한 주키퍼가 없는 환경에서는 SCRAM 콜백을 사용해서 안전한 외부 자격 증명 저장소와 통합할 수 있다.

❹ SASL/OAUTHBEARER

OAuth는 애플리케이션이 HTTP 서비스에 대해 제한된 접근 권한을 획득할 수 있도록 해주는 인가 프레임워크다. OAUTHBEARER SASL 메커니즘은 RFC-7628에 정의된 표준으로, OAuth 2.0으로 얻은 자격 증명을 사용해서 비非HTTP 프로토콜로 보호된 자원에 접근할 수 있게 해준다. OAUTHBEARER는 OAuth 2.0 베어러 토큰을 사용하되 더 짧은 토큰 유효기간과 제한된 자원 접근만 허용하는데, 이는 장기 비밀번호를 사용하는 메커니즘에서 발생하는 보안 취약점을 방지하는 효과가 있다. 카프카는 클라이언트 인증에 SASL/OAUTHBEARER를 지원하며, 서드파티 OAuth 서버와의 통합 역시 지원한다. 기본적으로 제공되는 OAUTHBEARER 구현체는 안전하지 않은 JSON 웹 토큰JSON Web Tokens, JWTs을 사용하기 때문에 프로덕션 환경에는 적합하지 않다. 프로덕션 환경에서 OAUTHBEARER 메커니즘을 사용하는 안전한 인증을 제공하기 위해 커스텀 콜백을 추가함으로써 표준 OAuth 서버와 통합할 수 있다.

SASL/OAUTHBEARER 설정하기

카프카의 기본 SASL/OAUTHBEARER 구현체는 토큰을 검증하지 않으며, 따라서 JAAS 설정에 로그인 모듈만 지정해주면 된다. 만약 리스너가 브로커간 통신에 사용되는 것일 경우, 브로커가 다른 브로커에 연결을 시도할 때 사용되는 토큰에 대한 정보를 지정해주어야 한다. unsecuredLoginStringClaim_sub 옵션은 브로커와 클라이언트 간 연결에 결부되는 KafkaPrincipal를 결정하는 서브젝트 클레임subject claim의 기본값을 지정한다.

```
sasl.enabled.mechanisms=OAUTHBEARER
sasl.mechanism.inter.broker.protocol=OAUTHBEARER
listener.name.external.oauthbearer.sasl.jaas.config=\
  org.apache.kafka.common.security.oauthbearer.OAuthBearerLoginModule \
    required unsecuredLoginStringClaim_sub="kafka"; ❶
```

❶ 브로커 간 연결에 사용될 토큰에 대한 서브젝트 클레임.

클라이언트는 unsecuredLoginStringClaim_sub 옵션을 사용해서 서브젝트 클레임을 지정해야 한다. 다른 클레임이나 토큰 수명 역시 설정 가능하다.

```
sasl.mechanism=OAUTHBEARER
sasl.jaas.config=\
  org.apache.kafka.common.security.oauthbearer.OAuthBearerLoginModule \
    required unsecuredLoginStringClaim_sub="Alice"; ❶
```

❶ 연결에 결부될 `KafkaPrincipal` 기본값으로 `User:Alice`를 사용한다.

프로덕션 환경에서 베어러 토큰bearer token을 사용하기 위해 카프카와 서드파티 OAuth 서버를 통합하기 위해서는 카프카 클라이언트에 `sasl.login.callback.handler.class` 설정을 넣어줌으로써 장기 비밀번호long-term password나 리프레쉬 토큰refresh token을 사용해서 OAuth 서버에서 토큰을 얻어올 수 있게 해야 한다. 만약 브로커간 통신에서 OAUTHBEARER가 사용될 경우, 브로커 역시 브로커 간의 연결에 사용될 토큰을 얻어올 수 있도록 로그인 콜백 핸들러를 설정해줘야 한다.

```
@Override
public void handle(Callback[] callbacks) throws UnsupportedCallbackException {
    OAuthBearerToken token = null;
    for (Callback callback : callbacks) {
        if (callback instanceof OAuthBearerTokenCallback) {
            token = acquireToken(); ❶
            ((OAuthBearerTokenCallback) callback).token(token);
        } else if (callback instanceof SaslExtensionsCallback) { ❷
            ((SaslExtensionsCallback) callback).extensions(processExtensions(token));
        } else
            throw new UnsupportedCallbackException(callback);
    }
}
```

❶ 클라이언트는 OAuth 서버로부터 토큰을 받아와서 콜백에 유효한 토큰값을 설정해줘야 한다.

❷ 클라이언트 역시 (선택 사항인) 확장 기능을 포함할 수 있다.

브로커 역시 클라이언트가 제출한 토큰을 검증하는 데 사용될 서버 콜백 핸들러가 설정되어 있어야 한다. 이것은 `listener.name.{리스너 이름}.oauthbearer.sasl.server.callback.handler.class` 설정을 사용해서 지정할 수 있다.

```
@Override
public void handle(Callback[] callbacks) throws UnsupportedCallbackException {
    for (Callback callback : callbacks) {
        if (callback instanceof OAuthBearerValidatorCallback) {
            OAuthBearerValidatorCallback cb = (OAuthBearerValidatorCallback) callback;
            try {
                cb.token(validatedToken(cb.tokenValue())); ❶
            } catch (OAuthBearerIllegalTokenException e) {
                OAuthBearerValidationResult r = e.reason();
                cb.error(errorStatus(r), r.failureScope(), r.failureOpenIdConfig());
            }
        } else if (callback instanceof OAuthBearerExtensionsValidatorCallback) {
```

```
            OAuthBearerExtensionsValidatorCallback ecb =
                    (OAuthBearerExtensionsValidatorCallback) callback;
            ecb.inputExtensions().map().forEach((k, v) ->
                ecb.valid(validateExtension(k, v)));  ❷
        } else {
            throw new UnsupportedCallbackException(callback);
        }
    }
}
```

❶ OAuthBearerValidatorCallback은 클라이언트로부터 제출된 토큰을 보유하고, 브로커는 이 토큰을 검증한다.

❷ 브로커는 클라이언트로부터의 모든 (선택 사항인) 확장 기능을 검증한다.

고려 사항

SASL/OAUTHBEARER 클라이언트는 OAuth 2.0 베어러 토큰을 네트워크를 통해 전송하기 때문에 악의적인 사용자가 다른 사용자로 가장할 때 이 토큰을 사용할 수 있다. 이러한 이유 때문에 TLS를 활성화해서 인증 트래픽을 암호화해야 한다. 단기간만 사용이 가능한 토큰을 사용하면 토큰이 위조되더라도 시스템이 위험에 노출되는 시간을 줄일 수 있다. 인증에 사용된 토큰의 유효기간이 끝났는데도 연결이 계속 유지되는 상황을 방지하려면 브로커의 재인증 기능을 켜면 된다. 브로커에 토큰 폐기 기능과 함께 재인증 간격 설정을 해주면 토큰이 폐기된 뒤에도 연결이 지속되는 시간을 줄일 수 있다.

5 위임 토큰

위임 토큰delegation token은 카프카 브로커와 클라이언트 사이에 공유된 비밀로서, 클라이언트에 SSL 키스토어나 케르베로스 키탭 파일을 배포할 필요 없는 경량 설정 메커니즘을 제공한다. 위임 토큰은 케르베로스 키 배포 센터Kerberos Key Distribution Center, KDC와 같은 인증 서버의 부하를 줄이기 위해 사용될 수도 있다. 카프카 커넥트와 같은 프레임워크는 워커에 대한 보안 설정을 단순화하기 위해 위임 토큰을 사용할 수 있다. 카프카 브로커에 대해 인증이 성공한 클라이언트는 동일한 사용자 보안 주체에 대해 위임 토큰을 생성해서 다른 워커worker들에게 분배할 수 있는데, 위임 토큰을 받은 워커는 카프카 브로커에 대해 바로 인증할 수 있다. 각각의 위임 토큰은 토큰 식별자token identifier와 공유된 비밀로 사용될 해시 기반 메시지 인증 코드hash-based message authentication code, HMAC로 이루어진다. 위임 토큰을 사용한 클라이언트 인증은 SASL/SCRAM 메커니즘을 사용해서 이루어지는데, 이때 토큰 식별자가 사용자 이름이 되고 HMAC가 비밀번호가 된다.

위임 토큰은 카프카 Admin API나 delegation-tokens 명령을 사용해서 생성하거나 갱신할 수 있다. User:Alice 보안 주체에 대한 위임 토큰을 생성하려면 클라이언트는 위임 토큰이 아닌 인증 프로토콜으로 인증된 앨리스의 자격 증명이 필요하다. 위임 토큰을 사용해서 인증된 클라이언트는 다른 인증 토큰을 생성할 수 없다.

```
$ bin/kafka-delegation-tokens.sh --bootstrap-server localhost:9092 \
  --command-config admin.props --create --max-life-time-period -1 \
  --renewer-principal User:Bob ❶
$ bin/kafka-delegation-tokens.sh --bootstrap-server localhost:9092 \
  --command-config admin.props --renew --renew-time-period -1 --hmac c2VjcmV0 ❷
```

❶ 만약 앨리스가 이 명령을 실행한다면, 생성된 토큰은 악의적인 사용자가 앨리스를 사칭하는 데 사용될 수 있다. 이 토큰의 주인은 User:Alice이다. 우리는 User:Bob를 토큰 갱신자로 설정할 것이다.

❷ 갱신renewal 명령은 토큰 주인(Alice)이나 토큰 갱신자(Bob)가 내릴 수 있다.

위임 토큰 설정하기

위임 토큰을 생성하고 검증하고 싶다면 모든 브로커의 delegation.token.master.key 옵션에 동일한 마스터 키가 설정되어 있어야 한다. 마스터 키를 바꾸고 싶다면 모든 브로커를 재시작해야 한다. 현재 사용중인 모든 토큰 역시 마스터 키가 변경되면 더 이상 사용할 수 없기 때문에 마스터 키를 업데이트하기 전에 삭제해야 한다. 새로운 토큰은 새로운 마스터 키가 모든 브로커에 적용된 뒤 생성해 주어야 한다.

위임 토큰을 사용한 인증을 지원해야 할 경우, 브로커에 SASL/SCRAM 메커니즘 중 적어도 하나는 켜져 있어야 한다. 클라이언트의 경우 SCRAM을 사용하도록 설정되어 있어야 하며 사용자 이름에는 토큰 식별자가, 비밀번호에는 HMAC가 들어가 있어야 한다. 이러한 설정을 사용하면 해당 토큰에 결부되어 있는 보안 주체(예 User:Alice)가 브로커-클라이언트 간 연결의 KafkaPrincipal로 사용되게 된다.

```
sasl.mechanism=SCRAM-SHA-512
sasl.jaas.config=org.apache.kafka.common.security.scram.ScramLoginModule \
  required tokenauth="true" username="MTIz" password="c2VjcmV0"; ❶
```

❶ 위임 토큰을 설정하기 위해 SCRAM 설정에 tokenauth를 사용한다.

고려 사항

기본 제공되는 SCRAM 구현체의 경우와 마찬가지로, 위임 토큰은 안전한 주키퍼를 사용해서 작동하고 있는 프로덕션 환경에서만 적당하다. 앞에서 설명한 SCRAM의 모든 보안 취약점은 위임 토큰의 경우에도 똑같이 적용된다.

브로커가 토큰을 생성하기 위해 사용하는 마스터 키는 암호화하거나 안전한 비밀번호 저장소에 저장함으로써 누출되지 않도록 해야 한다. 위임 토큰의 유효기간을 짧게 잡아 주면, 설령 토큰이 위조되었다 하더라도 시스템이 위험에 노출되는 시간을 줄일 수 있다. 토큰이 만료된 연결이 계속해서 작동하는 것을 막고, 토큰이 삭제된 뒤에도 기존 연결이 계속해서 작동하는 시간을 제한하고 싶다면 브로커의 재인증reauthentication 기능을 켜면 된다.

11.3.3 재인증

앞에서 살펴보았듯이, 카프카 브로커는 클라이언트가 새로운 연결을 맺는 시점에서 클라이언트 인증을 수행한다. 브로커가 클라이언트의 자격 증명을 검증해서 해당 시점에 유효할 경우 연결에 대한 인증이 성공하는 것이다. 케르베로스나 OAuth와 같은 보안 메커니즘은 유효기간이 있는 자격 증명을 사용한다. 카프카는 기존 자격 증명이 만료되기 전 새로운 자격 증명을 얻어오기 위해 백그라운드에서 돌아가는 로그인 스레드를 사용하지만, 새로운 자격 증명은 기본적으로 새로운 연결에만 적용되도록 되어 있다. 예전 자격 증명을 사용해서 인증에 성공한 기존 연결들은 요청 타임아웃request timeout이나, 유휴 타임아웃idle timeout이나, 네트워크 에러 등의 이유로 연결이 끊어질 때까지 멀쩡하게 작동한다. 오랫동안 유지되는 연결의 경우, 인증에 사용된 자격 증명이 만료된 지 한참 후에도 계속해서 작동할 수 있다. 카프카 브로커는 `connections.max.reauth.ms` 설정 옵션을 사용해서 SASL로 인증된 연결을 재인증할 수 있도록 한다. 이 옵션의 설정값을 0보다 큰 정숫값으로 잡아주면 카프카 브로커는 SASL 연결의 세션 수명을 체크하고 있다가 클라이언트와 SASL 핸드셰이크를 수행할 때 클라이언트에게 이 값을 알려 준다. 세션 수명은 자격 증명의 잔여 수명과 `connections.max.reauth.ms` 값 중 작은 값이다. 이 기간 동안 재인증을 하지 않은 연결은 브로커가 강제로 종료한다. 클라이언트는 백그라운드에서 돌아가는 로그인 스레드가 얻어 오거나 커스텀 콜백을 사용해서 주입된 자격 증명 최신값을 사용해서 재인증을 수행한다. 재인증은 여러 상황에서 보안을 강화하기 위해 사용될 수 있다.

- 유효기간이 있는 자격 증명을 사용하도록 되어 있는 GSSAPI나 OAUTHBEARER와 같은 SASL 메커니즘에서 재인증 기능은 현재 작동 중인 모든 연결이 유효한 자격 증명을 사용해서 인증되었음을 보장한다.

- 단기간만 사용이 가능한 자격 증명을 사용하면 자격 증명이 위조되는 경우에도 시스템이 위험에 노출되는 시간을 줄일 수 있다.
- PLAIN이나 SCRAM과 같은 비밀번호 기반 SASL 메커니즘은 주기적인 로그인을 설정함으로써 암호 순환 기능을 지원할 수 있다. 재인증은 오래된 비밀번호를 사용해서 인증된 연결이 사용될 수 있는 기간을 줄여준다. 일정 기간 동안 이전 비밀번호와 새 비밀번호가 둘 다 사용되게 해주는 커스텀 서버 콜백을 사용함으로써 모든 클라이언트가 새 비밀번호로 옮겨가는 사이 문제가 발생하는 것을 막을 수 있다.
- `connections.max.reauth.ms`는 유효기간이 없는 자격 증명을 포함한 모든 SASL 메커니즘에 대해 재인증을 요구한다. 이는 이미 폐기된 자격 증명과 결부된 연결이 작동하는 시간을 줄여준다.
- SASL 재인증 기능이 설정되어 있지 않은 클라이언트로부터의 연결은 세션이 종결됨과 동시에 함께 끊어진다. 이 경우 클라이언트는 다시 인증을 하고 연결을 해야 하기 때문에 만료되거나 폐기된 자격 증명과 같은 보안 수준을 보장한다.

위조된 사용자

만약 사용자가 위조되었을 경우, 가능하면 빨리 시스템에서 해당 사용자를 삭제해야 한다. 사용자가 인증 서버에서 삭제되는 순간부터 해당 사용자가 카프카 브로커로 시도하는 모든 새로운 연결 시도는 인증에 실패할 것이다. 이미 맺어진 연결은 재인증 타임아웃 때까지 계속해서 작동할 것이다. 만약 `connections.max.reauth.ms`가 설정되어 있지 않다면 타임아웃도 없고, 따라서 위조된 사용자로 맺어진 연결은 오랫동안 계속해서 작동할 것이다. 오래된 SSL 프로토콜의 재교섭 기능에는 보안 취약점이 있음이 알려져 있기 때문에 카프카는 SSL 재교섭을 지원하지 않는다. TLSv1.3와 같은 더 새로운 프로토콜 역시 재교섭을 지원하지 않는다. 따라서, 이미 맺어진 SSL 연결은 인증 과정에서 사용한 인증서가 폐기되거나 만료되어도 계속해서 작동한다. 이러한 연결에서 뭔가 작업을 수행하는 것을 방지하기 위해서는 해당 보안 주체에 대해 Deny ACL을 사용하면 된다. ACL 변경은 매우 짧은 시간 안에 모든 브로커에 대해 적용되기 때문에 이것은 위조된 사용자의 접근을 방지하는 가장 빠른 방법이다.

11.3.4 무중단 보안 업데이트

비밀번호를 순환시키거나, 보안 패치를 적용하거나, 최신 보안 프로토콜을 업데이트하거나 하기 위해서는 정기적으로 카프카를 정비해주어야 한다. 많은 정비 작업이 카프카 브로커를 하나씩 정지시킨 뒤 설정을 업데이트해서 다시 실행시키는, 이른바 롤링 업데이트rolling update 방식으로 이루어진다. SSL 키스토어나 트러스트스토어를 업데이트 하는 것과 같은 작업은 브로커를 재시작할 필요 없이 동적 설정 업데이트 기능을 사용해서 할 수 있다.

사용중인 클러스터에 새로운 보안 프로토콜을 추가할 때는 브로커에 오래된 프로토콜을 사용하는 기존 리스너는 그대로 두고 새 프로토콜을 사용하는 새로운 리스너를 추가함으로써 업데이트 도중에도 클라이언트 애플리케이션이 오래된 리스너를 사용해서 작동할 수 있도록 할 수 있다. 예를 들어서, 다음 과정은 이미 사용중인 클러스터에서 PLAINTEXT에서 SASL_SSL로 옮겨갈 때 사용할 수 있다.

1. 카프카 설정 툴을 사용해서 각 브로커에 새로운 포트를 사용하는 새로운 리스너를 추가한다. 업데이트 명령으로 `listeners`와 `advertised.listeners` 설정이 예전 리스너와 새 리스너를 모두 포함하도록 하고, 리스너 이름으로 시작하는 새로운 SASL_SSL 리스너 설정 옵션 역시 잡아 준다.
2. 모든 클라이언트 애플리케이션이 SASL_SSL 리스너를 사용하도록 수정한다.
3. 만약 브로커 간의 커뮤니케이션이 새로운 SASL_SSL 리스너를 사용하도록 변경되어야 한다면, 새로운 `inter.broker.listener.name` 설정과 함께 브로커를 롤링 업데이트를 한다.
4. 설정 툴을 사용해서 예전에 사용하던 리스너를 `listeners`, `advertised.listeners`에서 제거한다. 예전에 사용하던 리스너 관련해서 더 이상 사용되지 않는 설정이 있다면 삭제한다.

이미 사용중인 SASL 리스너에 새로운 SASL 메커니즘을 추가하거나 삭제하는 작업은 클러스터를 정지할 필요 없이 동일 리스너 포트에 대해 롤링 업데이트를 해주는 것만으로도 가능하다. 다음 과정은 SASL 메커니즘을 PLAINTEXT에서 SCRAM-SHA-256로 교체한다.

1. 카프카 설정 툴을 사용해서 모든 사용자를 SCRAM 저장소에 추가한다.
2. `sasl.enabled.mechanisms=PLAIN,SCRAM-SHA-256`로 설정하고 리스너에 대해서는 `listener.name.{리스너-이름}.scram-sha-256.sasl.jaas.config` 설정을 잡아 준다. 브로커를 롤링 업데이트한다.
3. 모든 클라이언트 애플리케이션이 `sasl.mechanism=SCRAM-SHA-256` 설정을 사용하도록 수정하고, `sasl.jaas.config` 설정이 SCRAM을 사용하도록 한다.
4. 만약 리스너가 브로커 간의 커뮤니케이션에 사용된다면, `sasl.mechanism.inter.broker.protocol=SCRAM-SHA-256`로 잡아준 뒤 브로커를 롤링 업데이트 한다.
5. `PLAIN` 메커니즘을 삭제하는 새로운 브로커 롤링 업데이트를 수행한다. `sasl.enabled.mechanisms=SCRAM-SHA-256`로 잡아준 뒤 `listener.name.{리스너-이름}.plain.sasl.jaas.config` 설정과 `PLAIN` 메커니즘에 관련된 다른 설정들을 삭제한다.

11.4 암호화

암호화encryption는 데이터의 기밀성과 무결성을 보장하기 위해 사용된다. 앞에서 살펴본 것과 같이 SSL, SASL_SSL 보안 프로토콜을 사용하는 카프카 리스너는 전송 계층으로 TLS를 사용함으로써 안전하지 않은 네트워크를 통해 전송되는 데이터를 보호하는 안전한 (암호화된) 채널을 사용할 수 있게 해 준다. 사용 가능한 TLS 암호화 스위트는 보안을 강화하기 위한 목적이나 미국 연방 정보 처리 표준Federal Information Processing Standard, FIPS와 같은 보안 요건을 준수하기 위해서 제한될 수 있다.

카프카 로그를 저장하는 디스크에 대해 물리적으로 접근할 수 있는 사용자조차도 민감한 데이터를 열어볼 수 없도록 데이터를 완전히 보호하려면 추가적인 조치를 취해야 한다. 디스크가 도난되는 경우에도 보안 사고를 방지하고 싶다면 전체 디스크 암호화나 볼륨 암호화를 사용해서 물리적인 저장 장치 자체를 암호화하면 된다.

많은 경우 전송 계층 암호화나 데이터 저장소 암호화 정도로도 충분한 보호 조치가 되지만, 플랫폼 운영자에게 데이터 접근 권한을 자동으로 부여하는 문제를 피하기 위해 추가적인 조치가 필요할 수 있다. 브로커 메모리에 남아 있던 암호화되지 않은 데이터가 힙 덤프에서 보일 수도 있고, (민감한 정보를 저장하고 있는 카프카 로그와 마찬가지로) 디스크에 직접 접근이 가능한 운영자가 직접 열어볼 수 있다. 개인 식별 정보Personally Identifiable Information, PII와 같이 극도로 민감한 정보를 다루는 환경에서는 기밀성을 보장하기 위해 추가적인 조치가 필요하다. (특히 클라우드 환경에서) 보안 조건을 준수하기 위해서는 플랫폼 운영자나 클라우드 제공자가 어떠한 수단으로도 기밀 데이터에 접근할 수 없도록 할 필요가 있다. 전체 데이터 흐름이 암호화되는 종단 암호화end-to-end encryption를 구현하기 위해 커스텀 암호화 제공자를 카프카 클라이언트에 플러그인 형태로 설정할 수도 있다.

11.4.1 종단 암호화

3장에서 프로듀서에 대해 설명하면서, 메시지를 카프카 로그에 저장되는 바이트 배열로 변환하기 위해 시리얼라이저를 사용하는 것을 보았다. 그리고 카프카 컨슈머에 대해 다룬 4장에서는 디시얼라이저를 사용해서 바이트 배열을 다시 메시지로 변환하는 것을 보았다. 시리얼라이저와 디시리얼라이저는 직렬화 도중에 메시지를 암호화하거나, 역직렬화 도중에 복호화를 수행할 수 있도록 암호화 라이브러리에 통합될 수 있다. 메시지 암호화는 대개 AES와 같은 대칭 키 암호화 알고리즘을 사용해서 수행된다. 키 관리 시스템key management system, KMS에 공유 키를 저장함으로써 프로듀서 쪽은 메시지 암호화, 컨슈머 쪽은 메시지 복호화를 수행할 수 있다. 이 방식은 브로커는 암호화 키에 대해 접근할 필요가 없으며, 암호화되지 않은 원본 메시지를 볼 수도 없기 때문에 클라우드 환경에서 사용하기에 안전하다. 메시지를 복호화하는 데 필요한 암호화 매개변수는 메시지 헤더나 (만약 헤더 기능을 지원하지 않는 오래 된 컨슈머가 메시지를 사용할 수 있어야 한다면) 메시지 본체에 저장될 수 있다. 메시지의 무결성을 확인하기 위해 디지털 서명이 메시지 헤더에 첨부될 수도 있다.

그림 11-2는 종단 암호화가 설정된 상황에서 카프카의 데이터 흐름을 보여준다.

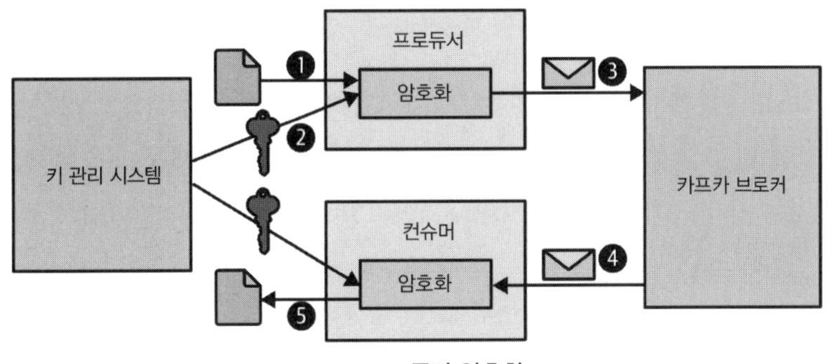

그림 11-2 **종단 암호화**

1. 카프카 프로듀서를 사용해서 메시지를 보낸다.
2. 프로듀서가 KMS에 저장된 암호화 키를 사용해서 메시지를 암호화한다.
3. 암호화된 메시지가 브로커로 전달된다. 브로커는 암호화된 메시지를 파티션 로그에 저장한다.
4. 브로커가 암호화된 메시지를 컨슈머로 보낸다.
5. 컨슈머가 KMS에 저장된 암호화 키를 사용해서 메시지를 복호화한다.

프로듀서와 컨슈머에는 KMS로부터 공유 키를 받아올 수 있는 자격 증명이 설정되어 있어야 한다. 보안을 강화하기 위해서는 주기적으로 키를 회전key rotation시켜주는 것이 좋은데, 더 자주 키를 회전시킬수록 보안 사고가 발생할 경우 위조된 메시지가 들어오는 것을 줄일 수 있을 뿐만 아니라 무차별 암호 대입 공격brute-force attack에 대해서도 방어가 가능하기 때문이다. 예전 키로 암호화된 메시지의 보존 기한 동안 예전 키와 새 키 둘 다 사용해서 메시지를 읽을 수 있어야 한다. 많은 KMS 시스템은 키 회전시 일정 기간 동안 예전 키를 사용할 수 있도록 해주는 기능을 기본적으로 탑재하기 때문에 대칭 키 암호화를 사용하는 카프카 클라이언트에서의 특별한 처리는 필요 없다. 로그 압착 설정이 되어 있는 토픽의 경우, 예전 키를 사용해서 암호화된 메시지가 오랫동안 남아있을 수 있기 때문에 오래 된 메시지를 다시 암호화해야 할 수 있다. 새로운 메시지와 섞이는 것을 방지하기 위해 이 작업이 이루어지는 동안은 프로듀서와 컨슈머가 연결되어 있지 않아야 한다.

암호화된 메시지 압축하기

메시지를 암호화 후 압축하는 것은 암호화 전에 압축하는 것에 비해 저장 공간 측면에서 아무런 이점이 없다. 시리얼라이저를 사용해서 암호화 전에 압축을 수행하도록 설정될 수도 있고, 애플리케이션 코드에서 메시지를 쓰기 전에 압축을 수행할 수도 있다. 어느 쪽이 되었건 간에, 카프카에서는 압축 옵션을 끄는 게 좋다. 아무런 이점이 없이 오버헤드만 추가로 발생하기 때문이다. 안전하지 않은 전송 계층을 통해 전송되는 메시지의 경우, 암호화된 메시지를 압축할 때 발생하는 알려진 보안 취약점 역시 고려되어야 한다.

많은 환경(특히 TLS를 전송 계층으로 사용하는)에서, 메시지 키는 암호화를 필요로 하지 않는다. 메시지 밸류의 내용물만큼 민감한 정보를 포함하지 않는 경우가 대부분이기 때문이다. 하지만 어떤 경우에는 암호화되지 않은 키가 규제 요건에 맞지 않을 수도 있다. 키는 파티셔닝과 압착 작업에 사용되기 때문에 키값을 변환하더라도 요구되는 해시 동등성hash equivalence을 유지해야 한다. 암호화에 사용되는 매개변수가 바뀌어도 키값에서는 동일한 해시값이 나와야 하는 것이다. 한 가지 방법은 키값 원본의 해시값을 메시지 키에 저장하고 암호화된 키값은 메시지 밸류 혹은 헤더에 저장하는 것이다. 카프카는 키와 밸류를 별도로 직렬화하기 때문에 프로듀서 인터셉터를 사용해서 이러한 변환을 수행할 수 있다.

11.5 인가

인가authorization는 사용자가 자원에 대해 어떠한 작동을 수행할 수 있는지를 결정하는 절차다. 카프카 브로커는 커스터마이즈가 가능한 권한 부여자를 사용해서 접근 제어access control를 관리한다. 우리가 앞에서 살펴본 것처럼 클라이언트에서 브로커로의 연결이 맺어질 때마다 브로커는 클라이언트를 인증하고 클라이언트의 신원을 가리키는 `KafkaPrincipal`을 해당 연결에 결부시킨다. 그리고 요청이 처리될 때마다 브로커는 연결에 결부된 보안 주체가 해당 요청을 수행할 수 있는 권한이 있는지를 검증한다. 예를 들어서, 앨리스의 프로듀서가 새로운 고객 주문 레코드를 `customerOrders` 토픽에 쓰려고 할 때 브로커는 `User:Alice`가 해당 토픽에 쓰기 권한이 있는지를 검증한다.

카프카는 다음과 같은 설정으로 켤 수 있는 `AclAuthorizer` 권한 부여자를 기본적으로 제공한다.

```
authorizer.class.name=kafka.security.authorizer.AclAuthorizer
```

기본 권한 부여자, SimpleAclAuthorizer

AclAuthorizer는 아파치 카프카 2.3에서 처음으로 소개되었다. 0.9.0.0 이후의 버전은 `kafka.security.auth.SimpleAclAuthorizer` 권한 부여자를 기본으로 탑재하는데, 이 기능은 지원 중단되었지만 여전히 지원된다.

11.5.1 AclAuthorizer

`AclAuthorizer`는 접근 제어 목록access control list, ACL을 사용해서 카프카 자원에 대한 접근을 세밀하게 제어할 수 있도록 해 준다. ACL은 주키퍼에 저장되는데, 요청을 빠르게 인가할 수 있게 하기 위해 모든 브로커의 메모리에 캐시된다. ACL은 브로커가 시작될 때 캐시에 적재되어 주키퍼의 와처로 들어오는 알림을 사용해서 언제나 최신값으로 유지된다. 모든 카프카 요청 인가는 연결에 결부된 `KafkaPrincipal`에 대해 요청된 자원에 요청된 작업을 수행할 권한이 있는지를 확인함으로써 이루어진다.

각 ACL 설정은 다음과 같은 요소로 이루어진다.

- 자원 유형resource type: `Cluster` | `Topic` | `Group` | `TransactionalId` | `DelegationToken`
- 패턴 유형pattern type: `Literal` | `Prefixed`
- 자원 이름resource name: 자원 이름, 접두어Prefix 혹은 와일드카드(*).
- 작업operation: `Describe` | `Create` | `Delete` | `Alter` | `Read` | `Write` | `DescribeConfigs` | `AlterConfigs`
- 권한 유형permission type: `Allow` | `Deny;` 불허Deny가 허가Allow보다 우선한다.
- 보안 주체principal: 카프카의 보안 주체는 `<유형>:<이름>`의 형태로 표현된다(예 `User:Bob`, `Group:Sales`). 모든 사용자에게 권한을 부여하려면 `User:*`를 쓰면 된다.
- 호스트host: 클라이언트의 IP 주소 혹은 (모든 호스트에 대해 권한을 부여할 경우) 와일드카드(*)

예를 들어서, 다음과 같이 ACL을 지정할 수 있다.

```
User:Alice has Allow permission for Write to Prefixed Topic:customer from
192.168.0.1
```

`AclAuthorizer`는 일치하는 작동에 Deny가 하나도 설정되지 않은 동시에 최소한 1개의 허가 ACL이 설정되어 있을 경우 작동을 허가한다. `Describe` 작업 권한은 `Read`, `Write`, `Alter`, `Delete` 권한 중 하나라도 부여되어 있는 경우 암묵적으로 부여된다. `DescribeConfigs` 권한은 `AlterConfigs` 권한이 부여되어 있는 경우 암묵적으로 부여된다.

와일드카드 ACL

Literal 패턴 유형과 와일드카드 자원 이름을 가진 ACL은 와일드카드 ACL(Wildcard ACL)이라 불리며, 해당 자원 유형의 모든 이름에 일치하는 것으로 취급된다.

브로커는 컨트롤러에 대한 요청과 레플리카 읽기 요청Replica Fetch Request[32] 요청을 수행하기 위해 Cluster:ClusterAction 접근 권한을 부여받아야만 한다. 프로듀서는 토픽을 생성하기 위해 Topic:Write 권한을 부여받아야 한다. 트랜잭션 기능 없이 멱등적 쓰기idempotent produce 기능을 사용할 경우, 프로듀서는 Cluster:IdempotentWrite 권한을 부여받아야 한다. 트랜잭션 기능을 사용하는 프로듀서는 트랜잭션 ID에 접근하기 위해 TransactionalId:Write 권한이, 컨슈머 그룹에 오프셋을 커밋하기 위해 Group:Read 권한이 필요하다. 컨슈머는 토픽에서 메시지를 읽어 오기 위해 Topic:Read 권한이, 그룹 관리 기능이나 오프셋 관리 기능을 사용하고 있을 경우 컨슈머 그룹에 접근하기 위해 Group:Read 권한이 필요하다. 관리 작업의 경우 적절한 Create, Delete, Describe, Alter, DescribeConfigs, 또는 AlterConfigs 접근 권한이 필요하다. 표 11-1은 카프카 요청과 거기에 적용되는 ACL을 보여준다.

표 11-1 카프카 ACL과 부여되는 접근 권한

ACL	적용되는 카프카 요청	비고
Cluster:ClusterAction	컨트롤러 요청과 복제를 위한 팔로워 읽기 요청을 포함한 브로커 간의 요청	브로커에만 부여 가능
Cluster:Create	CreateTopics 요청 혹은 토픽이 자동으로 생성될 경우	특정한 토픽을 생성하기 위한 접근 권한을 세밀하게 제어하려면 Topic:Create를 사용
Cluster:Alter	CreateAcls, DeleteAcls, AlterReplicaLogDirs, ElectReplicaLeader, AlterPartitionReassignments	
Cluster:AlterConfigs	브로커와 브로커 로거에 AlterConfigs 혹은 IncrementalAlterConfigs를 사용할 경우, AlterClientQuotas	
Cluster:Describe	DescribeAcls, DescribeLogDirs, ListGroups, ListPartitionReassignments 그리고 메타데이터 요청에서 클러스터에 인가된 작업 목록을 받아올 때	ListGroups에 대한 접근 권한을 세밀하게 제어하려면 Group:Describe를 사용
Cluster:DescribeConfigs	브로커와 브로커 로거에 DescribeConfigs를 사용할 경우, DescribeClientQuotas	
Cluster:IdempotentWrite	멱등적 프로듀서의 InitProducerId 요청과 쓰기 요청	트랜잭션 기능을 사용하지 않는, 멱등적 프로듀서에서만 필요
Topic:Create	CreateTopics and auto-topic creation	
Topic:Delete	DeleteTopics, DeleteRecords	

32 옮긴이 팔로워 레플리카가 저장되어 있는 브로커가 리더 레플리카가 저장된 브로커의 변경 사항을 받아오기 위해 보내는 요청을 일반적인 클라이언트가 읽는 요청과 구분하는 명칭이다.

ACL	적용되는 카프카 요청	비고
Topic:Alter	CreatePartitions	
Topic:AlterConfigs	AlterConfigs 혹은 토픽에 대해 IncrementalAlterConfigs를 사용할 경우	
Topic:Describe	토픽에 대한 메타데이터 요청, OffsetForLeaderEpoch, ListOffset, OffsetFetch	
Topic:DescribeConfigs	토픽에 대한 DescribeConfigs 요청, CreateTopics 요청에 대한 응답으로 설정값을 내려보내 줄 때	
Topic:Read	ConsumerFetch, OffsetCommit, TxnOffsetCommit, OffsetDelete	컨슈머에 권한이 주어져야 함
Topic:Write	Produce, AddPartitionToTxn	프로듀서에 권한이 주어져야 함
Group:Read	JoinGroup, SyncGroup, LeaveGroup, Heartbeat, OffsetCommit, AddOffsetsToTxn, TxnOffsetCommit	컨슈머 그룹 기능 혹은 카프카 기반 오프셋 관리 기능을 사용중인 컨슈머에 필요. 트랜잭션 중에 오프셋을 커밋해야 하는 트랜잭션적 프로듀서에도 필요
Group:Describe	FindCoordinator, DescribeGroup, ListGroups, OffsetFetch	
Group:Delete	DeleteGroups, OffsetDelete	
TransactionalId:Write	트랜잭션 중인 쓰기(Produce) 요청 및 InitProducerId, AddPartitionToTxn, AddOffsetsToTxn, TxnOffsetCommit, EndTxn 요청	트랜잭션적 프로듀서에 필요
TransactionalId:Describe	트랜잭션 코디네이터에 대한 FindCoordinator 요청	
DelegationToken:Describe	DescribeTokens	

카프카는 브로커에 설정된 권한 관리자를 사용해서 ACL을 관리하기 위한 툴을 제공한다. 주키퍼에 직접 ACL을 생성해 넣을 수도 있는데, 이것은 브로커를 시작하기 전에 브로커 ACL을 생성하고 싶을 경우 편리하다.

```
$ bin/kafka-acls.sh --add --cluster --operation ClusterAction \
  --authorizer-properties zookeeper.connect=localhost:2181     \ ❶
  --allow-principal User:kafka
$ bin/kafka-acls.sh --bootstrap-server localhost:9092         \
  --command-config admin.props --add --topic customerOrders \ ❷
  --producer --allow-principal User:Alice
$ bin/kafka-acls.sh --bootstrap-server localhost:9092         \
```

```
--command-config admin.props --add --resource-pattern-type PREFIXED \ ❸
--topic customer --operation Read --allow-principal User:Bob
```

❶ 브로커 사용자의 ACL을 주키퍼에 바로 생성해 넣는다.

❷ 기본적으로, ACL 명령은 리터럴 ACL을 부여한다. 여기서는 `User:Alice`에게 `customerOrders` 토픽에 대한 쓰기 권한이 부여되었다.

❸ `PREFIXED` 유형 ACL을 사용해서 밥에게 customer로 시작하는 모든 토픽에 대한 읽기 권한을 부여한다.

`AclAuthorizer`는 (특히 기존 클러스터에 처음으로 인가 기능을 추가하는 상황에서) ACL 관리를 간편하게 하기 위해 넓은 범위의 자원이나 보안 주체에 대해 권한을 부여하는 두 개의 설정 옵션을 가지고 있다.

```
super.users=User:Carol;User:Admin
allow.everyone.if.no.acl.found=true
```

슈퍼유저는 어떠한 제한도 없이 모든 자원에 대해 모든 작업을 수행할 권한을 가지며, Deny ACL로 접근을 불허할 수 없다. 만약 캐롤의 자격 증명이 위조된 경우, `super.users`에서 삭제한 뒤 모든 브로커를 재시작해서 변경점을 적용하는 것 외에는 방법이 없다. 프로덕션 환경에서는 필요할 경우 쉽게 권한을 삭제할 수 있도록, ACL을 사용해서 사용자에게 특정한 접근 권한만 부여하는 편이 안전하다.

슈퍼유저 구분자

쉼표(,)로 구분하는 카프카의 다른 목록 설정과는 달리, `super.users`는 세미콜론(;)으로 구분한다. SSL 인증서의 DN(distinguished name) 항목과 같은 사용자 인증 주체가 쉼표를 포함하는 경우가 있기 때문이다.

만약 `allow.everyone.if.no.acl.found`가 활성화되어 있을 경우, 모든 사용자들은 ACL 없이도 모든 자원에 대한 접근 권한을 부여받는다. 이 옵션은 클러스터에 처음으로 인가를 설정하거나 아직 개발이 진행중인 상황에서 유용할 수 있다. 다만, 새로운 자원에 대해 의도치 않게 접근 권한이 부여될 수 있으므로 프로덕션 환경에서는 그리 적절하지 않다. 만약 이 값이 더 이상 `true`가 아니라면, 일치하는 접두어 혹은 와일드카드 ACL이 추가되었을 때 접근 권한이 예상치 못하게 제거될 수 있다.

11.5.2 인가 기능 커스터마이즈하기

카프카의 인가 기능을 커스터마이즈함으로써 추가적인 접근 제한을 설정하거나 역할 기반 접근 제어 role-based access control와 같은 새로운 유형의 접근 제어 기능을 추가할 수 있다.

다음의 커스텀 권한 관리자는 내부 리스너에 대한 몇몇 요청에 제한을 둔다. 단순하게 하기 위해 여기서는 요청 이름과 리스너 이름을 하드코딩해 넣었지만, 더 나은 유연성을 위해 커스텀 권한 관리자 속성에 설정값으로 넣을 수도 있다.

```
public class CustomAuthorizer extends AclAuthorizer {
    private static final Set<Short> internalOps =
        Utils.mkSet(CREATE_ACLS.id, DELETE_ACLS.id);
    private static final String internalListener = "INTERNAL";

    @Override
    public List<AuthorizationResult> authorize(
            AuthorizableRequestContext context, List<Action> actions) {
        if (!context.listenerName().equals(internalListener) &&  ❶
            internalOps.contains((short) context.requestType()))
            return Collections.nCopies(actions.size(), DENIED);
        else
            return super.authorize(context, actions);  ❷
    }
}
```

❶ 커스텀 권한 관리자가 상황에 따라 접근 제한을 추가하거나 제거할 수 있도록 권한 관리자에는 요청에 대한 컨텍스트context와 함께 메타데이터(리스너 이름, 요청 유형 등)가 주어진다.

❷ 카프카에서 기본 제공되는 권한 관리자의 기능을 재사용한다.

카프카 권한 관리자는 그룹 기반 접근 제어나 역할 기반 접근 제어를 지원하기 위해 외부 시스템과도 통합될 수 있다. 그룹 보안 주체나 역할 보안 주체를 위한 ACL을 생성하기 위해 서로 다른 보안 주체 유형을 사용할 수 있다. 예를 들어서, LDAP 서버의 역할 혹은 그룹 정보를 주기적으로 가져다 아래 스칼라 클래스의 groups, roles에 넣어 줌으로써 서로 다른 수준에서의 허가 ACL을 지원할 수 있다.

```
class RbacAuthorizer extends AclAuthorizer {

    @volatile private var groups = Map.empty[KafkaPrincipal, Set[KafkaPrincipal]]
        .withDefaultValue(Set.empty)  ❶
    @volatile private var roles = Map.empty[KafkaPrincipal, Set[KafkaPrincipal]]
        .withDefaultValue(Set.empty)  ❷
```

```
    override def authorize(context: AuthorizableRequestContext,
        actions: util.List[Action]): util.List[AuthorizationResult] = {
      val principals = groups(context.principal) + context.principal
      val allPrincipals = principals.flatMap(roles) ++ principals  ❸
      val contexts = allPrincipals.map(authorizeContext(context, _))
      actions.asScala.map { action =>
        val authorized = contexts.exists(
          super.authorize(_, List(action).asJava).get(0) == ALLOWED)
        if (authorized) ALLOWED else DENIED
      }.asJava
    }

    private def authorizeContext(context: AuthorizableRequestContext,
        contextPrincipal: KafkaPrincipal): AuthorizableRequestContext = {
      new AuthorizableRequestContext {
        override def principal() = contextPrincipal
        override def clientId() = context.clientId
        override def requestType() = context.requestType
        override def requestVersion() = context.requestVersion
        override def correlationId() = context.correlationId
        override def securityProtocol() = context.securityProtocol
        override def listenerName() = context.listenerName
        override def clientAddress() = context.clientAddress
      }
    }
}
```

❶ 사용자가 속하는 그룹을 LDAP와 같은 외부 저장소에서 가져온다.

❷ 사용자의 역할을 LDAP와 같은 외부 저장소에서 가져온다.

❸ 사용자의 그룹, 역할뿐만 아니라 사용자 그 자체에 대한 권한 확인 역시 수행한다.

❹ 권한을 가진 컨텍스트가 하나라도 있다면 ALLOWED를 리턴한다. 이 예제에서는 그룹이나 역할에 대해 Deny를 지원하지 않음을 주의하라.

❺ 각 보안 주체별로 원본 컨텍스트와 동일한 메타데이터를 가진 권한 컨텍스트를 생성한다.

Sale 그룹 혹은 Operator 역할에 대한 ACL 역시 다음과 같이 카프카 표준 ACL 툴을 사용해서 부여해줄 수 있다.

```
$ bin/kafka-acls.sh --bootstrap-server localhost:9092 \
  --command-config admin.props --add --topic customer --producer \
  --resource-pattern-type PREFIXED --allow-principal Group:Sales  ❶
$ bin/kafka-acls.sh --bootstrap-server localhost:9092 \
  --command-config admin.props --add --cluster --operation Alter \
```

```
--allow-principal=Role:Operator ❷
```

❶ `Sales` 그룹에 속한 사용자들에게 적용되는 ACL을 생성하기 위해 커스텀 보안 주체 유형인 `Group`과 함께 `Group:Sales` 보안 주체를 사용한다.

❷ `Operator` 역할을 가진 사용자들에게 적용되는 ACL을 생성하기 위해 커스텀 보안 주체 유형인 `Role`과 함께 `Role:Operator` 보안 주체를 사용한다.

11.5.3 고려 사항

`AclAuthorizer`가 ACL을 주키퍼에 저장하기 때문에 주키퍼에 대한 접근 역시 제한되어야 한다. 안전한 주키퍼를 사용할 수 없는 환경에서는 ACL을 안전한 외부 데이터베이스에 저장하는 커스텀 권한 관리자를 구현할 수 있다.

매우 많은 사용자를 가지고 있는 큰 회사나 조직에서는 각각의 자원에 대해 ACL을 관리하는 것이 매우 성가신 일이 될 수 있다. 서로 다른 부서에 대해 고유한 자원 접두어prefix를 정해 두면 `PREFIXED` 유형 ACL을 사용해서 필요한 ACL의 수를 줄일 수 있다. 이것은 앞의 예제에서 살펴본 것과 같이 그룹 혹은 역할 기반 ACL과 함께 사용됨으로써 큰 시스템에서의 접근 제어를 단순화할 수 있다.

사용자에게 최소한의 접근 권한만을 부여하는 방식은 사용자가 위조되는 사태가 발생해도 보안 위협에 대한 노출을 줄일 수 있다. 즉, 각 사용자 보안 주체에 대해 작업을 수행하는 데 꼭 필요한 자원에 대해서만 접근을 허가하고 더 이상 필요가 없어지는 경우 바로 ACL을 제거해야 한다는 것이다. 임의의 사용자 보안 주체가 더 이상 사용되지 않을 경우(예 사용자의 퇴사), ACL은 즉시 제거되어야 한다. 장시간에 걸쳐 작동하는 애플리케이션은 특정한 사용자와 결부된 자격 증명 대신 서비스 자체에 대해 발급된 자격 증명을 사용함으로써 담당자가 퇴사하더라도 문제없이 작동하도록 할 수 있다. 오랫동안 유지되는 연결은 결부된 사용자 보안 주체가 시스템에서 삭제된 뒤에도 계속해서 작동하기 때문에 Deny ACL을 사용해서 와일드카드 보안 주체에 대해 의도치 않게 접근 허가가 나는 사태를 방지할 수 있다. 이전 버전의 보안 주체를 사용해서 맺어진 연결로부터의 접근이 있을 수 있기 때문에 보안 주체를 재사용하면 안 된다.

11.6 감사

감사와 디버깅을 목적으로 상세한 log4j 로그를 생성하도록 카프카 브로커를 설정할 수 있다. `log4j.properties`에는 로깅 레벨뿐만 아니라 로깅에 사용되는 어펜더appender 각각에 대한 설정까지도 잡아 줄 수 있다. 감사 목적의 로그를 남기기 위해서는 인가를 로깅하는 kafka.authorizer.logger 로거와 요청을 로깅하는 kafka.request.logger 로거에 대해 로그 레벨과 보존 기한을 따로따로 잡아줘야 한다. 프로덕션 환경에서는 이러한 로그들을 분석하고 시각화하기 위해 엘라스틱 스택Elastic Stack과 같은 프레임워크를 사용할 수 있다.

권한 관리자는 거부된 접근에 대해서는 INFO 레벨 로그를, 성공한 접근에 대해서는 DEBUG 로그를 남긴다. 예를 들어보면 다음과 같다.

```
DEBUG Principal = User:Alice is Allowed Operation = Write from host = 127.0.0.1
on resource = Topic:LITERAL:customerOrders for request = Produce with resourceRefCount = 1
(kafka.authorizer.logger)
INFO Principal = User:Mallory is Denied Operation = Describe from host =10.0.0.13 on
resource = Topic:LITERAL:customerOrders for request = Metadata with resourceRefCount = 1
(kafka.authorizer.logger)
```

요청 로깅은 DEBUG 레벨에서 사용자의 보안 주체와 클라이언트 호스트를 포함한다. TRACE 레벨로 설정하면 요청의 전체 세부 사항까지 전부 볼 수 있다. 예를 들어보면 다음과 같다.

```
DEBUG Completed request:RequestHeader(apiKey=PRODUCE, apiVersion=8,
clientId=producer-1, correlationId=6) --
{acks=-1,timeout=30000,partitionSizes=[customerOrders-0=15514]},response:
{responses=[{topic=customerOrders,partition_responses=[{partition=0,error_code=0
,base_offset=13,log_append_time=-1,log_start_offset=0,record_errors=[],error_mes
sage=null}]}],throttle_time_ms=0} from connection
127.0.0.1:9094-127.0.0.1:61040-0;totalTime:2.42,requestQueueTime:0.112,
localTime:2.15,remoteTime:0.0,throttleTime:0,responseQueueTime:0.04,sendTime:
0.118,securityProtocol:SASL_SSL,principal:User:Alice,listener:SASL_SSL,clientInformation:
ClientInformation(softwareName=apache-kafka-java,softwareVersion=2.7.0-SNAPSHOT)
(kafka.request.logger)
```

권한 관리자와 요청 로그는 의심스러운 행동을 찾아내기 위해 분석할 수 있다. 인증 실패 지표나 인가 실패 로그는 감사에 매우 유용할 뿐만 아니라 공격이나 허가되지 않은 접근에 대해 가치 있는 정보를 제공한다. 메시지의 종단 감사 가능성end-to-end auditability와 추적 가능성을 위해 메시지가 생성될 때 헤더에 감사 메타데이터를 추가할 수 있다. 이 메타데이터의 무결성을 보장하기 위해 종단 암호화를 사용할 수 있다.

동적으로 로그 레벨 변경하기

본문에서 어느 어느 로거 내용을 주목해야 한다고 콕 집어주긴 했지만, 카프카의 로깅 설정을 변경하는 것은 쉬운 일이 아니다. 버전 3.4.0인 현재, 아파치 카프카가 아직도 log4j 1.x를 사용하는 탓에 현재 널리 쓰이는 log4j 2.x와는 설정 방법 자체가 다른 데다가[33] 로거 설정을 조금 변경하려고 브로커를 재시작하는 것은 너무 부담이 큰 일이기 때문이다. 카프카 프로세스가 작동하는 와중에 실시간 디버깅을 해야 하거나 하는 상황에서는 더더욱 그렇다.

다행히도 카프카는 로깅 레벨을 동적으로 변경할 수 있는 기능을 제공한다. 다음 12장의 '동적 설정 변경' 절에서 소개할 `kafka-configs.sh` 툴을 사용하면 된다. 아래는 카프카 클러스터의 `{broker-id}` 브로커의 kafka.request.logger 로거의 레벨을 TRACE로 변경하는 명령이다. (12장의 해당 내용을 읽어 본 독자는 '--entity-type' 매개변수가 `broker-loggers`로 설정되었음을 눈치챘을 것이다.)

```
$ bin/kafka-configs.sh --bootstrap-server {kafka-broker}:9092 \
                       --entity-type broker-loggers --entity-name {broker-id} \
                       --alter --add-config kafka.request.logger=TRACE
```

현재 설정되어 있는 로거들을 확인하려면 아래와 같이 하면 된다.

```
$ bin/kafka-configs.sh --bootstrap-server {kafka-broker}:9092 \
                       --entity-type broker-loggers --entity-name {broker-id} \
                       --describe
```

11.7 주키퍼 보안

주키퍼는 카프카 클러스터의 가용성을 유지하는 데 필수적인 메타데이터를 저장하며, 따라서 카프카뿐만 아니라 주키퍼에도 조치를 취하는 것은 필수적이다. 주키퍼는 케르베로스 인증을 위해 SASL/GSSAPI 메커니즘을, 사용자 이름/비밀번호 인증을 위해 SASL/DIGEST-MD5 메커니즘을 지원한다. 주키퍼 3.5.0 역시 TLS 지원을 추가했기 때문에 상호 인증과 데이터 암호화가 가능하다. SASL/DIGEST-MD5는 반드시 TLS 암호화와 함께 사용되어야 하며 알려진 보안 취약점 때문에 프로덕션 환경에는 적절하지 않음을 명심하라.

11.7.1 SASL

주키퍼의 SASL 설정은 자바 시스템 속성인 `java.security.auth.login.config`를 사용해서 잡아

33 옮긴이 번역 작업이 진행되고 있는 버전 3.4.0 시점에서는 4.0부터 도입될 것이 유력해 보인다. 구체적인 작업 내역과 프리뷰 버전은 여기(https://home.apache.org/~dongjin/post/apache-kafka-log4j2-support/)에서 볼 수 있다.

줘야 한다. 이 속성을 적절한 로그인 모듈과 주키퍼 서버 옵션이 정의된 login 섹션이 포함된 JAAS 설정 파일로 잡아 주면 되는 것이다. 카프카 브로커는 SASL이 설정된 주키퍼 서버와 연결할 수 있도록 주키퍼 클라이언트를 위한 클라이언트 쪽 로그인 섹션과 함께 설정해주면 된다.

다음의 'Server' 섹션은 주키퍼에 케르베로스 인증 기능을 설정하는 JAAS 설정을 보여준다.

```
Server {
  com.sun.security.auth.module.Krb5LoginModule required
  useKeyTab=true storeKey=true
  keyTab="/path/to/zk.keytab"
  principal="zookeeper/zk1.example.com@EXAMPLE.COM";
};
```

주키퍼 서버에 SASL 인증 기능을 켜려면, 주키퍼 설정 파일에 인증 제공자authentication provider를 설정해주면 된다.

```
authProvider.sasl=org.apache.zookeeper.server.auth.SASLAuthenticationProvider
kerberos.removeHostFromPrincipal=true
kerberos.removeRealmFromPrincipal=true
```

브로커 보안 주체

기본적으로 주키퍼는 클라이언트 신원으로 전체 케르베로스 보안 주체를 사용한다(예 kafka/broker1.example.com@EXAMPLE.COM). 주키퍼 인가에 ACL 기능이 켜져 있을 경우, 주키퍼 서버는 모든 브로커가 동일한 보안 주체를 가지도록 `kerberos.removeHostFromPrincipal=true` and `kerberos.removeRealmFromPrincipal=true` 설정이 되어 있어야 한다.

카프카 브로커는 주키퍼에 인증할 때 SASL을 사용해야 한다. 이때 브로커의 클라이언트 자격 증명을 저장하는 JAAS 설정 파일이 필요하다.

```
Client {
  com.sun.security.auth.module.Krb5LoginModule required
  useKeyTab=true storeKey=true
  keyTab="/path/to/broker1.keytab"
  principal="kafka/broker1.example.com@EXAMPLE.COM";
};
```

11.7.2 SSL

SSL 기능은 (SASL 인증을 사용하는 것을 포함해서) 어느 주키퍼 종점에서 켜도 상관없다. 카프카와 마찬가지로, SSL을 사용하면 클라이언트 인증을 할 수 있다. 하지만 카프카와는 달리, SASL과 SSL 클라이언트 인증이 둘 다 켜져 있는 연결에 대해 주키퍼는 인증 작업도 두 번 하고 연결이 맺어질 경우 2개 이상의 보안 주체를 결부시킨다. 이 보안 주체 중 어느 하나라도 접근 권한을 가지고 있을 경우 주키퍼 권한 관리자는 자원에 대한 접근을 허가한다.

주키퍼 서버에 SSL 기능을 설정하려면 서버의 호스트명 혹은 와일드카드 호스트명으로 설정된 키스토어가 설정되어야 한다. 만약 클라이언트 인증 기능이 켜져 있을 경우, 클라이언트의 인증서를 검증하기 위한 트러스트스토어 역시 필요하다.

```
secureClientPort=2181
serverCnxnFactory=org.apache.zookeeper.server.NettyServerCnxnFactory
authProvider.x509=org.apache.zookeeper.server.auth.X509AuthenticationProvider
ssl.keyStore.location=/path/to/zk.ks.p12
ssl.keyStore.password=zk-ks-password
ssl.keyStore.type=PKCS12
ssl.trustStore.location=/path/to/zk.ts.p12
ssl.trustStore.password=zk-ts-password
ssl.trustStore.type=PKCS12
```

카프카에서 주키퍼로의 SSL 설정을 하려면, 브로커에는 주키퍼 쪽의 인증서를 검증하기 위한 트러스트스토어가 설정되어 있어야 한다. 클라이언트 인증 기능이 켜져 있을 경우, 키스토어 역시 필요하다.

```
zookeeper.ssl.client.enable=true
zookeeper.clientCnxnSocket=org.apache.zookeeper.ClientCnxnSocketNetty
zookeeper.ssl.keystore.location=/path/to/zkclient.ks.p12
zookeeper.ssl.keystore.password=zkclient-ks-password
zookeeper.ssl.keystore.type=PKCS12
zookeeper.ssl.truststore.location=/path/to/zkclient.ts.p12
zookeeper.ssl.truststore.password=zkclient-ts-password
zookeeper.ssl.truststore.type=PKCS12
```

11.7.3 인가

주키퍼의 경로path에 ACL을 설정함으로써 주키퍼 노드에 인가 기능을 설정할 수 있다. 브로커 설정에 `zookeeper.set.acl=true`로 잡혀 있을 경우, 브로커는 주키퍼 노드를 설정할 때 노드에 ACL을 설정한다. 기본적으로, 메타데이터 노드의 내용을 읽는 건 누구나 가능하지만, 쓰는 건 브로커만이 가능하다. 주키퍼의 메타데이터를 직접 수정해야 할 수 있는 내부 운영자 사용자가 필요하다면 추가 ACL을 정의할 수 있다. SCRAM 자격 증명을 포함하는 것과 같이 민감한 노드의 경우 기본적으로 아무나 읽을 수 없다.

11.8 플랫폼 보안

앞에서는 카프카 클러스터를 안전하게 하기 위해 카프카와 주키퍼에 대한 접근을 제어하는 옵션에 대해서 알아보았다. 프로덕션 환경에 대해 보안을 설계할 때는 개별 요소에 가해지는 보안 위협에 대해서뿐만 아니라 전체 시스템에 대한 위협 모델threat model을 고려해야 한다. 위협 모델은 시스템을 추상화하고 여기에 대한 잠재적인 위협과 수반되는 위험 요소를 식별한다. 위협이 평가되고, 문서화되고, 그리고 위험도에 따라 우선순위가 매겨지면, 전체 시스템을 보호하기 위해 각각의 잠재적인 위협에 대한 대응 방안이 마련되어야 한다. 잠재적인 위협을 평가할 때는 외부 위협만큼이나 내부 위협을 고려하는 것이 중요하다. 개인 식별 정보를 저장하는 시스템의 경우 규제 요건을 준수하기 위한 추가적인 조치가 필요하다. 표준적인 위협 모델 수립 기법에 대한 심도 있는 논의는 이 장의 범위를 벗어난다.

안전한 인증, 인가 그리고 암호화를 사용함으로써 카프카에 저장된 데이터와 주키퍼에 저장된 메타데이터를 보호하는 것이 끝이 아니다. 전체 플랫폼을 안전하게 하기 위한 추가 조치 역시 취해져야 한다. 네트워크를 보호하기 위한 방화벽이나 물리적 저장소를 보호하기 위한 암호화가 필요할 수 있다. 인증에 사용되는 자격 증명을 저장하는 키스토어, 트러스트스토어, 케르베로스 키탭 파일은 파일시스템 권한을 사용해서 보호되어야 한다. 자격 증명과 같이 보안에 중요한 정보를 저장하는 설정 파일에 대한 접근 역시 제한되어야 한다. 설정 파일에 암호화되지 않은 형태로 저장되는 비밀번호는 설령 접근이 제한되어 있다 한들 안전하지 않다. 이에 따라 카프카는 외부의 안전한 저장소에 비밀번호를 저장할 수 있도록 한다.

11.8.1 비밀번호 보호

카프카 브로커와 클라이언트에 커스터마이즈 가능한 설정 제공자를 설정함으로써 안전한 서드 파티 비밀번호 저장소로부터 비밀번호를 가져오게 할 수 있다. 비밀번호 역시 복호화를 수행하는 커스텀 설정 제공자와 함께 암호화된 형태로 설정 파일에 저장될 수 있다.

다음의 커스텀 설정 제공자는 파일에 저장된 브로커나 클라이언트 설정을 복호화하기 위해 gpg를 사용한다.

```java
public class GpgProvider implements ConfigProvider {
    @Override
    public void configure(Map<String, ?> configs) {}

    @Override
    public ConfigData get(String path) {
        try {
            String passphrase = System.getenv("PASSPHRASE"); ❶
            String data = Shell.execCommand( ❷
                "gpg", "--decrypt", "--passphrase", passphrase, path);
            Properties props = new Properties();
            props.load(new StringReader(data)); ❸
            Map<String, String> map = new HashMap<>();
            for (String name : props.stringPropertyNames())
                map.put(name, props.getProperty(name));
            return new ConfigData(map);
        } catch (IOException e) {
            throw new RuntimeException(e); ❹
        }
    }

    @Override
    public ConfigData get(String path, Set<String> keys) { ❺
        ConfigData configData = get(path);
        Map<String, String> data = configData.data().entrySet()
            .stream().filter(e -> keys.contains(e.getKey()))
            .collect(Collectors.toMap(Map.Entry::getKey, Map.Entry::getValue));
        return new ConfigData(data, configData.ttl());
    }

    @Override
    public void close() {}
}
```

❶ 비밀번호를 복호화하는 데 필요한 비밀구절passphrase을 PASSPHRASE 환경 변수에 넣어준다.

❷ 설정을 복호화할 때는 gpg를 사용한다. 리턴된 값은 전체 설정을 포함한다.

❸ Java Properties 객체 형태로 파싱한다.

❹ 뭔가 문제가 발생하면 fail-fast 방식으로 RuntimeException을 발생시킨다.

❺ 호출자는 경로상에 있는 키의 일부를 요청할 수 있다. 여기는 모든 값을 읽어들인 뒤 요청된 것만 리턴했다.

SASL/PLAIN에서 그랬듯이 외부 파일에서 자격 증명을 읽어오기 위해 카프카 표준 설정 클래스를 사용했다. 다음과 같이 gpg를 사용해서 해당 파일을 암호화 할 수 있다.

```
$ gpg --symmetric --output credentials.props.gpg \
      --passphrase "$PASSPHRASE" credentials.props
```

이제 다음과 같이 설정 제공자 옵션과 참조 형식으로 설정을 잡아 줌으로써 카프카 클라이언트가 암호화된 파일로부터 자격 증명을 읽어오도록 할 수 있다.

```
username=${gpg:/path/to/credentials.props.gpg:username}
password=${gpg:/path/to/credentials.props.gpg:password}
config.providers=gpg
config.providers.gpg.class=com.example.GpgProvider
```

민감한 브로커 설정 옵션 역시 커스텀 제공자를 사용할 필요 없이 카프카 설정 툴을 사용해서 주키퍼에 암호화된 형태로 저장될 수 있다. 다음의 명령은 브로커가 시작되기 전에 브로커가 사용할 암호화된 SSL 키스토어 비밀번호를 주키퍼에 저장한다. 이 값을 복호화하려면 각 브로커의 설정 파일에 비밀번호를 암호화하는 데 사용한 비밀secret이 포함되어 있어야 한다.

```
$ bin/kafka-configs.sh --zookeeper localhost:2181 --alter \
    --entity-type brokers --entity-name 0 --add-config \
    'listener.name.external.ssl.keystore.password=server-kspassword,
     password.encoder.secret=encoder-secret'
```

11.9 요약

사이버 공격이 점점 더 정교화되면서 지난 수십년간 데이터 누출의 빈도와 크기 역시 증가했다. 누출이 발생했을 때 발생하는 피해는 서비스 격리와 문제 해결에 들어가는 막대한 비용과 보안 조치가 취해질 때까지 서비스가 중단됨으로써 발생하는 손해에 그치지 않는다. 법적 처벌이나 브랜드 평판에 대한 장기적인 피해까지도 가져올 수 있는 것이다. 이 장에서 우리는 카프카에 저장된 데이터의 기밀성, 무결성 그리고 가용성을 보장하기 위한 다양한 방식들을 살펴보았다.

이 장 서두에서 봤던 데이터 흐름 예제로 돌아가자. 우리는 이 흐름 전체에 있어서 다양한 측면의 보안 문제에 대해 사용 가능한 옵션들을 살펴보았다.

클라이언트 진정성

앨리스의 클라이언트가 카프카 브로커와 연결을 맺을 때, 클라이언트 인증 기능과 함께 SASL 혹은 SSL을 사용하는 리스너는 해당 연결이 사칭자가 아닌, 앨리스로부터의 연결인지를 검증할 수 있다. 재인증 기능은 사용자의 신원이 위조되었을 때 발생하는 보안 위험을 제한한다.

서버 진정성

앨리스의 클라이언트는 SSL과 호스트명 검증을 함께 사용하거나, 케르베로스나 SCRAM과 같이 상호 인증 기능을 가지고 있는 SASL 메커니즘을 사용함으로써 (사칭자가 아닌) 진짜 브로커에 연결되었는지를 검증할 수 있다.

기밀성

SSL을 사용해서 전송되는 데이터를 암호화함으로써 악의적인 사용자의 도청 시도를 막아낼 수 있다. 디스크 혹은 볼륨 암호화를 사용하면 디스크가 통째로 도난당하는 경우에도 데이터를 보호할 수 있다. 극도로 민감한 데이터를 다룰 경우에는 종단 암호화가 데이터에 대한 세밀한 접근 제어를 제공하며, 네트워크와 디스크에 물리적인 접근이 가능한 클라우드 제공자나 플랫폼 운영자가 데이터에는 접근할 수 없도록 할 수 있다.

무결성

불안전한 네트워크를 통해 전달되는 데이터의 변조를 탐지하기 위해 SSL이 사용될 수 있다. 종단 암호화를 사용할 경우 무결성을 검증하기 위해 메시지에 디지털 서명을 포함할 수 있다.

접근 제어

앨리스, 밥 그리고 브로커가 수행하는 모든 작업은 커스터마이즈 가능한 권한 관리자를 사용해서 인가가 가능하다. 카프카에 기본적으로 탑재되어 있는 권한 관리자는 ACL을 사용해서 세밀한 접근 제어를 가능케 한다.

감사 가능성

감사와 이상 탐지anomaly detection를 목적으로 작업 (시도) 내역을 추적할 때 권한 관리자 로그와 요청 로그를 사용할 수 있다.

가용성

쿼터와 연결 관리 설정 옵션을 조합함으로써 브로커를 서비스 거부 공격으로부터 보호할 수 있다. 카프카 브로커의 가용성을 보장하기 위해 필요한 메타데이터를 보호하기 위해 SSL, SASL, ACL을 사용해서 주키퍼를 보호할 수 있다.

사용 가능한 보안 설정이 많은 만큼 각각의 활용 사례에 적절한 옵션을 선택하는 것이 쉽지 않은 일이 될 수 있다. 우리는 각각의 보안 메커니즘별로 주의를 기울여야 할 고려 사항과 잠재적으로 공격

받을 수 있는 영역을 제한하기 위해 채택 가능한 정책에 대해 알아보았다. 주키퍼와 플랫폼의 나머지 영역을 안전하게 만들기 위해 사용될 수 있는 추가적인 수단들 역시 살펴보았다. 카프카가 지원하는 표준 보안 기술과 조직 안에 이미 존재하는 보안 인프라스트럭처와 통합하기 위한 다양한 확장점 extension point들은 전체 플랫폼을 보호하기 위한 일관적인 보안 솔루션을 구축할 수 있게 해준다.

CHAPTER 12

카프카 운영하기

카프카 클러스터를 운영하기 위해서는 토픽이나 설정 등을 변경하기 위한 추가적인 툴이 필요하다. 카프카는 클러스터에 운영 목적의 변경을 가할 때 유용한 몇몇 명령행 인터페이스command-line interface, CLI 유틸리티를 제공한다. 이 툴들은 자바 클래스로 구현되어 있으며, 편리하게 호출할 수 있도록 스크립트가 함께 제공된다. 이 툴들이 기본적인 기능을 제공하기는 하지만, 더 복잡하거나 큰 규모의 작업을 수행하기에는 모자란다는 걸 알 수 있을 것이다. 이 장에서는 아파치 카프카 오픈소스 프로젝트의 일부로서 사용 가능한 기본적인 툴들에 대해서만 알아볼 것이다. 코어 프로젝트 바깥에서 커뮤니티에 의해 개발된 고급 툴들에 대해 더 알아보고 싶다면 아파치 카프카 공식 웹사이트를 참고하자.

운영 작업 인가하기

카프카는 토픽 관련 작업을 제어하기 위한 인증/인가 기능을 구현하고 있지만, 기본적으로 이 기능이 활성화되어 있지는 않다. 즉, 어떠한 인증 과정 없이 이 CLI 툴들을 사용할 수 있다는 얘기인데, 덕분에 토픽 변경과 같은 작업이 일체의 보안 검사나 감사 같은 것 없이 실행이 가능하다. 인가되지 않은 변경을 방지하고 싶다면 한정된 운영자만이 이 툴을 사용할 수 있어야 한다는 점을 언제나 명심하자.

12.1 토픽 작업

`kafka-topics.sh` 툴은 대부분의 토픽 작업을 쉽게 할 수 있다. 이 툴을 사용해서 클러스터 내 토픽 생성, 변경, 삭제 그리고 정보 조회를 할 수 있는 것이다. 토픽 설정도 약간 있기는 한데, 이 기능은 지원 중단되었으니 설정 변경을 하려면 더 강력한 툴인 `kafka-configs.sh`를 사용할 것을 권한

다. kafka-topics.sh를 사용하려면 --bootstrap-server 옵션에 연결 문자열과 포트를 넣어 줘야 한다. 이후 예제에서는 카프카 클러스터에 속한 서버 중 한 대에서 툴을 사용하는 상황을 가정하고 localhost:9092를 사용할 것이다.

이 장 전체에 걸쳐 모든 툴이 저장된 위치는 /usr/local/kafka/bin/ 디렉토리이다. 이 장에서 예시로 든 모든 명령은 사용자가 이 디렉토리에 있거나 해당 디렉토리를 $PATH에 추가해 놓았다고 가정한다.

버전 확인

많은 카프카 명령행 툴들은 정확히 작동하기 위해 실행중인 카프카 버전에 의존한다. 여기에는 브로커에 직접 접속하는 대신 주키퍼에 데이터를 저장하는 명령 역시 몇 개 포함되어 있다. 이러한 이유로, 클러스터의 브로커와 같은 버전의 명령행 툴을 사용하는 것이 중요하다. 가장 확실한 방법은 카프카 브로커에 설치되어 있는 툴을 사용하는 것이다.

12.1.1 새 토픽 생성하기

--create 명령을 사용해서 새로운 토픽을 생성할 때 반드시 필요한 인수가 있다. 브로커 단위 기본값이 이미 설정되어 있다 하더라도 이 명령을 사용할 때는 이 인수들을 지정해주어야 한다. --config를 써서 추가적으로 인수나 설정 재정의를 지정하는 것 역시 가능하지만, 이 장의 뒷부분에서 설명할 것이다. 3개의 필수 인수는 다음과 같다.

--topic

생성하려는 토픽의 이름

--replication-factor

클러스터 안에 유지되어야 할 레플리카의 개수

--partitions

토픽에서 생성할 파티션의 개수

토픽 이름 짓기

토픽 이름에는 영문 혹은 숫자, '_' '-', '.'를 사용할 수 있다. 하지만 토픽 이름에 '.'를 사용하는 것은 권장되지 않는다. 카프카 내부적으로 사용하는 지표에서는 '.'를 '_'로 변환해서 처리하는 탓에(즉, 'topic.1'이 지표 이름에 쓰일 때는 'topic_1'로 변환된다), 토픽 이름에 충돌이 발생할 수 있기 때문이다.

토픽 이름을 '__'로 시작하는 것 역시 권장하지 않는다. 카프카 내부에서 사용되는 토픽을 생성할 때 '__'로 시작하는 이름을 쓰는 것이 관례이기 때문이다(예 컨슈머 그룹 오프셋을 저장하는 __consumer_offsets 토픽). 따라서 혼동을 막기 위해 토픽 이름을 '__'로 시작하는 것은 권장하지 않는다.

토픽 생성은 간단하다. 다음과 같이 kafka-topics.sh를 실행시키자.

```
$ bin/kafka-topics.sh --bootstrap-server <connection-string>:<port> --create --topic <string>
--replication-factor <integer> --partitions <integer>
```

이 명령은 지정된 이름과 파티션 수를 가지는 토픽을 클러스터에 생성한다. 이때 각 파티션에 대해서 클러스터는 지정된 수만큼의 레플리카를 적절히 선정한다. 이게 무슨 의미냐 하면, 클러스터에 랙 인식 레플리카 할당 설정이 되어 있을 경우, 각 파티션의 레플리카는 서로 다른 랙에 위치하게 된다는 얘기다. 랙 인식 할당 기능이 필요 없다면 명령행에 --disable-rack-aware 인수를 지정해주자.

예를 들어서, 파티션 각각이 2개의 레플리카를 가지는 8개의 파티션으로 이루어진 'my-topic'이라는 토픽을 생성하려면 다음과 같이 하면 된다.

```
$ bin/kafka-topics.sh --bootstrap-server localhost:9092 --create \
    --topic my-topic --replication-factor 2 --partitions 8
Created topic "my-topic".
```

'IF-EXISTS'와 'IF-NOT-EXISTS' 인수 사용하기

kafka-topics.sh를 자동화된 방식으로 실행할 경우, 토픽 생성시 같은 이름이 토픽이 이미 있다고 해서 에러를 리턴하지 않는 --if-not-exists 인수를 사용하는 것이 좋을 것이다.
--if-exists 인수를 --alter 명령과 함께 사용하는 것은 권장하지 않는다. 이 인수를 사용하면 변경되는 토픽이 존재하지 않을 때 에러가 리턴되지 않기 때문이다. 이렇게 되면 생성되어 있어야 할 토픽이 존재하지 않는 문제가 있더라도 알아차릴 수 없게 된다.

12.1.2 토픽 목록 조회하기

--list 명령은 클러스터 안의 모든 토픽을 보여준다. 이때 출력되는 결과는 한 줄에 하나의 토픽이며, 특정한 순서는 없다(전체 토픽의 리스트를 보여줄 때는 이렇게 하는 것이 더 편리하다).

--list를 사용해서 클러스터 내 모든 토픽을 조회하는 예는 다음과 같다.

```
$ bin/kafka-topics.sh --bootstrap-server localhost:9092 --list
__consumer_offsets
my-topic
other-topic
```

보면 알겠지만 내부 토픽인 `__consumer_offsets` 역시 여기에 보인다. `--exclude-internal`와 함께 실행하면 앞에서 이야기한 '__'로 시작하는 토픽들을 제외하고 보여주므로 편리하다.

12.1.3 토픽 상세 내역 조회하기

클러스터 안에 있는 1개 이상의 토픽에 대해 상세한 정보를 보는 것 역시 가능하다. 파티션 수, 재정의된 토픽 설정, 파티션별 레플리카 할당 역시 함께 출력된다. 하나의 토픽에 대해서만 보고 싶다면 `--topic` 인수를 지정해주면 된다.

예를 들어서, 방금 전 클러스터에 생성한 'my-topic'에 대한 상세 정보를 보려면 다음과 같이 하면 된다.

```
$ bin/kafka-topics.sh --boostrap-server localhost:9092 --describe --topic my-topic
Topic: my-topic PartitionCount: 8    ReplicationFactor: 2    Configs: segment.
bytes=1073741824
        Topic: my-topic Partition: 0  Leader: 1  Replicas: 1,0  Isr: 1,0
        Topic: my-topic Partition: 1  Leader: 0  Replicas: 0,1  Isr: 0,1
        Topic: my-topic Partition: 2  Leader: 1  Replicas: 1,0  Isr: 1,0
        Topic: my-topic Partition: 3  Leader: 0  Replicas: 0,1  Isr: 0,1
        Topic: my-topic Partition: 4  Leader: 1  Replicas: 1,0  Isr: 1,0
        Topic: my-topic Partition: 5  Leader: 0  Replicas: 0,1  Isr: 0,1
        Topic: my-topic Partition: 6  Leader: 1  Replicas: 1,0  Isr: 1,0
        Topic: my-topic Partition: 7  Leader: 0  Replicas: 0,1  Isr: 0,1
$
```

`--describe` 명령은 출력을 필터링할 수 있는 몇몇 유용한 옵션들 역시 가지고 있다. 이 옵션들은 클러스터에 발생한 문제를 찾을 때 도움이 된다. 단, 이 옵션들에 대해서는 대개 `--topic` 인수를 지정하지 않는다. 클러스터 내에서 뭔가 기준에 부합하는 모든 토픽이나 파티션을 찾는 것이기 때문이다. 이 옵션들은 list 명령과 함께 사용할 수 없다. 자주 쓰게 될 만한 것으로는 다음과 같은 것들이 있다.

`--topics-with-overrides`

설정 중 클러스터 기본값을 재정의한 것이 있는 토픽들을 보여준다.

`--exclude-internal`

'__'(내부 토픽 앞에 붙는, 344쪽 참조)로 시작하는 모든 토픽들을 결과에서 제외한다.

다음 명령은 문제가 발생했을 수 있는 토픽 파티션을 찾는 데 도움이 된다.

--under-replicated-partitions

1개 이상의 레플리카가 리더와 동기화되지 않고 있는 모든 파티션을 보여준다. 클러스터 정비, 설치 혹은 리밸런스 과정에서 불완전 복제 파티션under-replicated partition, URP이 발생할 수 있기에 이것이 꼭 나쁜 것만은 아니지만, 주의를 기울일 필요는 있다.

--at-min-isr-partitions

레플리카 수(리더 포함)가 인-싱크 레플리카in-sync replica, ISR 최소값과 같은 모든 파티션을 보여준다. 이 토픽들은 프로듀서나 컨슈머 클라이언트가 여전히 사용할 수 있지만 중복 저장된 게 없기 때문에 작동 불능에 빠질 위험이 있다.

--under-min-isr-partitions

ISR 수가 쓰기 작업이 성공하기 위해 필요한 최소 레플리카 수에 미달하는 모든 파티션을 보여준다. 이 파티션들은 사실상 읽기 전용 모드라고 할 수 있고, 쓰기 작업은 불가능하다.

--unavailable-partitions

리더가 없는 모든 파티션을 보여준다. 이것은 매우 심각한 상황으로, 파티션이 오프라인 상태이며 프로듀서나 컨슈머 클라이언트가 사용 불가능하다는 것을 의미한다.

다음 예제는 ISR 최소값 설정값과 같은 수의 레플리카를 가지고 이는 토픽들을 찾는다. 이 예제에서 토픽의 최소 ISR은 1로, 복제 팩터는 2로 잡았다. 0번 호스트는 온라인이지만, 1번 호스트는 정비 때문에 내려가 있다.

```
$ bin/kafka-topics.sh --bootstrap-server localhost:9092 --describe --at-min-isr-partitions
        Topic: my-topic Partition: 0  Leader: 0  Replicas: 0,1  Isr: 0
        Topic: my-topic Partition: 1  Leader: 0  Replicas: 0,1  Isr: 0
        Topic: my-topic Partition: 2  Leader: 0  Replicas: 0,1  Isr: 0
        Topic: my-topic Partition: 3  Leader: 0  Replicas: 0,1  Isr: 0
        Topic: my-topic Partition: 4  Leader: 0  Replicas: 0,1  Isr: 0
        Topic: my-topic Partition: 5  Leader: 0  Replicas: 0,1  Isr: 0
        Topic: my-topic Partition: 6  Leader: 0  Replicas: 0,1  Isr: 0
        Topic: my-topic Partition: 7  Leader: 0  Replicas: 0,1  Isr: 0
```

12.1.4 파티션 추가하기

때때로 토픽의 파티션 수를 증가시켜야 할 경우가 있다. 파티션은 클러스터 안에서 토픽이 확장되고 복제되는 수단이기도 하다. 파티션 수를 증가시키는 가장 일반적인 이유는 단일 파티션에 쏟아지는 처리량을 줄임으로써 토픽을 더 많은 브로커에 대해 수평적으로 확장시키기 위해서이다. 하나의 파티션은 컨슈머 그룹 내의 하나의 컨슈머만 읽을 수 있기 때문에, 컨슈머 그룹 안에서 더 많은 컨슈머를 활용해야 하는 경우에도 토픽의 파티션 수를 증가시킬 수 있다.

다음 예에서는 `--alter` 명령을 사용해서 'my-topic'의 파티션 수를 16개로 증가시킨 뒤, 작업이 제대로 이루어졌는지를 확인한다.

```
$ bin/kafka-topics.sh --bootstrap-server localhost:9092 --alter --topic my-topic --partitions 16
$ bin/kafka-topics.sh --bootstrap-server localhost:9092 --describe --topic my-topic
Topic: my-topic PartitionCount: 16  ReplicationFactor: 2  Configs: segment.bytes=1073741824
        Topic: my-topic Partition: 0  Leader: 1  Replicas: 1,0  Isr: 1,0
        Topic: my-topic Partition: 1  Leader: 0  Replicas: 0,1  Isr: 0,1
        Topic: my-topic Partition: 2  Leader: 1  Replicas: 1,0  Isr: 1,0
        Topic: my-topic Partition: 3  Leader: 0  Replicas: 0,1  Isr: 0,1
        Topic: my-topic Partition: 4  Leader: 1  Replicas: 1,0  Isr: 1,0
        Topic: my-topic Partition: 5  Leader: 0  Replicas: 0,1  Isr: 0,1
        Topic: my-topic Partition: 6  Leader: 1  Replicas: 1,0  Isr: 1,0
        Topic: my-topic Partition: 7  Leader: 0  Replicas: 0,1  Isr: 0,1
        Topic: my-topic Partition: 8  Leader: 1  Replicas: 1,0  Isr: 1,0
        Topic: my-topic Partition: 9  Leader: 0  Replicas: 0,1  Isr: 0,1
        Topic: my-topic Partition: 10  Leader: 1  Replicas: 1,0  Isr: 1,0
        Topic: my-topic Partition: 11  Leader: 0  Replicas: 0,1  Isr: 0,1
        Topic: my-topic Partition: 12  Leader: 1  Replicas: 1,0  Isr: 1,0
        Topic: my-topic Partition: 13  Leader: 0  Replicas: 0,1  Isr: 0,1
        Topic: my-topic Partition: 14  Leader: 1  Replicas: 1,0  Isr: 1,0
        Topic: my-topic Partition: 15  Leader: 0  Replicas: 0,1  Isr: 0,1
```

키가 있는 메시지

컨슈머 입장에서 볼 때, 키가 있는 메시지를 갖는 토픽에 파티션을 추가하는 것은 매우 어려울 수 있다. 파티션의 수가 변하면 키값에 대응되는 파티션도 달라지기 때문이다. 바로 이러한 이유 때문에 키가 포함된 메시지를 저장하는 토픽을 생성할 때는 미리 파티션의 개수를 정해 놓고, 일단 생성한 뒤에는 설정한 파티션의 수를 바꾸지 않는 것이 좋다.

12.1.5 파티션 개수 줄이기

토픽의 파티션 개수는 줄일 수 없다. 토픽에서 파티션을 삭제한다는 것은 곧 토픽에 저장된 데이터의 일부를 삭제한다는 의미인데, 이는 클라이언트 입장에서 일관적이지 않아 보일 수 있다. 뿐만 아니라 데이터를 남은 파티션에 다시 분배하는 것은 어려울 뿐 아니라 메시지의 순서를 바꾸게 된다. 만약 파티션의 수를 줄여야 한다면, 토픽을 삭제하고 다시 만들거나 (토픽 삭제가 불가능할 경우) 새로운 버전의 토픽을 생성해서 모든 쓰기 트래픽을 새 토픽(예 'my-topic-v2')으로 몰아주는 것을 권장한다.

12.1.6 토픽 삭제하기

메시지가 하나도 없는 토픽이라 할지라도 디스크 공간이나 파일 핸들, 메모리와 같은 클러스터 자원을 잡아먹는다. 컨트롤러 역시 아무 의미 없는 메타데이터에 대한 정보를 보유하고 있어야 하는데, 이는 대규모 클러스터에서는 성능을 하락으로 이어진다. 만약 토픽이 더 이상 필요가 없다면 이러한 자원을 해제하기 위해 삭제할 수 있다. 이를 위해서는 클러스터 브로커의 `delete.topic.enable` 옵션이 `true`로 설정되어 있어야 한다. 만약 이 값이 `false`라면 삭제 요청은 무시되어 아무 처리가 이뤄지지 않을 것이다.

토픽 삭제는 비동기적인 작업이다. 즉, 이 명령을 실행하면 토픽이 삭제될 것이라고 표시만 될 뿐, 삭제 작업이 즉시 일어나는 것은 아니라는 얘기다(언제 삭제 작업이 이루어지느냐는 삭제해야 하는 데이터와 정리해야 하는 자원의 양에 달려 있다). 컨트롤러가 가능하면 빨리(현재 돌아가고 있는 컨트롤러 작업이 완료되는 대로) 브로커에 아직 계류중인 삭제 작업에 대해 통지하면, 브로커는 해당 토픽에 대한 메타데이터를 무효화한 뒤 관련된 파일을 디스크에서 지우게 된다. 컨트롤러가 삭제 작업을 처리하는 방식의 한계 때문에 토픽을 지울 때는 2개 이상의 토픽을 동시에 삭제하지 말고 삭제 작업 사이에 충분한 시간을 둘 것을 권장한다. 이 책에서 예시로 든 작은 클러스터의 경우 토픽 삭제는 거의 즉시 일어나지만, 큰 클러스터에서는 더 오래 걸릴 수 있다.

데이터 손실

토픽을 삭제하면 여기 저장된 모든 메시지 역시 삭제된다. 이것은 되돌릴 수 없다. 이 작업을 실행할 때는 주의할 필요가 있다.

다음 예는 `--delete` 인수를 사용해서 'my-topic' 토픽을 삭제하는 예이다. 사용중인 카프카 버전에 따라서 다른 설정이 없으면 이 인수가 작동하지 않을 수 있다는 메시지가 뜰 수 있다.

```
$ bin/kafka-topics.sh --bootstrap-server localhost:9092 --delete --topic my-topic

Note: This will have no impact if delete.topic.enable is not set to true.
$
```

토픽 삭제의 성공 여부를 알려 주는 명시적인 메시지가 없음을 눈치챘을 것이다. 삭제가 성공했는지를 확인하려면 `--list`나 `--describe` 옵션을 사용해서 클러스터 내에 토픽이 더 이상 존재하지 않는다는 걸 확인하면 된다.

12.2 컨슈머 그룹

컨슈머 그룹은 서로 협업해서 여러 개의 토픽 혹은 하나의 토픽에 속한 여러 파티션에서 데이터를 읽어오는 카프카 컨슈머의 집단을 가리킨다. `kafka-consumer-groups.sh`툴을 사용하면 클러스터에서 토픽을 읽고 있는 컨슈머 그룹을 관리하고 인사이트를 얻을 수 있다. 이 툴은 컨슈머 그룹 목록을 조회하거나, 특정한 그룹의 상세 내역을 보거나, 컨슈머 그룹을 삭제하거나 아니면 컨슈머 그룹 오프셋 정보를 초기화하는 데 사용할 수 있다.

주키퍼에 저장된 컨슈머 그룹

구버전 카프카에서는 컨슈머 그룹을 주키퍼에 저장해서 관리했다. 이것은 0.11.0.* 이후 지원 중단되었고 구버전 컨슈머 그룹 역시 더 이상 쓰이지 않는다. 몇몇 버전에 포함된 스크립트에서는 여전히 지원 중단된 `--zookeeper` 매개변수를 사용할 수 있지만 업그레이드되지 않은 구버전 컨슈머 그룹이 있는 오래된 환경이 아닌 한 사용하는 것은 추천하지 않는다.

12.2.1 컨슈머 그룹 목록 및 상세 내역 조회하기

컨슈머 그룹 목록을 보려면 `--bootstrap-server`와 `--list` 매개변수를 사용하면 된다. `kafka-consumer-groups.sh` 스크립트를 사용할 경우, 컨슈머 목록에 `console-consumer-{생성된 ID}`로 보인다.

```
$ bin/kafka-consumer-groups.sh --bootstrap-server localhost:9092 --list
console-consumer-95554
console-consumer-9581
my-consumer
$
```

목록에 포함된 모든 그룹에 대해서 `--list` 매개변수를 `--describe`로 바꾸고 `--group` 매개변수를 추가함으로써 상세한 정보를 조회할 수 있다. 이렇게 하면 컨슈머 그룹이 읽어오고 있는 모든 토픽과 파티션 목록, 각 토픽 파티션에서의 오프셋과 같은 추가 정보를 보여준다. 표 12-1는 출력에 포함되는 모든 필드에 대한 설명이다. 예를 들어서, 'my-consumer'라는 이름의 컨슈머 그룹의 상세 정보를 조회하는 방법은 다음과 같다.

```
$ bin/kafka-consumer-groups.sh --bootstrap-server localhost:9092 \
    --describe --group my-consumer
GROUP           TOPIC          PARTITION  CURRENT-OFFSET  LOG-END-OFFSET
LAG       CONSUMER-ID
HOST                      CLIENT-ID
```

```
My-consumer      my-topic      0          2            4
2       consumer-1-029af89c-873c-4751-a720-cefd41a669d6       /
127.0.0.1                     consumer-1
my-consumer      my-topic      1          2            3
1       consumer-1-029af89c-873c-4751-a720-cefd41a669d6       /
127.0.0.1                     consumer-1
my-consumer      my-topic      2           2            3
1       consumer-2-42c1abd4-e3b2-425d-a8bb-e1ea49b29bb2       /
127.0.0.1                     consumer-2
#
```

표 12-1 **'my-consumer' 컨슈머 그룹의 필드들**

필드	설명
GROUP	컨슈머 그룹의 이름.
TOPIC	읽고 있는 토픽의 이름.
PARTITION	읽고 있는 파티션의 ID.
CURRENT-OFFSET	컨슈머 그룹이 이 파티션에서 다음번에 읽어올 메시지의 오프셋. 이 파티션에서의 컨슈머 위치라고 할 수 있다.
LOG-END-OFFSET	브로커 토픽 파티션의 하이 워터마크 오프셋 현재값. 이 파티션에 쓰여질 다음번 메시지의 오프셋이라고 할 수 있다.
LAG	컨슈머의 CURRENT-OFFSET과 브로커의 LOG-END-OFFSET 간의 차이.
CONSUMER-ID	설정된 client-id 값을 기준으로 생성된 고유한 consumer-id.
HOST	컨슈머 그룹이 읽고 있는 호스트의 IP 주소.
CLIENT-ID	컨슈머 그룹에서 속한 클라이언트를 식별하기 위해 클라이언트에 설정된 문자열.

12.2.2 컨슈머 그룹 삭제하기

컨슈머 그룹 삭제는 `--delete` 매개변수를 사용하면 된다. 이것은 그룹이 읽고 있는 모든 토픽에 대해 저장된 모든 오프셋을 포함한 전체 그룹을 삭제한다. 이 작업을 수행하려면 컨슈머 그룹 내의 모든 컨슈머들이 모두 내려간 상태여서 컨슈머 그룹에 활동중인 멤버가 하나도 없어야 한다. 만약 비어 있지 않은 그룹을 삭제하려고 시도할 경우, "그룹이 비어 있지 않습니다The group is not empty"라는 에러가 발생하고 아무 작업도 수행되지 않을 것이다. `--topic` 매개변수에 삭제하려는 토픽의 이름을 지정함으로써 컨슈머 그룹 전체를 삭제하는 대신에 컨슈머 그룹이 읽어오고 있는 특정 토픽에 대한 오프셋만 삭제하는 것도 가능하다.

다음 예는 'my-consumer'라는 이름의 컨슈머 그룹을 삭제하는 방법을 보여준다.

```
$ bin/kafka-consumer-groups.sh --bootstrap-server localhost:9092 \
    --delete --group my-consumer
Deletion of requested consumer groups ('my-consumer') was successful.
$
```

12.2.3 오프셋 관리

컨슈머 그룹에 대한 오프셋들을 조회하거나 삭제하는 것 외에도 저장된 오프셋을 가져오거나 아니면 새로운 오프셋을 저장하는 것도 가능하다. 이것은 뭔가 문제가 있어서 메시지를 다시 읽어와야 하거나 뭔가 문제가 있는 메시지(예 형식이 깨져서 컨슈머가 처리하지 못하는 경우)를 건너뛰기 위해 컨슈머의 오프셋을 리셋하는 경우 유용하다.

1 오프셋 내보내기

컨슈머 그룹을 csv 파일로 내보내려면 `--dry-run` 옵션과 함께 `--reset-offsets` 매개변수를 사용해 주면 된다. 이렇게 하면 나중에 오프셋을 가져오거나 롤백하기 위해 사용할 수 있는 파일 형태로 현재 오프셋을 내보낼 수 있다. 이 CSV 파일의 형식은 다음과 같다.

{토픽 이름},{파티션 번호},{오프셋}

`--dry-run` 없이 같은 명령을 실행하면 오프셋이 완전히 리셋되니 주의하기 바란다.

다음 예제는 'my-consumer' 컨슈머 그룹이 읽고 있는 'my-topic' 토픽의 오프셋을 `offsets.csv` 파일로 내보내는 방법을 보여준다.

```
$ bin/kafka-consumer-groups.sh --bootstrap-server localhost:9092 \
    --export --group my-consumer --topic my-topic \
    --reset-offsets --to-current --dry-run > offsets.csv

$ cat offsets.csv
my-topic,0,8905
my-topic,1,8915
my-topic,2,9845
my-topic,3,8072
my-topic,4,8008
my-topic,5,8319
my-topic,6,8102
my-topic,7,12739
$
```

❷ 오프셋 가져오기

오프셋 가져오기는 내보내기의 반대라고 할 수 있다. 가져오기 작업은 앞에서 설명한 내보내기 작업에서 생성된 파일을 가져와서 컨슈머 그룹의 현재 오프셋을 설정하는 데 사용한다. 이 기능은 대체로 현재 컨슈머 그룹의 오프셋을 내보낸 뒤, 백업을 하기 위한 복사본을 하나 만들어 놓고, 오프셋을 원하는 값으로 바꿔서 사용하는 식으로 운용한다.

컨슈머를 먼저 중단시키자

오프셋 가져오기를 하기 전에 컨슈머 그룹에 속한 모든 컨슈머를 중단시키는 것이 중요하다. 컨슈머 그룹이 현재 돌아가고 있는 상태에서 새 오프셋을 넣어 준다고 해서 컨슈머가 새 오프셋 값을 읽어오지는 않기 때문이다. 이 경우 컨슈머는 그냥 새 오프셋들을 덮어써 버린다.

다음 예제에서는 우리가 앞에서 생성한 `offsets.csv` 파일로부터 'my-consumer' 컨슈머 그룹의 오프셋을 가져온다.

```
$ kafka-consumer-groups.sh --bootstrap-server \
    --reset-offsets --group my-consumer \
    --from-file offsets.csv --execute
  TOPIC                         PARTITION  NEW-OFFSET
  my-topic                       0           8905
  my-topic                       1           8915
  my-topic                       2           9845
  my-topic                       3           8072
  my-topic                       4           8008
  my-topic                       5           8319
  my-topic                       6           8102
  my-topic                       7           12739
$
```

12.3 동적 설정 변경

토픽, 클라이언트, 브로커 등 많은 설정이 클러스터를 끄거나 재설치할 필요 없이 돌아가는 와중에 동적으로 바꿀 수 있는 설정은 굉장히 많다. 이러한 설정들을 수정할 때는 `kafka-configs.sh`가 주로 사용된다. 현재 동적으로 변경이 가능한 설정의 범주(혹은 entity-type)에는 4가지(토픽, 브로커, 사용자 그리고 클라이언트)가 있다. 각각의 범주별로 재정의가 가능한 설정이 있다. 동적으로 재정의가 가능한 설정은 카프카 새 버전이 나올 때마다 조금씩 늘어나기 때문에 사용중인 카프카와 같은 버전의 툴을 사용하는 것이 좋다. 이러한 설정 작업을 자동화하기 위해 관리하고자 하는 설정을 미리 형식에 맞춰 담아 놓은 파일과 `--add-config-file` 인자를 사용할 수 있다.

12.3.1 토픽 설정 기본값 재정의하기

많은 설정값의 경우, 브로커 설정 파일에 정의된 값이 토픽에 대한 기본값이 된다(예 보존 시간 정책). 동적 설정 기능을 사용하면, 하나의 클러스터에서 서로 다른 활용 사례에 맞추기 위해 각 토픽의 클러스터 단위 기본값을 재정의할 수 있다. 표 12-2는 토픽에 대해 동적으로 설정 가능한 설정 키들을 보여준다.

토픽 설정을 변경하기 위한 명령 형식은 다음과 같다.

```
$ bin/kafka-configs.sh --bootstrap-server localhost:9092 \
    --alter --entity-type topics --entity-name {토픽 이름} \
    --add-config {key}={value}[,{key}={value}...]
```

다음 예에서는 "my-topic" 토픽의 보존 기한을 1시간(3,600,000밀리초)으로 설정한다.

```
$ bin/kafka-configs.sh --bootstrap-server localhost:9092 \
    --alter --entity-type topics --entity-name my-topic \
    --add-config retention.ms=3600000
Updated config for topic: "my-topic".
$
```

표 12-2 **동적으로 설정 가능한 토픽 키**

설정 키	상세
cleanup.policy	compact로 설정하면 키별로 가장 최근 메시지만 남겨두고 토픽의 모든 나머지 메시지들이 삭제된다. (즉, 로그가 압착된다.)
compression.type	메시지 배치를 디스크에 쓸 때 브로커가 사용하는 압축 코덱.
delete.retention.ms	삭제된 툼스톤 메시지를 보존하는 기간(밀리초). cleanup.policy가 compact로 설정되어 있는 토픽에만 유효.
file.delete.delay.ms	로그 세그먼트 파일과 인덱스를 디스크에 보존하는 기간(밀리초).
flush.messages	토픽 메시지를 디스크로 쓰기 전에 수신할 메시지 개수.
flush.ms	토픽 메시지를 디스크로 쓰기 전에 기다리는 시간(밀리초).
follower.replication.throttled.replicas	팔로워에 의해 복제 작업에 스로틀이 걸려야 할 레플리카의 목록.
index.interval.bytes	로그 세그먼트의 인덱스 항목 간에 쓸 수 있는 메시지의 바이트 크기.
leader.replication.throttled.replica	리더에 의해 복제 작업에 스로틀이 걸려야 할 레플리카의 목록.

설정 키	상세
max.compaction.lag.ms	로그가 압착되기 전 메시지가 대기할 수 있는 최대 시간.
max.message.bytes	토픽에 저장되는 메시지의 최대 크기(바이트).
message.downconversion.enable	클라이언트가 요청할 경우 약간의 오버헤드를 감수하고 메시지 형식 버전을 예전 버전으로 변환해서 내려보내 준다.
message.format.version	브로커가 메시지를 디스크에 쓸 때 사용할 메시지 형식 버전. 반드시 유효한 API 버전 번호여야 한다(예 "2.8-IV0", "3.0-IV1").
message.timestamp.difference.max.ms	브로커가 메시지를 받을 때 메시지 타임스탬프와 브로커 타임스탬프 사이에 허용되는 최대 차이(밀리초). message.timestamp.type가 CreateTime로 설정되어 있을 경우에만 유효.
message.timestamp.type	메시지를 디스크에 쓸 때 사용할 타임스탬프 유형. 클라이언트에 의해 지정된 타임스탬프 값을 사용할 경우 CreateTime, 메시지가 브로커에 의해 파티션에 쓰여지는 시각을 사용할 경우 LogAppendTime.
min.cleanable.dirty.ratio	토픽의 파티션을 압착 시도하는 빈도. 로그 세그먼트 전체 개수에 대한 압착되지 않은 로그 세그먼트의 개수의 비율로 나타내어진다. cleanup.policy가 compact로 설정되어 있는 토픽에만 유효.
min.compaction.lag.ms	메시지가 압착되지 않은 채로 남아있을 수 있는 최소 시간.
min.insync.replicas	토픽이 사용 가능한 것으로 간주되기 위해 동기화되어야 하는 토픽 파티션별 레플리카 수의 최소값.
preallocate	true로 설정되어 있을 경우, 새 세그먼트가 사용되기 전에 미리 할당된다.
retention.bytes	보존할 메시지의 양(바이트).
retention.ms	메시지를 보존하는 시간(밀리초).
segment.bytes	파티션의 로그 세그먼트 하나에 쓰여지는 메시지의 양(바이트).
segment.index.bytes	로그 세그먼트 인덱스 하나의 최대 크기(바이트).
segment.jitter.ms	로그 세그먼트를 새로 생성할 때 segment.ms에 랜덤하게 더해주는 밀리초 값의 최대값.
segment.ms	각 파티션의 로그 세그먼트를 새로 생성하는 빈도(밀리초).
unclean.leader.election.enable	false로 설정할 경우, 해당 토픽에 대해 언클린 리더 선출이 허용되지 않는다.

12.3.2 클라이언트와 사용자 설정 기본값 재정의하기

카프카 클라이언트와 사용자의 경우, 재정의 가능한 설정은 쿼터에 관련된 것 몇 개밖에 없다. 가장 일반적인 설정 두 개는 특정한 클라이언트 ID에 대해 브로커별로 설정되는 프로듀서와 컨슈머 bytes/sec 속도다. 표 12-13은 사용자와 클라이언트 양쪽에 대해 변경 가능한 설정의 전체 목록이다.

불균형한 클러스터에서의 불균형한 스로틀링

스로틀링이 브로커 단위로 이루어지기 때문에, 클러스터 안에서 파티션 리더 역할이 균등하게 분포되는 것은 특히나 중요하다. 만약 브로커 5대로 이루어진 클러스터에 프로듀서별 쿼터가 10Mbps로 설정되었을 경우, 프로듀서가 각각의 브로커에 10Mbps의 속도로 쓸 수 있기 때문에 파티션 리더 역할이 5대의 브로커에 균등하게 나누어졌을 경우 전체적으로는 50Mbps 속도로 쓰기가 가능하다. 하지만 모든 1번 브로커가 파티션의 리더 브로커를 맡고 있을 경우, 최대 쓰기 속도는 10Mbps가 된다.

표 12-3 **동적으로 설정 가능한 클라이언트 키**

설정 키	상세
consumer_bytes_rate	하나의 클라이언트 ID가 하나의 브로커에서 초당 읽어올 수 있는 메시지의 양(byte)
producer_bytes_rate	하나의 클라이언트 ID가 하나의 브로커에 초당 쓸 수 있는 메시지의 양(byte)
controller_mutations_rate	컨트롤러의 변경률. 즉, 사용 가능한 토픽 생성, 파티션 생성, 토픽 삭제 요청의 양. 이 값은 생성되거나 삭제된 파티션 수 단위로 집계된다.
request_percentage	사용자 혹은 클라이언트로부터의 요청에 대한 쿼터 윈도우 비율 ((num.io.threads + num.network.threads) × 100% 에 대한 비율로 집계)

클라이언트 ID 대 컨슈머 그룹

클라이언트 ID는 굳이 컨슈머 그룹 이름과 같을 필요가 없다. 컨슈머별로 클라이언트 ID를 따로 줄 수 있기 때문에 서로 다른 컨슈머 그룹에 속한 컨슈머들이 같은 클라이언트 ID를 가질 수도 있다. 이때 각 컨슈머 그룹의 클라이언트 ID는 컨슈머 그룹을 식별할 수 있는 값으로 잡아 주는 것이 좋다. 이렇게 하면 하나의 컨슈머 그룹에 속한 컨슈머들이 쿼터를 공유할 수 있는 데다가 로그에서 특정한 요청을 보낸 컨슈머 그룹이 누구인지 찾기가 쉽다.

서로 호환되는 사용자 설정과 클라이언트 설정에 대한 변경은 함께 지정될 수 있다. 다음 예제는 사용자별, 클라이언트별 컨트롤러의 변경률 설정을 한 번에 변경하는 방법을 보여준다.

```
$ bin/kafka-configs.sh --bootstrap-server localhost:9092 \
    --alter --add-config "controller_mutations_rate=10"
    --entity-type clients --entity-name {Client ID}
    --entity-type users --entity-name {User ID}
$
```

12.3.3 브로커 설정 기본값 재정의하기

브로커와 클러스터 수준 설정은 주로 클러스터 설정 파일에 정적으로 지정되지만, 카프카를 재설치할 필요 없이 프로세스가 돌아가는 중에 재정의가 가능한 설정들도 많다. kafka-configs.sh를 사용해서 브로커에 대해 재정의가 가능한 항목은 80개가 넘는다.

이 책에서 이 모든 항목들을 일일이 설명하지는 않을 것이지만 `--help` 명령을 사용하거나 카프카 공식 문서https://kafka.apache.org/documentation/#brokerconfigs를 찾아보면 전체 항목 목록을 볼 수 있다. 그중에서도 특별히 짚어볼 만한 중요한 것들은 다음과 같다.

`min.insync.replicas`
: 프로듀서의 `acks` 설정값이 `all` (또는 -1)로 잡혀 있을 때 쓰기 요청에 응답이 가기 전에 쓰기가 이루어져야 하는 레플리카 수의 최소값을 결정한다.

`unclean.leader.election.enable`
: 리더로 선출되었을 경우 데이터 유실이 발생하는 레플리카를 리더로 선출할 수 있게 한다. 약간의 데이터 유실이 허용되는 경우 혹은 데이터 유실을 피할 수 없어서 카프카 클러스터의 설정을 잠깐 풀어주거나 해야 할 때 유용하다.

`max.connections`
: 브로커에 연결할 수 있는 최대 연결 수. 좀 더 정밀한 스로틀링을 바란다면 `max.connections.per.ip`, `max.connections.per.ip.overrides`를 사용할 수 있다.

12.3.4 재정의된 설정 상세 조회하기

`kafka-configs.sh`를 사용하면 모든 재정의된 설정의 목록을 조회할 수 있다. 토픽, 브로커, 클라이언트별 설정값을 확인해볼 수 있는 것이다. 다른 툴들과 마찬가지로 `--describe` 명령을 사용하면 된다.

다음 예제에서는 "my-topic" 토픽에 대해 재정의된 모든 설정을 보여준다. 보존 시간만 재설정한 것이 보인다.

```
$ bin/kafka-configs.sh --bootstrap-server localhost:9092 \
    --describe --entity-type topics --entity-name my-topic
Configs for topics:my-topic are
retention.ms=3600000
$
```

재정의된 것만 보인다!

이 툴은 재정의된 설정값만 보여줄 뿐, 클러스터 기본값을 따르는 설정은 포함하지 않는다. 뒤집어 말하면, 이 툴을 사용해서 자동으로 토픽이나 클라이언트 설정을 확인하려 할 경우 사용자는 클러스터 기본값에 대해서 반드시 따로 알아두어야 할 것이다.

12.3.5 재정의된 설정 삭제하기

동적으로 재정의된 설정은 통째로 삭제될 수 있으며, 이 경우 해당 설정은 클러스터 기본값으로 돌아가게 된다. 재정의된 설정을 삭제하려면 --delete-config 매개변수와 함께 --alter 명령을 사용한다.

예를 들어서, "my-topic" 토픽의 retention.ms 설정 재정의를 삭제하려면 다음과 같이 하면 된다.

```
$ bin/kafka-configs.sh --bootstrap-server localhost:9092 \
    --alter --entity-type topics --entity-name my-topic
    --delete-config retention.ms
Updated config for topic: "my-topic".
$
```

12.4 쓰기 작업과 읽기 작업

카프카를 사용할 때 애플리케이션이 제대로 돌아가는지를 확인하기 위해 수동으로 메시지를 쓰거나 샘플 메시지를 읽어와야 하는 경우가 있다. 이러한 작업을 위해 두 개의 유틸리티, kafka-console-consumer.sh와 kafka-console-producer.sh가 제공된다(우리가 2장에서 설치된 카프카가 제대로 작동하는지를 위해 잠깐 사용해봤던 바로 그 툴들이다). 이 툴들은 자바 클라이언트 라이브러리를 살짝 감싸는 형태로 구현되었으며, 해당 작업을 수행하는 애플리케이션 전체를 작성할 필요 없이 카프카 토픽과 상호작용할 수 있도록 해 준다.

출력을 다른 애플리케이션 입력값으로 연결하기

콘솔 컨슈머나 프로듀서를 감싸는 형태로 애플리케이션을 작성할 수 있음에도 불구하고(예 메시지를 읽어온 뒤 파이프 기능을 사용해서 다른 처리 애플리케이션에 전달한다), 이러한 형태의 애플리케이션은 꽤나 취약할뿐더러 권장되지 않는다. 메시지를 유실하지 않도록 콘솔 컨슈머를 다루는 것이 쉽지 않기 때문이다. 마찬가지로, 콘솔 프로듀서는 모든 기능을 전부 지원하지 않는 데다가 바이트 뭉치를 제대로 보내는 것 역시 만만치 않다. 자바 클라이언트 라이브러리를 직접 사용하던가 아니면 카프카 프로토콜을 직접 구현하고 있는 다른 언어용 서드파티 클라이언트를 사용하는 것이 좋다.

12.4.1 콘솔 프로듀서

kakfa-console-producer.sh 툴을 사용해서 카프카 토픽에 메시지를 써넣을 수 있다. 기본적으로 메시지는 줄 단위로, 키와 밸류값은 탭 문자를 기준으로 구분된다(탭 문자가 없으면 키값은 null이 된다). 콘솔 컨슈머와 마찬가지로, 콘솔 프로듀서는 기본 시리얼라이저(DefaultEncoder)를 사용해서 읽어들인 데이터를 바이트 뭉치로 변환한다.

콘솔 프로듀서를 사용할 때는 어느 카프카 클러스터에 연결할지, 그 클러스터의 어느 토픽에 쓸지를 정의하는 인수 두 개는 반드시 지정해주어야 한다. 전자는 지금까지 써온 `--bootstrap-server` 연결 문자열을 사용해주면 된다. 쓰기 작업이 끝났다면 `end-of-file` (`EOF`) 문자를 입력해서 클라이언트를 종료시키자. 대부분의 터미널에서는 Ctrl + D로 가능하다.

다음 예제는 'my-topic' 토픽에 4개의 메시지를 쓰는 방법을 보여준다.

```
$ bin/kafka-console-producer.sh --bootstrap-server localhost:9092 --topic my-topic
>Message 1
>Test Message 2
>Test Message 3
>Message 4
>^D
$
```

❶ 프로듀서 설정 옵션 사용하기

프로듀서를 설정할 때 사용하는 설정을 콘솔 프로듀서에 전달하는 것도 가능하다. 여기에는 두 가지 방법이 있는데, 어떤 방법을 사용할지는 얼마나 많은 옵션을 전달해야 하는지 그리고 어떤 방식을 선호하느냐에 따라 달라질 것이다. 첫 번째 방법은 `--producer.config {설정 파일}`을 지정하는 방법이다({설정 파일}은 설정 옵션을 담고 있는 파일에 대한 경로다). 또 다른 방법은 명령줄에서 1개 이상의 `--producer-property {키} = {값}` 인수를 지정하는 방법이다({키}는 설정 옵션의 이름, {값}은 설정할 값이다). 후자는 메시지 배치에 관련된 프로듀서 설정값(`linger.ms`나 `batch.size`와 같은)을 잡아줄 때 유용하다.

헷갈리는 명령줄 옵션

`--property` 명령줄 옵션은 콘솔 프로듀서와 콘솔 컨슈머, 둘 다 사용이 가능하다. 하지만 `--producer-property`(콘솔 프로듀서) 혹은 `--consumer-property`(콘솔 컨슈머) 옵션과 헷갈리지는 말자. `--property` 옵션은 메시지 포매터 관련된 옵션을 지정할 때만 사용되지, 클라이언트 자체와는 상관이 없다.

콘솔 프로듀서는 작동을 조정하기 위해 많은 명령줄 인수를 `--producer-property` 옵션과 함께 사용할 수 있도록 하고 있다. 그중에서도 자주 쓰이는 것을 몇 개 꼽아 보자면 다음과 같다.

`--batch-size`

(동기 모드로 작동 중이지 않을 경우) 하나의 배치로 전달되어야 할 메시지의 수를 지정한다.

--timeout

프로듀서가 비동기 모드로 작동 중일 때, 이 옵션은 메시지 배치를 쓰기 전에 기다리는 최대 시간을 지정한다. 써야 할 메시지가 느리게 주어지는 토픽에 대해 오랫동안 기다리는 사태를 방지할 수 있다.

--compression-codec {압축 코덱}

메시지를 쓸 때 사용할 압축 코덱을 지정한다. none, gzip, snappy, zstd, lz4 중 하나를 사용할 수 있다. 기본값은 gzip이다.

--sync

메시지를 동기적으로 쓴다. 즉, 다음 메시지를 보내기 전에 이전에 쓴 메시지에 대한 응답이 올 때까지 기다린다.

❷ 읽기 옵션

표준 입력으로 들어온 값을 읽어서 프로듀서 레코드를 생성하는 kafka.tools.ConsoleProducer$LineMessageReader 클래스 역시 여러 유용한 옵션을 가지고 있다. 콘솔 프로듀서에 --property 명령줄 옵션을 사용해서 지정 가능하다.

ignore.error

이 값이 false이고 parse.key가 true인 상태에서 키 구분자가 정의되어 있지 않을 경우 예외가 발생한다. 기본값은 true다.

parse.key

키값을 항상 null로 고정하고 싶다면 false로 잡아주면 된다. 기본값은 true다.

key.separator

메시지 키와 밸류를 구분할 때 사용되는 구분자로서 기본값은 탭 문자다.

읽기 작동 변경하기

표준 입력으로 들어오는 값을 읽는 방식을 커스터마이즈하고 싶다면 직접 제작한 클래스를 지정해주면 된다. kafka.common.MessageReader를 확장해서 ProducerRecord 객체를 생성하도록 해주면 된다. 클래스패스에 해당 클래스가 포함된 jar 파일이 있는지 확인하고 명령줄에 --line-reader 옵션을 사용해서 클래스를 지정해주면 된다. 기본값은 kafka.tools.ConsoleProducer$LineMessageReader다.

메시지를 쓸 때 LineMessageReader는 입력 안에 처음으로 나오는 key.separator 값을 기준으로 입력을 키, 밸류로 분할한다. 만약 구분자 뒤로 아무 문자가 안 나온다면 메시지의 밸류값은 빈 문자열이 된다. 입력 안에 구분자가 없거나 parse.key가 false로 잡혀 있을 경우 키값은 null이 된다.

12.4.2 콘솔 컨슈머

kafka-console-consumer.sh 툴을 사용하면 카프카 클러스터 안의 1개 이상의 토픽에 대해 메시지를 읽어올 수 있다. 메시지는 표준 출력에 한 줄씩 출력된다. 기본적으로 키나 형식 같은 것 없이 메시지 안에 저장된 로 바이트raw byte 뭉치가 출력된다(출력 형식은 DefaultFormatter이 결정한다). 프로듀서와 마찬가지로 이 툴을 사용하기 위해서는 반드시 필요한 몇 개의 기본적인 옵션이 있는데 클러스터에 대한 연결 문자열, 메시지를 읽어올 토픽, 그리고 읽어오고자 하는 시간이다.

툴 버전 확인

사용 중에는 카프카 클러스터와 동일한 버전의 컨슈머를 사용하는 것은 매우 중요하다. 오래된 버전 콘솔 컨슈머의 경우, 클러스터나 주키퍼에 잘못된 신호를 주고받음으로써 클러스터에 피해를 입힐 가능성이 있기 때문이다.

다른 명령과 마찬가지로 --bootstrap-server 옵션에는 카프카 클러스터에 연결하기 위한 연결 문자열이 지정된다. 하지만 어떤 토픽으로부터 메시지를 읽어올지를 결정하는 옵션은 두 개가 있다.

--topic

읽어올 토픽의 이름을 지정한다(1개).

--whitelist

읽어오고자 하는 모든 토픽 이름과 매치되는 정규식을 지정한다(쉘에서 잘못 처리되는 것을 방지하기 위해 정규식을 적절히 이스케이프 해주는 것을 잊지 말자).

앞에 나온 두 옵션 중 하나만 사용해야 한다. 콘솔 컨슈머가 일단 시작되면 쉘 이스케이프 명령(이 경우 Ctrl + C)이 주어지기 전까지 계속해서 메시지를 읽어올 것이다. 다음 예제는 클러스터에서 my로 시작하는 모든 토픽(이 경우 여기 해당되는 토픽은 'my-topic' 하나뿐이다)을 읽어온다.

```
$ bin/kafka-console-consumer.sh --bootstrap-server localhost:9092
    --whitelist 'my.*' \
    --from-beginning
Message 1
Test Message 2
Test Message 3
Message 4
^C
$
```

❶ 컨슈머 설정 옵션 사용하기

앞에 나온 기본적인 명령줄 옵션 외에도 일반적인 컨슈머 설정 옵션 역시 콘솔 컨슈머에 지정해 줄 수도 있다. kafka-console-producer.sh 툴과 마찬가지로 지정하는 방법에는 두 가지가 있다(얼마나 많은 옵션을 지정해야 하는지, 어느 쪽을 선호하는지에 따라). 첫 번째 방법은 --consumer.config {설정 파일}의 형태로 컨슈머 설정 파일을 지정해주는 것이다({설정 파일}은 설정 옵션을 담고 있는 파일의 위치다). 또 다른 방법은 명령줄에서 1개 이상의 --consumer-property {키} = {값} 형태 인수를 옵션으로 지정해주는 것이다({키}는 설정 옵션 이름, {값}은 설정할 값이다).

이것 외에도 콘솔 컨슈머를 사용할 때 알아두면 좋을 자주 사용되는 옵션이 몇 개 있다.

--formatter {클래스 이름}

메시지를 바이트 뭉치에서 (화면에 표시되는) 문자열로 변환하기 위해 사용될 메시지 포매터message formatter 클래스를 지정한다. 기본값은 kafka.tools.DefaultMessageFormatter다.

--from-beginning

지정된 토픽의 가장 오래된 오프셋부터 메시지를 읽어온다. 이것을 지정하지 않으면 가장 최근 오프셋부터 읽어온다.

--max-messages {정수값}

종료되기 전 읽어올 최대 메시지 수.

--partition {정수값}

지정된 ID의 파티션에서만 읽어온다.

--offset

읽어오기 시작할 오프셋. earliest 로 지정할 경우 맨 처음부터, latest로 지정할 경우 가장 최신값부터 읽어온다.

--skip-message-on-error

메시지에 에러가 있을 경우 실행을 중단하는 게 아니라 그냥 넘어간다. 디버깅할 때 좋다.

❷ 메시지 포매터 옵션

기본값 외에 사용 가능한 메시지 포매터는 다음 3개다.

kafka.tools.LoggingMessageFormatter

표준 출력이 아니라 로거logger를 사용해서 메시지를 출력한다. 각 메시지는 INFO 레벨로 출력되며, 타임스탬프, 키, 밸류를 포함한다.

`kafka.tools.ChecksumMessageFormatter`

메시지의 체크섬만 출력한다.

`kafka.tools.NoOpMessageFormatter`

메시지를 읽어오되 아무것도 출력하지 않는다.

다음 예제는 앞에서 살펴본 것과 똑같은 메시지를 읽어오지만 기본값 대신에 `kafka.tools.ChecksumMessageFormatter`를 사용한다.

```
$ bin/kafka-console-consumer.sh --bootstrap-server localhost:9092 \
    --whitelist 'my.*' --from-beginning \
    --formatter kafka.tools.ChecksumMessageFormatter
checksum:0
checksum:0
checksum:0
checksum:0
$
```

`kafka.tools.DefaultMessageFormatter` 역시 `--property` 명령줄 옵션으로 설정 가능한 여러 유용한 옵션들을 가지고 있다(표 12-4).

표 12-4 **메시지 포매터 옵션**

속성	상세
print.timestamp	각 메시지의 타임스탬프를 표시하고 싶다면 true로 잡아준다.
print.key	각 메시지의 키도 표시하고 싶다면 true로 잡아준다.
print.offset	각 메시지의 오프셋도 표시하고 싶다면 true로 잡아준다.
print.partition	메시지를 읽어온 토픽 파티션을 표시하고 싶다면 true로 잡아준다.
key.separator	메시지를 표시할 때 메시지 키와 메시지 밸류를 구분하기 위해 사용되는 문자를 지정한다.
line.separator	메시지를 서로 구분하기 위해 사용할 구분자를 지정한다.
key.deserializer	메시지 키를 표시하기 전에 바이트 뭉치에서 (화면에 표시되는) 문자열로 변환하기 위해 사용되는 클래스를 지정한다.
value.deserializer	메시지 밸류를 표시하기 전에 바이트 뭉치에서 (화면에 표시되는) 문자열로 변환하기 위해 사용되는 클래스를 지정한다.

디시리얼라이저 클래스는 반드시 org.apache.kafka.common.serialization.Deserializer를 구현해야 하며, 콘솔 컨슈머는 메시지를 표시하기 위해 이 클래스의 toString 메서드를 호출할 것이다.

이러한 디시리얼라이저들은 자바 클래스로 구현한 뒤 kafka_console_consumer.sh를 실행하기 전에 CLASSPATH 환경 변수에 넣어 줌으로써 콘솔 컨슈머의 클래스패스에 추가해주는 것이 보통이다.

❸ 오프셋 토픽 읽어오기

클러스터의 컨슈머 그룹별로 커밋된 오프셋을 확인해봐야 하는 경우가 있다. 특정 그룹이 오프셋을 커밋하고 있는지의 여부를 확인하거나 얼마나 자주 커밋했는지를 알고 싶을 수도 있다. 콘솔 컨슈머를 사용해서 __consumer_offsets 내부 토픽을 읽어오면 된다. 모든 컨슈머 오프셋은 이 토픽에 메시지로 쓰여진다. 이 토픽에 저장된 메시지를 열어보고 싶다면 kafka.coordinator.group.GroupMetadataManager$OffsetsMessageFormatter 포매터 클래스를 사용하자.

지금까지 우리가 살펴본 것들을 모두 한데 모으면 다음과 같이 __consumer_offsets 토픽의 맨 처음 메시지부터 읽어오는 예제가 된다.

```
$ bin/kafka-console-consumer.sh --bootstrap-server localhost:9092 \
    --topic __consumer_offsets --from-beginning --max-messages 1
    --formatter "kafka.coordinator.group.GroupMetadataManager\$OffsetsMessageFormatter"
    --consumer-property exclude.internal.topics=false
[my-group-name,my-topic,0]::[OffsetMetadata[1,NO_METADATA]
CommitTime 1623034799990 ExpirationTime 1623639599990]
Processed a total of 1 messages
$
```

12.5 파티션 관리

카프카는 파티션 관리에 사용할 수 있는 스크립트 역시 기본적으로 탑재하고 있다. 하나는 리더 레플리카를 다시 선출하기 위한 툴이고, 또 하나는 파티션을 브로커에 할당해주는 저수준 유틸리티다. 이 두 툴은 카프카 클러스터 안의 브로커 간에 메시지 트래픽의 균형을 직접 맞춰 줘야 할 때 요긴하게 사용할 수 있다.

12.5.1 선호 레플리카 선출

7장에서 살펴본 것과 같이 각 파티션은 신뢰성을 보장하기 위해 여러 개의 레플리카를 가질 수 있다. 여기서 중요한 점은 이 레플리카 중 단 하나만이 특정한 시점에 있어서 리더 역할을 맡는다는 점, 그리고 모든 쓰기와 읽기 작업은 리더 역할을 맡는 레플리카가 저장된 브로커에서 일어난다는 점이다. 전체 카프카 클러스터에 대해 부하를 고르게 나눠주려면 리더 레플리카를 전체 브로커에 걸쳐 균형 있게 분산해줄 필요가 있다.

리더 레플리카는 레플리카 목록에 있는 첫 번째 인-싱크 레플리카로 정의된다. 하지만, 만약 브로커가 중단되거나 나머지 브로커와의 네트워크 연결이 끊어지면 다른 인-싱크 레플리카 중 하나가 리더 역할을 인계받게 되지만(중단된 브로커가 다시 살아나거나 네트워크가 복구된다 하더라도), 리더 역할이 원래 리더를 맡고 있던 레플리카로 자동으로 복구되지는 않는다. 그렇기 때문에 자동 리더 밸런싱 automatic leader balancing 기능이 꺼져 있을 경우, 처음 설치했을 때는 잘 균형을 이루던 것이 나중에는 엉망진창이 될 수 있다.

바로 이러한 이유 때문에 이 설정을 켜 놓거나 아니면 크루즈 컨트롤Cruise Control과 같은 다른 오픈 소스 툴을 사용해서 언제나 균형을 맞추도록 해주는 것이 권장된다.

만약 카프카 클러스터에 균형이 맞지 않을 경우, 선호 레플리카 선출을 실행시킬 수 있다(이 작업은 클러스터에 거의 영향을 미치지 않는 가벼운 작업이다). 이 작업은 클러스터 컨트롤러로 하여금 파티션에 대해 가장 적절한 리더를 고르도록 한다. 클라이언트는 리더 역할이 변하는 것을 자동으로 감지할 수 있기 때문에 리더 역할이 옮겨간 브로커로 요청을 보낼 수 있다. 이러한 작업을 `kafka-leader-election.sh` 유틸리티를 사용해서 실행시킬 수 있다. 이 툴의 구버전인 `kafka-preferred-replica-election.sh` 역시 사용은 가능하지만 지원 중단되었고, 더 많은 옵션을 지정해 줄 수 있는(예를 들어서, 선호 리더(160쪽 참조)를 리더로 선출할 것이냐('preferred') 아니면 언클린 리더 선출('unclean')을 할 것이냐 여부) 새로운 툴을 쓰는 것이 더 권장된다.

예를 들어서, 클러스터 내 모든 선호 레플리카 선출을 시작하는 명령은 다음과 같다.

```
$ bin/kafka-leader-election.sh --bootstrap-server localhost:9092 \
    --election-type PREFERRED \
    --all-topic-partitions
$
```

특정한 파티션이나 토픽에 대해서만 선출을 시작하는 것도 가능하다. `--topic` 옵션에 토픽 이름을, `--partition` 옵션에 파티션을 직접 지정해주면 된다. 선출 작업을 수행할 파티션 목록을 지정해 줄 수도 있다. 다음과 같이 `partitions.json` JSON 파일을 작성해주면 된다.

```
{
    "partitions": [
        {
            "partition": 1,
            "topic": "my-topic"
        },
        {
            "partition": 2,
            "topic": "foo"
        }
    ]
}
```

다음 예에서는 partitions.json 파일에 지정된 파티션 목록에 대해 선호 레플리카 선출을 시작시킨다.

```
$ bin/kafka-leader-election.sh --bootstrap-server localhost:9092 --election-type PREFERRED \
    --path-to-json-file partitions.json
$
```

12.5.2 파티션 레플리카 변경하기

때로는 파티션의 레플리카 할당을 수동으로 변경해 줘야 한다. 이러한 작업이 필요한 경우에는 다음과 같은 것들이 있다.

- 자동으로 리더 레플리카를 분산시켜 주었는데도 브로커간 부하가 불균등할 때
- 브로커가 내려가서 파티션이 불완전 복제되고 있을 때
- 새로 추가된 브로커에 파티션을 빠르게 분산시켜주고 싶을 때
- 토픽의 복제 팩터를 변경해주고 싶을 경우

위와 같은 경우 kafka-reassign-partitions.sh를 사용해주면 된다. 이 툴을 사용하는 것은 이동시킬 파티션 목록(파티션 재할당 안, proposal)을 생성하는 것과 생성된 안을 실행시키는 것의 두 단계로 나누어진다. 우선, 브로커 목록과 토픽 목록을 사용해서 이동시킬 파티션 목록을 생성한다. 이 작업을 위해서는 주어질 토픽 목록을 담은 JSON 파일을 생성해야 한다. 그 다음 단계에서는 앞에서 생성한 재할당 안을 실행시킨다. 마지막으로, 이 툴은 생성된 안을 사용해서 진행 상황을 확인할 수 있다.

지금부터 4대의 브로커를 가진 카프카 클러스터에 대한 가상 사례를 하나 살펴보자. 최근 새 브로커 두 대를 추가해서 전체 대수는 여섯 대가 됐는데, 토픽 중 2개를 5번, 6번 브로커로 옮기고 싶다.

이동시킬 파티션 목록을 생성하기 위해서는, 우선 토픽 목록을 담은 JSON 객체를 포함하는 파일을 생성해야 한다. 이 JSON 객체는 다음과 같은 형식을 따른다(버전 번호는 현재 항상 1이다).

```
{
    "topics": [
        {
            "topic": "foo1"
        },
        {
            "topic": "foo2"
        }
    ],
    "version": 1
}
```

JSON 파일을 정의한 뒤부터는 이것을 사용해서 `topics.json` 파일에 지정된 토픽들을 5번, 6번 브로커로 이동시키는 파티션 이동 목록을 생성할 수 있다.

```
$ bin/kafka-reassign-partitions.sh --bootstrap-server localhost:9092 \
    --topics-to-move-json-file topics.json \
    --broker-list 5,6 --generate
  {"version":1,
  "partitions":[{"topic":"foo1","partition":2,"replicas":[1,2]},
                {"topic":"foo1","partition":0,"replicas":[3,4]},
                {"topic":"foo2","partition":2,"replicas":[1,2]},
                {"topic":"foo2","partition":0,"replicas":[3,4]},
                {"topic":"foo1","partition":1,"replicas":[2,3]},
                {"topic":"foo2","partition":1,"replicas":[2,3]}]
  }
  Proposed partition reassignment configuration
  {"version":1,
  "partitions":[{"topic":"foo1","partition":2,"replicas":[5,6]},
                {"topic":"foo1","partition":0,"replicas":[5,6]},
                {"topic":"foo2","partition":2,"replicas":[5,6]},
                {"topic":"foo2","partition":0,"replicas":[5,6]},
                {"topic":"foo1","partition":1,"replicas":[5,6]},
                {"topic":"foo2","partition":1,"replicas":[5,6]}]
  }
$
```

여기에 출력된 결과물은 두 개의 JSON 파일(각각 revert-reassignment.json, expand-cluster-reassignment.json 라고 부르자)을 보여준다. 첫 번째 파일은 어떠한 이유로 재할당 작업을 롤백하고 싶을 때 파티션을 원래 위치로 되돌려 보내는 데 사용할 수 있다. 두 번째 파일이 다음 단계에서 사용할 바로 그 파일인데, 아직 실행되지 않은 파티션 이동 안을 나타낸다. 눈치챘겠지만, 이 재할당 안은 그리 균형이 맞지 않아서 모든 리더 역할을 5번 브로커에 넘기게 되어 있다. 일단 이 결과물은 무시하고 클러스터에 (추후 파티션 분산에 도움이 되는) 자동 리더 밸런싱 기능이 켜져 있다고 가정할 것이다. 만약 첫 어떤 파티션을 어디로 옮기고 싶은지 정확히 아는 경우, 첫 번째 단계를 생략하고 JSON을 직접 생성할 수 있다는 점을 알아 두자.

expand-cluster-reassignment.json 파일에 들어 있는 파티션 재할당 안을 실행시키려면 다음과 같이 하면 된다.

```
$ bin/kafka-reassign-partitions.sh --bootstrap-server localhost:9092 \
    --reassignment-json-file expand-cluster-reassignment.json \
    --execute Current partition replica assignment

    {"version":1,
    "partitions":[{"topic":"foo1","partition":2,"replicas":[1,2]},
                        {"topic":"foo1","partition":0,"replicas":[3,4]},
                        {"topic":"foo2","partition":2,"replicas":[1,2]},
                        {"topic":"foo2","partition":0,"replicas":[3,4]},
                        {"topic":"foo1","partition":1,"replicas":[2,3]},
                        {"topic":"foo2","partition":1,"replicas":[2,3]}]
    }

Save this to use as the --reassignment-json-file option during rollback
Successfully started reassignment of partitions

{"version":1,
"partitions":[{"topic":"foo1","partition":2,"replicas":[5,6]},
                        {"topic":"foo1","partition":0,"replicas":[5,6]},
                        {"topic":"foo2","partition":2,"replicas":[5,6]},
                        {"topic":"foo2","partition":0,"replicas":[5,6]},
                        {"topic":"foo1","partition":1,"replicas":[5,6]},
                        {"topic":"foo2","partition":1,"replicas":[5,6]}]
}
$
```

이 명령은 지정된 파티션 레플리카를 새로운 브로커로 재할당하는 작업을 시작시킨다. 출력된 결과물은 위에서 생성된 파티션 재할당 안과 똑같다. 클러스터 컨트롤러는 일단 각 파티션의 레플리카 목록에 새로운 레플리카를 추가하는 식으로 이 재할당 작업을 실행한다(즉, 이 토픽의 복제 팩터를 일시적으로 증가시킨다).

이때부터 새로 추가된 레플리카들은 각 파티션의 현재 리더로부터 모든 기존 메시지들을 복사해 오게 된다. 디스크 안의 파티션 크기에 따라 이 작업은 엄청난 시간이 걸릴 수도 있다. 데이터가 네트워크를 통해서 새로운 레플리카로 복사되기 때문이다. 복제 작업이 완료되면 컨트롤러는 복제 팩터를 원상 복구시킴으로써 오래 된 레플리카를 레플리카 목록에서 제거한다.

다음 옵션들은 이 명령을 사용할 때 함께 사용할 수 있는 기능들이다.

`--additional`

이 옵션은 지정된 재할당 작업이 현재 진행중인 재할당 작업에 추가되도록 해준다. 현재 진행중인 작업들이 방해 없이 수행될 수 있도록 해줄뿐더러 새로 재할당 작업을 실행시키기 위해 기존 작업이 끝날 때까지 기다릴 필요가 없게 해준다.

`--disable-rack-aware`

랙 인식 기능으로 인해 파티션 이동 안의 결과물이 불가능할 수도 있다. 필요하다면 이 플래그를 사용해서 랙 인식 기능을 끌 수 있다.

`--throttle`

이 값은 초당 바이트 수로 나타내어진다. 파티션 재할당은 일정하게 유지되던 메모리 페이지 캐시 사용량과 네트워크, 디스크 I/O를 변화시키는 만큼 클러스터의 성능에 큰 영향을 미친다. 파티션 이동에 스로틀링을 걸어서 이 문제를 방지할 수 있다. `--additional` 태그를 함께 지정해주면 문제 발생의 소지가 있는 이미 시작된 재할당 작업에도 스로틀링을 걸 수 있다.

레플리카 재할당시 네트워크 사용률 올리기

클러스터에서 브로커를 제거하는 것과 같은 상황에서 하나의 브로커에서 다수의 파티션을 제거할 때는 일단 해당 브로커가 맡고 있는 모든 리더 역할을 먼저 해제하는 것이 좋다. 수동으로 일일이 해제하는 것도 방법이지만, 앞에서 설명한 툴을 사용해서 이 작업을 수행하는 것은 매우 고된 일일 것이다. 크루즈 컨트롤과 같은 오픈소스 툴들은 브로커에 할당된 모든 리더 역할을 안전하게 다른 브로커로 인계하는 '브로커 격하(broker demotion)'라 불리는 기능을 포함하는데, 아마도 이 작업을 수행하는 가장 쉬운 방법일 것이다.

하지만 이러한 툴들을 사용할 수 없는 상황이라면 그냥 브로커를 재시작하는 것만으로도 충분하다. 브로커가 종료할 준비를 하는 과정에서 해당 브로커에 할당된 모든 파티션 리더 역할이 클러스터 안의 다른 브로커로 옮겨가기 때문이다. 이것은 재할당 성능을 눈에 띄게 증가시키면서도 (복제 트래픽이 다수의 브로커로 분산되므로) 클러스터에 대한 영향은 줄일 수 있다. 하지만 브로커가 재시작을 완료한 시점에서 자동 리더 재할당 기능이 켜져 있을 경우 리더 역할이 원래 브로커로 되돌아오기 때문에 잠시 이 기능을 꺼 놓는 것이 좋을 것이다.

파티션 이동의 진행 상태를 확인하는 데도 이 툴을 사용할 수 있다. 이것은 어떤 재할당이 현재 진행 중인지, 완료되었는지, 그리고 (에러가 발생한 경우) 실패했는지를 보여준다. 이 작업을 수행하려면 앞의 실행 단계에서 사용한 JSON 객체 파일이 있어야 한다.

다음 예에서는 앞에서 살펴본 `expand-cluster-reassignment.json`을 사용해서 실행한 파티션 재할당 작업의 진행 상태를 `--verify` 옵션을 사용해서 검증한다.

```
$ bin/kafka-reassign-partitions.sh --bootstrap-server localhost:9092 \
    --reassignment-json-file expand-cluster-reassignment.json \
    --verify
Status of partition reassignment:
  Status of partition reassignment:
  Reassignment of partition [foo1,0] completed successfully
  Reassignment of partition [foo1,1] is in progress
  Reassignment of partition [foo1,2] is in progress
  Reassignment of partition [foo2,0] completed successfully
  Reassignment of partition [foo2,1] completed successfully
  Reassignment of partition [foo2,2] completed successfully
```

❶ 복제 팩터 변경하기

`kafka-reassign-partitions.sh` 툴은 파티션의 복제 팩터를 증가시키거나 감소시킬 때 사용할 수 있다. 복제 팩터가 잘못 설정된 채로 파티션이 생성되었거나, 클러스터를 확장해서 중복 데이터를 증가시키거나, 아니면 비용을 아끼기 위해 중복 데이터를 감소시켜야 하는 상황에서 이 툴이 필요하다. 클러스터 단위 RF 설정을 올려 잡은 상황이 여기에 해당한다(올려잡은 설정이 기존 토픽에는 자동으로 적용되지 않기 때문이다). 이 툴을 사용하면 이미 존재하는 파티션의 RF도 올려잡아줄 수 있다.

예를 들어서, 앞에서 본 'foo1' 토픽의 복제 팩터를 2에서 3으로 증가시키고 싶다면 앞에서 살펴본 파티션 재할당 안과 비슷한 JSON 파일을 생성한 뒤 레플리카 목록에 브로커 ID를 추가로 넣어주면 된다. 다음 예에서는 브로커 5, 6가 이미 있는 목록에 브로커 4를 추가한 `increase-foo1-RF.json` 파일을 생성한다.

```
{
    {"version":1,
        "partitions":[{"topic":"foo1","partition":1,"replicas":[5,6,4]},
                      {"topic":"foo1","partition":2,"replicas":[5,6,4]},
                      {"topic":"foo1","partition":3,"replicas":[5,6,4]},
    }
}
```

그러고 나서 이 재할당 안을 가지고 앞에서 본 명령을 실행한다. 작업이 완료되면, --verify 플래그를 사용하거나 kafka-topics.sh 스크립트를 사용해서 RF가 제대로 증가되었는지 확인할 수 있다.

```
$ bin/ kafka-topics.sh --bootstrap-server localhost:9092 \
    --topic foo1 \
    --describe
    Topic:foo1       PartitionCount:3      ReplicationFactor:3      Configs:
        Topic: foo1 Partition: 0      Leader: 5      Replicas: 5,6,4 Isr: 5,6,4
        Topic: foo1 Partition: 1      Leader: 5      Replicas: 5,6,4 Isr: 5,6,4
        Topic: foo1 Partition: 2      Leader: 5      Replicas: 5,6,4 Isr: 5,6,4
$
```

❷ 레플리카 재할당 취소하기

예전에는 레플리카 재할당을 취소하는 것이 위험한 작업이었다. /admin/reassign_partitions 주키퍼 노드(혹은 znode)를 직접 삭제해줘야 하는 위험한 작업이었기 때문이다. 다행히도 더 이상은 해당 사항이 없다. 현재 kafka-reassign-partitions.sh 스크립트(AdminClient를 감싸고 있는 형태로 구현되어 있다)는 클러스터에서 현재 돌아가고 있는 재할당 작업들을 취소할 수 있는 --cancel 옵션을 지원한다. 현재 진행중인 파티션 이동을 중단시키고 싶을 경우, --cancel 명령은 재할당 작업이 시작되기 전 레플리카 할당을 복구하도록 구현되어 있다. 따라서, 만약 작동이 정지된 브로커나 과부하가 걸린 브로커에서 레플리카를 제거하다가 취소할 경우 클러스터가 원하지 않은 상태에 빠질 수도 있다. 복구된 레플리카 할당이 이전과 동일한 우선순위를 가질 것이라는 보장 또한 없다.

12.5.3 로그 세그먼트 덤프 뜨기

(흔히 '포이즌 필poison pill' 메시지라 불리는) 토픽 내 특정 메시지가 오염되어 컨슈머가 처리할 수 없는 경우, 특정 메시지의 내용물을 열어봐야 할 것이다. kafka-dump-log.sh 툴은 파티션의 로그 세그먼트들을 열어볼 때 사용하는 툴이다. 이 툴을 사용하면 토픽을 컨슈머로 읽어올 필요 없이 각각의 메시지를 바로 열어볼 수 있다. 이 툴은 쉼표로 구분된 로그 세그먼트 파일 목록을 인수로 받아서 메시지 요약정보 혹은 상세한 메시지 데이터를 출력한다.

다음 예에서는 4개의 메시지만 들어 있는 'my-topic' 토픽의 로그를 덤프 뜰 것이다. 먼저 단순히 00000000000000000000.log 로그 세그먼트 파일을 열어서 (실제 메시지 내용을 출력하지 않고) 각 메시지의 기본적인 메타데이터 정보만 출력할 것이다. 이 예제에서 카프카 데이터는 /tmp/kafka-logs 디렉토리에 저장된다. 따라서, 로그 세그먼트는 /tmp/kafka-logs/<topic-name>-<partition>에 저장되므로 여기서는 /tmp/kafka-logs/my-topic-0/를 찾는다.

```
$ bin/ kafka-dump-log.sh --files /tmp/kafka-logs/my-topic-0/00000000000000000000.log
Dumping /tmp/kafka-logs/my-topic-0/00000000000000000000.log
Starting offset: 0
baseOffset: 0 lastOffset: 0 count: 1 baseSequence: -1 lastSequence: -1
    producerId: -1 producerEpoch: -1 partitionLeaderEpoch: 0
    isTransactional: false isControl: false position: 0
    CreateTime: 1623034799990 size: 77 magic: 2
    compresscodec: NONE crc: 1773642166 isvalid: true
baseOffset: 1 lastOffset: 1 count: 1 baseSequence: -1 lastSequence: -1
    producerId: -1 producerEpoch: -1 partitionLeaderEpoch: 0
    isTransactional: false isControl: false position: 77
    CreateTime: 1623034803631 size: 82 magic: 2
    compresscodec: NONE crc: 1638234280 isvalid: true
baseOffset: 2 lastOffset: 2 count: 1 baseSequence: -1 lastSequence: -1
    producerId: -1 producerEpoch: -1 partitionLeaderEpoch: 0
    isTransactional: false isControl: false position: 159
    CreateTime: 1623034808233 size: 82 magic: 2
    compresscodec: NONE crc: 4143814684 isvalid: true
baseOffset: 3 lastOffset: 3 count: 1 baseSequence: -1 lastSequence: -1
    producerId: -1 producerEpoch: -1 partitionLeaderEpoch: 0
    isTransactional: false isControl: false position: 241
    CreateTime: 1623034811837 size: 77 magic: 2
    compresscodec: NONE crc: 3096928182 isvalid: true
$
```

다음 예에서는 실제 탑재된 내용물 정보 등을 보여주는 역할을 하는 `--print-data-log` 옵션을 추가했다.

```
$ bin/ kafka-dump-log.sh --files /tmp/kafka-logs/my-topic-0/00000000000000000000.log \
    --print-data-log
Dumping /tmp/kafka-logs/my-topic-0/00000000000000000000.log
Starting offset: 0
baseOffset: 0 lastOffset: 0 count: 1 baseSequence: -1 lastSequence: -1
    producerId: -1 producerEpoch: -1 partitionLeaderEpoch: 0
    isTransactional: false isControl: false position: 0
    CreateTime: 1623034799990 size: 77 magic: 2
    compresscodec: NONE crc: 1773642166 isvalid: true
| offset: 0 CreateTime: 1623034799990 keysize: -1 valuesize: 9
    sequence: -1 headerKeys: [] payload: Message 1
baseOffset: 1 lastOffset: 1 count: 1 baseSequence: -1 lastSequence: -1
    producerId: -1 producerEpoch: -1 partitionLeaderEpoch: 0
    isTransactional: false isControl: false position: 77
    CreateTime: 1623034803631 size: 82 magic: 2
    compresscodec: NONE crc: 1638234280 isvalid: true
| offset: 1 CreateTime: 1623034803631 keysize: -1 valuesize: 14
```

```
    sequence: -1 headerKeys: [] payload: Test Message 2
baseOffset: 2 lastOffset: 2 count: 1 baseSequence: -1 lastSequence: -1
    producerId: -1 producerEpoch: -1 partitionLeaderEpoch: 0
    isTransactional: false isControl: false position: 159
    CreateTime: 1623034808233 size: 82 magic: 2
    compresscodec: NONE crc: 4143814684 isvalid: true
| offset: 2 CreateTime: 1623034808233 keysize: -1 valuesize: 14
    sequence: -1 headerKeys: [] payload: Test Message 3
baseOffset: 3 lastOffset: 3 count: 1 baseSequence: -1 lastSequence: -1
    producerId: -1 producerEpoch: -1 partitionLeaderEpoch: 0
    isTransactional: false isControl: false position: 241
    CreateTime: 1623034811837 size: 77 magic: 2
    compresscodec: NONE crc: 3096928182 isvalid: true
| offset: 3 CreateTime: 1623034811837 keysize: -1 valuesize: 9
    sequence: -1 headerKeys: [] payload: Message 4
$
```

이 툴은 로그 세그먼트와 함께 사용되는 인덱스 파일을 검증하는 것과 같은 다른 유용한 옵션들 역시 몇 개 가지고 있다. 인덱스 파일은 로그 세그먼트 안에 저장되어 있는 메시지를 찾을 때 사용되는데, 만약 이 파일이 오염되면 컨슈머가 메시지를 읽을 때 에러가 발생한다. 바로 이러한 이유 때문에 브로커가 언클린 상태(즉, 비정상적으로 중단된 경우)에서 시작될 경우 항상 검사 과정을 거치게 되어 있는데, 이 검사 과정을 수동으로 돌려줄 수도 있다. 인덱스를 확인하는 데는 원하는 수준에 따라 두 가지 옵션이 있다. `--index-sanity-check` 옵션은 단순히 인덱스가 사용 가능한 상태인지만 검증하지만, `--verify-index-only`를 지정해주면 메시지 데이터와 일치하지 않는 인덱스 항목을 검사한다. 단, 모든 인덱스 항목을 출력하지는 않는다. 또 다른 옵션인 `--value-decoder-class`는 직렬화된 메시지를 디코더에 넘겨서 역직렬화할 수 있게 해 준다.

12.5.4 레플리카 검증

파티션 복제 작업은 일반적인 카프카 컨슈머와 비슷하게 작동한다. 즉, 팔로워 브로커는 가장 오래된 오프셋부터 복제를 시작해서 주기적으로 디스크에 현재 오프셋을 저장해 넣는다. 복제가 중단되었다가 다시 시작되면 브로커는 마지막으로 저장된 오프셋 지점부터 작업을 재개한다. 예전에 복제해 놓은 로그 세그먼트가 브로커에서 삭제될 수도 있는데, 팔로워 브로커는 이 부분에 대해서는 딱히 처리를 하지 않는다.

클러스터 전체에 걸쳐 토픽 파티션의 레플리카들이 서로 동일하다는 점을 확인하고자 한다면 `kafka-replica-verification.sh` 툴을 사용하면 된다. 이 툴은 주어진 토픽 파티션의 모든 레플리카로부터 메시지를 읽어온 뒤, 모든 레플리카가 해당 메시지를 가지고 있다는 점을 확인하고, 주어진 파티션의 최대 랙 값을 출력한다. 이 작업은 취소될 때까지 루프를 돌면서 계속해서 실행된다. 이 툴을 사용하려면 연결할 브로커의 목록을 쉼표로 구분된 목록 형태로 지정해주어야 한다. 기본적으로 모든 토픽이 검증 대상이지만, 검증하고자 하는 토픽들의 이름에 해당하는 정규식을 지정해 줄 수 있다.

주의: 클러스터에 영향 있음

레플리카 검증 툴은 파티션 재할당 툴과 마찬가지로 클러스터에 영향을 준다. 레플리카를 검증하기 위해서는 가장 오래된 오프셋에서부터 모든 메시지를 읽어와야 하기 때문이다. 뿐만 아니라 이 툴은 각 파티션의 모든 레플리카에 대해서 병렬로 내용물을 읽어오므로 주의해서 사용해야 한다.

'my-topic' 토픽의 0번 파티션을 포함하는 카프카 브로커 1과 2에 대해 'my'로 시작하는 토픽들의 레플리카들을 검증하는 방법은 다음과 같다.

```
$ bin/kafka-replica-verification.sh \
    --broker-list kafka.host1.domain.com:9092,kafka.host2.domain.com:9092 \
    --topic-white-list 'my.*'

2021-06-07 03:28:21,829: verification process is started.
2021-06-07 03:28:51,949: max lag is 0 for partition my-topic-0 at offset 4
among 1 partitions
2021-06-07 03:29:22,039: max lag is 0 for partition my-topic-0 at offset 4
among 1 partitions
…
$
```

12.6 기타 툴

카프카 배포판에는 이 책에서 자세히 다루지 않은 여러 툴들이 포함되어 있다. 이 툴들은 특정한 활용 사례에서 카프카 클러스터를 관리하는 데 큰 도움이 된다. 더 자세한 정보는 아파치 카프카 공식 웹사이트https://kafka.apache.org/에서 확인할 수 있다.

클라이언트 ACL

kafka-acls.sh 명령줄 툴은 카프카 클라이언트에 대한 접근 제어를 관리하기 위해 사용된다. 이 툴은 권한 부여자 속성 관련된 전체 기능, 보안 주체에 대한 허가 혹은 불허 설정, 클러스터 혹은 토픽 단위 제한, 주키퍼 TLS 파일 설정 등의 기능을 가지고 있다.

경량 미러메이커

경량화된 kafka-mirror-maker.sh 스크립트를 데이터 미러링용으로 사용할 수 있다. 이 주제에 대해서는 10장에서 더 자세히 다루었다.

테스트 툴

카프카를 테스트하거나 기능 업그레이드에 사용할 수 있는 스크립트들도 있다. 카프카 버전을 업그레이드하는 과정에서 호환성 문제를 확인하기 위해 사용되는 API 요소들의 서로 다른 버전을 확인하고 싶다면 `kafka-broker-api-versions.sh` 툴을 사용한다. 프로듀서와 컨슈머의 성능을 측정하기 위한 스크립트도 있다. 주키퍼를 관리하기 위한 스크립트들도 있으며, 벤치마크와 스트레스 테스트를 수행하기 위한 테스트 프레임워크인 `trogdor.sh`도 있다.

12.7 안전하지 않은 작업

기술적으로는 가능하지만, 극단적인 상황이 아닌 한 시도되지 말아야 하는 운영 작업이 있다. 발생한 문제를 진단하는 도중에 마땅히 더 시도해 볼 만한 해결책이 없어서일 수도 있고 일시적으로 우회해야 하는 특정한 버그를 찾은 경우일 수도 있다. 이러한 작업들은 대체로 문서화되어 있지도 않고, 지원되지도 않으며, 애플리케이션에 어느 정도의 위험 부담을 안긴다.

여기서는 비상 상황에서 복구에 활용할 수 있도록, 이러한 작업들 중에서도 상대적으로 일반적인 것들에 대해서 다룬다. 일반적인 클러스터 운영작업 중에 사용하는 것은 권장하지 않으며, 실행하기 전 반드시 잘 생각해 보기 바란다.

위험: 취급 주의

여기서 설명하는 작업들은 주키퍼에 저장된 클러스터 메타데이터를 직접 다루는 경우가 많다. 이것은 매우 위험할 수 있으므로, 특별한 설명이 없는 한 주키퍼에 저장된 정보를 직접 변경하지 않도록 극도로 주의할 필요가 있다.

12.7.1 클러스터 컨트롤러 이전하기

모든 카프카 클러스터는 컨트롤러 역할을 하는 브로커를 하나 가진다. 컨트롤러에는 일반적인 브로커 작업을 수행하는 스레드 외에도 클러스터 작업 전반을 감독하는 특별한 스레드가 하나 있다. 보통 컨트롤러 선출은 주키퍼의 Ephemeral 노드[34]를 사용해서 자동으로 이루어진다. 컨트롤러가 내려가거나 아니면 작동 불능 상태에 빠지면 주키퍼 노드 역시 삭제되기 때문에 즉시 다른 브로커들 중 하나가 컨트롤러 역할을 이어받게 된다.

34 옮긴이 주키퍼에 생성할 수 있는 노드(Znode)에는 3가지 모드가 있다: 1. Persistent(기본값). 2. Sequence. 3. Ephemeral. 여기서 Ephemeral 노드는 클라이언트가 연결할 때 생성되어 연결(세션)이 끊어지면 삭제진다. 즉, 클라이언트의 연결 여부를 판정할 때 사용될 수 있다.

오작동하고 있는 클러스터나 브로커를 트러블슈팅 중일 경우 컨트롤러 역할을 하는 브로커를 끄는 대신 컨트롤러 역할을 강제로 다른 브로커로 넘겨주는 게 유용할 수도 있다. 컨트롤러에 뭔가 예외가 발생했거나 아니면 뭔가 문제가 발생해서 돌아는 가는데 제 기능은 못하는 경우가 여기에 해당한다. 이러한 상황에서 컨트롤러를 옮기는 것은 대체로 위험 부담이 크지 않지만, 정상적인 작동은 아닌 만큼 자주 하면 안 된다.

컨트롤러를 강제로 옮기려면 주키퍼의 `/admin/controller` 노드를 수동으로 삭제해주면 된다. 그러면 기존에 컨트롤러 역할을 맡고 있던 브로커는 컨트롤러 역할을 잃고 클러스터 안의 브로커 중 하나가 랜덤하게 새 컨트롤러가 될 것이다. 현재로서는 특정한 브로커를 지정해서 컨트롤러로 만들 수 있는 방법은 없다.

12.7.2 삭제될 토픽 제거하기

카프카에서 토픽을 삭제하고자 할 경우, 삭제 요청이 들어왔음을 알리는 주키퍼 노드 요청이 생성된다. 해당 토픽의 모든 레플리카가 삭제되고 삭제가 완료되었다는 알림이 오면 관련 정보를 담고 있는 주키퍼 노드는 삭제된다. 정상적인 상황에서 컨트롤러는 이 작업을 매우 빠르게 실행한다. 하지만, 이따금 이 과정에서 뭔가가 잘못될 수 있다. 삭제 요청이 멈출 수 있는 경우에는 다음과 같은 것들이 있다.

1. 요청을 하는 프로세스 입장에서 클러스터에 토픽 삭제 기능이 켜져 있는지 알 길이 없다. 따라서 삭제 기능이 꺼져 있는 클러스터의 토픽을 삭제하려고 한다.
2. 굉장히 큰 토픽에 대한 삭제 요청이 들어왔는데, 요청이 처리되기 전에 1개 이상의 레플리카가 하드웨어 문제로 오프라인 상태가 되어서 삭제 작업이 완료되지 못한다. 따라서 컨트롤러 역시 삭제 작업에 성공했다는 응답을 보내지 못한다.

이러한 멈춤 상태에서 빠져나오고 싶다면, 우선 주키퍼에서 `/admin/delete_topic/{topic}` 노드를 지운다. 이 주키퍼 노드를 삭제하면(하지만 부모 노드인 `/admin/delete_topic`는 삭제하지 말 것), 아직 완료되지 않은 삭제 요청이 삭제된다. 만약 삭제 요청이 컨트롤러에 캐시되어 있다가 다시 올라온다면, 주키퍼에서 노드를 지운 직후 앞에서 살펴본 것과 같이 컨트롤러 역할을 강제로 옮겨줌으로써 컨트롤러에 캐시된 요청이 남지 않도록 해줘야 할 것이다.

12.7.3 수동으로 토픽 삭제하기

토픽 삭제 기능이 꺼져 있는 클러스터를 운영중이거나 뭔가 일반적이지 않은 상황에서 토픽을 삭제해야 하는 경우, 수동으로 클러스터에서 삭제하는 것이 가능하다. 클러스터 안의 브로커가 하나도 작동 중인 상태에서는 불가능하기 때문에 클러스터 안의 브로커 전체를 다 내려야 하지만 말이다.

브로커 먼저 끌 것

클러스터가 돌아가고 있을 때 주키퍼의 클러스터 메타데이터를 수정하는 것은 매우 위험한 작업이며, 클러스터 전체를 불안정한 상태로 몰고 갈 수 있다. 클러스터가 돌아가는 와중에는 절대로 주키퍼에 있는 토픽 메타데이터를 삭제하거나 수정하려 들지 말라.

클러스터에서 토픽을 삭제하려면 다음과 같이 하면 된다.

1. 클러스터의 모든 브로커를 내린다.
2. 주키퍼의 카프카 클러스터 설정 노드 아래에서 `/brokers/topics/{topic}`을 삭제한다. 자식 노드들 먼저 삭제해야 한다는 점에 주의.
3. 각 브로커의 로그 디렉토리에서 토픽에 해당하는 파티션의 디렉토리를 삭제한다. `{topic}-{int}` 형식으로 되어 있다(`{int}`는 파티션 ID).
4. 모든 브로커를 재시작한다.

12.8 요약

카프카 클러스터를 운영하는 것은 꽤나 벅찬 일이다. 최고의 성능을 뽑아내기 위해서는 설정해야 하는 것도 많고 부단한 유지관리 작업도 필요하기 때문이다. 이 장에서는 자주 해줘야 하는 토픽 관리, 클라이언트 설정과 같이 일상적으로 수행해줘야 하는 여러 작업들에 대해 알아보았다. 우리는 로그 세그먼트 검사와 같이 문제를 디버깅하기 위해 필요한 어려운 작업들 역시 다뤘다. 마지막으로, (안전하거나 일상적으로 쓰는 명령은 아니지만) 우리는 곤란한 상황을 벗어날 때 사용할 수 있는 몇 가지 작업도 살펴보았다. 이 모든 툴들은 카프카 클러스터를 운영할 때 도움이 될 것이다. 카프카 클러스터가 더 크게 확장되기 시작함에 따라 이러한 툴들을 사용하는 것조차 몹시 고되고 관리하기 어려운 일이 될 수 있다. 이 장에서 소개된 많은 작업들을 자동화하기 위해서는 오픈소스 카프카 커뮤니티에 참여해서 생태계 안에 있는 많은 다른 오픈소스 프로젝트를 활용해 보는 것을 강력히 권장한다.

이제 우리는 카프카 클러스터를 관리하는 데 필요한 툴들의 사용법을 확실하게 숙지하게 되었지만, 이 툴들을 제대로 활용하는 것은 적절한 모니터링 없이는 불가능하다. 13장에서는 브로커와 클러스터의 상태를 모니터링하는 방법과 카프카가 제대로 작동하고 있음을 (혹은 그렇지 않은 상황임을) 확인할 수 있는 방법들에 대해 알아볼 것이다. 프로듀서와 컨슈머를 포함하는, 클라이언트를 모니터링하는 가장 좋은 방법 역시 다룰 것이다.

CHAPTER 13

카프카 모니터링하기

아파치 카프카 애플리케이션은 작동에 대해 많은 측정값을 제공한다(사실, 눈여겨 보아야 할 것과 미뤄도 상관없는 게 무엇인지 알아보기 어려울 정도로 많다). 전체 트래픽과 같은 단순한 지표metric에서부터 시시각각으로 달라지는 각 요청 타입별, 토픽별 그리고 파티션별 상세 지표에 이르기까지 말이다. 이 지표는 브로커 내부의 모든 작동에 대한 상세한 정보를 제공해주지만, 쓰기에 따라 보는 사람을 모니터링 시스템 담당자의 골칫거리가 되게 할 수도 있다.

이 장에서는 항상 모니터링할 필요가 있는 가장 중요한 지표에는 어떠한 것들이 있는지, 그리고 이 지푯값에 대해 어떻게 대응해야 하는지를 설명할 것이다. 디버깅을 할 때 살펴봐야 하는 좀 더 중요한 지표에 대해서도 알아볼 것이다. 이것은 사용 가능한 지표의 전체 목록은 아니다. 하지만, 이 목록은 자주 바뀌는 데다가 그중 상당수는 카프카 자체를 개발하는 사람이 아니라면 딱히 볼 일이 없을 것이다.

13.1 지표 기초

카프카 브로커와 클라이언트가 제공하는 지표들을 하나씩 살펴보기 전에, 자바 애플리케이션 모니터링의 기본적인 사항들과 모니터링, 경보 설정의 모범사례들을 살펴보도록 하자. 이것은 애플리케이션을 모니터링하는 방법과 좀 뒤에서 설명할 지표들이 왜 중요한지를 이해하는 데 기초가 될 것이다.

13.1.1 지표는 어디에 있는가?

카프카의 모든 지푯값은 자바 관리 확장Java Management Extensions, JMX 인터페이스를 통해 사용할 수 있다. 외부 모니터링 시스템 입장에서 이를 사용하는 가장 쉬운 방법은 해당 모니터링 시스템에서 제공하는 메트릭 수집 에이전트를 가져다 카프카 프로세스에 붙이는 것이다. 이것은 Nagios XI의 check_jmx 플러그인이나 jmxtrans처럼 JMX 인터페이스에 접속하는 시스템 내 별도 프로세스가 될 수 있다. Jolokia나 MX4J와 같이 카프카 프로세스에서 직접적으로 실행되는 JMX 에이전트를 사용함으로써 HTTP 연결을 통해 지푯값을 받아올 수도 있다.

모니터링 에이전트를 설정하는 방법에 대한 자세한 내용은 이 장이 다루는 범위를 벗어날 뿐더러 너무 많은 선택지가 있기 때문에 다루지 않는다. 만약 자바 애플리케이션 모니터링 경험이 없다면 차라리 모니터링 서비스monitoring as a service를 고려해 보는 것도 좋겠다. 모니터링 에이전트, 지표 수집, 저장, 그래프 생성, 경보 등을 패키지화된 서비스로 제공하는 곳들이 많다. 이런 서비스를 사용해 보는 것 자체가 나중에 필요한 모니터링 에이전트를 설정하는 데 도움이 될 수 있다.

JMX 포트 찾기

모니터링 시스템과 같이 카프카 브로커의 JMX에 직접 연결하는 애플리케이션을 설정하는 데 도움을 주기 위해 브로커는 주키퍼에 저장되는 브로커 정보에는 설정된 JMX 포트를 저장한다. 주키퍼의 /brokers/ids/{브로커 id} znode는 JSON 형식으로 브로커에 대한 정보를 저장하는데, 여기에는 hostname과 jmx_port 키가 포함된다. 하지만, 보안상의 이유로 원격 JMX는 기본적으로 꺼져 있다는 점을 명심하라. 만약 이것을 켜고자 한다면, 해당 포트에 대해 보안 설정을 해 줄 필요가 있다. 이것은 JMX가 단순히 애플리케이션의 상태를 볼 수 있게 해주는 기능만을 하는 것이 아니라 코드 실행도 가능케 하기 때문이다. 애플리케이션과 함께 적재되는 JMX 지표 에이전트를 사용하는 것을 강력하게 권장한다.

❶ 비(非)애플리케이션 지표

모든 지표의 출처가 카프카인 것은 아니다. 지푯값은 출처에 따라 다섯 종류로 나눌 수 있다. 카프카 브로커를 모니터링할 때 볼 수 있는 지표의 종류는 표 13-1에 정리되어 있다.

표 13-1 **지표 출처**

종류	설명
애플리케이션 지표	카프카 그 자체의 JMX 인터페이스에서 나온 지표.
로그	카프카 자체에서 나온 또 다른 타입의 모니터링 데이터. 숫자가 아니라 텍스트 내지 구조화된 데이터이기 때문에 추가 처리를 좀 더 해야 한다.
인프라스트럭처 지표	카프카의 앞단, 요청이 들어오는 길목에 설치되어 있으며 내가 제어할 수 있는 시스템에서 발생하는 지표. (예 로드 밸런서)

특수 클라이언트 지표	카프카 외부의 툴에서 나온 데이터. 일단은 클라이언트 지표지만, 직접적으로 제어가 가능한 것으로서 아래의 일반적인 카프카 클라이언트와는 조금 다르게 작동한다. 카프카 모니터(Kafka Monitor)와 같은 외부 모니터링 툴이 여기에 들어간다.
일반 클라이언트 지표	카프카 클러스터에 접속한 카프카 클라이언트로부터 나온 지표.

카프카 자체가 생성한 로그에 관련된 내용들은 아래에서 클라이언트 지표를 다루면서 함께 논의할 것이다. 특수 지표synthetic metric나 인프라스트럭처 지표에 대해서도 아주 간략하게 다루기는 할 것이지만, 이들은 사용자의 환경에 크게 영향을 받으며 이 책의 범위를 넘어간다. 카프카에 대해 알아갈수록, 애플리케이션이 어떻게 작동하고 있는지를 온전히 이해하기 위해서는 이러한 류의 지표 출처들이 더 중요해질 것이다. 목록의 아래쪽으로 내려갈수록 카프카가 어떻게 돌아가고 있는지에 대해 더 목적성을 가진 값들을 보여주기 때문이다. 예를 들어서, 처음에는 브로커 지표에만 의존해도 충분하겠지만, 나중에는 카프카가 어떻게 작동하고 있는지에 대해 더 목적성을 갖는 값들을 원하게 될 것이다. 목적성을 갖는 측정값의 익숙한 예 중 하나는 웹사이트의 상태 모니터링이다. 웹 서버가 제대로 작동 중이고 모든 수집된 지푯값이 정상이라고 해보자. 하지만, 웹 서버와 외부 사용자 간의 네트워크에 뭔가 문제가 발생해서 모든 사용자가 웹 서버에 도달할 수 없게 되었다고 하자. 외부 네트워크에서 웹사이트 접근 여부를 모니터링하는 특수 클라이언트synthetic client를 둔다면 이러한 상황을 알아차리고 경보를 보내 줄 수 있을 것이다.

13.1.2 어떤 지표가 필요한가?

어느 지표가 가장 중요하느냐의 문제는 어느 텍스트 에디터가 가장 좋은 것이냐와 마찬가지로 논란이 많은 질문이다. 이 문제에 대한 대답은 의도가 무엇인지, 데이터를 수집하는 데 사용되는 툴은 무엇인지, 카프카를 얼마나 사용해 봤는지 그리고 카프카를 둘러싼 인프라스트럭처를 구축하는 데 얼마나 시간을 쓸 수 있느냐에 크게 영향을 받기 때문이다. 브로커 내부를 개발하는 사람이 필요로 하는 지표는 카프카를 설치하고 운영하는 사이트 신뢰성 엔지니어site reliability engineer가 필요로 하는 지표와는 크게 다를 것이다.

1 경보냐 디버깅이냐?

스스로에게 가장 먼저 던져야 할 질문은 주 목적이 카프카에 문제가 발생했을 때 경보를 보낼 것이냐 아니면 발생할 문제를 디버깅할 것이냐이다. 이 질문에 대한 답변은 대개 양쪽 모두와 조금씩은 연관이 있지만, 둘 중 어느 쪽에 속하는지를 알아둬야 수집 후 서로 다르게 처리할 수가 있다.

경보를 보내기 위한 지표는 짧은 시간 간격, 즉 문제에 대응하는 데 걸리는 시간보다 그리 길지 않은 경우에서는 유용하다. 몇 시간이나 며칠 정도 측정할 수도 있을 것이다. 이러한 지표들은 잘 알려진 문제에 대응하는 자동화 시스템이 사용할 수도 있지만, 아직 자동화 시스템이 구축되지 않은 경우 운영자가 사용할 수도 있다. 클라이언트에게 영향을 미치지 않는 문제는 영향을 미치는 문제에 비해 덜 치명적이므로 이러한 지표들에 대해서는 대개 명확한 목표가 있는 것이 좋다.

디버깅이 주 목적인 데이터는 일정 시간 동안 존재하는 문제의 원인을 자주 진단해야 안다든가 아니면 뭔가 복잡한 문제여서 깊이 들여다보아야 한다든가 하는 이유 때문에 시간 범위가 긴 경향이 있다. 이러한 데이터는 수집된 뒤 며칠 혹은 몇 주가 지난 뒤에도 사용이 가능해야 할 것이다. 이러한 데이터는 카프카 애플리케이션 데이터 그 자체보다도 더 목적 지향적일 수 있다. 이러한 데이터를 수집한 뒤 꼭 모니터링 시스템으로 보낼 필요는 없다는 걸 명심하자. 만약 현재 돌아가고 있는 시스템을 디버깅하기 위한 용도로 지푯값을 사용할 경우, 그냥 필요할 때 사용 가능한 것만으로도 충분하다. 수만 개의 값을 계속해서 모니터링 시스템에 들이부을 필요는 없다.

오래 누적된 운영 지표

결국에는 필요하게 될 세 번째 종류의 데이터는 오랜 시간에 걸쳐 누적된 애플리케이션의 지표다. 누적되는 지표의 가장 일반적인 용도는 용량 산정을 위해서이기 때문에 컴퓨팅 자원, 스토리지, 네트워크 등 사용된 리소스에 대한 정보를 포함한다. 이러한 지표들은 몇 년에 걸쳐 측정되어 매우 오랜 시간동안 저장되어야 할 것이다. 수집된 지표의 맥락을 알려면 언제 브로커가 클러스터에 추가되거나 제거되었는지와 같은 메타데이터 역시 추가로 수집해야 할 것이다.

❷ 자동화가 목적인지, 사람이 볼 것인지?

지표 수집에 있어서 고민해봐야 할 또 다른 문제는 누가 지표를 사용할 것이냐다. 만약 자동화를 목적으로 하는 지표일 경우 매우 명확할 것이다. 이 경우 어차피 컴퓨터가 처리할 것이기 때문에, 대량의 메트릭을 사용해서 아주 세세한 부분까지 대량의 데이터를 수집해도 상관없다. 더 상세한 데이터를 수집할수록 해석이 별로 필요 없기 때문에 여기에 대한 자동화는 오히려 더 쉽다. 반대로 사람이 봐야 할 지표를 대량으로 수집하면 오히려 지표에 압사당할 수 있다. 이것은 측정된 지푯값에 따라 경보를 설정할 때 더 중요해진다. 문제가 얼마나 심각한지 알 길이 없어서 많은 경보를 무시하는 '경보 피로감alert fatigue'에 빠지기 쉽기 때문이다. 지표별로 경보가 나갈 문턱값threshold을 적절히 정의하고 항상 최신으로 유지하는 것 역시 쉽지 않은 일이다. 경보가 지나치게 많이 쏟아지거나 정확하지 않다면, 우리는 경보가 애플리케이션 상태를 제대로 반영한다는 것을 신용하지 않기 시작한다.

자동차의 작동을 생각해 보자. 운행중에 공연비air fuel ratio를 조정하기 위해서 컴퓨터는 공기 밀도, 연료 등 엔진 작동 관련한 여러 측정값들을 필요로 한다. 하지만 이러한 측정값들은 운전자 입장에서는 버거울 수 있다. 대신 엔진에 뭔가 문제가 있을 때 켜지는 엔진 점검등이 있고, 어디에 정확히 문제가 있는지 상세한 정보를 찾아볼 방법도 있다. 이 장 전체에 걸쳐서 우리는 경보 알림을 단순하게 유지하면서 최대한 넓은 범위를 포괄하는 지표들에 대해서 알아볼 것이다.

13.1.3 애플리케이션 상태 검사

카프카로부터 어떠한 지표를 수집하던 간에 간단한 상태 검사health check를 통해 애플리케이션 프로세스가 살아있는지의 여부를 모니터링할 수 있어야 한다. 여기에는 두 가지 방법이 있다.

- 브로커가 살아있는지의 여부를 알려 주는 외부 프로세스를 사용한다(상태 검사).
- (**만료된 지표**stale metrics라고도 불리는) 카프카 브로커에서 들어와야 하는 지표가 들어오지 않을 때 경보를 보낸다.

두 번째 방법은 잘 작동하더라도 브로커에 장애가 발생한 것인지, 아니면 모니터링 시스템 그 자체에 장애가 발생한 것인지를 구분하기 어려울 수 있다.

카프카 브로커의 경우 클라이언트가 브로커로 접속할 때 사용하는 외부 포트에 접속해서 응답이 오는지를 확인하는 것만으로도 상태 검사를 수행할 수 있다. 클라이언트 애플리케이션의 경우라면 단순히 프로세스가 살아있는지를 검사하는 것에서부터 상태를 검사용 내부 메서드를 사용하는 것까지, 좀 더 복잡해질 수 있다.

13.2 서비스 수준 목표

카프카와 같은 인프라스트럭처 서비스에 있어서 모니터링이 다루어야 할 특히 중요한 부분 중 하나는 서비스 수준 목표service-level objective, SLO다. 이것은 클라이언트와 제공되어야 할 인프라스트럭처 서비스의 수준에 대해 이야기하는 수단이기도 하다. 클라이언트는 카프카와 같은 서비스를 투명한 시스템으로 다룰 수 있었으면 하는 것이지, 내부적인 작동은 알고 싶지도 않으며 알 필요도 없다. 어떠한 인터페이스가 제공되는지, 그걸 가지고 무엇을 할 수 있는지만 알면 된다.

13.2.1 서비스 수준 정의

카프카에 있어서의 SLO를 논하기 전에, 사용되는 용어에 대해 먼저 짚고 넘어가자. 개발자, 매니저, 경영진 등과 이야기를 하다 보면 '서비스 수준'과 관련해서 용어를 잘못 사용하는 모습을 자주 보게 된다. 그런데 이는 실제로 논의되는 것이 무엇인지에 대해서 혼란을 야기할 수 있다.

서비스 수준 지표service-level indicator, SLI는 서비스 신뢰성의 여러 측면 중 하나를 가리키는 지표다. 이것은 클라이언트 경험과 크게 연관성이 있기 때문에 대체로 여기에 속하는 지표들의 더 목표 지향적일수록 더 좋다. 카프카와 같이 요청을 받아서 처리하는 시스템의 경우 이러한 류의 지표들은 전체 이벤트에 대한 성공적인 이벤트의 비율로 측정되는 것이 최선인 경우가 많다. 예를 들어서, 웹 서버에서 2xx, 3xx, 혹은 4xx 응답을 받은 요청의 비율 같은 것이 있겠다.

서비스 수준 목표는 서비스 수준 한계service-level threshold, SLT라고도 불리는데, SLI에 목표값을 결합한 것이다. 보통 99.9%와 같이 비율로 표현하는 경우가 많지만 꼭 그럴 필요는 없다. SLO는 측정되는 시간 간격 역시 포함해야 한다(일 단위로 정하는 것이 일반적이다). 예를 들어서, "7일간 웹 서버에 대한 요청 중 99%가 2xx, 3xx 혹은 4xx 응답을 받아야 한다."와 같은 식이다.

서비스 수준 협약service-level agreement, SLA이란 서비스 제공자와 클라이언트 사이의 계약으로, 대개 측정 방식, 보고 방식, 지원을 받을 수 있는 방법 그리고 SLA를 준수하지 못했을 때 서비스 제공자가 져야 하는 책임이 명시된 여러 개의 SLO를 포함한다. 예를 들어서, 앞에서 이야기한 SLO에 관련된 SLA의 경우, "만약 서비스 제공자가 SLO 수준의 작동을 제공하지 못할 경우 해당 기간에 대한 모든 비용을 환불해 준다"는 식이다.

운영 수준 협약

운영 수준 협약(operational-level agreement, OLA)이라는 단어는 상대적으로 덜 쓰인다. 이 단어는 다수의 내부 서비스 혹은 지원 서비스 제공자 사이에 납품될 SLA 서비스의 전체적인 협약을 가리킨다.

SLO를 SLA라 부르는 것은 매우 흔한 일이다. 클라이언트에게 서비스를 제공하는 쪽은 다른 클라이언트와도 SLA를 맺고 있을 수 있지만, 애플리케이션 운영자가 SLO 이상의 서비스 성능에 대해 책임지는 것은 드물다. 훨씬 큰 서비스를 위해 내부 데이터 인프라스트럭처로서 카프카를 운영하는 경우와 같이 내부 클라이언트만을 상대하는 경우 SLA가 없는 게 보통이다. 하지만, SLO를 정해 놓으면 클라이언트 입장에서는 카프카가 어떻게 작동할 것인지에 대해 덜 가정할 수 있기 때문에 SLO가 항상 안 정해지는 것은 아니다.

13.2.2 좋은 서비스 수준 지표를 위해서는 어떠한 지푯값을 써야 하는가?

일반적으로, SLI에 연관된 지표는 카프카 브로커 외부에 있는 어딘가에서 수집되어야 한다. SLO는 사용자의 만족 여부를 가리켜야 하는 것이고, 주관적인 것인 만큼 측정할 수 없기 때문이다. 클라이언트는 서비스가 운영되고 있는 수준에 대해 운영자가 뭐라 생각하든 신경쓰지 않는다. 정말로 중요한 것은 사용자 입장에서의 전체적인 경험이다. 따라서 SLI를 기준으로 볼 때 인프라스트럭처 지표는 사용해도 괜찮고, 특수 클라이언트 지표는 좋은 수준이며, 일반 클라이언트 지표는 아마도 가장 좋은 지표일 것이다.

전부는 아니지만, 표 13-12에 요청/응답 혹은 데이터 저장 시스템에 흔히 쓰이곤 하는 SLI를 정리했다.

클라이언트의 욕심은 끝이 없다.

SLO 중에서는 클라이언트 입장에서는 중요해서 관심을 가질 수 있지만 우리 입장에서는 손쓸 방법이 없는 것들이 있다. 예를 들어서, 카프카에 쓰여진 데이터의 정확성이나 최신성은 클라이언트 입장에서 중요한 것이지만 서비스를 제공하는 입장에서는 할 수 있는 게 딱히 없다. 카프카를 원활하게 작동시키는 핵심 업무에 방해가 될 뿐이므로, 당신이 책임질 수 없는 SLO에 대해서는 지원하지도 마라. 클라이언트를 이해시키는 것, 계약을 맺는 것, 이러한 종류의 기타 추가 요청 사항에 대해서는 그 일에 적당한 담당자 그룹을 연결해주는 게 좋다.

표 13-2 **SLI의 종류**

가용성 (availability)	클라이언트가 요청을 보내고 응답을 받을 수 있는가?
지연 (latency)	응답이 얼마나 빨리 리턴되는가?
질 (quality)	응답의 내용이 적절한가?
보안 (security)	요청과 응답이 적절히 보호되는가? 권한이나 암호화 측면에서도?
처리량 (throughput)	클라이언트가 충분한 속도로 데이터를 받을 수 있는가?

SLI가 SLO의 문턱값 아래 실제 측정값을 근거로 정하는 게 좋다는 점을 명심하라. 이상적으로, 각 이벤트는 SLO 문턱값 아래에 있는지 개별적으로 확인할 수 있어야 한다. 이러한 이유 때문에 변위치 quantile 지푯값은 좋은 SLI가 못 되는 것이다. 변위치 지푯값은 "전체 이벤트의 90%가 주어진 주어진 값 아래에 있다."와 같은 것을 알려 줄 뿐, 그 값을 제어할 수 있게 해주는 건 아니기 때문이다. 하지만 수집된 값을 구간별로 분류하는 것(예 10ms 이하, 10~50ms, 50~100ms, 등등)은 SLO를 정할 때 요긴하게 사용될 수 있다(좋은 문턱값이 어느 정도인지 잘 모를 경우에는 특히 그렇다). 이것은 SLO의 범위 안에서 발생한 이벤트의 전체적인 분포를 보여 줄 것이며, 합리적인 SLO 문턱값을 정하는 데 구간 사이의 경계를 사용할 수 있다.

13.2.3 경보에 SLO를 사용하기

간단히 말해서, SLO는 주된 경보로 설정되어 있어야 한다. SLO는 사용자의 관점에서 문제를 기술하는 것이고, 운영하는 사람 입장에서는 가장 먼저 고려해야 하기 때문에 그렇다. 일반적으로, 문제가 사용자에게 영향을 미치지 않는다면 한밤중에 운영자를 깨울 필요도 없는 것이다. SLO는 예전에 경험한 적도 없고 찾아내는 방법도 모르는 문제를 알려주는 역할도 한다. 이것은 무엇이 문제인지 알려

주지는 않지만 문제가 있다는 것은 알려줄 것이다.

문제는 SLO를 직접적인 경보 기준으로 사용하는 것이 매우 어렵다는 것이다. SLO는 장기간(1주일이라던가)을 기준으로 할 때 제일 좋다. 우리가 경영진이나 고객 측에 적당한 형식으로 보고해야 하기 때문이다. 덧붙이자면 SLO 경보가 울릴 때쯤이면 이미 늦다(이미 SLO를 달성하는 건 물 건너간 일이 되는 것이다). 조기에 경고가 가도록 뭔가 파생된 값을 사용하는 경우도 있지만, SLO를 경보에 사용하는 가장 좋은 방법은 소진율burn rate을 보는 것이다.

예를 들어서, 카프카 클러스터가 매주 100만 개의 요청을 받는데, SLO에는 전체 요청의 99.9%가 10ms 안에 응답이 시작되어야 한다고 되어 있다고 치자. 이는 매주 1천 개까지는 더 늦게 응답을 나가도 문제없다는 얘기다. 보통 한 시간에 한 번 이런 요청을 보게 되므로 일요일부터 다음 주 토요일까지, 1주일에는 168개의 늦게 응답이 나가는 요청이 생기게 된다. 이것이 소진율이며, 1주일에 100만 개의 요청이 주어지는 상황에서 한 시간에 한 개의 요청이라면 시간당 소진율은 0.1%가 된다.

화요일 오전 10시에 지푯값이 변하기 시작해서 현재 소진율이 시간당 0.4%라고 하자. 좋은 건 아니지만, 1주일이 지나도 SLO는 목표값의 범위 내에 있을 것이기 때문에 여전히 문제는 안 된다. 문제를 살펴보기 위한 티켓을 열고 더 중요한 다른 일을 하면 된다. 하지만 수요일 오후 2시, 소진율이 시간당 2%로 치솟는데 경보는 울리지 않았다. 이 추세대로라면 금요일 점심이면 SLO를 넘어설 것이다. 이제 다른 일을 제쳐 놓고 원인을 찾는다. 4시간 뒤 소진율이 0.4%로 복구되면 남은 1주일 동안은 문제가 없을 것이다. 이렇게 소진율을 사용함으로써 주간 SLO 달성에 실패하는 사태를 막을 수 있다.

소진율을 활용하는 방법에 대해서는 벳시 베이어Betsy Beyer 등이 쓴 《사이트 신뢰성 엔지니어링Site Reliability Engineering》과 《사이트 신뢰성 워크북The Site Reliability Workbook》(둘 다 오라일리)[35]를 참고하자.

13.3 카프카 브로커 지표

카프카 브로커에는 수많은 지표가 있다. 대부분은 카프카의 개발자들이 특정한 이슈 혹은 나중에 디버깅에 사용할 목적으로 만든 저수준 지표들이다. 브로커의 거의 모든 작동에 관한 정보를 제공하는 지표도 있지만, 가장 일반적으로 사용되는 것들은 평소 카프카를 실행하는 데 필요한 정보를 제공한다.

35 옮긴이 전자는 다음과 같은 번역서가 나와 있다: 장현희 역, 《사이트 신뢰성 엔지니어링(Site Reliability Engineering)》(제이펍, 2018). 후자는 번역서가 없다.

감시자는 누가 감시하는가?

많은 조직이나 회사에서는 중앙 모니터링 시스템에서 사용할 애플리케이션 지표, 시스템 지표, 로그를 저장하는 데 카프카를 사용한다. 이것은 애플리케이션과 모니터링 시스템을 분리하는 좋은 방법이다. 하지만 이것은 카프카 그 자체에 대해 특별한 문제를 제기한다. 카프카 자체를 모니터링 하는데 동일한 시스템을 사용한다면, 카프카에 장애가 발생할 경우, 모니터링 시스템으로의 데이터 흐름 역시 덩달아 장애를 겪게 되므로 문제가 발생했는데도 못 알아차릴 수도 있다.

이러한 문제를 해결하는 방법은 여러 가지가 있다. 한 가지 방법은 카프카를 모니터링하는 시스템은 카프카에 의존하지 않는 별도의 시스템을 쓰는 것이다. 다른 방법으로는, 만약 여러 개의 데이터센터를 운영하고 있다면, 데이터센터 A에 설치된 카프카 클러스터의 지표는 데이터센터 B로 보내지도록 (그 반대도 마찬가지) 만들 수도 있다. 하지만 어떻게 처리할 것인지는 여전히 결정해야 하며, 카프카에 대해 경보를 보내는 시스템이 반드시 카프카에 의존하지 않도록 해야 한다.

이 절에서는 우선 카프카 클러스터에 발생한 문제의 원인을 진단하는 대략적인 작업 흐름에 대해서 (참고해야 할 지표와 함께) 논할 것이다. 이 지표들과 다른 지표들은 이 장의 뒤쪽에서 좀 더 자세히 설명할 것이다. 브로커 지표 전체 목록을 다루지는 않을 것이지만, 브로커와 클러스터의 상태를 검사하는 데 필요한 몇 개의 필수 지표에 대해서는 다룰 것이다. 그러고 나서 로깅과 클라이언트 지표에 대해서 정리할 것이다.

13.3.1 클러스터 문제 진단하기

카프카 클러스터에 문제가 있을 경우, 크게 3가지 종류가 있다.

- 단일 브로커에서 발생하는 문제
- 과적재된 클러스터에서 발생하는 문제
- 컨트롤러 문제

개별 브로커에서 발생하는 문제들은 단연코 진단하기도, 대응하기도 쉽다. 클러스터 내에서 지푯값이 튀는 것만 봐도 알아차릴 수 있는 데다가 대체로 고장난 저장 장치나 시스템 내의 다른 애플리케이션으로 인한 자원 제한으로 인해 발생하기 때문이다. 이 문제들을 탐지하기 위해서는 각각의 서버에 대한 가용성뿐만 아니라 저장 장치, 운영체제 사용률 역시 모니터링해야 한다는 점을 명심하라.

하드웨어나 운영체제 수준에서 발생하는 문제를 제외한다면, 대부분의 문제는 카프카 클러스터 안에서 요청이 몰려서 발생한다. 카프카는 언제나 클러스터 안의 데이터를 브로커 사이에 최대한 고르게 분포시키려고 하지만, 그 데이터에 접근하는 클라이언트가 고르게 분포되지는 않는다. 요청이 몰리는 파티션hot partition과 같은 이슈를 찾아 주는 것도 아니다. 따라서 외부 툴을 사용해서 클러스터의 균형을 항상 유지하는 것을 강력히 권장한다. 이러한 툴 중에는 크루즈 컨트롤Cruise Control, https://

github.com/linkedin/cruise-control이 있는데, 이 애플리케이션은 클러스터를 계속 모니터링하고 있다가 그 안의 파티션을 리밸런싱해준다. 브로커 추가나 제거와 같은 관리 기능 역시 제공한다.

선호 레플리카 선출

문제의 원인을 상세히 진단해 보기 전에 먼저 해야 할 일은 최근 선호 레플리카 선출(12장 364쪽 참고)을 돌린 적이 있는지 확인하는 것이다. 카프카 브로커는 자동 리더 리밸런스 기능이 켜져 있지 않은 한 자동으로 리더 자격을 (장애 혹은 브로커 종료로 인해 리더 자격을 상실한) 원래 리더로 돌려놓지 않는다. 뒤집어 말하면, 리더 레플리카의 균형이 깨지기 매우 쉽다는 것이다. 선호 레플리카 선출 기능을 실행하는 것은 안전하면서도 쉬운 해법이므로, 우선 이것부터 실행시켜 보고 문제가 사라졌는지 확인해 보는 것은 좋은 방법이다.

클러스터 과적재Overload 역시 쉽게 알아볼 수 있는 문제다. 만약 클러스터에 균형이 잡혀 있는데도 다수의 브로커가 요청에 대해 높은 지연을 가지거나 요청 핸들러 풀의 유휴 비율이 높다면, 브로커가 처리할 수 있는 트래픽의 한계에 다다른 것이다. 클라이언트가 요청 패턴을 바꿔서 문제가 발생했는지 찾아볼 수도 있겠지만, 설령 그렇다 해도 클라이언트 쪽을 바꾸는 것이 거의 불가능할 때도 있다. 이 경우 가능한 해법은 클러스터에 걸리는 부하를 줄이든지, 브로커 수를 늘리든지 둘 중 하나다.

카프카 클러스터의 컨트롤러에 발생한 문제는 훨씬 더 진단하기 어렵고, 심지어 카프카 그 자체의 버그인 경우도 많다. 이러한 이슈들은 브로커 메타데이터 동기화가 끊어진다든가, 브로커는 멀쩡해 보이는데 거기 있는 레플리카는 오프라인 상태라던가, 토픽 생성과 같은 기능이 제대로 작동하지 않는다든가 하는 식으로 나타난다. 만약 클러스터에 발생한 문제의 원인을 열심히 찾다가 "이거 참 이상한 일이네" 싶다면, 컨트롤러가 뭔가 오작동해서 그랬을 가능성이 높은 것이다. 컨트롤러를 모니터링하는 방법은 그리 많지 않지만, 활성 컨트롤러active controller[36] 수나 컨트롤러 큐 크기와 같은 지표를 모니터링함으로써 뭔가 문제가 발생했을 때 간단히 알아차릴 수 있다.

13.3.2 불완전 복제 파티션 다루기

카프카 모니터링에 있어서 가장 자주 쓰이는 지표 중 하나는 불완전 복제 파티션이다. 이 측정값은 클러스터에 속한 브로커 단위로 집계되는데, 해당 브로커가 리더 레플리카를 잡고 있는 파티션 중 팔로워 레플리카가 따라오지 못하고 있는 파티션의 수를 나타낸다. 이 지표는 브로커 정지에서부터 자원 고갈에 이르기까지, 카프카 클러스터에서 발생하는 많은 문제에 대한 통찰력을 준다. 이 지표가 가리킬 수 있는 문제가 매우 다양한 만큼 0이 아닌 값이 나올 경우 어떻게 대응해야 하는지는 살펴볼 가치가 있다. 이러한 유형의 문제를 진단할 때 사용되는 다른 지표들은 이 장 후반부에서

36 옮긴이 6장에서 설명한 'KRaft 모드에서의 액티브 컨트롤러'가 아닌 'Pre-KRaft 모드에서 현재 활성화되어 있는 컨트롤러'를 가리킨다. (정상적인 상황에서는 당연히 1이다.) 13장의 내용은 Pre-KRaft 모드를 기준으로 서술되었다.

알아볼 것이다. 불완전 복제 파티션 지표에 대해 상세한 내용은 표 13-3를 보라.

표 13-3 지표와 관련된 불완전 복제 파티션

지표 이름	불완전 복제 파티션 수
JMX MBean	kafka.server:type=ReplicaManager,name=UnderReplicatedPartitions
값의 범위	0 이상 Integer

불완전 복제 파티션 함정

이 책의 1판과 많은 컨퍼런스 발표에서 저자들은 불완전 복제 파티션 지표는 많은 문제를 알려 주는 만큼 가장 중요한 경보 지표 중 하나가 되어야 한다고 이야기해 왔다. 이러한 접근 방식은 많은 문제를 가지고 있는데, 우선 URP가 별것 아닌 이유로 자주 1 이상이 될 수 있다는 점 때문이다. 이는 카프카 클러스터를 운영자로서 잘못된 경보를 받을 수 있다는 의미이며, 이러한 일이 반복되면 경보를 무시하게 된다. 지표가 의미하는 것을 이해할 수 있는 것 역시 상당한 지식이 필요로 한다. 이러한 이유로 우리는 더 이상 URP에 경보 설정을 해 놓는 것을 권장하지 않는다. 대신, 알려지지 않은 문제를 탐지하기 위해서는 SLO 기준 경보를 사용하는 것이 좋다.

다수의 브로커가 일정한 수의 불완전 복제 파티션을 가지고 있다는 것은 보통 클러스터의 브로커 중 하나가 내려가 있다는 것을 의미하는 경우가 많다. 전체 클러스터에 걸친 불완전 복제 파티션 수는 내려간 브로커에 할당된 파티션의 수와 같을 것이며, 그 브로커는 해당 지표를 보고하지 않을 것이다. 이 경우, 해당 브로커에서 무슨 일이 벌어졌는지를 살펴본 뒤 문제를 해결해야 한다. 하드웨어 장애인 경우가 많지만, 운영체제 혹은 자바 이슈 때문일 수도 있다.

불완전 복제 파티션의 수가 오르락내리락 하거나, 수는 일정한데 내려간 브로커가 없다면 대개 클러스터의 성능 문제가 원인이다. 이러한 유형의 문제들은 워낙 다양하기 때문에 진단하기가 어렵지만, 몇 단계의 작업을 통해 유력한 원인을 좁혀 나갈 수 있다. 가장 먼저 해야 할 일은 문제가 단일 브로커에 국한된 것인지 아니면 클러스터 전체에 연관된 것인지를 확인하는 것이다. 때로는 이것이 쉽지 않은 문제일 수 있다. 만약 다음 예와 같이 불완전 복제 파티션들이 한 브로커에 몰려 있다면 해당 브로커가 문제일 가능성이 높다. 에러 메시지를 보면 다른 브로커가 해당 브로커로부터 메시지를 복제하는 데 문제가 있음을 알 수 있다.

만약 불완전 복제 파티션이 여러 브로커에 걸쳐 나타난다면 그건 클러스터 문제일 수도 있지만, 여전히 특정 브로커 문제일 가능성은 있다. 이 경우, 특정 브로커가 다른 브로커로부터 메시지를 복제하는 데 문제가 있을 수 있는데, 그렇다면 어느 브로커가 문제인지 찾아내야 한다. 한 가지 방법은 클러스터 내 불완전 복제 파티션의 목록을 뽑은 뒤 여기에 공통되는 브로커가 있는지 살펴보는 것이다.

kafka-topics.sh 툴을 사용하면 이것이 가능하다(12장 참고).

예를 들어서, 클러스터에 있는 불완전 복제된 파티션 목록을 출력해 보자.

```
# kafka-topics.sh --bootstrap-server kafka1.example.com:9092/kafka-cluster
--describe --under-replicated

Topic: topicOne  Partition: 5 Leader: 1 Replicas: 1,2 Isr: 1
Topic: topicOne  Partition: 6 Leader: 3 Replicas: 2,3 Isr: 3
Topic: topicTwo   Partition: 3 Leader: 4    Replicas: 2,4Isr: 4
Topic: topicTwo   Partition: 7 Leader: 5    Replicas: 5,2Isr: 5
Topic: topicSix Partition: 1 Leader: 3 Replicas: 2,3 Isr: 3
Topic: topicSix Partition: 2 Leader: 1 Replicas: 1,2 Isr: 1
Topic: topicSix Partition: 5 Leader: 6 Replicas: 2,6 Isr: 6
Topic: topicSix Partition: 7 Leader: 7 Replicas: 7,2 Isr: 7
Topic: topicNine Partition: 1 Leader: 1 Replicas: 1,2 Isr: 1
Topic: topicNine Partition: 3 Leader: 3 Replicas: 2,3 Isr: 3
Topic: topicNine Partition: 4 Leader: 3 Replicas: 3,2 Isr: 3
Topic: topicNine Partition: 7 Leader: 3 Replicas: 2,3 Isr: 3
Topic: topicNine  Partition: 0 Leader: 3 Replicas: 2,3 Isr: 3
Topic: topicNine  Partition: 5 Leader: 6 Replicas: 6,2 Isr: 6
#
```

이 예제에서 공통으로 나타나는 브로커는 2번 브로커다. 이는 이 브로커의 메시지 복제 기능에 문제가 있다는 것을 가리키며 해당 브로커에 초점을 맞춰서 살펴봐야 한다는 것을 의미한다. 만약 공통으로 나타나는 브로커가 없다면, 클러스터 수준의 문제일 가능성이 높다.

❶ 클러스터 수준 문제

대개 클러스터 문제는 다음 둘 중 하나의 유형에 속한다.

- 부하 불균형unbalanced load
- 자원 고갈resource exhaustion

첫 번째 문제(그러니까 파티션이나 리더 파티션이 불균형하게 분포되어 있는 문제)는 가장 찾기 쉽지만, 해결하는 것은 상당히 복잡할 수 있다. 이 문제를 진단하기 위해서는 클러스터의 브로커들로부터 다음과 같은 메트릭을 확인해봐야 한다.

- 파티션의 개수
- 리더 파티션 수
- 전 토픽에 있어서의 초당 들어오는 메시지

- 전 토픽에 있어서의 초당 들어오는 바이트
- 전 토픽에 있어서의 초당 나가는 바이트

이 지표들을 조사해 보자. 완전히 균형이 잡힌 클러스터에서는 이 값들이 브로커 전체에 걸쳐 고르게 나타날 것이다. 표 13-4를 보라.

표 13-4 **활용률**

브로커	파티션 수	리더 파티션 수	메시지 인입	바이트 인입	바이트 유출
1	100	50	13130 msg/s	3.56 Mbps	9.45 Mbps
2	101	49	12842 msg/s	3.66 Mbps	9.25 Mbps
3	100	50	13086 msg/s	3.23 Mbps	9.82 Mbps

이것은 모든 브로커가 거의 비슷한 수준의 트래픽을 받고 있다는 것을 나타낸다. 만약 선호 파티션 선출을 이미 실행했는데도 편차가 크다면, 클러스터에 들어오는 트래픽이 불균형하다는 의미이므로 부하가 많은 브로커의 파티션을 적은 브로커로 재할당해야 한다. 12장에서 설명한 `kafka-reassign-partitions.sh` 툴을 사용해서 할 수 있다.

클러스터 밸런싱의 조력자

카프카 브로커는 자동 파티션 재할당 기능을 제공하지 않는다. 따라서 카프카 클러스터의 트래픽 균형을 맞추는 일은 긴 지표 목록을 일일이 확인해 가면서 가능한 재할당을 검토해야 하는, 매우 번거로운 작업이 될 수 있다. 이러한 작업에 들어가는 손을 줄이기 위해 몇몇 조직이나 회사에서는 이 작업을 자동화해주는 툴을 개발했다. 이러한 툴의 예로는 링크드인이 개발하여 깃헙의 kafka-tools 저장소(https://github.com/linkedin/kafka-tools)에 오픈소스로 공개한 `kafka-assigner` 툴이 있다. 몇몇 기업용 카프카 배포판 역시 이 기능을 지원한다.

클러스터에서 흔히 볼 수 있는 또 다른 문제는 브로커에 들어오는 요청이 처리 가능한 용량을 넘어가는 경우다. CPU, 디스크 입출력, 네트워크 처리량 등 병목 현상이 발생할 수 있는 원인은 많다. 디스크 활용률은 여기에 해당하지 않는데, 브로커는 디스크가 꽉 찰 때까지 작동하다가 꽉 차는 순간 돌연 작동을 정지하기 때문이다. 용량 문제를 진단하기 위해서는 다음과 같은 운영체제 수준 지표들을 모니터링해야 한다.

- CPU 사용률
- 인바운드Inbound 네트워크 속도
- 아웃바운드Outbound 네트워크 속도

- 평균 디스크 대기 시간
- 디스크 평균 활용률

많은 경우 이 자원 중 어느 하나라도 고갈되면 불완전 복제 파티션이 발생한다. 브로커의 복제 기능은 다른 카프카 클라이언트와 똑같은 방법으로 수행된다는 것을 명심하자. 만약 클러스터에 복제 문제가 있다면 메시지를 읽거나 쓰는 클라이언트 역시 똑같은 문제가 발생한다. 따라서 클러스터가 정상 작동할 때 이러한 값들의 기준값을 미리 정해놓은 뒤 용량 문제가 발생하기 전, 사태가 이미 진행 중일 때 알아차릴 수 있도록 해 놓는 게 좋다. 클러스터의 트래픽이 증가함에 따라 이 값들이 어떤 추세를 보이는지도 미리 살펴봐야 할 것이다. 카프카 브로커 지표에 신경 쓰는 한, 전 토픽 바이트 인 입률All Topics Bytes In Rate은 클러스터 사용량을 보여주는 좋은 가이드라인이 된다.

❷ 호스트 수준 문제

만약 카프카의 성능 문제가 클러스터 전체가 아닌 한두 개의 브로커에 국한되어 있다면, 해당 서버가 나머지 서버와 무엇이 다른지 살펴봐야 한다. 이러한 문제에는 몇 가지 유형이 있다.

- 하드웨어 장애
- 네트워킹
- 다른 프로세스와의 충돌
- 로컬 구성의 차이

일반적인 서버와 문제

서버와 그 운영체제는 수천 개의 요소들로 이루어진 복합체이며, 이 중 어느 하나에만 문제가 발생해도 완전한 장애가 발생하거나 성능이 저하될 수 있다. 이 책에서 그 모든 원인을 다루는 것은 불가능하다. 이 주제에 대해서는 이미 많은 책들이 저술되었고 앞으로도 그럴 것이다. 하지만 우리는 가장 빈번하게 발생하는 문제에 대해서만 다룰 것이다. 이 장은 리눅스를 사용하는 일반적인 서버의 문제에 초점을 맞출 것이다.

서버가 갑자기 멈추는 것처럼 하드웨어 장애가 분명한 경우도 있다. 하지만 성능 문제를 일으키는 보다 덜 명확한 문제들도 있다. 이러한 류의 문제가 발생하면 시스템이 돌아는 가지만, 성능이 내려간다. 메모리 일부에 문제가 발생한 것일 수도 있다. 이 경우에 시스템이 문제를 발견해서 해당 세그먼트를 우회하게 된다(사용 가능한 전체 메모리는 줄어든다). CPU 장애가 발생할 수도 있는데, 이러한 경우에는 IPMIintelligent platform management interface와 같이 하드웨어가 제공하는 기능을 사용해서 하드웨어의 상태를 모해야 할 것이다. 뭔가 문제가 있다면 `dmesg`를 사용해서 커널 링 버퍼를 살펴보면 시스템 콘솔에 출력되는 로그 메시지를 살펴볼 수 있어서 도움이 된다.

카프카에 성능 저하를 초래하는 더 흔한 유형의 하드웨어 장애는 디스크 장애다. 아파치 카프카는 메시지를 저장하기 위한 용도로 디스크를 사용하기 때문에, 프로듀서 성능은 디스크에 쓴 내용을 커밋하는 속도에 직결된다. 여기에 편차가 생기면 프로듀서와 레플리카에 성능 문제가 발생한다(특히 후자의 경우, 불완전 복제 파티션 문제가 발생할 수 있다). 따라서, 디스크의 상태를 모니터링해서 뭔가 문제가 발생했을 때 빠르게 대응하는 것이 중요하다.

단 하나의 문제

하나의 브로커에서 발생한 하나의 디스크 장애도 전체 클러스터의 성능을 망가뜨릴 수 있다. 프로듀서는 쓰고자 하는 토픽의 파티션 리더를 맡고 있는 모든 브로커에 연결을 맺기 때문이다. 만약 권장 설정을 따랐을 경우 이 파티션은 전체 클러스터에 고르게 분포하게 된다. 만약 그중 하나가 성능이 저하되기 시작한다면 쓰기 요청 전체가 느려지면서 프로듀서 요청이 밀리게 되고, 전체 브로커에 대한 요청이 전부 느려지게 된다.

우선, IPMI나 하드웨어 제공 인터페이스를 사용해서 디스크의 하드웨어 상태를 모니터링한다. 또한 운영체제 단위에서 SMARTSelf-Monitoring, Analysis and Reporting Technology 툴을 사용해서 디스크를 정기적으로 모니터링하고 테스트해야 한다. 이렇게 함으로써 장애가 발생하기 전에 경고를 받을 수 있다. 디스크 컨트롤러를 지켜보는 것 또한 중요하다. 특히 (하드웨어 RAID건 아니건) RAID 기능을 사용하고 있다면 더 그렇다. 많은 컨트롤러의 온보드 캐시onboard cache는 컨트롤러에 문제가 없고 배터리 백업 유닛battery backup unit, BBU가 정상 작동할 때만 작동한다. BBU에 문제가 생기면 캐시 기능이 꺼지면서 디스크 성능이 저하되는 것이다.

네트워크 역시 부분적인 장애만으로도 문제가 발생할 수 있다. 네트워크 케이블이나 커넥터 불량처럼 하드웨어 문제일 수도 있고, 연결 속도나 듀플렉스duplex 설정처럼 (서버 혹은 네트워킹 하드웨어 윗단에서의) 설정의 문제일 수도 있다. 네트워크 설정 문제는 네트워크 버퍼 크기가 지나치게 작게 잡혀 있거나 아니면 메모리 사용량이 큰 네트워크 연결이 너무 많은 것처럼 운영체제 문제일 수도 있다. 이런 종류의 문제를 알아차리는 핵심 지표 중 하나는 네트워크 인터페이스 에러 수다. 만약 에러 수가 증가하고 있다면, 뭔가 문제가 있는 것이다.

만약 하드웨어에 문제가 없다면, 시스템에서 돌아가고 있는 다른 애플리케이션이 자원을 많이 사용해서 카프카 브로커에 부담을 주고 있지는 않은지 살펴본다. 이것은 뭔가 잘못 설치되었거나, 모니터링 에이전트와 같이 작동 중이어야 하는 프로세스에 뭔가 문제가 있어서 그럴 수도 있다. top과 같은 시스템 툴을 사용해서 어떤 프로세스가 예상보다 더 많은 CPU나 메모리를 사용하고 있는지 확인한다.

만약 더 이상 남은 원인은 없는데 성능 저하의 문제를 찾지 못했을 경우, 브로커 혹은 시스템의 설정 변경이 문제일 수 있다. 하나의 서버에서 돌고 있는 여러 애플리케이션들과 이들 각각이 가지고 있는 수많은 설정 옵션들을 감안하면 문제의 원인을 찾는 것은 쉽지 않은 일일 수 있다. 이것이 운영체제와 (카프카를 포함한) 애플리케이션 설정을 일관적으로 유지하기 위해 Chef나 Puppet과 같은 설정 관리 시스템을 활용해야 하는 이유다.

13.3.3 브로커 지표

불완전 복제 파티션 외에도 전체 브로커 수준에서 모니터링해야 하는 다른 지표들이 있다. 모든 지표에 경고를 걸어 놓을 필요야 없겠지만, 이들은 클러스터에 속한 브로커에 대해 가치 있는 정보를 제공한다. 모니터링 대시보드를 만들 때는 이 지표들을 포함해야 한다.

1 활성 컨트롤러 수

이 지표는 특정 브로커가 현재 클러스터의 컨트롤러 역할을 맡고 있는지를 나타낸다. 0 또는 1이 될 수 있는데, 1이면 현재 브로커가 컨트롤러인 것이다. 임의의 클러스터에는 언제나 딱 하나의 컨트롤러가 있어야 한다. 만약 두 개의 브로커가 서로 자기가 컨트롤러라고 하고 있다면 종료되었어야 할 컨트롤러 스레드에 뭔가 문제가 생겨서 어딘가에서 멈춘 것이다. 이렇게 되면 파티션 이동과 같은 관리 작업을 제대로 실행할 수 없게 된다. 이 문제를 해결하기 위해서는 최소 두 브로커 모두를 재시작해야 한다. 하지만 만약 이처럼 클러스터에 추가 컨트롤러가 있을 경우엔 브로커를 안전하게 종료시키는데도 문제가 있어 강제로 종료시키는 것 외엔 방법이 없을 수도 있다. 활성 컨트롤러 수 지표의 상세한 사항은 표 13-5와 같다.

표 13-5 **활성 컨트롤러 수 지표**

지표 이름	활성 컨트롤러 수
JMX MBean	`kafka.controller:type=KafkaController,name=ActiveControllerCount`
값의 범위	Zero or one: 0 또는 1

만약 클러스터 안에 컨트롤러 브로커가 없을 경우 클러스터는 토픽이나 파티션 생성 혹은 브로커 장애 발생과 같이 상태 변경이 생길 때 제대로 대응할 수 없을 것이다. 이러한 상황에서는 컨트롤러 스레드가 제대로 작동하지 않는 이유를 찾아야 한다. 예를 들어서, 주키퍼 클러스터와의 네트워크 연결이 단절되었을 경우 이러한 문제가 발생할 수 있다. 문제가 해결되었다면, 컨트롤러 스레드의 상태를 초기화하기 위해 클러스터 안의 모든 브로커를 재시작해주는 것이 좋다.

❷ 컨트롤러 큐 크기

컨트롤러 큐 크기 지표는 현재 컨트롤러에서 브로커의 처리를 기다리고 있는 요청의 수를 가리킨다. 이 지푯값은 브로커의 요청이 들어오고 관리 작업(파티션 생성, 파티션 이동, 리더 변경과 같은)이 수행됨에 따라 계속해서 오르락내리락 할 수 있다. 이 값이 순간적으로 튈 수는 있지만, 계속해서 증가하거나 높아진 상태로 유지되고 있다면 그건 컨트롤러에 뭔가 문제가 발생한 것이다. 이렇게 되면 관리 작업을 원활히 수행할 수 없는 문제가 발생한다. 이 문제를 해결하려면 현재 컨트롤러 역할을 하고 있는 브로커를 끔으로써 컨트롤러를 다른 브로커로 옮겨야 한다. 단, 컨트롤러가 막히고 있는 상태에서 브로커의 제어된 종료controlled shutdown 기능은 잘 안 돌아가는 경우가 많다. 컨트롤러 큐 크기의 상세 내역에 대해서는 표 13-6를 참고하자.

표 13-6 **컨트롤러 큐 크기 지표**

지표 이름	컨트롤러 큐 크기
JMX MBean	kafka.controller:type=ControllerEventManager,name=EventQueueSize
값의 범위	0 이상 Integer

❸ 요청 핸들러 유휴 비율

카프카는 모든 클라이언트 요청을 처리하기 위해 네트워크 스레드 풀과 요청 핸들러 스레드(I/O 스레드라고도 불린다) 풀, 두 개의 스레드 풀을 사용한다. 네트워크 스레드는 네트워크를 통해 클라이언트와 데이터를 주고받는 작업을 전담한다. 이것은 특별한 처리를 필요로 하지 않는데, 따라서 네트워크 스레드가 당장 고갈되더라도 그리 우려할 만한 것은 못 된다. 하지만 요청 핸들러 스레드는 메시지를 디스크에 쓰거나 읽어 오는 것을 포함한 클라이언트 요청 그 자체의 처리를 담당한다. 따라서, 브로커에 더 많은 부하가 걸릴수록 이 스레드 풀에는 막대한 영향이 미친다. 요청 핸들러 유휴 비율에 대한 상세한 내용은 표 13-7을 참고하자.

표 13-7 **요청 핸들러 유휴 비율 지표**

지표 이름	요청 핸들러 유휴 비율 (%)
JMX MBean	kafka.server:type=KafkaRequestHandlerPool,name=RequestHandlerAvgIdlePercent
값의 범위	0 이상 1 이하 Float

NOTE

지능적인 스레드 활용

수백 개의 요청 핸들러 스레드가 필요할 것처럼 보일 수도 있겠지만, 실제로는 브로커의 CPU 수보다 더 많은 스레드를 설정할 필요는 없다. 아파치 카프카가 요청 핸들러를 굉장히 효율적인 방식으로 다루기 때문이다. 카프카는 처리가 오래 걸리는 요청을 요청 퍼거토리(request purgatory)라 불리는 자료 구조에 넣는다. 예를 들어서, 요청에 쿼터가 걸려 있거나 2개 이상의 응답이 필요한 쓰기 요청 같은 것이 여기에 저장된다.[37]

요청 핸들러 유휴 비율 지표는 요청 핸들러가 작동 중이지 않은 시간 비율(%)을 가리킨다. 이 값이 낮을수록 브로커에 부하가 많이 걸려 있다는 의미다. 경험적으로는 이 값이 20% 이하로 내려간다는 것은 잠재적인 문제가 있다는 것이고 10% 이하로 내려가면 대개 성능 문제가 현재 진행형임을 가리킨다. 클러스터의 크기가 너무 작은 것 외에도 요청 핸들러 스레드 풀의 사용률이 높아지는 데는 두 가지 이유가 있다. 하나는 스레드 수가 충분하지 않은 경우다. 일반적으로, 요청 핸들러 스레드의 수는 시스템의 프로세서 수와 같게 설정해야 한다(하이퍼스레딩hyperthread 기능이 있는 프로세서 포함).

요청 핸들러 스레드 사용률이 치솟는 또 다른 이유는 스레드들이 요청별로 쓸데없는 작업을 할 경우다. 카프카 0.10 이전까지 요청 핸들러는 모든 입력 메시지 배치의 압축 해제, 메시지 유효성 검사, 오프셋 할당 그리고 디스크에 쓰기 전 오프셋이 할당된 메시지 배치를 재압축하는 일까지 전부 다 수행했다. 엎친 데 덮친 격으로 압축 메서드는 내부적으로 동기적으로 작동하는 락을 사용한다. 버전 0.10부터 메시지 배치에 상대적인 오프셋을 할당할 수 있도록 하는 새로운 메시지 형식이 도입되었다. 이에 따라 새로운 프로듀서가 메시지 배치를 전송하기 전 상대적인 오프셋을 할당하게 됨으로써 브로커는 메시지 배치를 재압축 단계를 생략할 수 있게 되었다. 만약 사용중인 프로듀서와 컨슈머 모두가 0.10 메시지 형식을 지원할 경우, 가장 큰 성능 향상을 가져올 수 있는 방법 중 하나는 브로커의 메시지 형식을 0.10으로 바꿔 주는 것이다.[38] 이것은 요청 핸들러 스레드 사용률을 크게 감소시킬 것이다.

❹ 전 토픽 바이트 인입

초당 바이트로 나타내어지는 **전 토픽 바이트 인입**all topics bytes in 속도는 브로커가 프로듀서 클라이언트로부터 얼마나 많은 메시지 트래픽을 받는지에 대한 측정값으로서 유용하다. 이 값의 변화 추이

---

37 옮긴이 요청 퍼거토리란 아직 성공 혹은 실패 여부가 결정되지 않은 요청들을 모아 놓는 자료 구조를 가리킨다. 당장 처리가 필요하지 않은 요청들을 저장해 놓을 수 있기 때문에 적은 수의 스레드로 많은 요청을 처리할 수 있게 해주는 효과가 있다. 요청 퍼거토리에 저장된 요청은 응답을 보내기 위한 조건이 달성되거나 타임아웃이 발생하면 자동으로 삭제된다.

38 옮긴이 카프카 0.10에서 도입된 v1 레코드 형식을 가리킨다. 아파치 카프카에는 v0, v1, v2 세 개의 메시지 형식이 있는데 그중에서 v1은 0.10에서, v2는 0.11에서 도입되었다. 이후 쭉 v2가 기본 메시지 형식이었기 때문에 어지간히 오래된 버전을 유지중인 게 아니라면 굳이 신경쓸 필요 없다. 아파치 3.0부터는 v0, v1 형식이 지원 중단되었으며, 4.0부터는 지원이 삭제될 예정이다. 자세한 내용은 'KIP-724: Drop support for message formats v0 and v1'(https://cwiki.apache.org/confluence/display/KAFKA/KIP-724%3A+Drop+support+for+message+formats+v0+and+v1)을 참고하자.

를 살펴보는 것은 클러스터를 언제 확장해야 하는지, 트래픽이 어떻게 증가함에 따라 필요한 다른 작업을 언제 해야 하는지를 결정할 때 유용하다. 클러스터의 어느 브로커가 다른 브로커보다 더 많은 트래픽을 받고 있는지(파티션 재할당이 필요하다는 얘기다) 측정할 때도 유용하다. 자세한 것은 표 13-8을 보자.

표 13-8 **전 토픽 바이트 인입 지표**

지표 이름	초당 바이트 인입
JMX MBean	`kafka.server:type=BrokerTopicMetrics,name=BytesInPerSec`
값의 범위	초당 인입률(rate)는 Double, 개수(count)는 Integer

이것은 이 장에서 처음으로 등장한 속도 지표rate metric이므로, 이러한 유형의 지표에서 제공되는 속성들에 대해서 짧게 알아보는 게 좋겠다. 모든 속도 지표는 7개의 속성을 가지며, 그중에서 무엇을 사용할지는 우리가 필요로 하는 지표의 종류에 달려 있다. 이 속성들은 다양한 시간 간격에 걸쳐 측정된 평균 이벤트 수뿐만 아니라 이산적 자료discrete data의 전체 개수 역시 제공한다. 지푯값을 볼 때는 각 지표의 특성에 맞게 사용하도록 주의하기 바란다. 그렇지 않으면 브로커에 대해서 잘못된 결론을 내릴 수 있다.

7개의 지표 속성 중 첫 두 개는 측정값이 아니다. 하지만 이들은 지금 보고 있는 지표를 이해하는 데 도움을 줄 것이다.

EventType

모든 지표의 단위. 여기서는 '바이트byte'

RateUnit

속도 지표의 시간적 기준. 여기서는 '초second'

보면 알겠지만, 이 두 속성은 (평균을 산출하는 시간 간격이 어떻든 간에) 이 지표가 초당 바이트 값의 형태로 표시된다는 걸 보여준다. 서로 다른 시간 간격에 대해 산출되는 4개의 속성은 다음과 같다.

OneMinuteRate

지난 1분간의 평균

FiveMinuteRate

지난 5분간의 평균

FifteenMinuteRate

지난 15분간의 평균

MeanRate

브로커가 시작된 이후의 평균

OneMinuteRate는 빠르게 변할 뿐 아니라 측정값에 대해 '특정 시점' 이상의 관점을 보여준다. 이 값은 짧은 시간동안 급격히 튀어오르는 트래픽을 볼 때 유용하다. MeanRate는 잘 변하지 않으며, 전체적인 추세를 보여준다. MeanRate도 나름의 쓸모가 있긴 하지만 경보 설정을 할 필요까지는 없을 것이다. FiveMinuteRate와 FifteenMinuteRate는 둘을 절충한 관점을 제공한다.

속도 속성뿐만 아니라 Count 속성도 있다. 이 값은 브로커가 시작된 시점부터 지속적으로 증가하는 값이다. 전 토픽 바이트 인입 지표에서 Count 속성은 브로커에 쓰여진 전체 바이트 수를 나타낸다. 이 속성을 카운터 지표counter metric를 지원하는 시스템과 함께 사용하면 평균 속도가 아닌 절대적인 측정값을 볼 수 있다.

❺ 전 토픽 바이트 유출

인입율 지표와 마찬가지로, 전 토픽 바이트 유출 속도는 트래픽의 전체적인 성장세를 보여주는 또 다른 지표다. 이 경우, 컨슈머가 메시지를 읽는 속도를 보여준다. 카프카는 다수의 컨슈머를 쉽게 처리하기 때문에 유출 속도는 인입 속도와는 다르게 오를 수 있다. 유출 속도가 인입 속도의 여섯 배인 경우도 흔하다! 유출률을 따로 관찰하고 변화 추세를 살피는 것이 중요한 것은 바로 이것 때문이다. 자세한 사항은 표 13-9와 같다.

표 13-9 **전 토픽 바이트 유출 지표**

지표 이름	초당 바이트 유출
JMX MBean	kafka.server:type=BrokerTopicMetrics,name=BytesOutPerSec
값의 범위	초당 유출률(rate)는 Double, 개수(count)는 Integer

레플리카 트래픽 포함

유출 바이트 속도는 레플리카에 의해 발생하는 트래픽 역시 포함한다. 만약 모든 토픽의 복제 팩터가 2라면 데이터를 읽어가는 컨슈머 클라이언트가 없더라도 인입 속도와 유출 속도가 똑같다는 얘기다. 만약 여기에 클러스터의 모든 메시지를 읽는 컨슈머 클라이언트가 하나 붙는다면 유출 속도는 인입 속도의 딱 두 배가 된다. 이러한 측정 방법을 모른다면 지표를 볼 때 혼란스러울 수 있다.

6 전 토픽 메시지 인입

앞에서 알아본 바이트 인입/유출 속도는 바이트 수를 기준으로 브로커 트래픽을 보여주지만, 메시지 인입 속도는 메시지 크기와 무관하게 초당 들어오는 메시지 수를 보여준다. 이것은 프로듀서 트래픽 만큼이나 트래픽의 성장을 보여주는 지표로서 유용하다. 이 지표는 평균 메시지 크기를 측정하기 위해 바이트 인입과 함께 사용될 수도 있다. 또한 바이트 인입 속도와 마찬가지로 브로커 간의 불균형도 볼 수 있기 때문에 유지 작업이 필요할 경우 알려 줄 수도 있다. 자세한 것은 표 13-10과 같다.

표 13-10 **전 토픽 메시지 인입 지표**

지표 이름	초당 메시지 수
JMX MBean	`kafka.server:type=BrokerTopicMetrics,name=MessagesInPerSec`
값의 범위	초당 개수(rate)는 Double, 개수(count)는 Integer

왜 메시지 유출이 없는가?

사람들은 왜 카프카 브로커에 메시지 유출 지표가 없는지 묻고는 한다. 컨슈머가 메시지를 읽을 때 브로커는 그냥 다음 배치를 컨슈머에게 넘겨줄 뿐, 그것을 열어서 몇 개의 메시지가 들어 있는지 확인하거나 하지 않기 때문이다. 따라서, 브로커는 얼마나 많은 메시지가 유출되었는지 알 수 없다. 브로커가 제공할 수 있는 지표는 초당 읽기 요청 수뿐이다. 이 지표는 속도 지표일 뿐, 메시지 개수 지표는 아니다.

7 파티션 수

한 브로커의 파티션 전체 개수는 대체로 그리 자주 변하지 않는다. 브로커에 할당된 파티션의 전체 개수이기 때문이다. 이 값은 브로커에 저장된 모든 레플리카(파티션의 리더건 팔로워건 상관없이)를 포함한다. 자동 토픽 생성 기능이 켜져 있는 클러스터라면 이 값을 모니터링하는 것이 더 중요해진다. 토픽 생성이 운영자의 손을 벗어나기 때문이다. 자세한 것은 표 13-11을 보라.

표 13-11 **파티션 수 지표**

지표 이름	파티션 수
JMX MBean	`kafka.server:type=ReplicaManager,name=PartitionCount`
값의 범위	0 이상 Integer

8 리더 수

리더 개수 지표는 브로커가 현재 리더를 맡고 있는 파티션의 개수를 보여준다. 대부분의 다른 브로커 지표와 마찬가지로, 이 지푯값은 클러스터 안의 모든 브로커에 걸쳐 균등해야 한다. 이 지표는 정기적으로 확인하고 가능하면 경보도 걸어 놓는 것이 좋다. 레플리카의 수와 크기가 클러스터 전체에 걸쳐 완벽히 균등하게 분포되었을지라도 브로커마다 리더를 맡고 있는 파티션의 수가 불균등할 수 있기 때문이다. 주키퍼 세션이 만료되거나 하는 등의 이유로 브로커가 원래 맡고 있던 파티션의 리더 역할을 내려놓는 경우가 있으며, 문제점이 해결되더라도 (자동 리더 리밸런싱 기능을 켜놓지 않는 한) 리더 역할이 원래대로 복구되지는 않기 때문에 이런 일이 발생한다. 이러한 경우 이 지푯값은 더 작은 값 혹은 0이 될 것이며, 이는 클러스터 내의 리더 역할의 균형을 맞추기 위해 선호 레플리카 선출 기능을 실행해야 한다는 것을 의미한다. 상세한 내역은 표 13-12를 보자.

표 13-12 리더 수 지표

지표 이름	리더 수
JMX MBean	kafka.server:type=ReplicaManager,name=LeaderCount
값의 범위	0 이상 Integer

해당 브로커가 리더 역할을 맡고 있는 파티션의 수를 전체 파티션의 수로 나눠서 백분율 비율의 형태로 보여주는 것이 이 지표를 활용하는 요령이다. 복제 팩터가 2인 클러스터가 균형이 잘 잡혀 있을 경우, 모든 브로커는 대략 전체 파티션의 절반에 대해 리더 역할을 맡게 될 것이다. 복제 팩터가 3일 경우, 이 비율은 33%이 될 것이다.

9 오프라인 파티션

불완전 복제 파티션 수와 마찬가지로 오프라인 파티션 수는 모니터링에 있어서 매우 중요한 지표다(표 13-13 참고). 이 측정값은 클러스터 컨트롤러 역할을 맡고 있는 브로커에서만 제공되는데(다른 브로커에서는 0이다), 현재 리더가 없는 파티션의 개수를 보여준다. 리더가 없는 파티션은 크게 두 가지 이유로 발생할 수 있다.

- 레플리카를 보유하고 있는 모든 브로커가 다운되었을 때
- (언클린 리더 선출 기능이 꺼져 있는 상태에서) 저장된 메시지 개수가 모자란 탓에 리더 역할을 맡을 수 있는 인-싱크 레플리카가 없을 때

표 13-13 오프라인 파티션 수 지표

지표 이름	오프라인 파티션 수
JMX MBean	kafka.controller:type=KafkaController,name=OfflinePartitionsCount
값의 범위	0 이상 Integer

프로덕션 환경에서의 카프카 클러스터에서 오프라인 파티션은 프로듀서 클라이언트에 메시지 유실이나 애플리케이션에서의 백프레셔와 같은 문제를 야기할 수 있다. 이것은 흔히 '사이트 다운'과 같은 문제를 일으키므로 즉시 해결해야 한다.

⑩ 요청 지표

6장에서 설명한 카프카 프로토콜에는 많은 요청이 있다. 각 요청이 어떻게 수행되고 있는지에 대한 지표 역시 제공된다. 버전 2.5.0 기준으로 지표가 제공되고 있는 요청은 다음과 같다.

표 13-14 **요청 지표**

AddOffsetsToTxn	AddPartitionsToTxn	AlterConfigs
AlterPartitionReassignments	AlterReplicaLogDirs	ApiVersions
ControlledShutdown	CreateAcls	CreateDelegationToken
CreatePartitions	CreateTopics	DeleteAcls
DeleteGroups	DeleteRecords	DeleteTopics
DescribeAcls	DescribeConfigs	DescribeDelegationToken
DescribeGroups	DescribeLogDirs	ElectLeaders
EndTxn	ExpireDelegationToken	Fetch
FetchConsumer	FetchFollower	FindCoordinator
Heartbeat	IncrementalAlterConfigs	InitProducerId
JoinGroup	LeaderAndIsr	LeaveGroup
ListGroups	ListOffsets	ListPartitionReassignments
Metadata	OffsetCommit	OffsetDelete
OffsetFetch	OffsetsForLeaderEpoch	Produce
RenewDelegationToken	SaslAuthenticate	SaslHandshake
StopReplica	SyncGroup	TxnOffsetCommit
UpdateMetadata	WriteTxnMarkers	

각각의 요청에 대해 8개의 지표가 제공된다. 이들은 요청을 처리하는 각 단계를 더 자세히 들여다볼 수 있게 해 준다. 예를 들어서, Fetch읽기에 대해서는 표 13-15와 같은 지표를 사용할 수 있다.

표 13-15 **읽기 요청 지표**

이름	JMX MBean
전체 시간	kafka.network:type=RequestMetrics,name=TotalTimeMs,request=Fetch
요청 큐에서 소요된 시간	kafka.network:type=RequestMetrics,name=RequestQueueTimeMs,request=Fetch
리더 브로커에서 소요된 시간	kafka.network:type=RequestMetrics,name=LocalTimeMs,request=Fetch
팔로워 브로커에서 소요된 시간	kafka.network:type=RequestMetrics,name=RemoteTimeMs,request=Fetch
스로틀된 시간	kafka.network:type=RequestMetrics,name=ThrottleTimeMs,request=Fetch
응답 큐에서 소요된 시간	kafka.network:type=RequestMetrics,name=ResponseQueueTimeMs,request=Fetch
응답 전송에 걸린 시간	kafka.network:type=RequestMetrics,name=ResponseSendTimeMs,request=Fetch
초당 요청 수	kafka.network:type=RequestMetrics,name=RequestsPerSec,request=Fetch

앞에서 살펴본 것과 같이 초당 요청 지표는 속도 지표이며, 주어진 시간 단위에 걸쳐 수신되어 처리된 해당 타입 요청의 전체 개수를 가리킨다. 이 값은 각 요청의 빈도가 어떠한지를 보여준다. (단, StopReplica나 UpdateMetadata와 같이 상당수의 요청은 드물게 발생하는 만큼 빈도 수 역시 적다는 점을 기억하자.)

나머지 7개의 시간 관련 지표들은 속도 지표와 비슷하게 각 요청의 Count 속성과 백분위수percentile를 제공한다. 이 지표들은 브로커가 시작된 시점부터 계산되므로, 값이 오랜 시간동안 바뀌지 않는 지표를 볼 때는 브로커가 더 오래 떠 있고 더 안정적일수록 숫자 역시 마찬가지라는 점을 명심하라. 각각이 가리키는 요청 처리 시간은 다음과 같다.

전체 시간total time

브로커에 요청이 수신되어 응답이 전송될 때까지 걸린 전체 시간.

요청 큐 시간request queue time

요청이 수신되어 처리가 시작되기 전까지 큐에서 대기한 시간.

로컬 시간local time

파티션 리더가 요청을 처리하는 데 걸린 시간. (굳이 플러시할 필요는 없지만) 디스크에 전달하는 시간을 포함한다.

원격 시간remote time

요청 처리가 완전히 끝나기 전 팔로워를 기다리는 시간.

스로틀 시간throttle time

클라이언트 쿼터 설정을 만족시키기 위해 응답을 내보내지 않고 붙잡아 놓은 시간.

응답 큐 시간response queue time

요청에 대한 응답이 요청자에게 리턴되기 전 큐에서 대기하는 시간.

응답 전송 시간response send time

응답을 보내는 데 소요된 시간.

각각의 지표에 대해 제공되는 속성은 다음과 같다.

Count

프로세스가 시작된 후의 요청 개수.

Min

전체 요청 중 최저값.

Max

전체 요청 중 최대값.

Mean

전체 요청의 평균값.

StdDev

요청이 들어온 시각에 측정된 측정값의 표준 편차.

Percentiles

`50thPercentile`, `75thPercentile`, `95thPercentile`, `98thPercentile`, `99thPercentile`, `999thPercentile`.

백분위수란 무엇인가?

백분위수는 시간 측정값을 살펴보는 방법이다. 99백분위(99thPercentile)란 전체 표본(이 경우엔 요청 시간)의 99%가 측정값보다 작다는 것을 의미한다. 이는 1%가 지정된 값보다 크다는 의미이기도 하다. 이 값을 보는 일반적인 방법은 평균값과 99%, 99.9%를 보는 것이다. 이 방법으로 평균적인 요청과 극단치(outlier)가 어떠한지를 이해할 수 있다.

그렇다면 요청에 대한 이 모든 지표와 속성들 중에서 어떤 것이 모니터링에 중요할까? 최소한 모든 유형의 요청에 대해 초당 요청 수 지표, 전체 시간 지표의 평균값과 높은 백분위수 중 하나 (99%든 99.9%든)를 수집해야 한다. 이는 카프카 브로커의 성능에 대한 전체적인 모습을 보여준다. 만약 가능하다면, 각각의 요청 유형에 대해 나머지 6개의 시간 지표 측정치 역시 수집해야 한다. 요청이 처리되는 특정 단계에서 성능 문제가 발생했을 경우 문제의 원인을 찾을 수 있게 해주기 때문이다.

시간 지표의 경우 경고 문턱값 설정이 어려울 수 있다. 예를 들어서 읽기 요청의 경우, 각종 시간 측정값은 여러 요인에 따라 크게 달라질 수 있다. (이 요인에는 클라이언트의 대기 시간 설정, 읽으려는 토픽에 처리가 몰리는 정도, 브로커와 클라이언트 사이의 네트워크 연결 속도 등이 포함된다.) 하지만 (특히 쓰기 요청에 대해) 최소한 전체 시간 지표의 99.9% 백분위 측정값에 대한 문턱값을 나름대로 정해서 경고를 걸어두면 매우 유용하다. 불완전 복제 파티션 지표와 흡사하게, 쓰기 요청의 99.9% 분위값이 치솟는 것은 광범위한 성능 문제에 대한 경고가 될 수 있다.

13.3.4 토픽과 파티션별 지표

카프카 브로커의 전체적인 작동을 보여주는 많은 브로커 지표 외에도 토픽 혹은 파티션에 국한된 지표들도 있다. 대규모의 클러스터라면 이러한 지표 역시 엄청나게 많을 것이기 때문에 정상적인 운영의 일부로서 모든 지푯값을 수집하는 것은 불가능할 수 있다. 하지만 이 지표들은 클라이언트에 연관된 특정한 문제를 디버깅할 때는 꽤 유용하다. 예를 들어서, 토픽 지표는 클러스터의 트래픽을 급증시킨 토픽이 무엇인지를 찾을 때 사용될 수 있다. 카프카 사용자(즉, 프로듀서 혹은 컨슈머 클라이언트 사용자)들이 이 지표에 접근할 수 있도록 해주는 것 역시 중요할 수 있다. 이런 측정값들을 정기적으로 수집할 수 있느냐의 여부와 상관없이 어떤 것이 유용한지는 알고 있어야 한다.

표 13-16의 모든 예에서 토픽 이름은 'TOPICNAME', 파티션 번호는 0을 사용할 것이다. 이 지표에 접근할 때는 토픽 이름과 파티션 번호를 클러스터에 맞는 적당한 값으로 대체했는지 확인하자.

1 토픽별 지표

모든 토픽별 지표의 측정값은 앞에서 설명한 브로커 지표와 매우 비슷하다. 사실, 유일한 차이점은 토픽 이름을 지정해야 한다는 점이며 지푯값 역시 지정된 토픽에 국한된 값만을 내놓는다. 클러스터에 있는 토픽 수가 너무 많을 때는 사용 가능한 지표 수 역시 많기 때문에 웬만해서는 모니터링, 경보 설정을 하고 싶지 않을 것이다. 하지만 이들은 사용자로 하여금 카프카 사용량을 확인하고 디버깅할 수 있게 해 준다는 점에서 유용하다.

표 13-16 **토픽별 지표**

이름	JMX MBean
초당 바이트 인입	kafka.server:type=BrokerTopicMetrics,name=BytesInPerSec,topic=TOPICNAME
초당 바이트 유출	kafka.server:type=BrokerTopicMetrics,name=BytesOutPerSec,topic=TOPICNAME
초당 실패한 읽기 요청 개수	kafka.server:type=BrokerTopicMetrics,name=FailedFetchRequestsPerSec,topic=TOPICNAME
초당 실패한 쓰기 요청 개수	kafka.server:type=BrokerTopicMetrics,name=FailedProduceRequestsPerSec,topic=TOPICNAME
초당 인입 메시지 수	kafka.server:type=BrokerTopicMetrics,name=MessagesInPerSec,topic=TOPICNAME
초당 읽기 요청 개수	kafka.server:type=BrokerTopicMetrics,name=TotalFetchRequestsPerSec,topic=TOPICNAME
초당 쓰기 요청 개수	kafka.server:type=BrokerTopicMetrics,name=TotalProduceRequestsPerSec,topic=TOPICNAME

2 파티션별 지표

지속적으로 사용하는 걸 기준으로 보자면 파티션별 지표는 토픽별 지표에 비해 덜 유용한 편이다. 더군다나 토픽이 수백 개면 파티션은 수천 개가 되기 십상이므로 수 자체가 많다. 하지만 몇몇 제한된 상황에서는 유용하게 사용될 수 있다. 특히 파티션 크기 지표는 해당 파티션에 대해 현재 디스크에 저장된 데이터의 양을 바이트 단위로 보여준다(표 13-17). 따라서 이 값들을 합산하면 하나의 토픽에 저장된 데이터의 양을 알 수 있는데, 이는 카프카를 각각의 클라이언트에 할당할 때 들어갈 자원의 양을 계산하는 데 유용할 수 있다. 같은 토픽에 속하는 두 파티션의 크기가 다를 경우, 메시지를 쓸 때 사용되는 메시지 키가 고르게 분산되어 있지 않다는 것을 의미한다. 로그 세그먼트 수 지표는 디스크에 저장된 해당 파티션의 로그 세그먼트 파일 수를 보여준다. 이는 파티션 크기와 함께 자원 추적 관리에 유용하게 쓰일 수 있다.

표 13-17 **파티션별 지표**

이름	JMX MBean
파티션 크기	kafka.log:type=Log,name=Size,topic=TOPICNAME,partition=0
로그 세그먼트 개수	kafka.log:type=Log,name=NumLogSegments,topic=TOPICNAME,partition=0
로그 끝 오프셋	kafka.log:type=Log,name=LogEndOffset,topic=TOPICNAME,partition=0
로그 시작 오프셋	kafka.log:type=Log,name=LogStartOffset,topic=TOPICNAME,partition=0

로그 끝 오프셋과 로그 시작 오프셋 각각은 해당 파티션에 속한 메시지 중 가장 높은 오프셋과 가장 낮은 오프셋을 가리킨다. 그러나 이 두 값의 차이가 항상 해당 파티션의 메시지 수를 의미하지는 않

는다는 점을 짚고 넘어갈 필요가 있다. 로그 압착으로 인해 동일한 키를 가진 최신의 메시지만이 남음으로써 파티션에서 제거된 '사라진' 오프셋들이 있을 수 있기 때문이다. 어떠한 경우에는 파티션에서 이렇게 사라진 오프셋들을 추적 관리하는 데 유용하게 사용될 수 있다. 이러한 사례의 예로는 타임스탬프에서 오프셋으로의 좀 더 세밀한 매핑을 제공하는 경우가 있겠다. 이렇게 하면 컨슈머 클라이언트를 쉽게 특정한 시각의 오프셋으로 되돌릴 수 있다. (단, 이 방식은 카프카 0.10.1에서 추가된 타임스탬프 기준 메시지 검색 기능을 감안하면 그리 중요하지는 않다.)

불완전 복제 파티션 지표

주어진 파티션이 불완전 복제되고 있는지의 여부를 표시하기 위해 제공되는 파티션 단위 지표가 있다. 일반적으로, 이 지표는 일상적인 작업에서는 그리 유용하지 않다. 수집해서 살펴봐야 할 지표가 너무 많기 때문이다. 브로커 단위 불완전 복제 파티션 수를 모니터링하다가 명령줄 툴을 사용해서(12장에서 설명한다) 불완전 복제가 일어나고 있는 파티션을 특정해 내는 방법이 훨씬 쉽다.

13.3.5 JVM 모니터링

카프카 브로커에 의해 제공되는 지표 외에도 자바 가상 머신Java Virtual Machine, JVM을 포함한 모든 서버의 표준적인 측정값 역시 모니터링해야 한다. 이들은 브로커의 성능을 발목잡을 수 있는 가비지 수집garbage collection, GC 증가와 같은 상황에 대해 경고해 줄 수 있다는 점에서 유용할 것이다. 이들은 왜 브로커의 지푯값이 변하는지에 대한 통찰 역시 줄 것이다.

1 가비지 수집

JVM의 경우 가장 중요한 모니터링 대상은 가비지 수집 상태다. 이것을 모니터링하기 위해 살펴봐야 하는 구체적인 빈bean은 사용중인 자바 런타임 환경Java Runtime Environment, JRE과 가비지 수집기garbage collector에 따라 달라진다. 예를 들어서 오라클 자바 1.8에서 G1 수집기를 사용할 경우 살펴봐야 하는 빈은 표 13-18과 같다.

표 13-18 **G1 가비지 콜렉션 지표**

이름	JMX MBean
풀 GC 사이클	java.lang:type=GarbageCollector,name=G1 Old Generation
영 GC 사이클	java.lang:type=GarbageCollector,name=G1 Young Generation

GC의 맥락에서 'Old'와 'Full'은 같은 의미다. 두 메트릭 각각에 대해 눈여겨봐야 할 속성은 `CollectionCount`와 `CollectionTime`다. `CollectionCount`는 JVM이 시작된 이래 해당 유형(Full 혹은 Young)의 GC 사이클 수다. `CollectionTime`는 JVM이 시작된 이래 해당 유형의 GC 사이클에 소

요된 시간을 밀리초 단위로 나타낸다. 이 지표들은 카운터 지표인 만큼 지표 관련 시스템에서 GC 사이클의 횟수와 단위 시간당 GC에 소요된 시간을 보여 줄 때 사용할 수 있다. GC 사이클별로 걸린 평균 시간을 보여주기 위해 사용할 수도 있겠지만, 일반적인 상황에서는 덜 유용할 것이다.

각각의 지표는 `LastGcInfo` 속성도 갖는다. 이것은 5개의 필드로 구성된 복합된 값으로, 해당 빈이 가리키는 GC 유형의 마지막 GC 사이클에 대한 정보를 담는다. 여기서 눈여겨봐야 할 것은 `duration` 값인데, 이는 마지막 GC 사이클이 얼마나 오래 걸렸는지를 밀리초 단위로 알려준다. 나머지 4개 값, `GcThreadCount`, `id`, `startTime`, 그리고 `endTime`는 정보는 제공해주지만 딱히 유용하지는 않다. 이 속성들을 사용한다 해도 모든 GC 사이클의 시간을 알 수는 없다는 걸 명심하자. Young GC 사이클은 특히나 자주 일어날 수 있기 때문이다.

❷ 자바 운영체제 모니터링

JVM은 `java.lang:type=OperatingSystem` 빈을 통해서 운영체제에 대한 일부 정보를 제공할 수 있다. 하지만 이 정보는 제한적이기 때문에 브로커를 돌리고 있는 시스템에 대해 알아야 하는 모든 정보를 제공해주지는 않는다. 여기서 수집되는 속성 중 운영체제에서는 수집하기 어려운 게 두 개가 있는데 `MaxFileDescriptorCount`와 `OpenFileDescriptorCount`가 바로 그것이다. `MaxFileDescriptorCount`는 JVM이 열 수 있는 최대 파일 디스크립터file descriptor, FD의 수를 가리킨다. `OpenFileDescriptorCount`는 현재 열려 있는 FD의 수를 보여준다. 모든 로그 세그먼트와 네트워크 연결별로 FD가 열리기 때문에 이 값은 매우 빠르게 늘어날 수 있다. 네트워크 연결을 정상적으로 닫을 수 없는 문제가 발생할 경우, 브로커에 허용된 FD 개수가 빠르게 고갈될 수 있다.

13.3.6 운영체제 모니터링

JVM은 JVM이 돌아가고 있는 시스템에 대해 우리가 알아야 하는 모든 정보를 제공해줄 수 없다. 따라서 우리는 브로커뿐만 아니라 운영체제 자체에서도 지표를 수집해야 한다. 대부분의 모니터링 시스템은 우리가 관심을 가질 만한 운영체제 정보보다 더 많은 정보를 수집하는 에이전트를 제공한다. 운영체제 정보 중에서 우리가 눈여겨봐야 할 것은 CPU 사용, 메모리 사용, 디스크 사용, 디스크 I/O 그리고 네트워크 사용이다.

CPU 사용에 대해서는 적어도 시스템 부하 평균 정도는 살펴봐야 한다. 이 값은 프로세서들의 상대적인 사용률을 가리킨다. 여기에 더해서 유형별로 세분화된 CPU 사용률 값을 수집하면 유용할 수 있다. 수집 방법과 운영체제에 따라서, (다음과 같은 약어로 표시되는) 유형별 CPU 사용률의 일부 혹은 전체를 알 수 있다.

us

사용자 모드에서 사용된 시간

sy

커널 모드에서 사용된 시간

ni

낮은 우선순위의 프로세스에서 사용된 시간

id

유휴 시간

wa

디스크에서의 대기 시간

hi

하드웨어 인터럽트 처리에 사용된 시간

si

소프트웨어 인터럽트에 사용된 시간

st

하이퍼바이저hypervisor에서의 대기 시간

시스템 부하란 무엇인가?

많은 이들이 시스템 부하(system load)가 시스템에서의 CPU 사용량을 측정한 지표라는 걸 알고 있지만, 측정 방법에 대해서는 잘못 이해하고 있는 경우가 많다. 부하 평균(load average)은 실행은 할 수 있지만 실행을 위해 프로세서를 기다리고 있는 프로세스의 수이다. 리눅스의 경우 디스크 입출력을 기다리는 것처럼 인터럽트가 불가능한 스레드 수 역시 포함한다. 부하는 지난 1분, 5분, 15분 사이의 평균 개수 3개의 숫자로 표현된다. CPU가 하나밖에 없는 시스템에서 이 값이 1이라면 시스템 부하는 100%로, 언제나 실행 대기중인 스레드가 하나 있다는 의미다. 다수의 CPU가 있는 시스템에서 100% 부하를 가리키는 부하 평균값은 시스템의 CPU 개수와 같다. 예를 들어, 24개의 CPU가 있는 시스템의 경우 100% 부하 평균값이 24가 된다.

카프카 브로커는 요청을 처리하기 위해 CPU 자원을 많이 사용한다. 이런 이유로 카프카를 모니터링할 때 CPU 활용율을 추적 관리하는 것은 중요하다. 브로커 자체를 추적 관리하는 데 있어서 메모리는 덜 중요한데, 카프카는 상대적으로 작은 크기의 JVM 힙heap을 사용해서 작동하기 때문이다. 압축 기능을 위해 힙 바깥의 메모리를 약간 사용하기는 하지만, 대부분의 시스템 메모리는 캐시cache 용도로 남겨질 것이다. 그렇다 하더라도 다른 애플리케이션이 브로커가 사용할 자원을 갉아먹지 않도록 하기 위해서 메모리 사용율은 추적 관리될 필요가 있다. 전체 메모리와 프리 스왑 메모리free swap memory 용량 역시 모니터링하여 스왑 메모리가 사용되지 않도록 해야 한다.

카프카에 관한 한 디스크는 가장 중요한 서브시스템이다. 모든 메시지가 디스크에 저장되기 때문에 카프카의 성능은 디스크 성능에 크게 의존한다. 따라서 저장할 공간이 모자라는 사태가 발생하지 않도록 디스크 공간과 inode(이것은 유닉스 파일시스템의 파일과 디렉토리에 대한 메타데이터를 담는 객체다) 사용량 모두를 모니터링하는 것이 중요하다. 카프카의 데이터가 저장되는 파티션의 경우 더욱 그렇다. 디스크가 효율적으로 사용되고 있는지의 여부를 알려 주는 디스크 I/O 통계 역시 모니터링할 필요가 있다. 최소한 카프카의 데이터가 저장하는 디스크에 대해서는 초당 읽기 및 쓰기, 읽기 및 쓰기 큐의 평균 크기, 평균 대기 시간 그리고 디스크 사용률(%)은 모니터링해야 한다.

끝으로, 브로커의 네트워크 사용량 역시 모니터링하길 바란다. 단순히 초당 비트 단위로 나타내어지는 인입, 유출 네트워크 트래픽 양을 보면 된다. 컨슈머 요청을 제외할 때, 카프카 브로커에 인입되는 비트 수에 토픽의 복제 팩터[39]를 곱한 만큼의 비트 수가 유출된다는 점을 명심하라. 컨슈머의 수에 따라 유출되는 트래픽은 인입되는 트래픽보다 몇십 배 이상 더 커질 수도 있는 것이다. 경보를 위한 문턱값을 설정할 때는 이를 고려해야 한다.

13.3.7 로깅

모니터링 이야기를 하면서 로깅을 빼먹을 수는 없다. 다른 애플리케이션과 마찬가지로 카프카 브로커는 하려고만 한다면 몇 분 안에 모든 디스크를 로그 메시지로 가득 채울 것이다. 로깅으로부터 유용한 정보를 얻으려면 적합한 로거를 적합한 레벨로 켜는 것이 중요하다. 단순히 모든 로깅 메시지를 INFO 레벨로 로깅하는 것만으로도 브로커의 상태에 관한 엄청난 양의 정보를 얻을 수 있다. 그러나 로그 파일이 좀 더 깔끔하게 떨어지게 하려면 몇 개의 로거는 분리하는 것이 좋다.

별도의 디스크 파일로 떨어지는 게 나은 로거는 2개가 있다. 하나는 역시 INFO 레벨로 로깅되는 `kafka.controller` 로거다. 이 로거는 클러스터 컨트롤러에 대한 메시지를 제공하기 위해 사용된다. 언제가 되었든 하나의 브로커만이 컨트롤러가 될 수 있으므로, 이 로거를 쓰는 브로커 역시 하나뿐이다. 여기에는 토픽의 생성과 변경 외에도 선호 레플리카 선출이나 파티션 이동 등과 같은 클러스터 작업에 대한 정보가 포함된다. 따로 분리해야 할 또 다른 로거는 역시 INFO 레벨로 로깅되는 `kafka.`

39 옮긴이 정확히 말하면 (복제 팩터) – 1

server.ClientQuotaManager 로거다. 이 로거는 프로듀서 혹은 컨슈머 쿼터 작업에 관련된 메시지를 보여주기 위해 사용된다. 이 또한 유용한 정보이지만, 주 브로커 로그 파일에는 포함되지 않도록 하는 것이 좋다.

로그 압착 스레드의 상태에 관한 정보를 로깅하는 것 역시 도움이 된다. 이 스레드의 작동 상태를 가리키는 지표가 없기 때문에, 파티션 하나를 압착하다 실패가 남으로써 전체 로그 압착 스레드가 소리없이 멈출 수도 있다. kafka.log.LogCleaner, kafka.log.Cleaner, kafka.log.LogCleanerManager 로거를 DEBUG 레벨로 활성화함으로써 이 스레드에 대한 상태 정보가 찍히게 할 수 있다. 이것은 압착되는 각 파티션 크기나 메시지 수 등에 대한 정보를 포함한다. 정상 운영 상태에서는 메시지가 그리 많이 찍히지도 않기 때문에 이걸 기본으로 켜놓는다고 해서 보기 힘들 정도로 로그 메시지가 쏟아지지는 않는다.

카프카에서 문제를 디버깅할 때 유용한 로거 역시 있다. 그러한 로거 중 하나가 kafka.request.logger 이다. 이 로거는 DEBUG 또는 TRACE 레벨로 켜 놓으면 되는데, 브로커로 들어오는 모든 요청에 대한 정보를 기록한다. DEBUG 레벨로 설정할 경우 연결된 종점end point, 요청 시각, 요약을 보여준다. TRACE 레벨로 설정할 경우 토픽과 파티션 정보를 포함해서, 탑재된 메시지 내용물을 제외한 거의 모든 정보를 보여준다. 어떻게 설정하든 간에 이 로거는 많은 정보를 기록하므로, 디버깅을 할 것이 아니라면 켜지 않는 것을 권장한다.

13.4 클라이언트 모니터링

모든 애플리케이션은 모니터링이 필요하다. 프로듀서건 컨슈머건, 카프카 클라이언트 인스턴스를 생성하는 애플리케이션은 클라이언트에 국한된 지표를 갖는다. 여기서는 공식 자바 클라이언트 라이브러리에서 지원하는 지표에 대해 알아본다(다른 클라이언트 구현체는 자기만의 지표가 있을 것이다).

13.4.1 프로듀서 지표

카프카 프로듀서 클라이언트는 엄청나게 많은 수의 지표들을 몇 개의 JMX MBean 아래 속성으로 몰아넣었다. 반대로, 더 이상 지원되지 않는 구버전 프로듀서 클라이언트는 더 많은 수의 MBean을 가지고 있었을 뿐 아니라(더 많은 분위수 지표라든지, 서로 다른 이동평균이라든지) 많은 지표에서 더 상세한 정보를 제공했다. 결과적으로, 더 넓은 범위를 모니터링할 수 있었지만 극단치를 추적하기는 더 어려웠다.

모든 프로듀서 지표는 빈 이름bean name에 프로듀서 클라이언트의 클라이언트 ID를 갖는다. 아래 예에서는 클라이언트 ID로 'CLIENTID'를 사용한다. 빈 이름에 브로커 ID가 포함될 경우 'BROKERID'로, 토픽 이름은 'TOPICNAME'를 사용했다. 표 13-19의 예를 보자.

표 13-19 카프카 프로듀서 지표 MBean.

이름	JMX MBean
프로듀서 전반	kafka.producer:type=producer-metrics,client-id=CLIENTID
브로커별	kafka.producer:type=producer-node-metrics,client-id=CLIENTID,nodeid=node-BROKERID
토픽별	kafka.producer:type=producer-topic-metrics,client-id=CLIENTID,topic=TOPICNAME

표 13-19의 각 지표 빈은 프로듀서의 상태를 나타내는 여러 개의 속성을 갖는다. 가장 많이 사용되는 속성에 대해서는 아래에서 다룬다. 이 내용을 알아보기에 앞서, 3장에서 설명한 프로듀서의 작동에 대한 내용을 충분히 이해하도록 하자.

1 프로듀서 종합 지표

프로듀서 종합 지표는 메시지 배치 크기에서부터 메모리 버퍼 활용에 이르기까지 모든 것들을 나타내는 속성을 제공한다. 이 모든 측정치들이 디버깅에 사용되기는 하지만, 정기적으로 사용해야 할 것들도 있으며 그중 몇 개는 상시 모니터링하고 경보 설정 역시 되어 있어야 한다. 우리는 여기서 평균값 지표(-avg로 끝남)에 대해 논의할 것이지만, 각 메트릭의 최대값을 가리키는 지표(-max로 끝남) 역시 제한적으로는 유용하다는 점을 명심하라.

우선 record-error-rate 속성은 반드시 경보 설정을 해 놓아야 한다. 이 지표는 언제나 0이어야 하며, 만약 그보다 크다면 프로듀서가 브로커로 메시지를 보내는 와중에 누수가 발생하고 있음을 의미한다. 프로듀서는 백오프backoff를 해 가면서 사전 설정된 수만큼 재시도를 하게 되어 있는데, 만약 재시도 수가 고갈되면 메시지(레코드)는 폐기된다. record-retry-rate 속성을 추적할 수도 있지만, 재시도 자체는 정상적인 경우에도 생길 수 있는 법이라 그리 중요하지 않다.

경보를 설정해 놔야 하는 다른 지표는 request-latency-avg이다. 이것은 브로커가 쓰기 요청을 받을 때까지 걸린 평균 시간이다. 정상 작동 상태에서 이 지표의 기준값을 찾은 뒤 이 기준값보다 큰 값으로 경보 문턱값을 설정하면 된다. 요청에 대한 지연이 증가하는 것은 쓰기 요청이 점점 더 느려지고 있다는 걸 의미한다. 이것은 네트워크 문제일 수도 있지만, 브로커에 뭔가 문제가 발생했을 수도 있다. 어느 쪽이건 간에 이것은 성능 문제이므로 프로듀서 애플리케이션에서 백프레셔 등의 문제를 초래할 수 있다.

이러한 중요한 지표뿐만 아니라, 프로듀서가 전송하는 메시지의 트래픽이 어느 정도 되는지에 대해 미리 알아두는 것이 좋다. 여기에 대해서는 서로 다른 관점을 제공하는 3개의 지표가 있다. `outgoing-byte-rate`는 전송되는 메시지의 절대 크기를 초당 바이트 형태로 나타낸다. `record-send-rate`는 트래픽을 초당 전송되는 메시지 수의 크기로 나타낸다. 마지막으로, `request-rate`는 브로커로 전달되는 쓰기 요청의 수를 초 단위로 나타낸다. 하나의 요청은 하나 이상의 배치를 포함할 수 있으며, 하나의 배치는 1개 이상의 메시지를 포함할 수 있다. 물론, 각각의 메시지는 여러 바이트로 구성된다. 이러한 지표들을 애플리케이션 대시보드에 표시해 놓으면 좋다.

메시지, 요청, 배치의 크기를 나타내는 지표들도 있다. `request-size-avg metric` 지표는 브로커로 보내지는 쓰기 요청의 평균 크기를 바이트 단위로 나타낸다. `batch-size-avg`는 (하나의 토픽 파티션으로 보내질 메시지들로 구성된) 메시지 배치의 평균 크기를 바이트 단위로 나타낸다. `record-size-avg` 지표는 레코드의 평균 크기를 바이트 단위로 나타낸다. 하나의 토픽에 대해서만 쓰는 프로듀서의 경우 이 지표는 생성되는 메시지에 대해 유용한 정보를 제공한다(미러메이커와 같이 여러 토픽에 쓰는 프로듀서의 경우 덜 유용하다). 이 3개 지표 말고도 쓰기 요청에 포함된 메시지의 평균 개수를 나타내는 `records-per-request-avg` 지표가 있다.

마지막으로 권장하는 프로듀서 종합 지표 속성으로는 `record-queue-time-avg`가 있다. 이 측정값은 애플리케이션이 메시지를 전송한 뒤 실제로 카프카에 쓰여지기 전까지 프로듀서에서 대기하는 평균 시간(밀리초)이다. 애플리케이션이 메시지를 전송하기 위해 프로듀서 클라이언트를 호출하면(즉, send 메서드를 호출하면), 프로듀서는 다음 두 개의 조건 중 하나가 만족될 때까지 기다린다.

- `batch.size` 설정에 지정된 크기를 갖는 배치가 메시지로 채워질 때
- 마지막 배치가 전송된 이래 `linger.ms` 설정에 지정된 시간이 경과될 때

두 조건 중 하나라도 성립할 경우 프로듀서 클라이언트는 현재 생성중인 배치를 닫고 브로커로 전송한다. 쉽게 이야기해서, 많은 메시지가 들어오는 토픽은 첫 번째 조건이 적용되고 아닌 토픽은 두 번째 조건이 적용된다. `record-queue-time-avg` 지표는 메시지를 쓰는 데 걸리는 시간을 나타내므로, 이 두 설정을 애플리케이션의 지연 요구 조건을 만족시키도록 튜닝할 때 도움이 된다.

❷ 브로커별, 토픽별 지표

프로듀서의 종합적인 상황을 보여주는 지표 외에도 각 카프카 브로커로의 연결, 메시지가 쓰여지고 있는 각각의 토픽에 대한 정보를 몇 개의 속성으로 보여주는 빈들이 있다. 이러한 측정값들은 몇몇 활용 사례에서 디버깅을 할 때 유용하지만, 지속적으로 살펴볼 만한 것은 아니다. 이 빈들의 모든 속성은 앞에서 살펴본 프로듀서 종합 지표 빈의 속성과 동일하고 의미도 역시 동일하다(특정한 브로커나

토픽에 적용된다는 점만 다르다).

브로커별 프로듀서 지표에서 가장 중요한 지표는 request-latency-avg다. 이 지표는 거의 변화가 없지만(메시지 배치가 안정적인 한), 특정 브로커로의 연결에 문제가 있을 경우 알 수 있다. outgoing-byte-rate나 request-latency-avg와 같은 다른 속성은 브로커가 리더를 맡고 있는 파티션이 무엇이냐에 따라 달라지는 경향이 있다. 즉, 이 측정값들은 카프카 클러스터의 상태에 따라 어느 시점에서건 빠르게 변할 수밖에 없다.

토픽별 지표는 브로커별 지표보다 약간 더 중요하지만, 이들은 프로듀서가 2개 이상의 토픽에 쓰고 있는 경우에만 유용하다. 지속적으로 사용하려고 할 경우, 너무 많은 토픽에 쓰기 작업을 수행하고 있지 않을 경우에만 사용할 만할 것이다. 예를 들어, 미러메이커는 수백 개 혹은 수천 개의 토픽에 메시지를 쓸 수 있다. 이 모든 지표를 살펴보는 것은 매우 어렵고, 적당한 경고 문턱값을 설정하는 것 역시 거의 불가능하다. 브로커별 지표와 마찬가지로, 토픽별 지표는 특정한 문제의 원인을 찾는 데 가장 많이 사용된다. 예를 들어서 record-send-rate와 record-error-rate 속성의 경우 어느 토픽에서 메시지 누수가 발생했는지 찾아내거나 전체 토픽에 대해 누수된 메시지가 있는지 검증할 때 사용할 수 있다. 여기에 더해서 byte-rate 지표는 주어진 토픽에 대해 초당 몇 바이트의 메시지가 전송되고 있는지를 보여준다.

13.4.2 컨슈머 지표

프로듀서 클라이언트와 마찬가지로, 카프카의 컨슈머 클라이언트는 많은 지표들을 몇 개의 빈 아래 속성으로 통합하였다. 이 지표들 역시 프로듀서 클라이언트와 마찬가지로, 지원 중단된 스칼라 컨슈머에서 있었던 백분위수 지표나 이동평균 지표는 삭제된 것이다. 컨슈머의 경우, 메시지를 읽어 오는 로직은 단순히 메시지를 브로커로 쏘아 보내는 것보다 좀 더 복잡한 만큼 다뤄야 할 지표도 조금 더 많다. 표 13-20을 보자.

표 13-20 **컨슈머 지표**

이름	JMX MBean
컨슈머 전체	kafka.consumer:type=consumer-metrics,client-id=CLIENTID
읽기 매니저	kafka.consumer:type=consumer-fetch-manager-metrics,client-id=CLIENTID
토픽별	kafka.consumer:type=consumer-fetch-manager-metrics,client-id=CLIENTID,topic=TOPICNAME
브로커별	kafka.consumer:type=consumer-node-metrics,client-id=CLIENTID,nodeid=node-BROKERID
코디네이터	kafka.consumer:type=consumer-coordinator-metrics,client-id=CLIENTID

❶ 읽기 매니저 지표

컨슈머 클라이언트에서는 중요한 지표들이 읽기 매니저fetch manager 빈에 들어 있기 때문에 컨슈머 종합 지표 빈은 상대적으로 덜 유용하다. 컨슈머 종합 지표 빈은 저수준의 네트워크 작업에 관련된 지표들을 가지는 반면 읽기 매니저 빈은 바이트, 요청, 레코드에 대한 지표를 갖는다. 프로듀서 클라이언트와는 달리 컨슈머 지표들은 살펴보기에는 유용하지만 경보를 설정하기엔 그리 유용하지 않다.

읽기 매니저의 경우 모니터링 말고 경보 설정에 모두 사용할 수 있는 속성에 하나 있는데, 바로 `fetch-latency-avg`이다. 프로듀서 클라이언트의 `request-latency-avg`와 마찬가지로 이 지표는 브로커로 읽기 요청을 보내는 데 걸리는 시간을 보여준다. 다만 이 지표에 경보 설정을 걸어놓는 것은 문제가 있는데, 지연은 컨슈머 설정 중 `fetch.min.bytes`와 `fetch.max.wait.ms`의 영향을 받기 때문이다. 어떨 때는 메시지가 준비되어 있어서 빨리 응답을 내놓지만 어떨 때는 메시지가 준비되질 않아서 `fetch.max.wait.ms`만큼 기다리다 리턴하는 식이다 보니 느린 토픽은 지연이 일정치 않다. 하지만 정기적으로 많은 메시지가 들어 있는 토픽을 읽을 경우 이 지표는 살펴볼 만한 가치가 있다.

잠깐, 랙이 없다고?

컨슈머의 경우 반드시 컨슈머 랙을 모니터링해야 한다(417쪽 참조). 그런데 읽기 매니저 빈의 `records-lag-max` 속성을 모니터링하라고 권장하지 않는 이유는 무엇일까? 이 지표는 현재 랙, 그러니까 가장 뒤처진 파티션의 현재 랙, 그러니까 컨슈머 오프셋과 브로커의 로그 엔드 오프셋(log-end offset) 사이의 차이를 보여준다.

이 지표의 문제는 두 가지다. 하나는 단 하나의 파티션에 대한 랙만을 보여준다는 것이고, 또 하나는 컨슈머가 제대로 작동하고 있을 경우를 상정한다는 것이다. 만약 선택의 여지가 없다면 랙을 모니터링하기 위해 이 속성을 사용하고 경고 역시 이 속성을 사용해서 설정해야 할 것이다. 하지만 모범적인 해법은 다음의 '랙 모니터링'에서 이야기하듯 외부 랙 모니터링을 사용하는 것이다.

컨슈머 클라이언트가 얼마나 많은 메시지 트래픽을 처리중인지를 알려면 `bytes-consumed-rate` 혹은 `records-consumed-rate`, 가능하면 두 지표를 다 보는 것이 좋다. 이 지표들은 클라이언트 인스턴스의 읽기 트래픽을 초당 바이트 수 혹은 초당 메시지 수 형태로 보여준다. 어떤 사용자들은 컨슈머가 충분히 바쁘게 돌아가고 있지 않을 경우 경보가 울리도록 이 지표에 최소한의 문턱값을 설정하기도 한다. 하지만 이런 설정을 할 때는 신중하자. 카프카는 컨슈머와 프로듀서 클라이언트를 분리decoupling함으로써 독립적으로 작동하도록 한다. 컨슈머가 메시지를 읽을 수 있는 속도는 프로듀서가 제대로 작동하느냐의 여부에 따라 결정되는 경우가 많다. 그렇기 때문에 이 컨슈머 지표들을 모니터링하는 것은 그 자체로 프로듀서의 상태에 대해 가정을 하는 것이다. 이는 컨슈머 클라이언트에 대해 잘못된 경보를 줄 수 있다.

바이트, 메시지, 요청 사이의 관계를 이해하는 것이 좋으며, 읽기 매니저는 여기 관련된 지표들을 제공한다. fetch-rate 지표는 컨슈머가 보내는 초당 읽기 요청 수를 보여준다. fetch-size-avg는 읽기 요청의 평균 크기를 바이트 수로 나타낸다. 마지막으로, records-per-request-avg 지표는 각 읽기 요청의 결과로 주어진 메시지 수의 평균값을 보여준다. 컨슈머는 메시지의 평균 크기를 알려 주는 프로듀서의 record-size-avg 지표 같은 걸 제공하지 않는다. 만약 이것이 중요하다면, 다른 지표에서 추론하거나 아니면 컨슈머 클라이언트 라이브러리를 사용하는 애플리케이션에서 메시지를 받은 뒤 알아서 찾아야 한다.

❷ 브로커별, 토픽별 지표

프로듀서 클라이언트와 마찬가지로, 컨슈머 클라이언트 역시 브로커 연결이나 읽는 토픽에 각각에 대한 지표를 제공한다. 이 지표는 메시지 읽기 과정에서 발생하는 문제점을 디버깅하는 데 유용하겠지만, 매일 살펴볼 필요는 없을 것이다. 읽기 매니저와 마찬가지로, 브로커별 지표 빈의 request-latency-avg 속성은 읽고 있는 토픽의 메시지 트래픽에 따라 제한적으로 유용하다. incoming-byte-rate와 request-rate 지표는 읽기 매니저에 의해 제공되는 bytes-consumed-rate, records-consumed-rate 지표를 각각 브로커별 초당 바이트와 브로커별 초당 요청 수로 세분화한 것이다. 이 지표들은 컨슈머가 특정 브로커에 연결할 때 발생하는 문제를 식별할 때 사용하면 도움이 된다.

컨슈머 클라이언트가 제공하는 토픽별 지표는 1개 이상의 토픽에서 읽어오고 있을 때 유용하다. 그렇지 않은 경우 읽기 매니저의 지표와 같기 때문에 중복해서 수집할 필요는 없을 것이다. 하지만 반대로, (미러메이커처럼) 클라이언트가 너무 많은 토픽으로부터 읽을 경우 이 지표들은 알아보기가 어렵다. 만약 이 값들을 수집하고 싶다면 가장 중요한 지표는 bytes-consumed-rate, records-consumed-rate, fetch-size-avg다. bytes-consumed-rate는 특정 토픽에서 읽은 초당 바이트 수, records-consumed-rate는 (역시 특정 토픽에서 읽은) 초당 메시지 수, fetch-size-avg는 해당 토픽에 대한 읽기 요청의 평균 크기를 보여준다.

❸ 컨슈머 코디네이터 지표

4장에서 설명했듯이, 컨슈머 클라이언트는 일반적으로 컨슈머 그룹의 일원으로서 함께 작동한다. 컨슈머 그룹은 그룹 코디네이션 작업을 수행하는데, 그룹 멤버 합류나 그룹 멤버십을 유지하기 위해 브로커로 하트비트 메시지를 보내는 것이 여기 들어간다. 컨슈머 코디네이터는 컨슈머 클라이언트의 일부로서 이러한 컨슈머 그룹 관련된 작업을 수행하며, 자체적인 지표를 유지 관리한다. 모든 다른 지표들과 마찬가지로, 많은 지표들이 제공되지만 그중에서 중요한 것 몇 개만 정기적으로 모니터링하면 된다.

코디네이터 관련 작업으로 인해 컨슈머에게 생길 수 있는 가장 큰 문제는 컨슈머 그룹 동기화 때문에 읽기 작업이 일시 중지될 수 있다는 점이다. 이는 같은 그룹에 속한 컨슈머 인스턴스들이 어느 인스턴스가 어느 파티션을 담당할지 합의할 때 발생한다. 읽는 파티션의 개수에 따라 이것은 어느 정도 시간이 걸릴 수 있다. 그룹 코디네이터는 동기화 작업에 들어간 평균 시간을 `sync-time-avg` 지표 속성을 통해 밀리초 단위로 보여준다. 초당 그룹 동기화 수를 보여주는 `sync-rate` 속성 역시 도움이 된다. 컨슈머 그룹이 안정적일 경우 이 값은 대부분의 시간 동안 0이다.

컨슈머는 메시지를 어디까지 읽어 왔는지를 기록checkpoint하기 위해 (일정 시간 간격마다 자동으로 하던 아니면 애플리케이션 코드에서 직접 관련 메서드를 호출하던) 오프셋을 커밋해야 한다. 이러한 커밋 작업은 오프셋 커밋이 그저 특별한 토픽에 쓰여지는 메시지라는 점에서 (별도의 요청 유형이 있기는 하지만) 본질적으로 쓰기 요청일 뿐이다. 컨슈머 코디네이터는 오프셋 커밋에 걸린 평균 시간을 보여주는 `commit-latency-avg` 속성을 제공한다. 프로듀서에서 요청 지연을 모니터링하는 것과 마찬가지로 이 값을 모니터링해야 한다. 이 지표의 기대값을 기준으로 해서 경보 문턱값으로 사용하면 될 것이다.

끝으로, 코디네이터 지표 중 `assigned-partitions` 메트릭을 수집하면 유용할 수 있다. 이것은 특정 컨슈머 클라이언트에게 (컨슈머 그룹의 한 인스턴스로서) 할당된 파티션의 개수다. 이것은 같은 그룹의 다른 컨슈머 클라이언트와 비교했을 때 컨슈머 그룹 전체에서 부하가 고르게 분배되었는지를 확인할 수 있게 해주기 때문에 유용하다. 이 지표를 사용하면 컨슈머 코디네이터에서 파티션을 그룹 멤버들에게 할당해 줄 때 사용하는 알고리즘의 문제 때문에 불균등 분배가 발생했을 경우 확인할 수 있다.

13.4.3 쿼터

아파치 카프카는 하나의 클라이언트가 전체 클러스터를 독차지하는 것을 방지하기 위해 클라이언트 요청을 스로틀링을 하는 기능을 가지고 있다. 이는 프로듀서와 컨슈머 양쪽 다 설정 가능한데, 각 클라이언트 ID에서부터 각 브로커까지 허용된 트래픽 (초당 바이트) 형태로 표시된다. 모든 클라이언트에 적용되는 기본값은 브로커 설정에 하지만, 클라이언트별로 동적으로 재정의override가 가능하다. 브로커가 판단하기에 클라이언트가 주어진 쿼터를 초과했다면, 클라이언트로 갈 응답을 사용량이 쿼터 아래로 내려가기에 충분한 시간 동안 늦춤으로써 클라이언트 속도를 감소시킨다.

카프카 브로커는 클라이언트에게 응답을 보낼 때 스로틀링되고 있다는 걸 알려 주는 에러 코드를 쓰거나 하지 않는다. 즉, 애플리케이션이 현재 스로틀링되고 있는지의 여부를 알고 싶다면 클라이언트 스로틀링 시간을 보여주는 지표를 모니터링해야 하는 것이다. 이 메트릭은 표 13-21과 같다.

표 13-21 모니터링해야 할 지표

클라이언트	빈 이름
컨슈머	bean kafka.consumer:type=consumer-fetch-manager-metrics,client-id=CLIENTID, attribute fetch-throttle-time-avg
프로듀서	bean kafka.producer:type=producer-metrics,client-id=CLIENTID, attribute producethrottle-time-avg

카프카 브로커에 쿼터 기능은 기본적으로 활성화되어 있지 않다. 하지만 지금 쿼터를 사용하고 있는지의 여부와는 상관없이 이 지표들을 모니터링하는 것이 안전하다. 추후 쿼터가 활성화될 수 있으므로 이 지표들을 모니터링하는 것이 좋으며, 관련 지표가 모니터링되고 있는 상태에서 시작하는 것이 시작 먼저 하고 나서 모니터링을 추가하는 것보다 더 쉽다.

13.5 랙 모니터링

카프카 컨슈머에 있어서 가장 중요하게 모니터링되어야 하는 것은 컨슈머 랙이다. 컨슈머 랙은 메시지의 수로 측정되는데, 정확한 정의는 프로듀서가 특정 파티션에 마지막으로 쓴 메시지와 컨슈머가 마지막으로 읽고 처리한 메시지 사이의 차이다. 이 주제는 원래 앞의 컨슈머 클라이언트 모니터링을 설명할 때 함께 다뤘어야 하지만, 컨슈머 랙 지표는 외부 모니터링을 사용하는 것이 클라이언트 자체적으로 제공하는 것보다 훨씬 나은 경우 중 하나이기 때문에 여기서 다룬다. 앞에서 설명한 것과 같이 컨슈머 클라이언트에는 랙 지표가 있지만, 이것을 사용하는 것에는 문제가 있다. 이 지표는 가장 지연이 심한 하나의 파티션만 나타내기 때문에 컨슈머가 얼마만큼 뒤처져 있는지 정확하게 보여주지 않는다. 읽기 요청이 나갈 때마다 지푯값이 계산되기 때문에 컨슈머가 정상 작동하고 있어야 한다는 전제도 필요하다. 만약 컨슈머에 문제가 생기거나 오프라인 상태가 되면 이 지표는 부정확하거나, 아예 사용 불능이 될 수도 있다.

컨슈머 랙을 모니터링할 때 선호되는 방법은 브로커의 파티션 상태와 컨슈머 상태를 둘 다 지켜봄으로써 마지막으로 쓰여진 메시지 오프셋과 컨슈머 그룹이 파티션에 대해 마지막으로 커밋한 오프셋을 추적하는 외부 프로세스를 두는 것이다. 이것은 컨슈머 자체의 상태와는 상관없이 갱신될 수 있는 객관적인 관점을 제공한다. 이러한 확인 작업은 컨슈머 그룹이 읽고 있는 모든 파티션에 대해 수행되어야 한다(미러메이커와 같이 큰 컨슈머의 경우 이는 수만 개의 파티션을 의미할 수 있다).

12장에서는 컨슈머 그룹 정보, 커밋된 오프셋, 랙을 볼 수 있는 명령줄 유틸리티에 대해 소개했다. 하지만 이런 식으로 랙을 모니터링하는 것은 그 자체로 문제가 있다. 우선 각 파티션에 대해 어느 정도의 적당한 수준의 랙인지를 알아야 한다. 시간당 100개의 메시지를 받는 토픽과 초당 10만 개의 메시지를 받는 토픽에 대한 문턱값은 달라야 하기 때문이다. 더 나아가서 모든 랙 지표를 가져다 모니터링 시스템에 넣고 경고를 설정할 수 있어야 한다. 만약 10만 개의 파티션을 가진 1500개의 토픽을 읽는 컨슈머 그룹에 대해 이 작업을 한다면, 만만치 않을 것이다.

컨슈머 그룹을 모니터링할 때 발생하는 이러한 복잡성을 줄이는 방법 중 하나는 버로우Burrow를 사용하는 것이다. 버로우는 링크드인에서 개발된 컨슈머 상태 모니터링용 오픈소스 애플리케이션으로, 클러스터 내 모든 컨슈머 그룹의 랙 정보를 가져온 뒤 각 그룹이 제대로 작동하고 있는지, 뒤쳐지고 있는지, 아니면 일시 중지되거나 완전히 중지되었는지를 계산해서 보여준다. 버로우는 컨슈머 그룹이 메시지를 처리하는 동안 진척 상황을 모니터링함으로써 문턱값 없이도 작동한다(메시지 랙 값을 직접적으로 확인하는 것 역시 가능하다). 버로우가 어떻게 작동하는지에 대한 자세한 정보는 링크드인 엔지니어링 블로그https://engineering.linkedin.com/apache-kafka/burrow-kafka-consumer-monitoring-reinvented를 참고하자. 버로우를 사용하는 것은 단일 클러스터뿐 아니라 다중 클러스터 환경에서도 모든 컨슈머를 모니터링하는 쉬운 방법이 될 수 있으며, 이미 사용중인 모니터링 및 경보 시스템과 연동하기도 쉽다.

만약 딱히 마땅한 다른 대안이 없다면, 컨슈머 클라이언트의 `records-lag-max` 지표가 컨슈머 상태에 대해 부분적인 관점이라도 제공할 것이다. 하지만 Burrow와 같은 외부 모니터링 시스템을 사용하는 것을 강력하게 권장한다.

13.6 종단 모니터링

카프카 클러스터가 제대로 작동하는지를 판단하기 위해 권장되는 또 다른 유형의 외부 모니터링은 카프카 클러스터의 작동 상태에 대한 클라이언트의 관점을 제공하는 종단end-to-end 모니터링 시스템이다. 컨슈머와 프로듀서 클라이언트는 카프카 클러스터에 뭔가 문제가 있음을 나타낼 수 있는 지표를 가지고 있지만, 이것은 지연의 증가 원인이 무엇인지, 즉 클라이언트 탓인지, 네트워크 탓인지, 아니면 카프카 자체의 문제 때문인지를 알려 주지는 않는다. 뿐만 아니라 이 지표를 사용해서 클러스터가 제대로 작동하는지의 여부를 판단한다면 (클라이언트가 아닌) 카프카 클러스터를 운영하는 책임을 지고 있는 경우에도 모든 클라이언트 역시 모니터링해야 한다. 이때 정말로 알아야 할 것은 다음과 같다.

- 카프카 클러스터에 메시지를 쓸 수 있는가?
- 카프카 클러스터에서 메시지를 읽어 올 수 있는가?

이상적으로는 모든 토픽에 대해 개별적으로 이것을 모니터링할 수 있을 것이다. 하지만 많은 경우 이렇게 하려면 모든 토픽에 관리용 트래픽을 밀어 넣어야 하는데, 이것은 합리적이지 않다. 하지만 최소한 클러스터 안의 모든 브로커에 대해서는 관리용 트래픽을 밀어 넣음으로써 메시지를 읽거나 쓸 수 있는지의 여부를 확인할 수 있는데 실제로 이것을 수행하는 툴이 Xinfra Monitor(예전 이름은 Kafka Monitor)이다. 링크드인의 카프카 팀에서 오픈소스로 공개한 이 툴은 클러스터의 모든 브로커에 걸쳐 있는 토픽에 계속해서 데이터를 쓰고 읽음으로써 브로커별 모니터링을 수행하는 것이다. 이것은 읽기와 쓰기 기능의 작동 여부를 판단할 수 있을 뿐만 아니라 메시지를 쓴 후 읽어오기까지의 지연까지도 측정할 수 있다. 이러한 유형의 모니터링은 카프카 클러스터가 의도한 대로 작동하고 있는지 외부에서 검증할 수 있기 때문에 매우 유용하다. 컨슈머 랙 모니터링과 마찬가지로 카프카 브로커는 클라이언트가 클러스터를 문제없이 사용할 수 있는지의 여부를 알려줄 수 없기 때문이다.

13.7 요약

모니터링은 아파치 카프카를 원활히 운영하는 데 있어 핵심적인 측면이라고 할 수 있다. 그렇기 때문에 많은 팀들이 운영을 개선하는 데 엄청난 시간을 쏟아붓는 것이다. 많은 조직과 기업은 페타바이트 규모의 데이터 흐름을 처리하기 위해 카프카를 사용한다. 이 데이터 흐름이 중단되지 않고 메시지가 유실되지도 않는 것이 중요한 비즈니스 요구 조건이다. 사용자가 자기네 애플리케이션이 카프카를 어떻게 사용하고 있는지 모니터링하기 위해 필요로 하는 지표들을 제공하는 것 역시 운영자의 일이다.

이 장에서는 자바 애플리케이션 모니터링의 기초를 알아본 뒤 카프카 애플리케이션의 모니터링에 대해서 알아봤다. 카프카 브로커에서 사용 가능한 여러 지표들과 함께 자바 모니터링, 운영체제 모니터링, 로깅에 대해서도 살펴보았다. 그 다음에 쿼터 모니터링을 포함해서 카프카 클라이언트 라이브러리에서 사용 가능한 모니터링에 대해 자세히 알아보았다. 마지막으로, 컨슈머 랙과 클러스터 가용성 종단 모니터링을 수행하는 외부 모니터링 시스템에 대해 논의하였다. 사용 가능한 모든 지표를 완전히 다 살펴본 것은 아니지만, 이 장에서는 항상 눈여겨봐야 할 가장 중요한 지표들에 대해서 살펴보았다.

CHAPTER 14

스트림 처리

전통적으로 카프카는 이벤트 스트림을 전달하는 것만 가능할 뿐 메시지 처리나 변환은 불가능한 강력한 메시지 버스message bus로 인식되어 왔다. 신뢰성 있는 전달이 가능했기 때문에 카프카는 스트림 처리 시스템을 위한 완벽한 저장소 역할을 할 수 있었다. 아파치 스톰Apache Storm, 아파치 스파크 스트리밍Apache Spark Streaming, 아파치 플링크Apache Flink, 아파치 삼자Apache Samza 등의 많은 스트림 처리 시스템들이 카프카를 사용해서 구축되었고, 많은 경우 카프카를 유일하게 신뢰성 있는 데이터 저장소로 사용한다.

처음에는 단순한 메시지 버스로, 나중에는 데이터 통합 시스템으로서 카프카의 활용이 늘어나면서 많은 회사들은 내용상으로 중요하고, 완벽한 순서를 유지하면서 오랫동안 저장되어 있고, 스트림 처리 프레임워크를 사용해서 처리만 하면 결과가 나오는 데이터 스트림을 대거 보유하게 되었다. 뒤집어 말하면, 데이터베이스가 발명되기 전 데이터 처리가 훨씬 중요했던 것과 마찬가지로 스트림 처리는 스트림 처리 플랫폼의 부재로 인해 발목이 잡혀 있었던 셈이다.

버전 0.10.0부터 카프카는 단순한 널리 쓰이는 스트림 프로세싱 프레임워크를 위한 신뢰성 있는 데이터 스트림 저장소 역할을 넘어서기 시작했다. 이제 카프카는 카프카 스트림즈Kafka Streams, 혹은 Streams API라 불리는 강력한 스트림 처리 라이브러리를 클라이언트 라이브러리의 일부로서 포함한다. 카프카 스트림즈를 사용하면 외부 처리 프레임워크에 의존할 필요 없이 애플리케이션에 이벤트를 읽고, 처리하고, 쓰는 기능을 구현할 수 있다.

이 장에서는 스트림 처리가 무엇을 의미하는지를 알아보는 것부터 시작할 것이다(이 단어가 잘못 이해되는 경우가 잦기 때문이다). 그리고 스트림 처리의 기본 개념과 모든 스트림 처리 시스템에 공통적으로 사용되는 디자인 패턴들을 살펴볼 것이다. 카프카의 스트림 처리 라이브러리의 목표와 아키텍처를 알아보는 것은 그 다음부터다. 우리는 카프카 스트림즈를 사용해서 주가의 이동 평균을 계산하는 작은 프로그램을 예로 들어 가며 설명할 것이다. 그러고 나서 스트림 처리의 다른 모범적인 활용 사례들을 살펴본 뒤 아파치 카프카와 함께 사용할 스트림 처리 프레임워크를 선택하기 위한 몇몇 기준을 이야기하면서 마무리할 것이다.

이 장은 스트림 처리와 카프카 스트림즈라는 광대하고 또 대단히 흥미로운 영역에 대해 간략하게 소개할 의도로 쓰여졌다. 이러한 주제들에 대해 전적으로 다루고 있는 책들은 따로 있다.

데이터 아키텍처의 관점에서 스트림 처리의 기본 개념을 다루고 있는 책들 중에는 다음과 같은 것들이 있다.

- 마틴 클렙만Martin Kleppmann의 《스트림 프로세싱 이해하기Making Sense of Stream Processing》(오라일리)는 애플리케이션을 스트림 처리 애플리케이션의 관점에서 다시 바라봄으로써 얻을 수 있는 이점과 데이터 아키텍처를 이벤트 스트림의 관점에서 맞춰 방향 전환하는 방법을 설명한다.
- 타일러 아키다우Tyler Akidau, 슬라바 체르냑Slava Chernyak, 루벤 락스Reuven Lax의 《스트리밍 시스템Streaming Systems》(오라일리)[40]는 스트림 처리에 대한 일반적인 입문서로서 훌륭하며, 이 분야에서 사용되는 기본적인 개념들을 다룬다.
- 제임스 어쿼하트James Urquhart의 《플로 아키텍처Flow Architectures》(오라일리)는 CTO를 위한 책으로서, 스트림 처리가 비즈니스에 미칠 수 있는 영향에 대해서 논의한다.

특정한 프레임워크를 상세히 다루는 다른 책으로는 다음과 같은 것들이 있다.

- 미치 시모어Mitch Seymour, 《카프카 스트림즈와 ksqlDB 마스터하기Mastering Kafka Streams and ksqlDB》(오라일리)[41]
- 윌리엄 베젝William P. Bejeck Jr., 《카프카 스트림즈 인 액션Kafka Streams in Action》(매닝)[42]
- 윌리엄 베젝William P. Bejeck Jr., 《카프카 스트림즈와 ksqlDB를 사용한 이벤트 스트리밍Event Streaming with Kafka Streams and ksqlDB》(매닝)

40 옮긴이 이덕기, 전웅 역, 《스트리밍 시스템(Streaming Systems)》(에이콘 출판, 2021).

41 옮긴이 오세봉 역, 《카프카 스트림즈와 ksqlDB 정복》(에이콘 출판, 2022).

42 옮긴이 최중연, 이재익 역, 《Kafka Streams in Action: 카프카 스트림즈 API로 만드는 실시간 애플리케이션》(에이콘 출판, 2019).

- 파비안 휴스케Fabian Hueske, 바실리키 칼라브리Vasiliki Kalavri, 《아파치 플링크로 하는 스트림 데이터 처리Stream Processing with Apache Flink》(오라일리)[43]
- 제러드 마스Gerard Maas, 프랑수아 가릴로Francois Garillot, 《스파크를 활용한 실시간 처리Stream Processing with Apache Spark》 (오라일리)[44]

끝으로, 카프카 스트림즈는 여전히 진화중인 프레임워크이다. 주 릴리스major release가 나올 때마다 API가 지원 중단deprecate되거나 의미 구조가 조금씩 변한다. 이 장에서 사용하는 API는 아파치 카프카 2.8이 기준이다. 3.0에서 지원 중단될 API를 사용하는 것은 피했지만, 조인join 연산의 의미 구조나 타임스탬프 처리를 다루는 부분에서는 3.0에서 변경될 부분을 전혀 다루지 않는다.

14.1 스트림 처리란 무엇인가?

스트림 처리가 무엇을 의미하는가에 대해서는 다소 혼란이 있을 수 있다. 이 주제에 대한 많은 정의들이 세부 구현이나 성능 요구 조건, 데이터 모델, 그리고 소프트웨어 엔지니어링의 많은 다른 요소들을 뒤섞어놓기 때문이다. 관계형 데이터베이스의 세계에서도 비슷한 일이 있었는데, 즉 관계형 모델의 추상적인 정의가 자주 쓰이는 데이터베이스 엔진의 실제 구현 및 제약 사항과 얽히고 설켜 있는 것이다.

스트림 처리의 세계는 여전히 진화 중이다. 그렇기 때문에 어떠한 널리 쓰이는 구현체가 특정한 접근 방법을 택한다거나, 거기에 이러저러한 한계가 있다고 해서 스트림 처리가 본질적으로 그런 것은 아니다.

그렇다면, 기본 개념부터 시작해 보자. 데이터 스트림(이벤트 스트림, 스트리밍 데이터라고도 불리는)이란 무엇인가? 가장 우선적인 정의는 데이터 스트림이란 무한히 늘어나는 데이터세트unbounded dataset를 추상화한 것이라는 것이다. '무한unbounded'이라 함은 끝없이 계속해서 늘어난다는 의미다. 시간이 흐름에 따라 새로운 레코드가 계속해서 추가되기 때문에 데이터세트가 '무한'해지는 것이다. 이 정의는 구글, 아마존 그리고 그 밖의 많은 이들이 사용한다.

이벤트 스트림이라는, 이 단순한 모델이 우리가 분석하고자 하는 모든 비즈니스 활동을 나타낼 수 있음에 주목하라. 우리는 신용카드 결제, 주식 거래, 택배 배송, 스위치를 넘나드는 네트워크 이벤트, 제조 설비의 센서에서 발신되는 이벤트, 이메일 전송, 게임에서의 이동 등에서 스트림을 찾아볼 수 있

43 옮긴이 오세봉 역, 《아파치 플링크로 하는 스트림 데이터 처리: 상태가 있는 스트림 데이터 분석》(에이콘출판사, 2020).
44 옮긴이 김인범 역, 《스파크를 활용한 실시간 처리(실시간 데이터 처리를 위한 고수준 스트리밍 API 마스터하기)》(한빛미디어, 2021).

다. 거의 모든 것을 이벤트의 연속으로 볼 수 있는 만큼 이 목록은 끝이 없다.

'무한'이라는 본질적인 특성 외에도 이벤트 스트림 모델에는 다음과 같은 몇몇 추가적인 속성들이 있다.

이벤트 스트림에는 순서가 있다

이벤트는 그 자체로 다른 이벤트 전에 혹은 후에 발생했다는 의미를 가진다. 이것은 금융 이벤트를 살펴보면 명확히 알 수 있다. 계좌에 입금한 뒤 나중에 출금하는 것은 출금 먼저 하고 부채 상환을 위해 나중에 입금하는 것과 완전히 다르다. 후자의 경우 초과 인출 요금이 발생하지만 전자는 그렇지 않은 것이다. 이것은 이벤트 스트림과 데이터베이스 테이블의 차이점 중 하나라는 걸 명심하자. 테이블의 레코드는 항상 순서가 없는 것으로 간주되기 때문에 SQL 문의 'order by' 절은 관계형 모델의 일부는 아니다. 그냥 보는 사람 편하라고 추가된 기능일 뿐이다.

데이터 레코드는 불변immutable하다

이벤트는 한 번 발생한 뒤에는 절대로 고칠 수 없다. 취소된 금융 거래는 사라지지 않는다. 대신, 기존 거래가 취소되었다는 의미의 추가적인 이벤트가 스트림에 쓰여진다. 고객이 사갔던 상품을 반품할 경우, 이 상품이 과거에 팔렸다는 사실을 삭제하는 대신 반품을 추가 이벤트로 기록한다. 이것은 데이터 스트림과 데이터베이스 테이블의 또 다른 차이점이기도 하다(우리는 테이블의 레코드를 삭제하거나 변경할 수 있지만, 이것들은 모두 데이터베이스 안에서 일어나는 트랜잭션일 뿐이다). 반면, 이벤트 스트림은 모든 트랜잭션을 포함하기 때문에 이러한 작업 내역들도 기록된다. 데이터베이스의 binlog나 WAL, 혹은 redo log에 익숙하다면 이런 상황을 볼 수 있을 것이다. 레코드를 테이블에 추가한 뒤 삭제하면 해당 테이블은 더 이상 레코드를 포함하고 있지 않지만, redo log는 추가와 삭제라는 두 개의 트랜잭션을 포함하게 된다.

이벤트 스트림은 재생replay이 가능하다

이것은 매우 요긴한 속성이다. 대부분의 애플리케이션에서 재생이 불가능한 스트림을 생각하는 것이 어려운 일은 아니지만(소켓을 통해 들어오는 TCP 패킷은 보통 재생이 불가능하다) 몇 달 전, 심지어 몇 년 전에 발생한 로 스트림raw stream을 그대로 재생할 수 있다는 것은 매우 중요하다. 에러를 수정하거나, 새로운 분석 방법을 시도하거나, 혹은 감사를 수행하기 위해 필요하기 때문이다. 우리는 카프카가 모던 비즈니스 환경에서 스트림 처리를 크게 확산시킨 이유 중 하나가 바로 이것이라고 본다. 카프카는 이벤트 스트림을 캡처하고 또 재생할 수 있다. 이러한 능력이 없다면, 스트림 처리는 그저 데이터 과학자들의 실험실 안을 벗어나지 못했을 것이다.

이벤트 스트림의 정의나 우리가 조금 뒤 알아볼 속성들은 이벤트 안에 저장된 데이터나 초당 생성되는 이벤트의 수와 같은 것과는 아무런 상관이 없다는 점을 명심하라. 데이터는 시스템마다 다르다(겨우 몇 바이트에 불과할 정도로 작을 수도 있고 헤더가 많은 XML 메시지처럼 매우 클 수도 있다). 완전히 내부 구조가 없는 키-값 쌍이거나, 약간의 구조를 가지고 있는 JSON이거나, 구조화된 Avro나 Protobuf 메시지일 수도 있는 것이다. '빅데이터'라 불릴 정도로 초당 수백만 개의 이벤트가 쏟아질 경우도 있지만, 우리가 조금 뒤에서 살펴 볼 것처럼 같은 처리 방식을 초당 심지어 분당 몇 개의 이벤트만 가지는 훨씬 작은 이벤트 스트림에도 똑같이 적용할 수 있다.

이제 이벤트 스트림이 무엇인지 알았으므로, 스트림 처리가 무엇인지 확실히 이해해 보자. 스트림 처리란 하나 이상의 이벤트 스트림을 계속해서 처리하는 것을 의미한다. 스트림 처리는 요청-응답Request-Response이나 배치 처리batch processing와 마찬가지로 프로그래밍 패러다임 중 하나다. 스트림 처리가 소프트웨어 아키텍처에서 차지하는 위치를 이해하기 위해 서로 다른 프로그래밍 패러다임들을 잠시 살펴보자:

요청-응답

응답 시간이 1 밀리초 미만~몇 밀리초 수준인(그리고 대개 이 수치가 거의 일정할 것이 요구되는) 패러다임으로, 가장 지연이 적은 패러다임이기도 하다. 다만 처리 방식이 보통 블로킹blocking 방식이라 애플리케이션이 요청을 보낸 뒤 처리 시스템이 응답을 보내 줄 때까지 대기하는 것이 보통이다. 데이터베이스 세계에서 이 패러다임은 OLTPOnline Transaction Processing으로 알려져 있다. POSPoint-of-sale 시스템, 신용카드 결제 시스템 그리고 시간 추적 시스템time tracking system이 보통 이 패러다임으로 작동한다.

배치 처리

이것은 지연이 크지만, 처리량 역시 크다. 이러한 부류의 처리 시스템은 매일 새벽 2시라든지, 매시간이라든지 등등 사전 설정된 시각에 시작된다. 일단 필요한 모든 입력 데이터(마지막으로 실행된 이래 사용 가능한 모든 데이터라든지, 매월 초 이후부터의 모든 데이터라든지)를 읽고, 모든 출력 데이터를 쓰고, 다음 번 실행 시간까지 대기하는 식이다. 처리 시간이 몇 분에 불과한 것에서부터 몇 시간에 이르는 것까지 다양한데, 사용자들은 결과물을 볼 때 다소 시간이 지난 데이터라는 것을 감안하고 본다. 데이터베이스 세계에서 데이터 웨어하우스data warehouse나 비즈니스 인텔리전스 시스템business intelligence system이 이러한 부류에 속한다. 하루에 한 번 대량의 배치 단위로 적재되고, 리포트가 생성되고, 사용자들은 다음 번 데이터 적재가 일어날 때까지 똑같은 리포트를 보게 된다. 이 패러다임은 많은 경우 효율성이 높고 규모의 경제를 달성할 수 있다는 장점이 있지만, 최근의 비즈니스는 보다 시기적절하고 효율적인 의사 결정을 위해 더 짧은 시간 간격 안에 사용 가능한 데이터를 필요로 한다. 이것은 적은 지연보다 규모의 경제에 초점을 맞춰서 개발된 시스템 입장에서는 엄청난 부담이다.

스트림 처리

이것은 연속적이고 또 논블로킹nonblocking하게 작동하는 방식이다. 스트림 처리는 이벤트 처리에 2 밀리초 정도 기다리는 응답-요청 방식과 하루 한 번 작업이 실행되고 완료하는 데 8시간이 걸리는 배치 처리 사이의 격차를 메워준다. 대부분의 비즈니스 프로세스는 굳이 수 밀리초 이내의 응답을 즉시 요구하지도 않지만, 그렇다고 해서 다음 날까지 기다릴 수도 없다. 대부분의 비즈니스 프로세스는 연속적으로 발생하며, 비즈니스 리포트가 지속적으로 업데이트되고 최일선의 비즈니스 애플리케이션들이 역시 계속해서 응답할 수만 있다면 굳이 수 밀리초 내의 응답 같은 걸 기다릴 필요 없이 처리를 진행할 수 있다. 의심스러운 신용카드 결제나 네트워크 사용 내역을 알린다든가, 수요와 공급에 맞춰 실시간으로 가격을 조정한다든가, 물품 배송을 추적하는 것 등이 '연속적이지만 논블로킹한 처리'에 딱 맞는다.

이러한 스트림 처리에 대한 정의가 특정한 프레임워크나 API, 기능을 요구하지는 않는다는 것을 명심하기 바란다. 무한한 크기의 데이터세트에서 연속적으로 데이터를 읽어와서, 뭔가를 하고, 결과를 내보내는 한 우리는 스트림 처리를 수행하고 있는 것이다. 단, 이것이 지속적으로 계속되어야 한다. 매일 오전 2시에 시작되어서 스트림에서 500개의 레코드를 읽어서 처리하고, 결과를 내놓은 뒤 끝나는 프로세스는 엄밀히 말해서 스트림 처리 프로세스라고 할 수 없다.

14.2 스트림 처리 개념

스트림 처리는 다른 형태의 데이터 처리와 매우 비슷하다. 결국 데이터를 읽고, (몇 개의 변환이든, 집계 처리든, 데이터 확장이든, 등등) 무엇인가 처리를 한 뒤 어딘가에 결과물을 쓰는 식의 코드를 작성하는 것이다. 하지만 스트림 처리 고유의 핵심 개념이 몇 개 있기 때문에 (다른 형태의) 데이터 처리 경험이 있는 사람이 처음으로 스트림 처리 애플리케이션을 개발하게 되면 이것 때문에 혼란을 일으키기도 한다. 지금부터 이들 중 몇 개를 살펴보자.

14.2.1 토폴로지

스트림 처리 애플리케이션은 하나 이상의 처리 토폴로지topology를 포함한다. 하나의 처리 토폴로지는 하나 이상의 소스 스트림source stream, 스트림 프로세서stream processor의 그래프, 하나 이상의 싱크 스트림sink stream이 서로 연결된 것으로서, 하나 이상의 소스 스트림에서 시작된 이벤트 스트림은 연결된 스트림 프로세서들을 거쳐가면서 처리되다가 마지막에는 하나 이상의 싱크 스트림에 결과를 쓰는 것으로 끝나게 된다. 각각의 스트림 프로세서는 이벤트를 변환하기 위해 이벤트 스트림에 가해지는 연산 단계라고 할 수 있다. 우리가 예제에서 살펴볼 스트림 프로세서의 예로는 `filter`, `count`, `group by` 그리고 `left join`이 있다. 우리는 스트림 처리 애플리케이션을 시각화하기 위해 처리 노드를 화살표로 연결함으로써 애플리케이션이 데이터를 처리하는 과정에서 이벤트가 노드 사이를 어떻게 흐르는지를 표시할 것이다.

14.2.2 시간

시간time이란 스트림 처리에서 가장 중요한 개념인 동시에 많은 경우 가장 혼란스러운 개념일 것이다. 분산 시스템에 대해 이야기할 때 시간 개념이 얼마나 복잡해질 수 있는지에 대해서는 저스틴 쉬히Justin Sheehy의 논문 〈There is No Now〉를 읽어보기를 권한다. 스트림 처리의 맥락에서, 대부분의 스트림 애플리케이션이 시간 윈도우time window에 대해 작업을 수행하는 만큼 시간에 대해 공통적인 개념을 가지는 것은 매우 중요하다. 예를 들어서, 최근 5분 사이의 주가의 이동 평균을 구하는 스트림 애플리케이션을 생각해 보자. 이 경우 데이터를 쓰는 쪽 프로세스가 네트워크 문제로 인해 두 시간 동안 오프라인 상태였다가 두 시간치 데이터를 한꺼번에 리턴할 때 무엇을 해야 할지 알아야 한다. 대부분의 데이터는 일찌감치 지나가서 연산 결과가 이미 어딘가에 저장되었을 5분 길이의 시간 윈도우에 대해서나 의미가 있을 것이다.

스트림 처리 시스템은 보통 다음과 같은 시간 개념들을 사용한다.

이벤트 시간event time

이것은 다루고자 하는 이벤트가 발생하여 레코드가 생성된 시점이다. 무엇인가 측정이 수행된 시각, 매장에서 상품이 팔린 시각, 사용자가 웹 페이지를 조회한 시각 등이다. 0.10.0 이후부터 카프카는 프로듀서 레코드를 생성할 때 기본적으로 현재 시각을 추가하도록 되어 있다. 만약 이것이 애플리케이션의 이벤트 시간 개념과 일치하지 않는다면(예를 들어서, 이벤트가 발생하고 시간이 조금 지난 뒤에 데이터베이스 레코드를 기준으로 카프카 레코드를 생성할 경우), 레코드에 이벤트 시간을 가리키는 필드를 하나 추가함으로써 나중에 처리할 때 두 시간을 모두 활용할 수 있게 하는 방법을 권한다. 대부분의 경우 스트림 데이터를 처리할 때 가장 중요한 시간이 이벤트 시간이기 때문이다.

로그 추가 시간log append time

이것은 이벤트가 카프카 브로커에 전달되어 저장된 시점이며, 접수 시간ingestion time이라고도 불린다. 0.10.0 이후부터 카프카가 로그 추가 시간을 저장하도록 설정되어 있거나 타임스탬프가 포함되어 있지 않은 구버전 프로듀서에서 보낸 레코드일 경우 레코드에 로그 추가 시간을 자동으로 추가한다. 이 시간 개념은 보통 덜 중요한데, 스트림 처리에서는 이벤트가 발생한 시간이 관심사이기 때문이다. 예를 들어서, 매일 생산되는 기기의 수를 계산해야 한다고 하면 네트워크 장애가 발생해서 이벤트가 다음 날 카프카에 도착하는 일이 있더라도 그날 실제로 생산된 기기의 수를 센다. 하지만, 실제 이벤트 시간이 기록되지 않는 경우 로그 추가 시간은 여전히 일관성 있는 시간 기준으로서 사용될 수 있다. 이 값은 레코드가 생성된 다음부터는 변하지 않는 데다가 (파이프라인 지연이 없다고 가정하면) 이벤트 시간에 대한 합리적인 근사값으로 볼 수 있기 때문이다.

처리 시간processing time

이것은 스트림 처리 애플리케이션이 뭔가 연산을 수행하기 위해 이벤트를 받은 시간이다. 이것은 이벤트가 발생한 뒤 몇 밀리초, 몇 시간, 심지어 며칠 뒤일 수도 있다. 이 개념에서는 동일한 이벤트라고 하더라도 정확히 언제 스트림 처리 애플리케이션이 이벤트를 읽었느냐에 따라서 전혀 다른 타임스탬프가 주어질 수 있다. 심지어 같은 애플리케이션 안에서도 스레드별로 다를 수도 있다! 따라서 이 개념은 매우 신뢰성이 떨어지며 가능하면 피하는 것이 좋다.

카프카 스트림즈는 `TimestampExtractor` 인터페이스를 사용해서 각각의 이벤트에 시간을 부여한다. 카프카 스트림즈를 사용하는 개발자는 이 인터페이스의 서로 다른 구현체를 사용함으로써 위에서 설명한 세 가지 시간 개념 중 하나를 사용하거나 아니면 이벤트 내용에서 타임스탬프를 결정하는 등 완전히 다른 시간 개념을 사용할 수도 있다.

카프카 스트림즈가 결과물을 카프카 토픽에 쓸 때, 다음과 같은 규칙에 따라서 이벤트에 타임스탬프를 부여한다.

- 결과 레코드가 입력으로 주어진 레코드에 직접적으로 대응될 경우, 결과 레코드는 입력 레코드와 동일한 타임스탬프를 사용한다.
- 결과 레코드가 집계aggregation 연산의 결과물일 경우, 집계에 사용된 레코드 타임스탬프의 최대값을 결과 레코드의 타임스탬프로 사용한다.
- 결과 레코드가 두 스트림을 조인join한 결과물일 경우, 조인된 두 레코드 타임스탬프 중 큰 쪽의 타임스탬프를 결과 레코드의 타임스탬프로 사용한다. 스트림과 테이블을 조인한 경우, 스트림 레코드 쪽의 타임스탬프가 사용된다.
- 마지막으로, `punctuate()`와 같이 입력과 상관없이 특정한 스케줄에 따라 데이터를 생성하는 카프카 스트림즈 함수에 의해 생성된 결과 레코드의 경우, 타임스탬프 값은 스트림 처리 애플리케이션의 현재 내부 시각에 따라 결정된다.

카프카 스트림즈의 DSLDomain Specific Language 대신에 저수준 처리 APIlower-level processing API를 사용하고 있을 경우, 카프카 스트림즈는 레코드의 타임스탬프를 직접적으로 다룰 수 있도록 해주는 API를 포함하고 있는 만큼 애플리케이션의 비즈니스 로직의 요구 조건에 맞는 타임스탬프 의미 구조를 직접 개발해서 사용할 수 있다.

시간대(timezone)에 주의하라.

시간을 다룰 때는 시간대에 주의해야 한다. 전체 데이터 파이프라인이 표준화된 시간대 하나만 쓰거나 하지 않으면 스트림 작업이 혼란스러운 결과를 내놓거나 심지어 의미가 없을 수도 있다. 만약 서로 다른 시간대의 데이터 스트림을 다뤄야 한다면, 윈도우에 작업을 수행하기 전에 이벤트 시각을 하나의 시간대로 변환해 줄 필요가 있다. 아예 레코드에 시간대 정보를 저장해 넣는 경우도 많다.

14.2.3 상태

각각의 이벤트를 따로따로 처리해야만 한다면 스트림 프로세싱은 매우 간단해진다. 예를 들어서, 카프카에서 온라인 쇼핑 트랜잭션 스트림을 읽어서 $10,000 이상의 트랜잭션만 찾은 뒤 판매 담당자에게 메일을 보내는 게 해야 할 일의 전부라면 카프카 컨슈머와 SMTP 라이브러리를 사용하는 코드 몇 줄만으로도 충분할 것이다. 하지만, 스트림 처리는 다수의 이벤트가 포함되는 작업을 할 때 정말로 재미있어진다(이벤트를 종류별로 집계한다거나, 이동 평균을 계산하거나, 2개의 스트림을 조인해서 확장된 정보를 보유하는 스트림을 생성하거나, 등등). 이러한 경우 각각의 이벤트 자체만을 살펴보는 것만으로는 충분하지 않다. 지금 한 시간 동안 발생한 타입별 이벤트 수나 조인, 합계 및 평균을 계산해야 하는 모든 이벤트 등 더 많은 정보를 추적 관리해야 하는 것이다. 우리는 이러한 정보를 **상태**state라 부른다. 스트림 이벤트의 개수를 저장하는 간단한 해시 테이블처럼, 스트림 처리 애플리케이션의 로컬 변수에 상태를 저장하면 된다고 생각할 수도 있다. 사실, 이 책의 많은 예제에서는 실제로 그렇게 한다. 하지만 이 방식은 스트림 처리 애플리케이션이 정지하거나 크래시 날 경우 상태가 유실되고 결과가 달라지기 때문에 스트림 처리에서 상태를 관리하는 방법으로서는 신뢰성이 떨어진다. 보통 이러한 결과를 원하지는 않기 때문에 최신 상태를 보존하면서 애플리케이션을 재시작할 때 상태가 복구되도록 신경을 쓸 필요가 있다.

스트림 처리에는 다음과 같은 유형의 상태가 있다.

로컬 혹은 내부 상태

스트림 처리 애플리케이션의 특정 인스턴스에서만 사용할 수 있는 상태다. 이 상태는 대개 애플리케이션에 포함되어 구동되는 내장형 인메모리 데이터베이스를 사용해서 유지 관리된다. 로컬 상태의 장점은 엄청나게 빠르다는 점이다. 단점은 사용 가능한 메모리 크기의 제한을 받는다는 점이다. 결과적으로, 스트림 처리의 많은 디자인 패턴들은 데이터를 분할해서 한정된 크기의 로컬 상태를 사용해서 처리 가능한 서브스트림substream으로 만드는 데 초점을 둔다.

외부 상태

외부 데이터 저장소에서 유지되는 상태는 많은 경우 카산드라와 같은 NoSQL 시스템을 사용해서 저장된다. 외부 상태의 장점은 사실상 크기에 제한이 없을 뿐더러 여러 애플리케이션 인스턴스, 심지어 다른 애플리케이션에서도 접근이 가능하다는 점에 있다. 단점은 다른 시스템을 추가하는 데 따르는 지연 증가, 복잡도 증가, 가용성 문제라고 할 수 있겠다(애플리케이션 입장에서는 외부 시스템이 사용 불가능할 때 대응할 방법이 필요한 것이다). 많은 스트림 처리 애플리케이션은 외부 저장소를 사용하는 걸 피하거나 내용물을 로컬 상태에 캐싱함으로써 외부 저장소와 가능한 한 통신하지 않게 함으로써 지연 부담을 최소화한다. 이 경우 (애플리케이션) 내부 상태와 외부 상태를 일관적으로 유지하는 것이 과제로 남게 된다.

14.2.4 스트림-테이블 이원성Stream-Table Duality

우리는 데이터베이스 테이블에 익숙하다. 테이블은 기본 키primary key를 통해 서로 구분되고 스키마schema에 의해 정의되는 속성attribute의 집합을 보유하는 레코드의 집합이다. 테이블이 변경과 삭제 기능을 지원하는 만큼 테이블 레코드는 변이가 가능mutable하다. 테이블을 쿼리query함으로써 특정한 시점에서의 데이터 상태를 확인할 수 있다. 예를 들어서, 데이터베이스의 CUSTOMERS_CONTACTS 테이블을 쿼리함으로써 현재 시점에서의 모든 고객 연락처를 찾을 수 있다. 하지만 테이블이 과거의 변경 내역을 저장하도록 특별히 설계되지 않았다면, 과거 연락처는 찾을 수 없을 것이다.

테이블과는 달리, 스트림은 변경 내역을 저장한다. 스트림은 변경을 유발하는 이벤트의 연속이다. 테이블은 여러 상태 변경의 결과물인 현재 상태를 저장한다. 이러한 점에서 볼 때 스트림과 테이블은 같은 동전의 양면임이 명백하다(세상은 항상 변하고, 그러한 변경을 유발한 이벤트에 관심을 두는 경우도 있지만 현재 상태에 관심을 두기도 하는 것이다). 데이터를 바라보는 두 가지 관점을 오갈 수 있는 시스템은 한쪽으로만 가능한 시스템보다 더 강력하다.

테이블을 스트림으로 변환하기 위해서는 테이블을 수정한 변경 내역을 잡아내야 한다. 모든 추가insert, 변경update, 삭제delete 이벤트를 가져와서 스트림에 저장하면 된다. 많은 데이터베이스에서는 이러한 변경점들을 잡아내기 위한 CDC 솔루션을 제공하며, 이러한 변경점을 스트림 처리에서 활용할 수 있도록 카프카로 전달해 줄 수 있는 카프카 커넥터가 많이 있다.

스트림을 테이블로 변환하기 위해서는 스트림에 포함된 모든 변경 사항을 테이블에 적용해야 한다.

이러한 작업을 두고 "스트림을 구체화materialize한다."고도 한다. 메모리든 내부 상태 저장소든 외부 데이터베이스든 테이블을 생성한 뒤 스트림에 포함된 이벤트를 처음부터 끝까지 모두 읽어서 상태를 변경한다. 이 작업이 끝나면 특정 시점의 상태를 나타내는 테이블을 얻을 수 있다.

우리가 신발 가게를 하나 가지고 있다고 해 보자. 우리가 소매를 하면서 수행하는 모든 일들은 이벤트 스트림의 형태로 나타낼 수 있다.

- 빨간색, 파란색, 초록색 신발이 입고됨
- 파란색 신발이 판매됨
- 빨간색 신발이 판매됨
- 파란색 신발이 반품됨
- 초록색 신발이 판매됨

지금 어떤 재고가 남아 있는지, 혹은 지금까지 매출이 얼마나 발생했는지 알고 싶다면 뷰를 구체화해야 한다. 그림 14-1을 보면 우리가 현재 299개의 빨간 신발을 가지고 있음을 알 수 있다. 매장이 얼마나 바쁜지 알고 싶다면 전체 스트림을 살펴보고 오늘 4개의 고객 이벤트가 있었음을 알 수 있다. 왜 파란 신발이 반품되었는지 알고 싶을 수도 있다.

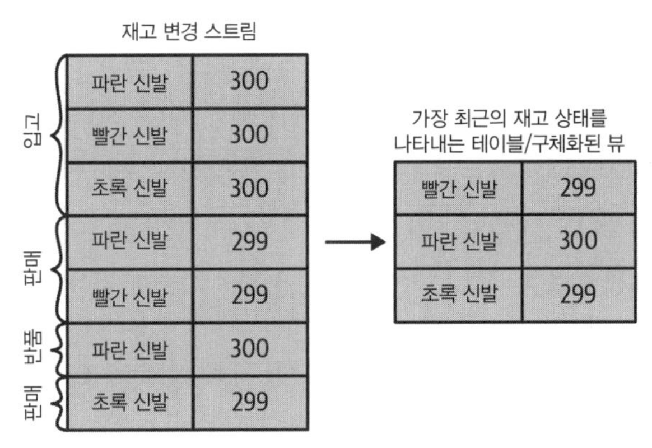

그림 14-1 **재고 변경 구체화하기**

14.2.5 시간 윈도우Time Windows

대부분의 스트림 작업은 시간을 윈도우라 불리는 구간 단위로 잘라서 처리한다. 이동 평균을 계산하거나, 이번 주 가장 많이 팔린 상품을 계산하거나, 시템의 99분위 부하를 찾아내는 식이다. 두 스트림을 조인하는 작업 역시 윈도우 작업이다. 즉, 동일한 시간 간격 안에 발생한 이벤트들끼리 조인한다. 작업을 수행할 때 어떠한 종류의 윈도우가 필요할지 생각해보는 사람은 거의 없다. 예를 들어서, 이동 평균을 계산할 경우 다음과 같은 사항을 알아두어야 한다.

윈도우 크기

5분마다 발생한 모든 이벤트의 평균을 구하고 싶은가? 아니면 15분? 하루 동안 발생한 이벤트의 평균은 어떤가? 윈도우 크기가 커질수록 이동 평균이야 완만해지겠지만, 랙lag 역시 커진다(주가가 오를 경우, 윈도우가 작은 경우보다 큰 경우가 더 알아차리기 어렵다). 카프카 스트림은 윈도우의 크기가 비활동inactivity 기간의 길이에 따라 결정되는 **세션 윈도우**session window 역시 지원한다. 개발자가 세션 간격session gap을 정의하면, 세션 간격보다 작은 시간 간격을 두고 연속적으로 도착한 이벤트들은 하나의 세션에 속하게 된다. 세션 갭 이상으로 이벤트가 도착하지 않으면 새로운 세션이 생성되어 이후 도착하는(하지만 그 다음 세션 이전에 도착하는) 이벤트들을 담게 된다.

시간 윈도우의 진행 간격

5분 단위 평균은 매분, 매초, 혹은 새로운 이벤트가 도착할 때마다 업데이트될 수 있다. 윈도우의 크기와 윈도우 사이의 고정된 시간 간격이 같은 윈도우를 호핑 윈도우hopping window라 하고, 진행 간격advance interval과 윈도우 크기가 같은 경우를 텀블링 윈도우tumbling window라 한다.

윈도우를 업데이트할 수 있는 시간grace period

우리가 오전 00:00 부터 오전 00:05 까지의 시간 윈도우에 대해 5분 단위 이동평균을 계산했다고 하자. 한 시간 뒤, 이벤트 시간이 오전 00:02인 입력 레코드가 몇 개 추가로 주어진다. 이 경우, 오전 00:00 ~ 오전 00:05 기간에 대한 결과를 업데이트해야 할까? 아니면 지난 시간의 결과값을 그냥 내버려두어야 할까? 이벤트가 이벤트에 해당하는 윈도우에 추가될 수 있는 기한을 정의할 수 있는 것이 이상적일 것이다. 예를 들어서, 이벤트가 최대 4시간까지 지연될 수 있다면 결과를 다시 계산하고 업데이트해줘야 할 것이다. 만약 이벤트가 그 이상으로 지연된다면, 무시하면 된다.

윈도우는 벽시계 시간clock time에 맞춰 정렬될 수 있다. 예를 들어서, 분 단위로 전진하는 5분 단위 윈도우의 첫 번째 단위는 오전 00:00 ~ 오전 00:05가 되고 두 번째 단위는 오전 00:01 ~ 00:06이 되는 식이다. 그게 아니라면 정렬을 하지 않고 단순히 애플리케이션이 실행된 시점을 기준으로 삼을 수도 있다. 이 경우 첫 번째 단위가 오전 03:17 ~ 오전 03:22이 될 수도 있는 것이다. 그림 14-2는 이러한 두 가지 형태의 윈도우의 차이점을 보여준다.

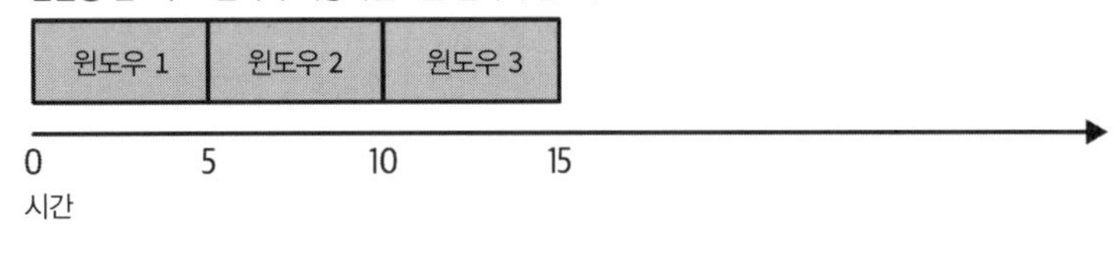
텀블링 윈도우: 5분마다 이동하는 5분 길이의 윈도우
윈도우 1
윈도우 2
윈도우 3
0
5
10
15
시간

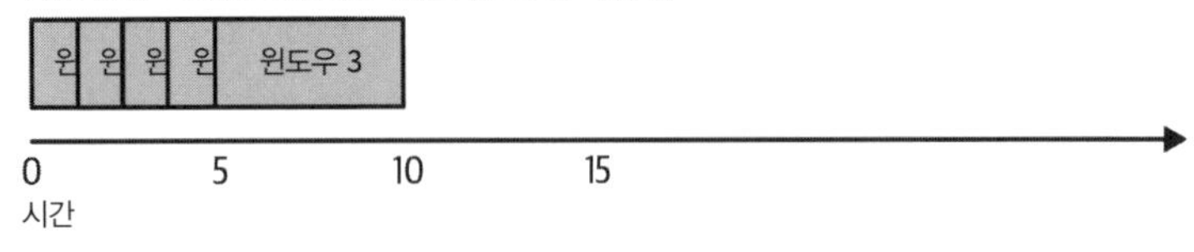
호핑 윈도우: 1분마다 이동하는 5분 길이의 윈도우. 윈도우끼리
서로 겹치기 때문에 이벤트는 다수의 윈도우에 속한다.
윈도우 3
0
5
10
15
시간

그림 14-2 **텀블링 윈도우와 호핑 윈도우**

14.2.6 처리 보장

스트림 처리 애플리케이션에 있어서 핵심적인 요구 조건 중 하나는 장애가 발생했을 경우에도 각각의 레코드를 한 번만 처리할 수 있는 능력이다. '정확히 한 번' 보장이 없는 경우 스트림 처리는 정확한 결과가 요구되는 상황에서 사용될 수 없다. 8장에서 자세히 논의한 것과 같이, 아파치 카프카는 트랜잭션적이고 멱등적 프로듀서 기능을 통해 '정확히 한 번' 의미 구조를 지원한다. 카프카 스트림즈는 카프카의 트랜잭션 기능을 사용해서 스트림 처리 애플리케이션에 '정확히 한 번' 보장을 지원한다. 카프카 스트림즈 라이브러리를 사용하는 모든 애플리케이션은 `processing.guarantee` 설정을 `exactly_once`로 잡아줌으로써 정확히 한 번 보장 기능을 활성화시킬 수 있다. 2.6 버전 이후의 카프카 스트림즈는 2.5 버전 이후 브로커를 필요로 하는, 좀 더 효율적인 정확히 한 번 구현체를 포함한다. 이 효율적인 구현체는 `processing.guarantee` 설정값을 `exactly_once_beta`로 잡아줌으로써 활성화시킬 수 있다.

옮긴이 설명

버전 3.0 이후의 처리 보장

카프카 클라이언트 구현이 개선되면서 버전 3.0부터는 `exactly_once`, `exactly_once_beta` 둘 다 지원 중단되었다. 앞으로는 `exactly_once_v2`를 사용할 것을 권장한다(자세한 내용은 KIP-732, https://cwiki.apache.org/confluence/display/KAFKA/KIP-732:+Deprecate+eos-alpha+and+replace+eos-beta+with+eos-v2 참고). `exactly_once`, `exactly_once_beta`는 버전 4.0에서 제거될 예정이다.

14.3 스트림 처리 디자인 패턴

모든 스트림 처리 시스템은 서로 다르다. 가장 단순한 형태로 컨슈머, 처리 로직, 프로듀서를 엮어 놓은 게 있는가 하면 클러스터 상에서 기계 학습 라이브러리와 함께 돌아가는 스파크 스트리밍과 같은 것도 있으며, 대부분은 이 둘 사이 어딘가에 위치한다. 그러나 여기에는 스트림 처리 아키텍처의 공통된 요구 사항에 대한 잘 알려진 해법인 기본 패턴이 있다. 지금부터는 이들 중 잘 알려진 패턴 몇 가지를 살펴보고 이들이 어떻게 사용되는지를 예제와 함께 알아볼 것이다.

14.3.1 단일 이벤트 처리

가장 단순한 스트림 처리 패턴은 각각의 이벤트를 개별적으로 처리하는 것이다. 이것은 맵/필터map/filter 패턴이라고도 알려져 있는데, 이 패턴이 불필요한 이벤트를 스트림에서 걸러 내거나 각 이벤트를 변환하기 위해 사용되는 경우가 많기 때문이다. ('맵'이라는 단어는 맵/리듀스 패턴map/reduce pattern에서 유래했다. 맵 단계에서는 이벤트를 변환하고, 리듀스 단계에서는 집계한다.)

이 패턴에서 스트림 처리 애플리케이션은 스트림의 이벤트를 읽어와서 각각의 이벤트를 수정한 뒤, 수정된 이벤트를 다른 스트림에 쓴다. 예를 들어서, 스트림으로부터 로그 메시지를 읽어와서 ERROR 이벤트를 우선순위가 높은 스트림에, 나머지 이벤트를 우선순위가 낮은 스트림에 쓰는 애플리케이션이 있을 수 있다. 또 다른 예로는 스트림으로부터 JSON 이벤트를 읽어 와서 수정한 뒤 AVRO 형식으로 쓰는 애플리케이션이 있겠다. 각각의 이벤트가 독립적으로 처리될 수 있기 때문에, 이러한 애플리케이션은 애플리케이션 안에 상태를 유지할 필요가 없다. 상태를 복구할 필요도 없기 때문에 장애 복구나 부하 분산load balancing이 매우 쉽다는 의미다. 그냥 다른 애플리케이션 인스턴스가 이벤트를 넘겨받아 처리하게 하면 된다.

그림 14-3과 같이 이 패턴은 간단한 프로듀서와 컨슈머를 사용해서 쉽게 처리가 가능하다.

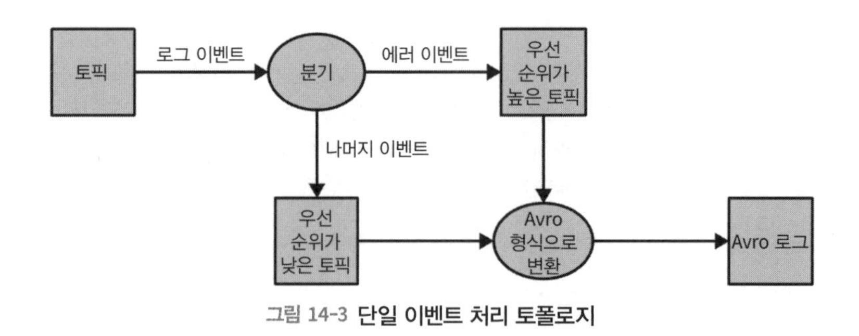

그림 14-3 단일 이벤트 처리 토폴로지

14.3.2 로컬 상태와 스트림 처리

대부분의 스트림 처리 애플리케이션은 윈도우 집계와 같이 정보의 집계에 초점을 맞춘다. 매일의 주식 최저가와 최고가를 찾고 주가의 이동평균을 구하는 것이 이러한 애플리케이션의 예가 될 것이다.

이처럼 집계를 할 때는 스트림의 상태state를 유지할 필요가 있다. 앞에서 든 예를 보자면, 각 주식의 일별 최저가와 평균가를 계산하기 위해서는 최소값과 총합, 그리고 지금까지의 본 레코드 수를 저장해 놓아야 한다.

이 예제에서 각각의 작업은 그룹별 집계이기 때문에 이것은 공유 상태shared state가 아닌 로컬 상태local state를 사용해서 수행할 수 있다. 즉, 전체 주식이 아닌 주식 종목별로 분류를 해야 한다는 것이다. 우선 카프카 파티셔너를 사용해서 동일한 주식에 대한 모든 이벤트가 동일한 파티션에 쓰여지도록 할 수 있다. 그 다음에 각각의 애플리케이션 인스턴스는 자신에게 할당된 파티션에 저장된 모든 이벤트를 읽어온다(이것은 카프카 컨슈머 단위에서 보장되는 것이다). 즉, 애플리케이션의 각 인스턴스는 자신에게 할당된 파티션에 쓰여진 전체 주식 종목의 부분집합에 대한 상태를 유지할 수 있다는 것이다. 그림 11-4를 보자.

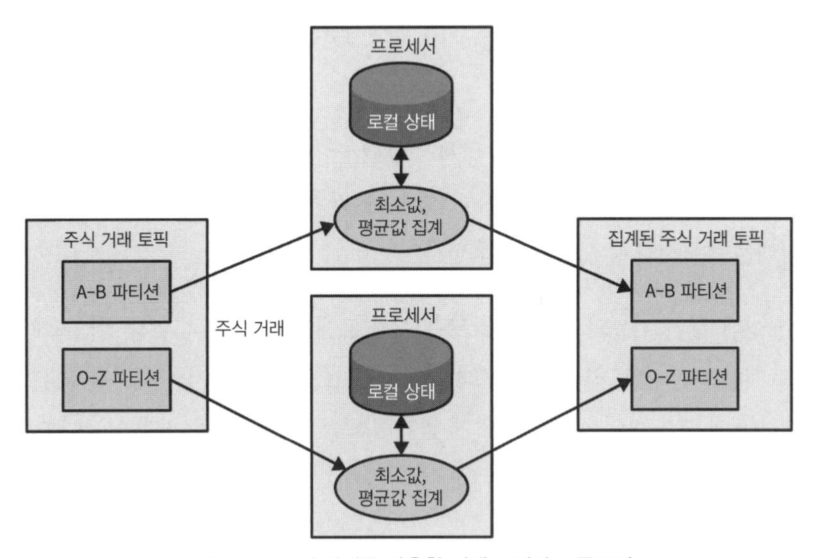

그림 14-4 **로컬 상태를 사용한 이벤트 처리 토폴로지**

스트림 처리 애플리케이션은 로컬 상태를 보유하게 되는 순간 훨씬 더 복잡해진다. 스트림 처리 애플리케이션이 고려해야 할 사항에는 다음과 같은 것들이 있다.

메모리 사용

로컬 상태는 애플리케이션 인스턴스가 사용 가능한 메모리 안에 들어갈 수 있는 게 이상적이다. 어떤 로컬 저장소는 디스크에 내용물을 저장spilling하는 기능을 지원하지만, 이 기능은 성능에 상당한 영향을 미친다.

영속성persistence

우리는 애플리케이션 인스턴스가 종료되었을 때 상태가 유실되지 않을뿐더러 인스턴스가 재실행되거나 다른 인스턴스에 의해 대체되었을 때 복구될 수 있음을 확신할 수 있어야 한다. 카프카 스트림즈는 내장된 RocksDB를 사용함으로써 로컬 상태를 인메모리 방식으로 저장함과 동시에 재시작 시 빠르게 복구가 가능하도록 디스크에 데이터를 영속적으로 저장한다. 하지만 로컬 상태에 대한 모든 변경 사항은 카프카 토픽에도 보내진다. 만약 스트림 처리를 담당하고 있는 노드에 장애가 발생한다 하더라도 로컬 상태는 유실되지 않는다(카프카 토픽으로부터 이벤트를 읽어옴으로써 쉽게 복구될 수 있기 때문이다). 예를 들어서, 로컬 상태가 '현재 시점에서의 IBM 주가 최저치는 167.19'라는 정보를 포함하고 있을 경우, 이 정보를 카프카에 저장함으로써 나중에 로컬 캐시local cache를 재구성할 때 사용할 수 있다. 카프카는 이러한 토픽들이 끝없이 자라나는 것을 방지하고 상태 복구를 언제고 실행 가능하게 하기 위해 로그 압착을 사용한다.

리밸런싱

파티션은 이따금 서로 다른 컨슈머에게 다시 할당될 수 있다. 재할당이 발생하면 파티션을 상실한 애플리케이션 인스턴스는 마지막 상태를 저장함으로써 해당 파티션을 할당받은 인스턴스가 재할당 이전 상태를 복구시킬 수 있도록 해야 한다.

지원되는 로컬 상태 관리 기능의 수준은 스트림 처리 프레임워크별로 다르다. 만약 애플리케이션이 로컬 상태를 유지해야 한다면, 사용중인 프레임워크가 이를 보장하는지의 여부를 확실히 확인할 필요가 있다. 이 주제에 대해서 이 장의 마지막에 짧게 비교를 할 것이지만, 모두들 잘 알듯이 소프트웨어는 빠르게 변하며, 스트림 처리 프레임워크는 더 그렇다.

14.3.3 다단계 처리/리파티셔닝

그룹별 집계가 필요할 때 로컬 상태를 사용하면 좋다. 하지만 사용 가능한 모든 정보를 사용해서 내야 하는 결과가 필요하다면 어떨까? 예를 들어서, 우리가 매일 상위 10개 주식(거래일 개장부터 폐장에 이르기까지 가장 많이 오른 주식 10개)를 계산해야 한다고 생각해 보자. 당연한 것이지만, 상위 10개 주식 전체가 서로 다른 인스턴스에 할당된 파티션에 분산되어 있을 수 있는 탓에 이 경우 각각의 애플리케이션 인스턴스에서 따로 작업하는 것으로는 충분하지 않다. 이 경우 두 단계로 접근해야 한다. 우선, 각 주식별로 하루 동안의 상승/하락을 산출한다. 이것은 각 애플리케이션 인스턴스에서 로컬 상태만을 가지고도 할 수 있다. 그러고 나서 하나의 파티션만 가진 새로운 토픽에 결과를 쓴다. 그리고 이 파티션을 하나의 애플리케이션 인스턴스에서 읽어서 매일 상위 10개 주식을 찾는다. 각 주식의 일별 등락만을 포함하는 두 번째 토픽은 당연히 전체 거래 내역을 포함하는 토픽에 비해 크기도 트래픽도 훨씬 작기 때문에, 단일 인스턴스만 가지는 애플리케이션만으로도 충분히 처리할 수 있다. 최종 결과를 내기 위해서는 추가적인 단계가 필요할 수도 있지만 말이다. 그림 14-5를 보자.

맵리듀스 코드를 작성해 본 사람이라면 이러한 류의 다단계 처리는 매우 익숙할 것이다. 맵리듀스 코드에서는 리듀스reduce 단계를 여러 번 거치는 경우가 흔하기 때문이다. 리듀스 단계별로 애플리케이션이 하나씩 필요했던 것 역시 기억할 것이다. 맵리듀스와는 달리, 대부분의 스트림 처리 프레임워크는 어느 애플리케이션 인스턴스(혹은 워커worker)가 어느 단계를 수행할지 등의 세부적인 사항들을 프레임워크가 알아서 해주도록 함으로써 모든 단계를 하나의 애플리케이션에 담을 수 있도록 한다.

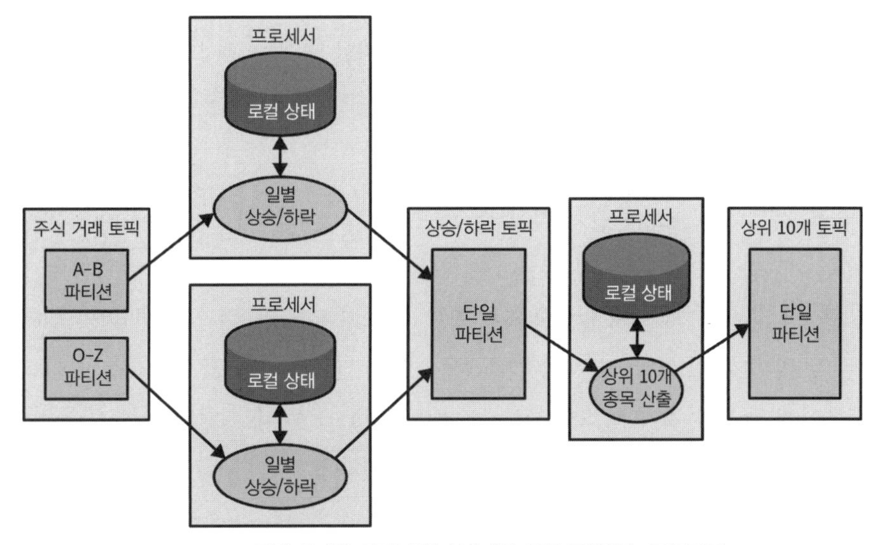

그림 14-5 **로컬 상태와 리파티셔닝 단계를 모두 포함하는 토폴로지**

14.3.4 외부 검색을 사용하는 처리: 스트림-테이블 조인

스트림 처리를 할 때 때로는 외부 데이터를 스트림과 조인해야 한다. 거래 내역을 데이터베이스에 저장된 규칙을 사용해서 검증하거나 사용자 클릭 내역을 클릭한 사용자 정보와 합쳐서 확장하는 것 등이 예가 될 수 있겠다.

데이터 확장을 위해 외부 검색을 수행하는 간단한 방법은 대략 다음과 같다. 클릭 이벤트가 발생해서 스트림으로 들어올 때마다 프로필 데이터베이스에서 사용자를 찾아서 원래의 클릭 이벤트에 사용자 나이와 성별을 추가한 새로운 이벤트를 다른 토픽에 쓴다. 그림 14-6을 보자.

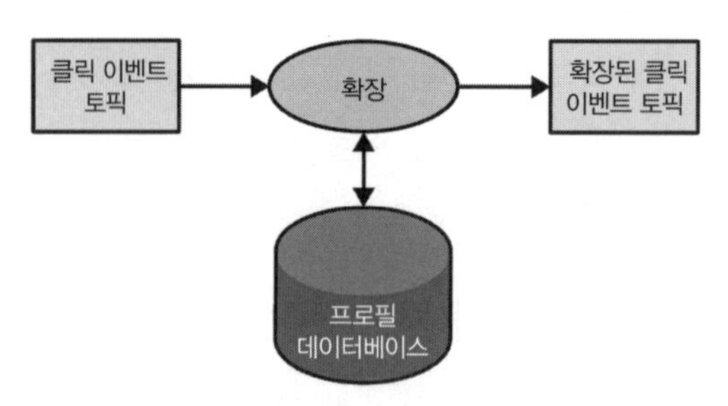

그림 14-6 **외부 데이터 저장소를 포함하는 스트림 처리**

이 단순한 발상의 문제는 외부 검색이 각각의 레코드를 처리하는 데 있어서 (5~15밀리초 사이의) 상당한 지연을 발생시킨다는 것이다. 많은 경우, 이것은 현실성이 없다. 외부 데이터 저장소에 걸리는 추가 부하도 용인하기 어렵다. 스트림 처리 시스템은 보통 초당 10만~50만 개의 이벤트를 처리할 수 있는 데 반해, 데이터베이스는 초당 1만 개 가량의 이벤트를 처리할 수 있는 게 보통이기 때문이다. 가용성을 보장하기 위해 수반되는 복잡성 역시 걸림돌이다. 애플리케이션에 외부 DB가 사용 가능하지 않은 상황을 처리할 수 있어야 한다.

성능과 가용성의 두 마리 토끼를 잡기 위해서는 스트림 처리 애플리케이션 안에 데이터베이스에 저장된 데이터를 캐시할 필요가 있다. 문제는 이 캐시를 관리하는 게 만만치 않을 수 있다는 것이다. 어떻게 하면 캐시의 정보가 만료되지 않도록(혹은, 항상 최신으로 유지) 할 수 있을까? 만약 데이터베이스에 가해지는 변경 이벤트를 너무 자주 가져올 경우 여전히 데이터베이스를 건드리는 꼴이 되므로 캐시는 별 도움이 되지 못할 것이다. 그렇다고 새 이벤트를 가져오는 데 시간이 너무 오래 걸린다면 이미 만료된 정보를 가지고서 스트림 처리를 하는 꼴이 될 것이다.

하지만 만약 데이터베이스 테이블에 가해지는 모든 변경점을 이벤트 스트림에 담을 수 있다면, 스트림 처리 작업이 이 스트림을 받아와서 캐시를 업데이트 하는 데 사용하도록 할 수 있다. 데이터베이스의 변경 내역을 이벤트 스트림으로 받아오는 것을 CDCchange data capture라고 하며, 카프카 커넥트는 CDC를 수행하여 데이터베이스 테이블을 변경 이벤트 스트림으로 변환할 수 있는 커넥터가 여럿 있다. 이를 사용하면 테이블의 복사본을 따로 유지할 수 있는 동시에 데이터베이스 변경 이벤트가 발생할 때마다 알림을 받아서 테이블 복사본을 적절히 업데이트할 수 있다. 그림 14-7을 보자.

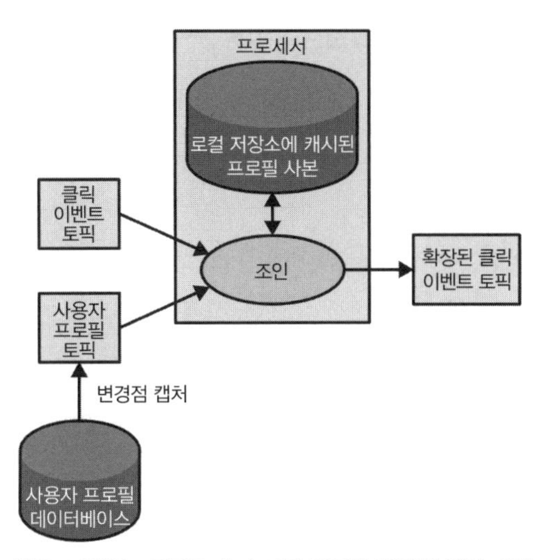

그림 14-7 **테이블과 이벤트 스트림을 조인하는 토폴로지. 스트림 처리에 있어서 외부 데이터 저장소의 필요성을 제거했다.**

이제 클릭 이벤트를 받을 때마다 로컬 상태에서 `user_id`를 찾아서 이벤트를 확장할 수 있다. 그리고 우리가 로컬 상태를 사용하고 있기 때문에 훨씬 더 확장하기 용이하며, 데이터베이스와 이를 사용하는 다른 애플리케이션에 영향을 주지도 않는다.

스트림 중 하나가 로컬에 캐시된 테이블에 대한 변경 사항을 나타내기 때문에 우리는 이것을 **스트림-테이블 조인**이라고 부른다.

14.3.5 테이블-테이블 조인

앞에서 우리는 어떻게 테이블과 변경 이벤트 스트림이 동등한지에 대해서 알아봤다. 그리고 스트림과 테이블을 조인할 때 이것이 어떠한 식으로 작동하는지 살펴봤다. 그렇다면 조인 연산의 양쪽에 이와 같은 방식으로 구체화된 테이블을 사용하지 못할 이유는 하나도 없다.

두 개의 테이블을 조인하는 것은 언제나 윈도우 처리되지 않는 연산이며, 작업이 실행되는 시점에서의 양 테이블의 현재 상태를 조인한다. 카프카 스트림에서는 동일한 방식으로 파티션된 동일한 키를 가지는 두 개의 테이블에 대해 동등 조인equi-join을 수행할 수 있으며, 이렇게 함으로써 조인 연산이 많은 수의 애플리케이션 인스턴스와 장비에 효율적으로 분산될 수 있게 한다.

카프카 스트림즈는 역시 두 개의 테이블에 대해 외래 키foreign key 조인을 지원한다. 한 스트림 혹은 테이블의 키와 다른 스트림 혹은 테이블의 임의의 필드를 조인할 수 있는 것이다. 이것이 어떻게 작동하는지에 대해서 자세한 내용을 알고 싶다면 카프카 서밋 2020에서 나온 "Crossing the Streams"

https://www.confluent.io/resources/kafka-summit-2020/crossing-the-streams-the-new-streaming-foreign-keyjoin-feature-in-kafka-streams/라는 발표를 보거나, 이 블로그 포스트https://www.confluent.io/blog/data-enrichment-with-kafka-streams-foreign-key-joins/를 참고하길 바란다.

14.3.6 스트리밍 조인

때로는 스트림과 테이블이 아닌, 두 개의 실제 이벤트 스트림을 조인해야 할 경우가 있다. 스트림에서 '실제'란 무엇을 의미할까? 이 장의 맨 앞에서 논의한 바를 떠올려 보자면, 스트림은 무한unbounded이라는 특징을 가진다. 테이블에서는 현재 상태만 관심사이기 때문에, 스트림을 사용해서 테이블을 나타낼 때 우리는 스트림에 포함된 대부분의 과거 이벤트는 무시할 수 있다. 하지만 두 개의 스트림을 조인할 경우 한쪽 스트림에 포함된 이벤트를 같은 키값과 함께 같은 시간 윈도우에 발생한 다른 쪽 스트림 이벤트와 맞춰야 하기 때문에, 과거와 현재의 이벤트 전체를 조인하게 된다. 이것 때문에 스트리밍 조인을 **윈도우 조인**windowed join이라고도 부른다.

예를 들어, 우리 웹 서비스에 접속한 사용자들이 입력한 검색 쿼리를 담은 스트림과 검색 결과 클릭 내역을 포함한, 클릭 내역을 담은 스트림을 조인한다고 해 보자. 이 경우 어느 검색 결과가 가장 인기 있었는지를 알기 위해 검색 쿼리와 사용자가 클릭한 검색 결과를 맞춰보고 싶을 수 있다. 당연하게도, 검색 기간을 기준으로 하되 특정한 시간 윈도우 범위 안에 있는 검색 결과하고만 맞춰야 한다. 우리는 쿼리가 우리의 검색 엔진에 들어온 지 몇 초 뒤에 결과가 클릭될 것이라고 가정할 수 있다. 따라서 우리는 각 스트림에 대해서 몇 초 정도의 길이를 가지는 윈도우를 유지하면서 각 윈도우에 속한 이벤트끼리 맞춰줘야 한다. 그림 14-8을 보자.

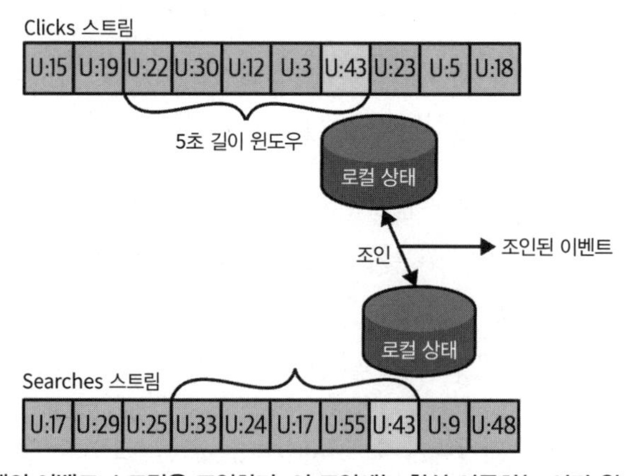

그림 14-8 **두 개의 이벤트 스트림을 조인하기. 이 조인에는 항상 이동하는 시간 윈도우가 수반된다.**

카프카 스트림즈는 조인할 두 스트림(이 경우 search와 `clicks`)이 똑같이 조인 키에 대해 파티셔닝되어 있을 경우 동등 조인을 지원한다. 이렇게 함으로써 42번 사용자의 모든 클릭 이벤트는 `clicks` 토픽의 5번 파티션에, 같은 사용자의 검색 이벤트는 `search` 토픽의 5번 파티션에 저장되게 된다. 그러면 카프카 스트림즈는 두 토픽의 5번 파티션에 대한 작업을 같은 태스크에 할당한다. 따라서 이 태스크는 42번 사용자의 모든 연관된 이벤트를 볼 수 있다. 카프카 스트림즈는 두 토픽에 대한 조인 윈도우를 내장된 RocksDB 상태 저장소에 유지함으로써 조인을 수행한다.

14.3.7 비순차 이벤트

잘못된 시간에 스트림에 도착한 이벤트를 처리하는 것은 스트림 처리는 물론이고 전통적인 ETL 시스템에서도 어려운 일이다. 비순차out-of-sequence 이벤트는 상당히 자주 발생할 수 있으며, 사물 인터넷 환경에서는 더욱 그렇다(그림 14-9). 예를 들어서, 몇 시간 동안 WiFi 신호가 끊긴 모바일 장치는 재접속할 때 몇 시간치의 이벤트를 한꺼번에 전송한다. 이러한 현상은 네트워크 장비를 모니터링하는 상황이나(예 결함이 있는 네트워크 스위치는 수리될 때까지 진단 신호를 전송하지 않는다), 제조업 현장에서도 발생한다(예 공장의 네트워크 연결은 불안정하기로 악명이 높으며, 개발도상국에서는 특히나 그렇다).

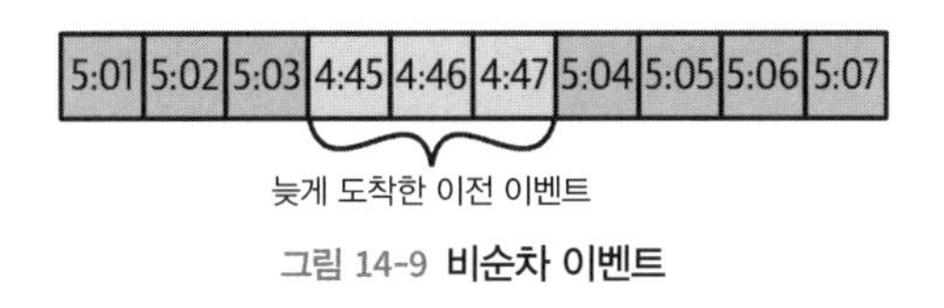

그림 14-9 비순차 이벤트

스트림 애플리케이션은 이러한 상황을 처리할 수 있어야 한다. 이는 대체로 애플리케이션이 다음과 같은 일들을 해야 한다는 것을 의미한다.

- 이벤트가 순서를 벗어났음을 알아차릴 수 있어야 한다. 이를 위해서는 애플리케이션이 이벤트 시간을 확인해서 현재 시각보다 더 이전인지를 확인할 수 있어야 한다.
- 비순차 이벤트의 순서를 복구할 수 있는 시간 영역을 정의한다. 3시간 정도면 복구가 가능하지만, 3주 이상 오래된 것은 포기하는 식이다.
- 순서를 복구하기 위해 이벤트를 묶을 수 있어야 한다. 이것은 스트리밍 애플리케이션과 배치 작업의 주요한 차이점이기도 하다. 만약 매일 돌아가는 배치 작업이 있는데, 작업이 끝난 후 몇 개의 이벤트가 추가로 도착했다면 보통 어제 작업을 다시 돌려서 이벤트를 변경해준다. 하지만 스트림 처리에서는 이런 개념이 없다. 계속해서 돌아가는 동일한 프로세스가 주어진 시점 기준으로 오래된 이벤트와 새로운 이벤트를 모두 처리해야 한다.
- 결과를 변경할 수 있어야 한다. 스트림 처리의 결과가 데이터베이스에 쓰여질 경우, 결과를 변경하는 데 put 혹은 update 정도면 충분할 것이다. 하지만 스트림 애플리케이션이 결과를 이메일로 전송할 경우 변경이 곤란할 수 있다.

구글의 데이터플로Dataflow나 카프카 스트림과 같은 스트림 처리 프레임워크는 처리 시간과 독립적인 이벤트 시간의 개념을 자체적으로 지원하며, 현재 처리 시간 이전 혹은 이후의 이벤트 시간을 가지는 이벤트를 다룰 수 있는 기능 역시 가지고 있다. 이것은 보통 로컬 상태에 다수의 집계 윈도우를 변경 가능한 형태로 유지해주고, 개발자가 이 윈도우를 얼마나 오랫동안 유지할지를 설정할 수 있게 해주는 식으로 구현된다. 물론, 집계 윈도우를 더 오랫동안 변경 가능한 형태로 유지할수록 로컬 상태를 유지하기 위한 메모리 역시 더 많이 필요하다.

카프카 스트림즈 API는 언제나 집계 결과를 결과 토픽에 쓴다. 이 토픽들은 대체로 로그 압착이 설정되어 있는 토픽이다. 즉, 각 키값에 대해 마지막 밸류값만 유지되는 것이다. 집계 윈도우의 결과가 늦게 도착한 이벤트로 인하여 변경되어야 하는 경우, 카프카 스트림즈는 단순히 해당 집계 윈도우의 새로운 결과값을 씀으로써 기존 결과값을 대체한다.

14.3.8 재처리하기

마지막으로 중요한 패턴은 이벤트를 재처리하는 것이다. 이 패턴에는 두 가지 변형이 있다.

- 새로 개선된 버전의 스트림 처리 애플리케이션이 있다. 구버전에서 사용하던 바로 그 이벤트 스트림을 신버전 애플리케이션에서 읽어와서 산출된 새로운 결과 스트림을 쓴다. 단, 기존 구버전의 결과를 교체하는 것이 아니라 한동안 두 버전의 결과를 비교한 뒤 어느 시점에 구버전 대신 신버전의 결과를 사용하도록 한다.
- 기존의 스트림 처리 애플리케이션에 버그가 많으니 버그를 고친 뒤 이벤트 스트림을 재처리해서 결과를 다시 산출하고자 한다.

첫 번째 사례는 간단하게 해결된다. 카프카가 확장 가능한 데이터 저장소에 이벤트 스트림을 오랫동안 온전히 저장하기 때문이다. 이는 하나의 스트림 처리 애플리케이션의 두 버전이 동시에 두 개의 결과 스트림을 쓰기 위해서 다음 사항들만 지키면 된다는 의미이기도 하다.

- 신버전 애플리케이션을 새 컨슈머 그룹으로 실행시킨다.
- 신버전 애플리케이션이 입력 토픽의 첫 번째 오프셋부터 처리를 시작하도록 설정해서 입력 스트림의 모든 이벤트에 대한 복사본을 가질 수 있도록 한다.
- 신버전 애플리케이션이 처리를 계속하도록 하고, 신버전 처리 작업이 따라잡았을 때 클라이언트 애플리케이션을 새로운 결과 스트림으로 전환한다.

두 번째 경우가 좀 더 어렵다. 이미 존재하는 애플리케이션을 초기화reset해서 입력 스트림의 맨 처음부터 다시 처리하도록 되돌리고(두 애플리케이션 버전에서 나온 결과물이 뒤섞이면 안 되니까), 로컬 상태를 초기화하고, 아마도 기존 출력 스트림 내용물 역시 지워야 할 수 있다. 비록 카프카 스트림즈가 스트림 처리 애플리케이션의 상태를 초기화하기 위한 툴을 제공하기는 하지만, 같은 애플리케이션을 두 개 돌려서 결과 스트림도 두 개가 나올 정도로 용량이 충분하다면 첫 번째 방식을 택하길 권장한다. 그 편이 훨씬 더 안전한데, 2개 이상의 버전을 왔다 갔다 할 수도 있고 버전 간의 결과물을 비교할 수도 있으며, 정리cleanup 과정에서 중요한 데이터가 유실되거나 에러가 발생할 위험도 없다.

14.3.9 인터랙티브 쿼리interactive query

앞에서 논의했듯이, 스트림 처리 애플리케이션은 상태를 보유하며, 이 상태는 애플리케이션의 여러 인스턴스 사이에 분산될 수 있다. 보통 스트림 처리 애플리케이션의 사용자는 결과 토픽을 읽어들임으로써 처리 결과를 받아볼 수 있다. 하지만 상태 저장소 그 자체에서 바로 결과를 읽어올 필요가 있는 경우가 있다. 이것은 처리 결과가 테이블 형태인 경우 흔하며(예 가장 많이 팔린 도서 10종), 이 경우 결과 스트림은 곧 이 테이블에 대한 업데이트 스트림이기 때문이다. 이 경우 스트림 처리 애플리케이션의 상태에서 테이블을 바로 읽어오는 것이 훨씬 더 빠르고 쉽다.

카프카 스트림즈는 스트림 처리 애플리케이션의 상태를 쿼리하기 위한 유연한 APIhttps://docs.confluent.io/platform/current/streams/developer-guide/interactive-queries.html를 포함한다.

14.4 예제로 보는 카프카 스트림즈

앞서 설명한 패턴들이 실제로 어떻게 구현되는지 설명하기 위해 지금부터는 카프카 스트림즈 API를 사용하는 예제를 몇 개 살펴볼 것이다. 이 API를 사용하는 이유는 상대적으로 사용법이 간단할 뿐만 아니라 우리가 이미 사용 가능한 아파치 카프카와 함께 배포되기 때문이다. 위에서 설명한 패턴들이 어떤 스트림 처리 프레임워크나 라이브러리를 사용해서도 구현 가능하다는 점을 기억하는 것이 중요하다(이 패턴들은 보편적이지만, 예제들은 특수하다).

아파치 카프카는 2개의 스트림 API를 제공한다. 하나는 저수준의 Processor API이고, 다른 하나는 고수준의 스트림즈 DSL이다. 우리는 예제에서 카프카 스트림즈 DSL을 사용할 것이다. 이 DSL을 사용하면 스트림에 포함된 이벤트에 일련의 연속적인 변환transformation을 정의함으로써 스트림 처리 애플리케이션을 정의할 수 있다. 변환은 필터filter와 같이 단순한 것일 수도 있고 스트림-스트림 조인처럼 복잡한 것일 수도 있다. 저수준 API는 변환을 직접 생성할 수 있게 해 준다. 저수준 Processor API에 대해서 더 알아보고 싶다면 개발 가이드https://kafka.apache.org/28/documentation/streams/

developer-guide/processor-api.html가 상세한 정보를 담고 있으며 'Beyond the DSL'이라는 프레젠테이션 https://events19.linuxfoundation.org/wp-content/uploads/2017/12/Beyond-the-DSL—Unlocking-the-Power-of-Kafka-Streams-with-the-Processor-API-Antony-Stubbs-Confluent-Inc..pdf 역시 입문자용으로 좋다.

DSL API를 사용하는 애플리케이션은 항상 `StreamsBuilder`를 사용해서 처리 토폴로지processing topology를 생성함으로써 시작한다. 처리 토폴로지는 스트림 안의 이벤트에 적용되는 변환을 정점으로 하는 유향 비순환 그래프directed acyclic graph, DAG이다. 처리 토폴로지를 생성한 뒤 여기에서부터 `KafkaStreams` 실행 객체를 생성한다. `KafkaStreams` 객체를 시작시키면 스트림 안의 이벤트에 처리 토폴로지를 적용하는 다수의 스레드가 시작된다. `KafkaStreams` 객체를 닫으면 처리가 끝난다.

카프카 스트림즈를 사용해서 우리가 지금까지 이야기했던 디자인 패턴을 구현하는 몇 가지 예제를 살펴보도록 하자. 우선 단순한 단어 개수 세기 예제를 통해 맵/필터 패턴과 간단한 집계 연산을 설명할 것이다. 그러고 나서 주식 시장 거래에서 발생하는 다양한 통계값을 계산하는 예제를 살펴봄으로써 윈도우 집계 기능을 설명할 것이다. 마지막으로, 클릭 스트림 확장 기능을 사용해서 스트리밍 조인을 살펴본다.

14.4.1 단어 개수 세기

지금부터는 단어 개수를 세는 카프카 스트림즈 예제를 살펴보도록 하자. 여기서 설명하는 코드는 필요한 부분만 발췌된 것이며, 전체 코드는 깃허브https://github.com/gwenshap/kafka-streams-wordcount에서 찾아볼 수 있다.

스트림 처리 애플리케이션을 개발하기 위해 가장 먼저 해야 할 것은 카프카 스트림즈를 설정하는 것이다. 카프카 스트림즈에서 설정 가능한 항목은 매우 많기 때문에 여기서 일일이 다루지는 않겠지만, 공식 문서에서는 볼 수 있다. 그리고, `Properties` 객체에 임의의 프로듀서나 컨슈머 옵션을 추가함으로써 카프카 스트림즈에 내장될 프로듀서와 컨슈머를 설정하는 것도 가능하다.

```
public class WordCountExample {
    public static void main(String[] args) throws Exception {

        Properties props = new Properties();
        props.put(StreamsConfig.APPLICATION_ID_CONFIG,
            "wordcount");  ❶
        props.put(StreamsConfig.BOOTSTRAP_SERVERS_CONFIG,
            "localhost:9092");  ❷
        props.put(StreamsConfig.DEFAULT_KEY_SERDE_CLASS_CONFIG,
            Serdes.String().getClass().getName());  ❸
```

```
        props.put(StreamsConfig.DEFAULT_VALUE_SERDE_CLASS_CONFIG,
            Serdes.String().getClass().getName());
```

❶ 모든 카프카 스트림즈 애플리케이션은 애플리케이션 ID를 가진다. 이것은 서로 다른 애플리케이션 인스턴스들이 서로 협력하게coordinate 하는 데에도 사용되지만, 내부에서 사용하는 로컬 저장소와 여기 연관된 토픽에 이름을 정할 때도 사용된다. 애플리케이션 ID는 같은 카프카 클러스터를 사용하는 각각의 카프카 스트림즈 애플리케이션별로 서로 달라야 한다.

❷ 카프카 스트림즈 애플리케이션은 항상 카프카 토픽에서 데이터를 읽어서 출력된 결과물을 카프카 토픽에 쓴다. 조금 뒤에서 이야기하겠지만, 카프카 스트림즈 애플리케이션은 인스턴스끼리 서로 협력하도록 하는 데도 카프카를 사용한다. 따라서 애플리케이션이 카프카를 찾을 방법을 지정해주어야 한다.

❸ 데이터를 읽고 쓸 때 애플리케이션은 직렬화/역직렬화를 해야 하므로, 기본값으로 쓰일 `Serde` 클래스를 지정해주어야 한다. 만약 필요하다면, 잠시 뒤 스트림즈 토폴로지를 생성할 때 이 기본값을 재정의할 수 있다.

이제 설정을 해줬으니 스트림즈 토폴로지를 생성해 보자.

```
StreamsBuilder builder = new StreamsBuilder(); ❶

KStream<String, String> source =
    builder.stream("wordcount-input");

final Pattern pattern = Pattern.compile("\\W+");

KStream<String, String> counts = source.flatMapValues(value->
    Arrays.asList(pattern.split(value.toLowerCase()))) ❷
        .map((key, value) -> new KeyValue<String, String>(value, value))
        .filter((key, value) -> (!value.equals("the"))) ❸
        .groupByKey() ❹
        .count()
        .mapValues(value -> Long.toString(value))
        .toStream(); ❺
counts.to("wordcount-output"); ❻
```

❶ `StreamsBuilder` 객체를 생성하고 우리가 입력으로 사용할 토픽을 지정함으로써 스트림 정의를 시작한다.

❷ 입력 토픽에서 읽어오는 각각의 이벤트는 단어들로 이루어진 문자열 한 줄이다. 정규식을 사용해

서 이 문자열을 다수의 단어들로 분할한다. 그러고 나서 (현재로서는 이벤트 레코드의 밸류값인) 각각의 단어를 가져다 이벤트 레코드 키로 넣어줌으로써 그룹화에 사용될 수 있도록 한다.

❸ 단어 "the"를 필터링, 즉 걸러낸다. 필터링을 이렇게 쉽게 할 수 있다.

❹ 키값 기준으로 그룹화함으로써 각 단어별로 이벤트의 집합을 얻어낸다.

❺ 각각의 집합에 얼마나 많은 이벤트가 포함되어 있는지 센다. 계산 결과는 `Long` 타입이다. 사람들이 결과를 읽기 쉽게 이 값을 `String`으로 변환한다.

❻ 마지막으로, 결과를 카프카에 쓴다.

이제 애플리케이션이 수행할 변환의 흐름을 정의했으므로, 실행시키기만 하면 된다.

```
KafkaStreams streams = new KafkaStreams(builder.build(), props); ❶

streams.start(); ❷

// usually the stream application would be running forever,
// in this example we just let it run for some time and stop
Thread.sleep(5000L);

streams.close(); ❸
```

❶ 앞에서 정의한 토폴로지와 설정값을 기준으로 `KafkaStreams` 객체를 정의한다.

❷ 카프카 스트림즈를 시작한다.

❸ 잠시 뒤, 멈춘다.

이걸로 끝이다! 이 예제에서 볼 수 있듯, 맵과 필터를 이벤트에 적용하는 단일 이벤트 처리 패턴을 불과 몇 줄만으로 쉽게 구현할 수 있다. `groupBy`를 사용해서 데이터를 리파티션repartition 한 뒤 각 단어의 개수를 셀 때마다 각 단어를 키값으로 갖는 레코드의 개수를 저장하는 단순한 로컬 상태를 유지한다.

이쯤에서 우리는 전체 예제 코드를 한 번 돌려 보기를 권한다. 실행 방법은 깃허브 저장소에 있는 README 파일https://github.com/gwenshap/kafka-streams-wordcount/blob/master/README.md에 설명되어 있다.

전체 예제를 돌리는 데 아파치 카프카 빼면 아무것도 새로 설치할 필요가 없다는 점에 주목하기 바란다. 만약 입력 토픽이 여러 개의 파티션을 가지고 있다면, `WordCount` 애플리케이션 인스턴스를 여러 개 띄움으로써(터미널 탭 여러 개 띄워 놓고 애플리케이션을 실행하면 끝이다) 카프카 스트림즈 처리 클러스터를 구성할 수 있다. WordCount 애플리케이션 인스턴스는 서로 정보를 주고받으면서 협력해서 작업을 진행하게 된다. 스트림 처리 프레임워크에 있어서 가장 큰 진입장벽 중 하나는 로컬 모드로 돌리는 것은 매우 쉽지만, 프로덕션 클러스터에 배포할 때는 사정이 다르다는 점이다. 우선 YARN이나 Mesos를 설치하고, 처리 프레임워크를 모든 장비에 설치하고, 애플리케이션을 클러스터에 제출하는 방법 역시 배워야 한다. 카프카 스트림즈 API를 사용하면 단순히 애플리케이션 인스턴스를 여러 개 띄우는 것만으로도 처리 클러스터를 하나 구성할 수 있다. 개발 환경이든 프로덕션 환경이든 동일한 애플리케이션이 돌아간다.

14.4.2 주식 시장 통계

다음으로 살펴볼 예제는 좀 더 복잡하다. 여기서는 주식의 종목코드, 호가와 수량을 포함하는 주식 시장 거래 이벤트 스트림을 읽어올 것이다. 주식 시장 거래에 있어서 **매도 호가**ask price란 매도자가 팔고자 하는 가격이고, **매수 호가**bid price는 사용자가 사고자 하는 가격이다. **매도량**ask size은 매도자가 지정된 가격으로 팔고자 하는 주식의 양이다. 예를 단순하게 하기 위해서, 우리는 매수 쪽은 완전히 무시할 것이다. 데이터에 타임스탬프도 포함하지 않고 카프카 프로듀서가 부여하는 이벤트 시간을 대신 사용할 것이다.

그리고 다음과 같은 윈도우가 적용된 통계값을 포함하는 결과 스트림을 생성한다.

- 5초 단위 시간 윈도우별로 가장 좋은(최저) 매도가
- 5초 단위 시간 윈도우별 거래량
- 5초 단위 시간 윈도우별 평균 매도가

모든 통계값은 매초 갱신된다.

예를 단순하게 하기 위해서, 거래소에 10개의 종목만 거래되고 있다고 가정하자. 설정은 444쪽의 '단어 개수 세기' 예제에서 했던 것과 매우 유사하다.

```
Properties props = new Properties();
props.put(StreamsConfig.APPLICATION_ID_CONFIG, "stockstat");
props.put(StreamsConfig.BOOTSTRAP_SERVERS_CONFIG, Constants.BROKER);
props.put(StreamsConfig.DEFAULT_KEY_SERDE_CLASS_CONFIG,
    Serdes.String().getClass().getName());
props.put(StreamsConfig.DEFAULT_VALUE_SERDE_CLASS_CONFIG,
    TradeSerde.class.getName());
```

가장 큰 차이점은 사용된 Serde 클래스이다. 444쪽의 '단어 개수 세기' 예제에서는 키와 밸류 둘 다 문자열을 사용했기 때문에 시리얼라이저/디시리얼라이저 둘 다 Serdes.String() 클래스를 사용했다. 이 예제에서 키는 여전히 문자열이지만, 밸류로는 종목 코드, 매도 호가, 매도량을 포함하는 Trade을 사용할 것이다. 이 객체(와 애플리케이션에서 사용하는 기타 다른 객체)를 직렬화/역직렬화 하기 위해 구글이 개발한 Gson 라이브러리를 사용해서 자바 객체에 대한 시리얼라이저/디시리얼라이저를 생성할 것이다. 다음과 같이 Serde를 정의한다.

```
static public final class TradeSerde extends WrapperSerde<Trade> {
    public TradeSerde() {
        super(new JsonSerializer<Trade>(),
            new JsonDeserializer<Trade>(Trade.class));
    }
}
```

특별한 것은 없지만, 카프카에 저장하고자 하는 모든 객체에 대해 Serde 객체를 지정해야 한다는 점을 알아두자(입력, 출력, 그리고 이따금은 중간 결과에 대해서도 말이다). 좀 더 편하게 작업하기 위해서 우리는 Gson이나 Avro, Protobuf와 같은 라이브러리를 사용해서 Serde를 생성할 것을 권장한다.

모든 설정이 끝났으므로, 이제 토폴로지를 생성한다.

```
KStream<Windowed<String>, TradeStats> stats = source
    .groupByKey() ❶
    .windowedBy(TimeWindows.of(Duration.ofMillis(windowSize))
                            .advanceBy(Duration.ofSeconds(1))) ❷
    .aggregate( ❸
        () -> new TradeStats(),
        (k, v, tradestats) -> tradestats.add(v), ❹
        Materialized
            .<String, ...>as("trade-aggregates")
            .withValueSerde(...)
            as("trade-aggregates") ❺
            .withValueSerde(new TradeStatsSerde())) ❻
    .toStream() ❼
    .mapValues((trade) -> trade.computeAvgPrice()); ❽

stats.to("stockstats-output",
    Produced.keySerde(
        WindowedSerdes.timeWindowedSerdeFrom(String.class, windowSize))); ❾
```

❶ 입력 토픽에서 이벤트를 읽어 와서 groupByKey()를 실행하는 것부터 시작한다. 이름과는 달리, 이 메서드는 그룹화를 하지 않는다. 대신, 이벤트 스트림이 레코드 키 기준으로 파티셔닝 되도록 해준다. 이 경우 토픽에 데이터를 쓸 때 키값을 가지는 데이터를 쓰고 groupByKey()를 호출하기 전에 변경하지 않았으므로, 데이터는 여전히 키값을 기준으로 파티셔닝되어 있으며 자연히 아무 것도 하지 않는다.

❷ 윈도우를 정의한다. 이 경우, 윈도우는 5초의 길이를 가지고 있으며 매초 전진한다.

❸ 데이터가 원하는 대로 파티셔닝되고 윈도우도 적용되었다면, 집계 작업을 시작한다. aggregate 메서드는 스트림을 서로 중첩되는 윈도우들로 나눈 뒤(이 경우 1초마다 겹치는 5초 길이의 시간 윈도우), 각 윈도우에 배정된 모든 이벤트에 대해 집계 연산을 적용한다. 이 메서드는 첫 번째 파라미터로 집계 결과를 저장할 새 객체를 받는데, 여기서는 TradeStats가 된다. 이 객체는 각 시간 윈도우에서 우리가 알고자 하는 모든 통계를 포함하기 위해 생성한 객체로, 최저 매도가, 평균 매도가 그리고 거래량을 포함한다.

❹ 그 다음에 실제로 집계를 수행하는 메서드를 지정한다. 이 경우 새로운 레코드를 생성함으로써 해당 윈도우에서의 최저 매도가, 거래량, 그리고 매도 총량을 업데이트하기 위해 TradeStats 객체의 add 메서드가 사용되었다.

❺ 434쪽의 '스트림 프로세싱 디자인 패턴' 절에서 언급했듯이, 윈도우가 적용된 집계 작업에서는 상태를 저장할 로컬 저장소를 유지할 필요가 있다. aggregate 메서드의 마지막 파라미터는 상태 저장소 설정이다. Materialized는 저장소를 설정하는 데 사용되는 객체로서, 이 경우 저장소의 이름을 trade-aggregates로 할 것이다. 어떠한 고유한 이름도 저장소 이름으로 사용할 수 있다.

❻ 상태 저장소 설정의 일부로서, 집계 결과(Tradestats)를 직렬화/역직렬화하기 위한 Serde 객체 역시 지정해주어야 한다.

❼ 집계 결과는 종목 기호와 시간 윈도우를 기본 키로, 집계 결과를 밸류값으로 하는 테이블이 된다. 이 테이블을 이벤트 스트림으로 되돌릴 것이다.

❽ 마지막으로 할 일은 평균 가격을 갱신해주는 것이다. 현재 시점에서 집계 결과는 가격과 거래량의 합계를 포함한다. 이 레코드들을 사용해서 평균 가격을 계산한 뒤 출력 스트림으로 내보낼 수 있다.

❾ 끝으로, 결과를 stockstats-output 스트림에 쓴다. 결과물이 윈도우 작업의 일부이므로, 결과물을 윈도우 타임스탬프와 함께 윈도우가 적용된 데이터 형식으로 저장하는 WindowedSerde를 생성해 준다. 윈도우 크기가 직렬화 과정에서 사용되는 것은 아니지만(출력 토픽에 윈도우의 시작 시간이 저장되기 때문에 역직렬화는 윈도우 크기를 필요로 한다), Serde의 일부로서 전달한다.

처리 흐름을 정의한 뒤 444쪽의 '단어 개수 세기' 예제에서와 마찬가지로 KafkaStreams 객체를 생성하고 실행시키면 된다.

이 예제는 윈도우가 적용된 집계 연산을 스트림에 대해 수행하는 방법을 보여준다. 아마도 이것이 가장 많이 사용되는 스트림 처리 사례일 것이다. 한 가지 알아 둘 것은 집계 작업의 로컬 상태를 유지하기 위해 해야 할 일이 거의 없다는 것이다(그냥 Serde와 상태 저장소의 이름만 지정해주면 된다). 하지만 이 애플리케이션은 여러 인스턴스로 확장이 가능하면서도 각각의 인스턴스에 장애가 발생할 경우, 일부 파티션에 대한 처리 작업을 다른 인스턴스로 이전함으로써 자동으로 복구된다. 어떻게 이것이 실행되는지는 452쪽의 '카프카 스트림즈: 아키텍처 개요'에서 좀 더 자세히 알아볼 것이다.

다른 예제들과 마찬가지로 전체 코드와 실행 방법은 깃허브https://github.com/gwenshap/kafka-streams-stockstats에서 볼 수 있다.

14.4.3 클릭 스트림 확장

마지막으로 살펴볼 예제에서는 웹사이트 클릭 스트림을 확장하는 스트리밍 조인을 살펴볼 것이다. 여기서는 모의 클릭 스트림, 가상의 프로필 데이터베이스 테이블에 대한 업데이트 스트림, 웹 검색 스트림을 생성할 것이다. 그러고 나서 사용자 행동에 대한 종합적인 뷰를 얻기 위해 이 셋을 조인할 것이다. 사용자들은 무엇을 검색하는지? 검색 결과 중 무엇을 클릭하는지? 사용자 프로필에 저장된 '관심사'를 변경하는지? 이러한 종류의 조인은 분석 작업을 위한 풍부한 데이터 집합을 제공한다. 상품 추천은 보통 이러한 종류의 정보에 기반한다. 즉, 사용자가 자전거를 검색하고, 'Trek' 자전거에 대한 링크를 클릭하고, 여행에 대해서 관심이 있으면 Trek 자전거, 헬멧, 네브래스카와 같은 이국적인 여행지로의 자전거 여행에 대한 광고를 집행할 수 있는 것이다.

애플리케이션 설정은 앞의 예제와 비슷하므로 여기서는 생략하고, 다수의 스트림을 조인하는 토폴로지를 살펴보자.

```
KStream<Integer, PageView> views =
    builder.stream(Constants.PAGE_VIEW_TOPIC,
        Consumed.with(Serdes.Integer(), new PageViewSerde()));  ❶
KStream<Integer, Search> searches =
    builder.stream(Constants.SEARCH_TOPIC,
        Consumed.with(Serdes.Integer(), new SearchSerde()));
KTable<Integer, UserProfile> profiles =
    builder.table(Constants.USER_PROFILE_TOPIC,
        Consumed.with(Serdes.Integer(), new ProfileSerde()));  ❷
```

```java
KStream<Integer, UserActivity> viewsWithProfile =
    views.leftJoin(profiles, ❸
        (page, profile) -> {
            if (profile != null)
                return new UserActivity(
                    profile.getUserID(), profile.getUserName(),
                    profile.getZipcode(), profile.getInterests(),
                    "", page.getPage()); ❹
            else
                return new UserActivity(-1, "", "", null, "", page.getPage());
        }
    );

KStream<Integer, UserActivity> userActivityKStream =
        viewsWithProfile.leftJoin(searches, ❺
            (userActivity, search) -> {
                if (search != null)
                    userActivity.updateSearch(search.getSearchTerms()); ❻
                else
                    userActivity.updateSearch("");
                return userActivity;
            },
            JoinWindows
                .of(Duration.ofSeconds(1)).before(Duration.ofSeconds(0)), ❼
            StreamJoined.with(
                Serdes.Integer(), new UserActivitySerde(), new SearchSerde()) ❽
);
```

❶ 우선 조인하고자 하는 두 개의 스트림 객체인 클릭과 검색을 생성한다. 우리가 스트림 객체를 생성할 때는 입력 토픽뿐만 아니라 토픽 데이터를 읽어서 객체로 역직렬화할 때 사용될 키, 밸류에 대한 Serde 역시 지정해주어야 한다.

❷ 사용자 프로필을 저장할 KTable 객체를 정의한다. KTable은 변경 스트림에 의해 갱신되는 구체화된 저장소materialized store다.

❸ 그 다음에 클릭 스트림을 사용자 프로필 정보 테이블과 조인함으로써 확장한다. 스트림-테이블 조인에서 스트림의 각 이벤트는 프로필 테이블의 캐시된 사본에서 정보를 받는다. 우리는 지금 왼쪽 우선 조인left-join을 수행하는 것이므로, 해당하는 사용자 정보가 없는 클릭도 보존된다.

❹ 이것이 조인 메서드다. 스트림과 레코드에서 하나씩 값을 받아서 또 다른 값을 리턴한다. 데이터베이스와는 달리, 두 개의 값을 결합해서 어떻게 하나의 결과로 만들지를 결정해야 한다. 여기서는 사용자 프로필과 페이지 뷰를 둘 다 포함하는 하나의 UserActivity 객체를 생성했다.

❺ 그 다음으로, 같은 사용자에 의해 수행된 클릭 정보와 검색 정보를 조인한다. 이것도 왼쪽 조인이지만 이번엔 두 개의 스트림을 조인하는 것이지, 스트림을 테이블에 조인하는 것이 아니다.
❻ 이것도 조인 메서드다. 즉, 단순히 맞춰지는 모든 페이지 뷰에 검색어들을 추가해 준다.
❼ 이 부분이 재미있는 부분이다. 스트림-스트림 조인은 시간 윈도우를 사용하는 조인이다. 따라서 각 사용자의 모든 클릭과 검색을 조인하는 것은 적절하지 않다. 우리는 검색 이후 짧은 시간 안에 발생한 클릭을 조인함으로써 검색과 거기 연관된 클릭만을 조인해야 한다. 따라서 1초 길이의 조인 윈도우를 정의한다. `of`를 호출해서 검색 전과 후의 1초 길이의 윈도우를 생성한 뒤, 0초 간격으로 `before`를 호출해서 검색 후 1초 동안 발생한 클릭만 조인하도록 한다(검색 전 1초는 제외된다). 그 결과는 관련이 있는 클릭과 검색어 그리고 사용자 프로필을 포함하게 될 것이다. 이렇게 함으로써 검색과 그 결과 전체에 대해 분석을 수행할 수 있다.
❽ 여기에서 조인 결과에 대한 `Serde` 를 정의한다. 이것은 조인 양쪽에 공통인 키값에 대한 `Serde`와 조인 결과에 포함될 양쪽의 밸류값에 대한 `Serde`를 포함한다. 이 경우, 키는 사용자 ID이므로 단순한 `Integer`형 `Serde`를 사용한다.

처리 흐름을 정의한 뒤, 444쪽의 '단어 개수 세기' 예제에서와 같이 `KafkaStreams` 객체를 생성해서 실행시킨다.

이 예제는 스트림 처리에서 가능한 두 가지 서로 다른 조인 패턴을 보여준다. 하나는 스트림과 테이블을 조인함으로써 스트림 이벤트를 테이블에 저장된 정보로 확장시킨다. 이것은 데이터 웨어하우스에서 쿼리를 실행할 때 팩트 테이블fact table과 차원dimension을 조인하는 것과 비슷하다. 두 번째 조인은 시간 윈도우를 기준으로 두 개의 스트림을 조인한다. 이 기능은 스트림 처리의 고유한 기능이다.

다른 예제들과 마찬가지로 전체 코드와 실행 방법은 깃허브https://github.com/gwenshap/kafka-clickstream-enrich/에서 볼 수 있다.

14.5 카프카 스트림즈: 아키텍처 개요

앞 절의 예제에서 우리는 카프카 스트림즈 API를 사용해서 몇몇 잘 알려진 스트림 처리 디자인 패턴을 구현하는 방법을 알아보았다. 하지만 카프카 스트림즈 라이브러리가 실제로 어떻게 작동하고 규모를 확장시키는지에 대해 더 잘 이해하기 위해서는 내부를 열고 API 뒤편에 있는 디자인 원칙을 이해할 필요가 있다.

14.5.1 토폴로지 생성하기

모든 스트림즈 애플리케이션은 하나의 토폴로지를 구현하고 실행한다. 토폴로지는 다른 스트림 처리 프레임워크에서는 DAG 혹은 유향 비순환 그래프directed acyclic graph라고도 불리는데, 모든 이벤트가 입력에서 출력으로 이동하는 동안 수행되는 작업과 변환 처리의 집합이라고 할 수 있다. 그림 14-10은 444쪽의 '단어 개수 세기' 예제의 토폴로지를 보여준다.

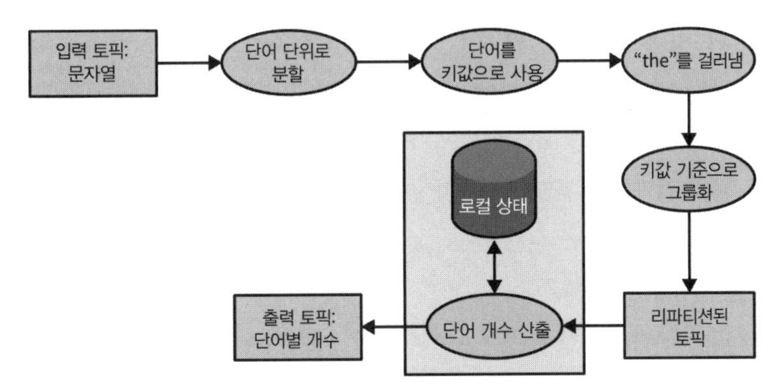

그림 14-10 **단어 개수 세기 스트림 처리 예제의 토폴로지**

아무리 단순한 애플리케이션이라 해도 나름 복잡한 토폴로지를 가진다. 토폴로지는 프로세서들로 구성되는데, 각각의 프로세서는 이 다이어그램에서 타원으로 표현된 토폴로지 그래프의 노드에 대응한다. 대부분의 프로세서는 필터, 맵, 집계 연산과 같은 데이터에 대한 처리 작업을 구현한다. 토픽으로부터 데이터를 읽어와서 넘겨주는 소스 프로세서source processor도 있으며, 앞 프로세서로부터 데이터를 넘겨받아서 토픽에 쓰는 싱크 프로세서sink processor도 있다. 토폴로지는 항상 하나 이상의 소스 프로세서로 시작해서 한 개 이상의 싱크 프로세서로 끝난다.

14.5.2 토폴로지 최적화하기

기본적으로, 카프카 스트림즈는 DSL API를 사용해서 개발된 애플리케이션의 각 DSL 메서드를 독립적으로 저수준 API로 변환하여 실행한다. 각각의 DSL 메서드를 독립적으로 변환하기 때문에 결과 토폴로지는 전체적으로 그리 최적화되지 않은 상태일 수 있다.

하지만, 카프카 스트림즈 애플리케이션의 실행은 아래 3단계로 이루어진다는 점을 명심하기 바란다.

1. `KStream`, `KTable` 객체를 생성하고 여기에 필터, 조인과 같은 DSL 작업을 수행함으로써 논리적 토폴로지를 정의한다.
2. `StreamsBuilder.build()` 메서드가 논리적 토폴로지로부터 물리적 토폴로지를 생성해낸다.

3. KafkaStreams.start()가 토폴로지를 실행시킨다. 데이터를 읽고, 처리하고, 쓰는 곳이 바로 여기다.

논리적 토폴로지에서 물리적 토폴로지가 생성되는 두 번째 단계가 최적화가 적용되는 곳이다.

현재 시점에서 아파치 카프카는 몇 개의 최적화 방식을 포함하고 있을 뿐이다(대부분 가능한 한 토픽을 재활용하도록 하는 것들이다). 이 기능은 StreamsConfig.TOPOLOGY_OPTIMIZATION 설정값을 StreamsConfig.OPTIMIZE로 잡아준 뒤 build(props)를 호출함으로써 활성화시킬 수 있다. 만약 이 설정 없이 build()를 호출할 경우 최적화는 적용되지 않는다. 애플리케이션을 테스트할 때는 최적화된 것과 안된 것을 비교해서 실행 시간과 카프카에 쓰여지는 데이터의 양을 비교해 보는 것이 좋다. 다양한 상황에서 둘의 결과물이 동일한지를 확인하는 것은 물론이다.

14.5.3 토폴로지 테스트하기

일반적으로 말해서, 성공적인 실행이 중요한 상황에서 소프트웨어를 실행시키기 전에 테스트하기를 원한다. 자동화된 테스트는 황금률gold standard로 여겨진다. 소프트웨어나 라이브러리에 변경이 발생할 때마다 반복 가능한 테스트는 빠른 이터레이션iteration과 더 쉬운 트러블슈팅을 가능케 한다. 우리는 카프카 스트림즈 애플리케이션에 대해서도 동일한 방법론이 적용되길 원했다. 스테이징staging 환경에서 생성된 데이터를 사용해서 자동으로 수행되는 종단end-to-end 테스트뿐만 아니라 더 빠르고, 가볍고, 디버깅하기 쉬운 단위 테스트와 통합 테스트 역시 가능해야 함은 물론이다.

카프카 스트림즈 애플리케이션에서의 주된 테스트 툴은 TopologyTestDriver다. 1.1.0에서 처음으로 도입된 이래 이 클래스의 API는 크게 개선되어 왔고, 2.4부터는 사용이 더 쉬워졌다. 이 클래스를 사용해서 개발된 테스트는 일반적인 단위 테스트와 비슷하게 작동한다. 입력 데이터를 정의하고, 목업 입력 토픽에 데이터를 쓰고, 테스트 드라이버를 써서 토폴로지를 실행시키고, 목업 출력 토픽에서 결과를 읽은 뒤 예상하는 결과와 비교 검증하는 것이다.

스트림 처리 애플리케이션을 테스트하기 위해서는 TopologyTestDriver를 사용하면 된다. 하지만 이 클래스는 카프카 스트림즈의 캐시 기능을 시뮬레이션해주지는 않으므로 찾을 수 없는 에러도 많다. (캐시 기능은 이 책에서 다루지는 않았지만, TopologyTestDriver가 시뮬레이션하는 상태 저장소 관련 기능과 완전히 상관없는 최적화라고 할 수 있다.)

단위 테스트unit test는 통합 테스트integration test로 보강되는 것이 보통이다. 카프카 스트림즈의 경우 EmbeddedKafkaCluster와 Testcontainers의 두 통합 테스트 프레임워크가 자주 쓰인다. 전자는 테스트를 수행하는 JVM 상에 카프카 브로커를 하나 띄워주는 방식이고 후자는 도커 컨테이너를 사용해서 카프카 브로커와 기타 테스트에 필요한 다른 요소들을 띄워주는 방식이다. 도커를 사용해서 카프카와 그 의존성, 사용되는 리소스를 테스트 애플리케이션으로부터 완전히 격리시키기 때문에 후자가 더 권장된다.

이상으로 카프카 스트림즈 테스트 방법론에 대해 짧게 훑어보았다. 토폴로지 테스트 관련해서 상세한 예제 코드와 함께 더 자세한 설명을 보고 싶다면 "Testing Kafka Streams - A Deep Dive"라는 블로그 포스트https://www.confluent.io/blog/testing-kafka-streams/를 참조하길 바란다.

14.5.4 토폴로지 규모 확장하기

카프카 스트림즈는 하나의 애플리케이션 인스턴스 안에 다수의 스레드가 실행될 수 있게 함으로써 규모 확장과 서로 다른 애플리케이션 인스턴스 간에 부하 분산load balancing이 이루어지도록 한다. 우리는 하나의 장비에서 다수의 스레드를 사용하여 카프카 스트림즈 애플리케이션을 실행시킬 수도 있고 여러 대의 장비에서 실행시킬 수도 있다. 어느 경우건 간에 애플리케이션의 모든 활성화된 스레드들은 데이터 처리에 수반되는 작업을 균등하게 수행한다.

카프카 스트림즈 엔진은 토폴로지의 실행을 다수의 태스크로 분할함으로써 병렬 처리한다. 스트림즈 엔진은 애플리케이션이 처리하는 토픽의 파티션 수에 따라 태스크 수를 결정한다. 각 태스크는 전체 파티션 중 일부의 처리를 책임진다. 즉, 각 태스크는 자신이 담당하는 파티션들을 구독해서 이벤트를 읽어 온다. 이벤트를 읽어 올 때마다 태스크는 이 파티션에 적용될 모든 처리 단계를 실행시킨 후 결과를 싱크에 쓴다. 이러한 태스크들은 서로 완전히 독립적으로 실행될 수 있기 때문에 카프카 스트림즈에서 병렬 처리의 기본 단위가 된다. 그림 14-11을 보자.

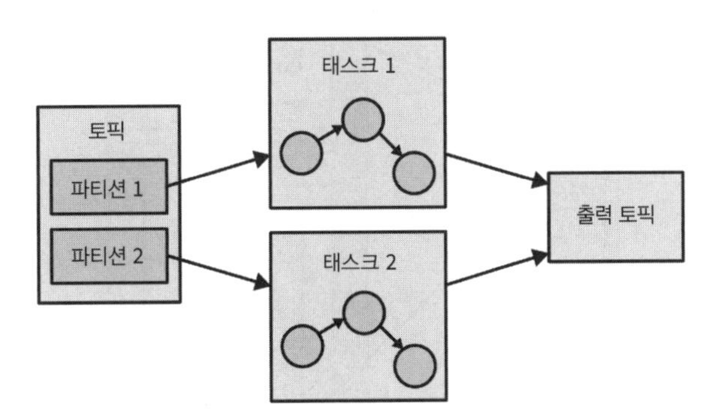

그림 14-11 **같은 토폴로지에서 실행되는 두 태스크. 태스크당 입력 토픽의 파티션을 하나씩 맡아서 실행된다.**

애플리케이션 개발자는 애플리케이션 인스턴스가 실행시킬 스레드의 수를 결정할 수 있다. 만약 다수의 스레드를 활용할 수 있다면, 각각의 스레드는 해당 애플리케이션이 생성하는 전체 태스크의 일부를 실행하게 될 것이다. 만약 다수의 애플리케이션 인스턴스가 다수의 서버에서 실행될 경우, 각 서버의 스레드별로 서로 다른 태스크가 실행될 것이다. 처리하는 토픽의 파티션 수만큼의 태스크를 생성하는 것, 이것이 스트리밍 애플리케이션이 규모를 확장하는 방식이다. 만약 더 빨리 처리를 하고 싶다면 스레드 수를 늘리면 된다. 서버의 자원이 고갈되었다면, 다른 서버에 추가 인스턴스를 띄우면 된다. 카프카가 자동으로 작업을 코디네이션할 것이다. 즉, 카프카가 각각의 태스크에 파티션을 나눠서 할당해주면 각각의 태스크는 자신이 할당받은 파티션에서 독립적으로 이벤트를 받아와서 처리하고 토폴로지에 정의된 집계 연산에 관련된 로컬 상태를 유지하게 된다. 그림 14-12를 보라.

다수의 파티션에서 입력을 가져와서 처리해야 할 때도 있다. 이 경우 태스크 사이에 의존 관계가 생길 수도 있다. 예를 들어서, 우리가 '클릭 스트림 확장' 절의 클릭 스트림 예제에서 했던 것처럼 두 스트림을 조인한다고 할 때, 결과를 내놓기 위해서는 각 파티션의 파티션으로부터 데이터를 읽어 와야 한다. 카프카 스트림즈는 각각의 조인 작업에 필요한 모든 파티션들을 하나의 태스크에 할당함으로써 해당 태스크가 필요한 파티션 전부로부터 데이터를 읽어온 뒤 독립적으로 조인을 수행할 수 있도록 함으로써 이러한 상황을 해결한다. 현재 카프카 스트림즈가 조인 작업에 사용될 모든 토픽에 대해 동일한 조인 키로 파티션된 동일한 수의 파티션을 가질 것을 요구하는 이유는 바로 이것 때문이다.

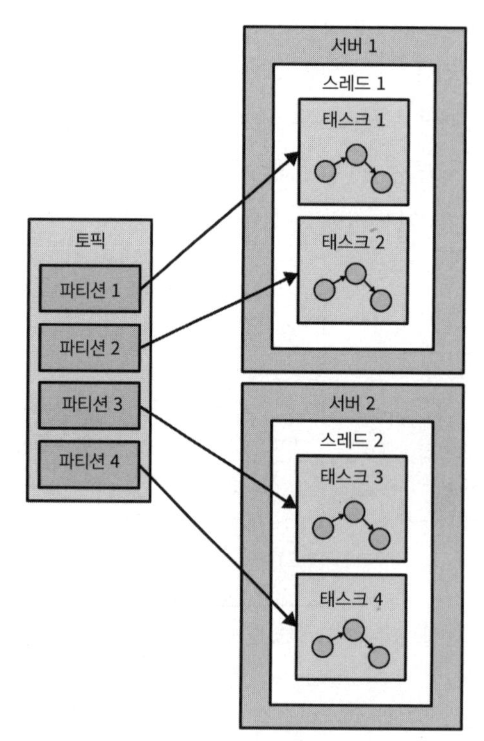

그림 14-12 **스트림을 처리하는 태스크는 다수의 서버의 다수의 스레드에서 돌아갈 수 있다.**

태스크 간 의존성의 또 다른 예는 애플리케이션이 리파티셔닝을 해야 할 때다. 예를 들어서, 클릭 스트림 예제에서 모든 이벤트는 사용자 ID를 키값으로 갖는다. 하지만 우리가 웹 페이지 별로 통계를 생성하고 싶거나, 아니면 우편번호별로 생성하고 싶다면 어떨까? 카프카 스트림즈는 데이터를 우편번호 기준으로 리파티션 한 뒤 새 파티션을 가지고 집계 연산을 실행시켜야 할 것이다. 태스크 1이 파티션 1의 데이터를 처리한 다음 데이터 리파티셔닝을 수행하는 프로세서(즉, `groupBy`)가 뒤따른다고 하자. 이 경우 셔플shuffle을 하거나 아니면 다른 태스크로 이벤트를 보내야 할 것이다. 다른 스트림 처리 프레임워크와는 달리, 카프카 스트림즈는 리파티션이 호출되면 새로운 키와 파티션을 가지고 새로운 토픽에 이벤트를 쓴다. 그리고 그 다음에 오는 태스크들이 새 토픽에서 이벤트를 읽어와서 처리를 계속한다. 따라서, 리파티셔닝은 전체 토폴로지를 2개의 서브 토폴로지로 분할한다. 두 번째 서브 토폴로지는 (첫 번째의 결과물을 받아서 처리하는 만큼) 첫 번째에 의존하게 된다. 하지만, 첫 번째 태스크 집합은 자기 속도대로 데이터를 토픽에 쓰고 두 번째 태스크 집합 역시 자기 속도대로 토픽에서 데이터를 읽어와서 처리하기 때문에 두 태스크 집합은 여전히 독립적이고 병렬로 실행된다. 태스크 사이에 통신이나 공유된 리소스 같은 게 없기 때문에 동일한 스레드나 서버에서 실행될 필요도 없다. 이것은 카프카의 여러 장점 중 하나다(파이프라인의 서로 다른 부분 사이에 의존성을 줄여주는 것이다). 그림 14-13을 보자.

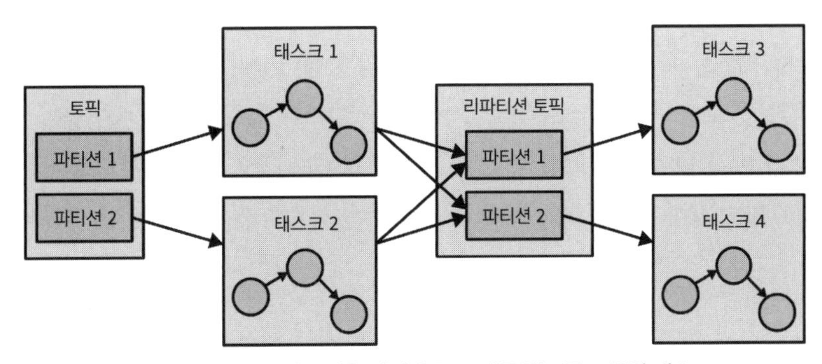

그림 14-13 **리파티션 토픽을 사이에 두고 작동하는 두 그룹의 태스크**

14.5.5 장애 처리하기

앞에서 설명한 모델은 장애를 처리하는 데도 도움이 된다. 카프카는 매우 가용성이 높은 시스템이며, 따라서 우리가 카프카에 저장하는 데이터 역시 마찬가지다. 만약 애플리케이션에 장애가 발생해서 재시작이 필요할 경우, 장애가 발생하기 전 마지막으로 커밋된 오프셋을 카프카에서 가져옴으로써 처리하던 스트림의 마지막으로 처리된 지점부터 처리를 재개할 수 있다. 단, 로컬 상태 저장소가 유실되었을 경우(예를 들어서, 로컬 상태 저장소를 가지고 있던 서버를 새로운 걸로 바꾼다던가), 스트림즈 애플리케이션은 항상 카프카로부터 체인지로그를 카프카에서 읽어옴으로써 로컬 상태 저장소를 복구한다는 점을 염두에 두자.

카프카 스트림즈는 태스크 고가용성을 지원하기 위해 카프카의 컨슈머 코디네이션 기능을 사용한다. 만약 태스크에 장애가 발생했지만 다른 스레드 혹은 인스턴스가 멀쩡히 작동 중일 경우, 해당 태스크는 사용 가능한 다른 스레드에서 재시작하게 된다. 이것은 컨슈머 그룹에 속한 컨슈머 중 하나에 장애가 발생할 경우 장애가 발생한 컨슈머에 할당되어 있던 파티션을 남은 컨슈머 중 하나에 할당해 줌으로써 장애에 대응하는 것과 유사하다. 카프카의 '정확히 한 번' 의미 구조(8장 참고)뿐만 아니라 정적 그룹 멤버십이나 협력적 리밸런스와 같은 카프카의 컨슈머 그룹 코디네이션 프로토콜(4장 참고)이 개선되면서 카프카 스트림즈 역시 그 혜택을 본다.

여기서 설명한 고가용성 방법론은 이론적으로는 잘 작동하지만, 현실에서는 조금 더 복잡하다. 한 가지 명심해야 할 점은 복구 속도다. 장애가 발생한 스레드에서 실행되고 있던 태스크를 다른 스레드가 넘겨받아 처리를 시작해야 할 때, 가장 먼저 해야 할 일은 저장된 상태(예를 들어서, 현재 집계중인 윈도우)를 복구시키는 것이다. 카프카에 저장된 내부 토픽을 다시 읽어와서 카프카 스트림즈의 상태 저장소를 업데이트 하는 식으로 복구할 수도 있지만, 이 작업을 수행하는 동안은 일부 데이터에 대해서 스트림 처리 작업이 진행되지 않을 것이며, 그만큼 가용성은 줄어들고 출력 데이터는 뒤떨어지게 된다.

따라서, 복구 시간을 줄이는 문제는 곧 상태를 복구시키는 데 걸리는 시간을 줄이는 문제가 된다. 가장 핵심적인 방법은 모두 카프카 스트림즈 토픽에 매우 강력한 압착 설정을 걸어놓는 것이다. `min.compaction.lag.ms`는 낮추고 세그먼트 크기는 기본값인 1GB 대신 100MB 정도로 낮춤으로써 이것이 가능하다(각 파티션의 마지막 세그먼트, 즉 활성화된 세그먼트는 압착되지 않는다는 걸 기억하라).

더 빠른 장애 복구를 위해, 우리는 스탠바이 레플리카Standby Replica를 설정할 것을 권한다. 스탠바이 레플리카란 스트림 처리 애플리케이션에서 현재 작동 중인 태스크를 단순히 따라가기만 하는 태스크로서, 다른 서버에서 현재의 상태를 유지하는 역할을 한다. 장애가 발생하면 이 태스크는 이미 거의 최신의 현재 상태를 보유하고 있으므로, 중단 시간이 거의 없이 바로 처리를 재개할 수 있다고 할 수 있다.

카프카 스트림즈에서의 규모 확장성과 고가용성에 대해서 더 자세히 알고 싶다면 이 주제에 대한 이 블로그 포스트https://docs.confluent.io/platform/current/streams/developer-guide/running-app.html#state-restoration-during-workload-rebalance나 카프카 서밋 발표https://videos.confluent.io/watch/KZNzUfJrLmRpesAQbdeBNu?chapter=1를 참고하기 바란다.

14.6 스트림 처리 활용 사례

이 장에서는 스트림 처리의 일반적인 개념, 패턴에서부터 카프카 스트림즈를 사용해서 구현된 특정 사례에 이르기까지, 스트림 처리를 수행하는 방법에 대해 알아보았다. 이쯤에서 일반적인 스트림 처리 활용 사례에 대해 언급하는 것이 좋을 것이다. 이 장 도입부에서 언급했듯이 스트림 처리(혹은 연속적인 처리)는 다음 배치가 실행될 때까지 몇 시간씩 기다리는 것보다 이벤트가 바로바로 처리되기를 원하지만, 응답이 수 밀리초 안에 도착하는 걸 기대하지는 않을 경우 유용하다. 전부 사실이긴 하지만, 지나치게 두리뭉실하다. 지금부터는 스트림 처리를 사용해서 해결할 수 있는 몇 가지 실제 시나리오들을 살펴보자.

고객 서비스

대형 호텔 체인에서 방을 하나 예약했다고 생각해 보자. 확인 이메일과 영수증이 도착하길 기다리고 있다. 예약 후 몇 분이 지나도록 확인 메일이 도착하지 않아서 확인을 위해 고객 서비스에 전화를 했는데, 고객 서비스 데스크에서 이렇게 대답한다. "우리 시스템에서 해당 예약을 확인할 수 없습니다. 우리 배치 시스템은 하루에 한 번 예약 시스템으로부터 호텔과 고객 서비스 데스크로 데이터를 적재하므로, 내일 다시 전화해주십시오. 이메일은 2~3 영업일 안에 받으실 수 있으실 겁니다." 대형 호텔 체인에서 이러한 답변을 한 번 이상 경험했을 수도 있겠는데, 정상적인 서비스로 보이지는 않는다. 여기서 우리가 진정으로 원하는 것은, 예약 후 몇 초 뒤 혹은 몇 분 뒤까지 고객 서비스 센터, 각 호텔 지점, 확인 이메일 전송 시스템, 웹사이트 등을 포함한 호텔 체인의 모든 시스템이 변경 내역에 대해 전달받는 것이다. 고객 서비스 센터는 예약자가 예전에 호텔 체인에 속한 다른 호텔에 방문한 적이 있는지와 같은 상세한 정보를 즉시 알아야 할 것이고 호텔 리셉션 데스크 역시 예약자가 단골이어서 서비스를 업그레이드해줘야 하는지 알아야 한다. 스트림 처리 애플리케이션을 사용해서 이러한 시스템을 구축하면 거의 실시간으로 변경 사항을 전달받아서 처리할 수 있으므로 더 좋은 고객 경험을 제공할 수 있다. 이러한 시스템이 구축되었다면, 고객은 몇 분 안에 확인 메일을 받았을 것이고 신용카드도 제 때 결제되었을 것이며 영수증은 이미 전송되었을 것이고, 고객 서비스 데스크 역시 예약 문의에 대해 바로 대답할 수 있었을 것이다.

사물 인터넷

사물 인터넷은 온도를 조절하고 세탁기의 세제를 추가 주문하는 가정용 장치에서부터 제약 생산에 있어서의 실시간 품질 제어 시스템에 이르기까지, 많은 것을 의미할 수 있다. 센서와 장비에 스트림 처리를 적용하는 가장 흔한 이용 사례 중 하나는 언제 유지 관리가 필요한지를 예측하는 것이다. 이것은 애플리케이션 모니터링과 비슷하지만, 하드웨어에 적용되는 것이며 제조업, 이동통신(결함이 있는 휴대폰 기지국을 찾는다든지), 케이블 TV(고객의 불만이 접수되기 전에 결함이 있는 셋톱박스를 찾음) 등 여러 산업 현장에서 흔히 볼 수 있다. 모든 사례는 나름의 패턴을 보이지만, 목표는 비슷하다. 즉, 장비로부터 도착하는 이벤트를 대규모로 처리하고 유지 관리가 필요한 장비의 신호 패턴을 찾아내는 것이다. 이러한 패턴의 예로는 네트워크 스위치의 누락된 패킷이나 제조업에 있어서의 덜 조여진 나사, 혹은 사용자가 더 자주 재시작시키는 케이블 TV 셋톱박스일 수도 있다.

사기 탐지

사기 탐지fraud detection는 이상 탐지anomaly detection라고도 불리는데, 시스템의 악성 이용자를 찾아내는 데 초점을 두는 매우 넓은 분야다. 사기 탐지 애플리케이션의 예시로는 신용카드 부정 사용 적발, 주식 거래 부정 적발, 비디오 게임 치트 사용자 적발과 보안 위협 감지 등이 있다. 이 모든 분야에서 부정 사용을 가능하면 일찍 탐지할수록 큰 이익이 되기 때문에, 이벤트에 빠르게 반응할 수 있는 거의 실시간에 가까운 시스템(신용카드 부정 결제가 승인되기 전에 중단시킨다거나)이, 부정을 탐지하는 데 사흘씩 걸리고 처리를 되돌리는 게 훨씬 복잡한 배치 방식보다 더 선호된다. 이것 역시 대규모의 이벤트 스트림에서 패턴을 식별하는 문제라고 할 수 있다.

사이버 보안의 경우, 비커닝beaconing이라 불리는 방식이 있다. 해커가 회사 내부에 멀웨어를 심을 경우, 명령을 받기 위해 외부로의 통신을 시도하게 될 것이다. 이것은 완전히 임의의 시점과 빈도로 일어날 수 있기 때문에 탐지가 쉽지 않다. 대체로 네트워크는 외부 침입은 잘 방어하는 편이지만 내부에서 외부로 접속을 시도하는 경우에 대해서는 훨씬 더 취약하기 때문이다. 네트워크 통신 이벤트를 대규모로 처리함으로써 비정상적인 통신 패턴을 찾아낼 수 있다면(예를 들어서, 일반적으로 접속하지 않는 IP 주소로의 접속 시도를 탐지해 낸다던지), 더 큰 피해가 발생하기 전에 보안 부서에 경고를 보낼 수 있다.

14.7 스트림 처리 프레임워크 선택하기

스트림 처리 프레임워크를 선택할 때는 어떠한 형태의 애플리케이션을 개발하고자 하는지를 고려하는 것이 중요하다. 개발하고자 하는 애플리케이션의 종류에 따라 사용해야 할 스트림 처리 솔루션의 종류 역시 달라지기 때문이다.

데이터 수집

하나의 시스템에서 데이터를 가져다 다른 시스템으로 전달하는 것이 목적이다. 대상 시스템에 맞춰 데이터에 약간의 변형을 가해야 한다.

밀리초 단위 작업low milliseconds actions

거의 즉각적인 응답을 필요로 하는 애플리케이션들이다. 사기 탐지 활용 사례의 상당수가 이 안에 들어갈 것이다.

비동기 마이크로서비스asynchronous microservices

이러한 마이크로서비스는 더 큰 비즈니스 프로세스의 일부로서 단일한 기능(예 재고 변경)을 수행한다. 이러한 애플리케이션은 성능 향상을 위해 로컬 상태에 이벤트 캐시를 유지해야 할 수 있다.

준 실시간 데이터 분석

이러한 스트림 애플리케이션들은 데이터를 작게 분할해서 비즈니스에 유용한 인사이트를 얻어내기 위해 복잡한 집계 연산과 조인을 수행한다.

스트림 처리 시스템을 선택하기 위해서는 현재 다루고 있는 문제 관련해서 여러 가지 사항을 염두에 두어야 한다.

- 만약 데이터 수집 문제를 해결중이라면, 스트림 처리 시스템이 필요한 것인지 아니면 좀 더 단순한, 수집에 최적화된 카프카 커넥트 같은 시스템이 필요한 것인지 숙고해 볼 필요가 있다. 스트림 처리 시스템이 필요하다면 데이터를 전송할 시스템에 대한 커넥터가 충분히 있는지, 기능이 충분한지 확인해 봐야 한다.
- 수 밀리초에 완료되어야 하는 작업을 해결중이라면, 카프카 스트림즈를 사용하는 것 자체를 다시 생각해 봐야 한다. 이 경우 대체로 요청-응답 패턴이 더 낫다. 스트림 처리 시스템을 필요로 하는 것이 확실하다면, 마이크로배치 방식을 택하는 것보다 이벤트 단위 저지연low-latency 방식을 지원하는 쪽을 선택해야 할 것이다.
- 비동기 마이크로서비스를 개발하고 있는 것이라면, 사용하는 메시지 버스(바라건대, 카프카)와 잘 통합되고, 업스트림의 변경 사항을 마이크로서비스의 로컬 상태에 쉽게 반영할 수 있으며, 로컬 상태를 캐시 혹은 구체화된 휴 형태로 활용 가능한 스트림 처리 시스템이 필요하다.
- 복잡한 분석 엔진을 개발하고 있을 경우에도 로컬 저장소를 잘 지원하는 스트림 처리 시스템이 필요하다. 이 경우, 로컬 캐시나 구체화된 뷰를 유지하는 것보다 로컬 캐시 없이는 구현하기 까다로운 복잡한 집계 연산, 윈도우, 조인 등을 잘 지원하는 것이 더 중요하다. 커스텀 집계, 윈도우, 다양한 조인 타입을 지원하는 API 역시 필요하다.

특정한 활용 사례에 국한된 고려사항 외에도 보편적으로 고려해야 할 사항 역시 있다.

시스템 운용성operability

프로덕션 환경 배포가 쉬운가? 모니터링과 트러블슈팅이 쉬운가? 필요할 때 규모를 확장하거나 축소할 수 있는가? 현재 인프라스트럭처와 잘 통합되는가? 뭔가 실수를 해서 재처리를 해야 할 때 어떻게 해야 하는가?

사용 및 디버깅 용이성

같은 프레임워크를 사용한다고 해도 사용하는 버전에 따라 고품질의 애플리케이션을 작성하는 데 걸리는 시간은 엄청나게 차이가 날 수 있다. 개발 시간과 배포에 걸리는 시간은 매우 중요하므로, 효율적인 시스템을 골라야 할 것이다.

어려운 일을 쉽게 해줌

대부분의 시스템이 고급 윈도우 집계 연산과 로컬 저장소 유지를 할 수 있다는 점을 내세우지만, 문제가 있다. 개발하는 당사자가 그걸 쉽게 쓸 수 있는가? 규모 확장과 장애 복구에 있어서의 너저분한 세부 작동을 알아서 처리해주는지, 아니면 추상에 뭔가 구멍이 있거나 직접 엉망이 된 상황을 제어해야 하는지? 시스템이 더 깔끔한 API와 추상화를 제공하고 너저분한 세부 사항을 알아서 처리할수록 개발자는 더 생산적일 수 있다.

커뮤니티

우리가 고려하는 대부분의 스트림 처리 애플리케이션은 오픈소스로 공개되어 있으며, 활발한 개발 커뮤니티를 대체할 수 있는 것은 아무것도 없다. 좋은 커뮤니티가 있다는 것은 곧 정기적으로 새롭고 좋은 기능이 추가된다는 의미이기도 하고, 상대적으로 품질이 더 낫다는 이야기이기도 하며(그 누구도 나쁜 소프트웨어를 사용하고 싶어하지 않는다), 버그는 빨리 수정되고 질문에 대한 답 역시 시기적절하게 받을 수 있다는 의미다. 이는 곧 뭔가 생각지 못한 에러가 나서 인터넷에 검색을 해보았을 때 관련된 정보를 찾을 수 있다는 의미이기도 하다. 해당 시스템을 사용하는 다른 이가 이미 같은 경험을 했을 것이기 때문이다.

14.8 요약

이 장에서는 스트림 처리가 무엇인지에 대해 설명하는 것부터 시작했다. 우리는 스트림 처리 패러다임의 정의와 공통적인 속성에 대해서 살펴보았고, 다른 프로그래밍 패러다임과 비교도 해 보았다.

그리고 나서 중요한 스트림 처리 개념에 대해서 알아보았다. 카프카 스트림즈로 개발된 세 개의 예제를 들어 가면서 이 개념들을 설명했다.

이 예제들을 상세히 살펴본 후, 우리는 카프카 스트림즈의 아키텍처의 전체적인 개요를 알아보았고, 내부적으로 어떻게 작동하는지도 설명했다. 마지막으로 우리는 스트림 처리의 여러 활용 사례들과 함께 서로 다른 스트림 처리 프레임워크를 비교 선택하는 방법에 대해 조언하였다.

APPENDIX A

다른 운영체제에 카프카 설치하기

아파치 카프카는 자바 애플리케이션이기 때문에 JRE를 설치할 수 있는 시스템 어디에서든 실행시킬 수 있다. 하지만 카프카가 리눅스 기반 운영체제에 최적화된 만큼 가장 좋은 성능을 낼 수 있는 것 역시 리눅스이다. 다른 운영체제에서 카프카를 실행시키는 것은 해당 운영체제에 관련된 버그를 초래할 수 있다. 바로 이러한 이유 때문에, 일반적인 데스크톱 운영체제에서 카프카를 개발이나 테스트 용도로 실행시킬 때는 프로덕션 환경과 일치하는 가상 머신에서의 실행을 고려하는 것이 좋다.

A.1 윈도우 시스템에 설치하기

마이크로소프트 윈도우 10을 기준으로 할 때, 카프카를 실행시킬 수 있는 방법에는 두 가지가 있다. 전통적인 방법은 네이티브 자바를 사용하는 방법이고, 또 다른 방법은 윈도우 10의 WSLWindows Subsystem for Linux 기능을 사용하는 것이다. 훨씬 단순한 방법으로 일반적인 프로덕션 환경과 거의 일치하는 결과물을 얻을 수 있기 때문에 후자가 강력히 권장된다. 따라서 이 방법 먼저 알아보자.

A.1.1 WSL 사용하기

만약 윈도우 10을 사용중이라면 WSL를 사용해서 여러 종류의 네이티브 우분투를 설치할 수 있다. 현재 WSL2가 사용되고 있고, 윈도즈 커널에 안정적으로 통합된 상태 입니다. WSL이 가상 머신VM과 비슷하게 작동하기는 하지만, 완전한 VM만큼 자원을 필요로 하지도 않고 윈도우 운영체제와도 더 잘 통합된다는 장점이 있다.

WSL을 설치하려면 마이크로소프트 개발자 네트워크에 "Linux용 Windows 하위 시스템이란?What Is the Windows Subsystem for Linux?"라는 제목으로 올라와 있는 문서https://docs.microsoft.com/ko-kr/windows/wsl/about의 설명을 따르자. 이 작업이 완료되면, 다음과 같이 apt-get을 사용하여[45] JDK를 설치한다.

```
$ sudo apt install openjdk-16-jre-headless
[sudo] password for username:
Reading package lists... Done
Building dependency tree
Reading state information... Done
[...]
done.
$
```

JDK를 설치했다면 2장에서 설명한 대로 아파치 카프카를 설치할 수 있다.

A.1.2 윈도우 환경에서 직접 실행하기

윈도우 10 이전 버전을 사용중이거나 아니면 WSL 환경을 선호하지 않는다면, 윈도우의 자바 환경에서 카프카를 직접 실행시킬 수 있다. 하지만 이 방식은 윈도우 환경에 국한된 버그들이 발생할 가능성이 있다는 점을 유념해 두자. 이 버그들은 아파치 카프카 개발자 커뮤니티의 관심을 받지 못할 수 있다(그 점에서 리눅스에서 발생한 문제와는 다르다).

주키퍼와 카프카를 설치하기 전에, 자바 환경을 먼저 설치해야 한다. 우선 오라클 자바 SE 다운로드 페이지https://jdk.java.net/에서 찾을 수 있는 Oracle Java 최신 버전을 설치한다.[46] 모든 자바 툴을 사용할 수 있도록 전체 JDK 패키지를 다운로드한 뒤 설치 방법을 따라간다.

경로에 주의하라

자바와 카프카를 설치할 때, 설치 경로에 공백을 넣지 않을 것을 강력히 권장한다. 윈도우 환경은 경로 안에 공백 문자를 허용하지만, 유닉스 환경에서 작동시키는 것을 상정하고 설계된 애플리케이션들은 그렇지 않기 때문에 경로 지정이 어려워질 수 있다. 자바 설치 과정에서 설치 경로를 잡아줄 때 이것을 명심하자. 예를 들어서, JDK 16.0.1을 설치중이라면 설치 경로로는 `C:\Java\jdk-16.0.1`와 같은 것이 좋을 것이다.

45 옮긴이 Ubuntu system package for WSL를 설치했다고 가정.

46 옮긴이 2022년 10월 현재 최신 버전은 19이고, 최신 Long-Term-Support (LTS) 버전은 17이다.

자바가 설치되었다면 이것을 사용할 수 있도록 환경 변수를 설정해 준다. 이것은 윈도우의 제어판에서 할 수 있는데, 정확한 위치는 버전에 따라 조금씩 다를 수 있다. 윈도우 10에서는 다음과 같이 한다.

1. '시스템 및 보안System and Security'을 선택한다.
2. '시스템System'을 선택한다.
3. '고급 시스템 설정Advanced system settings'을 선택한다. '시스템 속성 윈도우System Properties window'가 열린다.
4. '고급Advanced' 탭에서 '환경 변수Environment Variables' 버튼을 클릭한다.

여기서 새로운 사용자 변수를 추가해 준다. 이름은 `JAVA_HOME`으로 하고(그림 A-1), 값에는 앞에서 자바를 설치했던 경로를 넣어 준다. 그러고 나서 `Path`라는 이름을 가진 시스템 변수를 수정해서 **`%JAVA_HOME%\bin`** 항목을 추가해 준다. 설정을 저장하고 제어판을 닫는다.

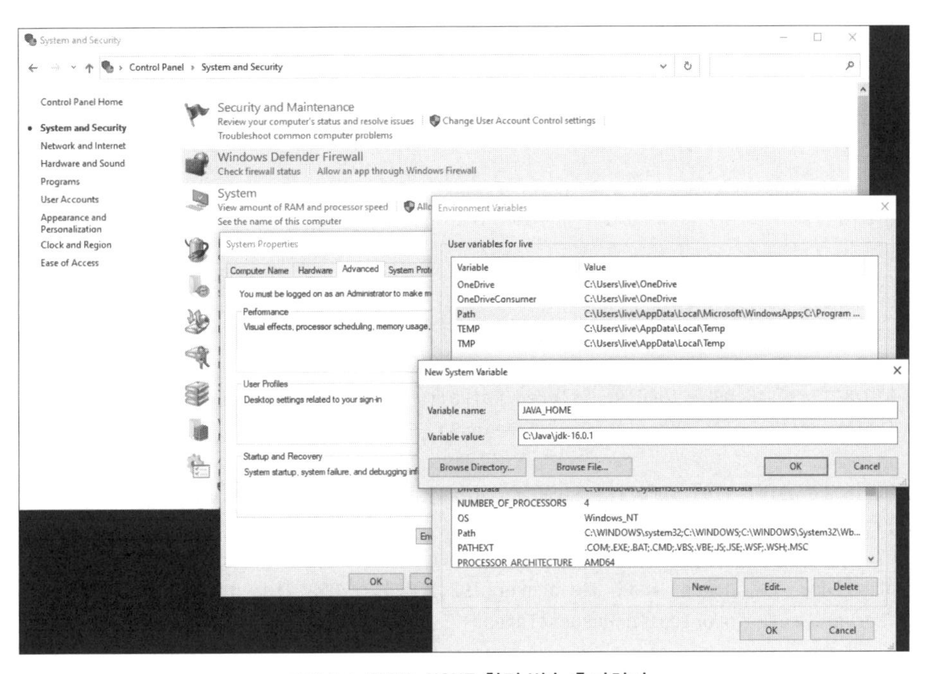

그림 A-1 **JAVA_HOME 환경 변수 추가하기**

지금부터 아파치 카프카를 설치할 수 있다. 카프카 배포판이 주키퍼를 포함하고 있기 때문에 이것을 따로 설치할 필요는 없다. 아파치 카프카의 최신 릴리스 버전은 온라인에서 다운로드할 수 있다(이 글을 쓰는 시점에서 최신 버전은 스칼라 2.13.0에서 실행되는 2.8.0 버전이다). 다운로드된 파일은 tar 유틸리티로 패키지되어 있는 Gzip 압축 파일이기 때문에 7zip과 같은 윈도우 애플리케이션을 사용해서 압축을 해제해야 할 것이다. 리눅스에서의 설치와 비슷하게, 압축을 해제할 디렉토리를 정해야 한다. 여기서는 C:\kafka_2.13-2.8.0에 카프카의 압축을 풀었다고 가정하겠다.

윈도우 시스템에서 주키퍼와 카프카를 실행시키는 것은 조금 다른 문제인데, 다른 플랫폼들에서 사용되는 쉘 스크립트들 대신에 윈도우용으로 제작된 배치 파일들을 사용해야 하기 때문이다. 이러한 배치 파일들은 백그라운드 실행 역시 지원하지 않는다. 따라서 각각의 애플리케이션을 실행시킬 때마다 새로운 명령 프롬프트 창을 띄워야 할 것이다. 우선, 주키퍼를 실행시킨다.

```
C:\> cd kafka_2.13-2.8.0
C:\kafka_2.13-2.8.0> bin\windows\zookeeper-server-start.bat C:
\kafka_2.13-2.8.0\config\zookeeper.properties
[2021-07-18 17:37:12,917] INFO Reading configuration from: C:
\kafka_2.13-2.8.0\config\zookeeper.properties (org.apache.zookeeper.server.quo
rum.QuorumPeerConfig)
[...]
[2021-07-18 17:37:13,135] INFO PrepRequestProcessor (sid:0) started, reconfigEna
bled=false (org.apache.zookeeper.server.PrepRequestProcessor)
[2021-07-18 17:37:13,144] INFO Using checkIntervalMs=60000 maxPerMinute=10000
(org.apache.zookeeper.server.ContainerManager)
```

주키퍼가 실행되었다면, 또 다른 명령 프롬프트 창을 띄운 뒤 다음과 같이 카프카를 실행시킨다.

```
C:\> cd kafka_2.13-2.8.0
C:\kafka_2.13-2.8.0> .\bin\windows\kafka-server-start.bat C:
\kafka_2.13-2.8.0\config\server.properties
[2021-07-18 17:39:46,098] INFO Registered kafka:type=kafka.Log4jController
MBean (kafka.utils.Log4jControllerRegistration$)
[...]
[2021-07-18 17:39:47,918] INFO [KafkaServer id=0] started (kafka.server.Kafka
Server)
[2021-07-18 17:39:48,009] INFO [broker-0-to-controller-send-thread]: Recorded
new controller, from now on will use broker 192.168.0.2:9092 (id: 0 rack: null)
(kafka.server.BrokerToControllerRequestThread)
```

A.2 macOS에 설치하기

macOS는 다윈Darwin을 기반으로 한다. 다윈은 부분적으로 FreeBSD에서 파생된 유닉스Unix 계열 운영체제다. 즉, 다윈은 유닉스 운영체제의 특성을 상당 부분 그대로 가지고 있는 만큼 아파치 카프카와 같이 유닉스에 맞춰 설계된 애플리케이션을 그리 어렵지 않게 설치할 수 있는 것이다. 설치 방법에는 두 가지가 있는데, 홈브루Homebrew와 같은 패키지 매니저를 써서 간단하게 설치하는 방법과 자바와 카프카를 직접 설치하는 방법이다(이 경우 설치할 버전을 좀 더 세밀하게 결정할 수 있다).

A.2.1 Homebrew를 사용하는 방법

만약 macOS에 이미 홈브루https://brew.sh/를 설치했다면 이를 사용해서 바로 카프카를 설치할 수 있다. 이 방법을 사용하면 자바가 설치되어 있는지 먼저 확인한 뒤 (이 글을 쓰는 시점의 기준으로) 아파치 카프카 2.8.0을 설치할 것이다.

홈브루를 아직 설치하지 않았다면, 우선 홈브루 설치 문서https://docs.brew.sh/Installation.html에 나와 있는 방법을 따라서 홈브루를 설치하자. 카프카는 그 다음에야 설치할 수 있다. 홈브루 패키지 매니저는 자바를 포함한 의존성들이 이미 설치되었는지 확인할 것이다.

```
$ brew install kafka
==> Installing dependencies for kafka: openjdk, openssl@1.1 and zookeeper
==> Installing kafka dependency: openjdk
==> Pouring openjdk--16.0.1.big_sur.bottle.tar.gz
[...]
==> Summary
/usr/local/Cellar/kafka/2.8.0: 200 files, 68.2MB
$
```

홈브루는 `/usr/local/Cellar` 아래 카프카를 설치한다. 하지만 각 파일은 서로 다른 디렉토리로 링크되어 있다.

- 바이너리 및 스크립트는 `/usr/local/bin`에 저장된다.
- 카프카 설정은 `/usr/local/etc/kafka`에 저장된다.
- 주키퍼 설정은 `/usr/local/etc/zookeeper`에 저장된다.
- 카프카 데이터가 저장되는 `log.dirs` 설정은 `/usr/local/var/lib/kafka-logs`로 잡히게 된다.

설치가 완료되면 주키퍼와 카프카를 시작시킬 수 있다. 다음 예에서는 포그라운드foreground로 실행시켰다.

```
$ /usr/local/bin/zkServer start
ZooKeeper JMX enabled by default
Using config: /usr/local/etc/zookeeper/zoo.cfg
Starting zookeeper ... STARTED
```

```
$ /usr/local/bin/kafka-server-start /usr/local/etc/kafka/server.properties
[2021-07-18 17:52:15,688] INFO Registered kafka:type=kafka.Log4jController
MBean (kafka.utils.Log4jControllerRegistration$)
[...]
[2021-07-18 17:52:18,187] INFO [KafkaServer id=0] started (kafka.server.KafkaServer)
[2021-07-18 17:52:18,232] INFO [broker-0-to-controller-send-thread]: Recorded
new controller, from now on will use broker 192.168.0.2:9092 (id: 0 rack: null)
(kafka.server.BrokerToControllerRequestThread)
```

A.2.2 직접 설치하는 방법

윈도우 운영체제에서의 수동 설치와 비슷하게, 카프카를 macOS에 설치할 때에는 우선 JDK 먼저 설치해야 한다. 앞에서 설명한 오라클 자바 SE 다운로드 페이지https://jdk.java.net/에서 macOS용 버전을 다운로드한다. 그 다음에 윈도우의 경우와 비슷한 방법으로 아파치 카프카를 다운로드할 수 있다. 이 예제에서는 다운로드한 카프카를 /usr/local/kafka_2.13-2.8.0 디렉토리에 위치시켰다.

리눅스를 사용할 경우와 같이 주키퍼와 카프카를 시작시킨다. 단, 여기서는 JAVA_HOME 환경 변수를 먼저 설정해 줄 필요가 있을 것이다.

```
$ export JAVA_HOME=/usr/libexec/java_home -v 16.0.1
$ echo $JAVA_HOME
/Library/Java/JavaVirtualMachines/jdk-16.0.1.jdk/Contents/Home
$ /usr/local/kafka_2.13-2.8.0/bin/zookeeper-server-start.sh -daemon /usr/local/
kafka_2.13-2.8.0/config/zookeeper.properties
$ /usr/local/kafka_2.13-2.8.0/bin/kafka-server-start.sh /usr/local/
kafka_2.13-2.8.0/config/server.properties
[2021-07-18 18:02:34,724] INFO Registered kafka:type=kafka.Log4jController
MBean (kafka.utils.Log4jControllerRegistration$)
[...]
[2021-07-18 18:02:36,873] INFO [KafkaServer id=0] started (kafka.server.Kafka
Server)
[2021-07-18 18:02:36,915] INFO [broker-0-to-controller-send-thread]: Recorded
new controller, from now on will use broker 192.168.0.2:9092 (id: 0 rack: null)
(kafka.server.BrokerToControllerRequestThread)((("macOS, installing Kafka on",
startref="ix_macOS")))((("operating systems", "other than Linux, installing
Kafka on", startref="ix_OSinstall")))
```

APPENDIX B

추가적으로 사용할 수 있는 툴

아파치 카프카 커뮤니티는 카프카의 운영을 훨씬 더 쉽게 해주는 툴과 플랫폼의 강고한 생태계를 구축하였다. 여기 소개된 것이 결코 완전한 목록은 아니지만, 사용자 입장에서 시작하기 편하도록 상대적으로 더 유명한 것들을 골랐다.

매수자 위험부담(Caveat Emptor)

저자들이 이 목록에 포함된 기업이나 프로젝트에 참여하고 있기는 하지만, 저자든 출판사든 특별히 어떤 툴을 인증하거나 하는 것은 아니다. 해야 하는 작업에 여기 소개된 플랫폼이나 툴이 적합한지 반드시 상세히 검토하자.

B.1 통합 플랫폼

몇몇 회사들은 아파치 카프카를 운영하기 위한 완전히 통합된 플랫폼을 제공한다. 이것은 사용자가 운영만이 아닌, 카프카를 사용하는 데만 초점을 맞출 수 있도록 해주는, 모든 컴포넌트에 대한 매니지드 서비스를 포함한다. 이것은 카프카 및 연관 인프라스트럭처를 운영하기 위해 마땅한 참고 자료를 찾기 어려운 경우(아니면 운영에 신경 쓰고 싶지는 않다던가) 이상적인 답안이 될 수 있다. 이 중 몇몇은 컴포넌트들이 정확하게 작동할 수 있도록 스키마 관리, REST 인터페이스, 때로는 클라이언트 라이브러리 지원과 같은 툴들도 제공한다.

이름 **컨플루언트 클라우드(Confluent Cloud)**

URL https://www.confluent.io/confluent-cloud

상세 아파치 카프카의 원래 개발자들 중 일부가 카프카의 개발과 지원을 위해 세운 회사가 매니지드 솔루션을 제공하는 것은 당연하다. 컨플루언트 클라우드는 여러 필수 툴들(스키마 관리, 클라이언트, REST 인터페이스, 모니터링)과 함께 제공된다. 3개 주요 클라우드 플랫폼(AWS, Microsoft Azure, Google Cloud Platform) 모두에서 사용이 가능하며, 컨플루언트에서 일하고 있는 상당수의 아파치 카프카 코어 개발자들에 의한 지원이 제공된다. 스키마 레지스트리와 REST 프록시와 같이 플랫폼에 포함되어 있는 많은 컴포넌트들은 몇몇 활용 사례를 제한하는 컨플루언트 커뮤니티 라이선스 하에 단독으로 사용이 가능하다.

이름 **아이븐(Aiven)**

URL https://aiven.io

상세 아이븐은 아파치 카프카를 포함한 많은 데이터 플랫폼을 위한 매니지드 솔루션을 제공한다. 아이븐은 스키마 레지스트리와 REST 프록시 역할을 수행하는 카라스페이스(Karapace)를 개발했다(두 컨플루언트 솔루션의 API와 호환되지만 아파치 2.0 라이선스를 따르기 때문에 제한되는 활용 사례 같은 것은 없다). 아이븐은 3개 주요 클라우드 제공자 외에도 디지털오션(DigitalOcean)과 업클라우드(UpCloud) 역시 지원한다.

이름 **클라우드 카라프카(CloudKarafka)**

URL https://www.cloudkarafka.com

상세 클라우드 카라프카는 데이터독(DataDog)이나 스플렁크(Splunk)와 같이 널리 쓰이는 인프라스트럭처 서비스와의 통합과 함께, 매니지드 카프카 솔루션을 제공하는 데 초점을 맞춘다. 카라프카 플랫폼은 컨플루언트의 스키마 레지스트리와 REST 프록시 역시 사용할 수 있도록 지원하지만, 컨플루언트 측의 라이선스 변경으로 인해 5.0 버전까지만 지원한다. 클라우드 카라프카는 AWS와 구글 클라우드 플랫폼에서 사용이 가능하다.

이름 **아마존 MSK**

URL https://aws.amazon.com/msk

상세 아마존 역시 AWS에서만 사용 가능한, 자체적인 매니지드 카프카 플랫폼을 제공한다. REST 프록시는 직접적으로 지원되지 않지만, 스키마 지원은 AWS Glue(https://docs.aws.amazon.com/glue/latest/dg/schema-registry.html)와의 통합을 통해 제공된다. 아마존은 (크루즈 컨트롤, 버로우, 컨플루언트 REST 프록시와 같은) 커뮤니티 툴 사용을 권장하지만, 직접적으로 지원해주거나 하지는 않는다. 그런 점에서 다른 것들에 비해 통합성은 약간 떨어지지만 여전히 코어 카프카 클러스터는 지원된다.

이름 **애저 HDInsight**

URL https://azure.microsoft.com/en-us/services/hdinsight

상세 마이크로소프트 역시 HDInsight 안에 하둡, 스파크, 다른 빅데이터 컴포넌트들과 함께 매니지드 카프카 플랫폼을 제공한다. MSK와 비슷하게, HDInsight는 코어 카프카 클러스터에 초점을 맞추며, 스키마 레지스트리와 REST 프록시를 포함한 다른 컴포넌트들은 사용자의 선택에 맡긴다. 몇몇 서드 파티들이 이러한 시스템들을 설치할 수 있도록 해주는 템플릿을 제공하지만 마이크로소프트가 지원해주는 것은 아니다.

이름 **클라우데라**

URL https://www.cloudera.com/products/open-source/apache-hadoop/apache-kafka.html

상세 클라우데라는 아파치 카프카 초기부터 카프카 커뮤니티의 일원이었으며, 클라우데라 데이터 플랫폼(Cloudera Data Platform, CDP) 제품의 스트림 데이터 컴포넌트로서 매니지드 카프카를 제공한다. CDP는 단순한 카프카 이상의 것에 초점을 맞추지만, 프라이빗 옵션은 물론이고 퍼블릭 클라우드 환경에서도 작동한다.

B.2 클러스터 설치 및 관리

매니지드 플랫폼이 아닌 환경에서 직접 카프카를 운용하려면 클러스터를 원활하게 관리할 수 있도록 도와주는 툴들이 여럿 필요할 것이다. 여기에는 권한 설정, 설치, 데이터 밸런싱 그리고 시각화를 도와주는 툴들이 포함된다.

이름 **스트림지(Strimzi)**

URL https://strimzi.io

상세 스트림지는 쿠버네티스 환경에 카프카 클러스터를 쉽게 설치할 수 있도록 해주는 쿠버네티스 오퍼레이터를 제공한다. 매니지드 서비스를 제공하거나 하는 것은 아니지만 퍼블릭이든 프라이빗이든 상관없이, 클라우드 상에서 카프카를 실행시키는 것을 쉽게 해 준다. 아파치 2.0 라이선스로 제공되는 REST 프록시 구현체인 스트림지 카프카 브리지(Strimzi Kafka Bridge) 역시 제공한다. 라이선스 문제 때문에 현재로서는 스트림지가 스키마 레지스트리를 지원하지는 않는다.

이름 **AKHQ**

URL https://akhq.io

상세 AKHQ는 카프카 클러스터를 관리하고 조작하는 데 사용할 수 있는 GUI이다. 사용자와 ACL을 포함한 설정 관리 기능을 지원하며, 스키마 레지스트리나 카프카 커넥트와 같은 컴포넌트 역시 약간은 지원한다. 콘솔 툴의 대체재로 사용이 가능한, 클러스터 내의 데이터를 다룰 수 있는 툴 역시 제공한다.

이름 **줄리옵스(JulieOps)**

URL https://github.com/kafka-ops/julie

상세 줄리옵스(예전 이름: 카프카 토폴로지 빌더(Kafka Topology Builder))는 GitOps 모델을 사용해서 토픽과 ACL에 대한 자동화된 관리 기능을 제공한다. 현재 설정 상태를 보는 것을 넘어서서 줄리옵스는 토픽, 스키마, ACL 설정 등을 선언적으로 정의하고 변경할 수 있게 해준다.

이름 **크루즈 컨트롤(Cruise Control)**

URL https://github.com/linkedin/cruise-control

상세 크루즈 컨트롤은 수천 대의 브로커로 이루어진 수백 대의 클러스터를 어떻게 관리해야 할까라는 질문에 대해 링크드인이 내놓은 답이기도 하다. 이 툴은 원래 클러스터 안의 데이터를 자동으로 리밸런싱하는 솔루션으로 시작했지만, 이상 탐지나 브로커 추가 및 삭제와 같은 관리 작업까지도 포괄하는 시스템으로 발전했다. 테스트용 클러스터가 아니라면 크루즈 컨트롤은 필수품이다.

이름 **컨덕터(Conduktor)**

URL https://www.conduktor.io

상세 오픈소스는 아니지만, 컨덕터는 널리 쓰이는 카프카 클러스터를 관리 및 조작용 데스크톱 툴이다. 컨덕터는 많은 매니지드 플랫폼(컨플루언트, 아이븐 그리고 아마존 MSK)과 컴포넌트(커넥트, KSQL 그리고 스트림즈)를 지원한다. 콘솔 툴과는 달리 클러스터 안의 데이터 역시 다룰 수 있다. 하나의 클러스터에 대해서만 사용 가능한 개발용 라이선스가 무료로 제공된다.

B.3 모니터링 및 데이터 탐색

클러스터와 클라이언트들이 제대로 돌아가고 있는지 확인하는 것은 카프카 운영에 있어서 매우 중요한 부분이다. 다른 많은 애플리케이션들과 마찬가지로 카프카는 많은 지푯값과 원격 측정 기능을 제공하지만, 제대로 사용하기는 쉽지 않을 수 있다. (프로메테우스와 같은) 많은 대형 모니터링 플랫폼들은 카프카 브로커와 클라이언트로부터 쉽게 지푯값을 가져올 수 있다. 이 모든 데이터를 이해하는 데 도움이 되는 툴들 역시 여럿 나와 있다.

이름 **엑스 인프라 모니터(Xinfra Monitor)**

URL https://github.com/linkedin/kafka-monitor

상세 엑스 인프라 모니터(예전 이름: 카프카 모니터(Kafka Monitor))는 링크드인에서 카프카 클러스터와 브로커의 가용성을 모니터링하기 위해 개발되었다. 클러스터의 토픽 집합에 인위적으로 데이터를 생성해 넣은 뒤 지연, 가용성, 누락 여부 등을 측정하는 식으로 작동한다. 클라이언트로 직접 조작할 필요 없이 카프카 클러스터의 상태를 측정할 수 있게 해주는 귀중한 툴이다.

이름 **버로우(Burrow)**

URL https://github.com/linkedin/burrow

상세 버로우는 링크드인이 개발한 또 다른 툴로, 카프카 클러스터 안의 컨슈머 랙을 전체적으로 모니터링할 수 있게 해 준다. 컨슈머에 직접 접속할 필요 없이 컨슈머가 제대로 돌아가고 있는지를 보여준다. 버로우는 커뮤니티에 의해 활발하게 지원되고 있으며, 다른 컴포넌트들과 연결할 수 있게 해주는 툴들에 대한 자체적인 생태계를 가지고 있다.

이름 **카프카 대시보드(Kafka Dashboard)**

URL https://www.datadoghq.com/dashboards/kafka-dashboard

상세 모니터링을 위해 DataDog을 사용하는 사람들에게 카프카 클러스터와 모니터링 스택을 통합하는 것을 도와주는 훌륭한 카프카 대시보드를 제공한다. 많은 지푯값들을 단순화함으로써 카프카 클러스터의 상태를 한눈에 알아볼 수 있도록 디자인되었다.

이름 **스트림즈 익스플로러(Streams Explorer)**

URL https://github.com/bakdata/streams-explorer

상세 스트림즈 익스플로러는 쿠버네티스 안에서 작동하는 애플리케이션과 커넥터들 사이의 데이터 흐름을 시각화해서 보여주는 툴이다. bakdata의 툴을 통해 카프카 스트림즈나 Faust를 사용해서 전체 시스템을 구축해야 하지만, 애플리케이션과 그 지표들을 쉽게 이해할 수 있는 형태로 보여준다.

이름 **kcat**

URL https://github.com/edenhill/kafkacat

상세 kcat(예전 이름: kafkacat)은 코어 아파치 카프카 프로젝트에 포함된 콘솔 프로듀서와 컨슈머의 대체재로서 많은 사랑을 받아왔다. 작고, 빠르고, C로 작성되었기 때문에 JVM 오버헤드 같은 것이 없다. 클러스터에 대한 메타데이터를 보여줌으로써 클러스터 상태를 제한적으로나마 확인할 수 있게 해 준다.

B.4 클라이언트 라이브러리

아파치 카프카는 자바 애플리케이션용 클라이언트 라이브러리를 제공하지만, 하나의 언어로는 절대로 충분치 않다. 카프카 클라이언트 구현체는 매우 많으며 파이썬이나 Go, 루비와 같은 언어에서는 여럿 중에서 하나를 선택할 수도 있다. 또한, (컨플루언트, 스트림지 그리고 카라페이스에서 제공하는) REST 프록시는 많은 활용 사례에서 사용될 수 있다. 오랜 시간에 걸쳐 검증된 클라이언트 라이브러리에는 다음과 같은 것들이 있다.

이름 **librdkafka**

URL https://github.com/edenhill/librdkafka

상세 librdkafka는 카프카 클라이언트의 C 구현체로, 현존하는 최고의 라이브러리 중 하나로 받아들여진다. 컨플루언트가 지원하는 Go, 파이썬, 닷넷 클라이언트가 librdkafka를 감싸고 있는 형태로 구현되었을 정도로 좋다. BSD 2조항 라이선스를 따르기 때문에 어느 애플리케이션에서건 쉽게 쓸 수 있다.

이름 **Sarama**

URL https://github.com/Shopify/sarama

상세 쇼피파이(Shopify)에서 개발한 네이티브 Go 언어 구현체. MIT 라이선스를 따른다.

이름 **kafka-python**

URL https://github.com/dpkp/kafka-python

상세 파이썬으로 개발된 또 다른 네이티브 구현체. 아파치 2.0 라이선스를 따른다.

B.5 스트림 처리

아파치 카프카 프로젝트 안에 스트림 처리 애플리케이션을 개발할 수 있는 카프카 스트림즈가 포함되어 있기는 하지만, 카프카에 저장되어 있는 데이터를 스트림 처리할 수 있는 유일한 선택지는 아니다.

이름 **삼자(Samza)**

URL https://samza.apache.org

상세 아파치 삼자는 카프카를 위해 설계된 스트림 처리 프레임워크다. 카프카 스트림즈보다 더 오래되긴 했지만, 개발팀의 상당수가 겹치기 때문에 둘은 많은 개념들을 공유한다. 단, 카프카 스트림즈와는 달리 삼자는 YARN에서 돌아가며, 애플리케이션이 작동할 수 있는 완전한 프레임워크를 제공한다.

이름 **스파크(Spark)**

URL https://spark.apache.org

상세 스파크는 데이터의 배치 처리를 목적으로 개발된 또 다른 아파치 프로젝트이다. 스파크는 데이터 스트림을 빠른 속도로 실행되는 극소배치(microbatch) 단위로 처리한다. 덕분에 지연이 다소 높지만, 배치를 재처리하는 것만으로도 간단하게 내고장성이 제공되는 데다 람다 아키텍처(Lambda architecture) 역시 쉽게 구현할 수 있다. 광대한 커뮤니티 지원 역시 강점이다.

이름 **플링크(Flink)**

URL https://flink.apache.org

상세 아파치 플링크는 스트림 처리를 목적으로 개발된 프로젝트이며, 작동의 지연이 매우 낮다. 삼자와 마찬가지로 YARN을 지원하지만, 메소스(Mesos), 쿠버네티스(Kubernetes), 혹은 독립 실행 클러스터(standalone cluster)도 지원한다. 파이썬이나 R에서 사용할 수 있는 고수준 API 역시 지원한다.

이름 **빔(Beam)**

URL https://beam.apache.org

상세 아파치 빔은 직접적으로 스트림 처리 기능을 제공하지는 않지만, 배치 처리와 스트림 처리 모두에 사용 가능한 통합된 프로그래밍 모델을 제공한다. 전체 처리 파이프라인의 컴포넌트들을 실행하기 위해 삼자, 스파크, 플링크와 같은 플랫폼을 사용한다.

찾아보기

K

L

M

ㅅ

ㅇ

ㅍ